国家石油天然气管网集团有限公司

年 鉴

— 2024 —

CHINA OIL & GAS PIPELINE NETWORK CORPORATION
YEARBOOK

国家石油天然气管网集团有限公司 编

石油工业出版社

图书在版编目（CIP）数据

国家石油天然气管网集团有限公司年鉴 . 2024 / 国家石油天然气管网集团有限公司编 . -- 北京：石油工业出版社，2024. 12. -- ISBN 978-7-5183-7400-7

Ⅰ. F426.22-54

中国国家版本馆 CIP 数据核字第 202559BP35 号

国家石油天然气管网集团有限公司年鉴 2024
CHINA OIL & GAS PIPELINE NETWORK CORPORATION YEARBOOK 2024

责任编辑：	吴保国　杨天龙
责任校对：	张　磊
设　　计：	周　彦　黄玲丽
出版发行：	石油工业出版社
	（北京安定门外安华里2区1号　100011）
	网　　　址：www.petropub.com
	图书营销中心：（010）64523731
	编　辑　部：（010）64523591
	电子邮箱：nianjian@cnpc.com.cn
经　　销：	全国新华书店
印　　刷：	北京中石油彩色印刷有限责任公司

2024 年 12 月第 1 版　2024 年 12 月第 1 次印刷
787×1092 毫米　开本：1/16　印张：24.75　插页：12
字数：600 千字

定　价：298.00元

ISBN 978-7-5183-7400-7

版权所有，侵权必究

（如出现印装质量问题，我社图书营销中心负责调换）

《国家石油天然气管网集团有限公司年鉴》
编　委　会

主　　任：张　伟

副 主 任：何仲文　叶国华　姜昌亮　陈萍萍　杜业栋
　　　　　王振声　刘金玉　王晓非

成　　员：（以姓氏笔画为序）
　　　　　王晓刚　田中山　付　强　仪　林　冯庆善
　　　　　司刚强　刘　锴　刘华治　刘奎荣　刘海春
　　　　　齐建华　闫　彦　何小斌　李　波　李　荡
　　　　　李凤学　李树辉　肖　连　张　平　张　珂
　　　　　张文新　张世斌　张忠东　赵忠勋　赵赏鑫
　　　　　唐善华　桑广世　崔　涛　董　鹏　谢　岭

《国家石油天然气管网集团有限公司年鉴》
编 辑 部

主　任：张　珂
成　员：郭晓瑛　庄　涛　刘忠焱　袁　永　郭　强
　　　　董　正　熊　骁　牛立圆　蒋若冰

编辑说明

《国家石油天然气管网集团有限公司年鉴》（以下简称《国家管网集团年鉴》）是国家石油天然气管网集团有限公司（以下简称国家管网集团）编纂的企业年鉴。《国家管网集团年鉴》编纂工作坚持以马克思列宁主义、毛泽东思想、邓小平理论、"三个代表"重要思想、科学发展观、习近平新时代中国特色社会主义思想为指导，遵循实事求是原则，力求全面、系统、客观记录国家管网集团运营情况和取得的成绩，具有重要的实用价值、史料价值和参考价值。

《国家管网集团年鉴》于2021年开始编纂，本卷为第四卷，主体资料时间范围为2023年1月1日至12月31日，个别内容略有延伸。全书分为类目、分目、条目三个层次，以文字叙述为主，辅以图表；共设14个类目：总述、特载、市场开发、生产运维、工程建设、安全环保、科技数字化、企业管理、党建和企业文化建设、监督工作、荣誉及人物、所属企业概览、大事记、附录。

《国家管网集团年鉴》的编纂工作是在编委会的领导下进行的，由国家管网集团总部各部门、各所属企业确定专人撰稿，撰稿部门或企业负责人审核，《国家管网集团年鉴》编辑部编辑、主任审阅定稿。按照年鉴编纂规范要求，《国家管网集团年鉴》编辑部对稿件进行了必要的编辑加工，主要是依据编写大纲和撰稿要求，统一全书体例，规范专业名词术语，删除重复内容，补充部分资料，修改语言文字，力求做到资料翔实、叙述简洁、数据准确。

序

新元肇始，万象更新。2023年，是全面贯彻党的二十大精神的开局之年，也是国家管网集团走完三年过渡期正式向立企强企跨越、具有里程碑意义的一年。在以习近平同志为核心的党中央坚强领导和关心关怀下，我们深入学习贯彻习近平新时代中国特色社会主义思想和党的二十大精神，胸怀"国之大者"扎实推进中国式现代化管网实践，在高质量开展主题教育中集聚强大动力，在全方位接受中央巡视、国家审计中深化自我革新，踔厉奋发、开拓进取，大力实施"五个坚持"总体方略，圆满完成全年经营目标，在大战大考中向党中央交上了优异答卷。

这一年，我们坚持服务立企强企，聚焦安全服务、惊喜服务、高效服务，深化公平开放，以撬动作用有力发挥、经营效益再创新高的实际战果，在提升我国能源供应保障能力上展现了管网担当；坚持改革立企强企，立足"一公司"定位，以充分的试点经验、坚定的决心信心铺展管网运营机制改革"下半篇文章"，在示范建设中国特色现代企业制度上展现了管网担当。坚持扩网立企强企，川气东送二线等能源大通道工程开工，西气东输四线吐鲁番—中卫段主体线路完工，"全国一张网"构建全面提速，在强化重要基础设施建设、畅通国内大循环上展现了管网担当。坚持创新立企强企，科技自立自强多点突破，战略性新兴产业加速布局，数字化智能化转型跻身前列，绿色化转型步伐加快，在塑造发展新动能新优势上展现了管网担当；坚持人才立企强企，强化领导班子和干部队伍建设，管网铁军整体作战能力再上新台阶，在服务建设人才强国上展现了管网担当；坚定不移全面从严治党，全面落实"五个狠下功夫"党建工作总体部署，突出"六抓六促"强基固本，驰而不息正风肃纪反腐，在深入推进新时代党的建设新的伟大工程上展现了管网担当。回望2023，我们能够连创佳绩，最根本在于有习近平总书记的领航掌舵，有习近平新时代中国特色社会主义思想的科学指引，也离不开广大干部员工的团结奋斗。每一个管网人都了不起，都是管网的英雄！

《国家管网集团年鉴2024》全面记录了管网发展历程极不平凡的一年。只要坚持好、传承好一路走来的宝贵经验，就一定能够推动管网事业不断打开新局面、取得新胜利、走向新辉煌。我们要更加紧密地团结在以习近平同志为核心的党中央周围，全面贯彻落实党的二十大及二十届二中、三中全会精神，牢记嘱托，感恩奋进，以大抓整改为主线，持续推动"五个坚持"总体方略走深走实，全力推进管网高质量发展，加快打造中国特色世界一流企业，为持续推动经济实现质的有效提升和量的合理增长，以中国式现代化全面推进强国建设、民族复兴伟业作出管网新贡献。

张伟

2024年12月

2022年12月29日，国家管网集团召开2023年工作会议

2023年1月6日，国家管网集团召开2023年党的建设工作会议

2023年1月17日，国家管网集团召开党风廉政建设和反腐败工作会议暨警示教育大会

2023年4月11日，国家管网集团召开学习贯彻习近平新时代中国特色社会主义思想主题教育动员部署会议

2023年6月30日，国家管网集团召开基层党建质量提升推进会

2023年7月19日，国家管网集团召开2023年年中工作会议

2023年8月29日,国家管网集团召开董事会,审议国家管网集团全面深化"市场化、专业化、区域化、共享化"改革总体方案、职工工资总额分配方案

2023年9月12日,国家管网集团召开学习贯彻习近平新时代中国特色社会主义思想主题教育第一批总结暨第二批动员部署会议

2023年10月31日，国家管网集团召开青年精神素养提升工程总结暨团员和青年主题教育部署推进会

2023年10月31日，国家管网集团召开宣传思想文化工作会议

2023年11月15日,国家管网集团召开天然气冬季保供誓师大会

2023年5月31日—6月2日,国家管网集团董事长、党组书记张伟到西气东输公司、北方管道公司的驻豫基层单位开展主题教育专题调研,看望慰问一线干部员工

2023年3月1日，国家石油天然气基础设施重点工程——漳州LNG外输管道工程延伸段正式开工建设

2023年4月19日，国家油气基础设施重点工程——双台子储气库双向输气管道工程成功投产

2023年6月29日,中国首条直通雄安新区的天然气主干管道——国家管网集团蒙西管道项目一期工程(天津—河北定兴)成功投产

2023年8月14日,西气东输一线沁水分输压气站提升工程顺利投产运行

2023年9月5日，国家石油天然气基础设施重点工程——潜江—韶关输气管道广西支干线顺利投产

2023年9月15日，中国"十四五"重大能源基础设施工程川气东送二线天然气管道工程正式开工

2023年10月26日,古浪—河口天然气联络管道工程投产

2023年11月3日,国内凝点最高的长输原油管道魏荆新线一次投产成功

2023年11月10日，天津LNG外输管道一次投产成功

2023年12月2日，中俄东线天然气管道投产通气四周年，累计输气量突破500亿立方米

2023年12月13日，中国主干天然气管网日输气量突破9亿立方米，创历史新高

2023年12月16日，西气东输四线天然气管道工程吐鲁番—中卫段全线主体线路焊接完工

2023年5月15日,国家管网集团组织开展的国内首次二氧化碳管道全尺寸爆破试验,在爆炸科学与技术国家重点实验室东花园基取得圆满成功

2023年6月25日,9.45兆帕全尺寸非金属管道纯氢爆破试验在位于哈密的国家管网集团管道断裂控制试验场成功实施,标志着国内首次高压力多管材氢气输送管道中间过程应用试验圆满完成

2023年3月24日，国家管网集团油气调控体系一体化建设分控中心揭牌，标志着国家管网集团"1+6+1"调控体系架构基本形成

2023年7月21日，国家管网集团维抢修中心揭牌，标志着由3个国家级管道应急救援基地、7家国家管网集团级区域维抢修中心、18家企业级省域维抢修中心三级专业化抢修队伍构成的"3+7+18"维抢修体系架构基本建成

2023年4月12—13日，第七届中国国际管道会议(CIPC)暨技术装备与成果展在北京举办，该会议是国家管网集团成立后举办的首个高端国际学术会议

2023年9月2—6日，2023年中国国际服务贸易交易会在北京举行，国家管网集团"亮相服贸会"，"国家管网"品牌、形象与实力获广泛关注

目录 Contents

总 述

综 述

国家石油天然气管网集团有限公司
基本情况 ……………………………… 2
国家石油天然气管网集团有限公司
2023年工作情况 ……………………… 2

组织机构

国家石油天然气管网集团有限公司
领导 …………………………………… 5
国家石油天然气管网集团有限公司
董监事 ………………………………… 5
国家石油天然气管网集团有限公司
总经理助理 …………………………… 6
国家石油天然气管网集团有限公司
总部部门主要领导 …………………… 6
国家石油天然气管网集团有限公司
所属单位主要领导 …………………… 7

特 载

署名文章

强化党建引领保障　铸牢红色能源
动脉 …………………………………… 10

聚焦"六抓六促"　全面增强基层党
组织政治功能和组织功能 …………… 13

工作报告

以党的二十大精神为指引　实施"五
个坚持"总体方略　推进高质量发展
谱写新时代新征程国家管网集团事业
壮丽篇章
——张伟在国家管网集团2023年
　　工作会议上的讲话 ……………… 15
张伟在国家管网集团2023年党的建设
工作会议上的讲话 …………………… 31
张伟在国家管网集团2023年党风廉政
建设和反腐败工作会议暨警示教育
大会上的讲话 ………………………… 44
坚持大抓基层　聚焦"六抓六促"　推进
国家管网集团基层党建质量全面提升
——张伟在国家管网集团基层党建
　　质量提升推进会上的讲话 ……… 50
年中战略执行报告 …………………… 58
深入学习贯彻习近平文化思想　聚人心
树形象　亮品牌　赋新能　奋力开创
国家管网集团宣传思想文化工作新局面
——张伟在国家管网集团宣传思想
　　文化工作会议上的讲话 ………… 64

I

要事特辑

国家管网集团董事长、党组书记张伟
2023年新年致辞 ……………………… 73
漳州LNG外输管道工程延伸段正式
开工建设 …………………………… 74
国家管网集团召开学习贯彻习近平新时代
中国特色社会主义思想主题教育动员
部署会 ……………………………… 74
第七届中国国际管道会议（CIPC）
暨技术装备与成果展在北京举办 …… 75
双台子储气库双向输气管道工程成功
投产 ………………………………… 76
国内首次二氧化碳管道全尺寸爆破试验
取得圆满成功 ……………………… 76
中国首次高压力多管材管道纯氢试验
成功实施 …………………………… 76
蒙西管道一期工程正式投产 ……………… 77
西气东输一线沁水分输压气站提升工程
顺利投产 …………………………… 77
国家管网集团再次亮相服贸会 …………… 78
潜江—韶关输气管道广西支干线顺利
投产 ………………………………… 78
川气东送二线正式开工 …………………… 78
古浪—河口天然气联络管道工程实现
"绿色"投产 ………………………… 79
魏荆新线原油管道顺利投产 ……………… 79
天津LNG外输管道投产成功 ……………… 79
国家管网集团储能技术有限公司在沪
揭牌 ………………………………… 80

市场开发

综　述

概述 ……………………………………… 82
主要指标完成情况 ……………………… 82
重点工作成果 …………………………… 82

冬季保供工作

概述 ……………………………………… 82
全国保供演练高质量承办 ……………… 82
重点区域用气安全保障 ………………… 83
市场化保供机制建立健全 ……………… 83
管网冲峰能力不断提升 ………………… 83
天然气管网供气峰值创造新纪录 ……… 83
天然气行业全流程动态监管 …………… 83

天然气业务

概述 ……………………………………… 84
服务产品创新 …………………………… 84
天然气新增上下载项目建设 …………… 84
天然气管输合同谈判进展有序 ………… 84
省网融入 ………………………………… 84

油品管输业务

概述 ……………………………………… 85
油品合同谈判 …………………………… 85
成品油管输国家定价推动 ……………… 85
成品油管道互联互通 …………………… 85
第三方合作 ……………………………… 85
原油市场开拓 …………………………… 85

LNG 接收业务

概述 ·· 85
创新产品打造 ···································· 85
国际保税转运业务拓展 ···················· 86

储气库业务

概述 ·· 86
文 23 储气库首次中长期受理 ········· 86
金坛储气库库容市场交易 ················ 86
储气库合同谈判 ································ 86

客户服务

概述 ·· 87
客户服务水平提升 ···························· 87
品牌推广 ·· 87

开放服务及交易平台建设项目

概述 ·· 87
平台业务不断丰富 ···························· 87
平台功能持续完善 ···························· 88

生产运维

综 述

概述 ·· 90
石油天然气管网输送能力 ················ 90
油气储运设施基本情况 ···················· 90

天然气调控

概述 ·· 90
运行调度 ·· 91
智能调控 ·· 91
冬季保供 ·· 91
优化运行 ·· 92
重点工程投运 ···································· 93

原油成品油调控

概述 ·· 93
调控改革 ·· 93
运行调度 ·· 93
全面远控 ·· 94
增输上量 ·· 94
优化运行 ·· 94
重点工程投运 ···································· 95

自动化与通信

概述 ·· 95
专业管理 ·· 95
自动化控制功能提升 ························ 95
自动化系统运维 ································ 95
集中调控功能建设 ···························· 96
PCS 研发应用 ·································· 96
智能站场建设 ···································· 96
通信"全国一张网"建设 ················ 96
通信系统运维 ···································· 96
通信光缆优化提升工程 ···················· 97
"光华杯"千兆光网应用创新全国
　大赛获奖 ······································ 97
工控系统网络安全管理 ···················· 97

运行技术

- 概述 … 97
- 计量管理 … 97
- 能源管理 … 98
- 节能管理 … 98
- 清洁能源替代 … 98
- 清洁能源生产与消费 … 98
- 能源消费情况 … 99
- 运行技术标准管理 … 100

管道保护

- 安保防恐 … 100
- "冬季强盾"专项行动 … 100
- 管道防汛 … 101
- 管道保护工技能竞赛 … 101
- 腐蚀与防护 … 101
- 高后果区风险管控 … 102

资产完整性管理

- 概述 … 102
- 关键瓶颈技术攻关 … 102
- 资产完整性管理标准体系建设 … 103
- 建设期完整性管理 … 103
- 建管融合管理 … 103
- 管道环焊缝排查 … 104
- 管道检验检测 … 104

设备设施管理

- 概述 … 105
- 设备设施管理 … 105
- 电气管理 … 105
- 压缩机组运维检修管理 … 105
- 储罐定期检测和维护维修管理 … 106

储气库专业管理

- 概述 … 106
- 安全风险防范 … 106
- 储气库完整性管理 … 107
- 精细化一体化运行管控 … 107
- 达容达产 … 107
- 能力建设 … 107

LNG 专业管理

- 概述 … 108
- 标准化建设工作 … 108
- LNG 接收站工艺运行优化 … 108
- LNG 接收站自主运维 … 108
- LNG 接收站重点项目投产 … 109

维抢修管理

- 概述 … 109
- 维抢修体系规划 … 109
- 应急保驾能力提升 … 109
- 应急抢险 … 110

生产运维数字化转型

- 生产运维流程建设 … 110
- 资产完整性管理系统建设 … 110

工程建设

综　述

- 概述 … 112
- 石油天然气基础设施重点工程 … 112

管道焊接……112
管道建成具备投产条件情况……113
重点管道投产……114

项目前期工作

概述……114
项目前期工作主要举措……114
连云港至仪征原油管道工程连云港至
　淮安段……115
甬绍天然气管道工程……115
苏皖豫干线项目……116
川气东送二线天然气管道工程鄂豫赣皖
　浙闽段……116
虎林—长春天然气管道工程……117
锦州—郑州成品油管道……117
淮安储气库……118
河南平顶山盐穴储气库……118
山东管网北干线项目……119

建成投产的重点项目

概述……119
西气东输三线中段（枣阳—仙桃段）
　工程……119
蒙西煤制天然气外输管道项目一期
　工程……119
新气管道广西支干线工程……120
魏荆线老旧管道整治工程（湖北襄阳段、
　河南南阳段、湖北荆门段）……120
中俄东线明水压气站工程……120
古浪—河口联络管道工程……120
金坛储气库工程……120
广西LNG外输管道桂林支线工程……120
天津LNG二期工程……120

其他重点工程进展

概述……121
中俄东线南段（南通—甪直）……121
中俄东线南段长江盾构工程……121
西气东输三线管道工程（中卫—
　枣阳段）……121
西气东输四线工程（吐鲁番—中卫）……121
川气东送二线天然气管道工程川
　渝鄂段……121
西气东输三线闽粤支干线（潮州—
　27号阀室段）……121
天津液化天然气（LNG）外输管道
　复线……122
龙口南山LNG接收站一期工程……122
深圳LNG应急调峰站……122
广西LNG接收站二期……122
龙口南山LNG扩建……122
天津LNG三期……122
漳州LNG接收站一期二阶段工程……122
楚州、平顶山储气库工程……122
文23储气库三期……122

物资管理

概述……123
物资信息化建设及应用……123
重点项目物资采购……123
供应商管理……124
钢管、钢板、橇装设备、可行性研究
　编制等框架招标……124
物资仓储管理……124
物资质量管理……125

工程建设专业管理

概述……125

新时代管网特色大设计体系建设 ………… 125
前期业务管理体系与能力建设 …………… 126
工程设计"百日亮剑"行动 ………………… 127
DEC 文件工作成果 …………………………… 127
技术管理革新 ………………………………… 127
评标专家库建设 ……………………………… 128
招标采购体系优化 …………………………… 128
集约化采购 …………………………………… 128
重点物资供给 ………………………………… 129
工程建设领域培训 …………………………… 129
勘察设计框架招标 …………………………… 129
供应商承包商管理 …………………………… 130
采购管理对标评估 …………………………… 130
工程质量安全管理 …………………………… 130
工程项目信息化建设 ………………………… 131
工程领域数字化转型 ………………………… 132

安全环保

综　述

概述 …………………………………………… 134

安全管理

概述 …………………………………………… 134
安全生产责任落实 …………………………… 134
安全风险分级管控和隐患排查治理
　双重预防机制建设 ………………………… 134
燃气隐患专项排查 …………………………… 135
安全专项整治 ………………………………… 135
重点领域和重要时段安全风险防范 ……… 135
应急预案体系管理 …………………………… 136

安全队伍建设 ………………………………… 136
事故事件管理 ………………………………… 136

生态环境保护管理

概述 …………………………………………… 136
环保基础建设 ………………………………… 137
环境风险防范 ………………………………… 137
生态环境保护理念宣贯 ……………………… 137
环保历史遗留问题整改 ……………………… 137
重点项目环评报告报审 ……………………… 137

碳排放管理

概述 …………………………………………… 137
绿色低碳转型 ………………………………… 137
低碳能力建设 ………………………………… 138
深入推进甲烷排放控制 ……………………… 138
强化科技支撑 ………………………………… 138
开展绿色国际合作 …………………………… 138

安全环保监督管理

概述 …………………………………………… 139
承包商安全监督 ……………………………… 139
承包商及高风险作业管理 …………………… 139

QHSE 体系建设

概述 …………………………………………… 139
QHSE 责任"三个一"建设 ………………… 139
安全环保、职业健康管理制度、规范
　和标准建立健全 …………………………… 139
QHSE 管理体系量化审核工作 …………… 140
持续提升全员 HSE 素质技能 ……………… 140

安全环保数字化流程运营

概述 ·················· 140
5.0 安全环保流程建设 ········ 140
QHSE 管控平台建设 ········· 140

科技数字化

科技创新

概述 ·················· 142
技术图谱研究 ············· 142
国家级科技项目申报 ········· 142
"五大创新""九项机制"落实 ····· 142
关键核心技术攻关 ·········· 143
基础研发平台建设 ·········· 144
科技成果转化 ············· 144
标准体系建设 ············· 144
知识产权"一站式"管理 ······· 145
科技奖励 ··············· 145
科技智库建设 ············· 145
协同创新生态构建 ·········· 145
科技人才梯队建设 ·········· 145

管网数字化

概述 ·················· 146
架构管理 ··············· 146
制程管理 ··············· 146
数据治理 ··············· 147
场景应用 ··············· 147
行业平台 ··············· 147
技术底座 ··············· 148
网络安全 ··············· 148
能力培育 ··············· 148

企业管理

公司治理

概述 ·················· 150
股东会作用发挥 ··········· 150
党组作用发挥 ············· 151
董事会作用发挥 ··········· 152
全面提升公司治理制度的规范性和
　执行力 ··············· 154
股东会、董事会决议 ········· 154

战略与执行

概述 ·················· 155
国家管网集团"十四五"规划中期
　评估 ················· 156
布局发展战略性新兴产业工作方案
　编制 ················· 156
碳达峰行动方案印发执行 ······ 156
科学合理制定经营计划 ······· 157
战略执行 ··············· 157
业绩评价 ··············· 157
合资合作 ··············· 157
"市场化、专业化、区域化、共享化"
　改革启动 ············· 157
国企改革 ··············· 158
1.0 战略规划到执行流程的开发与
　试运行 ··············· 158

财务资产管理

预算管理 ··············· 158
成本监审 ··············· 159
提质增效 ··············· 159

价税管理……159
资金管理……159
融资管理……159
股权管理……160
重组整合……160
资产管理……160
会计管理……160
系统建设……160
财经流程……161
经济责任审计……161
财经蓝军……161

人力资源管理与干部队伍建设

概述……162
领导班子和干部队伍建设……162
干部监督管理……162
年轻干部培养……163
"选育管用"全链条机制……163
人才队伍建设……164
职工教育培训……165
人力资源规划……165
劳动组织管理……165
人力资源配置优化……166
业绩考核……166
离退休工作……166
人事制度改革……166
劳动制度改革……167
分配制度改革……167
"三能"运行新机制构建……168
9.0管理人力资源流程建设……168

法律

概述……168
法治管网建设……168

纠纷案件管理……169
合同管理……169
法律风险防范……169

合规内控风险

概述……169
合规管理……169
内控体系建设……170
重大风险防范……170

外事外联与国际合作交流

概述……170
对外工作集中统一领导……170
外事外联业务服务保障……171
产业链供应链服务保障……171
对标世界一流企业价值创造……172
对外开放及自我革新……173
数字化转型及提质增效……173
人才队伍建设……173

保密工作

概述……174
保密委员会建设……174
定密管理……174
网络保密管理……175
涉密人员保密管理……175
保密要害部门部位管理……175
保密管理制度建设……175
保密科技支撑体系建设……176
保密检查监管……176
保密宣教和培训……176
保密队伍建设……177

档案管理

概述 ··· 177
规划研究 ··· 177
档案治理体系建设 ······························· 177
归集保管利用 ······································· 178
建设项目档案管理 ······························· 178
数字化档案建设 ··································· 178
业务检查和人才培养 ··························· 178

党建和企业文化建设

党建工作

概述 ··· 180
学习贯彻习近平新时代中国特色
　社会主义思想主题教育 ··················· 180
"第一议题"制度规范落实 ················· 180
党组理论学习中心组学习 ··················· 181
党建与业务深度融合 ··························· 181
大党建体系建设 ··································· 181
"基层三化"行动 ································· 182
党建工作责任制考核 ··························· 182
基层党组织组织力提升 ······················· 183
党员教育培训管理 ······························· 183
直属党委建设 ······································· 184
党建数字化平台建设 ··························· 184
党风廉政建设 ······································· 184
党建思想政治工作研究 ······················· 184
国家管网集团党校建设 ······················· 185
直属纪委工作 ······································· 185

企业文化建设

概述 ··· 186

学习宣传贯彻全国宣传思想文化工作
　会议精神 ··· 186
形势任务教育 ······································· 186
思想政治工作 ······································· 186
铁军文化建设 ······································· 186
品牌建设 ··· 186
思想文化教育基地建设 ······················· 187

新闻宣传与舆情引导

概述 ··· 187
大宣传格局构建 ··································· 187
重大主题宣传 ······································· 187
网站和新媒体阵地建设 ······················· 188
新闻宣传 ··· 188
舆情管控 ··· 188
信息公开 ··· 188

群团统战工作

概述 ··· 189
工会工作 ··· 189
共青团工作 ··· 189
统战工作 ··· 190

监督工作

监督执纪工作

概述 ··· 192
政治监督具体化、精准化、常态化 ······· 192
"两个责任"一体落实 ························· 192
一体推进不敢腐、不能腐、不想腐 ······· 192
正风肃纪 ··· 193
各类监督贯通协同 ······························· 193

IX

纪检监察干部队伍建设 193

审 计

概述 194
履行审计监督职能 194
审计数字化建设 194
审计业务管理 194
审计成果运用 194
审计队伍建设 195

违规经营投资责任追究

概述 195
违规追责制度建设 195
违规追责线索核查 195
违规追责系统建设 196

巡 视

概述 196
巡视规划 196
制度建设 196
巡视整改 196
区域巡察 196
队伍建设 197

数字化监督

概述 197
综合监督数据中心建设 197
综合监督平台建设 197
专业团队建设 197
数字化监督实践 197

荣誉及人物

荣誉及人物

工会系统先进集体 200
工会系统先进个人 201
共青团系统先进集体 201
共青团系统先进个人 202

专家队伍

享受国务院政府特殊津贴专家 203

所属企业概览

国家石油天然气管网集团有限公司油气调控中心

概况 206
油气管网调控 206
冬季保供 207
自控系统 207
通信系统 208
工控网络 208
节能管理 208
安全管理 208
风险隐患合规管理 209
党的建设 209
廉政建设 210
制程融合 210
队伍建设 210

国家管网集团北方管道有限责任公司

概况	211
生产运行	212
市场开发	212
工程建设	213
管道管理	213
应急抢修	214
安全环保	214
科技创新	214
企业管理	215
企业党建工作	215
监督执纪	216
企业宣传文化与群团工作	216
人才建设	217
奖励与荣誉	217

国家管网集团东部原油储运有限公司

概况	217
生产运行	218
工程建设	218
管道管理	218
应急抢修	219
安全环保	219
科技创新	219
制程管理	220
数据中心运维	220
市场开发	220
企业管理	220
"四化"改革	220
队伍建设	220
企业党建工作	220
企业文化	221

国家石油天然气管网集团有限公司西气东输分公司

概况	221
生产运行	222
工程建设	222
管道管理	222
应急抢修	223
安全环保	223
科技创新	223
企业管理	223
企业党建工作	224
企业文化	225

国家管网集团西部管道有限责任公司

概况	225
生产运行	226
市场开发	227
工程建设	228
安全环保	229
管道管理	230
战略与执行	231
科技创新	231
企业文化	232
党建工作	233
人才建设	234
定点帮扶与乡村振兴	234

国家管网集团北京管道有限公司

概况	235
安全生产	236
市场开拓	236
改革发展	236
科技创新	236
人才培育	237

党建引领 237

国家管网集团西南管道有限责任公司

概况 237
市场开发 238
生产运行 238
管道管理 239
应急抢修 240
安全环保 240
四化改革 240
"十四五"规划编制 240
工程建设 241
科技研发 241
数字化转型 241
人才建设 241
乡村振兴 241
主题教育 242

国家石油天然气管网集团有限公司山东省分公司

概况 243
领导班子变动 243
生产运行 243
工程建设 244
管道管理 245
应急抢修 245
安全环保 246
科技创新 246
企业管理 247
企业党建工作 247
企业文化 248
人才建设 248
两级管理改革 249

国家石油天然气管网集团有限公司液化天然气接收站管理分公司

概况 249
生产经营总体情况 250
生产运行 250
冬季保供 251
工程建设 251
市场开拓 251
安全环保 251
科技创新 251
企业管理 252
提质增效 252
党建工作 252
企业文化 252
人才建设 253

国家石油天然气管网集团有限公司华南分公司

概况 253
主题教育 254
党建工作 254
安全生产 255
生产运行 255
管道管理 256
市场开发 256
工程建设 257
科技创新和数字化 257
"去中心化"作业区改革 258
"夯实基础管理年"活动 258
合规管理 258
铁军队伍建设 258
党风廉政建设和反腐败工作 259
区域化改革 259

国家石油天然气管网集团有限公司华中分公司

概况	259
生产运行	260
市场拓展	261
安全环保	261
管道管理	261
应急管理	262
工程建设	262
科技创新	263
企业管理	263
"四化"改革	263
流程运营	263
企业党建工作	264
企业文化	264
领导班子建设	265
人才建设	265
审计监督	265

国家石油天然气管网集团有限公司华东分公司

概况	265
生产运行	266
市场化改革	266
攻坚发展	267
高效运营	267
提质增效	268
依法合规	268
党建工作	269
宣传工作	269
人才建设	270
巡视监督	270
荣誉	271

国家石油天然气管网集团有限公司华北分公司

概况	271
领导班子调整	272
商务运营	272
市场开拓	273
客户服务	273
安全环保	274
制程管理与流程运营	274
企业管理	274
人才建设	275
企业文化	275
企业党建	275
党风廉政建设	276

国家石油天然气管网集团有限公司建设项目管理分公司

概况	276
工程建设	276
企业管理	277
安全环保	278
物资管理	278
人才建设	278
科技管理	279
企业改革	279
党建工作	280
企业文化	281

国家管网集团广东省管网有限公司

概况	281
市场开发	282
生产运行	283
工程管理	284

安全环保……286
企业管理……290
审计……296
违规经营投资责任追究……297

国家管网集团浙江省天然气管网有限公司

概况……297
生产运行……298
工程建设……298
管道管理……299
应急抢修……299
安全环保……299
市场开发……300
科技创新……300
管网数字化……301
企业管理……302
企业党建工作……302
企业文化……303
主题教育……303
人才建设……304
亚运护航……304
双百企业……305

国家石油天然气管网集团科学技术研究总院分公司

概况……306
党建工作……306
企业文化……307
人才建设……307
法律合规……307
内控风险管理……308
审计工作……308
违规追责……309
监督执纪……309

战略研究……310
油气"全国一张网"规划制定……310
战略执行……310
世界一流企业建设……310
招标采购体系优化……310
安全管理……310
经营业绩……311
业财一体……311
资金管理……311
科技项目管理……311
重大科技成果……311
标准管理……312
知识产权管理……312
科技奖励……313
试验基地建设……313
科技交流与合作……313
流程推广……314
制程运营……314
管网智库建设……314
原油管道安全高效输送保障……315
内检测技术取得突破……315
国家管网承担的首个中国工程院项目
　结题……315
中国首次二氧化碳管道全尺寸爆破
　试验成功……316
国际标准提案通过 ISO/TC 197 年会
　立项初审……316
国内首次全尺寸掺氢天然气管道燃爆
　试验成功……316
在役天然气管道掺氢输送关键技术
　研究成果在 SCI 一区期刊发布……317
能源局揭榜课题"中国长距离管道输氢
　安全性、稳定性及可持续性研究"
　结题……317
国家标准《长输天然气管道放空回收
　技术规范》立项……318

参与国家发展改革委"新型能源体系
　　建设"重大课题研究……………………318
明确醇氨等非常规介质管道输送必要性
　　和可行性………………………………318
国家管网集团新能源储运重点实验室
　　建设启动规划…………………………319
腐蚀控制……………………………………319
国家管网集团甲烷排放管控行动指南…320
CP管道清洗剂研发并成功应用…………320
数字化技术攻关……………………………320
数字化项目建设……………………………320
专业软件研发与创效………………………321
数字化基础设施建设………………………321
网络安全保障………………………………321
天然气管网系统可靠性深化技术研究
　　与应用项目结题………………………321
国产化设备持续跟踪与应用效果评价…321
管道地质灾害单体精确预警模型…………322
输油泵机组异常状态智能预警……………323
管道服役应力感知与评估…………………324
管道泄漏监测技术及系统研发……………324
油气站场风险智能管控技术研究…………325
编制完善国家管网集团标准体系…………326
国家管网集团节能与低碳重点实验室
　　挂牌成立………………………………326
节能监测技术深化及推广应用……………326
油气管输介质质量检测技术服务推广…326
编制完成《国家石油天然气管网集团管
　　输介质质量管控规划》《国家石油
　　天然气管网集团质量管理信息系统和
　　实验室信息系统建设规划》…………327
防腐材料测试持续拓展……………………327
"管道防腐材料检测评价技术"应用
　　体系日益完善…………………………327

自研"检测实验室制样机"同时实现
　　阴极剥离、附着力、涂层热特性数
　　字化实验制样…………………………327

国家管网集团工程技术创新有限公司

概况…………………………………………328
领导班子调整………………………………328
组织机构优化………………………………329
主营业务……………………………………329
科技创新……………………………………329
企业管理……………………………………329
人才建设……………………………………330
党建工作……………………………………330
品牌创建及荣誉……………………………330

国家石油天然气管网集团有限公司共享运营分公司

概况…………………………………………331
会计核算标准化……………………………331
财经数字化工作……………………………331
客户服务……………………………………332
公司治理……………………………………332
人才建设……………………………………332
党建工作……………………………………332
荣誉…………………………………………333

北京智网数科技术有限公司

概况…………………………………………333
党的建设……………………………………334
项目管理……………………………………334
市场化运营…………………………………334
科技创新……………………………………335

制程运营 …………………………………… 335	稳步推进服务质量提升，全力保障总部园区安全平稳运行 …………………… 344
智慧管网 …………………………………… 336	不断完善风险管控机制，持续提升合规经营能力 …………………………… 344
数字平台 …………………………………… 336	
数据管理 …………………………………… 337	
网络安全 …………………………………… 338	
经营计划 …………………………………… 338	
合规管理 …………………………………… 339	
监督执纪 …………………………………… 339	
人才建设 …………………………………… 340	
企业文化 …………………………………… 340	
群团统战 …………………………………… 341	

大事记

2023年国家石油天然气管网集团有限公司大事记 …………………………………… 346

国家管网集团工程质量监督检验有限公司

概况 ………………………………………… 341	
质量监督工作布局 ………………………… 341	
企业管理 …………………………………… 342	
人才建设 …………………………………… 342	
科技创新 …………………………………… 342	
全面从严治党 ……………………………… 343	

附　录

天然气在役管道概况表 …………………… 352
原油在役管道概况表 ……………………… 360
成品油在役管道概况表 …………………… 362
LNG接收站概况表 ………………………… 365
主要记事机构（单位）称谓对照表 ……… 366

北京燕祉商务服务有限公司

概况 ………………………………………… 343
深入开展学习贯彻习近平新时代中国特色社会主义思想主题教育，汲取奋进新征程的智慧力量 …………………………… 344

索　引

索引 ………………………………………… 368

国家石油天然气管网集团有限公司年鉴 2024
CHINA OIL&GAS PIPELINE NETWORK CORPORATION YEARBOOK 2024

总 述

综　述

国家石油天然气管网集团有限公司基本情况

国家石油天然气管网集团有限公司（简称国家管网集团，英文名称 China Oil & Gas Pipeline Network Corporation）是国务院国有资产监督管理委员会监管的国有重要骨干企业，是国有资本控股、投资主体多元化的有限责任公司，注册资本5000亿元，于2019年12月9日正式挂牌成立，总部设在北京。

国家管网集团主要从事油气干线管网及储气调峰等基础设施的投资建设和运营，负责干线管网互联互通和与社会管道联通，以及全国油气管网的运行调度，定期向社会公开剩余管输和储存能力，实现管网基础设施向用户公平开放，促进加快形成上游油气资源多主体多渠道供应、中间统一管网高效集输、下游销售市场充分竞争的"X+1+X"油气市场体系，提升中国油气能源供应保障能力，更好保障国家能源安全和经济安全。

2023年1月30日，经中共中央组织部研究，免去刘中云国家石油天然气管网集团有限公司董事、党组副书记职务。

2023年2月10日，经国务院决定，免去刘中云国家石油天然气管网集团有限公司董事、总经理职务，退休。

截至2023年底，国家管网集团领导班子成员7人，张伟任董事长、党组书记，何仲文任副总经理、党组成员，姜昌亮任副总经理、党组成员，王德华任总会计师、党组成员，陈萍萍任纪检监察组组长、党组成员，杜业栋任副总经理、党组成员，王振声任副总经理、党组成员。

2023年1月13日，经国家管网集团第一届董事会第十二次会议审议通过，成立国家石油天然气管网集团有限公司山东省分公司，撤销山东运维中心，机构和人员划入山东省公司。2023年3月10日，经研究，在工程部加挂供应链部牌子。截至2023年底，国家管网集团总部设有市场部、生产部、工程部（供应链部）、数字化部、科技部、安全环保部（安全环保监督中心）、集团办公室（党组办公室、董事会办公室）、党组组织与宣传部（人力资源部、群众工作部）、战略与执行部（企业管理部）、财务部、综合监督部（党组巡视办公室）11个职能部门、纪检监察组以及23家所属企业，共有正式员工30155人，148个党委、39个党总支、1293个党支部，党员17599人。

国家管网集团拥有种类齐全的油气基础设施。截至2023年底，国家管网集团运营管道10.43万千米，管网覆盖全国30个省（自治区、直辖市）和香港特别行政区，拥有储气库8座、LNG接收站7座；资产总额9410亿元，资产负债率37.8%。

国家石油天然气管网集团有限公司2023年工作情况

2023年是全面贯彻党的二十大精神的开局之年，也是国家管网集团走完三年过渡期正式向立企强企跨越、具有里程碑意义的一年。国家管网集团在以习近平同志为核心的党中央坚强领导下，深入学习贯彻习近平新时代中国特色社会主义思想和党的二十大精神，在高质量开展主题教育中集聚强大动力，在全方位接受中央巡视、国家审计中深化自我革新，踔厉奋发、开拓进取，坚持服务立企强企、坚持改革立企强企、坚持扩网立企强企、坚持创新立企强企、坚持人才立企强企，扎实推进中央企业改革深化提升行动，统筹做好生产经营、改革发展和党的建设等各方面工作，圆满完成全年经营目标。全年营业收入1211亿元、同比增长7.4%，净资产收益率5.45%，国务院国资委"一利五率"考核指标均超额完成。全年实现天然气一次管输量2237亿立方米，实现原油一次管输量26248万吨，实现成品油一次管输量8276万吨，LNG加工量增至1757万吨，储气库注采气51.5亿立方米。

1. 油气能源保供

建立健全市场化保供机制，持续完善全国天然气合同归集系统建设及应用，引导上下游供销气合同"应签尽签"，进一步保障首都用气安全，基本实现全国民生用气合同全覆盖，推动按合同供用气的负荷管理机制，创新推出存借气服务产品，供暖季天然气运行数据填报系统模块投入运营，实现天然气行业全流程动态监管。坚定不移全面提升管网冲峰能力，织密织牢天然气"全国一张网"，提升实际接气能力达11.9亿米^3/日，面对供暖季极端低温天气持续时间长、强度高、气温波动式骤升骤降等情况，持续强化保供协调联动，全面加强与重点区域政府部门沟通对接，提前优化管网运行方式，充分发挥管网顶峰供应能力，供暖季期间天然气日用气量屡创历史新高、峰值突破10亿立方米，有力保障重点区域用气安全，冬季保供三战三捷的管网实绩获评央企社会责任蓝皮书"优秀案例"。着眼安全服务、高效服务，建成"1+6+1"油气调控体系、"3+7+18"维抢修队伍体系，驰援甘肃地震救灾，出台承包商"十项措施"，治理重大风险和较大隐患22项，老旧管道整治取得重要进展，压缩机组平均无故障运行时间超1.2万小时，在保障国家能源安全和经济安全上发挥"顶梁柱"作用。

2. 改革发展

坚决贯彻落实党中央关于实施国有企业改革深化提升行动的部署要求，围绕增强核心功能、提高核心竞争力，在改革三年行动以"A级"收官的基础上，全面启动、扎实开展改革深化提升行动。坚持以市场化方式引导和推进省级管网融入，创新性探索物理组网、商务组网、调度组网并进模式，实现广东、浙江、海南、福建、甘肃5地省网融入，多维度完善"全国一张网"。坚持高标准打造改革"排头兵"，西部管道公司等3家企业入围"双百行动"，徐州管道检验检测公司入围"科改示范行动"，引领示范带头作用进一步发挥。深入总结山东省公司试点改革成效，推动管网全面深化市场化、专业化、区域化、共享化"四化"改革取得突破性进展，11家区域化、专业化公司组建筹备，地区公司优化调整，储能技术公司、储运技术公司率先成立，运营型管控日趋成熟，企业职能更加聚焦，发展动能更加强劲，改革成效不断显现。

3. 重大项目

认真贯彻落实习近平总书记关于加快完善油气管网等重要指示批示精神，强化重要基础设施建设、畅通国内大循环，加速构建"全国一张网"。突出"按网布局"完成"十四五"发展规划中期评估和优化调整，出台投资项目分类管理规定，直面手续难度增大、遭遇台风洪涝等挑战，做实建管融合，投用数字化协同设计、供应链管理等平台，引入社会化承包商，推动建新网"质"与"量"双提升，国内凝点最高的长输原油管道魏荆新线一次投产成功，国家石油天然气基础设施重点工程锦郑管道、蒙西管道（一期）等顺利投产，西气东输四线天然气管道工程吐鲁番—中卫段全线主体线路焊接完工，川气东送二线、漳州LNG外输管道工程延伸段等能源大通道工程正式开工，一批储气库、LNG接收站项目加速推进，全年完成可行性研究项目72个，管道总里程5426.5千米、核准7693.6千米，累计焊接里程3391千米、建成具备投产条件管道3701千米、新建储气能力22.4亿立方米。

4. 科技创新

坚决贯彻落实习近平总书记关于创新是第一动力的重要论述，以科技创新推动产业创新，发布技术图谱，加大关键核心技术攻关，成功申报3个国家重点研发计划项目，多物理场综合内检测器研制成功并在中俄东线应用验证，天然气管网离线仿真软件投入应用，2项成果列入能源领域首台（套）重大技术装备，首次发布国际标准，首获中国专利优秀奖，天然气气质分析仪实现国产化应用，关键设备国产率升至94%，近60项科技成果推广应用，科技成果转化创效超过3.2亿元。加速布局战略性新兴产业，完成国内首次二氧化碳管道全尺寸爆破、掺氢管道燃爆和多管材纯氢试验，现代管输技术支撑更加有力。加快数字化智能化转型，业务规则标准化程度达94%，"工业互联网+安全生产"由试点变为示范，数据中台正式上线，生产数据直采率达80%，"横向联通、纵向贯通"战略经营数据看板作用有效发挥，网络安全持续巩固，IT基础设施建设不断加强，少人化无人化智能站建设提速，国家管网集团位列央企数字化智能化考核第一档。加快绿色转型步伐，实施甲烷排放管控行动，前瞻性布局集中式光伏发电项目，绿电发电突破1900万千瓦·时/年，玉门作业区成为首个"零碳工厂"。

5. 党的建设

坚决把高标准开展学习贯彻习近平新时代中国特色社会主义思想主题教育作为重大政治任务，聚焦学深悟透抓读书研讨，突出问题导向抓调查研究，坚持真刀真枪抓检视整改，在以学铸魂、以学增智、以学正风、以学促干上取得实实在在成效，广大党员干部员工对"两个确立"决定性意义的领悟更加深刻，"两个维护"更加坚决。诚恳接受中央巡视"政治体检"，同题共答找准改革发展病灶，巡视意见反馈后迅速部署推动问题整改，以真改实改的管网行动坚决落实政治责任。深入学习贯彻习近平总书记关于党的建设的重要思想和全国组织工作会议精神，全面加强党的领导和党的建设，突出"强基"大抓党建质量提升，部署开展支部共建、专业联建活动，择优选树模范共产党员和模范党支部，组建第一批党建指导工作组，管网红色堡垒进一步建强，党建质效连续两年位于央企前列。贯通全面从严治党"两个责任"，驰而不息正风肃纪反腐，一体推进"三不腐"，锲而不舍纠"四风"树新风，深入开展纪检监察干部队伍教育整顿，风清气正的政治生态持续巩固。召开宣传思想文化工作会议，强化意识形态工作，群团统战作用有效发挥，管网文章登上党刊，管网短视频广受好评，管网新闻频现央媒，"红色能源动脉"党建品牌不断擦亮，昂扬奋进新征程的动力更加澎湃。

（蒋若冰　牛立圆）

组织机构

国家石油天然气管网集团有限公司领导

序 号	姓 名	职 务
1	张 伟	国家管网集团董事长、党组书记
2	何仲文	国家管网集团副总经理、党组成员
3	姜昌亮	国家管网集团副总经理、党组成员
4	王德华	国家管网集团总会计师、党组成员
5	陈萍萍	国家管网集团纪检监察组组长、党组成员
6	杜业栋	国家管网集团副总经理、党组成员
7	王振声	国家管网集团副总经理、党组成员

国家石油天然气管网集团有限公司董监事

序 号	姓 名	单 位	职 务
1	张 伟	国家石油天然气管网集团有限公司	董事长
2	马王军	国务院国资委	外部董事
3	朱碧新	中国诚通控股集团有限公司	外部董事
4	周渝波	中国国新控股有限责任公司	外部董事
5	黄永章	中国石油天然气股份有限公司	外部董事
6	凌逸群	中国石油化工股份有限公司	外部董事
7	王 华	中国石油天然气股份有限公司	外部董事
8	鲍 绛	全国社会保障基金理事会	外部董事
9	俞 进	中国海洋石油集团有限公司	监事
10	笪 戟	中保投资基金有限公司	监事

注：组织机构资料截至 2023 年 12 月 31 日。

国家石油天然气管网集团有限公司总经理助理

序号	姓名	职务
1	李 荡	国家管网集团总经理助理
2	沈 琛	国家管网集团总经理助理
3	李文东	国家管网集团总经理助理
4	丁建林	国家管网集团总经理助理

国家石油天然气管网集团有限公司总部部门主要领导

序号	部门	姓名	职务
1	市场部	田中山	总经理
2	生产部	冯庆善	总经理
3	工程部（供应链部）	齐建华	总经理
4	数字化部	刘金玉	总经理
5	科技部	丁建林	总经理
6	安全环保部	张文新	总经理
7	安全环保监督中心	闫宝东	主任
8	集团办公室（党组办公室、董事会办公室）	王国涛	主任
9	党组组织与宣传部（人力资源部、群众工作部）	李 荡	部长（总经理）
10	战略与执行部（企业管理部）	赵忠勋	总经理
11	财务部	付 强	总经理
12	综合监督部（党组巡视办）	张忠东	总经理（主任）

国家石油天然气管网集团有限公司所属单位主要领导

序号	单位	姓名	职务
1	油气调控中心	李凤学	党委书记、公司代表
		祁国成	主任、党委副书记 集团生产部副总经理
2	北方管道公司	刘志刚	总经理、党委副书记
3	东部原油储运公司	肖 连	执行董事、党委书记
4	西气东输公司	司刚强	公司代表、党委书记
		蒋金生	总经理、党委副书记
5	西部管道公司	赵赏鑫	执行董事、党委书记
		崔锦红	总经理、党委副书记
6	北京管道公司	唐善华	董事长、党委书记
		朱汪友	总经理、党委副书记
7	西南管道公司	崔 涛	执行董事、党委书记 西南油气管道有限公司执行董事、总经理
8	山东省公司	张世斌	总经理、党委副书记
9	液化天然气接收站管理公司	王晓刚	公司代表、党委书记
		李 军	总经理、党委副书记
10	华南公司	张 平	公司代表、党委书记
11	华中公司	仪 林	公司代表、党委书记
		陈春香	总经理、党委副书记
12	华东公司	周雪洪	公司代表、党委书记
13	华北公司	罗东明	公司代表、党委书记
14	建设项目管理公司	李 波	公司代表、党委书记
		赵 罡	总经理、党委副书记
15	广东运维中心（广东省管网公司）	赖少川	广东省管网有限公司董事长、广东运维中心（广东省管网）党委书记
		钱祖国	广东省管网有限公司董事、总经理，广东运维中心（广东省管网）党委副书记、广东运维中心总经理

续表

序　号	单　位	姓　名	职　务
16	浙江省网公司	董　鹏	董事长、党委书记
		李　江	总经理、党委副书记
17	研究总院	丁建林	公司代表、党委书记
		张对红	院长、党委副书记
18	工程技术创新公司	桑广世	总经理、党委书记
19	共享运营公司	柴　伟	公司代表、党委书记
		余同钢	总经理、党委副书记
20	北京智网数科公司	刘金玉	党委书记、总经理
21	工程质量监督检验公司	齐建华	执行董事
		刘海春	总经理、党总支副书记 集团工程部副总经理
22	燕祉商务服务公司	庄　涛	总经理、党总支副书记

（滕巾帼）

国家石油天然气管网集团有限公司年鉴 2024
CHINA OIL&GAS PIPELINE NETWORK CORPORATION YEARBOOK 2024

特 载

署名文章

强化党建引领保障 铸牢红色能源动脉

国家石油天然气管网集团党组

坚持党的领导、加强党的建设，是国有企业的"根"和"魂"。实现国有企业高质量发展，离不开高质量党建的引领和保障。国家管网集团自2019年组建以来，集团党组深入学习贯彻习近平新时代中国特色社会主义思想，学习贯彻习近平总书记关于国有企业改革发展和党的建设的重要论述，贯彻落实新时代党的建设总要求和新时代党的组织路线、全国国有企业党的建设工作会议精神，坚持"两个一以贯之"，探索"红色能源动脉"特色党建品牌建设路径，党的领导和党的建设得到全方位加强，新"国家队"高质量发展的红色引擎更加强劲，党的政治优势、组织优势进一步转化为打造世界一流企业的发展优势，有力保障了国家能源安全和经济安全。

一、突出旗帜鲜明讲政治，为红色能源动脉锻造红色铁军

集团党组牢牢把握"央企姓党"的政治属性，以加强党的政治建设为统领，深入学习贯彻党的二十大精神，坚持不懈用习近平新时代中国特色社会主义思想凝心铸魂，坚定拥护"两个确立"、坚决做到"两个维护"，确保国家管网事业始终沿着习近平总书记指引的方向勇毅前行。

坚持把党的政治建设摆在首位。始终坚持把学习贯彻落实习近平总书记重要指示批示精神作为第一政治任务，深入贯彻落实习近平总书记"四个革命、一个合作"能源安全新战略，制定党组加强党的政治建设重点举措、学习贯彻习近平总书记重要讲话和重要指示批示精神落实机制，部署开展习近平总书记重要指示批示精神再学习再落实再提升的主题活动、夯实政治责任强化政治监督专项行动，推动党中央重大决策部署在国家管网集团落地见效。坚持在"全国一张网"基层一线营造军营氛围，建设铁军文化，实施准军事化管理，切实提升3万管网铁军政治判断力、政治领悟力、政治执行力，确保一切行动听从习近平总书记号令、听从党中央指挥，讲政治、有信仰成为国家管网集团的主标签。

着力抓好思想建设这个基础。严格落实"第一议题"制度，聚焦党中央深化油气体制和管网运营机制改革重大部署，创新提出并践行"学、思、践、悟、验"党建工作5步法，形成每周跟进集体学、专题研讨重点学、制发汇编深入学、专项检查督促学的深度研学机制，推动习近平新时代中国特色社会主义思想大学习、大落实。巩固拓展党史学习教育成果，推动党史学习教育常态化长效化，引导党员干部把党史作为必修课、常修课。创新央企党校办学模式，在中国人民大学马克思主义学院挂牌成立集团党校，校企深度联合举办"一把手"政治能力提升等培训班，参训人员近万人次，有效发挥了理论武装主阵地作用。

突出抓好领导干部"关键少数"。着眼建设堪当民族复兴重任的高素质专业化国有企业干部队伍，严格按照新时代国有企业领导人员"20字"要求，坚持正确选人用人导向，创新构建关键岗位人员胜任力模型，突出考准考实政治素质，有序开展干部交流，大力培养复合型"关键少数"，推动班子整体功能明显增强。建立完善"赛马""相马"机制，加强实践锻炼、专业训练、斗争磨砺，重点从安全生产、市场开拓、改革创新、工程建设、"一张网运营"等攻坚战中考察识别人选，综合纪检、巡视、审计等成果，提升选人用人工作质量。大力培养选拔优秀年轻干部，实施"妥善安排退出一批、发现培育储备一批、大胆选拔使用一批、集中提拔重用一批"计划，搭建集团总部与直属企业双向挂职、重点站队长岗位纳入集团管理培训锻炼平台，年轻干部队伍的"蓄水池"常态保持适度规模，为选优配强各级领导班子提供了坚实保障。

创新构建人才工作体系。深入学习贯彻习近平总书记关于做好新时代人才工作的重要思想，坚持人才是第一资源，聚焦核心业务和科技创新发展，实施人才强企"筑基""储备""增输""升顶""名匠"五大计划，突出抓好"高水平经营管理、一流科技领军、卓越工程师、高素质技能人才"4支队伍建设，奋力打造能源领域重要人才中心和创新高地。坚持科技自立自强，建立科研任务"揭榜挂帅""赛马"制度，建立集团级技术技能专家工作室，引进急需紧缺专业人才，培育壮大科技人才队伍，分阶段优选培育技能人才梯队，探索建立技术研究中心、协同创新共同体。分层分类实施重点骨干人才培训，参训13万人次，有力促进专业人才素质提升。探索搞活收入分配机制，建立效益增量挂钩、成果转化分享等新机制，加速打造央企创新人才高地。

二、突出"基层三化"固根基，为红色能源动脉构筑红色阵地

国家管网集团1.6万名党员、1217个基层党组织是宝贵的组织资源。集团党组坚持大抓基层、大抓支部的鲜明导向，坚持党的一切工作到支部，以"基层三化"为抓手深化"三基本"建设，不断提升组织力、凝聚力、战斗力，做到管网延伸到哪里、党的组织就建设到哪里、党员先锋模范作用就发挥到哪里，让党旗始终在油气供应第一线高高飘扬。

专业化分工建堡垒。针对输油气站、液化天然气接收站、维抢修队和总部部门等不同业务部门党支部特点，配套定制有针对性的党建策略，修订党建考核骨干制度，实现党建主体责任清单化、党建工作方法差异化、考核机制专业化，以高质量党建保障业务做精做优。选优配强专业党务干部，实施党务干部队伍能力提升计划，开展党支部书记持证上岗和示范培训，选派党务干部参加挂职锻炼，推动党务与经营岗位干部交流，促进党建与业务融合发展。

标准化建设强堡垒。针对重组后基层党建工作标准不统一、培训无教材、工作缺规范等问题，探索党支部标准化规范化建设和达标定级，编制基层党建标准化手册和标杆党支部优秀案例选编，首批选树50个标杆党支部，推动实现组织生活、阵地建设、数据资料等全方位标准化规范化。聚焦党支部和党员作用发挥，推广"六有"党支部阵地标准化建设，丰富党组成员基层"四联"、冬季保供驻站跟班、"主题党日+"等载体，推进"亮身份、亮承诺、亮示范、亮学习、亮服务"党员身份意识提升行动，让党员平常时候看得出、关键时刻站得出、危难关头豁得出。

网络化集成固堡垒。坚持全集团"一盘棋"，统筹现有党建工作资源，将集团分布全国的各单位划分为4个区域，采取以大带小、以老带新、以强带弱、以主带辅方式，开展区域化党建试点。着眼上下贯通、穿透基层，做实总部部门党支部与基层党支部"六共建五创优"活动。组织具有相同生产经营管理任务的党支部，跨单位建立党支部建设联合体，在互学互鉴、有机统一中，培育协同大会战的整体战斗模式，实现"根"从一线夯实、"魂"从堡垒铸强。

三、突出"四个坚持"促融合，为红色能源动脉打通红色经络

集团党组把坚持党的领导和建立现代企业制度有机统一起来，聚焦改革发展稳定中心任务开展党建顶层设计，构建运行主体全面履责、工作全面规范、任务全面融合、作用全面发挥的"大党建"体系，着力破解"两张皮""两混同"顽疾，形成党建工作与生产经营"两个责任制"融合落实的长效机制。

坚持主体全面履责。聚焦党组全面从严治党主体责任落实，创新编制表单化、条目化的工作手册，细化保证落实规定动作的对账单。在推动各层级履责上下笨功夫，逐条梳理与国有企业党建工作有关的党内法规和规范性文件，形成党组（党委）、党支部、党员3个层面477项的履责要点清单，层层建立包含第一责任、"一岗双责"和监督责任等内容的党建责任制体系。开展党组织书记"同擂台"述职评议、党支部"同标尺"考评定级，对连续2年未达标党支部的书记、副书记进行问责，倒逼责任落地。

坚持工作全面规范。作为新组建的央企，坚持顶层设计先行，构建形成包含33项党建工作规范性文件，层次明晰、互相衔接、务实管用的"1+N"党建制度体系，提升了党建工作科学化制度化规范化水平。建立党建工作月度分析例会机制，强化常态化过程管控，协力解决基层党建难点问题，推动日常工作全面规范。开展党建业务流程梳理，上线运行党建信息平台，发挥平台高效便捷、互联互通优势，形成流程化、可视化应用工具，提高党建工作质效。

坚持任务全面融合。探索搭建"融合矩阵"推进党建与业务融合，查找党建工作切入点、焊接点，精准识别融合点960余个，形成融合矩阵15个，在主营业务关键节点上发挥党建价值和作用。加强党建工作业务流程建设，围绕党建工作的政治引领、动力支持、稳定保障等作用，明确3个层级333个党建嵌入点，组织12家单位开展试点运行。建立"党建驾驶舱"，实时掌控各级党组织、党员工作动态和重点工作落实情况，全景式展现党建工作全貌，推进党建与生产经营强融合，实现党建工作"一张网"实时感知、"一张图"全面监控，在融入中心抓党建、抓好党建促发展上形成管网特色。

坚持作用全面发挥。扭住责任制"牛鼻子"，用好党建考核指挥棒，在党组织书记述职评议、单位党建考核中，重点考评党建工作发挥政治引领、动力支持和稳定保障等作用的实效实绩。实施党建责任制考核与经营业绩考核"双百相乘"，既报经济账，又报党建账，健全考核结果决定工资总额的工作机制，推动党建工作从软指标变为硬约束，自上而下压实党建责任，切实将党建优势转化为高质量发展的制胜优势，坚定不移做能源安全新战略的践行者、推动者、引领者，确保"把能源的饭碗端在自己手里"。

（摘自《党建研究》2023年第2期）

聚焦"六抓六促"全面增强基层党组织政治功能和组织功能

国家石油天然气管网集团有限公司
党组书记、董事长　张　伟

党的力量来自组织。党的全面领导、党的全部工作要靠党的坚强组织体系去实现。自开展主题教育以来，国家石油天然气管网集团有限公司（以下简称国家管网集团）坚定不移贯彻落实全面从严治党战略部署和习近平总书记关于国有企业改革发展和党的建设等重要论述，锚定"做出特色、走在前列、形成品牌"党建工作总目标，以"六抓六促"为着力点，持续增强基层党组织政治功能和组织功能，擦亮"红色能源动脉"党建品牌，为打造服务卓越、品牌卓著、创新领先、治理现代、与众不同的中国特色世界一流能源基础设施运营商提供坚强保证，真正把主题教育学习成效转化为谱写中国式现代化管网篇章的实际行动。

抓"双建"促提升，着力打造讲政治、有信仰的基层党组织战斗堡垒

党支部是党最基本的组织，是党全部工作和战斗力的基础。国家管网集团坚决树牢"党的一切工作到支部"的鲜明导向，部署开展"双建"活动，推动党建工作部署穿透落实到基层一线，坚决做到党中央有部署、管网见行动。

抓实总部到基层"点对点共建"。把学习贯彻新时代党的创新理论和党的二十大精神作为首要政治任务，在"手牵手"共建中扎实开展集体学习、交流研讨，在建强战斗堡垒、发挥党员作用、共建党建品牌上下真功。做优专业线条"以线带面联建"。发挥总部部门接天线、连资源、专业精等优势，联动抓好政策解读、工作指导，一体推进"两个责任"，业务部署层层落地。发挥基层一线接地气、抓具体、办法多等优势，用基层一线的真实反馈、鲜活经验反哺业务提升。发挥跨单位、全链条通力协作优势，集中攻坚破解业务难题，厚植高质量发展专业优势。

抓基础促提升，着力扎深扎牢基层党组织的"根"

全面从严治党要在国有企业落实落地，必须从最基本的东西抓起，从基本组织、基本队伍、基本制度严起。国家管网集团持续加强"三基本建设"，不断推进全面从严治党向纵深发展、向基层延伸。

织密基层党组织覆盖网。严格落实"四同步、四对接"，主动适应市场化专业化区域化共享化改革需要，适时调整优化基层党组织，在生产经营"最小管理单元"建好建强党支部，让党的组织覆盖不留任何盲区和空白点。种好基层党建"责任田"。做实标准化建设，形成一本标准化"党务宝典"；强化专业化分工，针对输油气站、LNG（液化天然气）接收站等不同领域的党组织特点，配套定制性、特色化方式载体；深化网络化集成，坚持以强带弱、以大带小、以老带新，推进区域联动、资源共享。烧旺党的组织生活"大熔炉"。突出政治教育和党性锻炼，严格落实组织生活制度，用党员听得懂的"时代语"阐述党的宗旨，用党员看得见的"身边事"讲清党的理论，用接地气的"活教材"展现党的形象，让广大党员切实感受到自己是"有组织的人"。

抓典型促提升，着力形成基层党组织"一花引来万花开"效应

榜样的力量是无穷的。国家管网集团充分发挥先进典型示范引领作用，大力开展典型培树活动，努力形成点灯一盏、照亮一片的良好效应。

大力选树铁军英模，升起管网"闪亮的星"。深化运用浙江"千万工程"经验，坚持先行示范、典型引路、以点带面，推动"双模"选树常态长效开展，把最能反映管网人英勇战斗、攻坚克难精神风貌的模范共产党员和模范党支部选树出来，不断壮大管网铁军英模矩阵。打造党支部特色品牌，实现"一个堡垒一张名片"。持续深化"基层三化""学思践悟验"党建工作五步法等管网党建特色实践，让"红色能源动脉"党建品牌有筋骨、有理论、有实效。围绕"有个性化内涵、有形象化标识、有可视化阵地、有制度化推进、有显性化成效"，创建党支部特色品牌，实现"一点红"带动"一片红"。带动后进党支部蝶变升级，赶上"先头部队"。坚持抓两头带中间，通过擦亮先进、转化后进、提升一般，最终实现基层党建质量全面提升。用好调查研究"传家宝"，靶向瞄准后进党支部问题症结，解剖麻雀找出"病因病灶"，量身定制治疗方案，加快推动后进转化，绝不让一个党支部掉队。

抓队伍促提升，着力建强基层党组织的中坚力量

新时代党务干部要努力成为政治上的明白人、党建工作的内行人、干部职工的贴心人。国家管网集团以"精兵强将干党建"为导向，努力建设一支政治坚定、结构合理、精干高效、充满活力的高素质专业化党务干部队伍。

引流"春江水"，解决"有人干事"的问题。以懂党务、懂业务、懂管理，会解读政策、会疏导思想、会总结经验，政治过硬、作风过硬、廉洁过硬的"三懂三会三过硬"为基本要求，配齐配强党支部书记和党务干部，健全落实党务干部与业务干部双向交流机制。充分发挥党支部班子整体功能，推进党政正职"双向进入、交叉任职"。挺起"硬脊梁"，解决"有信心干事"的问题。深入落实党内关怀、奖励激励、干部容错纠错等制度，科学评价党务干部工作质量绩效，拓宽职务晋升途径，让更多优秀人才愿意在党务岗位上担当作为。练就"铁肩膀"，解决"有能力干事"的问题。以党员情况一口清、党建职责一口清、解决问题一口清、活动开展一口清、工作业绩一口清的"五个一口清"为基本标准，全面提升党支部书记带头履职能力。开展党建专家行、优秀党支部书记示范行活动，给优秀党支部书记"搭台子""递话筒"。组建党建教导团，选拔一批党性坚强、经验丰富、能力突出的"老支书"，面对面、手把手帮助提升其他党支部书记工作能力。

抓合力促提升，着力增强基层党组织的感召力凝聚力

党员干部特别是领导干部要树牢群众观点，贯彻群众路线。国家管网集团坚持走好新时代群众路线，注重发挥整合各方资源优势。

当好"吸铁石"，把工作做到员工群众心坎上。坚持以调查研究开路，紧扣管网改革发展实际和员工群众急难愁盼，推动"我为群众办实事"常态化长效化，把员工群众紧紧凝聚在一起。抓牢"生命线"，零距离倾听员工群众心声。结合员工成长差异，充分发挥党支部"田间地头"工作能力，及时掌握员工群众思想工作动态、生活困难需求等，加强人文关怀和心理疏导。架起"连心桥"，把温暖送到员工群众手里。坚持党建带工建、带团建，深化

特 载

技能比武大赛、"号手岗队"等载体建设，深入开展青年精神素养提升工程和"青马工程"，为青年成长成才创造条件。

抓创新促提升，着力激发基层党组织的生机活力

创新才能把握时代、引领时代。国家管网集团立足破解央企党建共性"必答题"，做好管网个性"自选题"，努力做基层党建创新实践的首创者、领跑者。

投身"主战场"，融入中心谋创新。用好"党建+"工作模式，深化运用党员责任区、党员示范岗等手段，抓好党建思想政治工作课题研究，打造一批基层党建创新实践示范案例，为探索新时代央企党建创新贡献管网智慧。找准"小切口"，丰富载体促创新。以数字化思维推进党建工作方法手段创新，推动党建数字化平台建设，在基层党建和党员教育中探索运用新技术新应用，开设"数字微党课"等活动，有效突破传统党员教育阵地的时间与空间局限。培育"动力源"，激活基层共创新。鼓励基层党组织发挥好基层创新"源头活水"作用，积极探索更为鲜活生动的自选动作，努力形成可复制可推广的制度成果和实践经验，真正把管网党建做出特色、走在前列、形成品牌。

新时代新征程，国家管网集团将全面深入贯彻党的二十大精神，将主题教育焕发出来的热情和动力转化为攻坚克难、干事创业的强大动力，以高质量党建引领保障国家管网集团打造世界一流企业和实现高质量发展，在强国建设、民族复兴的新征程上作出新的管网贡献！

（摘自《学习时报》2023年10月18日）

工作报告

以党的二十大精神为指引 实施"五个坚持"总体方略 推进高质量发展 谱写新时代新征程国家管网集团事业壮丽篇章

——在国家管网集团2023年工作会议上的讲话

张 伟

（2022年12月29日）

这次会议的主要任务是，以习近平新时代中国特色社会主义思想为指导，全面贯彻落实党的二十大精神，认真贯彻落实中央经济工作会议精神，总结2022年工作，分析当前形势，部署当前和今后一个时期的重点任务，动员全体干部员工实施"五个坚持"总体方略，踔厉奋发、勇毅前行，开拓进取、创新实干，齐心协力推进管网打造世界一流企业和实现高质量发展，奋力谱写新时代新征程国家管网集团事业壮丽篇章，为全面建设社会主义现代化国家、全面推进中华民族伟大复兴贡献更大的管网力量。

刚才，会议表彰了集团公司2022年"基层站（队）十面红旗"和"管网十大楷模"，他们是国家管网集团基层站队和广大员工的杰出代表，大家要向他们学习。中云同志通报了集团公司2022年经营业绩完成情况，安排了

2023年主要业绩指标和重点工作任务，要认真抓好落实。下面，我代表集团公司党组，讲三点意见。

一、以"最讲政治、最有信仰"的管网担当推进公司高质量发展迈出坚实步伐，在党的二十大召开之年向党中央交出亮丽成绩单

2022年，是党和国家历史上具有重要里程碑意义的一年，也是国家管网集团付出艰辛努力、取得亮眼业绩的一年。一年来，在以习近平同志为核心的党中央坚强领导下，集团公司党组团结带领各级领导班子和广大干部员工，坚决贯彻习近平总书记关于"疫情要防住、经济要稳住、发展要安全"重要指示精神，把迎接党的二十大胜利召开、学习贯彻党的二十大精神转化为强大动力，直面世纪疫情延宕反复、全球多重危机叠加等严峻挑战，以敢于压倒一切困难而不被任何困难所压倒的斗志，以厚植生存发展之基、市场开拓能力、协同作战能力、强大物质基础、创新发展动能、经营创效基础、党建独特优势为重点，统筹做好生产经营、改革发展、党的建设和疫情防控等各方面工作，取得了好于预期的经营成果，在政治大年稳定宏观经济大盘的政治检阅中挺起了管网脊梁。

一是坚决扛稳扛牢油气能源保供重大政治责任，在打好打赢冬季保供硬仗、保障群众安全温暖过冬中彰显了管网担当。认真贯彻习近平总书记关于"确保群众温暖安全过冬"重要指示精神，积极应对国际能源价格高企、进口LNG和中亚气大幅下降等不利局面，扛起冬季天然气保供调度协调主体责任，突出强化组织领导，坚持在"11·12"保供出征日组织三万将士庄严誓师、授旗受命，坚持各级领导干部下沉一线、驻站跟班，凝聚起了万众一心、群策群力保冬供的强大合力，冬季保供硬仗去冬今春圆满告捷、今冬明春胜利在望，把习近平总书记对百姓冷暖的关切变成了供气一方不压、温暖千家万户的管网行动。牢牢抓住保供主要是保资源这一关键，动态研判市场需求与资源供给，密切跟踪和协调上游企业增产增购增供，推动入网资源同比刚性增长7.4%。坚持以大概率思维应对小概率事件，立足管网超前做好冬季保供工作，有效实施"冬夏一体化"保供模式，巩固拓展迎峰度夏战果，提升关键设备运维水平，畅通"俄气进京"等通道，提前组织储气库超进度注气，采购充足的应急资源，主力LNG接收站具备全天候靠泊接卸能力，牢牢掌握了冬季保供主动权。坚持做足应急准备，加强与上级部委和上游企业对接，做细做实冬季保供方案，逐项靠实地方政府和上游企业的压减清单，狠抓合同执行，强化预案演练，做好高峰期平稳有序供气各项准备，以战时状态确保高质量完成天然气冬季保供重大政治硬任务。

二是坚决把提升战略执行力摆在突出位置，在超额完成全年生产经营目标、促进我国经济回稳向好中彰显了管网担当。认真贯彻习近平总书记关于"扎实稳住经济"重要指示精神，全面落实中央企业提质增效专项行动部署，做实业务战略质询，完善战略执行体系，分类签订任期与年度合同，把指标拉通到月、贯通到站，严肃预算刚性约束，强化动态监控、亮灯预警，提升了战略执行力，取得了优异经营绩效，国资委"两利四率"考核指标均超额完成。突出提升市场开拓能力，完善市场经营体系，统筹建"中台"与强"前台"，上线开放服务和管容交易平台，推广"一票制"联运结算，推出"储运通"新产品，搭建客户经理体系，开展首次管输服务集中受理和客户现场撮合，利用进博会做好市场推介，成品油管道加大联运扩距、完成第三方资源入网第一单，与国际大型能源托运商实现直接商务合作，撬动全国天然气上游、下游市场主体分别增至35家和超3000家。突出提升精益管理能力，推进精益化落实到生产经营各领域各环节，全力优化、挖潜、降本、增效，全年单位产值综合能耗、自耗气分别降低2.7%、0.5%，压缩机无故障运行时间提升34%，全年通过优化运行降耗、配售虚拟路径创收、完成联合管道少数股权收购、优化自购气结构、加大自主运维节约外委支出、实施负债与贷款利率双控等多项举措实现降本增效，主营业务除LNG跑平大势外全部跑赢大势。突出提升合规经营能力，坚持把发展和合规统筹起来，建立完善风险防范制度机制，严肃认真抓好内部审计和审计整改，扎实有效开展"严肃财经纪律、依法合规经营"综合治理专项行动。

三是坚决站在公司生存发展的高度推进安全生产攻坚，在守住安全生产红线底线、以平安管网助力保持国泰民安的社会环境中彰显了管网担当。深入学习贯彻习近平总书记关于安全生产的重要论述，突出抓好责任体系大落实、风险隐患大整治、重点环节大管控、安全环保大监督、安全本领大提升，促进本质安全水平不断提升。巩固拓展安全生产队伍"三湾改编"成果，发布新版QHSE体系管理手册，完成全覆盖体系审核，签订全员"一岗一清单"，强化全员基本功训练，75%基层站队实现标准化建设达标。统筹推进核心岗位外包人员替换，强化承包商管理和责任追究，设置"吹哨人"奖励制度，严格安全培训、履职考评、专项督导和预案修订，全员时时放心不下的责任心、识别削除风险的硬本领进一步增强。实施重大安全环保风险挂牌督办，党组成员挂帅督导老旧管道整治和防震减灾工作，组织安全生产大检查，开展大型油气储存基地、重大危险源、高层建筑和自建房等方面的风险隐患专项排查整治，全年开展内外检测3.5万公里、开挖复检环焊缝1.12万道、治理隐患1316项、清理占压1859项，一级管道异常事件下降39%，安全生产专项整治三年行动顺利收官。特别是，坚决落实习近平总书记重要指示精神，高质量高效率完成东营输油站迁建重大政治任务，以管网速度坚决做到"两个维护"。从严从紧从实做好疫情防控，油气调控人员实行集中管理、分兵两路守护，生产作业采取"视频+现场"同步管控，干部员工守望相助、共克时艰，一同经受住疫情考验，保证了生产经营平稳运行。

四是坚决以进攻扩张态势推进"全国一张网"加速构建，在促进全面加强基础设施建设、扩大国内需求中彰显了管网担当。认真贯彻党中央关于全面加强基础设施建设的重大部署，统筹推进重大工程建设、管网互联互通和省级管网融入，"全国一张网"构建取得新进展。坚持以战略规划引领"全国一张网"构建，建立以五年规划为统领、以天然气"全国一张网"发展规划等为支撑的"1+4"滚动规划体系，带动管网投资适度超前安排，国有企业的经济稳定器、压舱石作用充分彰显。坚持迎难而上推进工程建设攻坚，克服疫情汛情造成大量焊接机组停工、管材物资断供的巨大影响，拿出不服输、不怕压、后墙绝不倒的拼劲克难攻坚，协调地方政府打通绿色通道，用好国家部委例会工作机制，保证了重点项目建设进度，中俄东线南段（安平-泰兴）、董东线投产运行，长江盾构隧道提前一年贯通，西气东输四线、西气东输三线中段等能源大通道工程打火开焊，一批储气库和LNG接收站项目加速推进，全年完成可研项目63个、总里程8639千米，完成焊接里程3557千米，具备投产条件里程2797千米，焊口无损检测一次合格率达98.2%，在极为艰难的条件下超额完成年度任务。坚持以市场化方式推进省级管网融入，浙江省网正式纳入公司管理，与黑龙江、山东等地方的省网合作顺利推进，在打通"全国一张网"堵点上取得新进展。坚持以我为主推进管网重组整合遗留问题解决，完成9座原油站场及附属设施的资产交割和31条支线收购，管网基础设施结构功能得到提升。

五是坚决拿出敢为人先的气概深化改革创新，在示范引领国有企业深化改革、转型发展上彰显了管网担当。深入践行创新发展理念，坚持把改革创新摆在公司发展全局的核心位置，努力向改革要活力、向创新要动力。深化改革方面，按照"一张网、一中心、一公司"的管控准则，蹄疾步稳推进"市场化、专业化、区域化、共享化"内部整合协同改革试点，"1+6+1"油气调控一体化改革平稳实施，山东省公司注册成立，"运维中心—作业区"两级管理试点形成可复制的经验，华北、华东两个区域市场经营中心开张运营，管道运营企业机构总量压减8%，建设项目管理分公司整合新气管道公司顺利进行，智网数科公司、共享运营公司、工程质量监督检验公司相继成立，财务垂直管理有序进行，运营型管控初具雏形，改革三年行动高质量收官，对标世界一流管理提升行动扎实推进，公司内生活力和发展动力有效激发。科技创新方面，加快构建科技创新生态体系，强化科技攻关组织，完善揭榜挂帅、闸门式管理机制，10大重点研究任务取得积极进展，在线仿真软件、高钢级管道环焊缝失效机理等研究取得阶段性成果，设备设施国产化替代多点开花，成功申报3项国家重点研发计划项目，全国重点实验室申报进展顺利，管网标准体系初步建成，新立项国际标准2项，制订国家标准2项，申请发明专利188件。数字化转型方面，建立形成具有管网特色的流程架构，完成流程开发及阶段试运行，上线制程管理平台，健全数据治理体系并形成统一数据湖，"工业互联网+安全生产"应用试点取得成效，资产完整性管理、合同归集等系统项目建成投用，数字赋能作用初步显现。绿色低碳发展方面，"双碳"计划有序推进，甲烷排放管控、放空回收试点、节电优化等取得新成效，在役管道混氢输送、超临界二氧化碳管输技术攻关稳步推进，非金属管道、非常规介质管输等基础前沿技术启动探索，形成多项新能源技术国标草案。

六是坚决持之以恒推进全面从严治党向纵深发展，在深入推进新时代党的建设新的伟大工程中彰显了管网担当。学习宣传贯彻党的二十大精神取得初步成效，各级领导班子和广大干部员工对"两个确立"决定性意义的领悟更加深刻，"两个维护"更加坚决，用习近平新时代中国特色社会主义思想和党的二十大精神武装头脑、指导实践、推动工作的思想自觉和行动自觉更加坚定。党的领导和党的建设全方位加强，党建工作"做出特色、走在前列、形成品牌"取得积极进展，各级党组织和党员队伍作用有效发挥，引领保障管网高质量发展的红色引擎更加强劲，首次参加央企党建责任制考核实现开门红。高质量完成习近平总书记重要指示批示精神再学习再落实再提升活动，深化运用"学思践悟验"五步法推动"第一议题"走深走实，党员干部队伍的政治判断力、政治领悟力、政治执行力持续增强。党组（党委）加强自身建设的十项举措落实到位，引领带动了全集团党的建设质量不断提升。加强各级领导班子和干部队伍建设，完成全集团人才盘点，重点站队长岗位纳入集团公司管理，提拔和交流集团公司关键岗位人员55名，直属单位领导班子力量得到增强，干部队伍结构得到优化。做好宣传思想工作，以"夯基行动"带动形势任务教育扎实有效开展，基层准军事化管理试点成效明显，管网改革故事登上央视"对话"栏目，《求是》《人民日报》刊发管网文章，凝聚起在新时代新征程上团结奋斗、建功管网的强大精神力量。推进基层党建专业化分工、标准化建设、网络化集成，选树集团公司第一批"标杆党支部"，深化拓展"六共建五创优"活动，基层战斗堡垒得到不断筑牢。弘扬工匠精神，成功举办首届输油气工大比武，营造了基层员工比学赶超、争做贡献的浓厚氛围。保持正风肃纪反腐高压态势，高质量完成巡视全覆盖，驰而不息反"四风"树新风，制定实施整治形式主义突出问题为基层减负的"二十条措施"，坚持"三不"一体推进、标本兼治深化反腐败斗争，营造风清气正的政治生态。做好国家安全、意识形态、统战、维稳、保密以及工会、共青团、离退休工作，在集团上下形成奋进新征程、建功新时代的生动局面。

回顾2022年，我们深切体会到，艰难困苦、玉汝于成。我们收获的累累硕果，饱含着以习近平同志为核心的党中央的高度重视和深切关怀，倾注着上级部委、地方党委政府、公司股东及社会各界的高度关注和大力支持，凝结着各级领导班子和广大干部员工的智慧力量和心血汗水。大战大考彰显"保障国家能源安全"的使命之重，困难重重考验"服务国家战略、服务人民需要、服务行业发展"的宗旨之诚。艰巨繁重的夯基攻坚任务，沉甸甸地压在每一个辛勤耕耘的管网人肩膀上，无论是雨打风吹的一线站队，还是昼夜不停的建设现场；无论是严阵以待的保供一线，还是抗疫封控的关键时刻；无论是开拓客户的市场前线，还是试点改革的前沿阵地；无论是执着攻关的科研战线，还是点灯熬油的管理部门……，都印刻着一张张挥洒汗水的面孔、一个个风雨无阻的身影、一串串感人至深的故事、一段段克难攻坚的历程，汇聚成三万管网铁军苦干实干、团结奋斗的强大洪流。橙衣丹心的管网铁军，人人都是"拼命三郎"，人人都有铁骨胆气，向着打造中国特色世界一流能源基础设施运营商的美好前景进军，以越是艰险越向前的气魄，把一个个不可能变成可能，让一个个可能照进现实，成为创造管网改革发展史的主角。每一个管网人都是最可敬的人，都是了不起的英雄，管网的英雄铸就了英雄的管网！在此，我代表集团公司党组和董事会，向给予我们关心支持和指导帮助的上级部委、地方党委政府和公司股东，向付出艰辛努力的公司各位董事、全体管网将士、离退休老同志及员工家属，致以最崇高的敬意和最衷心的感谢！

回顾过去的三年，我们深切体会到，一路风雨兼程、经验弥足珍贵。听党话跟党走是国家管网集团事业发展的"定海神针"，必须永葆对党绝对忠诚的政治本色，一切行动听从习近平总书记号令、听从党中央指挥，擦亮"最讲政治、最有信仰"的管网主标签。结果导向是国家管网集团事业发展的价值遵循，必须坚持以终为始，始终保持专注和聚焦目标，抱着追求胜利的强烈愿望，有条件要上、没有条件创造条件也要上，不达目的绝不收兵。团结协作是国家管网集团事业发展的重要保证，必须坚持构建多元化团队，培育包容的氛围、革命的英雄主义和生死与共的战友情，以灵敏的嗅觉、奋不顾身的斗志和团结奋斗的意识，携手创造无愧于新时代的辉煌业绩。科技创新是国家管网集团事业发展的关键支撑，必须坚定创新自信、勇攀科技高峰、破解发展难题，开展不懈的研发和持续的组织、管理、制度等全方位创新，当好敢为人先的探路者、追求卓越的自驱者、创新发展的引领者。弘扬斗争精神是国家管网集团事业发展的制胜法宝，必须坚持敢于斗争、善于斗争，以"明知山有虎、偏向虎山行"的勇气，战胜前进道路上的一切困难挑战直至取得最后胜利。这些，是第一代国家管网人培育形成的优良基因，是我们打造"百年老店"的宝贵经验，必须倍加珍惜、长期坚持。

二、以党的二十大精神为指引，实施"五个坚持"总体方略推进国家管网集团打造世界一流企业和实现高质量发展

党的二十大擘画了以中国式现代化推进中华民族伟大复兴的宏伟蓝图，发出了为全面建设社会主义现代化国家而团结奋斗的伟大号召。2023年是全面贯彻落实党的二十大精神的开局之年，是实施"十四五"规划承上启下的关键之年，也是国家管网集团走完三年过渡期、从全面完成建企正式迈向立企强企的跨越之年。站在关键历史节点上，我们要深入学习贯彻党的二十大精神，踔厉奋发、勇毅前行，坚定不移推进管网做强做优做大、打造世界一流企业和实现高质量发展，在新时代新征程中奋力谱写国家管网集团事业壮丽篇章。

习近平总书记指出，"全面建设社会主义现代化国家，是一项伟大而艰巨的事业，前途光明，任重道远。我国发展进入战略机遇和风险挑战并存、不确定难预料因素增多的时期。"在刚刚召开的中央经济工作会议上，总书记强调，"当前我国经济恢复的基础尚不牢固，需求收缩、供给冲击、预期转弱三重压力仍然较大，外部环境动荡不安，给我国经济带来的影响加深。但要看到，我国经济韧性强、潜力大、活力足，各项政策效果持续显现，明年经济运行有望总体回升。"面对新时代新征程上的新情况新变化，我们要全面贯彻习近平新时代中国特色社会主义思想特别是习近平经济思想，坚决把思想和行动统一到党中央对经济形势的分析判断上来，增强预判能力，进一步认清大势、把握大势，顺势而为、乘势而上，牢牢掌握管网事业发展主动权。

迈上新的征程，谱写国家管网集团事业壮丽篇章，要正视挑战、迎战大考。在当前宏观环境复杂多变和能源领域大调整大变革的大背景下，党组认为，当前和今后一个时期，是国家管网集团由建企向立企强企跨越的关键时期，是国家管网集团实现高质量发展的攻坚时期，面临着一系列挑战，需要迎战一系列大考。一是迎战能源安全的大考。当今世界正面临着能源紧缺和能源危机，我国能源需求持续刚性增长，目前油气能源对外依存度已远远超过了安全风险"警戒线"。如何真正做到以客户为中心，更加深入有效地推进油气管网公平开放，充分发挥"X+1+X"油气市场体系中"1"的作用，更好保障国家能源安全，是摆在我们面前必须迎战的一场大考。二是迎战转型发展的大考。数字化转型已经成为决定企业未来发展潜力和国际竞争力的重要领域，绿色低碳转型孕育着经济增长新空间，成为全球经济结构升级的新方向。如何牢牢把握时代潮流，加快推进数字化和绿色低碳转型，真正实现数字化让国家管网集团与众不同和管网"双碳"目标，是摆在我们面前必须迎战的一场大考。三是迎战自主创新的大考。当前，发达国家对"追赶型"国家的科技发展压制不断升级，强化科技自主创新比以往任何时候都更为紧迫。

公司创新基础薄弱，创新能力远远不适应高水平科技自立自强的要求。如何加快提升公司科技自主创新能力，解决制约管网安全与发展的重大科技难题，是摆在我们面前必须迎战的一场大考。四是迎战深化改革的大考。国家管网集团是新时代深化国有企业改革的产物，目前管网改革已基本完成外部重组整合"上半篇文章"。如何打破传统观念、跳出固有框框，做好管网内部整合重塑"下半篇文章"，加快构建形成并不断完善新时代具有管网特色现代企业治理体系，是摆在我们面前必须迎战的一场大考。五是迎战提速扩网的大考。油气管网基础设施作为国家能源大动脉，目前建设滞后，不能满足国家发展和安全保障需要，不适应党中央关于构建现代化基础设施体系的要求。如何抓住前所未有的政策机遇，加快做大、做强、延伸"全国一张网"，使管网成为畅通国内大循环、促进国内国际市场联通互动的重要结合点、支撑点和撬动点，是摆在我们面前必须迎战的一场大考。

迈上新的征程，谱写国家管网集团事业壮丽篇章，要坚定自信、迎战大考。在新的赶考路上，挑战无处不在，我们要不惧挑战，自信迎考。回头看，国家管网集团就是从一个个挑战、一次次斗争中走过来的，并且在挑战中把握了机遇、在斗争中取得了胜利，实现了高质量组建运营。迈上新的征程，我们党带领中国人民正信心百倍推进中华民族从站起来、富起来到强起来的伟大飞跃，实现中华民族伟大复兴进入了不可逆转的历史进程，面对时代大考，我们有强大底气更加自信，我们一定能够答好属于管网的"时代考卷"。当前，能源革命正处于拔节孕穗期，国家管网集团作为一个成长型的新"国家队"，承载着保障国家能源安全的神圣使命，有着巨大的发展潜力和后发优势，每一天都在改变，每一天都在突破，每一天都在进步，加之国有企业独特的党的领导优势、俄气俄油东移南进的地缘优势、油气管网资产规模全球第一的物质基础优势、经过实践锻造逐步积厚成势的"管网铁军"优势等，共同构筑形成了管网立企强企的强大底气和强大支撑。最为重要的是，国家管网集团是习近平总书记亲自谋划、亲自批准组建成立的，是贯彻落实习近平总书记"四个革命、一个合作"能源安全新战略的重大成果。我们在投身党和国家的管网事业，跟着习近平总书记干"能源革命"的火热实践中，深切感受到习近平总书记作为党中央的核心、全党的核心的掌舵领航和英明决策，深切感受到习近平新时代中国特色社会主义思想的真理光芒和实践伟力。实践充分证明，"两个确立"是党在新时代取得的重大政治成果，是新时代引领党和国家事业从胜利走向新的胜利的政治保证，也是我们战胜一切艰难险阻、应对一切不确定性的最大确定性、最大底气、最大保证。只要我们在政治上维护核心、在思想上高举旗帜、在行动上紧跟看齐，把坚定拥护"两个确立"转化为指引管网事业发展的真理力量、旗帜力量、实践力量、精神力量，把党的二十大擘画的宏伟蓝图变为管网生动实践，保持进攻扩张、开疆拓土的态势，保持大干快上、高歌猛进的劲头，保持唯旗是夺、逢先必争的胆气，把机遇牢牢抓在手上，把优势充分发挥出来，在战略上积极进取、大胆突破，在战术上实事求是、稳中求进，沿着习近平总书记和党中央指引的方向阔步前进，坚持不懈把"能源革命"进行到底，就一定能够在世界之变、时代之变、历史之变、能源之变中，攻克一切难题、战胜一切考验，迎来国家管网集团"山花烂漫时"的美好明天。

党的二十大报告提出，高质量发展是全面建设社会主义现代化国家的首要任务，实现高质量发展是中国式现代化的本质要求，要加快建设世界一流企业。习近平总书记在中央全面深化改革委员会第二十四次会议上强调，要加快建设一批产品卓越、品牌卓著、创新领先、治理现代的世界一流企业。国有企业打造世界一流企业，是实现高质量发展的应有之义和必由之路，是实现社会主义现代化强国目标的重要举措。国家管网集团作为新时代组建成立的新"国家队"，在加快打造世界一流企业中推进公司高质量发展，更好地服务和促进全面建设社会主义现代化国家、以中国式现代化全面推进中华民族伟大复兴，是义不容辞的使命担当和当仁不让的矢志追求。国家管网集团成立后，党组确立了打造中国特色世界一流能源基础设施运营商的愿景目标，并围绕这一目标作出了顶层设计和系列部署。对标对表习近平总书记重要指示和党中央最新精神，党组认为，国家管网集团打造世界一流企业、实现高质量发展，必须贯彻落实党中央最新精神，必须切合管网实际、体现管网特色、扛起管网担当。基于此，党组决定，要打造服务卓越、品牌卓著、创新领先、治理现代、与众不同的中国特色世界一流能源基础设施运营商。"服务卓越"，主要体现是管网始终坚持客户至上、服务为本，提供的能源基础设施运营服务非常有价值、非常有品质、非常有温度，能够满足不同客户的不同需求，能够为客户创造新的市场需求和增值空间，能够给客户创造惊喜体验，做到每一次服务都让客户满意。"品牌卓著"，主要体现是管网品牌经得起市场考验、社会考验、时间考验，成为知名度高、赢得客户高度认可的品牌，成为具有很强社会公信力、能够增加管网服务附加值的品牌，成为让一代又一代人口口相传、在管网发展进程中体现价值和稳定性的金字招牌。"创新领先"，主要体现是能够先人一步创造出崭新的业务模式、商业模式、盈利模式，能够被同行视为标杆、引领同行按照管网创造的能源管输服务新规则、新标准做生意，成为能源管输领域的技术开创者、规则制定者、模式倡导者。"治理现代"，主要体现是管网经营行为符合法规政策要求，组织效率、人才效率达到业内领先，企业内部人尽其才、物尽其用，队伍活力迸发、员工奋发有为，形成新时代具有管网特色现代企业治理体系，在建设中国特色现代企业制度上发挥示范作用。"与众不同"，主要体现是管网实现脱胎换骨、重塑新生，企业面貌焕然一新，实现心态新、作风新、模式新、流程新、组织新、队伍新、评价新、奖惩新，展现完全不同于传统企业的新时代新央企的新气象、新风采。

打造世界一流企业、实现高质量发展，具体安排是分两步走：第一步，从现在起奋斗三年，到2025年基本建成服务卓越、品牌卓著、创新领先、治理现代、与众不同的中国特色世界一流能源基础设施运营商。届时，资产规模保持世界领先，管网布局优化完善，经营发展指标达到国际先进水平，天然气入网量持续跑赢大势，建成世界领先的管网运维体系，基本建成新时代具有管网特色现代企业治理体系、公司治理能力显著提升，基本实现科技自立自强，数字化赋能和绿色低碳发展成为重要竞争力，管网品牌全球有名，队伍结构科学合理、素质明显提升、竞争优势明显，党建工作做出特色、形成品牌、走在前列，公司发展拥有源源不断的澎湃动力、呈现出旺盛的生机活力，主要方面全部跻身世界一流行列，为全面建设社会主义现代化国家作出重要贡献。第二步，从 2025 年起再奋斗 10 年，到 2035 年全面建成服务卓越、品牌卓著、创新领先、治理现代、与众不同的中国特色世界一流能源基础设施运营商。届时，资产规模、各项生产经营指标等企业硬实力和人才队伍、品牌形象等企业软实力全面达到世界领先水平，全面建成覆盖全国、联通海外、满足人民美好生活需要、促进人类命运共同体构建的智慧互联大管网，全面建成现代能源管输服务和绿色管输服务体系，全面实现由能源型向交通型的服务迭代，全面建成新时代具有管网特色现代企业治理体系、全面实现公司治理体系和治理能力现代化、全面建成能源管输原创技术策源地、全面实现高水平科技自立自强、跻身科技创新型企业前列，全面实现公司数字化转型、培育形成新的增长点，公司成为中国优秀企业公民，成为人民满意、受人尊敬、享有国际声誉的标杆企业，成为全面建成社会主义现代化强国的重要依靠力量。

关山万千重，山高人为峰。打造世界一流企业、实现高质量发展，绝不是轻轻松松、敲锣打鼓就能实现的。我们必须永葆一心向党、管网报国的赤子之心，迎难而上、闯关夺隘，矢志不渝、攀登不止，一步一个脚印往前走。当前和今后一个时期，我们要把坚持服务立企强企、坚持改革立企强企、坚持扩网立企强企、坚持创新立企强企、坚持人才立企强企作为国家管网集团打造世界一流企业、实现高质量发展的总体方略，必须准确把握、统筹推进，固牢立企之本，开启强企征程，坚决把国家管网集团建设好、运营好、管理好、发展好，沿着全面建成服务卓越、品牌卓著、创新领先、治理现代、与众不同的中国特色世界一流能源基础设施运营商目标昂扬奋进。

（一）打造世界一流企业、实现高质量发展，必须坚持服务立企强企。党的二十大报告强调，"确保能源资源、重要产业链供应链安全。"国家管网集团作为能源"搬运工"，我们的产品就是服务，保障国家能源安全的职责使命和"三个服务"的企业宗旨要靠每一次服务来践行，管网品牌也要靠每一次服务来展示。我们要牢牢把握服务型企业的定位，坚持以客户为中心，全力打造高品质管网服务，加快打响管网服务品牌，以卓越管网服务促进"X+1+X"油气市场体系加快形成并不断完善，持续提升油气能源供应保障能力，更好保障国家能源安全和经济安全。

一要守住安全生产红线底线，打响管网安全服务品牌。坚持统筹发展和安全，坚持安全生产先于一切、高于一切、重于一切，坚持把"严"字贯穿安全生产全过程，不断提升本质安全水平，努力做到零缺陷、零伤亡、零事故、零污染，确保为客户提供安全可靠的储运服务。要锻造守护安全的精兵劲旅。拓展安全生产队伍"三湾改编"成果，发挥尖兵导师、标杆站场的示范作用，完善并落实最严格、最管用的安全责任体系。倡导"人人都是安全员"，强化岗位练兵、安全培训和健康管理，增强员工安全意识和履责能力。实行基层作业看板式管理，严查"三违"行为，树好"十大禁令"高压线，彻底清除人的不安全行为。要严防威胁安全的"灰犀牛"。坚持关口前移，深化风险隐患双重预防机制建设，推进安全风险隐患大排查大整治，提升环焊缝隐患综合治理效能，做好高后果区管控和地质灾害防治，加快推进老旧管道隐患治理，搭建"天眼"巡线平台，确保"防病"于未发、"治病"于初萌，彻底消除物的不安全状态。要构筑保障安全的铜墙铁壁。完善管理界面交叉站库三重预防机制，推广应用光纤预警系统，加强"四不两直"检查，特别要狠抓承包商管理，严格承包商HSE合同约束，不给只看利益、不管责任的承包商留任何生存空间，彻底扫除管理的不安全因素。坚持把冬季保供作为重大政治硬任务，完善"冬夏一体化"保供模式，促进冬季保供加快向人民群众温暖过冬、经济社会发展用能"两不误、两保障"转变。坚持科学精准落实疫情防控措施，保障生产经营平稳有序运行。

二要突出市场开拓生命线，打响管网惊喜服务品牌。坚持客户至上，深化公平开放，建强市场体系，以高品质服务带动储运量全面跑赢大势。要为客户提供多样化定制化服务。加大服务新产品研发力度，加强与国际能源管道公司、石油天然气交易中心的交流合作，借鉴产品新设计、探索合作新模式，发挥管网"拓扑结构"优势，制定国际领先的市场策略，推出长短期、高低价、大小量等一揽子组合，为客户提供集输气、注气、采气、储气一体化综合性"一站式"服务，建好算力中台、推动开放服务及交易平台功能优化迭代，更好满足个性化服务需求。要在精准洞察市场需求中赢得市场先机。以打造权威市场数据高地为抓手，准确了解客户资源和需求情况，分区域、分管线掌握市场潜力。发挥"一张网"强大硬件优势，统筹考量运距、运量、运价，做好与铁路公路的联运扩距，深化与城市燃气的合作，实现多方协作共赢。坚持把客户需求当命令，打造"零"延时、快响应的高效客户服务中心。兼顾增量市场开发与存量市场挖潜，拓展资源上载通道、提高主要油气田和炼厂入网比例，做好能源市场分析研判、加大销售侧开发力度，为资源找市场、为需求找资源，推动跑赢大势率、市场占有率、管输负荷率逐年提升。要重构由管网主导的市场新规则。对标世界一流的商务模式，切实设计好、执行好、维护好管网主导的新型交易规则、服务协议和流程标准，实现以"立规"促"立企"。坚持事前算赢，优化储运设施服务合同，做好基石托运商的框架协议谈判，提高合同执行能力，形成管输容量良性分配秩序，打造"商务一张网"。严格上下载点的审批管理和机制约束，对配套设备设施实行模块化采办，缩短服务交付期，推动批复项目早建设早投产早见效。

三要筑牢优化运行基础，打响管网高效服务品牌。坚持对标对表中间统一管网高效集输的要求，加快提升管网高效储运服务能力。要打造高效管输体系。把集中调控作为"一张网"运营前提，推进全国管网调度中心建设，完成集约型一体化调控体系变革。对储运系统开展工艺大梳理、大优化，变管线"拼盘"为有机系统，让每一条管线都处在最佳负荷、每一台机泵都处在最佳工况，提升运行效率效益，打造通道多、运输快、服务好、成本省的现代管输体系。要打造高效运维体系。推进少人站、无人站建设，强化关键设备管理，提高自主维护维修能力，加快建成全球领先的完整性管理标准体系。要打造高效应急体系。完善抢维修体系建设规划，推进维抢修队伍的标准化建设和职能充实，试行应急物资统一储备，抓好预案完善和实战演练，确保随时拉得出、顶得上、打得赢。

（二）打造世界一流企业、实现高质量发展，必须坚持改革立企强企。党的二十大报告强调，要"深化国资国企改革。"国家管网集团因改革而生，也必将因改革而立、因改革而强。我们要坚决落实党中央关于真正按市场化机制运营的部署要求，以更大的决心、勇气和智慧推进改革攻坚，敢于冲破思想观念束缚、突破利益固化藩篱，坚决破除管理体制机制弊端，不断提升公司竞争力、创新力、控制力、影响力、带动力和抗风险能力，加快构建形成并不断完善新时代具有管网特色现代企业治理体系，在建设中国特色现代企业制度上作出示范。

一要坚定不移将深化改革进行到底，让组织形态和治理模式焕然一新。经过前期试点，深化改革有了实践基础和思想共识。要遵循"一张网、一中心、一公司"的管控准则，按照"聚焦客户、集中调控、区域运维、统一建设、专业支撑、资源共享、数字赋能、党建铸魂"的改革思路，坚持"三不变、八个新"改革路径，完成好管网改革的内部整合重塑"下半篇"文章。要全面深化区域化市场化专业化共享化改革。推行区域化运维，突出严重交叉重叠区域，宜省则省、宜区则区实施重组整合，新设一批区域主体，符合条件的成立"省公司"。强化专业化支撑，突出资源力量分散的重点领域，组建储运技术服务、储气库管理等专业化公司，强化研究总院、智网数科公司、工程技术创新公司的成果输出，提升管网核心竞争力。做实区域市场经营中心，深耕市场开拓和客户服务，促进增收增效。坚持资源共享，统筹财务、审计、巡察、调控等分中心布局，推进同一区域集中办公，增强协同效应。要全面强化运营型管控。推进组织扁平化简约化，压减管理层级，提高组织效能，打造管理模式升级版。厘清总部、直属单位、基层作业区，以及专业化公司与共享中心之间的职责界面，把总部重心归集到抓战略、抓运营、抓服务上，把直属单位和基层的精力聚焦到抓责任、抓队伍、抓落实上。狠抓总部管控能力建设，在素质提升、力量配备、效能提高上用力，紧盯基层前线、业务前沿，加大炮火支援，主动接受基层评判，打造高效总部。搭建内部交易平台，对部门专项业务委托、单位间劳务用工派遣等跨机构的工作，实行服务结算，推行外派人员工作驻地与薪酬发放地脱钩，建立配套激励机制，搞活内部市场。

二要坚定不移将精益管理贯穿到战略闭环各环节，做到每个经营行为都恰到好处。要深入开展对标世界一流管理提升行动，不断改进和优化经营管理机制，坚持纵向与历史水平对标、横向与世界一流对标，全面提升精益管理水平，确保公司高效率高效益运转。要强化计划预算的战略性。树牢成长意识，聚焦价值创造，坚持从战略层面、历史维度，找准影响企业生存发展和价值增长的关键因素，不断明晰克敌制胜的主攻方向、策略战术、资源配置，增强年度经营计划与全面预算的前瞻性牵引性。推进业务战略的结构化直观化，做好全员的战略宣贯，确保统一步调、统一行动。要强化战略执行的严肃性。坚持以结果论英雄，突出对市场占有率、油气周转量、管网负荷率、跑赢大势率、资产回报率等关键指标进行动态分析，抓好亮灯预警和动态纠偏，建立跨机构协调机制，确保经营计划落地见效。强化投入产出观念，完善立项审批管理，狠抓能耗、维修成本等精准管控，优化自用气自用电采购，加速核心业务外包清退，开展全员成本核算，抓实造价管理，建好司库体系，深化股权管理，实现投入产出回报最大化。做好成本监审工作，抓紧资产转资，成本费用应纳尽纳，争取价格政策。要强化评价考核的合理性。理顺考评工作机制，战略与执行部负责指标制定和评价职能，人力资源部统一归口负责组织绩效与全员绩效考核职能，提升考核兑现的准确度，发挥考核的"指挥棒"作用。聚焦效率提升与价值增长，做好分领域分专业的成本核算，完善市场化薪酬分配机制，充分发挥薪酬制度的激励作用。建立直属单位赛马机制，突出与同行比、与同期比、与大势比、与一流比，综合考虑单位特点和成长贡献，科学合理设置考核指标权重，形成强"磁力"激励效应。

三要坚定不移将风险防控贯穿到经营管理全过程，护航管网高质量发展。坚持把深化改革与防范化解风险结合起来，完善风险防控制度机制，打造法治管网。狠抓合规管理体系建设。完善合规管理制度，配齐首席合规官和合规管理员，试点建设区域综合监督中心，发挥内控、法务、数字化、审计、巡视巡察、纪检监察的协同效应，突出抓好巡视审计的跟踪动态反馈和问题联动整改，压实合规管理各方责任，打造完备高效的合规管理体系。狠抓关键环节风险管控。紧盯项目建设、招投标、维修项目等重点领域，重拳出击开展工程建设领域高质量发展专项攻坚行动，推进历史问题销项，对新增问题建立倒查问责机制，以严肃追责促进依法合规。推出工程建设领域若干禁令，对重大项目开展跨部门综合性现场监督，让每一个项目都成为"阳光工程"。坚持关口前移，超前化解投资、产权、土地、稳定、网络、保密等方面的风险，坚决守住不发生重大风险的底线。

（三）打造世界一流企业、实现高质量发展，必须坚持扩网立企强企。党的二十大报告强调，要"加强能源产供储销体系建设"。我们要抢抓党中央关于加强区域间基础设施联通、积极扩大能源资源进口等重大政策机遇，瞄准"建得快、运费低、保障强"的市场诉求，统筹推进国内管道建设、省级管网融入和国际管道业务发展，加快织密、做大和延伸"全国一张网"，为打造世界一流企业、实现高质量发展夯实强大物质基础。

一是在规划布局上要有大战略。坚持实事求是原则，滚动完善管网规划，优化管网战略布局，适度超前、务实有效安排投资，以高质量规划引领高质量扩网。要加快发展天然气业务。突出通道型、市场型项目，坚持分类施策，完善天然气管网架构，加快推进西四线等重大项目，优化支线建设模式，构建形成"六大战略通道+七纵七横"天然气管网。要积极稳妥发展储气调峰业务。LNG接收站要做大单站规模，构建沿海资源基地，争取储罐保税政策，加大国际返装转运，开拓船舶加注服务，探索交割服务等盈利新模式。储气库能力建设要坚持达容达产、合资合作、新建项目共同发力，突出贴近市场负荷中心，优先布局盐穴、含水层储气库及LNG储罐，既保证完成储气能力建设任务，也保证稳定的投资回报。要稳健运营原油业务。保持稳定回收现金流，探索管道路由利用方案，超前布局陆上进口通道，做好老旧管道隐患整治，稳妥退出低效、高危、老旧管道。要提效发展成品油业务。推进亏损管道提质增效，加快北油南调、进贵入川、沿海内送、新线入川"3+1"成品油重点通道建设，与粮储局等开展多种经营合作，带动成品油市场主体不断增加，不断提升入网量和负荷率。要大力开拓国际业务。扩大国际合作领域，探索开展LNG接收站跨国合资合作，推动国际管道专业化并购重组和建设布局，推进"全国一张网"向海外延伸。

二是在统一建设上要有大提升。坚持"统一建设、建管融合、管办分离、分级负责"，固化投资权限，明晰项目分工，提升建管能力，推动管网建设大提速。要把"散兵游勇"整编为工程"集团军"。以建设项目管理分公司为主体，整合各地区公司建设管理力量，实现工程专业队伍集中管理，集中力量打好工程建设攻坚战。建立完善建设项目管理、工程技术创新、工程质量监督检验的协作联动机制，统筹充实队伍，提升项目建设合力。要实行项目立体协同作战。对于大型新建项目，由地区公司负责前期手续，工程技术创新公司负责可研，建设项目管理分公司充分参与前期工作并负责建设，工程部门负责统筹管理。对于改线等一般项目，由生产部门负责可研，工程部门负责初步设计，物资采购均使用自有平台。深化建管融合，做实项目建设全生命周期管理。要确保前期工作一分钟不耽误。树立"今天的前期就是明天的效益"理念，建立跨部门的前期工作协调机制，保持分秒必争的紧迫感，简化内部审批流程，严控文件批复时限，对于滞后问题按月分析通报，促进前期手续快速办理。建立常态化机制，加强与国家部委协调，深化与铁路、电网等央企合作，扫清前期工作障碍。要把每个项目都建成长寿工程。兼顾"建得快"与"建得好"，推进施工技术创新，强化施工过程管控，对标国际建立最严格的管控标准和处罚机制，制定下沟管理等工程管理操作规范，引入有实力的施工队伍和国外监理，提升工程建设质量，确保管网基础设施长效运行。

三是在省网融入上要有大谋略。深入落实党中央关于"积极引导和推进省网以市场化方式融入国家管网"的明确要求，保持战略坚定，优化战术策略，提升斗争本领，以灵活有效方式推进省网融入和合作。要注重有进有退。坚持"一省一策"原则，改进思路打法，综合考虑安全、效益、与主网协同等因素，区分轻重缓急，把战略通道型、资源上载型、消费市场型等省网作为融入和合作重点，做到有所为有所不为。要注重斗争制胜。发挥管网统筹控制干线上下载的优势，支持地区公司延伸管线至消费腹地和资源产地，打破地方管网"先建设、再溢价、后出售"的传统套路。要注重规则先行。遵循管网统一的规则、协议、标准，既组"物理网"更建"规则网"。对融入的省网必须实质控制，实行集中管控。提前设置价格政策、主导运营等交割条款，赢得融入和合作主动权。推动国家出台省网定价指导政策，促进地方管网积极规范融入。

（四）打造世界一流企业、实现高质量发展，必须坚持创新立企强企。党的二十大报告强调，坚持科技是第一生产力、创新是第一动力。我们要深入践行创新发展理念，坚决落实创新驱动发展战略，全力推进以科技创新为核心的全面创新，强化创新链与产业链、价值链的结合，开辟发展新领域新赛道，塑造发展新动能新优势，走出一条依靠创新驱动高质量发展的管网新路。

一要加快实现高水平科技自立自强。贯彻科教兴国战略，发挥企业创新主体作用，运用创新主体、创新方法、创新文化"三角模型"，提高科技自主创新能力，当好我国能源管输现代产业链链长。要以培育创新文化为牵引营造良好科技创新生态环境。践行科技创新核心价值观，培育管网特色创新文化，营造浓厚创新氛围，把科技创新转化为员工的判断标准、自觉习惯和共同追求。坚持业务与技术双轮驱动、供给侧与需求侧双向发力，突出开放、协同、产业化的特征，构建工厂化、流水线、高水平新型科技研发组织体系。加快建设高质量的标准体系，推动企业标准上升为行业标准、国家标准、国际标准，提升行业话语权和影响力。要以完善创新方法为手段加快攻克关键核心技术。增强研发投入的有效性，从基础研究、应用研究、开发研究三个维度，匹配针对性差异化的研发策略，做好科技成果转化创效，让硬投入有硬产出，打造原创技术策源地。奔着最紧迫的问题去，聚焦安全输送、高效运行、价值服务三大主攻方向，瞄准管道失效与灾害控制、关键设备自主可控等"心头大患"，开展集中攻关，铸造傲视同行的"杀手锏""一招鲜"。要以做强创新主体为支撑提升科技创新能力。树立全员都是创新主体的观念，建立完善创新机制，搭建全员创新平台，举办创新交流论坛，建强创新队伍。借助外智外力，强化创新团队协同，形成"大科研"格局，提升科技创新的前沿引领力、资源集聚力和国际话语影响力。

二要加快实现数字化让国家管网集团与众不同。贯彻数字中国战略，扎实有效推进数字化转型，以数字化支撑管网高质量发展。要靠数字化转型推动分工专业化。坚持在"一公司"框架下，依靠数字化支撑构建全新组织形态和管理方式，以每一道业务流程的专业化、每一名员工行为的规范化，带动生产经营效率提升和单位成本更高产出，在纵向高效贯通、横向统一协同中驱动公司自我成长，不断创造更大价值。要靠"制程"一体支撑管理变革。推进制度与流程有机融合，实施流程全面推广运行，统筹活动与角色健全责权利相匹配的授权机制，明晰权责边界，固化最佳管理实践，形成严格的合规约束，实现管理过程度量，提升管理能力和管理效率。推进组织适配流程、岗位适配组织，支撑运营型管控高效运作。要靠数据优势发展平台经济。推进产业数字化，构建"行业平台+集成系统+低代码"应用生态，实现数据拉通，打破信息孤岛，夯实发展平台经济的数据基础。推进数字产业化，以开放服务和管容交易平台为依托，发挥海量数据和丰富应用场景优势，培育壮大工业互联服务、数据及衍生服务、协同金融服务等新模式新业态，让数据消费触手可及，带来更多真实可感知的新体验新变化，吸引更多合作伙伴，促进能源产业链"稳链、延链、强链"，打造主体多元、功能多维、层次清晰的多边能源平台服务商。

三要加快塑造绿色低碳发展新优势。贯彻习近平生态文明思想，积极稳妥实施管网"双碳"行动方案，推进绿色低碳转型从起步蓄力期向全面加速期转变。要在提供绿色管输服务上走在最前列。着眼满足新能源供需"时空错位"的诉求，开展多元多态物质输送研究，强化氢气、二氧化碳等多种介质储运前沿技术攻关，探索二氧化碳捕集、利用与封存等新业务，做好标准和队伍的建立，做到技术突破多少、业务开展多少、投资安排多少，在服务我国多元清洁能源供应中抢占能源储运新范式的技术制高点。推动天然气管输业务与全国新能源业务融合发展，拓展天然气发电调峰服务，构建"风、光、气、储"互补协同发展格局，促进清洁能源消纳。要在实现绿色低碳生产上成为新标杆。坚持把节能减污降碳贯穿生产经营全过程，严控能源自身消耗和温室气体排放，推广余热、余压、冷能综合利用项目，推进天然气排放及回收技术应用，推进加热设备"油改气""气改电"，推进站场用电的分布式能源替代，打造一批绿色样板工程，推动碳排放达峰后稳中下降，打造绿色管网亮丽名片。

（五）打造世界一流企业、实现高质量发展，必须坚持人才立企强企。党的二十大报告强调，"人才是第一资源。"实现打造世界一流企业和高质量发展，人才是根本保障，起决定性作用。我们要贯彻新时代人才强国战略，实施人才立企强企工程，着力打造堪当管网事业发展重任的高素质专业化管网铁军，在促进我国建设世界重要人才中心中发挥示范引领作用。

一要悉心育才,破解人力资源"大而不强"的问题。把人才开发摆在突出位置,在战略性、针对性、系统性上下功夫,以育才水平提升带动管网铁军能力提升。要立足管网育才。坚持严控员工总量,向内挖潜力、强素质、提效率,加快造就更多国有企业家、管网大师、科技领军人才、青年科技人才、卓越工程师、大国工匠和高技能人才。提前考量新项目投产、新业务发展、新机构成立等未来新增用工需求,遵循人才成长"花期",超前实施人才培养储备计划。要精准滴灌育才。整合核心业务能力培训资源,加快课程师资和实训基地建设,用好竞赛比武擂台,打造分层分类、差异化培养体系。扩大一线技术技能专家选聘,分年排定"师带徒"的任务与激励,带动更多员工就地成长成才,打造专业化运维人才梯队。实施青年科技人才"托举"工程,通过参与项目研究、担任项目负责人,锻炼培养科研英才。要阳光普照育才。融合推进标准化站队建设与标准化党支部建设,发挥尖兵导师团队"酵母"作用,强化队伍基本功训练,把基层站队打造成现代化、标准化、准军事化的作战单元和育才基地,促进各类人才茁壮成长。严格选拔标准,让有技能优势、管理才干的优秀人才担任班组长、站队长,发挥他们在抓生产、保安全、带队伍上的更大作用。实施总部人才培养专项计划,提升总部队伍质量,涌现更多精兵强将。

二要精心用才,实现企业人才价值最大化。人才使用必须坚持企业和人才价值最大化,让事业激励人才,让人才成就事业。要不拘一格量才用才。注重知人善任,完善以创造价值为基础、以能力为标尺、以贡献论英雄的人才分类考核评价标准,做到科学评价、量才使用,既避免大材小用、浪费人才,也避免小材大用、贻误事业。要坚持"一盘棋"排兵布阵。实行全集团大统筹,盘活现有人力资源,把"建、运、维、研"队伍结构调优调强,在人才流动大循环中实现区域与条块的合理布局、协调发展。完善各级领导班子结构,加强干部队伍的政治历练、能力培养和监督管理,加大优秀青年人才储备力度,调动各年龄段干部积极性。统筹直属单位人才"出口"与"入口"的动态平衡,防止人才断层。要主动压担子铺路子。坚持在大战大考中识别人才、选拔人才、使用人才,有计划地提供大场面、实施大工程、搭建大平台,努力使人才施展才干有机会、发展进步有空间。采取组织选聘、竞聘上岗、"揭榜挂帅"、技术技能工作室、创新联合体等灵活方式,努力用当其位、用当其长、用当其时。加强专家评聘、培养、评价等全生命周期管理,完善专家作用发挥机制。

三要倾心引才,把天下英才集聚到管网事业中来。坚持"最好为我所有、至少为我所用",发挥管网事业发展优势,求贤若渴,加快引进各路精英。要搭建引才聚才的大平台。加强毕业生引进管理,注重一线用工的属地化,在源头上稳定人才队伍。坚持开门办企业,探索工程硕博士联合培养,依托国家重点科研项目、全国重点实验室、国内外技术交流合作和新业务布局等,多举措引才聚才。要突出"高精尖缺"的主方向。加大科技领军人才、科研骨干引进,有序招聘海外高层次人才,探索建立高端人才智库,持续深化与科技领军企业合作,利用高校、科研机构等第三方,多渠道引才用才。要探索引才引智的新机制。强化特殊人才柔性引进,鼓励企业通过特聘专家、管理咨询等方式,实行弹性管理、个性服务,促进人才智力共享。

四要真心爱才，营造创新活力竞相迸发的生动局面。尊重和理解人才，主动关爱和服务人才，激发人才创新创造内生动力。要聚焦提高效率打破"大锅饭"。坚持比功劳不比苦劳，保持工资总额增长与利润增长同步、员工平均工资提高与劳动生产率提高同步，推行以岗定薪、按绩取酬，理顺各类人员分配关系，合理拉开收入差距，促进全员劳动生产率不断提升。提高技术技能岗位的吸引力和稳定性，加快统一并合理提升员工福利标准，千方百计帮助解决员工关心的实际问题。要让核心骨干人才得实惠受尊重。推动业务骨干和高层次人才薪酬水平与市场接轨，骨干人才、科技人才薪酬水平和增长速度不低于同职级管理人员，重点领域骨干人才、领军科技人才的薪酬水平可高于单位领导班子平均水平。遵循科研活动规律，让科技资源围着科技人才转。要树立人人渴望成才的导向。加大精神文化激励，健全荣誉表彰体系，加强优秀人才和团队的表彰宣传，鼓励创新、宽容失败，为人才创造舒心、暖心的工作环境，形成尊重劳动、尊重知识、尊重人才、尊重创造的良好风尚，让各类人才的聪明才智充分涌流。

以上"五个坚持"总体方略是一个有机整体，其中，服务是立企强企之本，改革是立企强企之策，扩网是立企强企之基，创新是立企强企之路，人才是立企强企之要。只有统筹推进"五个坚持"总体方略，国家管网集团才能实现打造世界一流企业和高质量发展，迎来从建起来向立起来、强起来的辉煌跨越。

三、以永远在路上的坚韧和执着推进全面从严治党，铸牢国家管网集团打造世界一流企业和实现高质量发展的"根"和"魂"

党的二十大报告作出了"坚定不移全面从严治党，深入推进新时代党的建设新的伟大工程"的重大部署，为我们坚持党的全面领导、全面加强党的建设提供了根本遵循。我们要深入学习领会、坚决贯彻落实，牢牢把握新时代党的建设总要求和新时代党的组织路线，聚焦党建工作"做出特色、走在前列、形成品牌"总目标，坚持以党的政治建设为统领全面推进党的各方面建设，坚定用习近平新时代中国特色社会主义思想凝心铸魂，落实制度治党、依规治党，着力打造"听党指挥、能打胜仗、作风优良"、堪当管网事业发展重任的高素质干部队伍，全面增强基层党组织政治功能和组织功能，坚持以严的基调强化正风肃纪，坚决打赢反腐败斗争攻坚战持久战，精心打造"红色能源动脉"党建品牌，以高质量党建引领保障管网打造世界一流企业和实现高质量发展，确保国家管网集团始终成为党执政兴国的重要支柱和依靠力量。此次会议，无论是总结成绩、分析形势，还是部署当前和今后一个时期的重点工作任务，通篇贯穿了习近平新时代中国特色社会主义思想，通篇贯彻了习近平总书记重要指示批示精神和党中央决策部署，是国家管网集团全面贯彻落实党的二十大精神的最新成果，也是我们做好党建工作的出发点、落脚点、着力点和价值创造点。下周，将召开集团公司2023年党的建设工作会议，对明年党建工作重点任务作出具体部署。我们要把两个会议的文件作为一个整体来理解和把握，从根本上解决"两张皮""两混同"问题。

习近平总书记在党的二十大报告中再次强调，"牢记空谈误国、实干兴邦"。实施"五个坚持"总体方略推进高质量发展和打造世界一流企业，必须弘扬实干精神，干在实处、走在前列。我们要坚持马上就办抓落实、办就办好抓落实、不落俗套抓落实、放低身段抓落实、创造价值抓落实、敢于亮剑抓落实，既抓当前也抓长远，既抓进度也抓质量，同时间赛跑，向目标奋进，用实干谱写新时代新征程国家管网集团事业壮丽篇章。

同志们，我们要更加紧密地团结在以习近平同志为核心的党中央周围，深入学习宣传贯彻党的二十大精神，踔厉奋发、勇毅前行，开拓进取、创新实干，依靠顽强斗争打开国家管网集团事业发展新天地，在全面建设社会主义现代化国家、全面推进中华民族伟大复兴新征程中扛起管网大担当、作出管网大贡献。

在国家管网集团2023年党的建设工作会议上的讲话

张 伟

（2023年1月6日）

时值岁末年初，集团公司党组研究要重点抓好三件大事：一是如何加快打造世界一流企业和实现高质量发展，已经在集团公司2023年工作会议上作出了全面部署；二是如何全面提升党建工作质量和实效，充分发挥党建工作价值和作用，以高质量党建引领保障国家管网集团打造世界一流企业和实现高质量发展，今天的会议就要作出系统部署；三是党组认为，能够对国家管网集团带来颠覆性影响的有两大风险，一是安全生产风险，二是依法合规经营风险，元月中旬将召开集团公司党风廉政建设和反腐败工作暨警示教育会议，对加强党风廉政建设和反腐败工作、防范依法合规经营风险作出具体部署。

今天，我们召开集团公司2023年党的建设工作会议，主要任务是以党的二十大精神为指引，全面贯彻习近平新时代中国特色社会主义思想，深入落实新时代党的建设总要求和新时代党的组织路线，总结2022年党的建设工作，部署2023年重点任务，动员各级党组织和广大党员干部，弘扬伟大建党精神，坚定不移全面从严治党，加快推进党建工作做出特色、走在前列、形成品牌，以高质量党建引领保障国家管网集团打造世界一流企业和实现高质量发展，为全面建设社会主义现代化国家、全面推进中华民族伟大复兴作出更大贡献、展现更大作为。

刚才，中云同志代表集团公司党组作了集团公司2023年党的建设工作报告，全面总结了2022年党建工作成绩，安排部署了2023年重点任务，要认真抓好落实。下面，我讲三个方面意见。

一、深入学习贯彻党的二十大精神，切实增强全面从严治党永远在路上、党的自我革命永远在路上的思想自觉政治自觉行动自觉

党的二十大报告指出，"全面从严治党永远在路上、党的自我革命永远在路上"。这充分体现了我们党时刻保持解决大党独有难题的清醒和坚定，充分揭示了我们党历经百年依然风华正茂的奥秘所在。我们必须把思想和行动统一到以习近平同志为核心的党中央的科学判断上来，深刻把握全面从严治党的理论内涵、时代价值和实践要求，持之以恒推进自我革命，以永远在路上的坚定和执着将全面从严治党向纵深推进，为国家管网集团打造世界一流企业和实现高质量发展提供坚强保障。

第一，必须毫不动摇坚持党的全面领导，切实把坚定拥护"两个确立"转化为坚决做到"两个维护"的高度自觉。习近平总书记指出，

"坚持和加强党中央集中统一领导。全面从严治党，核心是加强党的领导。"坚持党的全面领导、加强党中央集中统一领导是党的生命，也是我们党能够成为百年大党、创造世纪伟业的关键所在。历史和现实充分证明，全党有核心，党中央才有权威，党才有希望、有力量。"两个确立"是我们党在新时代取得的重大政治成果，是时代呼唤、历史选择、民心所向，是战胜一切艰难险阻、应对一切不确定性的最大确定性、最大底气、最大保证，对新时代党和国家事业发展、对推进中华民族伟大复兴历史进程具有决定性意义。听总书记指挥、对总书记负责、让总书记放心，是我们管网这支能源新"革命军"的政治本色。国家管网集团的组建成立，是习近平总书记亲自谋划、亲自批准的，是贯彻落实习近平总书记"四个革命、一个合作"能源安全新战略的重大成果。我们之所以能够实现高质量组建、运营和发展，根本在于习近平总书记的掌舵领航，在于习近平新时代中国特色社会主义思想的科学指引，在于始终坚持党的领导，一切行动听从习近平总书记号令、听从党中央指挥。始终不渝坚持党的全面领导，是国家管网集团的建企之根、立企之本、强企之魂，也是三万管网铁军铭刻于心、落实于行的坚定誓言。国家管网集团因党而生，也必将因党而兴、因党而强。我们要深刻领悟"两个确立"的决定性意义，增强"四个意识"、坚定"四个自信"、做到"两个维护"，坚定维护核心，矢志看齐追随，坚决把党的领导落实到生产经营和改革发展全过程各方面，更加理直气壮地抓党建、强党建，自觉用习近平新时代中国特色社会主义思想统一思想、统一意志、统一行动，步调一致地沿着习近平总书记和党中央指引的方向勇毅前行，加快建设服务卓越、品牌卓著、创新领先、治理现代、与众不同的中国特色世界一流能源基础设施运营商，确保党的管网让党放心、人民的管网不负人民。

第二，必须坚定不移把自我革命推进到底，切实增强进行伟大斗争的意志和本领。党的二十大报告指出，"以党的自我革命引领社会革命。"全面从严治党是一场刀刃向内的伟大自我革命。当前，百年变局和世纪疫情交织叠加，世界进入新的动荡变革期，我国改革发展稳定面临着不少躲不开、绕不过的深层次矛盾，来自外部的打压遏制随时可能升级。全面建设社会主义现代化国家、全面推进中华民族伟大复兴，关键在党。堡垒最容易从内部攻破，只有坚持不懈推进党的自我革命，不断在自我净化、自我完善、自我革新、自我提高中塑造我们党长期执政的领导能力和制度优势，才能有效应对长期存在的"四大考验""四种危险"，跳出治乱兴衰历史周期率。国家管网集团作为新时代下组建成立的能源领域新"国家队"，为保障国家能源安全和经济安全而不懈斗争，是我们与生俱来的使命担当。当前，国家管网集团正处在由建企向立企强企跨越的关键时期，战胜"五场大考"、推进打造世界一流企业和高质量发展，必须付出更为艰巨、更为艰苦的努力。伟大的事业之所以伟大，不仅因为事业是正义的、宏大的，而且因为事业不是一帆风顺的。迈上新的征程，我们要发扬彻底的自我革命精神，坚持全面从严治党态度不变、决心不减、尺度不松，坚定不移把严的基调长期坚持下去，增强忧患意识，始终居安思危，弘扬斗争精神，不断增强坚持和推进自我革命的定力和能力，不断淬炼党性、磨炼意志、锤炼作风，不断增强斗争意识、丰富斗争经验、提升斗争本领，确保打好化险为夷、转危为机的战略主动战，确保战胜前进道路上的一切艰难险阻，确保党和人民的管网事业行稳致远，实现更大作为。

第三，必须坚守初心使命，切实在新时代新征程上扛起"最讲政治、最有信仰"的管网担当。党的二十大报告号召，"全党同志务必不忘初心、牢记使命"。党的初心使命集中体现了党的性质宗旨、理想信念、奋斗目标，为全党上下应对风险挑战、辨明前进方向锚定了基点，成为激励中国共产党人前赴后继、英勇奋斗的根本动力。前进力量源于初心坚守，事业成就决定于使命担当。"举而措之天下之民，谓之事业"。"保障国家能源安全"的职责使命、"服务国家战略、服务人民需要、服务行业发展"的企业宗旨，是我们党的初心使命在国家管网集团的具体体现，是我们最厚重的底色、最根本的追求。新征程已经开启，如何扛好这份沉甸甸的责任，是我们需要深入思考、认真作答的时代命题。我们要弘扬伟大建党精神，更加坚定自觉地守初心、担使命，牢记第一职责是为党工作、第一目标是为民谋利，心怀"国之大者"，把"顶梁柱"作用鲜明地体现在充分发挥"X+1+X"油气市场体系中"1"的作用、加快撬动形成油气市场新格局、更好保障国家能源安全上，体现在实施"五个坚持"总体方略推进国家管网集团打造世界一流企业和实现高质量发展上，以"最讲政治、最有信仰"的管网担当，始终做到无愧于习近平总书记和党中央的重托、无愧于人民群众的期待、无愧于刻在骨子里的红色基因。

二、全面贯彻落实坚定不移全面从严治党、深入推进新时代党的建设新的伟大工程重大部署，加快推进国家管网集团党建工作做出特色、走在前列、形成品牌

党的二十大报告深刻总结了新时代全面从严治党伟大实践，科学擘画了推进新时代党的建设新的伟大工程的目标任务、工作重点和方法路径，标志着我们党对管党治党规律的认识提升到了新的高度，为我们在新时代新征程上坚持党的全面领导、全面加强党的建设提供了根本遵循。我们要坚决贯彻落实党的二十大关于坚定不移全面从严治党、深入推进新时代党的建设新的伟大工程的重大部署，毫不动摇坚持党的全面领导、全面加强党的建设，把提高党的建设质量和实效摆在突出位置，充分发挥党建工作的价值和作用，切实把党建优势转化为管网发展优势和竞争优势。

国家管网集团成立后，党组围绕"党建强"引领保障"发展强"，提出了"做出特色、走在前列、形成品牌"的党建工作总目标。其中，"做出特色"是基础，"走在前列"是方位，"形成品牌"是结果，三者彼此相关、紧密相联，共同构成一个有机整体，致力于打破传统范式、推动党建工作向"内外兼修""体用一源"转变。我们确定这一总目标，是贯彻落实新时代党的建设总要求以及国有企业党建工作部署的必然要求，也是引领保障国家管网集团实现由建企向立企强企跨越的必然要求，更是回馈习近平总书记和党中央期待重托的必然要求。国家管网集团作为一家成长型新央企，忠诚于党的事业，要求我们必须要有矢志不渝的卓越追求，必须有高目标和大志向。国家管网集团打造中国特色世界一流能源基础设施运营商和实现高质量发展，实现党建高质量是应有之义。没有高质量党建的引领保障，打造世界一流企业和实现高质量发展就无从谈起。我们必须坚定不移推进党建工作做出特色、走在前列、形成品牌，以高质量党建引领保障国家管网集团打造世界一流企业和实现高质量发展，在更好肩负起保障国家能源安全职责使命中，彰显新时代新央企的新担当新风

采，彰显中国特色社会主义道路的正确性和制度的优越性。

毛泽东同志说过："我们的任务是过河，但没有桥或船就不能过，不解决桥或船的问题，过河就是一句空话。"实现"做出特色、走在前列、形成品牌"的党建工作总目标，关键在于找到"桥"或"船"，找准实现目标的路径和方法。围绕学习贯彻习近平总书记关于国有企业党的建设重要论述以及党中央关于加强国有企业党建工作的部署要求，结合国家管网集团当前所处发展方位，党组认为，当前和今后一个时期，党建工作要突出在统筹、做实、创新、融合、强基上狠下功夫，通过瞄准目标、精准发力，一步一个脚印，一年一个台阶，扎扎实实提升党的建设工作质量和实效，不断把党建工作的价值和作用充分发挥出来。

第一，突出在统筹上狠下功夫。党的政治建设、思想建设、组织建设、作风建设、纪律建设、制度建设以及反腐败斗争，是相互联系、有机统一的。抓党建工作，首要是增强系统思维，加强一体化统筹，实现整体"一盘棋"。

要以强烈的大局意识确保党建工作部署与党中央以及上级党组织决策部署保持高度一致，做到一切从政治上考量、在大局下行动。"不谋全局者，不足谋一域。"管网事业是前景广阔的，我们党建工作也是大有可为的，首先取决于我们"第一代管网人"有没有全局观，善不善于把握政治大局。我们要树牢全局观念，自觉打破部门和单位的局限、打破岗位和个人的"我执"，主动站在党和国家事业全局的高度、站在集团公司党组的角度谋划和推动党建工作，切实增强把握方向、把握大势、把握全局的政治能力。要时刻关注党中央在关心什么、强调什么，时刻掌握习近平总书记关于国有企业改革发展和党的建设的最新重要论述是什么，时刻清楚集团公司党组的部署要求是什么，时刻做到从全局和战略高度观察、分析和处理问题，正确认识大局、主动融入大局、坚决服从大局、自觉维护大局。要在大局中找准定位、展现作为，各部门各单位都要认真思考，在全面建设社会主义现代化国家新征程中，在党组实施"五个坚持"总体方略推进国家管网集团打造世界一流企业和实现高质量发展的总体部署中，本部门、本单位处在什么方位？所承担的职责有哪些？所能体现的价值有多少？明晰这些问题，才能处理好全局与局部的关系，更好地把思想和行动统一到党中央决策部署以及集团公司党组作出的部署要求上来，以更大格局、更大担当推动党建工作，确保本部门、本单位的党建工作部署与党中央和上级党组织保持高度一致。在这个过程中，还要突出中国特色、管网优势、自身特点，以新进展、新成效关照全局。

要以强烈的系统观念确保重点突破与整体推进实现有机统一，做到"十个指头弹钢琴"。抓党建工作，必须强化系统观念，决不能零敲碎打、就事论事，也不能颠倒主次、丢了西瓜捡芝麻，更不能互相掣肘、造成"1+1＜2"。为加强党的建设整体统筹和系统化管理，党组研究决定，实行集团公司党建工作统一归口管理，由党组组织与宣传部负责总体统筹谋划和牵头协调推动集团公司党的建设工作，其他党组职能部门根据分工协同配合，各直属单位党委结合实际具体落实，上下协同、统筹抓好集团公司党建工作。在具体工作中，我们要学好用好习近平新时代中国特色社会主义思想的世界观和方法论，坚持系统观念，加强顶层设计和系统推动，区分轻重缓急，紧盯重点难点和薄弱环节实施重点突破，以点带面推动党建工作质量整体提升。既要增强前瞻性，也要增强针对性。坚持用普遍联系的、全面系统的、发展变化的观点观察事物，善于把握事物发展规律，善于透过现象看本质，用好"第二象限"工作法，找准哪些工作是"重要且紧急"的、哪些工作是"重要但不紧急"的，合理匹配力量和时间，做到运筹帷幄、超前谋划、有条不紊，最好把工作完成在昨天。比如，党组作出了坚持人才立企强企的部署，强调要打造堪当管网事业发展重任的高素质专业化管网铁军。打造管网铁军，就是党建工作与业务工作的重要结合点，就是重要且紧急的事项之一。各级党组织要坚持党管人才，抓紧行动起来，加快把铁军锻造出来。做好党建工作，往往需要一人一策、一事一法，必须加强分类指导、科学精准施策，坚持从实际出发，具体问题具体分析，做到"一把钥匙开一把锁"，决不能眉毛胡子"一把抓"、无差别对待搞"一刀切"。比如，落实"第一议题"制度，党组（党委）与基层党支部肯定是不一样的，不能搞"上下一般粗"，否则就是形式主义。既要保障"立己"，也要引领"立人"。"己欲立而立人"。实现立企强企，我们必须注重在外部让客户先"立"起来、在内部让员工先"立"起来。脱离客户、脱离员工，何谈立企强企？只要与客户和员工在目标方向、价值导向上融为利益共同体和命运共同体，我们想不"立"都很难。"立"是不求所得而得的"副产品"，要在成就客户、成就员工中成就管网，这也是我们提升党建工作质量特别是做好思想政治工作的关键点。既要精于"工笔"，也要善于"写意"。工笔画注重写实，要求一丝不苟，而写意画注重意境，讲究以形写神。抓党建工作必须做到虚实结合、统筹运用，既要精于"工笔"，在政治任务上一定要严肃认真、一丝不苟、事必躬亲、不漏项、不走样，决不含糊；也要善于"写意"，在思想建设上用心用情，更加关注效果，不拘泥形式，比如在日常与干部员工的谈心谈话中，要重效果、重情感，既能立足全局、大气磅礴，也能动之以情、晓之以理，这样的党建工作才能更有温度、更有效果。

第二，突出在做实上狠下功夫。党的建设做实了，就是实实在在的生产力。目前，党建工作虚化、走形式的问题，在我们各级党组织中尚未根除。有的认为抓党建工作是"虚功"，相较抓业务工作不够显性，思想上有懈怠、工作上打折扣，而有的则是摸不着门路，甚至把党建工作搞成了"念脚本"，既破坏了党建工作严肃性，也消磨了基层队伍热情。铲除问题根源，解决"不实"的问题，就是党建工作的重要着力点。

要听党指挥闻令而动，决不能各行其是。我们管网这支能源新"革命军"，天职就是服从命令。《党章》规定，"党员个人服从党的组织，少数服从多数，下级组织服从上级组织，全党各个组织和全体党员服从党的全国代表大会和中央委员会"。组织是讲纪律、讲步调一致的，决不允许在执行上做选择、搞变通、"不推不动"甚至"推而不动"，决不允许"你说你的、我干我的"，也决不允许当"两面人"、当面一套背后一套、会上不讲会下乱讲。要坚持不讲条件抓执行。各级党组织都要认真反思一下，对于党组部署的党建工作任务，究竟是如何落实的，有没有疏漏、有没有抓实、有没有见成效出典型？比如，"学思践悟验"党建工作五步法是怎么运用的、效果如何，基层"三化"有没有结合实际细化落实，"红色能源动脉"党建品牌创建有哪些好做法，党委专题学习研讨有没有常态化，等等。从党组平时掌握和党组巡视的情况看，一些工作还没有完全落地。在抓党建工作上，决不能只等着总部定了方案、定了计划再行动，更不能等到来检查、来考核了再"临时抱佛脚"。要自觉主动实践，把党中央以及党组明确要求的"规定动作"，一件一件梳理清楚，扎扎实实抓实抓好，努力出特色、出亮点、出经验。对于上级决策部署，执行过程中如有意见可以向上反映，但在上级没有调整前就要无条件执行。要坚持没有进步就是过。我们抓党建工作，只有进行时、没有完成时。应当注意到，"吃老本"现象还一定程度存在，有的单位在基层标准化建设、制度建设、铁军建设上有些积淀，但决不能在过去的功劳簿上"躺平"，决不能在执行党组决策部署上慢作为甚至不作为。只有保持不断进步、不断提升、不断突破，不教一日闲过，始终处于上升通道，才会有前途、有希望、有尊严。要把功夫下到如何更好抓落实上，下到如何取得新成果、新经验、新进步上。对于上级决策部署，不重视、不用心乃至慢落实、不落实的，就是不讲政治，这样的班子或干部，就要调整、甚至严肃处理。

要到管网一线找智慧，决不能搞"自娱自乐"。抓党建工作最忌讳的就是"关起门来搞党建"。以"良好自我感觉"代替"基层评价"，脱离实际想当然地制定举措，注定没有生命力，反倒会增加基层负担。抓党建工作的"真经"，在基层一线，在三万管网铁军的火热实践中。我们每一次到基层一线，都会有新收获、新启发，每一次看到基层员工的眼神、看到基层工作的成绩，都深受感染、深受触动，这也说明管网的基层党建工作是有特色、有成效的，是有真招实招的。要践行"从群众中来、到群众中去"，让"脚"和"身体"走到群众中去，让"头脑"和"感情"融入到群众中去，拜员工为师，虚心向基层学。特别要注意多交能说心里话的基层朋友，更多的了解真实情况，更好地把党建工作做好。要拿上"放大镜""显微镜"，多看看基层党支部的"三会一课"是怎么抓的、队伍是怎么带的、员工思想工作是怎么做的，总结鲜活、实用、有效的基层做法，倾听来自一线的真实声音和意见建议，实现"从群众中来"与"到群众中去"的有机联动。要给优秀党支部书记"搭台子""递话筒"，请他们上讲台、当"嘉宾"，把好做法好经验宣传出来、推广开来，通过以点带面，达到事半功倍、全盘搞活。

要用实际效果来检验，决不能搞"花架子"。党建工作是否做实了，最终要看有没有解决问题、有没有实际成效。要把解决问题贯穿党建工作始终。抓党建工作的过程，也是不断发现并解决问题的过程。无论是党建考核，还是巡视巡察审计，都给各部门各单位指出了一些问题，但这都是外部的、被动的"他律"。最了解自己的就是自己，深层次问题自己最清楚。比如，"说起来重要、做起来次要、忙起来不要"的现象有没有？工作层层衰减的问题有没有？学习宣贯中照本宣科走过场的倾向有没有？民主生活会"过关"的思想有没有？等等。各级党组织都要坚持问题导向，敏于观察、勤于自查，敢于提出问题、善于解决问题，深挖根源、标本兼治。这样，党建工作才能不断提升、真正做实。要把实际成效作为检验党建工作的标尺。形式与内容，是辩证统一的，没有一定的载体，就难以表达一定的内容。党建工作要想取得预期效果，必须根据形势、任务、目标和条件，选好相适应、相匹配的活动方式，并循序优化。但形式服务于目的，对"船"和"桥"的评判，不在外表的光鲜亮丽，而在最终的"过河"。无论是基层"四联"、"六共建五创优"、"主题党日+"，还是"青马工程"、"两优一先"表彰等载体，都是铸牢"根""魂"的手段。各级党组织要在谋划和推动党建工作中，把功夫花在用好用活形式、更好更快取得效果上，时时处处用目标去牵引、用效果来校验，时刻关注党组决策部署落地了没有、职责使命兑现了没有、队伍精神面貌提升了没有，防止重"痕"不重"绩"、留"迹"不留"心"。要坚持以"实"的标准抓党建工作，把本部门本单位的特点分析透，增强党建工作的针对性、有效性和可操作性。

第三，突出在创新上狠下功夫。创新是做好党建工作的活力所在，抓住了创新就抓住了全面提升党建工作质量和实效的"牛鼻子"。当前，有的单位在党建工作上往往只懂"继承"不重"发展"，满足于不犯错误，思想僵化、措施老化、方法简单化。破解这些问题，创新刻不容缓。我们必须紧扣国企党建时代特点，把守正与创新统筹起来，拓展认识的广度和深度，以创新思维开展党建工作，不断提升党建工作质量和实效。

要从中华优秀传统文化中汲取党建工作创新的智慧和方法。党的二十大报告指出，坚持和发展马克思主义，必须同中华优秀传统文化相结合。习近平总书记强调，中华优秀传统文化蕴含的天下为公、民为邦本、为政以德、革故鼎新、任人唯贤、天人合一、自强不息、厚德载物、讲信修睦、亲仁善邻等，同科学社会主义价值观主张具有高度契合性。中国式现代化是物质文明和精神文明相协调的现代化，创造了人类文明新形态，摒弃了西方以资本为中心的现代化、两极分化的现代化、物质主义膨胀的现代化老路。我们打造中国特色世界一流能源基础设施运营商，如果只是追求资本效益，注定内不能安、外不能立。物质的尽头，屹立的是精神。实现管网立企强企，不能单靠资本的增值，更要靠有信仰、有信念、有精神的管网人。党建工作的价值和作用，就是直指人心的。我们必须更加自觉地从中华优秀传统文化中汲取创新智慧、创新方法。要坚决破除"资本至上"的迷信，做好人文关怀，以提升党建工作的感染力激活三万管网铁军的生命力。仅以物质利益或强制约束，是建立不起一支强大队伍的。管网铁军，不但有铁骨在身、也有柔情在心。在一线站队，战士们远离妻儿，与荒凉为友、以孤寂为伴，身前是"阵地哨所"、身后是万家灯火，每一位管网人都是光荣的、可敬的，但也都是需要有温度的党建工作来关怀、来滋养的。要注重培育站队的"军营文化"。军营文化作为人民军队战斗力的重要来源，精华和核心就是培育生死与共的战友情，战友之情不仅有亲情，更有许党报国的大义和情怀。在基层站队中，队伍的问题大家一起想办法，队伍的目标大家一起来实现，切实增强员工归属感。我们的员工把宝贵生命的大部分时间交给了管网，我们就要主动帮助员工升华生命情感和人生境界，赋予大家以信仰的感召、精神的追求，使每一名员工都深刻认识到事业发展和岗位工作的价值和意义，深刻认识到输送的每一滴油、每一方气，都是在保障国家能源安全上担起的一份责任，都是一份为党为国为民的承诺。就像在抗美援朝的战场上，有了"保家卫国"的感召，才能最终以"钢少气多"力克"钢多气少"。我们要为管网铁军树立好、实现好生命理想，通过在灵魂深处、内心深处"爆发革命"，解决理想信念、人生态度、终极关怀的问题，让人成为真正的人，而不是被资本财富"异化"了的人，完成由"小我"向"大我"的转变，自觉做到用坚定的信仰信念信心、用超出现实利害得失的关怀，全身心地投入到党和人民的管网事业中。

这样，我们三万管网铁军就会以虔诚之心，对待保障国家能源安全的职责使命和"三个服务"的企业初心，使"管网人生"价值不朽、不虚此行，活出生命的精彩与意义，涌现出更多的管网英雄、时代楷模、民族脊梁。归根结底，我们抓党建工作，不是"塞满"而是"点亮"，要让大家体认到获得感、自豪感和成就感。这也是国家管网集团推进党建工作创新的立足点，是防止矮化党建工作、破解"两张皮"问题的着力点，更是为建设中国特色现代企业制度贡献管网智慧的价值点。

要在运用新技术新手段、创造新载体新机制中推进党建工作创新。工具手段与载体形式的创新，可以大大提升党建工作的吸引力与实效性。要以数字化思维推进党建工作手段创新。"四大体系"一体构建运行，是国家管网集团贯彻"两个一以贯之"、打造新时代具有管网特色现代企业治理体系的一大特色，收获了有目共睹的阶段成效。必须坚定不移往深里做、往实里做，特别要依托数字化转型，持续把大党建、大监督体系内嵌入业务流程，实现党的领导贯穿公司治理各环节、党建工作与中心工作深度融合，不断取得更大成果。要坚持以满腔热忱对待一切新生事物，在抓党建工作上探索应用更多现代化手段。比如，对于集团公司党建工作的日常管理，要设计好、建设好"红色能源动脉"党建数字化平台，形成线上、线下相结合的党建工作新格局，打造央企党建创新高地；对于开展主题党日、"三会一课"等党的组织生活，要善于应用现代化技术增活力、强堡垒；对于宣传工作，要研究拓展自媒体等新阵地，扩大管网知名度，增强员工自豪感。但也提醒一点，手段再发达，也不能完全替代"面对面"的思想政治工作等，必须实事求是，不能炒概念、玩噱头。要以个性化思维推进党建工作载体创新。党建工作要开展好，仅仅依靠完成"规定动作"显然是不够的，还需拓宽工作新思路，结合改革发展重点难点，找准契合点、切入点，探索"党建+"工作模式，深化干部联系点、党员责任区、党员示范岗等传统载体，开创更多新机制，尤其是要根据党组织特点，设计个性化载体。比如，党员少的党组织应突出联合共建，做实小支部、大党建；承担工程、科研、保供、改革等急难险重任务的党组织，可组建"党员突击队"或"技术攻关小组"，引领党员当先锋、作表率；"第一议题"学习，更加突出交流收获体会、研讨贯彻落实的思路举措，推动新思想占领头脑、而不是占领时间；部门党支部可探索"理论+国学"等学习形式，多维度汲取管理智慧；位于革命老区的基层站队应发挥"红色"优势，放大辐射效应，等等。战法无定法，我们的基层党组织是有觉悟、有水平、有创造力的，只要用心挖掘、矢志创新，就会不同凡响，就能百花齐放。

要做到战略上大胆突破、战术上稳扎稳打推进党建工作创新。一般来讲，抓党建工作，大体有三种情形：第一种是被动应付完成交办任务的，只能打60分，毕竟完成了任务；第二种是积极主动履职尽责的，可以打80分；第三种是解放思想创造性开展工作的，才能打满分。能否创新思路开展党建工作，关键要看能否敢于善于突破，能否做到与众不同。在推进党建工作创新的过程中，要大胆想、大胆干。克服守摊思想，不能甘于平庸，特别是不要盲目从众。必须敢于干前人没有干过的事情，大胆地闯，多出金点子，多想好办法，不断开创党建工作新局面。在推进党建工作创新的过程中，要学会"摸着石头过河"。党建工作的一些新想法、新思路，可以先在局部进行必要的试点，用实践进行验证，不行就作罢、可行再深化，在试点中总结经验再复制推广，循序渐进、梯次展开。"蹄疾"的前提是"步稳"，做事情要么不做，做就要稳中求进、做实做好，急于求成可能会"摔跟头"。在推进党建工作创新的过程中，要常回头看看。回头看看就是总结和复盘，就是看看一路走来党建工作创新实践中有哪些经验教训，不断提炼出规律性认识，继而坚定创新的信心、完善创新的方式，这是我们创新党建工作的重要环节，是必须运用好的有效方法。需要强调的是，我们开展党建工作创新，是有原则、有标准、有效果的创新，必须常常回头检视，坚决杜绝党内政治生活娱乐化、庸俗化等问题。

第四，突出在融合上狠下功夫。习近平总书记强调，"坚持服务生产经营不偏离，以企业改革发展成果检验党组织的工作和战斗力。"实现党建工作与业务工作相融互促、解决好"两张皮"问题，是推进全面从严治党向纵深发展、充分发挥党建工作价值和作用的根本要求。我们要围绕实施"五个坚持"总体方略推进国家管网集团打造世界一流企业和实现高质量发展，发挥党建优势作用，把"融入中心抓党建、抓好党建促发展"内化于心、外化于行，以高质量发展成果检验高质量党建成效。

要认清党建工作与业务工作的"体用关系"。没有离开业务的党建，也没有离开党建的业务。党建工作与业务工作，是一体两面、体用一源的，好比是内"魂"与外"形"的关系，两者互生互促、不可或缺、不能割裂，虽维度不同，但浑然一体。知与行、做人与做事，就是类似的体用关系。知是行之始，行是知之成。是什么样的人就会做什么样的事，做了什么样的事最终成为什么样的人。党建工作与业务工作就是如此，党建工作是铸牢"根""魂"的，是知行中的"知"、着眼于"做人"，也就是"体"，旨在强化对党的忠诚、对马克思主义的信仰和对中国特色社会主义的信念。而"用"就体现在激发党员和党组织的凝聚力战斗力，推进管网事业实现高质量发展，更好地肩负起习近平总书记和党中央托付的能源革命时代重任和保障国家能源安全的职责使命。党建工作抓好了，各级党组织和党员队伍的作用充分发挥出来了，业务工作就会干在实处、走在前列。相反，业务工作出现问题，必须追根溯源，从"根""魂"上找原因，从理想信念和精神追求上找差距。真正把党建工作与业务工作统一起来，做到"体用一源""知行合一"，是不简单、不容易的，也是国企党建需要破解的"两张皮"老难题，必须深化认识、准确把握，以党建工作引领和保障业务工作。

要推进党建工作与业务工作深度融合。弄清了党建工作与业务工作的关系，就明白了国有企业的党政组织为的是同一个目标，种的是同一块"责任田"，都要落脚到完成好生产经营改革发展中心任务上来。要做到目标融合。从大方面讲，国家管网集团总的目标就是要打造世界一流企业、实现高质量发展，为的是更好保障国家能源安全和经济安全。实现这个大目标，要靠我们各层级的一个个具体目标来支撑。我们开展党建工作，都要聚焦如何实现这些目标来谋划和推动，都要把如何实现这些目标作为各级党组织议事决策的主要内容。我们国家管网集团是跟着习近平总书记干"能源革命"的，是必须要"打胜仗"的，实现中心任务目标是硬杠杠。各级党组织要精心研究发挥党建优势推动中心任务目标完成的思路措施，从源头上保证党建工作靶向不偏、发力精准。要做到过程融合。坚持"抓生产从思想入手、抓思想从生产出发",做到党建工作与业务工作同谋划、同部署、同推进、同考核。特别是,要聚焦中心工作,做好干部员工的思想发动工作,开展好形势任务教育,把形势任务讲清楚、把责任担当讲清楚、把措施办法讲清楚,让干部员工知道为谁而战、为何而战、怎样取胜,把党员干部和员工群众的思想和行动统一到共同目标上来、凝聚到确保中心任务完成上来。要做到考核融合。去年以来,我们探索实施"双百考核",在搭建"考评党建看经营、考评业务看党建"评价体系上,解决了"有没有"的问题。下一步,要着眼解决"好不好"的问题,总结实战经验,运用"想不想、能不能、会不会"的三角模型,进一步完善党建工作考评机制,突出考日常、考基础、考实效,不断提高考评工作的科学性合理性有效性。此外,按照层级管理原则,今后党组考核主要聚焦直属单位党委工作,基层党建由直属单位党委负责考核。在基层党支部考核上,要认真贯彻落实习近平总书记关于"要把抓好党支部作为检验党建工作成效的基本标准"重要指示精神,进一步把中心任务完成情况纳入党支部考核,把党支部工作情况纳入班子绩效考核,以双向挂钩倒逼双向融合,进一步推动基层党组织形成"一体两面"做工作、党政协力谋发展的工作局面。

第五,突出在强基上狠下功夫。基层一线是集团公司党建工作的落脚点所在。国家管网集团有1200多个基层党支部分布在祖国大江南北,有1.6万余名基层党员奋战在"红色能源动脉"一线。只要让每一个支部都强起来、让每一名党员都硬起来,就会无坚而不摧、无往而不胜。我们必须坚持大抓基层的鲜明导向,不断增强基层党组织的政治功能和组织功能,充分发挥基层党组织战斗堡垒作用和党员先锋模范作用。

要以锻造管网铁军为突破口,擦亮"红色能源动脉"党建品牌。品牌的"面子",来自于品质的"里子"。打响"红色能源动脉"党建品牌,靠的是一个个鲜活的英模形象、一座座赤红的战斗堡垒、一串串感人的管网故事。要大树铁军英雄模范,打造光荣之师。没有叫得响、立得住、传得开的先进典型,"形成品牌"就是一句空话。要坚持典型引路,加大选树力度,加快培育塑造能够彰显管网"能源革命"精神、激励一代代管网人团结奋斗的新时代管网"新铁人",把管网铁军"代言人"树起来,把管网"夜空最亮的星"升起来,形成强大传播力影响力,实现由"点灯一盏"到"照亮一片"。加快打造英模团体,在迎战大考的实践中,命名一批英勇战斗、事迹突出的"英雄团""老虎连""尖刀班""突击队",颁授荣誉旗、举行观摩会,让典型示范效应大放异彩。调整"镜头""笔头",向一线聚焦,给基层员工"特写",为先进出特刊,多讲站队故事、英模故事,多讲服务故事、改革故事、扩网故事、创新故事,多讲朴实无华、打动人心的故事,真实、立体展现在新时代新征程上"输油输气输温暖、铁军铁肩铁担当"的管网铁军风采。比如,北京管道员工姜国荣见义勇为,奋不顾身跳入湍急的河水,成功救起一对不慎落水的母子。这就是朴实且感人的故事,需要大书特书。要营造浓厚军营氛围,打造威武之师。管网品牌,靠每一次服务擦亮,靠每一名铁军点亮,靠每一个行为闪亮。要加快培育管网铁军文化,在基层站队、调控中心、工程现场、市场前台和总部部门中,有序推广准军事化管理,把"听党指挥、能打胜仗、作风优良"体现到强悍的战斗力上,把"铁的信仰、铁的本领、铁的担当、铁的作风、铁的纪律",

体现到每一名员工的每一次正确操作、每一次规范作业、每一次惊喜服务、每一次精益管理之中，真正做到管网铁军、使命必达、让党放心。各级党组织要注重在打造"又红又专"的党员队伍上下功夫，把加强党员教育管理抓紧抓好，让锤炼党性的"大熔炉"热起来，防止不经常、不认真、不严肃等问题。坚持把业务骨干培养成党员、把党员骨干选拔到重要岗位，引导党员强化身份意识，时刻保持比普通员工更高的境界追求，带头做岗位能手、创效标兵、创新模范，让"我是党员，跟我上"成为管网最强音，让党员在平时"一眼看得出来"、在战时"率先冲得出来"，真正从内部凸显出来，成为铁军中的铁军。要强化战斗支援保障，打造胜利之师。基层是主要作战单元，为基层战斗堡垒创造条件、改善环境、提供"弹药"，是上级党组织、管理部门、各级领导班子和领导干部的天职。要严格执行中央八项规定精神和完善落实党组实施细则，把为基层减负"二十条措施"作为铁规矩和主抓手，一条一条抓执行、一项一项找差距，不开不解决问题的会、不干不解决问题的事，以钉钉子精神常态化纠"四风"树新风。搞形式主义，基层单位不满意，工作就肯定干不好。关于减负的成效、干部的作风，基层是"评委"，员工是裁判。特别强调，严禁随意摊派部门任务、严禁随意抽用基层力量，未经党组批准，总部不得调动直属单位的一兵一卒。基层作战部队不仅不能有丝毫削弱，而且还要进一步做强做优，各级党组织、领导班子和管理部门必须坚持重心下移，送服务、送保障到基层，多到基础薄弱、工作难度大的地方开展结对共建和现场指导等，帮助基层解决实际问题。群团组织是党联系群众的"左膀右臂"，必须发挥好工会、团青组织的桥梁纽带作用，不断增强企业凝聚力。要更加重视员工身心健康，既关心"八小时之内"的工作，也关心"八小时之外"的生活，让管网铁军幸福工作、健康生活。

要以深化"基层三化"为重点，推动基层党建全面提升全面过硬。习近平总书记强调，"全面从严治党要在国有企业落地落实，必须从党的基本组织、基本队伍、基本制度严起"。"三基本"建设，是层层压实全面从严治党责任的关键之关键、基础之基础。要以深入推进"基层三化"管网党建创新实践为重点，不断建强基本组织、基本队伍、基本制度，不断增强基层党组织政治功能和组织功能。要统筹标准化建设。要把安全生产队伍"三湾改编"中的"标准化站队建设"，与党建工作中的"基层党支部标准化建设"统筹起来，做到党建工作与业务工作相容互促。只有实现制度化，才能确保基层党组织把该做的做到位；只有做到标准化，才能快速拉平管理、推广最佳实践，做到队伍整齐划一。同一类型的站队，有了可复制的样板，其他的就不需要另起炉灶、重头探索了。必须把这个样板上升为统一的标准，让每个支部都清楚做什么、怎么做、做到什么样，这样就会大大提升基层党支部建设的整体水平。要强化专业化分工。"一切工作到支部"，确保工作穿透到最基层，是我们党提升组织力的重要法宝。目前，基层党组织在全集团基本实现了全覆盖，但随着改革的深入推进、业务的快速发展，仍需要主动适应和持续优化，必须把基层党组织建设作为基层建设的核心，主动适应市场化、专业化、区域化、共享化发展要求，把党组织内嵌到生产经营各领域，为差异化的业务单元和基层党组织配套针对性的党建工作，确保党的组织功能与企业改革发展相适应、与生产经营活动相适应、与组织管理幅度相适应。要深化网络化集成。支部强不强，关键看"头羊"。一个过得硬的党支部，支部书记、党务干部一定是过得硬的。目前，党务政工干部依然存在整体力量不够、能力素质不足、结构布局不平衡等问题。我们要从条块上培育"精锐"，树立"精兵强将干党建"的鲜明导向，把党务政工岗位作为培养选拔干部的重要台阶，把待遇和编制给足给到位，加快选育和配齐配强党务干部。要强化专业线条的党建穿透，加强自上而下、分领域、"端到端"的指导和带动，实现"最先一公里"与"最后一公里"上下集成、整体提升。同时持续做好区域联动，深化区域化党建联建试点，以强带弱、以大带小、以老带新，共享党建资源，互学互促共进，在并肩作战、协同作战中共同提升党建工作基本功。

三、充分发挥"领头雁"作用，以党组（党委）自身建设引领带动集团公司党的建设和各级领导班子建设不断迈上新台阶

习近平总书记指出，"领导班子是一个地方、一个单位的火车头。"党组（党委）班子是组织贯彻落实新时代党的建设总要求、全面提升管网党的建设工作质量和实效的"指挥部""作战部"，我们必须注重强化班子自身建设，打造更加坚强有力的领导集体，带动集团公司党的建设和各级领导班子建设不断迈上新台阶。

第一，带头学透思想、践行思想。理论创新每前进一步，理论武装就要跟进一步。习近平新时代中国特色社会主义思想是当代中国马克思主义、二十一世纪马克思主义，为我们观察时代、把握时代、引领时代提供了强大思想武器。党组（党委）班子要坚持以上率下、以身作则，以党的创新理论武装头脑、指导实践、推动工作，自觉做共产主义远大理想和中国特色社会主义共同理想的坚定信仰者和忠实实践者。要带头读原著、学原文、悟原理，准确把握核心要义、精神实质、丰富内涵、实践要求，把"十个明确""十四个坚持""十三个方面成就"和"六个必须坚持"联系起来学、贯通起来学，深刻感悟党的创新理论的思想伟力和实践伟力，做到知其言更知其义、知其然更知其所以然。要带头做到学思用贯通、知信行合一，深化运用"学思践悟验"党建工作五步法，自觉用党的创新理论观察新形势、研究新情况、解决新问题，以理论上的清醒保持政治上的清醒，以思想上的坚定保持政治上的坚定，把在学习中带来的思想激励效应和科学指南作用转化为干好工作、建功管网的实际行动，把坚定拥护"两个确立"真正转化为坚决做到"两个维护"的高度自觉。要带头学好用好习近平新时代中国特色社会主义思想的世界观、方法论和贯穿其中的立场观点方法，坚定不移把全面从严治党向纵深推进，把成效体现到党组织功能的普遍强化上，体现到党员作用的充分发挥上，体现到各种矛盾问题的有效解决上，体现到党群干群关系的持续改善上，体现到党的创造力凝聚力战斗力不断提高上。

第二，带头落实责任、压实责任。党的二十大报告指出，要"落实全面从严治党政治责任"。习近平总书记强调，要"把每条战线、每个领域、每个环节的党建工作抓具体、抓深入。"党委班子要始终牢记总书记的教诲，严格落实全面从严治党主体责任，建立健全并逐级压实班子责任、第一责任、重要领导责任、直接责任和"一岗双责"，推动党的领导贯通到底、党的建设落到实处。党委书记要始终扛稳党建工作"第一责任人"责任，既要挂帅、又要出征，重要工作亲自部署、重要问题亲自过问、重要环节亲自协调，支持班子成员履行好"一岗双责"，切不可只任职、不尽职，仅

仅把抓党建当作党委副职甚至职能部门的事。要始终坚持一级抓一级、层层抓落实，形成完整的责任闭环、工作闭环，对照集团公司党建工作部署、党组（党委）落实全面从严治党主体责任《实施办法》《责任清单》以及"规定动作"大表狠抓落实，严格按照频次要求，及时召开党组（党委）会议，专题研究政治生态、基层党建、群团、统战、意识形态等专项工作，做好下级"一把手"监督等具体工作，发挥各级党建工作领导小组的协调推动作用，以"硬账硬结"确保守土尽责。"硬账硬结"就是要确保每一件事情、每一项工作都做到位，如果任务到期结不了账，这是绝对不允许的。

第三，带头敢于担当、善于担当。喊破嗓子，不如做出样子。党组（党委）班子必须在真担当、真斗争上身先士卒，充分发挥把方向、管大局、保落实作用，做到把好政治方向、发展方向、改革方向、经营方向，始终在大局下思考、在大局下行动，坚决推动习近平总书记重要指示批示精神和党中央决策部署在国家管网集团落地见效。要锤炼敢于担当的过硬作风。国家管网集团不要四平八稳、爱惜羽毛的干部。干部要有"时时放心不下"的责任感、"敢啃硬骨头"的硬作风、"功成不必在我"的大担当，敢打攻坚战、敢蹚"深水区"，在困难面前不推诿，迎着问题上、盯着问题抓，把党的建设各项任务一项一项抓实、抓好、抓到位。要磨砺善于担当的高强本领。软肩膀挑不起硬担子。要把提高政治能力作为首要任务，不断提高政治判断力、政治领悟力、政治执行力，永葆精进之心，以一专立身，向多能发展，补齐能力短板。今年，党组决定开展党组（党委）"双示范"创建活动，班子成员要带头把所在党支部建成全面过硬的示范，把基层联系点党支部建成全面进步的示范。要维护清正廉洁的良好形象。各直属单位党委要落实好主体责任，把该把的"关"把住，将作风问题视为违纪和腐败苗头，实行超前纠治，决不让小问题变成大案件，不断筑牢"红色能源动脉"的廉洁底色。对于腐败的增量问题，要追究党组织和党组织书记的责任。领导干部要保持戒慎恐惧，带头成为组织信赖的人、同事敬重的人、家属引以为荣的人、回首人生问心无愧的人。

第四，带头维护团结、增进团结。"团结才能胜利。"党组（党委）班子只有身体力行讲团结、会团结、真团结，才能凝聚各级组织和管网铁军形成"一块坚硬的钢铁"，汇聚起干事创业的磅礴力量。要有讲团结的大智慧。任何单位闹不团结就没有希望，任何干部闹不团结就没有前途。必须坚持干事业"一条心"、抓工作"一盘棋"，在职责上分、思想上合，工作上分、目标上合，实现"1+1＞2"。要有会团结的大本事。贯彻执行民主集中制和集体领导原则，凡事多沟通多商量，集思广益、择善而从，倡导开诚布公之风，开展积极的、实事求是的批评和自我批评。正职要总揽而不独揽，副职要用实际行动维护集体权威，形成精诚团结的班子集体。要有真团结的大境界。注意提升修养境界，保持宽广胸襟，时刻出于公心，容言、容事、容人，调动和发挥每个人的作用。但团结不是毫无原则的，必须保持清醒政治头脑和坚定政治立场，决不能为谋局部而误全局、为小利而乱大局。

同志们，全面从严治党永远在路上，党的自我革命永远在路上。我们要更加紧密地团结在以习近平同志为核心的党中央周围，以党的二十大精神为指引，弘扬伟大建党精神，坚定不移把全面从严治党向纵深推进，加快推进党建工作做出特色、走在前列、形成品牌，以高质量党建引领保障国家管网集团打造世界一流企业和实现高质量发展，为全面建设社会主义现代化国家、全面推进中华民族伟大复兴作出更大贡献、展现更大作为。

在国家管网集团2023年党风廉政建设和反腐败工作会议暨警示教育大会上的讲话

张 伟

（2023年1月17日）

今天，我们召开集团公司2023年党风廉政建设和反腐败工作会议暨警示教育大会，主要任务是深入学习贯彻习近平总书记在二十届中央纪委二次全会上的重要讲话和全会精神，认真落实国资委党风廉政建设和反腐败工作会议暨警示教育大会精神，总结2022年集团公司党风廉政建设和反腐败工作，开展警示教育，对2023年集团公司党风廉政建设和反腐败工作进行全面具体部署，动员各级党组织和广大党员干部一刻不停推进全面从严治党，发扬彻底的自我革命精神，永远吹冲锋号，以党风廉政建设和反腐败斗争的新成效，为国家管网集团打造世界一流企业和实现高质量发展提供坚强保障。

过去的一年，在以习近平同志为核心的党中央坚强领导下，集团公司党组以习近平新时代中国特色社会主义思想为指导，认真学习贯彻党的二十大精神，全面贯彻落实习近平总书记在十九届中央纪委六次全会上的重要讲话和全会精神，坚决履行全面从严治党主体责任，持续加大党风廉政建设和反腐败工作力度，推动公司各级党组织自我净化、自我完善、自我革新、自我提高能力不断增强，为国家管网集团高质量发展迈出坚实步伐、在党的二十大召开之年向党中央交出亮丽成绩单提供了坚强保证。重点是突出抓党的政治建设，迅速掀起学习宣传贯彻党的二十大精神热潮，高质量完成习近平总书记重要指示批示精神再学习再落实再提升活动，严格落实"第一议题"制度，党组带头加强自身建设，示范带动了各级党组织和广大党员进一步坚定理想信念和严明纪律规矩，坚定拥护"两个确立"、坚决做到"两个维护"成为高度政治自觉；突出抓"大监督"体系的构建运行，召开党风廉政建设和反腐败工作会议与警示教育大会部署年度重点任务，推动各级党组织主体责任和各级纪检监察机构监督责任协同发力，推进"四项监督"贯通融合，在业务流程中设置625个监督关键控制点，实现用"制程"管权管事管人；突出抓反腐败斗争的深入开展，发挥查办案件的震慑作用，推动选人用人等专项整治，强化新时代廉洁文化建设和家庭家教家风建设，点名道姓通报曝光典型案例，引导党员干部进一步筑牢了拒腐防变的思想防线；突出抓纠"四风"树新风，严格执行中央八项规定精神及党组实施细则，出台整治形式主义突出问题为基层减负的"二十条措施"，组织公车使用、费用管理等领域专项监督检查，开展总部最需改进的18项工作作风和管理事项大提升，为基层减负取得阶段性成效；突出抓党组巡视利剑作用发挥，高质量完成党组第三轮常规巡视，开展巡视整改"回头看"和巡视联动整改专项检查，进一步营造和维护了风清气正、干事创业的良好政治生态。

党的二十大指出，"全党必须牢记，全面

"从严治党永远在路上，党的自我革命永远在路上，决不能有松劲歇脚、疲劳厌战的情绪"。习近平总书记在二十届中央纪委二次全会上强调，要"一刻不停推进全面从严治党，保障党的二十大决策部署贯彻落实"。我们要坚决贯彻落实党的二十大精神和习近平总书记重要讲话精神，坚定扛起全面从严治党政治责任，深入推进党风廉政建设和反腐败斗争，切实为国家管网集团在新时代新征程上打造世界一流企业和实现高质量发展保驾护航。

一、深入学习、准确把握习近平总书记在二十届中央纪委二次全会上的重要讲话和全会精神，切实把思想和行动统一到党中央决策部署上来

习近平总书记在二十届中央纪委二次全会发表的重要讲话，从新时代新征程党和国家事业发展全局的高度，深刻分析大党独有难题的形成原因、主要表现和破解之道，深刻阐述健全全面从严治党体系的目标任务、实践要求，对坚定不移深入推进全面从严治党作出战略部署，为我们坚定不移全面从严治党、深入推进党风廉政建设和反腐败斗争，提供了根本遵循。要把学习贯彻习近平总书记在中央纪委二次全会上的重要讲话和全会精神，与学习贯彻党的二十大精神结合起来，深刻领悟"两个确立"的决定性意义，进一步增强"四个意识"、坚定"四个自信"、做到"两个维护"，在新时代新征程上一刻不停推进全面从严治党，以彻底自我革命精神打好反腐败斗争攻坚战持久战，持续营造风清气正、干事创业的良好政治生态。

第一，充分认识"要时刻保持解决大党独有难题的清醒和坚定"的政治要求。习近平总书记鲜明指出"如何始终不忘初心、牢记使命，如何始终统一思想、统一意志、统一行动，如何始终具备强大的执政能力和领导水平，如何始终保持干事创业精神状态，如何始终能够及时发现和解决自身存在的问题，如何始终保持风清气正的政治生态，都是我们这个大党必须解决的独有难题"，强调"解决这些难题，是实现新时代新征程党的使命任务必须迈过的一道坎，是全面从严治党适应新形势新要求必须啃下的硬骨头"。这"六个如何"对"大党独有难题"作出了深入系统的阐释，具有深邃思想内涵和重大时代价值，充分体现了对建设什么样的长期执政的马克思主义政党、怎样建设长期执政的马克思主义政党这一重大时代课题的战略考量，充分体现了我们党从不讳疾忌医、敢于直面问题、勇于自我革命的鲜明品格，充分体现了坚定不移推进全面从严治党的深沉忧患意识、高度历史自觉和强烈使命担当，为我们推动全面从严治党向纵深发展指明了努力方向。我们要深入领会习近平总书记重要讲话精神，准确把握大党独有难题的形成原因、主要表现和破解之道，深化对党的自我革命规律认识，以永远在路上的坚韧和执着推进全面从严治党，不断清除侵蚀党组织健康肌体的病毒，以全面从严治党新成效为谱写新时代新征程管网事业壮丽篇章提供坚强保障。

第二，充分认识"反腐败斗争形势依然严峻复杂，遏制增量、清除存量的任务依然艰巨"的科学判断。习近平总书记对反腐败斗争形势作出"两个依然"的最新判断，充分说明对腐败问题的顽固性和危害性不能低估。刚才，我们观看了警示教育片，一些案件触目惊心。我们要引起高度重视，发扬彻底的自我革命精神，永远吹冲锋号，彻底拔除各种腐败问题病根，彻底铲除腐败滋生土壤，不论谁出问题，该出手时就出手，确保国家管网集团正气充盈、政治清明，确保"红色能源动脉"永不变色。

第三，充分认识坚决打赢反腐败斗争攻坚战持久战的使命责任。践行"服务国家战略、服务人民需要、服务行业发展"的企业宗旨，更好地肩负起保障国家能源安全的职责使命，要求我们必须持之以恒正风肃纪反腐，全力打造廉洁管网。我们必须始终保持零容忍的警醒、零容忍的力度，让那些反复发作的老问题逐渐减少直至不犯，让潜藏或滋生的新问题难以蔓延。必须紧盯重点对象，把不收敛不收手、胆大妄为者作为重中之重，严肃查处领导干部配偶、子女及其配偶等亲属和身边工作人员利用影响力谋私贪腐等；严查重点问题，坚决查处政治问题和经济问题交织的腐败案件，坚决防止领导干部成为利益集团和权势团体的代言人、代理人，坚决防止政商勾连、资本向政治领域渗透等破坏政治生态和经济发展环境；严查重点领域，深化整治权力集中、资金密集、资源富集领域的腐败。必须加强重点领域监督机制改革和制度建设，健全防治腐败滋生蔓延的体制机制，推动各类监督做深做实。必须更加注重正本清源、固本培元，加强新时代廉洁文化建设，使严厉惩治、规范权力、教育引导紧密结合、协调联动，坚决打赢反腐败斗争攻坚战持久战。

二、坚决贯彻坚定不移全面从严治党战略部署，以党风廉政建设和反腐败斗争新成效为公司打造世界一流企业和实现高质量发展提供坚强保障

2023年是全面贯彻落实党的二十大精神的开局之年，也是我们走完三年过渡期、从全面完成建企正式迈向立企强企的跨越之年。要扎实落实健全全面从严治党体系任务要求，深入开展党风廉政建设和反腐败斗争，为实施"五个坚持"总体方略推进国家管网集团打造世界一流企业和实现高质量发展提供坚强保障。

第一，以做"两个确立"的坚定拥护者和"两个维护"的示范引领者的实际行动，推动党的二十大决策部署在国家管网集团落地见效。"两个确立"是我们党在新时代取得的重大政治成果，是战胜一切艰难险阻、应对一切不确定性的最大确定性、最大底气、最大保证。我们要把坚定拥护"两个确立"、坚决做到"两个维护"作为最高政治原则和根本政治责任，坚定维护核心，矢志看齐追随，始终同以习近平同志为核心的党中央保持高度一致，坚决推动党的二十大精神在国家管网集团落地见效，确保党的管网让党放心、人民的管网不负人民。要把坚定拥护"两个确立"、坚决做到"两个维护"落实到严守政治纪律和政治规矩上。各级党组织和广大党员干部要认真落实党中央新修订的《关于加强和维护党中央集中统一领导的若干规定》精神，自觉做到"四个服从""五个必须"。进一步加强和规范党内政治生活，完善重温入党誓词、入党志愿书及党员过"政治生日"等政治仪式，不断增强党内政治生活的政治性、时代性、原则性、战斗性。突出加强党员干部政治能力训练和政治实践历练，建立完善分层级的理论培训体系，不断提升党员干部的政治判断力、政治领悟力、政治执行力。深入开展政治生态分析研判，开展更加精准的"政治画像"，及时发现、着力解决"七个有之"问题，以严明的纪律确保管网党员干部队伍在党的旗帜下团结成"一块坚硬的钢铁"。要把坚定拥护"两个确立"、坚决做到"两个维护"落实到"最讲政治、最有信仰"的责任担当上。集团公司2023年度工作会议和党的建设工作会议的决策部署，是国家管网集团全面贯彻落实党的二十大精神的总体思路和具体举措，是我们贯彻落实党的二十大关于全面贯彻新发展理念、着力推动高质量发展、主动构建新发展格局等战略部署的任务清单，是我们深入贯彻以习近平同志为核心的党中央提出重点任务、重点举措、重要政策、重要要求的最新成果。要结合各自实际，抓紧制定"时间表"和"施工图"，确保习近平总书记重要指示批示精神和党的二十大精神在国家管网集团落实到位，不断擦亮"最讲政治、最有信仰"的管网主标签。要把坚定拥护"两个确立"、坚决做到"两个维护"落实到强有力的政治监督上。牢牢把握全面贯彻落实党的二十大精神这条主线，围绕坚持党中央集中统一领导强化政治监督，在具体化、精准化、常态化上下更大功夫。重点聚焦贯彻落实习近平总书记重要指示批示精神和党中央决策部署，聚焦贯彻落实集团公司2023年度工作会议和党的建设工作会议精神，跟进监督、精准监督、做实监督，及时准确发现有令不行、有禁不止，做选择、搞变通、打折扣，不顾大局、搞部门和地方保护主义，照搬照抄、上下一般粗等突出问题，打通贯彻执行中的堵点淤点难点。要把巡视利剑磨得更光更亮，突出政治巡视定位，综合运用常规巡视、专项巡视、机动巡视和专项检查，对实施"五个坚持"总体方略推进高质量发展的落实情况开展重点监督，对新成立企业开展常规巡视，构建完善巡视巡察上下联动监督网，坚持监督、整改、治理有机衔接，扎实做好巡视"后半篇文章"，始终做到利剑高悬、震慑常在。

第二，深化标本兼治、系统治理，一体推进不敢腐、不能腐、不想腐。推动不敢腐、不能腐、不想腐有效贯通起来，三者同时发力、同向发力、综合发力，把不敢腐的震慑力、不能腐的约束力、不想腐的感召力结合起来，推动党员干部因敬畏而不敢、因制度而不能、因觉悟而不想，决不允许任何人给国家管网集团抹黑。要在不敢腐上持续加压。保持零容忍震慑不变、高压惩治力量常在，持续加大查办腐败案件的力度，坚决整治利用管网平台资源进行权钱交易的腐败行为，坚决查处利益输送、"靠企吃企"等问题，坚决惩治员工群众身边的"蝇贪"，把不收敛不收手、胆大妄为的腐败分子，坚决从管网队伍中清除出去，更加有力遏制增量，更加有效清除存量。重申一下，党组关于腐败问题的态度是鲜明的、一贯的，对于管网组建以后的增量问题，决不手软，没有例外。谁敢逾越雷池，甚至甘当利益集团和权势团体的代言人、代理人，谁就是管网的罪人，必须从严从重处理。要坚持超前防范，联系管网实际找准腐败的突出表现、重点领域、易发环节，建立完善腐败预警惩治联动机制，加大对行贿行为惩治力度，加强对新型腐败和隐性腐败的研究和查处。要在不能腐上深化拓展。完善运行好党统一领导、全面覆盖、权威高效的"大监督"体系，深化监督机制改革和制度建设，统筹推进各类监督力量整合、程序契合、工作融合，形成监督合力，增强监督效能。依托流程变革，完善权力配置和运行制约机制，用"制程"管好关键人、管住关键事。特别强调，在业务流程中设置的625个关键控制点就是监督的着力点。各级"一把手"和各业务流程主官要带头抓好落实，坚持"管业务必须管合规"，以"决不失守"的实际行动实现对重大风险的超前精准防范，做到每一个经营行为都依法合规，切实筑牢业务监督"第一道防线"，不能把问题推到职能监督"第二道防线"，甚至是专责监督"最后一道防线"。要在不想腐上巩固提升。着力加强新时代廉洁文化建设，深刻剖析已查处的腐败案件，开展针对性的党性教育、警示教育，切实营造和弘扬崇尚廉洁、抵制腐败的新风尚。特别是高度重视对年轻干部的教育引导。二三十岁的党员干部，正值"三观"形成的关键期，容易受到不良习气侵扰，导致"起步即摔倒"。国家管网集团的立企强企，迫切需要更多年轻干部挑大梁、扛重任，必须强化对年轻干部的严管厚爱，帮助扣好"第一粒扣子"。

第三，坚持以严的基调强化正风肃纪，以作风建设新成效促进工作大落实大提升。要从关系管网事业成败的高度，坚持把作风问题视为违纪和腐败的苗头，党风党纪一起抓，正风肃纪一起抓，决不让小问题变成大案件。要在落实中央八项规定精神上常抓不懈、久久为功。不打折扣地抓好中央八项规定精神和党组实施细则落实，推动实现化风成俗。紧盯公车私用、收送礼品礼金等"微腐败"和不正之风，发现一起查处一起。要坚持不懈纠"四风"树新风。把纠治形式主义、官僚主义摆在更加突出位置，作为作风建设的重点任务，把党组关于整治形式主义突出问题为基层减负的"二十条措施"作为牛鼻子，在抓执行、抓落地、抓见效上狠下功夫。继续纠治、严肃整治损害党的形象、员工群众反映强烈的享乐主义、奢靡之风，深化整治普遍发生、反复出现的问题，对顶风违纪行为露头就打、从严查处，坚决防反弹回潮、防隐形变异、防疲劳厌战。坚持纠"四风"树新风并举，传承管网创业立企的优良传统，教育引导党员干部牢记"三个务必"，推进作风建设常态化长效化。要把纪律建设摆在更加突出位置。把严的要求贯彻到党规制定、党纪教育、执纪监督全过程，加强对党章贯彻执行情况的监督检查，既让铁纪"长牙"、发威，又让干部重视、警醒、知止，使全体党员干部形成遵规守纪的高度自觉。强化经常性纪律教育，引导广大党员干部特别是年轻干部牢固树立党章意识，更加自觉用党章党规党纪约束自己的一言一行，增强纪律意识、规矩意识，加强自我改造、持续打破"我执"，主动把好传统带进新征程、将好作风弘扬在新时代。

第四，从严管理监督"关键少数"，着力打造堪当管网事业发展重任的高素质干部队伍。坚定不移全面从严治党，重点要抓好"关键少数"影响"绝大多数"。要把好选人用人的政治关廉洁关。大力选拔政治过硬、适应新时代要求、具备领导建设世界一流企业能力的干部，廉洁上有硬伤的必须一票否决。突出作风导向，摆花架子、做表面文章，消极懈怠、得过且过的干部，不仅不能用，还要严厉批评、严肃处理。要强化干部队伍经常性监督。坚持把日常监督做细做实，使监督常在、形成常态，特别是必须严格做好领导干部插手干预重大事项记录。据反映，有总部人员在工程建设、招投标、干部选用等方面，给基层说情、打招呼。这一问题必须引起我们的高度重视。说情、请托、打招呼或以其他方式给基层施加影响，就是典型的插手干预重大事项问题，必须严查严办、坚决杜绝。2021年，党组下发了《关于严格做好领导干部插手干预重大事项记录的通知》，明确要求对于领导干部插手干预重大事项的，承办单位人员必须及时、如实、全面记录，报上级纪检监察机构，直至报党组。因记录不及时、不如实、不全面，造成不良后果的，必须依规依纪依法追究责任。在记录和报告上，承办单位是第一责任人，必须担当尽责。要探索加强对领导干部社会交往的监督，对搞"小圈子"、建"利益集团"的人毫不手软。增强对"一把手"和领导班子的监督实效，推动党员领导干部层层严格自律、严负其责、严管所辖，发挥好头雁效应。要坚持严管和厚爱结合、激励和约束并重。落实"三个区分开来"，精准运用监督执纪"四种形态"，完善激励机制和容错纠错机制，激发党员干部更好带领员工群众担责任、扛红旗、争第一、铸品牌，形成昂扬奋进、建功管网的浓厚氛围。

第五，认真落实健全全面从严治党体系的任务要求，压紧压实全面从严治党政治责任。习近平总书记指出，"全面从严治党体系应是一个内涵丰富、功能完备、科学规范、运行高效的动态系统"，特别强调不能把全面从严治党局限于正风肃纪反腐。我们要深刻领会、准确把握，决不能把全面从严治党仅仅看成是党风廉政建设和反腐败工作，务必充分认识到全面从严治党是"四个全面"战略布局的重要组成部分，是深入推进新时代党的建设新的伟大工程的主要抓手。全面从严治党，各级党组织负主体责任，各级纪检监察机构负监督责任。在健全监督体系中，各级党组织发挥主导作用，各级纪检监察机构是专责监督，负责协助党组织推动监督体系高效运转。必须时刻明晰职责、把准定位，各司其职、各负其责。要落实"内容上全涵盖、对象上全覆盖、责任上全链条、制度上全贯通"的要求，强化集团公司党建制度建设的统一管理，健全完善全面从严治党责任体系和制度体系，使全面从严治党各项工作更好体现时代性、把握规律性、富于创造性。各级党组织要把全面从严治党工作与业务工作同谋划、同部署、同推进、同考核，加强监督检查，支持纪检监察机构履行监督责任。各级党组织书记要扛好"第一责任人"责任，既挂帅、又出征，一级带着一级干，推动党的领导贯通到底、党的建设落到实处。各级班子成员要履行好"一岗双责"，抓好分管领域的全面从严治党工作，不能只管业务、不抓党建、不管监督。各级纪检监察机构要发挥专责监督作用，织密监督网络，用好问责利器，促进责任层层传导、落实到位。总而言之，各级党组织和纪检监察机构都要坚持压力层层传导、责任环环相扣，增强全面从严治党的责任感使命感，对照集团公司全面从严治党工作的具体部署，逐条逐项抓好落实，以思想的同频、工作的协同，确保硬账硬结。

三、坚决防治"灯下黑"，以铁的纪律打造忠诚干净担当的纪检监察铁军

纪检监察机构在全面从严治党中肩负重要职责，使命光荣、责任重大。国家管网集团纪检监察战线的同志们，务必对照"忠诚于党、勇挑重担，敢打硬仗、善于斗争"的明确要求，把一体推进"三不腐"理念贯穿自身建设全过程，勇于自我革命，重整行装再出发，坚决履行党章赋予的神圣职责，坚决锻造堪当管网事业高质量发展重任的高素质纪检监察干部队伍。一要坚决以党性立身做事。纪检监察组要发挥好表率作用，带动全系统做遵规守纪的模范。各级纪检监察机构要把对党绝对忠诚摆在首位，加强党性修养，更加坚定自觉地用党的创新理论武装头脑、指导实践、推动工作，不断提高政治判断力、政治领悟力、政治执行

力，坚决做到头脑特别清醒、眼睛特别明亮、嗅觉特别敏锐、立场特别坚定。二要坚决在反腐败斗争攻坚战持久战中始终冲锋在最前面。坚持敢于斗争、善于斗争，坚持"治病救人"，事不避难、义不逃责，在原则和是非问题上不怕交锋、勇于亮剑。加强实践锻炼和专业训练，在党风廉政建设和反腐败斗争一线砥砺品格操守、提高实战能力，在围绕中心服务大局中练就斗争本领、彰显担当作为，在各种风险挑战中筑牢坚强屏障、体现价值作用。三要坚决清除害群之马。习近平总书记强调"对纪检监察干部从严管理，对系统内的腐败分子从严惩治"。要把纯洁思想、纯洁组织作为重中之重来抓，进一步加强政治教育、党性教育，完善内控机制，对执纪违纪、执法违法现象零容忍，决不能再出现"害群之马"。各级纪检监察机构要增强法治意识、程序意识、证据意识，严格依规依纪依法履行职权，不断提高纪检监察工作规范化、法治化、正规化水平。要牢记自身硬首先要自身廉，带头严格要求自己，更加自觉接受各方面监督，加快打造忠诚干净担当的纪检监察铁军。

同志们，犯其至难而图其至远。踏上新时代新征程，我们要更加紧密地团结在以习近平同志为核心的党中央周围，沿着党的二十大指引的方向，弘扬伟大建党精神，一刻不停推进全面从严治党，始终坚持问题导向，保持战略定力，发扬彻底的自我革命精神，永远吹冲锋号，把严的基调、严的措施、严的氛围长期坚持下去，以党风廉政建设和反腐败斗争的新成效，护航国家管网集团打造世界一流企业和实现高质量发展，为全面建设社会主义现代化国家、全面推进中华民族伟大复兴作出管网新贡献！

坚持大抓基层　聚焦"六抓六促"推进国家管网集团基层党建质量全面提升
——在国家管网集团基层党建质量提升推进会上的讲话

张　伟

（2023年6月30日）

今天，在中国共产党成立102周年之际，在全党深入开展学习贯彻习近平新时代中国特色社会主义思想主题教育的关键时期，我们在这里召开集团公司基层党建质量提升推进会。首先，我代表集团公司党组，向全集团广大党务干部和全体党员致以诚挚的问候和节日的祝贺！这次会议的主要任务是深入学习贯彻习近平新时代中国特色社会主义思想，深入贯彻落实党的二十大关于"坚定不移全面从严治党，深入推进新时代党的建设新的伟大工程"的重大部署，推动主题教育调研成果转化，牢固树立大抓基层鲜明导向，总结交流基层党建典型经验，聚焦"六抓六促"，部署推进基层党建工作，全面提升基层党建质量，更好推进集团公司"五个狠下功夫"党建工作总体部署落实落地，以高质量党建引领保障国家管网集团打造世界一流企业和实现高质量发展。

国家管网集团组建成立三年多来，集团公司党组坚持以习近平新时代中国特色社会主义思想为指导，旗帜鲜明坚持党的全面领导，理直气壮全面加强党的建设，锚定"做出特色、走在前列、形成品牌"党建工作总目标，全面推进党的政治建设、思想建设、组织建设、作风建设、纪律建设、制度建设以及反腐败工作，突出抓基层打基础，统筹推进"基层三化"，推动基层组织体系迅速构建完备，推动基层党组织政治功能和组织功能持续增强，基层党组织和党员队伍作用充分发挥，"红色能源动脉"党建品牌创建取得阶段性成果，国家管网集团的红色基因底色愈加鲜明。"9·30"主力部队会师不到三年，我们克服了成立时间短、改革发展任务重等多重困难，扎扎实实做好党建工作，取得这样的成绩确实不易、难能可贵。我谨代表集团公司党组，向为集团公司党的建设工作付出辛勤努力、贡献智慧力量的广大党员干部表示衷心的感谢！

刚才，仲文同志宣读了《关于开展支部共建、专业联建"双建"活动的通知》《关于开展模范共产党员和模范党支部"双模"选树工作的通知》两个文件。这是集团公司基层党建工作的新部署、新要求，各级党组织要集中力量组织好、开展好、落实好，确保取得实效。刚才，西气东输公司郑州作业区党支部等8个基层党组织作了交流，12个基层党组织作了书面交流，从不同侧面、不同角度交流了抓基层党建的好做法、好经验，有新意、有见地、有价值，各基层党组织要认真学习借鉴。

近段时间，我结合学习贯彻习近平新时代中国特色社会主义思想主题教育部署要求，连续5周、每周3天到基层一线进行专题调研，重点围绕如何提升基层党建工作质量和实效等课题内容，摸实情、找问题、研对策，和基层同志们面对面交流，感到收获很大，启发很大。今天，聆听8个基层党组织的交流发言，本身也是调查研究的过程。根据前期调研情况，我代表集团公司党组就贯彻落实党中央重大部署，进一步推动全面从严治党向纵深发展、向基层延伸，持续加强基层党建工作，全面提升基层党建质量，讲三个方面的意见。

一、以坚定拥护"两个确立"、坚决做到"两个维护"的高度政治自觉引领基层党建质量全面提升

习近平总书记在党的二十大报告中科学擘画了推进新时代党的建设新的伟大工程的目标任务和方法路径，在二十届中央纪委二次全会上进一步深刻阐述健全全面从严治党体系的目标任务、实践要求，为我们全面加强党的建设、全面提升基层党建质量提供了根本遵循。国家管网集团作为跟着习近平总书记干能源革命的"革命军"，政治属性比一般央企更为凸显，我们必须旗帜鲜明讲政治，以坚定拥护"两个确立"、坚决做到"两个维护"的高度政治自觉，坚定不移贯彻落实全面从严治党战略部署，切实把提升基层党建质量摆在更加突出的位置，以"党建强"引领保障管网"发展强"。

第一，坚定做学习贯彻习近平新时代中国特色社会主义思想的示范引领者，擦亮"最讲政治、最有信仰"管网主标签，迫切要求我们提升基层党建质量。党的十八大以来，习近平总书记就加强基层党建工作作出一系列重要指示，强调"基层党组织是党执政大厦的地基，地基固则大厦坚，地基松则大厦倾"，要求"必须把抓基层打基础作为长远之计和固本之策，丝毫不能放松"，指出"基层党组织能力强不强，抓重大任务落实是试金石，也是磨刀石"，系统回答了新时代基层党建工作怎么看、抓什么、怎么抓等重大理论和实践问题，为建强基层战斗堡垒指明了前进方向。国家管网集团因党而生，也必将因党而立，因党而强，从党组到奋战在10万公里管道沿线的所有党支部，都是践行习近平新时代中国特色社会主义思想的主战场、主阵地。我们只有坚决贯彻落实习近平总书记关于基层党建工作的重要论述，全

面提升基层党建质量，把每一个基层党组织都建设成为"最讲政治、最有信仰"的坚强战斗堡垒，让每一名党员都成为"最讲政治、最有信仰"的鲜红旗帜，才能擦亮"最讲政治、最有信仰"的管网主标签，让基层党组织和党员从内部"凸"出来、在外部"亮"起来，示范带动广大员工群众共同把国家管网集团打造成为党和人民最可信赖、最可依靠的力量。

第二，推动党的政治优势转化为发展优势，以高质量党建引领保障管网打造世界一流企业和实现高质量发展，迫切要求我们提升基层党建质量。党的二十大指出，要推动国有企业做强做优做大，加快建设世界一流企业，为新时代推进国有企业高质量发展指明了前进方向。集团公司党组深入贯彻落实党的二十大重大部署，在集团公司2023年工作会议上作出了实施"五个坚持"总体方略，推进高质量发展，加快打造服务卓越、品牌卓著、创新领先、治理现代、与众不同的中国特色世界一流能源基础设施运营商的总体部署。国家管网集团迈上立企强企的新征程，面临的改革发展稳定任务之重前所未有，面临的宏观环境风险变化之多前所未有，面临的能源领域变革考验之大前所未有。基层是管网全部工作和战斗力的基础。无论形势如何变化，依靠基层、建强基层这一条永远不能丢。我们只有全面提升基层党建质量，把基层党组织都抓实了、建强了，把广大党员群众充分动员组织起来，汇聚起三万管网铁军团结奋斗的磅礴力量，才能以"听党指挥、能打胜仗、作风优良"的实际行动，有效应对前进道路上的各种风险挑战，进而实现以高质量党建引领保障国家管网集团打造世界一流企业和实现高质量发展。

第三，坚持党的全面领导、全面加强党的建设，推进全面从严治党向基层延伸，迫切要求我们提升基层党建质量。党的工作最坚实的力量支撑在基层，最突出的矛盾问题也在基层。向纵深发展、向基层延伸，是全面从严治党的题中应有之义。对标对表党中央部署要求，从这次中央巡视、党建工作责任制考核、主题教育调研等情况来看，基层党建工作中存在的问题仍然不少。突出表现为：部分基层党组织落实全面从严治党主体责任还有不到位的地方，"上热、中温、下冷"现象仍未消除；基层党建工作水平不均衡，在标准化规范化上还有较大提升空间，党建工作与中心工作"两张皮"问题尚未有效破解；有的党组织落实中央八项规定精神和党组实施细则的力度存在衰减现象，形式主义、官僚主义问题禁而未绝，党风廉政建设和反腐败斗争形势依然严峻等。这些问题反映出，部分基层党组织对党建工作重视程度还不够，集团公司党建工作部署还没有真正穿透到基层、落实到岗位和人员，抓党建工作的方法还比较陈旧僵化。我们必须坚持问题导向，盯住问题不放手，逐项解决提升，以解决问题的实际成效推动基层党建质量全面提升，让管网党建全面严起来、实起来、强起来。

二、以"六抓六促"为着力点推进基层党建质量全面提升

习近平总书记强调，"要加强党的基层组织建设，把资源、服务、管理下沉基层、做实基层，把每个基层党组织建设成为坚强战斗堡垒。"当前和今后一个时期，我们要深入贯彻习近平总书记关于基层党建工作的重要论述，坚持大抓基层的鲜明导向，锚定"做出特色、走在前列、形成品牌"党建工作总目标，落实"五个狠下功夫"党建工作总体部署，以"六抓六促"为着力点，抓好党建强基层、建强基层促发展，持续增强基层党组织政治功能和组织功能，充分发挥基层党组织战斗堡垒作用和党员先锋模范作用，为打造服务卓越、品牌卓著、创新领先、治理现代、与众不同的中国特色世界一流能源基础设施运营商提供坚强保证。

第一，抓基础促提升，坚决把基层党建的根扎深扎牢。习近平总书记强调，"全面从严治党要在国有企业落实落地，必须从最基本的东西抓起，从基本组织、基本队伍、基本制度严起。"抓好基本功、抓实规定动作，是提升基层党建质量的关键所在，也是党建工作做出特色的必由之路。我们去基层调研，发现相对落后的党支部，差距主要在基本的规定动作做不到位。只有做到基本功扎实、规定动作到位，才能结合自身特点，做出特色。一旦忽视了规定动作，放松了基本功训练，就可能出现短板。要织密基层党组织覆盖网。既要严格落实"四同步、四对接"，实现党组织"应建必建"、按期换届"应换必换"，推动基层党建与改革发展同步谋划、同步部署、同步落实、同步推进，突出基层一切工作都坚持战斗力标准，聚焦"能打仗、打胜仗"来检验基层党组织战斗堡垒作用发挥；又要主动适应市场化专业化区域化共享化的深化改革需要，适时调整优化基层党组织，打破壁垒设立联合党支部，在生产经营"最小管理单元"建好建强党支部，让党的组织覆盖不留任何盲区和空白点。麻绳最容易从细处断，越是情况复杂、基础薄弱的地方，越要健全党的组织、做好党的工作，确保全覆盖、起作用，防止"木桶效应"。如果连党组织都做不到全覆盖，那木桶就失去了底板，根本装不了水。要做强基层党建"三化"能量场。坚持在强基固本上一抓到底，持续深化"基层三化"，补短板强弱项，锻长板扬优势，让弱项变强，强项更强。要做实标准化建设，让复杂的事情简单化、让简单的事情标准化、让标准的事情数字化，统筹推进"标准化站队建设"与"基层党支部标准化建设"，提供一套"规定动作"的明晰"清单"，形成一本标准化"党务宝典"，形成一整套管根本、可复制、可推广的标准，有效解决基层党建工作"怎么做"问题。要强化专业化分工，坚持"一把钥匙开一把锁"，加强分类分层分级指导，针对输油气站、LNG接收站、维抢修队和总部部门等不同领域的党组织特点，配套定制性、特色化方式载体，不搞"一刀切""一锅煮"。要深化网络化集成，持续做好区域联动，以强带弱、以大带小、以老带新，由"单打独斗"向"抱团成长"转变，共享资源、互促共进，在并肩作战中练好基本功。要烧旺党的组织生活大熔炉。组织生活松一寸，党员队伍就散一尺。党内生活的火炉只有常烧常旺、保持高温，才能锻造出钢铁般的党性。要从严从实开展组织生活，突出政治教育和党性锻炼，抓好"三会一课"、民主评议党员等组织生活制度落实，将规矩要求挺在前面，真正固定下来、严格起来、规范到位。目前，我们一些基层党组织在组织生活方面还不够严肃，要真正让党的组织生活严起来、实起来。每一名党员要进一步强化组织观念，不做游离于组织之外的自由人、凌驾于纪律之上的特殊人，积极主动地参加组织生活，尽到党员应尽之责，做好党员当为之事。要创新组织生活形式，坚持形式要灵活、内容要融合，不搞照本宣科讲精神、脱离实际讲政策的老一套，多用党员听得懂的"时代语"阐述党的宗旨，多用党员看得见的"身边事"讲清党的理论，多用接地气的"活教材"展现党的形象，把组织生活这件有意义的事情做得更有意思，让广大党员切实感受到自己是"有组织的人"。

第二，抓"双建"促提升，坚决把全面从严治党部署穿透到管网"最后一公里"。习近平总书记强调，"党支部是党最基本的组织，是党全部工作和战斗力的基础"。集团公司党组决定开展"双建"活动，就是要牢固树立"党的一切工作到支部"的鲜明导向，发挥管网党建整体优势，迭代升级"六共建五创优"活动，在一贯到底中实现党建工作更好地融合、落实与穿透，让每个党支部真正成为教育党员的学校、团结群众的核心、攻坚克难的堡垒。"双建"活动就像"学思践悟验"党建工作五步法一样，不是简单的概念重复，而是创造性地应用；不仅是对党员教育管理规律的把握和运用，更是对党支部基本职能的坚持和回归。要抓实总部到基层"点对点共建"。突出政治建设，始终把理论学习摆在突出位置，扎实开展集体学习、理论分享、交流研讨，引导党员时刻牢记党中央在关心强调什么，时刻牢记集团公司党组的重大部署是什么，时刻牢记本单位本部门的目标任务是什么，时刻牢记自己的岗位职责是什么。突出互学互鉴，共建党支部之间没有高低之分，要紧密结合双方特点，深化交流、取长补短，在"手牵手"共建中强化履职担当、蓄力改革发展，实现"1+1>2"的效应。突出务求实效，共建活动贵精不贵多，要高标准、高质量组织好每一次交流活动，不落俗套、不搞形式，在建强战斗堡垒、发挥党员作用、共建党建品牌上下真功、见真效。要做优专业线条"以线带面联建"。突出自上而下，坚持业务线条"一盘棋"，发挥总部部门接天线、连资源、专业精等优势，强化专业线条统筹指导，找准党建与业务的融合点、发力点，联动抓好政策解读、业务讲授、工作指导，灵活开展联合观摩、联合研讨、联合培训，一体推进"两个责任"、业务部署层层落地，从机制上突破"中梗阻"。总部部门要树牢"管业务必须管党建"理念，坚持党建与业务工作同步部署，推动党建工作从专业线条穿透到基层。突出自下而上，汇聚专业线条全员智慧，发挥基层一线接地气、抓具体、办法多等优势，坚持从一线找智慧、找办法，将来自一线的真实反馈、优化建议、鲜活经验反哺业务提升。突出系统联动，实施"大兵团作战"，集中攻坚破解业务难题，把各单位单兵作战的执行力转化为跨单位、全链条通力协作的团队战斗力。总部部门要把自身当作最基层的一员，让整个专业线条联结成统一的团队，以团队作战模式来部署工作、提供资源，发挥出团队战斗力。只有帮助基层最一线把工作做实了、做好了，我们的各项业务工作才有生命力，才能上下贯通、连成一体。

第三，抓典型促提升，坚决把管网铁军英模和支部特色品牌树起来。习近平总书记指出："榜样的力量是无穷的。善于抓典型，让典型引路和发挥示范作用，历来是我们党重要的工作方法"。只要一抓典型，党员干部就活起来了，就有了榜样标准，工作就有了斗志，奋斗就有了目标。要大树铁军英模，升起管网"闪亮的星"。国家管网集团把什么样的人当作最优秀的榜样树起来，这就是集团公司核心价值观的体现，我们必须选树出实至名归、当之无愧的铁军英模。要多层面、广角度、宽领域挖掘，先把最能展现管网担当，最能反映管网人英勇战斗、攻坚克难精神风貌的模范共产党员和模范党支部选树出来，继而实现"管网夜空群星璀璨"。要牢牢把握典型选树规律，认真落实集团公司党组部署要求，精心组织，有序推进，坚决不放低评选标准，宁缺毋滥，不搞"矮子里面拔将军"。要立足让先进更先进，加强"双模"跟踪培养，既要通过定目标、压担子、提要求等形式，推动老"双模"保持活力再立新功，又要经常广泛征求员工群众意见，看"双模"作用发挥得怎么样，看员工群众满不满意，服不服气，认不认可？要深化运用浙江"千万工程"坚持先行示范、典型引路、以点带面的理念方法，不断培育新"双模"，让管网铁军英模层出不穷、源源不断。这样才能让管网铁军英模矩阵不断壮大，培育出管网铁军文化典型化、人格化代表。要打造党支部特色品牌，实现"一个堡垒一张名片"。坚持把"红色能源动脉"党建品牌创建穿透到基层，既要做实品牌实践的"里子"，持续深化"基层三化""学思践悟验"党建工作五步法等管网党建特色实践，又要做足品牌成效的"面子"，推动"镜头""笔头"向一线聚焦，讲好管网故事，展现管网党建品牌在基层的生动实践，真正使"红色能源动脉"有筋骨、有理论、有实效。我到基层开展主题教育调研时，发现一些党支部的工作就很有特色，比如西南管道公司成都作业区党支部提出的"橙"心诚意党建品牌，西气东输公司郑州作业区提出的"郑·领·航"党建品牌等。这说明管网的基层党建工作是有成效的。我们一定要坚定信心，只要坚决按照集团公司党组部署要求，抓紧抓实基层党建工作，就一定能抓出成效，抓出特色，抓出亮点。所以说，我们要打造党支部特色品牌，如果只会在名称上空喊口号、老调重弹，内容上搞"花架子"、过度包装，实效上做表面文章、"墙上好看"，那一定是立不住、叫不响的。只有立足服务基层、让员工群众满意，围绕"有个性化内涵、有形象化标识、有可视化阵地、有制度化推进、有显性化成效"做实功，才能创建出有长久生命力的党支部特色品牌，实现"一点红"带动"一片红"，"一线红"映照"党旗红"。要带动后进党支部蝶变升级，赶上"先头部队"。坚持抓两头带中间，通过擦亮先进、转化后进、提升一般，最终实现全面提升。俗话说："药对症，一张方；不对症，用车装。"对于党建工作基础薄弱、班子引领作用不强、排名靠后的几百个基层党支部，要用好调查研究"传家宝"，解剖麻雀找出"病因病灶"，量身定制治疗方案，该"吃药"的要"吃药"，该"手术"的要"手术"。对于那些"病症"复杂的，要配强书记治"病"，加大投入养"病"，发挥作用消"病"，严格督促防"病"，加快推动后进转化，绝不让一个党支部掉队。后进转化的关键是靠自身努力，要坚持"刀刃向内"，敢于自我革命、自我解剖，注重借鉴吸收先进党支部好的经验做法，不断自我完善、自我提升，坚信先进党支部能做到的，自己也一定能努力做到。

第四，抓队伍促提升，坚决把堪当管网事业高质量发展重任的党务干部队伍锻造出来。习近平总书记强调，"要把党务干部培养成政治上的明白人、党建工作的内行人、干部职工的贴心人"。对照总书记提出的要求标准，要树牢"精兵强将干党建"导向，靶向瞄准基层党支部书记、党务干部整体力量不够、能力素质不足、结构布局不平衡等问题，努力建设一支政治坚定、结构合理、精干高效、充满活力的高素质专业化党务干部队伍。要引流"春江水"，解决"有人干事"的问题。以懂党务、懂业务、懂管理，会解读政策、会疏导思想、会总结经验，政治过硬、作风过硬、廉洁过硬的"三懂三会三过硬"为基本要求，配齐配强党支部书记和党务干部，健全落实党务干部与业务干部双向交流机制，把党务、党支部书记岗位作为干部成长的重要台阶，重点加强业务干部交流锻炼。党支部班子是一线战斗堡垒的"主心骨"，班子不过硬，哪来拳头有力量？要充分发挥党支部班子整体功能，推进党政正职"双向进入、交叉任职"，提高支委会议事决策质量，压实支部委员职责，规范工作述职、考核评价等流程，全方位促进支部委员作用发挥，解决支部委员"只挂名不干活""干好干坏一个样"的问题。要挺起"硬脊梁"，解决"有信心干事"的问题。落实好关爱干部、党内关怀、奖励激励、干部容错纠错等制度，在政治上充分信任，敢于交任务、压担子，放手让党务干部创造性开展工作。在工作上大力支持，为党务干部更好地参与中心工作创造良好条件，精准把握"三个区分开来"，旗帜鲜明地为敢于担当、踏实做事、不谋私利的党务干部撑腰，用实招打消"不受重视"的顾虑，为党务干部吃下"定心丸"。科学评价党务干部工作质量绩效，拓宽职务晋升途径，同等条件下当过且当好党支部书记的干部优先提拔，让更多优秀人才愿意在党务岗位上担当作为。要练就"铁肩膀"，解决"有能力干事"的问题。党建工作是一门政治性、政策性、专业性很强的工作，我们既要给党务干部下达"过河"的任务，又要帮助他们解决"桥"和"船"的问题。要持续提升党务干部能力本领，强化理论和业务学习培训，有针对性地加强实战锻炼，培养更多党建工作"活字典""政策通"。"支部强不强，关键看头羊"，要抓好党支部书记带头人队伍建设，以党员情况一口清、党建职责一口清、解决问题一口清、活动开展一口清、工作业绩一口清的"五个一口清"为基本标准，全面提升履职能力。要给优秀党支部书记"搭台子""递话筒"，开展党建专家行、优秀党支部书记示范行活动，请他们上讲台、当"嘉宾"，把好做法好经验宣传出来、推广开来。要组建党建教导团，选拔一些党性坚强、经验丰富、能力突出的"老支书"，在政治优势、经验优势、威望优势上发挥正能量，通过面对面指导、手把手帮带，帮助一些抓党建工作思路不清、办法不多的党支部书记提升工作能力。

第五，抓合力促提升，坚决把三万管网铁军建功管网的磅礴力量汇聚起来。习近平总书记强调，"要树牢群众观点、贯彻群众路线"。党建工作说到底是做人的工作，就是要做好一件件具体细微的实事好事，发挥整合各方资源优势，建强组织和队伍，让党的影响力和感召力越来越大。要当好"吸铁石"，把工作做到员工群众心坎上。结合主题教育部署，以调查研究开路，用脚步丈量基层关切，多到基层找办法，多向员工群众取真经。要执行好党员干部联系群众各项制度，推动"我为群众办实事"常态化长效化，不嫌小事、不避难事、多干实事。家长里短有真意，针头线脑总关情。服务群众不是一句口号，需要党员干部把情用深、把心用对、把力用足，像吸铁石一样把员工群众紧紧凝聚在一起。关心群众不是一味迁就，对一些不符合法律和政策的诉求，必须守住政策底线，做好解释工作。要抓牢"生命线"，零距离倾听员工群众心声。关注人的需求，做好思想政治工作，远远比"学习好不好，看看笔记抄多少""关怀到不到，看看慰问发多少"重要得多。党支部要结合员工成长差异，充分发挥"田间地头"工作能力，及时掌握员工群众思想工作动态、生活困难需求等，加强人文关怀和心理疏导。对于思想活跃的青年员工和新发展党员，要突出思想引导和正向激励。对于岗位变动、涉及利益调整的员工，要突出岗位引导和情感关怀。对于出现思想波动、矛盾凸显的员工，要突出矛盾平衡和纾困解难。对于工作中出现重大失误或受到处分、情绪敏感的员工，要突出组织关怀和帮扶规劝。每一个人在工作中都有可能犯错误，有的同志因此受到了处分，但不能"一棍子打死"，特别要关心关注一些受了处分的年轻同志。处分的目的是惩戒、警示和教育，要让犯错误的同志真正知错、认错、改错，感受到组织对他们的关心爱护，化压力为动力，用工作实绩来回报组织。对处分期过了、表现突出的同志，符合条件的该培养要继续培养、该使用要继续使用。要架起"连心桥"，把温暖送到员工群众手里。坚持党建带工建、带团建，深入学习贯彻落实共青团十九大精神，强化群团组织功能，深化技能比武大赛、"号手岗队"等载体平台建设，深入扎实开展青年精神素养提升工程和"青马工程"，为管网青年成长成才创造条件，既把青年的温度如实告诉党，也把党的温暖充分传递给青年。要认真落实职代会等基层民主管理制度，保障员工民主权益，更加重视和关心员工身心健康，丰富员工业余文化生活，不断增强员工的向心力和归属感。

第六，抓创新促提升，坚决把大抓基层党建的活力充分激发出来。习近平总书记强调，"创新才能把握时代、引领时代"。要破解央企党建共性"必答题"，做好管网个性"自选题"，真正把管网党建做出特色、走在前列、形成品牌，就必须抓创新，坚持首创，努力做领跑者。要投身"主战场"，融入中心谋创新。脱离中心工作谈创新，就会变成无根之木、无水之源。要聚焦生产经营、改革发展等中心工作的重点难点，积极探索各自业务领域的党建工作规律，用好"党建+"工作模式，深化运用党员责任区、党员示范岗、党员突击队等手段，探索开创更多新机制，抓好党建思想政治工作课题研究，努力打造一批具有全国影响力、行业标志性的基层党建创新实践示范案例，为探索新时代央企党建创新贡献管网智慧。抓党建工作创新和抓科技创新其实是一个道理，就像集团公司近期顺利完成我国首次高压力多管材管道纯氢试验，受到社会和行业广泛关注一样。只有聚焦中心工作，把准攻关方向，才能做深做实创新这篇"大文章"。要找准"小切口"，丰富载体促创新。用好"项目工作法""一线工作法""典型引路法"等行之有效的工作方法，以数字化思维推进党建工作方法手段创新，推动党建数字化平台建设，建立完善手机端党组织数据管理、在线学习教育等功能模块，最大限度扩展党建工作的覆盖面、契合度和时代性，实现党组织和党员、党员和党员之间"即时""微距"接触。要针对基层站场分散、员工轮休的现状，在基层党建和党员教育中探索运用AR、VR等新技术新应用，开设"数字微党课"等活动，有效突破传统党员教育阵地的时间与空间局限。要培育"动力源"，激活基层共创新。群众是英雄，基层真理多。我们的基层党组织是有觉悟、有想法、有创造力的，只要用心挖掘、矢志创新，就能"百花齐放、春色满园"。要发挥好基层创新"源头活水"作用，鼓励基层党组织结合自身特点，积极探索、尝试、创造更为鲜活生动的自选动作，使基层党建工作的理念更先进、方法更管用、成效更明显。

三、以全面从严治党政治责任的全面落实保障基层党建质量全面提升

习近平总书记强调，"健全全面从严治党体系，要坚持内容上全涵盖、对象上全覆盖、责任上全链条、制度上全贯通"。我们要层层压紧压实基层党建工作责任，打通责任落实堵点淤点难点，进一步推进全面从严治党向纵深发展、向基层延伸，进一步形成各负其责、齐抓共管、大抓基层党建的生动局面。

第一，要以上率下压紧压实基层党建工作

责任。责任要落地，关键在领导、在一把手。各级党组织书记要把基层党建工作放到全局工作中谋划和推动，对标对表党中央《党委（党组）落实全面从严治党主体责任规定》《国家管网集团党组落实全面从严治党主体责任实施办法》和主体责任清单、《国家管网集团党组落实全面从严治党主体责任"规定动作"任务大表》，逐项盘点对账，确保"规定动作"执行到位、抓出成效。要抓住带有普遍性的突出问题，认真研究、持续用力，推动资源和政策向基层倾斜，保证基层党支部有资源、有能力服务党员和群众。上面千条线，下面一根针。各级党组织、各部门和各单位要坚持重心下移，送服务、送保障到基层，切实把党组为基层减负"二十条措施"落到实处。

第二，要严格考核倒逼基层党建工作责任落实。实践证明，开展党建考核是推动基层党建工作责任落实的重要手段，必须长期坚持、持续优化、务求实效。要突出考核重点，坚持注重实绩的考核导向，把关注点放到党支部整体功能和作用发挥上，动态优化考核内容，坚决避免简单化形式化的做法。要优化考核方式，坚持过程考核和结果考核相结合，扎实推进无感考核，推动基层党建工作抓在日常、考在平时，切实为基层减负。要以务实管用的有效措施和抓铁有痕的实干作风，做好考核发现问题整改"后半篇文章"，确保一项一项改到位、见实效，保障基层党建工作责任落实到位。

第三，要建章立制固化基层党建工作责任。制度是管全局、管根本、管长远的。要紧密结合中央巡视整改和制程一体化建设等管网实际，切实抓好基层党建制度废、改、立工作，形成内容科学、程序严密、配套完备、运行有效的基层党建制度体系。要抓好制度宣贯，推动基层党建制度起草发布、宣传教育、督促落实等各项工作一体贯通、全面提升，把宣贯过程变成认识提高过程。制度的生命力在于执行。要以钉钉子精神狠抓制度刚性执行，做到责任靠制度落实、工作靠制度推动、行为靠制度约束、成效靠制度保证。

同志们，全面加强基层党的建设，全面提升基层党建质量，是国家管网集团立企强企的根基所在、力量所在。我们要更加紧密地团结在以习近平同志为核心的党中央周围，坚定不移推进全面从严治党向纵深发展、向基层延伸，全面提升基层党建质量，加快推进集团公司党建工作做出特色、走在前列、形成品牌，以高质量党建引领保障国家管网集团打造世界一流企业和实现高质量发展。

年中战略执行报告

张 伟

（2023 年 7 月 19 日）

这次集团公司年中工作会议的主要任务是，以习近平新时代中国特色社会主义思想为指导，传达贯彻落实全国国有企业改革深化提升行动动员部署电视电话会议和中央企业负责人研讨班精神，推动主题教育调研成果转化，通报上半年战略执行情况，部署下半年重点任务，动员全体干部员工团结协作、真抓实干，坚决完成全年目标任务，以加快打造世界一流企业、实现高质量发展的实际行动，为推进中国式现代化建设贡献管网力量。

一、全面回顾上半年战略执行情况

回首今年上半年，在以习近平同志为核心

的党中央坚强领导下，集团公司党组以习近平新时代中国特色社会主义思想为指导，坚决贯彻习近平总书记重要指示批示精神和党的二十大决策部署，深入开展学习贯彻习近平新时代中国特色社会主义思想主题教育，运用"学思践悟验"党建工作五步法，结合集团公司由建企向立企强企跨越的实际，明确了打造服务卓越、品牌卓著、创新领先、治理现代、与众不同的中国特色世界一流能源基础设施运营商的愿景目标，提出了分"两步走"的战略安排，作出了"五个坚持"总体方略和"五个狠下功夫"党建工作总体部署等战略举措，全面系统地对今年及今后一个时期的重点工作进行了部署安排。年初以来，集团公司党组团结带领全体干部员工，深入学习贯彻习近平新时代中国特色社会主义思想和党的二十大精神，扎实开展学习贯彻习近平新时代中国特色社会主义思想主题教育，以接受中央巡视强基固本，扎实推动落实"五个坚持"总体方略和"五个狠下功夫"党建工作总体部署，取得了良好经营业绩，为我国经济发展回升向好注入了管网动力。

（一）在实施服务立企强企上见到了新成效。一是安全生产全面受控。面对疫情后打孔盗油和第三方施工增多的严峻形势，大家顶住巨大压力，践行"三个一切"，集中动火修复了53道焊缝、及时消除重大隐患，出台承包商管理"十项措施"树起带电高压线，作业看板成为安全"千里眼"强化现场管理，大力度及时遏制打孔盗油多发态势，鲁宁线整治7项重点任务完成了5项、老旧管道治理取得了重要进展，安全生产保持了平稳态势。二是公平开放步伐加快。主动谋划编制分省市场规划、明确开发定位和实施策略，实现全部托运商业务在交易平台上线，拓展推出枢纽点存气、储运通等新服务新产品，准入托运商增加113家、达到399家。三是管网运行平稳高效。构建形成"3+7+18"的"一省一中心"抢修格局，圆满完成国家"应急使命·2023"高山峡谷地区地震灾害空地一体化联合救援演习任务、展现了管网铁军风采。特别是冬季保供"三战三捷"，保障了人民群众安全温暖过冬，既充分展现出了国家管网集团保障国家能源供应安全的重要作用，更充分验证了党中央、国务院深化油气体制改革和管网运营机制改革决策部署的完全正确。

（二）在实施改革立企强企上实现了新突破。一是改革攻坚持续深化。"一中心、一张网、一公司"管控达成统一共识、得到基层一线员工的广泛支持，"四化"改革顺利推进，"1+6+1"油气调控体系提前建成，6家单位新入围国资委"双百行动"、"科改行动"，储气库合资合作取得重大进展，完成联合管道少数股权收购。二是精益管理持续深入。经营计划全面穿透到基层，建立维修计划滚动管理和费用预下达机制、从根本上解决了有效作业时间不足和年底扎堆结算等"老大难"问题，管输能耗管控效果明显，带息负债成本持续下降。三是合规防线持续筑牢。出台合规管理的暂行办法，所属单位首席合规官配置到位，攻坚啃硬完成157宗重组遗留瑕疵土地整改，工程建设领域高质量发展专项整治与提升行动有序推进，基层员工合规意识普遍提升，公司合规风险管控全方位加强。

（三）在实施扩网立企强企上彰显了新作为。一是扩网再添新助力。配合国家部委发布"全国一张网"建设实施方案，制定发布《投资项目分类管理规定》，细化明确战略、经营、安全三大类项目基准收益率标准，抢抓资本市场窗口期获得融资支持，建立集团公司层面重点工程建设协调机制，为加快"扩网"、扩大有效投资创造了有利条件。二是建设跑出加速度。重点工程按下"快进键"，虎林—长春天然气管道核准批复，蒙西一期顺利投产，西三线中段和西四线工程全速推进，上半年可研批复24个、项目核准19个、项目投产8个，焊接总里程达2083公里、比去年同期翻了一番。

（四）在实施创新立企强企上收获了新硕果。一是科技支撑作用进一步增强。瞄准业务瓶颈加快关键核心技术攻关，高钢级管道环焊缝缺陷检测样机已具备0.3mm根部开口裂纹检测能力，国产30兆瓦燃气发生器正在开展工业性试验，管网离线仿真软件（内测版）完成开发，在线仿真原型在中俄东线北段部署上线，首个国际标准成功过审，中国国际管道会议顺利举办。二是数字化转型进一步加快。坚持"制程"一体推动L5/L6流程落地、70%制度实现了流程承载，战略执行看板用于生产经营分析，数据直采在试点站场落地，"工业互联网＋安全生产"稳步推进，智慧工地等8个重点场景完成试点应用，数字化新体验进一步可见、可感、可触。三是绿色低碳转型进一步提速。出台《碳达峰行动方案》，圆满完成国内首次二氧化碳管道全尺寸爆破试验、高压力多管材纯氢气管道试验，为我国掌握百万吨级二氧化碳输送和大规模远距离低成本纯氢输送技术提供了关键数据支撑。

（五）在实施人才立企强企上迈出了新步伐。深入贯彻中央人才工作会议精神，坚持党对人才工作的全面领导，印发《人才强企专项计划实施方案》，明确五个人才强企专项计划重点任务，分级分类培训14万人次，成功举办集团公司消防比武邀请赛、管道保护工职工技能竞赛，通过30余项科技项目累计锻炼和培养青年科技人才170余人，启动实施中高层级专家选聘、坚持评聘分开，大幅压减外包业务，内部盘活人力资源377人，优化完善基本工资制度，多措并举推动管网铁军队伍凝聚力战斗力进一步提升。

（六）在落实"五个狠下功夫"党建工作总体部署上集聚了新动能。一是坚持高质量开展主题教育。坚定用习近平新时代中国特色社会主义思想凝心铸魂，在研读原著、集中辅导、专题党课、交流研讨中实现理论武装大提升，党组成员带头开展基层调研，在倾听心声、解剖麻雀中兴起调查研究之风，全员坚定拥护"两个确立"、坚决做到"两个维护"的思想根基更加坚实，焕发出来的学习、工作热情正不断转化为立企强企的强大动力，得到了中央指导组的肯定。二是坚持高标准配合中央巡视。以自我革命精神支持配合中央巡视"政治检阅"，诚恳接受把脉会诊，大家在资料提供、立行立改上不辞辛劳，问题不回避、整改不迟疑，在同题共答中找准了改进方向。三是坚持聚焦"强基"提升党建质量。召开基层党建质量提升推进会、以"六抓六促"为重点致力增强基层党组织政治功能和组织功能，推进无感考核，启动"支部共建、专业联建"让党建穿透一线，选树"模范共产党员、模范党支部"让榜样之火燎原，统筹后进与先进、抓两头带中间促进基层党建质量提升。

二、高度重视战略举措和经营计划中的偏差

对照"五个坚持"总体方略要求，全面审视战略规划、经营计划、重点措施推进情况，主要存在以下偏差：一是部分年度重点任务完成存在风险。二是完成全年经营目标面临一定挑战。三是部分上级考核指标有所下降。四是生产经营管理还存在一些问题不足。

三、扎实落实下半年重点战略举措

习近平总书记对国资央企改革发展作出了一系列重要指示批示。中央全面深化改革委员会第二次会议对"进一步深化石油天然气市场体系改革"提出明确要求；全国国有企业改革深化提升行动动员部署电视电话会议，强调"扎实推进国有企业改革深化提升行动"；国务院国资委举办的中央企业负责人研讨班，对开展好国有企业改革深化提升行动进行了具体部署。集团公司上下要牢牢把握新时代新征程国资央企新使命新定位，运用"学思践悟验"党建工作五步法，进一步丰富发展"五个坚持"总体方略和"五个狠下功夫"党建工作总体部署，确保在国家管网集团全面承接、转化落实党中央的最新部署要求，以实际行动擦亮"最讲政治、最有信仰"的管网主标签。

（一）坚持服务立企强企推进打造世界一流企业和实现管网高质量发展。坚决贯彻落实党中央关于积极推进传统产业高端化等部署要求，把握服务型企业的定位，以客户为中心，持续提升油气能源供应保障能力，更好为强国建设加油、为民族复兴鼓气。在加快打响安全服务品牌方面，要持续提升管网本质安全管控水平，对照安全"十大禁令"、承包商"十项措施"，通过作业看板揪出反面典型，警示全员自觉提升"我要安全"的意识和能力。安全上必须加大对责任人的问责，问责要不了他的命，但不问责他会要了别人的命。要与时俱进加强线路管理，加大资源投入和人员配备，优化巡检手段方法。要坚持在隐患治理上算好大账，管道改线就不能以赚钱为目的，必须统筹安全与效益，对接地方规划，力争一次改线、十年不动。同时，对于隧道、海底、大江大河、部分高后果区等特殊管段，研究把建设标准提升到"免维护"级，做到一步到位。在加快打响惊喜服务品牌方面，要把客户当成伙伴，与客户共同成长，携手在"X+1+X"这一新的油气市场体系中找到新定位，推动建立新的市场秩序。要让产品走在需求前面，结合由"按线"向"按网"管理的转变，用创造出来的新产品新服务来引领新需求，努力创造新的商业模式。要克服外部市场不利因素，发扬"铁脚板"作风，下足功夫加大中小客户培育，尽快把潜在客户培养为实际客户，争取更多增量入网资源。要全力做好框架协议谈判，推动市场秩序持续规范。在加快打响高效服务品牌方面，要坚持对标对表中间统一管网高效集输的要求，加快提升管网高效储运服务能力。要优化"一张网"运行，下好"绣花"功夫，推进水力系统大梳理、大整合、大优化，使实际路径最优、设备匹配最佳、综合能耗最低。要依靠"智慧站场"建设无人站场、少人站场，全面提升站场自动化水平和设备可靠性。要向"12小时"抢修复产挺进，以极限思维提升应急能力，加快探索管道抢修的新技术新模式，努力突破72小时复产的老标准。

（二）坚持改革立企强企推进打造世界一流企业和实现管网高质量发展。坚决贯彻落实党中央关于加快推进建设世界一流企业等部署要求，巩固改革三年行动成效，实施国企改革深化提升行动，深化对标世界一流管理提升行动，开展对标世界一流企业价值创造行动，抓好双百企业、科改企业、专业领军示范企业的创建，更好推进公司治理体系和治理能力现代化。一要在整合重塑上全面深化。市场化改革要围绕建成覆盖全国、油气协同联动的一体化市场经营体系，着力提升客户服务能力。专业化改革要围绕集团公司打造世界一流企业的目标，聚焦主责主业，打造"专精细久"、世界领先的专业化公司。区域化改革要聚焦解决管理交叉重叠问题，优化管理层级，提高管理效率，建成世界领先的油气管网生产运维体系，主要生产指标达到世界一流水平。共享化改革要聚焦服务主业，逐步扩大共享范围，将同质化、重复性、可集中的业务实施共享化改革，提升人、财、物在集团公司共享水平，发挥协同效应，提升服务保障能力。二要在提质增效上深耕细作。把效益上的"跑冒滴漏"整治掉，完成好高负债子企业户数压降10%等年度任务，严控能耗与维修支出，深化自主运维，最大程度地挖潜、提质、增效。要完善绩效考核机制，进一步理顺职能、优化指标，特别要从严兑现，将考核结果与领导干部收入挂钩、与单位工资总额挂钩，业绩提升则奖金提升，业绩下滑则奖金下滑。三要在合规风险上严防死守。要以提升企业经营管理能力为目标，把配合国家审计与抓好巡视整改统筹起来，扩大三个月集中整改的战果，确保向党中央交上合格答卷。要像对待安全生产一样重视依法合规经营，把"第一道防线""第二道防线"建好守好，提升业务的规范性、标准化、透明度，坚决守住依法合规经营底线。要加大问责力度，把违反合规管理要求的处理"铁纪"定清楚，依靠严肃问责推动形成"严"的氛围。

（三）坚持扩网立企强企推进打造世界一流企业和实现管网高质量发展。坚决贯彻落实党中央关于加快油气管网重大工程建设等部署要求，加快织密、做大和延伸"全国一张网"，为打造世界一流企业、实现高质量发展夯实强大物质基础。一要进一步做好管网规划布局。要从更好履行保障国家能源安全职责使命、践行"三个服务"企业宗旨的高度，谋划好"全国一张网"构建。要积极融入地方规划，切实做到管网规划在地方可落地、可执行。二要进一步强化统一建设。对于既定项目特别是国家重点工程项目，必须做到应开尽开。三要进一步推进省网融入。牢牢把握"全国一张网"的功能和定位，一省一策、因地制宜，坚决避免为融而融。四要进一步推动"并网"扫尾。加快推进西气东输四线（乌恰—轮南）项目的规划建设，做好中亚D线、中蒙俄等项目前期工作。

（四）坚持创新立企强企推进打造世界一流企业和实现管网高质量发展。要深入贯彻落实党中央关于发挥科技创新作用等部署要求，开辟发展新领域新赛道，塑造发展新动能新优势，走出一条依靠创新驱动高质量发展的管网新路。一要贯彻落实高水平科技自立自强要求，加快培育前瞻性战略性新兴产业。要围绕发挥科技创新作用，在加大研发投入力度、完善协同创新生态、培育全员创新文化、提高成果转化效率、突破盐穴储气库建设瓶颈等方面狠下功夫，更好支撑传统产业数字化、智能化、绿色化转型升级。要以技术为先导加快培育前瞻性战略性新兴产业，聚焦氢气等新能源领域，把掺氢/纯氢管输、二氧化碳管输、碳封存、工业自动化控制系统国产化替代等技术突破作为着力点。二要贯彻落实推动传统产业数字化转型升级要求，加快实现数字化让国家管网集团与众不同。要把服务基层"打胜仗"，作为数字化转型的出发点、落脚点和价值创造点，把纵向各业务、横向各站队的成熟做法、最佳实践比选出来，作为标准、纳入制程、固化下来，在此基础上做好全面推广，更好打造步调一致的正规军。要加快涉及基层的数据拉通、数据直采，乘胜前进，尽快实现全覆盖，将基层从繁琐的事务中解放出来去从事更重要、更有价值的工作。要围绕提供更多数据服务推进数字产业化，发挥海量数据和丰富应用场景优势，培育壮大工业互联服务、数据及衍生服务、协同金融服务等新模式新业态，让数据消费触手可及。三要贯彻落实推动传统产业智能化转型升级要求，加快打造智慧管网。坚持"数""智"相连，推动数字化与智能化贯通，加强油气管网与信息基础设施建设的配合衔接，重点抓好智慧站场、智能调度体系建设，突破智慧管网建设运行关键技术，不断提高系统运行智能化水平，加快打造智慧互联大管网。四要贯彻落实推动传统产业绿色化转型升级要求，加快塑造绿色低碳发展新优势。贯彻习近平生态文明思想，积极稳妥实施管网"双碳"行动方案，坚持把节能减污降碳贯穿生产经营全过程，严控能源自身消耗和温室气体排放，以组建专业团队、配套专项奖励的新模式，加快节能降耗先进技术的大推广。坚持科技先行，实事求是研究建设风光发电项目，推动自用电逐步"绿电"化，推进天然气排放及回收技术攻关及应用，把管网打造成绿色发展的央企典范。

（五）坚持人才立企强企推进打造世界一流企业和实现管网高质量发展。深入贯彻落实党中央关于加快建设国家战略人才力量等部署要求，加快实施人才立企强企工程，着力打造堪当管网事业发展重任的高素质专业化管网铁军。一要坚持悉心育才。把人才开发摆在突出位置，向内挖潜力、强素质、提效率，超前实施人才培养储备计划，以育才水平提升带动管网铁军能力提升。实施青年科技人才"托举"工程，通过参与项目研究、担任项目负责人，锻炼培养科研英才。重点是加快培养基础研究和高技能人才，着力提高研发人员占比、2025年前达到7%。二要坚持精心用才。坚持不拘一格、知人善任，完善以创造价值为基础、以能力为标尺、以贡献论英雄的人才分类考核评价标准。加强专家评聘等全生命周期管理，完善专家作用发挥机制，加快锻造管网科技领军人才和创新团队。三要坚持倾心引才。坚持求贤若渴，突出"高精尖缺"的主方向，吸引更多全球顶尖的科技人才，强化特殊人才柔性引进，把天下英才集聚到管网事业中来。四要坚持真心爱才。坚持主动关爱和服务人才，进一步在按业绩贡献决定薪酬、建立科技人才评价体系、健全科技创新激励保障体系上使力气，激发人才创新创造内生动力。干部调整、能上能下，是真心爱才的重要体现。

（六）落实"五个狠下功夫"党建工作总体部署引领保障打造世界一流企业和实现管网高质量发展。深入学习贯彻习近平总书记关于党的建设的重要思想，贯彻落实国资委党委关于着力巩固拓展主题教育成果、着力提升企业党建工作质效、着力推进国资央企全面从严治党等部署要求，聚焦"做出特色、走在前列、形成品牌"党建工作总目标，在"五个狠下功夫"上做实功、求实效，以高质量党建引领保障国家管网集团打造世界一流企业和实现高质量发展。一要巩固拓展主题教育成果。进一步在理论武装深化、调研成果转化、问题整改实化上使力气，善作善成、兑现目标，做到触及灵魂学思想、永葆忠诚强党性、牢记使命重实践、真抓实干建新功。二要全力抓好中央巡视反馈问题整改。进一步提高政治站位，坚持不等不靠、即知即改，在正式反馈之前，对于自身查摆出来的问题、掌握的问题抓紧整改。整改工作必须举一反三，统筹"当下改"与"长久立"，用实际行动做到"两个维护"，努力向党中央交上一份满意的答卷。三要扎实推进基层党建质量提升。党组在基层党建质量提升推进会上，结合调研成果作出了"六抓六促"的具体部署，要不折不扣抓好贯彻落实，推动基层党组织全面进步、全面过硬。特别是要用好支部共建、专业联建载体，选树管网"双模"，发挥支部书记教导团作用，不流于形式、不限于经验、不同于众人，多措并举推动管网基层党建质量大提升。四要压紧压实全面从严治党责任。前期，党组下发了党的建设《工作要点》和重点工作《任务大表》。"施工图"能否变成实景图，关键看责任是否到人头。各级党组织书记要当好"施工队长"，班子成员要按"一岗双责"种好责任田，党务干部要成为党建内行人，服务党组（党委）推动全面从严治党向纵深发展。

最后，再强调几项具体工作，一是安全生产工作不能有丝毫松懈。目前，全国正进入"七下八上"防汛关键期，务必做好十足准备，确保万无一失。二是精心抓好"冬夏一体化"保供。在前几年基础上进一步做实各项准备工作，坚决完成保供政治责任。三是全力做好审计配合工作。要坚持"未审先改"到位，积极做好配合工作，集中整改整治，持续提升经营管理水平。

同志们，完成好全年战略目标任务，依然面临诸多挑战。我们必须更加紧密地团结在以习近平同志为核心的党中央周围，坚持不懈用习近平新时代中国特色社会主义思想凝心铸魂，推动落实"五个坚持"总体方略和"五个狠下功夫"党建工作总体部署，发扬敢于压倒一切困难而不被任何困难所压倒的顽强斗志，坚决完成全年目标任务，以打造世界一流企业、实现高质量发展的责任担当，奋力谱写中国式现代化建设的管网篇章！

深入学习贯彻习近平文化思想 聚人心 树形象 亮品牌 赋新能 奋力开创国家管网集团宣传 思想文化工作新局面
——在国家管网集团宣传思想文化工作会议上的讲话

张 伟

（2023年10月31日）

同志们：

今天，我们召开国家管网集团宣传思想文化工作会议，主要任务是深入学习贯彻习近平文化思想和全国宣传思想文化工作会议部署，总结集团公司宣传思想文化四年来工作，部署当前及今后一个时期的重点任务，表彰先进集体和先进个人，动员宣传思想文化战线广大干部员工，聚人心，树形象，亮品牌，赋新能，全力服务和保障集团公司实施"五个坚持"总体方略推进高质量发展，为国家管网集团加快打造服务卓越、品牌卓著、创新领先、治理现代、与众不同的中国特色世界一流能源基础设施运营商提供坚强思想保证、强大精神力量、有利文化条件。

刚才，仲文同志传达了习近平总书记对宣传思想文化工作的重要指示精神和全国宣传思想文化工作会议精神，昌亮同志宣读了集团公司宣传思想文化工作先进集体和先进个人表彰决定。在此，我代表集团公司党组，向受表彰的先进集体和先进个人表示热烈祝贺！希望受表彰的先进集体和先进个人珍惜荣誉、再接再厉，为国家管网集团事业发展作出更大贡献、争取更大光荣。

国家管网集团组建成立以来，宣传思想文化战线坚持以习近平新时代中国特色社会主义思想为指导，全面贯彻习近平文化思想和党的二十大精神，自觉扛起举旗帜、聚民心、育新人、兴文化、展形象的使命任务，紧密围绕集团公司党建工作"做出特色、走在前列、形成品牌"总体目标，唱响主旋律、打好主动仗、守好主阵地，推动管网宣传思想文化工作取得良好开局和显著成效，广大干部员工的文化自信明显增强、精神面貌奋发昂扬，为国家管网集团成功组建运营、创造优良业绩、推进高质量发展营造了良好舆论氛围、注入了强大精神力量。

四年来，我们坚持用习近平新时代中国特色社会主义思想凝心铸魂，"最讲政治、最有信仰"的管网主标签越擦越亮。建立党组学习贯彻习近平总书记重要指示批示落实机制，以上率下、贯通落实"第一议题"制度，创新提出并深入践行"学思践悟验"五步法，多元化运用党组（扩大）会、党组（党委）理论学习中心组学习等形式，把党的好声音化作管网最强音，理论学习氛围愈发浓厚、蔚然成风。高标准高质量开展党史学习教育、党的二十大精神学习宣贯、学习贯彻习近平新时代中国特色社会主义思想主题教育，得到中央指导组充分肯定，有力推动了党的创新理论在全集团大学习、大普及、大落实。广大党员、干部深刻领悟"两个确立"的决定性意义，"四个意识"更加牢固，"四个自信"更加坚定，做到"两个维护"更加坚决，自觉做学习贯彻习近平新时代中国特色社会主义思想示范引领者的信心和决心更加坚定。

四年来，我们坚持用文化融合引领管网改革发展，三万管网铁军的凝聚力向心力极大增强。党组立足于为打造"百年老店"播下优良基因和种子，以推进文化融合为重点，成立之初一体推进企业文化理念层、制度层、行为层、物质层建设，确立企业宗旨、企业愿景等核心理念体系，发布管网企业文化手册和视觉形象识别手册，为推进管网做强做优做大注入深厚持久的文化力量。编印《管网之声》等系列读本，坚持常态化开展形势任务教育，管网员工共同奋斗的思想基础持续夯实。举办管网胜利会师一周年文艺演出、首届职工运动会，管网铁军"筑梦新管网、奋进新征程"的磅礴伟力不断凝聚。自觉践行社会主义核心价值观，弘扬石油精神和管网优良传统，培育以"铁的信仰、铁的本领、铁的担当、铁的作风、铁的纪律"为主要特征的铁军文化，推进基层一线准军事化管理，选树表彰基层站（队）十面红旗、管网十大楷模，管网员工先进事迹频频入选央企优秀故事，"听党指挥、能打胜仗、作风优良"的管网铁军形象充分彰显。

四年来，我们坚持以大流量传递管网正能量，管网品牌知名度美誉度快速提升。建强两级新闻发言人和专兼职结合的宣传思想文化队伍，构建形成上下一体、横向协作、内外联动的大宣传格局。第一时间报道重大生产经营成果、重大改革创新成果、重大工程项目进展，做好"喜迎二十大、奋进新征程"等重大主题宣传和冬季保供等专题宣传，全方位讲好管网故事。管网累计登上央视新闻130余次，中央主流媒体报道新闻4553篇，全网报道25.7万余篇，内宣平台年阅读量逾百万次。扎实开展"线上＋线下"品牌推广，连续两年发布社会责任报告并获"中国企业社会责任报告评级专家委员会"五星评价，精心策划进博会、服贸会等专项宣传，广泛展现管网的大担当大贡献大作为，"大国顶梁柱"的能源央企形象得到广泛赞誉。

四年来，我们坚持加强党对意识形态工作的全面领导，管网意识形态阵地全面筑牢。制定实施意识形态工作责任制实施办法和责任清单，定期专题研究意识形态工作，做到与中心工作同谋划、同部署、同推动、同落实，坚持把党的意志、党的主张体现到意识形态工作全过程各方面。搭建官微、官网、内网、视频号、楼宇视频"五位一体"宣传矩阵，全媒体传播格局初步形成。建好用好管网集团展厅，评选发布两批共20家集团公司级思想文化教育基地，管网文化传播的示范场所有效建成。加强网络意识形态阵地管理，开展集中清查、"清朗"行动等专项治理，意识形态风险得到有效防范。建立完善舆情快速反应和处置机制，严抓全国两会、党的二十大等重要时期舆情管控，舆情防范化解能力显著提升。

四年来，我们坚持在强基固本上持续用力，宣传思想文化根基更加扎实。编制发布"十四五"思想政治与企业文化建设规划，建立健全宣传思想文化工作制度流程，发布文化活动和新闻突发事件应急预案，推动宣传思想文化工作制度化、规范化、流程化。建立宣传思想文化工作内部联动机制，加强与上级主管部门、中央主流媒体沟通联络，举办公众开放日活动，形成了稳定、有效、快捷的传播沟通渠道。举办新闻发言人培训、宣传思想文化工作培训，宣传思想文化队伍能力素质全面提升。

回眸四年来国家管网集团的宣传思想文化工作，从零起步，劈波斩浪，蓬勃向上，成果丰硕。成绩的取得实属不易，根本在于习近平文化思想的科学指引，在于集团公司上下同欲、齐抓宣传的辛勤付出，在于宣传思想文化战线全体同志们的拼搏奋斗。广大宣传思想文化工作者坚决听党话、跟党走，挥笔著芳华，写尽管网铁军英雄本色，镜头凝光影，照亮管网事业光辉征途，用心用情用力唱响管网奋进凯歌，凝聚起三万管网铁军奋进新征程、建功新管网、谱写新诗篇的强大力量。实践证明，宣传思想文化战线的同志们是一支讲政治、能信赖、敢打硬仗、善打胜仗的铁军队伍，对于国家管网集团的组建运营发展功不可没。在此，我代表集团公司党组，向大家表示衷心的感谢，致以诚挚的敬意！

回眸四年来国家管网集团的宣传思想文化工作，我们深切体会到：做好宣传思想文化工作，必须坚持习近平新时代中国特色社会主义思想的根本指引，擦亮"最讲政治、最有信仰"的管网主标签；必须坚持党对宣传思想文化工作的全面领导，做到党管宣传、党管意识形态；必须坚持发挥社会主义核心价值观引领作用，持续培育"结果导向、团结协作、科技创新"的企业核心价值观；必须坚持团结稳定鼓劲、正面宣传为主，讲好管网故事、传播好管网声音，做到内聚人心、外树形象。这些宝贵经验，我们要倍加珍惜，长期坚持。

在全国宣传思想文化工作会议上，习近平总书记对宣传思想文化工作作出重要指示，要求聚焦用党的创新理论武装全党、教育人民这个首要政治任务，围绕在新的历史起点上继续推动文化繁荣、建设文化强国、建设中华民族现代文明这一新的文化使命，坚定文化自信，秉持开放包容，坚持守正创新，落实"七个着力"的要求，为全面建设社会主义现代化国家、全面推进中华民族伟大复兴提供坚强思想保证、强大精神力量、有利文化条件。在全国宣传思想文化工作会议上，首次正式提出和系统阐述习近平文化思想，深刻回答了新时代建设什么样的文化强国、怎样建设文化强国，建设什么样的中华民族现代文明、怎样建设中华民族现代文明等一系列重大时代课题，在党的宣传思想文化事业发展史上具有里程碑意义，为做好新时代新征程宣传思想文化工作、担负起新的文化使命提供了强大思想武器和科学行动指南。我们必须深入学习领会习近平文化思想的重大意义、丰富内涵和实践要求，进一步增强做好新时代新征程宣传思想文化工作的责任感和使命感，进一步将学习成效转化为勇于改革创新、敢于善于斗争的精神状态，更加坚定从容地推动宣传思想文化各项工作走深走实、见行见效。

站在新的历史起点上，宣传思想文化工作面临一系列新形势新挑战，意识形态领域斗争依然复杂尖锐，信息技术变革带来传媒格局新变革，管网基层宣传思想文化工作水平不够均衡，队伍专业化水平亟待提升，媒体融合发展步伐亟待加快。这对我们做好宣传思想文化工作带来极大挑战，我们必须深入研究、主动应对。当前和今后一个时期，我们要坚持以习近平新时代中国特色社会主义思想为指导，深入学习贯彻习近平文化思想和全国宣传思想文化工作会议精神，聚人心，树形象，亮品牌，赋新能，持续巩固三万管网铁军团结奋斗的共同思想基础，奋力开创国家管网集团宣传思想文化工作新局面，为国家管网集团加快打造世界一流企业和实现高质量发展、在强国建设民族复兴伟业中建立管网新功提供坚强思想保证、强大精神力量、有利文化条件。

一、坚决把深入学习贯彻习近平新时代中国特色社会主义思想作为首要政治任务，切实做到真学真懂真信真用

习近平总书记指出，"理论创新每前进一步，理论武装就要跟进一步"。当前，集团公司正在深入推进第二批主题教育，要坚持不懈用习近平新时代中国特色社会主义思想凝心铸魂，不断在以学铸魂、以学增智、以学正风、以学促干上取得新成效。

第一，在"深化"上下功夫，做到至信而深厚。理论学习的深度，决定着我们政治敏感的程度、思维视野的深度、思想境界的高度。要坚持全面系统"学得深"。坚持把读原著、学原文、悟原理作为学习理论最有效的办法，静心研读原著原文，潜心咀嚼原汁原味，用心参悟原义原理，做到知其然更知其所以然。要保持学习热度"学得新"。严格落实党组学习贯彻习近平总书记重要指示批示落实机制，深化落实"第一议题"制度，及时跟进学习贯彻习近平总书记最新重要讲话和重要指示批示精神，做到第一时间学习跟进、认识跟进、行动跟进。要注重以上率下"学得实"。发挥党组（党委）理论学习中心组示范引领作用，坚持干什么就重点学什么，缺什么就重点补什么，以优良学风和学习成效带动广大党员干部理论学习走深走实。

第二，在"内化"上见真章，做到执着而笃信。学习党的创新理论，最深层最内在的是用以滋养初心、淬炼灵魂。要让理论宣讲"有生气"。创新理论宣讲方式方法，用好理论宣讲团、宣讲员评选等机制，广泛开展对象化、分众化、互动化宣讲活动，让党的创新理论走进基层站队、走进一线员工群众。要让理论传播"接地气"。强化传播手段和话语方式创新，多元化运用原著导读、案例教学等方式，讲员工群众听得懂、听得进的话，提升理论传播的吸引力、感染力、影响力。要让理论成果应用"冒热气"。坚持问题导向、实践导向、需求导向，拓展党建思想政治课题研究的深度和广度，强化主题教育调研成果转化应用，用好用活身边典型案例，切实将理论成果转化为创造性推动工作落实的战斗力。

第三，在"转化"上求实效，做到融通而致用。坚持知行合一，善于抓住关键人、关键事，推动广大干部员工自觉用党的创新理论观察新形势、研究新情况、解决新问题。要把学习成效转化为领导干部的"真本领"。认真组织开展习近平新时代中国特色社会主义思想党员干部轮训，坚持学思用贯通、知信行统一，促进党员干部不断提升政治能力、思维能力、实践能力，持续增强高质量发展本领、服务群众本领、防范化解风险本领。要把学习成效转化为破解难题的"金点子"。聚焦集团公司深化"四化"改革的深层次问题、推动高质量发展中的痛点堵点难点、群众反映强烈的急难愁盼问题、党的建设面临的紧迫问题学思践悟，从党的创新理论中找方向、补短板、找方法，更好地把党的创新理论转化为破解发展难题、防范化解风险的新思路新举措新成效。要把学习成效转化为改革发展的"硬成果"。突出实践导向，把理论学习同管网实施"五个坚持"总体方略统筹结合起来，以管网高质量发展的新业绩新成果，彰显党的创新理论的实践伟力。

二、坚决把建好用好管网融媒体中心作为强力抓手，打造具有强大引领力、传播力、影响力、公信力的全媒体传播体系

习近平总书记强调，"加快推动媒体融合发展，构建全媒体传播格局"。当前，全媒体快速发展，导致舆论生态、媒体格局、话语体系、传播方式发生深刻变化，要全面把握媒体融合发展的趋势和规律，高标准组建融媒体中心，完善融合传播矩阵，形成资源集约、结构合理、差异发展、协同高效的全媒体传播体系。

第一，建好融媒体中心，打造全媒体传播"中央厨房"。要把组建融媒体中心作为共享化改革的重要内容，按照"统筹管理、专业保障、融合发展"的思路，设立集团公司专业化宣传工作机构，优化整合宣传策划、产品制作、自有媒体运营管理等业务，实现新闻线索、平台终端、人才队伍的互融互通、共享共用。要以融媒体中心为中枢，整合新闻采编、新媒体运营、策划创意、应急指挥等功能，放大一体效能，形成"拳头"优势，构建形成管网全媒体传播的"中央厨房"、宣传人才的培训基地、自有媒体的众创空间。

第二，推进媒体融合发展，构建全媒体传播新格局。牢牢抓住构建全媒体传播体系的着力点，坚持内容为王、技术为先、创新为要，实现"文图音视"竞相发力，"屏网端微"百花齐放。要以内容建设为"根本点"，创作高品质产品。主动适应分众化、差异化传播趋势，以融合思维、用户思维、品牌思维，扩大优质内容产能，打造更多有思想、有温度、有品质的全媒体产品。要以先进技术为"倍增器"，提高传播效能。探索应用5G、大数据、人工智能等技术，上线运行"策采编发"一体的融媒体平台，改版升级官方网站和内宣平台，构建网上网下一体、内宣外宣联动的融合传播矩阵，为讲好管网故事、传播管网声音插上先进技术的"翅膀"。要以机制创新为"内驱力"，激发旺盛活力。建立由党组组织与宣传部总体把控、融媒体中心服务保障、所属单位党委宣传部门执行落实的"三位一体"融媒体管理架构和运行机制，立足实用管用，完善新闻宣传制程，坚持"跳起摸高"，强化考核激励，形成责任明晰、流程顺畅、预案完备、奖惩分明的全媒体管理体系。

三、坚决把抓好正面宣传和舆论引导作为重中之重，全面提升管网品牌形象美誉度和影响力

习近平总书记指出，"党的新闻舆论工作是党的一项重要工作，是治国理政、定国安邦的大事"。要充分发挥宣传思想文化工作团结稳定鼓劲作用，凝聚起干事创业、立企强企的强大合力，为管网事业发展营造良好舆论氛围。

第一，抓强正面宣传，全方位奏响管网宣传"交响乐"。新闻宣传主旋律越强劲响亮，奋进新征程的正能量就越充沛昂扬。要聚焦中心任务，奏响管网高质量发展"主题曲"。全景呈现管网扛起"大国重器"的责任担当和推进"全国一张网"建设的蓝图画卷，深入报道管网实施"五个坚持"总体方略推进高质量发展，加快打造世界一流企业的生动实践，创作一批具有管网特色、管网风格、管网气派的精品力作。要做优专题策划，奏响重点专题报道"进行曲"。围绕能源保供、工程建设、市场开拓、深化改革、创新发展等重点工作，超前策划系列专题报道，加强与党报党刊、主流媒体合作，借势发力重点选题宣传，持续开展"媒体看管网、进站场、走基层"活动，扩大管网新闻覆盖面和传播影响力，让可信、可靠、可爱、可敬的管网形象深入人心。

第二，聚焦基层一线，用心用情讲好管网铁军"身边事"。一线管网人的故事最生动、最感人。只有身子沉下去、步子迈下去，到基层去"接地气"，宣传思想文化工作才能有"底气"。要将笔头镜头对准基层。发扬"脚底板下出新闻"的优良传统，及时呈现管网一线生动场景，给基层一线员工"特写"，为先进出特刊，让员工多上头条，真实、立体展现"输油输气输温暖、铁军铁肩铁担当"的管网铁军风采。要用心挖掘讲好管网故事。用好"深实细准效"五字诀，炼就一双发现故事、捕捉故事的慧眼，善抓细节、善抓现场感，以小见大、以点带面，通过更多鲜活故事、情节细节打动人、感染人、鼓舞人。

第三，抓好舆论引导，持续壮大奋进管网事业"舆论场"。统一思想、凝聚力量，始终是宣传思想文化工作的中心环节。要提高定调引领能力。树立"流量思维"，把握好"时度效"，在关键时刻和重大问题上敢于发声，及时表明立场态度，运用"网言网语"，用心用情引领舆论走向。要提高新闻发布能力。坚持"及时准确、公开透明、有序开放、有效管理、正确引导"的舆论引导方针，健全突发事件新闻协调机制，完善应急预案，强化权威信息发布，协调主流媒体准确及时发布新闻消息。

四、坚决把培育管网特色文化作为立企强企之本，汇聚形成管网高质量发展的磅礴精神力量

习近平总书记指出，"文化自信是更基础、更广泛、更深厚的自信，是更基本、更深沉、更持久的力量"。十年企业靠经营，百年企业靠文化，实现立企强企，不能单靠资本的增殖，更要靠有信仰、有信念、有精神的管网人。

第一，坚持传承为根，让管网文化底色更加鲜明。弘扬以伟大建党精神为源头的中国共产党人精神谱系，加强社会主义核心价值观宣贯，常态化开展党史、新中国史、改革开放史、社会主义发展史教育，持续奏响爱党、爱国、爱社会主义的管网强音。弘扬中华优秀传统文化，制定进一步提升员工思想道德素养的重点举措，持续深化文明单位、文明家庭创建活动，广泛开展学雷锋志愿服务，打造一批具有管网特色的志愿服务项目，为管网事业发展提供源源不断的道德滋养。要以强烈的政治自觉和历史自觉，深入总结国家管网集团走过的辉煌创业历程、取得的显著成绩、形成的成功经验、播下的优良种子，深入挖掘管网文化基因和胜利密码，把过去、现在、未来贯通起来，把管网创业阶段的好传统好作风传承下去，引导广大干部员工从管网奋斗历程中汲取智慧和力量，奋力谱写新时代新征程管网事业发展壮丽篇章。

第二，坚持创新为魂，让管网文化发展更加蓬勃。创新是企业发展的不竭动力，也是深化企业文化建设的关键所在。要适应改革发展，让管网文化内涵"厚起来"。加强顶层设计，制定集团公司《企业文化建设纲要》，持续强化对管网核心文化理念的宣贯，持续推动"结果导向、团结协作、科技创新"的管网核心价值观入脑入心入行，使之真正成为广大干部员工用以指导工作、推动实践的行为准则。做企业必须讲结果，一切工作都要以成效来验证、以结果论英雄，必须坚持以终为始、保持专注和聚焦目标，有条件要上、没有条件创造条件也要上，不达目的绝不收兵。国家管网集团从传统企业重组整合而来，倡导团结协作尤为重要，集团上下必须团结成"一块坚硬的钢铁"，共喊一个号、共唱一个调，上下同欲、协同作战，以团结协作打赢大战役、夺取大胜利，适应"一中心、一张网、一公司"管控准则和管控要求。科技创新是引领企业发展的第一动力，谁掌握了未来科技创新的制高点，谁就将赢得未来发展的主动权，必须牢牢抓住科技创新这个第一动力，坚定创新自信、勇攀科技高峰，加快打造管输原创技术策源地，以科技创新开辟发展新领域新赛道、塑造发展新

动能新优势。要深入贯彻落实集团公司"三不变、八个新"的改革路径，坚持以新的心态、新的作风、新的模式、新的流程、新的组织、新的队伍、新的评价、新的奖惩做好管网改革下半篇文章，通过思想大解放、观念大转变推动管网事业大发展。要强化典型引路，把管网铁军英模"树起来"。大力开展模范党员、模范党支部"双模"选树工作，积极推荐"央企楷模""时代楷模"，把最能反映管网人英勇战斗、攻坚克难精神风貌的鲜活标兵塑造为管网铁军的"代言人"，不断壮大管网英模矩阵。用好英模宣讲团、新闻报道、文艺作品等各种方式，讲好先进典型感人故事，使全体员工学有榜样、行有楷模、赶有目标。要注重润物无声，让管网文化氛围"浓起来"。升级发布视觉形象识别手册，进一步规范基层标识应用，强化对管网文化理念的视觉宣贯，引导全体员工自觉践行。稳步推进基层准军事化管理，办好管网"会师节"、天然气冬季保供誓师等具有管网特色的仪式活动，规范开展升国旗、奏唱国歌、入党宣誓仪式，以礼仪为"媒"让管网文化生生不息。

第三，坚持践行为本，让管网文化价值更加彰显。文化的活力在于践行，必须注重以文化的力量感召人、凝聚人、鼓舞人。要引领管理实践，做管理提升的"助推器"。坚持以文化引领制程一体化建设，把文化导向、核心价值理念融入到制度流程里，渗透到经营管理中，确保制度与文化协同一致、相辅相成。加强安全文化、创新文化、廉洁文化等专项文化建设，建立党组组织与宣传部统筹协调、业务部门组织实施、所属单位共同参加的协同建设机制，编制实施专项文化手册，征集专项文化案例故事，打造"一主多元"的管网文化矩阵。要融入群众活动，做凝聚员工的"粘合

剂"。坚持以文化人、以文育人，利用传统节日、重要纪念日、重大工程项目竣工日等标志性节点，持续开展运动会、文艺汇演、书画摄影、短视频大赛等群众性文化实践活动，丰富员工精神生活，构筑共同精神家园。要强化基层落地，做基层文化的"孵化池"。在坚持管网文化统一性的基础上，根据地域特色和业务特点，立足一线、聚焦业务，鼓励开展基层文化建设，推动文化品牌创建，评选命名"管网文化示范项目"，充分发挥辐射带动作用，使管网文化在基层落地生根、开花结果。

五、坚决把建设具有强大凝聚力和引领力的社会主义意识形态作为战略任务，筑牢管网铁军团结奋斗的共同思想基础

习近平总书记强调，"一刻也不能放松和削弱意识形态工作，必须把意识形态工作的领导权、管理权、话语权牢牢掌握在手中"。要坚持马克思主义在意识形态领域指导地位的根本制度，有效防范化解意识形态风险，不断巩固管网改革发展稳定大局。

第一，全面落实意识形态"硬任务"。各级党组织要全面贯彻落实意识形态工作责任制，把意识形态工作作为党的建设和领导班子建设、干部队伍建设的重要内容，党组织书记要切实履行第一责任人职责，旗帜鲜明站在意识形态工作第一战线，做到带头抓、直接抓、具体抓；班子其他成员要落实"一岗双责"，抓好分管部门、单位意识形态工作，切实做到守土有责、守土负责、守土尽责。要完善落实意识形态工作责任制实施办法，将落实情况纳入党建考核、巡视巡察、纪检监察内容，对落实责任不力造成严重后果、恶劣影响的，要坚决问责。

第二，用好思想政治工作"传家宝"。坚持把思想政治工作作为党组织的一项经常性、基础性工作，抓好集团公司关于新时代加强和改进思想政治工作重点举措以及责任清单落实，有机融入生产经营中心工作，引领员工群众坚定听党话、永远跟党走。加强形势任务教育，完善落实员工思想动态调查和分析研判机制，推动领导人员联系基层、党员联系群众，做好一人一事思想政治工作。健全落实"我为群众办实事"长效机制，悉心维护、依法保障员工合法权益，加强员工身心健康管理和人文关怀，增强员工队伍获得感、幸福感、归属感。

第三，打好打赢风险管控"主动仗"。围绕重大改革、重点群体、重要节点、重大事项，强化意识形态风险管控，重点要提前防范和化解各类舆情风险。完善集团公司党组统一领导、党组组织与宣传部组织协调、业务部门分工负责的舆情处置体系，健全舆情处置快速反应机制。强化主管主办和属地管理原则，突出抓好自有媒体、党校社团、展厅展馆、报告讲坛等意识形态阵地日常管理，确保导向正确，不发生重大问题。加强网络舆论阵地和干部员工网络行为的规范管理，采取"企业自查＋线上巡查＋总部抽查"的"三查"方式，推动网络信息安全检查常态化、长效化，坚决杜绝"低级红""高级黑"。

六、坚决把锻造堪当管网事业高质量发展重任的宣传思想文化队伍作为基础支撑，形成大抓宣传、抓大宣传的生动格局

习近平总书记指出，"要加强党对宣传思想文化工作的全面领导，旗帜鲜明坚持党管宣传、党管意识形态"。宣传思想文化工作政策性强、涉及面广、影响力大，必须全员参与、群策群力，形成大宣传格局。

第一，强化政治导向，让党的旗帜在宣传

思想文化战线高高飘扬。加强党对宣传思想文化工作的全面领导，是新形势下宣传思想文化工作的力量所在、优势所在。各所属单位党委要充分发挥把方向、管大局、保落实的领导作用，加强对宣传思想文化工作的组织领导和重大战略性任务的统筹指导，做到任务落实不马虎、阵地管理不懈怠、责任追究不含糊。坚持把宣传思想文化工作与其他工作统筹起来，无论是制定政策、出台方案，还是开展工作，都要充分考虑政治方向、价值导向、舆情民意和社会影响。坚持把讲政治作为第一位的标准，加强宣传思想文化部门领导班子和干部队伍建设，既要选优配强，还要充分信任、全力支持，让他们扎根宣传思想文化战线、心无旁骛干事创业。倡导"人人都是宣传员"，引导全体员工特别是各级领导干部当好"传播大使"，"融合作战"发挥管网整体优势。

第二，强化能力提升，加快打造本领高强敢打必胜的宣传思想文化铁军。宣传思想文化工作要强起来，干部要首先强起来，不断增强脚力、眼力、脑力、笔力。要涵养过硬的政治本领，把政治能力作为第一能力、核心能力，在宣传内容、宣传导向和宣传口径上，始终与党中央以及集团公司党组保持高度一致，做到总书记有号令、管网见行动、宣传打头阵。要涵养过硬的策划本领，树立谋划先行、策划制胜的理念，用品牌思维高位策划，用前瞻性思维超前策划，用系统思维统筹策划，主动策划"大选题"，及时对接"大媒体"，努力营造"大声势"。要涵养过硬的创新本领，打破传统思维定式，创新宣传理念，创新宣传内容，创新方法手段，打造更多员工群众喜爱、刷屏热传的"现象级"产品。要涵养过硬的调研本领，大兴调查研究之风，练就过硬的"铁脚板"，用慧眼发现素材，把镜头对准基层，深入基层一线发现新闻亮点，捕捉鲜活素材。要涵养过硬的文字本领，把"笔杆子"作为有力武器，多思多悟、多读多写，拿出"板凳要坐十年冷"的决心，不怕苦、不怕累、不怕改，在增强文章的思想深度、实践厚度和情感温度上下功夫，磨炼出"文章不写一句空"的本领，用生辉妙笔书写管网精彩篇章。

第三，强化作风建设，以新气象新作为担当新使命新任务。要积极践行马克思主义学风争当理论专家。宣传思想文化干部肩负着成风化人、解疑释惑的重任，必须以更高标准要求自己，在以学铸魂、以学增智、以学正风、以学促干上走在前列，切实把马克思主义这个看家本领学到手。要深入基层一线抓取"活鱼"。做宣传最怕与业务脱节。要坚持眼睛向下、脚踩泥土，经常去基层站队、施工工地、抢险现场走一走，真心实意把实践和基层当作最好的课堂，把员工群众当作最好的老师，挖掘、捕捉第一手活泼泼的素材，增强宣传思想文化产品的"油气味""管道味"。要改进文风多写"短实新"文章。文章在精不在长。要坚持平实务实，通俗易懂，摆脱"机关腔"和"文件语"，多说老百姓听得懂、听得进、喜欢听的话，多创作一些有思想、有温度、有品质的精品力作，用真情实感和鲜活事例吸引人、打动人、感染人。

同志们，做好新时代新征程宣传思想文化工作，责任重大，使命光荣。我们要更加紧密地团结在以习近平同志为核心的党中央周围，锐意进取，守正创新，团结奋斗，奋力开创管网宣传思想文化工作新局面，为国家管网集团加快打造世界一流企业和实现高质量发展、在强国建设民族复兴伟业中建立管网新功作出新的更大贡献！

要事特辑

国家管网集团董事长、党组书记张伟2023年新年致辞

律转鸿钧，华章日新。值此时迭岁替之际，我代表国家管网集团党组和公司董事会，向奋战在"全国一张网"沿线的全体管网将士，向情系国家管网事业的离退休老同志和员工家属，向关心支持国家管网集团发展的各级领导、公司股东、广大客户和社会各界朋友，致以节日的问候和诚挚的祝愿。此时此刻，向守护万家温暖的一线干部员工道一声：大家辛苦了！

2022年，是党和国家历史上极为重要的一年，也是国家管网集团成立三年的大考之年。一年来，我们认真贯彻落实习近平新时代中国特色社会主义思想，把迎接党的二十大胜利召开、学习贯彻党的二十大精神转化为强大动力，直面挑战、踔厉奋进，加快构建"X+1+X"油气市场体系，超额完成全年任务目标，实现建企向立企强企的战略转移，顺利完成了党中央、国务院的油气体制改革和管网运营机制改革部署。我们坚决扛起天然气保供调度协调主体责任，建立起了运行高效的天然气保供新机制，资源供应能力显著增强。我们坚持"从客户中来到客户中去"的理念，建立起了公平开放的管容交易新机制，吸引大批托运商进入资源流通大平台。我们坚持把统一调控作为"全国一张网"的头等大事，建立起了全国统一的生产调控新机制，油气资源配置效率进一步提升。我们坚持加快油气基础设施建设不放松，建立起了建管融合的工程建设新机制，中俄东线等战略通道建成投产。我们坚持市场化方向，建立起了务实合作的省网融入新机制，加速打通"全国一张网"的末端堵点。我们坚持安全生产"先于一切、高于一切、重于一切"，建立起了双重预防的安全管控新机制，管网运行的基础日趋稳固。我们坚持"两个一以贯之"，建立起了科学规范的公司治理新机制，为构建中国特色现代企业制度探索出管网新路。实践充分证明，党中央、国务院关于油气体制和管网运营机制改革的重大决策部署是完全正确的，构建"X+1+X"油气市场体系的方向符合形势发展需要，这条路不仅走得对、走得通，而且也一定能够走得稳、走得好。

历尽天华成此景，人间万事出艰辛。管网事业累累硕果的背后，是习近平新时代中国特色社会主义思想的科学指引，是上级部委、地方党委政府、公司股东及社会各界的大力支持，是每一位管网人的苦干实干。大战大考彰显"保障国家能源安全"的使命之重，困难重重考验"服务国家战略、服务人民需要、服务行业发展"的宗旨之诚。我们矢志能源安全、走过非凡冬夏，以越是艰险越向前的斗志和勇气，把一个个不可能变成可能，共同抒写了国家管网集团改革发展史上浓墨重彩的奋斗画卷。在为能源革命而斗争的日子里，每一位管网人都了不起，大家都是好样的！

奋斗中辞别旧岁，憧憬中迎来新年。2023年，是全面贯彻落实党的二十大精神的开局之年，是国家管网集团从建企向立企强企的跨越之年。我们一定沿着以习近平同志为核心的党

中央指引的方向勇毅前行，坚持服务立企强企，坚持改革立企强企，坚持扩网立企强企，坚持创新立企强企，坚持人才立企强企，加快打造服务卓越、品牌卓著、创新领先、治理现代、与众不同的中国特色世界一流能源基础设施运营商，为全面建设社会主义现代化国家开好局起好步、扎实推进中国式现代化作出管网新贡献！

漳州LNG外输管道工程延伸段正式开工建设

2023年3月1日，国家石油天然气基础设施重点工程——漳州LNG外输管道工程延伸段正式开工建设。该工程是国家管网集团漳州LNG接收站的配套工程，建成投产后将打通又一条海气登陆新通道。

漳州LNG外输管道起自漳州LNG外输管道程溪联络站，终点与西气东输三线（东段）漳州分输清管站连通，全长45.5千米，设计输气能力42亿米^3/年，设计压力10兆帕。工程建成投产后，将进一步巩固福建省海气、陆气双气源供应格局，更好地满足省内市场用气需求；同时，海气经延伸段管线进入全国骨干油气管网，可进一步提升"全国一张网"的供气保障能力，为中国能源结构优化调整作出积极贡献。

国家管网集团召开学习贯彻习近平新时代中国特色社会主义思想主题教育动员部署会

2023年4月11日，国家管网集团召开学习贯彻习近平新时代中国特色社会主义思想主题教育动员部署会，深入学习贯彻习近平总书记在中央主题教育工作会议上的重要讲话精神，贯彻落实《中共中央关于在全党深入开展学习贯彻习近平新时代中国特色社会主义思想主题教育的意见》要求，对国家管网集团开展主题教育进行部署安排。中央第四十九指导组组长赵立新出席会议并讲话。国家管网集团董事长、党组书记、主题教育领导小组组长张伟作动员部署讲话。

赵立新强调，在全党深入开展学习贯彻习近平新时代中国特色社会主义思想主题教育，是党的二十大作出的重大部署，是动员全党同志为完成党的中心任务而团结奋斗的重要措施。要坚持问题导向和目标导向，把习近平新时代中国特色社会主义思想转化为坚定理想、锤炼党性和指导实践、推动工作的强大力量，推动国有企业不断做强做优做大。

张伟指出，这次主题教育是贯彻落实党的二十大精神的重大举措，对于统一全党思想、解决党内存在的突出问题、始终保持党同人民群众血肉联系、推动党和国家事业发展，具有重要意义。习近平总书记在主题教育工作会议上的重要讲话，高屋建瓴、视野宏阔、思想深邃、内涵丰富，具有很强的政治性、思想性、指导性，是一篇马克思主义纲领性文献，为我们开展好主题教育提供了根本遵循。

张伟强调，要深刻领会开展这次主题教育是统一全党思想意志行动、始终保持党的强大凝聚力战斗力的必然要求，是推动全党积极担当作为、不断开创事业发展新局面的必然要求，是深入推进全面从严治党、以党的自我革命引领社会革命的必然要求，坚决把思想和行动统一到习近平总书记重要讲话和党中央决策部署上来，增强开展好主题教育的思想自觉政治自觉行动自觉，坚定做学习贯彻习近平新时代中国特色社会主义思想的践行者、推动者、引领者。要全面准确把握主题教育的目标要求，切实把习近平新时代中国特色社会主义思想转化为坚定理想、锤炼党性和指导实践、推动工作的强大力量，确保在主题教育中走在前列。各级党组织要扛起主体责任，坚持高质量、高标准把主题教育谋划好、组织好、落实好，以上率下强化组织领导，把理论学习摆在突出位置，大兴调查研究之风，把主题教育和改革发展统筹起来，把问题整改贯穿主题教育始终，统筹中央巡视、国家审计以及内部巡视审计发现的问题，坚持"当下改"与"长久立"相结合，边学习、边对照、边检视、边整改，确保取得实实在在的成效。

会议以视频形式召开。国家管网集团副总经理、党组成员姜昌亮主持会议。国家管网集团总会计师、党组成员王德华通报《国家管网集团深入开展学习贯彻习近平新时代中国特色社会主义思想主题教育实施方案》。中央第四十九指导组副组长葛文达和指导组全体成员，国家管网集团主题教育领导小组及领导小组办公室成员，国家管网集团主题教育巡回指导组成员参加会议。总部部门、所属单位班子成员及有关人员在主分会场参加会议。

第七届中国国际管道会议（CIPC）暨技术装备与成果展在北京举办

2023年4月12—13日，第七届中国国际管道会议(CIPC)暨技术装备与成果展在北京举办，该会议是国家管网集团成立后举办的首个高端国际学术会议。会议以"创新、绿色、安全"为主题，全面加强国际管道技术交流与合作，全面展示管道领域创新成果及实践，交流研讨油气、氢能、二氧化碳等介质输送新技术新思路新举措，探讨新时代背景下管道技术领域的发展方向。

国家管网集团董事长、党组书记张伟在开幕式上致辞。他指出，油气能源是现代工业社会的"血液"，确保管道这一能源"动脉"安全平稳高效运行，一直是管道人孜孜以求的目标。管道行业已走过150多年的发展历程，在材料、设计、建设、运营等方面取得了长足进步，也面临来自自然、社会、政治等领域诸多新的挑战。当前，能源行业已进入新的发展阶段，传统油气资源消费增速放缓的大趋势不可逆转，新能源产业发展异军突起，氢气、二氧化碳管输等新业态快速发展，全球管道人惟有积极应变、乘势而为，才能牢牢把握发展主动权。他表示，国家管网集团愿与各国同仁一道，发挥中国国际管道会议的桥梁纽带作用，共同探索解决制约行业转型发展的突出难题，为管道行业可持续发展凝聚共识、汇聚力量，为推动世界能源绿色低碳转型、全球经济社会发展、人类幸福美好生活作出新的更大贡献。

国家管网集团特设"科技创新驱动、无限能源未来"主题展览，全方位展示了国家管网集团组建以来在科技创新、改革发展等方面的成果；由国家管网集团自主研发、拥有自主知识产权的多物理场综合内检测设备在展会上首次亮相，该设备具备检测发现类裂纹、针孔、应力、变形等复杂缺陷的功能，填补了国内高钢级管道环焊缝微小缺陷检测和轴向应力检测技术空白，达到国际先进水平，对于保障管道可靠运行、提升管道本质安全具有重要意义。

国家管网集团"工业互联网＋安全生产应用""管道地质灾害监控与预警系统应用"等

多个数字化转型研究应用成果以及中国航天科技、中国电科、中国石油等知名企业的多项最新技术装备与成果也在本次会议展出，对促进管道行业创新发展、提升中国在管道技术领域的国际影响力产生了积极作用。

双台子储气库双向输气管道工程成功投产

2023年4月19日，国家油气基础设施重点工程——双台子储气库双向输气管道工程成功投产，标志着中国东北地区最大的储气库群——辽河油田储气库群新增一条重要外输通道，为该储气库群注采气提量外输奠定了基础。

双台子储气库双向输气管道连接辽河储气库群与中俄东线天然气管道，起点为盘锦联络站，终点为双台子储气库群集注站，是辽河储气库群配套项目之一，全长约50千米，设计压力10兆帕。双台子储气库双向输气管道投产后，日输气能力达6810万立方米，实现注采天然气规模外输，可有效解决辽河储气库群外输瓶颈，更好发挥辽河储气库群的战略储备和调峰保障作用。此外，双台子储气库双向输气管道与中俄东线天然气管道、秦沈线、大沈线等东北地区骨干天然气管道联通，在东北地区形成新的环形管网，将有效提升进口天然气在东北及环渤海地区的灵活调配能力，增强东北地区和京津冀地区天然气供应的稳定性。

国内首次二氧化碳管道全尺寸爆破试验取得圆满成功

2023年5月15日，国家管网集团组织开展的国内首次二氧化碳管道全尺寸爆破试验，在爆炸科学与技术国家重点实验室东花园基地取得圆满成功。本次试验为中国掌握百万吨级二氧化碳输送管材研制、管道设计和建设技术提供重要的数据支撑，标志着中国在碳捕集、利用与封存（CCUS）技术研究领域取得重大突破性进展。

该爆破试验选用X65钢级、323.9毫米管径管道，试验压力12兆帕，精准模拟超临界二氧化碳管道运行工况。试验得出的管道止裂韧性等一系列重要参数，将用于超临界二氧化碳管道模拟模型验证，提升管道止裂韧性的计算精度，为全球二氧化碳管道安全建设和运行提供重要技术保障。

作为国内最大的专业化能源基础设施运营商，国家管网集团瞄准新能源管道输送领域积极布局，开展了超临界二氧化碳管道输送、天然气管道掺氢输送等一系列重点科技攻关项目，并将以该项试验为契机，进一步加快二氧化碳管输关键核心技术攻关，加快构建二氧化碳管输全生命周期标准体系，为推动中国经济社会发展全面绿色转型作出管网贡献。

中国首次高压力多管材管道纯氢试验成功实施

2023年6月25日，9.45兆帕全尺寸非金属管道纯氢爆破试验在位于哈密的国家管网集团管道断裂控制试验场成功实施，标志着国内首次高压力多管材氢气输送管道中间过程应用试验圆满完成，为中国今后实现大规模、低成本的远距离纯氢运输提供技术支撑。

开展此次纯氢爆破试验的国家管网集团管道断裂控制试验场，是继英国、意大利之后全球第三个管道断裂控制试验场，也是国内唯一具备高钢级、大口径、多介质管道全尺寸爆破试验技术条件的试验平台。试验场先后实施 1219/1422 毫米、X80/X90、12/13.3 兆帕不同规格、不同钢级、不同环境下的 6 次全尺寸气体爆破试验和 2 次低温止裂试验，为中俄东线等长输管道建设提供重要依据和有力支持。

管道输氢是实现氢气大规模、长距离、低成本运输的重要方式。国家管网集团深入贯彻落实习近平生态文明思想，按照国家《氢能产业发展中长期规划（2021—2035 年）》要求，积极稳妥实施管网"双碳"行动方案，加快推进氢气、二氧化碳等多种介质储运前沿技术攻关，推动天然气管输业务与全国新能源业务融合发展，助力氢能"制储输用"全链条产业建设。

蒙西管道一期工程正式投产

2023 年 6 月 29 日，中国首条直通雄安新区的天然气主干管道——国家管网集团蒙西管道项目一期工程（天津—河北定兴）成功投产。来自国家管网集团天津液化天然气接收站的天然气将通过该管道输送至华北地区，保障沿线民生清洁用能，为高标准、高质量建设雄安新区提供可靠的天然气能源保障。

蒙西管道是国家天然气基础设施互联互通重点工程，全长 1279 千米，途经内蒙古、山西、河北、天津四省（自治区、直辖市），既是内蒙古西部地区和山西大同煤制天然气项目配套的外输通道，也是天津液化天然气上岸的外输通道。项目按照整体核准、分期分段建设实施。

本次投产的蒙西管道一期工程总长 413.5 千米，起自天津 LNG 临港分输站，终至河北保定定兴分输站，最大管径 1016 毫米，年设计输量 66 亿立方米。蒙西管道一期工程投产后，将进一步优化环渤海地区天然气基础设施布局，带动沿线地区能源转型和绿色低碳发展。同时，该项目与中俄东线天然气管道、陕京管道系统等国家天然气主干管道，与天津天然气管道等京津冀支干网络和华北地区储气库群互联互通，对于有效发挥液化天然气接收站和储气库对华北地区调峰保障作用、促进国内外天然气资源在京津冀地区灵活调配、更好保障国家能源安全和经济安全具有重要意义。

西气东输一线沁水分输压气站提升工程顺利投产

2023 年 8 月 14 日，国家管网集团西气东输一线沁水分输压气站提升工程顺利投产运行，为京津冀及河南、山东、江苏等地区提供更充足的用气保障。

该提升工程是山西沁水盆地煤层气区块新增产能的配套工程，管道管径 406 毫米，设计压力 6.3 兆帕，设计上载能力 10 亿米³/年，实现了西气东输一线与气源管道的进一步连通，有效提升资源上载和外输能力。

工程投产后，西气东输一线外输山西煤层气量将从目前的 12 亿米³/年提升至 22 亿米³/年，进一步畅通煤层气外输通道，有助于释放山西沁水盆地煤层气产能，推动山西煤区瓦斯治理和综合利用，为山西煤层气实现高效勘探、高效建产、长效稳产提供重要支撑。同时，通过发挥"全国一张网"作用助力地方资源外输，有效激发各类市场主体增产增供积极性，有力推动天然气产供储销体系建设，更好保障国家能源安全。

国家管网集团再次亮相服贸会

2023年9月2—6日，2023年中国国际服务贸易交易会在北京举行。继2022年首次参展后，国家管网集团再次亮相服贸会，"国家管网"品牌、形象与实力再获广泛关注。

展会现场，国家管网集团聚焦"智慧管网新时代 共创能源新未来"，综合运用数字沙盘、多媒体、灯箱等载体，通过"管网之道""数字化智能管网""开放服务及交易平台""北京管网"四个单元，全面展示国家管网集团贯彻落实习近平总书记"四个革命、一个合作"能源安全新战略和党中央决策部署，加快构建"全国一张网"，进一步完善四大能源战略通道和油气管网布局，促进形成"X+1+X"油气市场体系等重要成果。

潜江—韶关输气管道广西支干线顺利投产

2023年9月5日，国家石油天然气基础设施重点工程——国家管网集团潜江—韶关输气管道广西支干线顺利投产，中国"南气北上"通道得到进一步拓展，有助于改善中东部地区能源结构，为该区域经济社会转型升级增添"绿色动力"。

广西支干线起自湖南衡阳分输站，止于广西桂林输气站，线路全长447千米，管径813毫米，设计压力10兆帕，途经两省（区）三市，设计年输量25亿立方米。该工程的顺利投产，将进一步盘活广西LNG天然气存量，增强供应保障能力，促进沿线省市的经济社会发展，满足人民群众用能需要。

广西支干线与潜江—韶关输气管道，广西LNG配套外输管道共同构成"南气北上"新通道。该通道与西气东输二线、川气东送等主干管道相连，年输气能力约60亿立方米，未来具备进一步增输潜力，为早日实现碳达峰、碳中和注入强劲动力。

川气东送二线正式开工

2023年9月15日，中国"十四五"重大能源基础设施工程——国家管网集团川气东送二线天然气管道工程正式开工。该工程是实现我国天然气管网"五纵五横"新格局的关键一步，也是川渝地区千亿立方米大气田和百亿立方米储气库的战略输送通道。工程建成后，每年将为沿线地区输送天然气超200亿立方米，进一步促进中西部和东部沿海地区区域协调发展，推动长江经济带高质量发展。

川气东送二线全长4269千米，包括1条干线、多条支干线，途经四川、重庆、湖北、河南、江西、安徽、浙江、福建等八省（直辖市），与川气东送一线、西气东输管道系统、苏皖管道联通，串接起西南气区、沿海LNG资源和中东部市场，在我国内陆腹地构筑起又一条东西走向的能源大动脉。

项目建成后，川气东送管道系统年输送能力将增加至350亿立方米，每年增输的200亿立方米与用煤相比相当于减排二氧化碳2926万吨、二氧化硫63.9万吨、氮氧化物18.64万吨、粉尘1451万吨。推动天然气在中国一次能源消费结构中的比例提高0.3个百分点以上，对于促进能源结构调整和发展方式绿色转型，提升管道沿线清洁能源供应能力，早日实现碳达峰、碳中和目标具有重要意义。

古浪—河口天然气联络管道工程实现"绿色"投产

2023年10月26日，国家管网集团古浪—河口天然气联络管道工程实现"绿色"投产，进一步完善西北地区多通道供气网络，对于推动甘肃省构建"一核三带"区域发展格局、提高"全国一张网"在甘青地区的供应保障能力具有重要意义。

古浪—河口天然气联络管道工程是国家石油天然气基础设施重点工程、甘肃省重点民生工程，也是推进央地合作项目高质量建设的重要成果。工程起点为西气东输二线、三线古浪压气站，终点为涩宁兰双线河口压气站，途经甘肃武威、白银、兰州3市，线路全长188.4千米，设计年输气量50亿立方米，设计压力10兆帕。工程首次创新采用"绿色"方式投产，减少天然气放空140万立方米，节约电加热设备能耗6160千瓦时，工程配套建设的7座光伏发电系统，每日可发电68千瓦时，年发电量超2.38万千瓦时，为全线投产工作及后续运营提供动力保障。

管道投产后，将在兰州市及周边地区形成由西气东输管道系统和涩宁兰管道系统组成的"双气源"供气格局，日供气能力增加2905万立方米；同时兼顾青海西宁及周边地区用气需求，进一步提升区域管网供应保障能力。

魏荆新线原油管道顺利投产

2023年11月3日，国内凝点最高的长输原油管道魏荆新线一次投产成功。对保障区域成品油及化工原料稳定生产、更好服务中部地区经济发展，具有重要意义。

魏荆新线起自河南南阳，途经河南、湖北两省三市，终至湖北荆门，全长232千米，设计年输油量90万吨，全线设7座输油站，对原油进行全程加热。工程于2022年11月14日全面开工，投产后将替代魏荆老线，承担将河南油田原油输至荆门石化的重要任务。

老旧管道更新替换工作是国家管网集团贯彻落实习近平总书记关于安全生产重要论述，加快推进油气管道安全隐患整治的重要举措。国家管网集团坚持安全生产先于一切、高于一切、重于一切，在管道沿线地方政府和有关企业的支持下，有序开展老旧管道的更新替换工作，以"开工即决战、起步即冲刺"的姿态，对控制性工程提前开展技术攻关，在全体参建单位中开展"百日攻坚"劳动竞赛等活动，仅用337天就完成工程建设任务，管道焊接一次合格率达98.88%。

天津LNG外输管道投产成功

2023年11月10日，国家管网集团天津LNG外输管道一次投产成功，实现与中俄东线、陕京管道、蒙西管道等多条天然气主干管道联通，为天津LNG接收站增加一条重要外输通道。

天津LNG外输管道是国家天然气基础设施互联互通重点项目——国家管网集团天津LNG接收站二期的重要组成部分，设计年输气能力300亿立方米，可将天津LNG接收站通过16.94千米的管道接入主干管网，对优化区域能源结构和改善大气环境具有重要意义。

国家管网集团储能技术有限公司在沪揭牌

2023年12月19日，上海市委书记陈吉宁会见国家管网集团董事长、党组书记张伟一行。上海市委副书记、市长龚正出席国家管网集团储能技术有限公司揭牌活动，与张伟共同为储能技术公司在沪成立揭牌。上海市领导李政，国家管网集团副总经理、党组成员姜昌亮参加会见。

揭牌活动上，上海市黄浦区与国家管网集团储能技术有限公司签署战略合作框架协议。储能技术公司注册在上海黄浦，注册资本50亿元。公司将加快建设油气基础设施，全面融入上海"五个中心"建设，全力保障上海市及长三角地区能源安全，积极稳妥推进碳达峰碳中和。同时，依托上海科技创新和人才优势，加快开展储气、储氢、储二氧化碳、储空气等技术研究，催生新产业新业态新模式。

（蒋若冰）

国家石油天然气管网集团有限公司年鉴 2024
CHINA OIL&GAS PIPELINE NETWORK CORPORATION YEARBOOK 2024

市场开发

综 述

【概述】 2023年，国家管网集团突出公平开放、服务为本，主动作为，攻坚克难，以撬动作用有力发挥、经营效益再创新高的良好成效，在提升中国能源供应保障能力上较好地展现了管网担当。

【主要指标完成情况】 2023年，国家管网集团管输天然气2237亿立方米、原油26248万吨、成品油8276万吨、LNG加工量1757万吨、储气库注采量52亿立方米，主营业务收入1203亿元，管输油气当量和主营业务收入均超额完成国务院国资委考核目标，再创历史新高。

【重点工作成果】 2023年，国家管网集团中小托运商管输量占比提升至8.5%；冬季保供三战三捷的管网实绩获评央企社会责任蓝皮书"优秀案例"；集中受理签订天然气管输合同量同比增长57%，分散受理签订天然气管输合同量同比增长248%；加大服务产品创新，分别在3个枢纽点上线"储运通2.0"和"枢纽点存气"管输服务新产品，创收约1亿元；完善天然气管道新增上下载管理机制，全年批复天然气管道新增上下载项同比增长92%，投产天然气管道新增上下载项同比增长250%；按照市场化原则积极推进省网融入工作，在山东、江苏等省份取得积极进展；在夯实LNG基石加工量的同时，努力推进第二梯队拓市增量，国际保税转运业务创历史新高，成为国家管网集团LNG业务新的增长极；首次开展金坛储气库库容市场化交易；有序推进与基石托运商服务合同谈判工作，以标准化合同推进管网规则，成功取消了成品油标签化输送等限制性条款，与三大油天然气管输、储气库合同谈判基本完成，LNG、原油合同大部分条款达成一致意见；持续推动开放服务及交易平台迭代升级，建立交易平台项目敏捷响应机制，启动交易平台二期建设，实现LNG接收站窗口期分散受理等业务上线交易平台，上线在线支付、智能客服等功能模块，切实提升客户服务体验；服贸会管网沙盘入选中国共产党历史展览馆，管网服务品牌越来越响亮。

冬季保供工作

【概述】 2023—2024年供暖季期间，国家管网集团认真贯彻习近平总书记关于做好供暖季保供工作的重要指示批示精神，全面落实党中央、国务院决策部署，在国家能源主管部门的大力支持与指导下，坚决扛稳扛牢天然气保供调度协调主体责任，积极稳妥应对诸多严峻挑战，圆满完成天然气保供任务，收到煤电油气运保障工作部际协调机制办公室和国家发展改革委发来的表扬信，表扬国家管网集团高质量完成各项保供工作，为保障人民群众生活和经济社会发展用能需要做出了重要贡献。

【全国保供演练高质量承办】 国家管网集团

认真落实丁薛祥副总理在2023年11月9日全国保暖保供工作电视电话工作会议上的讲话精神，在国家发展改革委的指导下，于2023年11月28日联动全国32个省（自治区、直辖市）能源主管部门，三大石油公司等上游供气企业、下游城镇燃气企业，精心策划并成功承办2023—2024年供暖季全国天然气"压非保民"合成演练。国家发展改革委充分肯定此次演练，作出"演练环环相扣，各环节衔接顺畅，达到了预期目标和效果"的积极评价。

【重点区域用气安全保障】 2023年，国家管网集团建立健全保供协调工作机制，成立以国家管网集团董事长张伟任组长的冬季保供领导小组，以及北京、河北、山东等11个重点区域保供工作组。全面加强与省市政府部门沟通对接，累计与各省（自治区、直辖市）能源主管部门对接200余次，对华北、西北、东北、苏浙沪、湖广、赣皖以及甘肃地震地区等重点保供地区，有针对性地制定相应措施，有力地保障当地用气安全。

【市场化保供机制建立健全】 2023年，国家管网集团坚持建立、健全市场化保供机制，推动上下游产业链按合同供用气。持续完善全国天然气合同归集系统的建设及应用，积极引导上下游供销气合同"应签尽签"，基本实现全国各省（自治区、直辖市）民生用气合同的全覆盖；与中国石油、北京燃气集团续签2023—2024年供暖季北京市天然气保供三方框架协议，为北京燃气集团提供预存气服务，为首都用气安全贡献管网力量；积极推动按合同供用气的负荷管理机制，创新推出存借气服务产品，持续推进市场化保供机制不断完善。

【管网冲峰能力不断提升】 坚定不移全面提升管网冲峰能力，满足天然气消费量峰值屡创新高的要求。2023年，国家管网集团进一步织密织牢天然气"全国一张网"，推进冲峰能力建设项目，持续提升天然气管网供应能力和安全互补供气水平。截至2023年底，国家管网集团实际接气能力达11.9亿米^3/日，同比增加1.4亿米^3/日。

【天然气管网供气峰值创造新纪录】 2023—2024年供暖季，中国极端天气频发，在整体气温较往年偏高的情况下，呈现出极端低温天气持续时间长、强度高、气温波动式骤升骤降等特点。国家管网集团加强组织协调，充分做好各项准备工作，提前优化管网运行方式，提早合理安排天然气管网管存、储气库库存、LNG接收站罐存，主动筑牢以充足的资源总量为基础、充裕的调峰资源通道为保障、适量的应急资源为托底的三道保供防线，充分发挥管网顶峰供应能力，保障全国天然气安全稳定供应。供暖季期间，天然气日用气量连续八天创历史新高，2023年12月22日全国峰值用气量高达15.69亿立方米，较上一供暖季日用气量极值增加1.9亿立方米，增长14%。国家管网日峰值供气量高达10.2亿立方米，较历史极值增长1.5亿立方米，增幅达17%，占全国峰值增量的80%。整个冬季保供期间，全国未启动应急压减预案，圆满完成冬季保供任务。

【天然气行业全流程动态监管】 2023年，国家管网集团完成全国天然气中长期合同归集系统（二期）、供暖季天然气运行数据填报系统模块建设运营任务，实现天然气行业全流程动态监管，支撑国家发展改革委、国家能源局、国务院国资委、生态环境部四部委保供需要，受到国家发展改革委书面表扬。

天然气业务

【概述】 2023年，国家管网集团推进天然气新增上下载项目审批流程优化和建设投产，整合管网基础设施能力，开发新服务新产品，为客户提供集输气、注气、采气、储气一体化综合性"一站式"服务。

【服务产品创新】 2023年，国家管网集团针对客户临时性存气需求，组织研发枢纽点存气服务产品，产品于2023年春节期间投入试用，2023年6月正式投入运行。产品推出后，共有6家客户购买使用，存气646万立方米。结合市场需求，在总结2022年储运通服务1.0版本实践经验基础上，优化迭代储运通服务产品，推出储运通服务2.0版本，产品于2023年6月正式投入使用，7家客户购买该期服务产品，储气容量签约总量7100万立方米。

【天然气新增上下载项目建设】 2023年，国家管网集团完善天然气管道新增上下载管理机制，研究优化阀室新增上下载间距、分输压力等新机制要求，调整新增上下载项目审批流程及标准、互联互通项目审批主体、履约担保机制优化、收回机制完善等内容；优化简化上下载项目初步设计、采购等环节，有效缩短上下载项目施工周期；推进《国家管网集团天然气管网新增上载点和下载点管理规范》修订发布，广泛征求各方意见，不断完善机制条款，使新增上下载工作更加严谨科学。从四季度开始，全面加快推进新增上下载项目审批和建设，全年国家管网集团组织20批天然气管道新增上下载受理，批复173项（其中上载28项、下载145项），同比增加83项，增长92%；投产上下载项目91项，同比增加65项，增幅250%；组织集中处理三大油公司批复历史遗留新增上下载项目25项。

【天然气管输合同谈判进展有序】 2023年，国家管网集团与中国海油、中国石化完成天然气管输战略协议或合同签订。5月19日，国家管网集团与中国海油气电集团按照"战略客户协议加交易平台一票制合同"模式，完成谈判并签署战略客户协议。12月15日，国家管网集团与中国石化天然气分公司按照"一票制合同标准文本加补充协议"模式，完成合同谈判并签署协议文本。国家管网集团与中国石油天然气销售公司按照"满足节点法、约定路径法规则同时适用"的条件，在一票制合同文本基础上进行了适当调整，大部分条款已达成一致意见。

【省网融入】 2023年，国家管网集团坚决贯彻落实党中央、国务院深化油气体制改革的要求，积极引导和推进省级管网以市场化方式融入国家管网，聚焦扩网立企强企，以更高政治站位积极推进省网融入工作。在不断完善工作思路、工作机制，积极探索创新组网模式，将物理组网、商务组网、调度组网并进，多维度完善"全国一张网"，实现广东、浙江、海南、福建、甘肃5个省的省网融入。

油品管输业务

【概述】 2023年，国家管网集团持续加强成品油市场形势研判，以与中国石化、中国石油油品合同谈判为主线，统筹做好管输定价、互联互通及第三方合作等工作，不断提升油品管网设施服务能力，推动油品业务公平开放。

【油品合同谈判】 2023年，国家管网集团按照"站稳立场、守住红线"的工作原则，与中国石化、中国石油开展多轮谈判，以标准化合同推进管网规则，取消成品油标签化输送等限制性条款，并对计划、数质量、检维修、价格等原条款进行合理优化。

【成品油管输国家定价推动】 2023年，国家管网集团针对过渡期管输服务合同约定的不合理管输价格，多次向国家发展改革委沟通汇报，推动国家发展改革委出台成品油管输国家定价，为构建成品油管网公平开放体系、实现更多成品油资源长距离管输奠定基础。

【成品油管道互联互通】 2023年，国家管网集团优化成品油管道互联互通工作机制，组建北方、南方攻坚团队，完成《成品油管道互联互通方案》编制，建成7个成品油管道互联互通项目，其中石家庄油库地付设施、七里山油库上载、郑州互联互通3个新建项目投产，全年完成管输量10万吨。

【第三方合作】 2023年，国家管网集团加强与国家粮储局合作，共同推动二五五、一五四、一五八3座成品油储备库互联互通管道建设，通过管道为二五七、一五六2座储备库输送储备油8万吨。增加弘润石化资源入网，新增管输量21万吨。

【原油市场开拓】 2023年，国家管网集团守稳中国石油、中国石化基本盘，建成魏荆新线保障国产油后路畅通，河南原油同比增长20%；规划建设连仪线连淮段，积极满足客户需求。推动原油储运设施公平开放，实现第三方原油管输量同比增长6.8%；优化原油库容向第三方开放，为大港石化等客户提供仓储转运服务量132万吨，同比增长219%；与浙江石化签订2年期限照付不议合同，锁定输量750万吨/年。完成首单闲置铺底油处置13万吨，创效1.3亿元。

LNG接收业务

【概述】 2023年，国家管网集团充分发挥"全国一张网"灵活调度优势，加强区域协同，优化接收站运行。助力市场开发和公平开放，在夯实LNG基石加工量的同时，努力推进第二梯队拓市增量，全面提升LNG业务市场占有率。

【创新产品打造】 2023年，国家管网集团对标世界一流企业接收站，结合国家管网市场运营特点，在现有服务产品的基础上，试点推出"站内交易""借还气"等创新服务产品。充分发挥上游资源商海外 LNG 资源筹措优势，将 LNG 接收站从"加工厂"变成"交易场"，有效激发 LNG 市场活力。

【国际保税转运业务拓展】 2023 年，国家管网集团国际保税转运业务（含保税加注，下同）总量 99 万吨，创历史新高，成为国家管网集团 LNG 业务新的增长极。其中：海南 LNG 接收站国际保税转运量 81 万吨，同比增长 36.8%，保税转运量位居东南亚地区 LNG 接收站第一名；大连 LNG、深圳 LNG 接收站连续发力，相继取得国际保税转运和船舶加注业务许可，全年分别实现转运加工量 12 万吨和 6 万吨。2023 年，国家管网集团转运业务覆盖 10 个国家，签约埃克森美孚公司服务合同，实现国际托运商直接开展国际船舶转运新业务。

储气库业务

【概述】 2023 年，国家管网集团储气库公平开放迈上新台阶，中长期服务模式稳固容量销售基本盘，盐穴储气库首次试点竞拍圆满收官，储气服务合同期限从 1 年延长至最大 10 年，促进资源的优化配置，提升客户与管网设施的粘度，降低客户的运营成本，进一步推动储气市场的多元化发展。

【文 23 储气库首次中长期受理】 2023 年 4 月 15 日，国家管网集团发布《文 23 储气库中长期储气服务集中受理公告》，并明确 1 至 10 年期所对应的储气服务价格。4 月 24 日—4 月 26 日，国家管网集团分别与 7 家客户进行谈判，确认容量需求、服务期限、服务价格等内容，最终签约服务合同，服务期限 3—10 年不等。国家管网与客户建立长期稳定合作关系，提升冬季资源保障能力，实现储气库扩容的经济效益。在服务价格中充分考虑储气库损耗，不再单独约定损耗率，进一步规范损耗处理方式。

【金坛储气库库容市场交易】 2023 年 11 月 30 日，有"中国盐穴储气第一库"之称的金坛储气库首次储气容量竞拍圆满成功，4 家托运商摘单 3000 万立方米。本次竞拍成功是探索储气库模式创新迈出的一大步，将金坛储气库剩余库容以"小容量、可中断"的形式对第三方公平开放，更好发挥盐穴储气库"注采灵活、随注随采"的优势。

【储气库合同谈判】 2023 年，经过多轮谈判，国家管网集团成功完成与中国石化、中国海油的储气库中长期使用合同签署。2023 年 7 月 4 日，国家管网集团与中国石化天然气分公司按照标准储气库合同文本，签署 2023 年度文 23 储气库使用合同；2023 年 9 月 15 日，签署 2024—2033 年文 23 储气库使用合同。2023 年 7 月 10 日，国家管网集团与中国海油山东销售公司按照标准储气库合同文本，签署 2023—2032 年文 23 储气库使用合同。

客户服务

【概述】 2023年，国家管网集团以客户为中心，以服务为使命，创设集团客户服务中心，为客户提供公平高效服务；推广管网规则，降低市场准入壁垒；提供优质售后服务，提升价值创造能力；开展客户满意度调查，提升精准服务能力；擦亮管网品牌，提升行业影响力。

【客户服务水平提升】 2023年，国家管网集团聚焦客户诉求，全面梳理客服中心职能定位，高质量完成客户服务中心组建，客户服务中心服务客户、服务市场的格局初步形成。起草并上报国家能源主管部门《国家管网集团托运商准入管理实施细则》，规范国家管网集团托运商准入管理工作，新增准入托运商241家，其中81家托运商签约开展业务，有效撬动上下游两个市场主体活力不断增加。建立工单受理解决机制，推动解决客户各类急难愁盼需求。开展半年度和年度客户满意度调查，受访客户对国家管网集团总体满意度99.4%。

【品牌推广】 2023年，国家管网集团参展中国国际服务贸易交易会，获得线下优秀展台奖项，展位所展示的"一方气的进京之旅"沙盘模型被中国共产党历史展览馆收录至馆藏。第六届中国国际进口博览会期间，举办以"开放合作，共同成长"为主题的"管网之夜"市场推介活动，邀请国际资源商、大型城燃企业等重点客户齐聚一堂，活动集中展示国家管网集团成立以来所取得的公平开放服务成果，促进油气行业上下游之间的深度交流，构建与国际企业合作交流新模式。

开放服务及交易平台建设项目

【概述】 2023年，国家管网集团持续推动开放服务及交易平台迭代升级，建立交易平台项目敏捷响应机制，采取框架协议服务模式开展数字项目开发，大幅缩减项目审批时间，实现客户需求的快速响应。紧密结合业务需求，围绕商品创新、客户服务、容量管理、价格管理、计划管理、内外结算一体化、中台能力提升和中石油业务支撑等方面启动交易平台二期建设，进一步健全运营管理能力、切实提升客户服务体验。

【平台业务不断丰富】 2023年，国家管网集团不断丰富开放服务及交易平台业务，实现LNG接收站窗口期分散受理上线交易平台，托运商订单提交受理至到港平均时长大幅缩短。浙江省网上线交易平台，为商务一张网积累宝贵经验。支持储运通、存取气等新产品在交易平台试点实施，满足客户多样化需求。启动油品业务平台上线工作，围绕客户、商品、价格、交易、计划、结算6个业务主题框架，对现有原油、成品油管输业务进行梳理，在国家管网集团层面统一油品管输相关业务流程，为后续平台功能设计与研发提供流程基础，推动平台业务多元化发展。

【平台功能持续完善】 2023年，国家管网集团持续完善开放服务及交易平台功能，上线在线支付、售后管理、智能客服等功能模块，优化平台交互页面，提升客户服务体验。交易平台管输服务受理模拟系统亮相国家管网集团展厅及中国国际服务贸易交易会现场，首次向公众展示基础设施开放服务受理过程，近距离感受国家管网集团市场工作数字化成果。

（李宝斐　王　勐　唐　森　范华平　郭悠悠　陈永主　秦　莎　金　硕　章　研　达文曦　孙诺雅　谷云清　陈　瑾　田　甜）

国家石油天然气管网集团有限公司年鉴 2024
CHINA OIL&GAS PIPELINE NETWORK CORPORATION YEARBOOK 2024

生产运维

综　述

【概述】 2023年，国家管网集团生产运维系统坚持以党的二十大精神为指引，坚决贯彻落实习近平总书记重要指示批示精神，按照"五个坚持"总体方略，强化投产"一个起点"，做优生产运行和资产运维"两条主线"，健全生产管理与保障、生产技术和应急实施"三项支撑"，夯实"四化"改革生产运维基础，全力打造高效管输体系、高效运维体系、高效应急体系和提高精益管理水平，持续提升油气管网高效储运服务能力，完成生产运维各项工作任务，为国家管网集团全面建成服务卓越、品牌卓著、创新领先、治理现代的中国特色世界一流能源基础设施运营商贡献生产运维力量。

【石油天然气管网输送能力】 2023年底，国家管网集团运营管理的在役天然气管道338条，输气能力3417亿米^3/年，2023年天然气管输总量2237亿立方米；运营原油成品油管道93条，原油管道一次管输能力3.3亿吨/年，2023年原油一次管输量26248万吨；成品油道一次管输能力1.9亿吨/年，2023年成品油一次管输量8276万吨；在役LNG接收站综合最大气化外输能力1.44亿米^3/日；全资储气库冬季可采气量34.2亿立方米，最大采气外输能力4730万米^3/日。

【油气储运设施基本情况】 2023年底，国家管网集团管理油气管道总里程9.92万千米，其中在役管道9.31万千米（天然气管道5.34万千米、原油管道1.68万千米、成品油管道2.29万千米）、封存管道6044千米。光缆总里程8.75万千米，光通信网元数量超过2800个，卫星端站743座，公网电路722条。

油气站场1471座、阀室3823座。在用机械、电气、仪表等各类设备共计30万余台（套），其中天然气管道压缩机组412台（套）、输油泵机组1635台（套），油品储罐42座，总罐容1219万立方米。所属及参股储气库8座，全资在役储气库（群）3座，总体形成工作气量111.2亿立方米。在役LNG接收站7座，总接收规模3060万吨/年，占全国LNG接收站总能力的23%，罐容328万立方米，储气能力20.6亿立方米，占全国的25%。

（于　瑶）

天然气调控

【概述】 2023年，国家管网集团坚持打造专业化调控队伍，高效开展天然气管道调控运行工作，充分发挥"全国一张网"集中调控、统一指挥、统筹协调优势，高标准完成全年生产任务。以"党中央有号召、党组有部署、调控见行动"的思想，多举措开展"冬夏一体化"保供工作，有效应对超强寒潮、大范围雨雪冰冻天气频发和史上最长春节假期等影响，日管输供气量不断刷新历史峰值，有效保障全国两会、杭州亚运会、河北暴雨和甘肃积石山地震等重要时期的供气稳定。2023年，天然气管输总量2237亿立方米，同比增长8.5%；储气库经管网注气159亿立方米，采气135亿立方米；LNG接收站气化外输量567亿立方米，同比增长13.7%。

【运行调度】 2023年，国家管网集团对标"中间统一管网高效集输"要求，全面提升调控服务水平，坚持科学决策，强化科技支撑，深挖天然气管网输送潜能，做到油气资源应接尽接、应储尽储、应输尽输。通过梳理年度、月度维检修作业计划7000余项，分析作业影响，充分对接协调，优化作业时间窗口，最大限度消除或减少对管输计划的影响。全年完成大型动火作业314项，清管和内检测作业529批次，累计里程6.08万千米。有序实施关键工艺流程调整，评估关键设备失效影响，分析重点区域供气安全，提高需求侧服务质量，有效提升天然气管网工艺安全。按照"一省一策"制定省网集中统一调控实施方案，组建省网调度台，实现对浙江省网、广东省网的集中统一调度。按期实现中原—开封输气管道、川气东送管道、蒙西天然气管道二级升一级调控工作，持续提升天然气"全国一张网"集中调控效能。

2023年9月20日，省网调度台探讨杭州亚运会期间保供运行方案

【智能调控】 2023年，国家管网集团持续推进天然气管网全面远控，加快推进压气站"一键启停"试点改造项目和用户自动分输改造项目。全年完成77座站场远控改造、22座压气站"一键启停"改造和61个分输口智能升级，确保79个下载点顺利投产，天然气管网远控站场总数达579座，实现868个分输口智能分输，天然气管网自动化控制水平得到有效提升。加大智能调控关键技术研究项目推进力度，国家管网集团天然气在线仿真系统、天然气管网运行数据应用平台建成并上线运行，推动PCS国产化替代工作有序开展。全年完成120座站场、402座阀室的接入组态及调试工作，管网智能化调控水平稳步提升。

【冬季保供】 国家管网集团始终胸怀"国之大者"，以实际行动贯彻落实习近平总书记"确保群众温暖安全过冬"的指示精神，充分发扬调控铁军精神，履行冬季保供调度协调主体责任。2023年，持续推动冲峰能力建设，管网日接气能力由10.5亿立方米增长至11.9亿立方米，管网内转供能力同比增长1亿立方米，资源调配灵活性进一步提升，高效应对2022—2023年保供季三次寒流天气和中亚气历史性降量重大考验，圆满完成党的二十大后首个天然气冬季保供任务。

2023年11月11日，天然气冬季保供誓师大会油气调控中心宣誓现场

提前布局谋划，有序开展各项冬季保供生产准备工作，科学编制冬季保供运行方案。入冬前完成天然气管网重大维检修作业、中枢站场冬供流程切换、管存储备等保障工作，组织蒙西管道一期等10余项重点工程投产，管输通道能力得到大幅提升，天然气管网内转供能力提升至14.5亿^3/日。针对管网重点区域保供难题和管输瓶颈，科学分析、系统测算，编制《重点区域保供方案》《全国直辖市、特别行政区、地级市供气情况分析报告》《重点工业用户报告》《浙江省网极端天气保供方案》，为冬季运行提供技术支撑。

做好俄气通道疏散和相关电厂测试工作。针对下游用户北京燃气电厂机组对天然气气质参数高度敏感的问题，科学优化俄气输送流程，动态匹配冀宁线与中俄东线管输掺混气量，分时段计算供暖季和非供暖季期间高含氮俄气的疏散路径和消化区域，精准匹配俄气资源和下游用户的供需平衡。为保障俄气增量资源的顺利接入，采用"多气源掺混、多区域混输"运行模式，确保中俄东线明水压气站等相关增输工程按期投用，协调中国石油、北京燃气集团等相关单位同步开展北京市燃气电厂机组的联调测试，有效打通"俄气进京"的管输通道，俄罗斯天然气向北京燃气下游电厂供应范围扩大至7座，俄罗斯天然气日供北京峰值气量达7612万立方米。

持续组织管网运行优化，最大程度挖掘高月高日实际资源供应能力。动态调整管网运行方式，充分发挥天然气"全国一张网"调控指挥核心作用，精准匹配入网资源和外输通道，最大程度利用南气北上和俄气进京通道，保障管网顶峰输送通道的畅通，成功应对超级寒潮天气考验，管网上下载量均超历史极值，高日输量峰值达10.2亿立方米，以实际行动践行"战严冬考验、保万家温暖"。

【优化运行】 2023年，国家管网集团以节能、减排、降本增效为目标，积极践行国家双碳战略，持续推动天然气管网节能优化工作。采用"月方案统筹、周预测控制、日平衡调整"三级优化管理模式，实施"实时数据分析、管道仿真模拟、动态运行管控"三项优化技术，高效赋能优化运行。持续推进系统分析优化研究工作，编制《关于中俄东线天然气管道增量输送瓶颈情况的分析报告》《天然气管网互联互通及设备设施改造的建议》等17项分析报告，为管网优化运行、后期改扩建和新建工程提出建议。编制管网年度、月度和周运行方案60余份，大型集中动火作业、特殊时段、节假日等专项运行方案8份，保障管网安全平稳高效运行。结合各区域管道运行特点，编制《陕京系统优化运行分析报告》《西气东输系统优化运行分析报告》《LNG接收站"站管协同"优化运行方案》，并针对性推广实施。各项优化方案实施以来共计节省燃动力费用约超1.3亿元，减少天然气放空约200万立方米，节能减

2023年11月2日，油气调控中心就俄罗斯天然气增量进京运行方式探讨

排效益显著。持续推进天然气在线仿真系统建设，国家管网集团天然气在线仿真系统建成并上线运行，结合新增管道投产工作进度，有序推进中俄东线南段、滨海LNG外输管道等在线仿真系统配套工程建设。深入开展在线仿真系统软件国产化研发与测试，完成离线软件V1.0稳态模拟功能对标试验，提出12项重点改进建议，提高研发质量和工业级水平，开展基于数据与机理模型的在线仿真技术专题研究。

【重点工程投运】 2023年，国家管网集团完成蒙西天然气管道一期、广西支干线工程（桂林—衡阳）、古浪—河口联络管道、西三中（枣阳—仙桃—潜江）等10余项重点工程项目投产。完成48项天然气管道项目投产，实现6项新增上载点和69项新增下载点投产，天然气管道投产里程1870千米，投产用气量18068万立方米。新增资源31.1亿米^3/年，新增市场49.6亿米^3/年。

（李国军　秦　伟　孟　霏）

原油成品油调控

【概述】 2023年，原油成品油调控业务围绕"安全、高效、专业、智能"发展策略和调控"三零"目标，充分发挥集中调控优势，科学制定运行方案，统筹排布现场作业时间窗口，强化区域管网及上下游整体联动，保障原油成品油管网安全高效运行。原油一次管输量完成26248万吨，同比增长5.53%；成品油一次管输量完成8276万吨，同比增长4.81%。六个分控中心全部正式投运，调控体系一体化改革提前完成，原油成品油调控业务"专业化管理、系统化支撑、区域化协同"基本形成。

【调控改革】 2023年3月24日，华中、西南和华南分控中心挂牌成立，六个分控中心全部投运，建立"3+3"调控权交接制度，38条油气管道调控权平稳交接，"1+6+1"调控体系构建完成，管网整体调度控制水平和运营效率大幅提高。按照调控体系在规划建设、管理体系、运行标准、队伍建设、技术支撑及运维保障上实现"六统一"要求，开展调控业务一体化管理提升行动，建立信息报送、月度例会、生产月报和监督检查机制，形成业务垂直管理模式，调控业务集中统一管理目标全部实现。

【运行调度】 2023年，国家管网集团主、分控中心科学编制特殊时期、应对炼厂检修等专项运行方案56份、月度运行方案352份，滚动执行日运行方案2350份，优化批次3722个。编制并发布《国家管网集团油气管道调度运行准则》，进一步严肃调度指令。强化生产运行组织协调，加强管道运行监控，严格作业审批管理，审批完成30012项作业窗口，妥善处置生产运行异常事件145起，调控系统第一时间发现17起打孔盗油事件，获国家管网集团重大隐患"吹哨人"荣誉称号13次、22人，实现调控"三零"目标。强化易凝高黏原油运行风险管控，完善物性与质量指标管控机制，明确指标控制要求，加强物性监测，开展15条

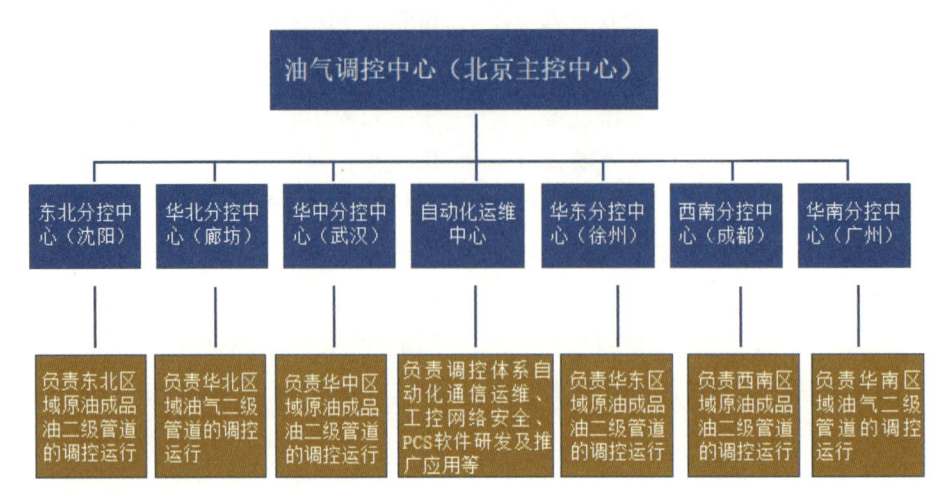

调控体系组织架构

易凝高黏原油管道工艺系统评估，实现工艺安全精益管控。

【全面远控】 2023年，国家管网集团持续提升远控技术水平，同步推进智能调控与远控功能完善。编制《原油成品油管道远控现状分析报告》，聚焦短板，从管道保护功能、PID调节等方面针对性实施远控改造；实施老旧液体管道自动控制及安全保护系统改造提升项目，加速补齐老旧液体管道控制功能与安全保护短板；完成中缅原油管道断管泄漏自动停输截断保护投运；完成魏荆新线、洪荆线、钟荆线百千米摩阻功能推广应用，指导原油管道减阻剂调整、优化配泵，提升运行效率；推动一键启停输功能在云南成品油管网等9条管道推广实施，智能调控水平不断提升。

【增输上量】 2023年，国家管网集团原油管道在满足炼厂资源配置的前提下，深挖潜力空间，统筹管输计划与现场作业时间窗口，优化区域一体化运行方案，做好联动输量分配，针对庆吉油、新疆油、胜利油、南阳油等9大类易凝高黏原油，通过综合热处理、在线掺混、冷热交替等输送方式，在确保安全的基础上实现增输上量。成品油管道加强上下内外联动，统筹平衡客户需求和管输运行，持续优化输送工艺，兰成渝管道多点多方式增输95号汽油，苏北管道推行高低硫航煤混合输送，西南北线优化减阻剂注入量，云南管网调整资源管输方向，各区域成品油管网均实现增输上量。

【优化运行】 2023年，国家管网集团全力推进管网水力、热力系统再优化，持续做好"方案、工艺、控制"优化与能耗常态分析，深化"一线一策"提质增效专项，调控运行节能降耗创效显著。

原油管道结合摩阻趋势持续优化管道热洗和清管周期，优化管输掺混工艺和热输工艺，科学实施"减少综合热处理、增加常温输送"，利用来油余热，优化沿线油温，降低油耗气耗，长庆管网节约成本400万元。推动增设新变频设备，充分利用变频设备，削减节流损失，提高运行效率。

成品油管道开展生产工艺优化研究，采取

控制节流、加剂配泵优化、密闭输送、变频改造等措施，实现节能降耗。兰成渝、西南北线和九赣等管道持续挖掘减阻剂应用效能，以费用最低为优化原则，灵活调整加剂量和配泵方案。聚焦成品油混油量和混油回掺量控制，实行混油切割"两增两减"策略和混油回掺"一站一策"，持续优化混油切割和处理方案，混油切割总量下降6.6%，回掺量增长9.3%，大幅降低混油处理成本。

【重点工程投运】 2023年，国家管网集团鲁皖二期中化弘润注入、长郴管道七里山油库下载等互联互通项目以及库鄯原油管道增输项目投运成功，提升管网输转能力350万吨；魏荆新线投产成功，魏荆老线置换退出运行，管道运行安全性大幅提升。

（殷炳纲 黎春）

自动化与通信

【概述】 2023年，国家管网集团自动化与通信业务围绕"打造高效生产运维体系"这一主题，聚焦自动化通信系统本质安全水平提升，全力以赴推进高度自动化控制功能建设、安全仪表系统专项整改、通信"全国一张网"互联互通和光缆质量提升等重点工作，持续推进自动化与通信业务高质量发展。

【专业管理】 2023年，国家管网集团进一步优化自动化业务标准体系，编制并发布《油气管网控制系统运行维护规范》等7项企业标准。推进自动化通信年度检修作业标准化，编制并发布自控通信系统年检标准化质量手册，规范专业检修，提高年检质量。

【自动化控制功能提升】 2023年，国家管网集团围绕智能站场建设，加快提高油气管网自动化控制水平。推进35条老旧液体管道自动控制及安全保护系统改造工程，完成管道初步设计、施工图设计工作，为现场施工打牢基础。完成15座压气站一键启停功能改造，压气站一键启停投用率达到43%；完成53个分输口改造，自动分输率达到70%；完成61座天然气站场远控改造，远控率达到72%。完成8条原油成品油管道全线一键启停功能投用，完成北海液化天然气接收站关键设备一键启停功能试点改造。

【自动化系统运维】 2023年，国家管网集团全网SCADA系统站场数量1504座，阀室数量2872座，SCADA系统数据量达202万点，中间数据库平台采集数据规模增至32万点。自动化系统运行总体平稳可靠，全网SCADA系统综合可用率保持在99.99%。统筹安全仪表系统管理，开展自动化控制系统标准化年检测试，全年完成1186座站场ESD功能实际动作测试、197座站场水击保护功能测试和3092座线路截断阀远控开关实际动作测试。发布《关于油气站库ESD功能测试情况的通报》，督促整改ESD功能重点问题210项。加强安全仪表系统管理，组织2期安全仪表系统功能安全技术培训班。按照《ESD功能专项整改提升工作方案》，完成115座站场安全仪表系统整改提升。通过与设备厂家密切对接，针对性解决火焰探测器误报警、气液联动执行机构气控阀密封不严、RTU模拟量信号跳变等仪表自动化系统实际运行问题。

持续加强自动化系统运行监视、作业管控和故障协调处置。安全实施SCADA网络改造、SCADA系统老旧设备替换、调控中心一级负荷供电保障改造等重点工作，不断提升中控SCADA系统安全运行水平。开展全网SCADA数据质量治理和报警点梳理专项活动，治理坏点数据1.1万点、处置异常报警1389项，自动化系统采集数据质量持续提升。完成蒙西天然气管道一期、古浪—河口联络管道、西三中等29项天然气管道配套调控中心工程系统联调测试，保障新投产管道同步实现全面远控。

【集中调控功能建设】 2023年，国家管网集团推进"1+6+1"调控体系自动化通信系统建设，完成21条液体管道控制权划转，高质量完成调控体系改革年度目标；积极实施"安全、高效、专业、智能"发展策略，深化调控体系一体化运维保障，编制《油气调控体系自动化与通信业务三年提升方案（2024—2026）》，推动自动化与通信业务高效发展。推动分控中心搭建SCADA系统集中运维平台，实现主控中心对分控中心SCADA系统运行参数的集中统一监控，将局部系统运维模式转变为全局一体化的运维模式，提高调控体系整体运维效率。

【PCS研发应用】 2023年，国家管网集团高标准推进PCS研发及推广应用，PCS V2.0软件研发"百日攻坚"行动成效显著，软件主体编码、集成测试核心任务顺利完成；国家管网集团内新增推广22套中控、158套站控PCS系统，累计推广突破400套，英文版PCS软件首次走出国门，应用于海外尼贝管道项目。启动天然气管网SCADA系统国产化替代工程建设，完成5套国产PCS系统搭建部署和120座站场、400座阀室的组态及调试，SCADA系统国产化软件研发应用和替代取得突破性进展。"基于麒麟操作系统的PCS软件研发与应用"创新LHT项目成果顺利通过国资委验收，"长输油气管网工业控制系统"成功入选国家第三批能源领域首台（套）重大技术装备目录。

【智能站场建设】 2023年，国家管网集团编制并发布《油气管网集中监视与应急指挥中心技术导则（试行）》和《油气管道智能站技术导则（试行）》，加速提升站场设施自动化、智能化技术水平。"油气管道智能生产示范工厂项目"获工业和信息化部等五部委联合发布的"2023年度智能制造示范工厂揭榜单位和优秀场景名单"。

【通信"全国一张网"建设】 2023年，国家管网集团重点推进通信"全国一张网"建设，推动完成39个互联点建设，实现10875千米光缆与骨干光缆网的互联，打通东北—华北—华东—华中—华南5大区域的通信壁垒，形成鲁豫、江浙沪皖、湘鄂赣、粤东粤北5个光缆环，衔接起京津冀、长三角和珠三角3大业务热点区域，国家管网集团可集中监控光缆里程从7.2万千米增加至8.7万千米，将246个光通信网元节点纳入通信"全国一张网"管控，通信系统"全程、全网、全业务"承载能力显著提升。

【通信系统运维】 2023年，国家管网集团通信系统综合可用率保持99.99%，为SCADA系统安全高效运行提供有力保障。开展通信系统预防性维护检修，开展通信作业2951项，处置通信系统故障1046次，持续提升光通信系统、卫星系统以及调度电话系统的可靠性，完成"两会"、双节、全国主汛期和冬季生产期等重点时期生产保障任务。

【通信光缆优化提升工程】 2023年，国家管网集团高质量完成125段SDH光通信系统在用光缆指标和16段OTN光通信系统在用光缆指标的越限中继段整改提升工程，全部整改光缆段均达到系统信噪比（OSNR阈值）最优值。完成2189处备用光缆衰耗点整治，备用纤芯质量和数量均满足业务使用要求，光缆整体可用率达到99.80%。

【"光华杯"千兆光网应用创新全国大赛获奖】 2023年，国家管网集团参加工业与信息化部组织，中国信息通信研究院承办的"光华杯"千兆光网应用创新全国大赛，"智能管道全光运力 赋能中俄油气能源大动脉高质量发展""全光通感哑资源一体化创新应用"两个管道通信应用案例在800个案例中突破重围，分别获得北方大区和南方大区一等奖，并成功跻身总决赛最终决赛段。

【工控系统网络安全管理】 2022年，国家管网集团完成网络安全等保合规管理工作，实现国家管网集团所辖工业控制系统网络安全等保定级备案率达100%和三级以上工业控制系统年度测评率达到100%的年度工作目标。持续健全完善工控网络安全管理体系，发布《国家管网集团油气管网工业控制系统网络安全管理规定》及四项国家管网集团工业控制系统网络安全标准，开展油气管网工业控制系统网络安全防护的规划设计与管理检查。对油气管网工业控制系统开展第三方网络安全评测和专项评估，针对所属13家企业26个典型场站和控制中心的生产环境问题进行整改和加固。开展油气调控中心、分控中心、管道站场、LNG接收站和储气库工业控制系统的网络安全态势感知系统建设项目可行性研究工作。开展网络安全周活动，通过网络安全法律法规和形势宣讲培训讲座，不断提高员工网络安全意识。

（闫　峰）

运行技术

【概述】 2023年，国家管网集团持续推动计量、能源、运行技术标准管理高质量发展。天然气计量管理取得突破，2座专业计量站获国家筹建批复，引领管输链产业计量发展。2020—2023年，管道里程持续增长，管输量逐年增加，万元产值能耗逐年降低。2023年总耗能444.55万吨标准煤，同比下降3.6%。

【计量管理】 国家管网集团成立以来，一直把计量工作作为保障生产经营活动平稳运行，支撑公司高质量发展的重要基础，油气交接计量逐步规范，专业计量站建设稳步提升，计量服务能力持续加强。2023年，国家管网集团与中国计量科学研究院签署战略合作协议，双方将在量值溯源体系和量值传递技术联合研究、计量测试仪器设备联合研发、合作申报建立产业计量测试中心等方面，开展深入务实合作。

专业计量站建设稳步推进，2023年6月，国家市场监督管理总局批复同意依托西南管道公司筹建国家石油天然气大流量计量站贵阳分站、依托浙江省网公司筹建宁波分站，国家市场监督管理总局共同意依托国家管网集团建设专业计量站 8 座，其中已建成并取得法定计量检定机构计量授权的专业计量站 5 座，筹建 3 座。各检定分站积极开展设备调试、建标测试、现场考核等工作，北京分站次级标准装置不确定度提升至 0.22%（$k=2$），同时获得社会公用计量标准证书；南京分站和广州分站着眼于 A 级能量计量系统要求，主动开展工作级标准装置能力提升测试，完成标准装置不确定度由 0.29% 提升到 0.23%（$k=2$）的现场考评；筹建中的沈阳分站通过移动标准装置和工作级标准装置的建标考核。2023 年 4—6 月期间，武汉分站对俄罗斯乌拉尔地区计量中心 20 台流量计开展校准测试。2023 年底，中俄东线天然气管道布拉戈维申斯克计量站 4 台用于国际贸易交接的超声流量计在南京分站进行实流校准测试。测试工作是深化中俄能源计量领域合作的重要举措，为推动中俄两国计量标准的准确一致，提升两国油气流量计量技术水平，增进两国计量互认发挥积极作用。

在国家市场监督管理总局召开的中俄能源计量分组第十二次会议上，国家管网集团作《中俄天然气流量标准装置量值传递及流量计高准确度校准研究》《中俄原油含水化验探讨》报告。

（周　阳）

【能源管理】 2023 年，国家管网集团油气管网生产能耗 444.6 万吨标准煤，同比下降 3.57%。原油管网生产单耗 27.4 千克标准煤/（万吨·千米），同比下降 2.3%；成品油管网生产单耗 21.7 千克标准煤/（万吨·千米），同比下降 0.05%；天然气管网生产能耗 99.1 千克标准煤/（千万米^3·千米），同比下降 5.51%；LNG 公司生产单耗分别为 35.9 千克标准煤/万米^3，同比下降 12.6%，各输送介质生产单耗均控制在计划指标以内。

【节能管理】 2023 年，国家管网集团严格执行能源利用状况报告报送制度，完成能源管理负责人备案，加强节能计量配置管理和能耗计量统计分析，强化节能管理和考核，按照国家有关规定组织内部能源检查和审核，推广节能技术应用，加快低效能能耗设备淘汰更新。

积极应对电力市场化交易改革背景下用电成本优化，编制《集团公司统筹应对电力市场化交易有关工作的实施方案》，统筹考虑不同季节、不同时段生产运行用电规律与电力价格规律以及电网代购、售电公司代购及用户自购电利弊，加强用能成本精准管控，打通同一省（直辖市）不同企业间的区域合作壁垒，形成油气管网生产运行用电与国家电力市场协同运行的格局。完成由牵头单位组织的区域内售电公司购电框架协议统一招标工作，区域内单位按照框架协议统一招标结果，与售电公司签订购电合同。

【清洁能源替代】 国家管网集团为进一步降低能耗成本，推动"双碳"战略实施，按照因地制宜、突出特色、试点先行、示范引领的思路。开展"十大光伏发电示范项目"建设。通过自主建设示范引领项目，在提升技术应用成熟度、发挥提质增效作用、锻炼一支建设和运营队伍、提高合规管理水平等方面起到先导示范作用，为进一步推进分布式光伏发电建设发挥示范引领和辐射带动作用。

（陈　栋）

【清洁能源生产与消费】 2023 年，国家管网集团完成光伏发电 1876 万千瓦·时，完成余热发电 72710 万千瓦·时，完成余压发电 18 万千瓦·时。首次购买带证绿电 1 亿千瓦·时。

生产运维

绿色电力证书

（刘　松）

【能源消费情况】 总生产能耗。2023年，国家管网集团油气管网总耗能444.55万吨标准煤，同比下降3.6%。

国家管网集团油气管网总生产能耗统计

项目	生产能耗 （万吨标准煤）	占比 （%）	同比增长 （%）
合计	444.55	100.0	−3.6
天然气管道	372.04	83.7	−4.6
原油管道	51.49	11.6	2.2
成品油管道	10.62	2.4	5.5
LNG接收站	8.07	1.8	−2.7
储气库	2.33	0.5	8.3

电力消耗。2023年，国家管网集团油气管网总耗电122.86亿千瓦·时，同比下降0.2%。分介质能耗见下表。

国家管网集团油气管网耗电统计

项目	耗电 （亿千瓦·时）	占比 （%）	同比增长 （%）
合计	122.86	100.0	−0.2
天然气管道	84.04	68.4	−2.1
原油管道	25.54	20.8	2.1
成品油管道	8.47	6.9	6.0
LNG接收站	3.24	2.6	14.0
储气库	1.57	1.3	13.8

天然气消耗。2023年，国家管网集团油气管网总耗天然气21.60亿立方米，同比下降5.5%。

国家管网集团油气管网耗天然气统计

项目	耗天然气 （万立方米）	占比 （%）	同比增长 （%）
合计	215965	100.0	−5.5
天然气管道	202074	93.6	−5.6
原油管道	10425	4.8	−1.8
成品油管道	92	0.0	51.2
LNG接收站	3074	1.4	−14.8
储气库	300	0.1	−12.2

油品消耗。2023年，国家管网集团油气管网总耗油23755吨，同比下降24.4%。

国家管网集团油气管网耗原油统计

项目	耗原油 （吨）	占比 （%）	同比增长 （%）
合计	23755	100.0	−24.4
原油管道	23187	97.6	−24.4
成品油管道	568	2.4	−49.0

蒸汽消耗。2023年，国家管网集团油气管网总耗蒸汽226794吨，同比增长157.6%。

国家管网集团油气管网耗蒸汽统计

项目	耗蒸汽（吨）	占比（%）	同比增长（%）
合计	226794	100.0	157.6
原油管道	226794	100.0	157.6

单位管输能耗。2023年，国家管网集团油气管网分介质单位管输能耗全部完成下达指标，天然气、原油管道及LNG接收站单位管输能耗同比下降，成品油管道单位管输能耗上升。

国家管网集团油气管网单位管输能耗统计

项目	单位	下达指标	实际单耗	同比增长（%）
天然气管道	千克标准煤/（千万米³·千米）	105.0	99.1	−5.5
原油管道	千克标准煤/（万吨·千米）	28.8	27.4	−2.3
成品油管道	千克标准煤/（万吨·千米）	21.7	21.7	−0.1
LNG接收站	千克标准煤/万米³	43.0	35.9	−12.6

（陈栋）

【运行技术标准管理】 2023年，国家管网集团推进标准体系建设，完善生产运行标准体系构建及标准滚动规划，识别标准化文件620项，规划标准项目89项，有效指导油气管网生产运行；统筹制修订国家和行业标准9项，编制、报批企业标准35项，进一步提升行业影响力；推进油气调控体系一体化建设及运行管理，组织各分控中心编制油气管道工艺运行规范标准化文件62项；开展2023年度生产运行标准宣贯及起草人培训工作，提升标准编写质量。

（代文平）

管道保护

【安保防恐】 2023年，持续开展管道巡护标准化建设，明确高后果区管理、地面标识、巡检通道、第三方施工现场监督等目视化标准，提升管道巡护管理质量。在郑州、永清站场组织两次观摩拉练，统一管道地面标识、第三方施工现场安全布控管理要求。印发《国家管网集团在役油气管道占压防范管理指导意见（试行）》，按照"消除存量、遏制增量"原则开展管道占压防范管理。以全国"两会"、杭州亚运会等特殊时期安保防恐工作为抓手，落实国家反恐办、中央军委国防动员等要求，反恐怖防范重点目标达标率持续提升。配合水利部、国家能源局，编制《南水北调中线干线与石油天然气长输管道交汇工程保护管理办法》，推动建立交叉段安全保护长效工作机制。深刻汲取历次第三方施工损坏管道事件教训，开展国家管网集团第三方施工监督检查，全年安全有效监督第三方施工事件2万余起。

【"冬季强盾"专项行动】 组织开展"冬季强盾"反打孔盗油防范能力提升专项行动，从提高认识、人防物防技防系统管理、警企联防等多方面做好打孔盗油防范工作。联合公安部治安局，先后在山东济南召开全国重点地区严厉打击整治打孔盗油违法犯罪推进会，在河北沧州召开2023年"冬季强盾"反打孔盗油防范能力提升推进会，共同研究打孔盗油犯罪防范措施，遏制抬头趋势。在打孔盗油多发地区，逐步增强无人机巡护、视频监控、光纤预警等技防措施，增加打孔盗油专项检测频次，进一步从技术上提升企业反打孔盗油的能力。2023年，新建（新投用、改造更新）光纤预警2300余千米，新增无人机巡护系统20套，新增视频监控1800余处。冲散16起打孔未遂，破案18起、抓获犯罪嫌疑人262人，缴获盗油车辆14台，开展专项检测40段次，新增打通巡护通道400余千米，走访省级公安部门25次，地市级公安部门105次，县区级公安部门及派出所671次。打孔盗油案件明显下降，重点地区打孔盗油违法犯罪多发局面得到有效扭转。

【**管道防汛**】 2023年，国家管网集团修订完善《油气管道防汛管理技术规范》，落实防汛管理"十有"要求，以防汛管理措施的确定性应对极端天气事件的不确定性，从汛前准备、风险排查与水工保护、气象预报预警、灾情报告、治早治小、应急物资与处置和汛后总结等进行全过程规定。联合中国气象局，及时发布管道沿线气象预报预警信息，特别是管道沿线短期临近强降雨信息，各单位每日联系管道上游水库、河道管理部门，跟踪掌握水库泄洪等信息，提前做好防范应对。有效应对台风"杜苏芮"极端强降雨影响，调集国家管网集团抢险资源，快速抢通陕京一线3处断管，确保北京地区天然气供应不受影响，在重大灾害面前展现国家管网集团担当。主汛期累计发生管道水毁及地质灾害706处，有露管127处、阀室进水18座，经及时抢险和治早治小，未对管网运行造成较大影响。

【**管道保护工技能竞赛**】 2023年，国家管网集团成功举办首届管道保护工技能竞赛。坚持将全口径用工统一纳入竞赛范畴，创新性增加全员履职能力测试，对全系统4300余名从事管道线路管理人员进行测评，相当于进行一轮全员培训考核。预赛理论阶段测试采取"推荐＋抽签"模式，把业务外包、劳务派遣人员纳入竞赛范畴，共340名员工参与预赛。决赛阶段严格落实"办一场精英赛"的要求，通过层层选拔、择优推荐，在参加预赛选手中选派种子选手同台竞技。

（罗　鹏）

【**腐蚀与防护**】 持续夯实腐蚀防护规范化、专业化管理工作基础。2023年，国家管网集团完成腐蚀防护管理工作规范性、符合性测试分析，巩固应用杂散电流干扰调查成果，持续推动治理工作。编制印发《在役管道设施典型腐蚀泄漏案例汇编》，强化事故事件警示教育和学习改进。首次建立并运行腐蚀失效案例学习分享和跟踪整改机制、检验检测与腐蚀防护协同机制，开展腐蚀泄漏事件跟踪评估，督导落实防范责任和整改措施，跟踪回顾近三年内外检测报告提出腐蚀防护问题的处置情况，对典型管道试点开展腐蚀防护水平专项分析，结合微生物腐蚀多发情况启动专项研究。开展6期腐蚀防护强基讲座，累计培训超过1000人次。发布首批12套腐蚀防护培训视频，完成国家管网集团5处主要腐蚀防护实训基地及资源、能力调研，为下步腐蚀防护基础知识和实操技能培训创造条件。

（胡亚博）

【高后果区风险管控】 2023年，识别出管道高后果区12534处，高后果区总里程16213.4千米，占管道管道总里程的16.5%。其中：Ⅲ级高后果区3278处，总里程4802.1千米；Ⅱ级高后果区5979处，总里程9217.5千米；Ⅰ级高后果区3277处，总里程2193.9千米。强化高后果区安全风险研判辨识，全面完成12534处高后果区的风险评价，识别出高风险高后果区1处，较高风险高后果区327处，建立高后果区风险管控清单。完善高后果区"一区一案"，强化"人防、物防、技防"等风险消减、管控措施的落实，明确在事故状态下疏散群众、探边、警戒等处置要求，全面落实高后果区"区段长"责任制。高后果区普遍实现1日巡、1日2巡或3巡；4349处人员密集型高后果区安装了视频监控系统；3480处高后果区采用光纤监测；人员密集型高后果区实现了警示牌的全面安装，警示桩达到通视性要求，利用无人机辅助巡线、视频监控平台、光纤预警系统等技防手段，警示桩牌等物防措施，提升管道巡护工作效率和第三方风险管控能力；7707处高后果区安装泄漏监测系统，647处高后果区安装应力监测系统。推行高后果区"两查一核"工作，认真排查本体不清或缺陷风险、管道占压和间距不足等外部风险，系统化开展高后果区管理质量督查及高风险、较高风险管段管控措施复核。高后果区内检测、完整性评价、焊缝排查工作稳步开展，高后果区管道本质安全水平得到极大提高。

（薛吉明）

资产完整性管理

【概述】 2023年，国家管网集团为全面落实国家管网集团生产运维战略工作部署，践行科技数字化战略，构建油气储运设施快速感知、实时监测、超前预警、联动处置及系统评估等五种新型能力，夯实生产运维数字化转型和智慧管网建设，创新管理制度化、制度产品化、产品平台化、平台数字化，结合推进生产运维数字化建设及应用五个方面的工程，聚焦资产完整性管理的实体对象数字化、业务规则数字化和业务过程数字化，对生产运维业务进行全方位、系统性、数字化提升。

【关键瓶颈技术攻关】 2023年，按照高钢级管道环焊缝失效机理研究计划任务书重点研发工作安排，不断创新团队管理模式，及时总结形成阶段研究成果，并积极推进研究成果在新建管道技术规范和在役管道焊缝排查方面的应用和优化。聚焦关键技术方向和内容，组织课题团队内部技术交流10余次，形成技术交流会议纪要汇编1份；累计组织现场集中办公4次，对于发现的规律、建立的模型、专项报告等40余项成果进行专项审查，并出具审查鉴定意见。截至2023年底，依据课题成果发布国际标准1项，国家标准立项4项，行业标准发布1项，软件著作权1项，发明专利申报40余项，文章投稿40余篇，出版著作2部，编制管材、焊材和焊接工艺系列书籍3部。

【资产完整性管理标准体系建设】 2023年，按照资产完整性管理一体化标准建设总体部署，高质量完成国家管网集团标委会下达的2023年一体化标准制修订工作，优化重构一体化标准架构和体系，修订整合2022年发布的9项一体化标准原技术条款，融合2022年已发布33个技术方向的标准，新增编制37个技术方向的标准，深入推进一体化标准内部技术指标和规则要求的一致性和协调性。资产完整性管理专标委获国家管网集团"标准化工作先进单位"。首次在资产完整性管理一体化标准中实行首席维护官制度，明确9项一体化标准的业务和专家两个维度的首席维护官，明晰一体化标准维护的权力和责任，确保一体化标准在落地执行过程中具有连续性、稳定性和先进性。

2023年，根据《国家标准化管理委员会关于下达2022年第四批推荐性国家标准计划及相关标准外文版计划的通知》（国标委发〔2021〕51号）要求，组织中国石油、中国海油等14家单位、30余人开展国家标准《油气输送管道事故后状态评估技术规范》编制工作。该标准立足行业需求，规范油气输送管道发生泄漏事故后的行为，支持GB 32167《油气输送管道完整性管理规范》的落地实施，分级分类确定不同状态的评估方法，突出"状态评估"核心、体现事故后"状态评估"、优化针对泄漏失效事故后油气管道的"状态评估"理念，区分正常生产运行状态管理标准，定位为泄漏事故状态评估类标准。

（戴联双）

【建设期完整性管理】 2023年，全面贯彻落实项目全生命周期完整性管理理念，把好新建工程项目从建设期转入生产运行的重要关口，确保油气储运设施高质量、高标准投入运行。开展新疆煤制气外输管道广西支干线工程、锦州—郑州成品油管道工程、魏荆线老旧管道整治工程、西气东输三线中段（中卫—吉安）项目枣阳—仙桃段工程等、粤东LNG项目配套管线工程（浮洋分输站—莲华末站段干线、普宁支线、潮阳支线）、古浪—河口天然气联络管道工程、天津液化天然气（LNG）外输管道复线、浙沪天然气联络线二期工程及平湖分输站、粤东天然气主干管网惠州—海丰干线项目（惠州分输站—白花分输站段）、蒙西煤制天然气外输管道项目一期工程、广西LNG外输管道桂林支线等11项新建工程试运投产条件检查，完成投产检查里程3417千米，各项检查累计发现问题1648项并完成整改。

全程深度参与项目可研和初步设计审查，开展中俄远东天然气管道虎林—长春段、川气东输二线等重要干线管道初步设计审查，提出细化拟建管道的可靠性指标、能耗管控指标，进一步明确智慧站场的建设标准，提出管道建设和运行的底线边界条件及运行风险管控目标，按照国家管网集团"运检维一体化"总体部署，全面落实"以人为本"理念，明确"远程目标控制、站场自动运行、现场无人操作、站场少人/无人值守、站场有人看护"的设计原则，结合高钢级管道环焊缝失效机理研究的课题成果，提出了针对X80钢材的成分及焊接优化建议，进一步提升钢管的焊接性能等理化性能。

【建管融合管理】 严格按照建管融合指导意见要求提前介入项目建设全过程，及时协调建设阶段出现的问题，2023年4月调研西气东输三线（陕西段）、新疆煤制气外输管道广西支干线等项目现场建管融合管理情况，对建管融合的理念、目标和具体工作措施进行宣贯和指导。落实国家管网集团关于建成久未投用管道投产前完整性评估工作有关要求，重点推进海西管网二期工程完整性评估工作，并对完整性评估发现的问题进行整改，全面推进海西二期工程投产准备等相关事宜，就海西二期工程有关问题与中国海油集团开展多轮对接。推进中俄远东天然气管道、西气东输四线、川气东输二线等干线管道智能管道建设标准试点及推广，确保建管融合取得实质性成效。

（王晔）

【管道环焊缝排查】 抓住作业窗口期及早启动现场施工，提高实际开挖复检进度，减少对冬季保供的影响。不断总结开挖复检规律和工作经验，推动基于多属性叠加的开挖选点策略，2023年开挖复检环焊缝10122道，发现含裂纹口125道，保持排查治理高效能，6月在中缅天然气管道德宏段抽检隧道内多属性叠加焊口，发现一处即将贯穿壁厚的裂纹缺陷，进行及时处置，避免严重事故发生。研究焊缝风险管控模式转变，组织探索超高清漏磁、涡流、轴向应变等新型内检测技术对环焊缝缺陷和载荷的识别能力，专题研究数字化底片重大缺陷智能识别、外载荷变化对环焊缝安全的影响、管道安全开挖方法等内容，为从专项开挖向土体移动、焊口缺陷检测、管道受力监测综合管控模式转变提供重要参考。

推进站场管道风险隐患整治及显性化改造集中专项整治首年工作，发现并及时处置多处渗漏、含裂纹等严重缺陷焊缝、壁厚损失超过50%的腐蚀缺陷，取得明显整治成效，编制未来三年站内管道显性化改造工作规划。

（胡亚博）

【管道检验检测】 2023年，完成长输油气管道内检测1.9万千米、外检测2.1万千米，定期检验2.1万千米，定期检验覆盖率100%，投产三年以上的在役油气管道基线内检测覆盖率89.2%。按期完成锦郑线干、支线1636千米投产前内检测任务，重点攻克两兰支线、兰成渝支线彭州分输支线等城区段管道内检测难题。由国家管网集团（徐州）管道检验检测有限公司等内部队伍自主承担50%以上的检验检测工作量。依据检测及评价结果，修复缺陷4588处。完成361座站场及579座阀室工艺管道、2226台压力容器、130台锅炉、313台起重机械、198台场（厂）内专用机动车辆、78座电梯、1.9万个安全阀定期检（校）验工作，全部特种设备定期检（校）验覆盖率100%。建立检验检测项目"后延"管理机制，核查1000余座站场、8.8万千米管道的定期检验报告5300余份，涉及68个内外部定期检验单位，发现4类共性问题并全部完成整改。加强检验检测队伍人员培训，举办"长输油气管道检验检测评价管理与技术培训班"。全面落实国家市场监督管理总局关于检验检测工作的要求，参与《〈压力管道定期检验规则—长输管道〉释义》编制。加强检验检测新技术的引进应用，在西气东输三线了墩—烟墩段应用Rosen材料检测技术开展管材性能内检测试验，与贝克休斯Quest公司、APPLUS公司共同研讨站场工艺管道内检测可行性。深入推进"四化改革"有关工作，完成《关于组建国家管网集团储运技术有限公司的建议（草案）》，12月该公司完成注册和挂牌。

（耿丽媛）

设备设施管理

【概述】 2023年，设备管理锚定站库管理三年内达到国际领先的目标，树立"管理系统化、本质安全化、运维专业化、站场智能化"理念，落实压缩机、输油泵、储罐、阀门、加热炉、电气设备三年专项行动方案部署，加强系统谋划，上下协调联动，以进攻姿态迎难而上，着力在强统筹、建机制、保落实、促提升上见到实效，加速构建高效运维管理体系，高质量完成全年目标任务。

【设备设施管理】 2023年，着力打造高效运维体系，坚持"问题导向、系统治理，协同联动、长效管理"原则，扎实开展设备设施合规性检测和预防性维护，强化维护维修质量管控，提升自主运维能力，在压实岗位责任、提高设备维保质量、减少生产现场"低老坏"问题等方面狠下功夫，全年关键设备完好率97.1%，同比提升1个百分点。贯彻国务院安委会重大事故隐患专项排查整治2023行动以及应急管理部危化品企业装置设备带"病"运行专项排查整治等部署要求，结合站库春检一体推进，5月集中开展调控体系、油气站库、管道管理安全督导，通报5个方面1029项典型问题。组织尖兵导师组成专业小组，开展春检交叉互检、结对帮扶和跟踪督导20余次，以往工作标准不统一、维保内容不全面、风险辨识不充分、质量管控不严格等问题得到有效解决，推动岗位责任压实到位、制度规程执行到位、设备设施维护到位、作业风险管控到位。抓牢生产异常事件，健全事件通报与事前预防机制，同比减少97起，连续2年硬下降。

【电气管理】 2023年，启动供电可靠性提升行动，以《电气设备管理专项三年行动实施方案》为指导，在"管理提升"和"技术提升"同步发力，开展供电可靠性提升活动，针对重点站场或2022年出现过两次及以上的外电波动的黄陂等47座站场制定"一站一策"方案，实施59座站库增设双电源快切和30座站场机组变频系统低电压穿越改造。严格管控外电线路巡视检测质量，因外电波动造成异常事件同比减少40起。持续推进电气自主运维，2023年自主完成259座站场、322座阀室电气预防性试验检修，较外委节约成本2730万元。统筹推进运检维一体化安排部署，集中专业力量开展电气关键设备维护检修，自主完成1032台变压器、169台变频器、461台发电机维护检修，1611台UPS主机维护及2360套蓄电池核对性放电测试，自主运维比例提升5%。

【压缩机组运维检修管理】 2023年，树牢"冬夏一体化"保供理念，多措并举保障压缩机组安全平稳运行，全力做好关键节点站场、重点保供区域、重要保供时段的设备运维保障工作，高效利用压缩机远程监测中心平台，实现384台天然气压缩机组和505台输油泵机组运行状态及振动参数集中实时监测，预警发现机组各类异常问题148项，及时处理西二线黄陂4号电机配重位移、中贵线南充站1号电机转子碰磨、中俄东线泰安站2号干密密封卡滞等征兆性故障。发布4类主力机型维护检修标准化手册，推广维修流程、工装备件、作业现场、安全防护、工序工时"五个标准"经验做法，全年高质量完成10台燃气发生器、5台动力涡轮和 5 台离心压缩机大中修任务。举办压缩机组技术技能比武，首次采取"双盲"形式，在机组控制、供电、润滑、进气等预设故障点，全面提升员工掌握设备结构、辅助系统、电信仪和逻辑控制的综合技能。聚焦中俄东线增输上量，按期建成投用明水压气站，组织报批五大连池、肇源和锦州增加备机工程可研方案，保障东北能源战略通道畅通。2023 年国家管网集团在用 413 套压缩机组累计运行 118 万小时，平均无故障运行时间超过 1 万小时，同比增长 40.8%，圆满完成冬季保供任务。

【储罐定期检测和维护维修管理】 2023 年，统筹开展大型油气储存基地安全风险评估等专项工作，一批历史遗留问题得到有效整改。超期未修储罐历史性实现全面"清零"，按照采取"减少存量、控制增量"的策略，历时三年累计治理完成 130 座超期储罐，实现超期储罐全面清零；安全高效完成黄岛油库生产设施综合整治工程主体施工，实现国家管网集团挂牌督办重大风险降级管控；开展林源站、铁岭站、石空站等服役 40 年以上原油罐区站场工艺运行优化，实现全部 9 座老"八三"原油储罐退役拆除，罐区本质安全水平有效提升。编制发布《储油罐大修标准化管理文件》，推进储罐大修设计、施工方案、现场作业、质量管控、验收管理等检修全过程关键环节"五个标准化"，有效提升储罐大修理工作精细化管理水平，检修现场作业安全和施工质量显著提升。

落实应急管理部工作要求，印发《深化油品罐区安全风险防控工作方案》，形成 1 个集团总部工作方案 +7 个所属企业实施方案 +42 座站库"一库一策"风险管控方案。按期完成 14 座大型油气储存基地 406 项问题隐患整改，全部配齐气体检测、紧急切断、视频监控、雷电预警"四个系统"。开展 34 座中小储存基地 492 个紧急切断系统、23 座站场视频监控系统、30 座站场气体检测系统整改提升，全部配齐应用"三个系统"，24 座重点罐区加装雷电预警系统。组织 137 座资产交叉站库风险管控方案，明晰交叉站库资产及生产运维界面，制定交叉区域运行和作业风险管控措施，协商共用控制系统分离改造计划，健全交叉站库"风险防控、隐患治理、联合应急"三重预防机制。

（谷思宇）

储气库专业管理

【概述】 2023 年，储气库业务坚持以初步形成安全、可靠的储气库调峰保障体系为第一目标，大力实施隐患治理、精细化管理、达容达产专项工程、人才队伍建设等持续的夯基行动，储气库安全形势得到根本性好转，管理和技术基础不断夯实，调峰能力快速增长，初步形成安全、可靠的储气库调峰保障体系，为国家管网集团储气库专业化发展奠定发展根基，在履行冬季保供政治责任和推进国家能源结构调整战略中发挥了重要作用。

【安全风险防范】 2023 年，建立分级风险防控机制，形成风险量化评估优化建议 1565 条，编制发布《储气库井控重大安全环保风险管控方案》，完成隐患治理 69 项，高效完成 3 口井油套窜通重大风险整治、11 口老井利用井光油管改造、8 口井固井质量评估、8 座丛式井场泄漏监测系统改造，文 23 储气库地质体断层活化得到初步管控，试点形成润滑油污染储层治理措施。狠抓井下作业各工序安全质量管控，建立井控风险防控清单并分级落实，修订井控突发事件专项应急预案，靠实应急物资和外部依托资源，开展储气库井喷突发事件实战应急演练，有效提高井控应急处置水平。储气库安全形势得到根本性好转。

【储气库完整性管理】 开展储气库完整性管理初始评价，完成储气库完整性管理顶层设计。2023年，编制国标1项、行标5项，完善操作维护规程33项，进一步健全储气库完整性管理制度和技术体系。形成环空带压诊断、立体监测与预警、注采井风险识别与量化评估技术，构建"三位一体"风险管控和完整性管理体系，完成28口井固井质量复评、10口井完整性检测评价、12口腔体稳定性评价、50口井套压监测改造，分类建立A、B环空最大许可操作压力图版，完成金坛库地质体监测部署。推进储气库工艺适应性改造和机组可靠性专项提升，完成文23储气库14台压缩机注油系统冗余改造、6台进口压缩机气缸排气温度传感器优化改造、12台机组负载抗晃电改造、注采站110千伏变电所内110千伏、10千伏和380伏快切改造，实现对14台机组远程启/停功能及远程监视功能。推进储气库智能感知，开展金坛、刘庄、文23储气库站场、井场泄漏监测升级改造，稳步实施分离脱水系统优化。井完好率由80%提升至95%，关键设施完好率由95%提升至98%，文23储气库机组MTBF同比提升307%。

【精细化一体化运行管控】 2023年，地质认识不断深化，完善动态监测管理机制，实施动态监测602井次、"一井一策"等25项精细化管理提升措施，形成数值模拟、地质力学耦合、地质体封闭性及稳定性评价、动态分析与优化运行、库容评估、损耗核算以及达容达产等核心技术，地质认识符合率由85%提升至97%。一体化运行管控水平显著提升，初步建立了储层、井筒、地面一体优化分析模型，建立储气库市场、生产、调控注采运行常态化对接协调机制，充分发挥站、管、库协同运行优势，形成储气库—管网—LNG协同优化运行及虚拟注采机制，提高储气库的运营效率，推动了储气库产业的健康发展，2023年实现净注气量28.7亿立方米，超计划注气3.3%。

【达容达产】 2023年，以精细地质体管理为核心，持续开展储层地质再认识、多周期注采动态变化分析，成立储气库达容达产专班，形成建、运、维、研联动协调机制，多维度实施注采方案优化、老井挖潜、加密井部署、运行压力区间调整、科技攻关等10项综合挖潜措施，完成金坛储气库4口井、文23储气库15口井和4套压缩机组投产，盘活低效井16口，工作气量计划由30.6亿立方米提升至34.2亿立方米，增加3.6亿立方米。

【能力建设】 2023年，深化标准化站队建设和人才队伍能力建设，开展涵盖合规、完整性管理、风险管控的岗位量化工作指引和绩效考核机制建设，推动安全生产责任制落实到岗位、穿透到基层，修订《基层站队标准化和基层岗位标准化验收考评标准》，加速"站队"和"岗位"双达标提档升级。初步打造一支专业化的管理和技术队伍，气藏、地质、井控等"卡脖子"专业人才不断强化，运维人员履职能力快速提升，队伍结构不断优化，运维用工总量由368人下降至286人，压减22.3%，劳动生产率持续提高。

（阳小平）

LNG 专业管理

【概述】 2023年，LNG专业管理围绕安全生产运行、设备设施维护、自控系统提升、储罐及外输管道投产等任务指标，完成各项生产经营任务。完成天津二期4号、8号储罐、高压外输管道及粤东气化外输扩能项目投产，有效提升接收站应急储备调峰能力。全年加工总量1744万吨，同比增长19.7%。全年生产平均单耗为35千克标准煤/万米^3，较2022年生产单耗（41千克标准煤/万米^3）下降15%。

【标准化建设工作】 2023年，制定《LNG接收站基层站队标准化建设提升工作方案》，明确标准化建设提升六大工作和12个区域化标准化建设实施计划。开展"一票两卡"专项审查并进行完善，开展大连LNG标准化标杆站场现场观摩，形成5个观摩教学视频，5个标准化手册，在国家管网集团标准化站队观摩会进行展示。按照标准化站队抽查验收要求对示范站大连，标杆站北海、深圳、粤东进行标准化站队验收，全部实现达标。

编制《国家管网集团工程建设项目试运投产条件检查规范 第3部分：LNG接收站》《控制逻辑技术规范 第4部分液化天然气接收站（LNG）》《液化天然气接收站能量计量技术规范》《油气管网控制技术规范：第四部分——液化天然气接收站》4项企业标准及《国家管网液化天然气接收站管理公司防台防汛突发事件专项应急预案》《国家管网液化天然气接收站管理公司地震突发事件专项应急预案》2项应急预案；参与3项国家行业标准、1项企业标准、7项体系文件制修订工作。2项行业标准通过全国液化天然气专标委2024年标准立项审查，在LNG行业中发出国家管网集团接收站的声音。

【LNG接收站工艺运行优化】 2023年，完成接收站与天然气管网站线协同项目一阶段成果验收工作，加强接收站对"全国一张网"的支撑保障作用。坚持站线高效运行原则，在环渤海、珠三角和北部湾三个LNG资源聚集区域实现站线一体化高效运行，建立协同机制、打通接收站基础设施瓶颈、优化管容分配机制、优化接收站计划安排，持续强化接收站对"全国一张网"的支撑保障作用，确保站线安全可靠运行。

推进再冷凝器自动运行，精细梳理各站再冷凝器工艺流程特点，差异化、针对性开展再冷凝器自动运行优化工作，实现6站再冷凝器自动运行功能，有效提升系统本质安全水平，降低人员劳动强度。制定能量隔离挂牌上锁提升方案及标准化图册，规范各站挂牌上锁、隔离技术等相关标准，实现现场可靠挂牌上锁100%。制定可燃气体激光云台建设标准，指导新改扩建接收站、在役接收站激光云台配置要求。系统梳理各站工艺安全专项，专题开展HAZOP分析，进一步完善工艺系统存在缺陷。安全、有序、科学管控接收站粤东LNG扩建工程连头、北海LNG绝缘接头检修更换、天津LNG二期工程连头等高风险作业，合理优化工艺运行方案，有序实现作业期间天然气回收及"零排放"。

【LNG接收站自主运维】 2023年，推进各单位自主检维修能力，机电仪外包人员数量由

2022年的130—150人，减至60—70人，自主维修率达95%以上。并在仪表自动化专业、LNG卸料臂大修实现全自主维修，LNG业务在核心专业、关键设备自主维修方面实现关键性突破，LNG自主维修业务广度和深度不断加强。

设备集采框架协议陆续落地，为进一步提高设备备件/部件国产化打下坚实基础。在低温密封、低温泵、防爆电气检测、防雷接地安全评估等方面，同比未签署框架协议时采买进口备件费用下降约75%，同比未签署框架协议时采买国产化备件费用下降约40%。低温密封、低温泵备件、火气设备等均采用待储模式，降低了接收站备件库存。

持续在仪表自动化专业方面实现国产化突破，开展LNG辅助靠泊系统、中控系统国产化升级改造，天津LNG完成中控系统从浙大中控和罗克韦尔组合模式全部替换成和利时系统，罐表系统国产化尚属国内首次。

【LNG接收站重点项目投产】 2023年，推进试运投产工作，其中一类项目2个，二类项目1个、四类项目2个。推进深圳LNG配套码头改建工程投产，实现码头装船功能；完成粤东LNG配套外输管线"一干两支"投产，进一步扩展粤东LNG气态外输路由和辐射范围；安全精细管控天津LNG三阶段投产，打通天津LNG往蒙西管道高压气态外输路由，进一步强化全国"天然气一张网"及华北地区天然气供应保障。推进福建应急维修试运投产保运新业务培育发展，承揽首个系统外LNG接收站投产保运项目，积极推进行业发展。

（孙　博）

维抢修管理

【概述】 2023年，国家管网集团以创建全国油气管道抢修保驾"一张网"为原则，抓好政治建队、改革建队、科技建队、人才建队和依规建队，推进油气储运设施维抢修业务的"专业化、区域化、共享化"建设，开展2次集团级应急演练，成功处置15起突发事件，打赢抢险"突击战"，有效保障油气管网安全生产平稳运行。

【维抢修体系规划】 2023年，国家管网集团坚定不移贯彻总体国家安全观，牢记习近平总书记重要训词精神，争创世界一流维抢修保驾体系，持续强化维抢修队伍建设，在防范化解重大安全风险中发挥积极作用。7月21日，国家管网集团举行维抢修中心揭牌仪式，董事长张伟对10个国家管网集团级维抢修中心进行揭牌，国家管网集团"3+7+18"维抢修体系架构基本形成。

（张晓春）

【应急保驾能力提升】 根据国务院抗震救灾指挥部办公室"应急使命·2023"高山峡谷地区地震灾害空地一体化联合救援演习总体部署，2023年5月6日，国家管网集团组织开展中缅油气管道突发事件桌面应急演练，5月16日，国务院抗震救灾指挥部办公室、应急管理部、云南省人民政府在云南省丽江等地联合举行"应急使命·2023"高山峡谷地区地震灾害空地一体化联合救援演习。西南管道公司代表国家管网集团参加中缅油气管道突发事件应急处置实战演习。

【应急抢险】 2023年，发生15起突发事件，包括腐蚀穿孔泄漏1起、第三方施工1起、焊缝缺陷渗漏1起、自然灾害1起、打孔盗油11起。经积极抢修，未对管道运行造成较大影响。7—8月，受台风"杜苏芮"影响，京津冀地区油气管网遭受强降雨自然灾害，国家管网集团积极组织应对，在最短时间内完成抢险任务，保障油气正常供应。

（王东鹏）

生产运维数字化转型

【生产运维流程建设】 2023年，坚持制程、数据、标准、IT"四位一体"协同推进，以IMS系统（一期）深化应用、新PPS逐步推广应用和4.0业务域流程运营推广为抓手，深入推进生产运维领域数字化智能化工作。召开4.0生产运维流程新版发布会，按照《4.0生产运维流程全面推广运营工作方案》完成2023年度流程推广运营各项工作。4.0生产运维流程聚焦夯实安全生产队伍"三湾改编"成果，积极推进"三统一"工作，其中，生产调控企业标准和资产完整性管理一体化标准建设推进"业务标准统一"，资产完整性管理数据规范建设推进"数据标准统一"，4.0生产运维流程建设推进"管理流程统一"。4.0生产运维流程经历试运行和半年的全面推广运营，从V01版升级为V02版，流程共115个、流程活动1056个、通用支持文件380个、党建融合点63个、关键控制点101个、绩效度量指标29个。

【资产完整性管理系统建设】 2023年，资产完整性管理系统（IMS）实现12家油气生产企业全覆盖，有注册用户5万余人，日活数2万余人，用户累计登录1000万余人次，数据入库4000万余条，已成为用户最多的国家管网集团统建系统。为有效推动系统使用，助力国家管网集团资产完整性管理数字化水平提升，成立总部专家+所属企业关键用户+项目组团队的三级运维团队，累计开展培训2万余人次，回访调研2300余人次，接收并处理问题6000余项。重点推进站场/线路巡检、作业计划填报、工单管理、一票两卡、高后果区管理、维检修作业管理等现场急用先行作业模块。

IMS系统实现油气管道多种设备设施、多作业类型的作业全过程管理，通过联动PPS、HSE、视频云等外部系统，构建多层级的个性化监控看板，为基层作业全方位监督提供有效手段。基层作业看板依托IMS系统基层作业管理模块，遵循国家管网集团4.0生产运维流程，对油气站场、LNG接收站、储气库和管道线路作业活动开展数据统计分析应用，支持油气站场、LNG接收站、储气库和管道线路等现场作业按照作业时间、作业类型、作业等级、业务类型、组织机构等不同维度分层级统计展示，并支持在各类维度上进行数据联动、数据钻取等，实现油气站场、LNG接收站、储气库和管道线路各类作业数据的全面汇聚、统计分析与展示，为国家管网集团总部、所属企业、二级单位及作业区各级管理人员作业过程管理提供支持。

（戴联双）

国家石油天然气管网集团有限公司年鉴 2024
CHINA OIL&GAS PIPELINE NETWORK CORPORATION YEARBOOK 2024

工程建设

综述

【概述】 2023年是全面贯彻落实党的二十大精神的开局之年，也是国家管网集团走完三年过渡期、从全面完成建企正式迈向立企强企的开局之年，是国家管网集团提速构建"全国一张网"的关键一年，更是工程建设业务面对众多挑战极不平凡的一年。面对工程建设压力大和复杂多变的形势，我们不忘初心、勇毅前行，全体工程建设者深入学习贯彻习近平新时代中国特色社会主义思想和党的二十大精神，全力以赴推进油气战略通道及国内骨干管网建设，在重要基础设施建设、畅通国内大循环上展现管网担当，用实际行动扛起管网建设铁军的责任担当，在困难和挑战交织中砥砺奋进，工程建设领域多点开花，取得亮丽的成绩。

2023年完成可行性研究5416千米、核准7693.6千米，焊接3391千米、建成具备投产条件管道3701千米、新建储气能力22.4亿立方米，较好地完成各项业绩指标。

（张建伟）

【石油天然气基础设施重点工程】 根据国家发展改革委的发改办能源[2023]88号文件和国家能源局的国能综通油气[2023]16号文件，2023年国家管网集团承担重点工程52项，其中油气管道共37项、储气设施项目15项。

油气管道项目（37项）

1. 2023年计划建成项目（12项）

已投产或具备投产条件项目9项，包括：库尔勒—鄯善原油管道增输工程、乌鲁木齐—鄯善原油管道增输工程、魏荆线老旧管道整治工程等。1项部分建成具备投产条件（中俄东线五大连池已建成，明水压气站工程已投产，肇源站因外电塔基占用基本农田，计划2024年9月建成具备投产条件），1项取消建设（大港站联通增压工程），1项推迟建成（揭阳成品油联通管道线路开展收尾，站场和阀室开展土建和工艺安装施工，计划2024年10月建成具备投产条件）。

2. 2023年续建及新开工项目25项

按期推进16项，包括中俄东线南段（南通—甪直、长江盾构）、西气东输三线中段（中卫—枣阳段）、西气东输四线工程（吐鲁番—中卫）等。受外部条件制约未按期完成9个，包括：中俄东线增输工程（秦皇岛分输清管站增加压缩机组工程、锦州分输压气站增加备用压缩机组工程）、中俄东线与天津LNG外输管道唐山站联通工程、川气东送二线天然气管道工程鄂豫赣皖浙闽段等。

储气设施项目（15项）

按计划推进13项，包括：文23储气库二期，金坛储气库地面设施扩能工程，天津LNG接收站二期工程，龙口南山LNG接收站一期工程等；较计划滞后2项，包括：龙口LNG扩建和天津LNG三期。

（金微子）

【管道焊接】 2023年，计划管道焊接里程4050千米，实际焊接3391千米，完成年度考核目标的83.74%，完成调整后建议考核指标3219千米的105.35%。

【管道建成具备投产条件情况】 2023年，计划具备投产条件49项工程，具备投产条件管道里程2310千米；实际54个项目3701.53千米具备投产条件，完成年度任务2310千米的160.24%。

2023年各所属单位实际完成焊接量

序号	所属企业	实际（千米）	年初考核指标 考核（千米）	年初考核指标 完成比例（%）	年末建议考核 指标（千米）	年末建议考核 完成比例（%）
1	建设项目管理公司	2294.04	2933	78.21	2337	98.16
2	北方管道公司	361.70	332.80	108.68	290.94	124.32
3	西南管道公司	239.47	301.00	79.56	179	133.78
4	东部原油储运公司	177.68	186.00	95.53	166	107.04
5	西部管道公司	103.16	78.40	131.58	78.4	131.58
6	广东省网公司	63.00	63.00	100.00	53	118.86
7	西气东输公司	46.90	45.06	104.08	45.06	104.08
8	北京管道公司	12.30	52.00	23.65	11	111.82
9	山东省公司	31.73	8.00	396.59	8	396.59
10	华中公司	14.82	13.20	112.30	13.2	112.30
11	华南公司	46.53	37.60	123.75	37.6	123.75
	合计	3391	4050	83.74	3219	105.35

2023年各所属单位具备投产条件完成情况

序号	所属企业	考核 数量	考核 里程（千米）	实际 数量	实际 里程（千米）	完成率 数量（%）	完成率 里程（%）
1	建设项目管理公司	8	1219.00	6	1094.8	75.00	89.81
2	北方管道公司	8	309.10	15	1862.74	187.50	602.63
3	东部原油储运公司	6	239.22	6	244.8	100.00	102.33
4	西部管道公司	3	188.40	5	213.3	166.67	113.22
5	西南管道公司	5	186.70	3	22.52	60.00	12.06
6	广东省网公司	4	69.90	5	96.68	125.00	138.31
7	北京管道公司	2	57.20	2	55	100.00	100.00
8	西气东输公司	4	33.30	6	45.15	150.00	135.59
9	华中公司	2	23.60	2	23.6	100.00	100.00
10	山东省公司	3	23.00	3	23	100.00	100.00
11	华南公司	4	3.00	2	19.94	50.00	664.67
	合计	49	2352	55	3701.53	112.24	157.35

【重点管道投产】 2023年，43个项目3571.4千米管道建成投产。

6月29日，蒙西管道一期工程投产。8月14日，新气管道广西支干线工程投产。8月29日，库尔勒—鄯善原油管道增输工程投产。9月8日，广西LNG外输管道桂林支线投产。10月9日，古浪—河口天然气联络管道工程投产。10月11日，西二线、川气东送嘉兴联通工程投产。10月17日，魏荆线老旧管道整治工程（湖北襄阳段、河南南阳段、湖北荆门段）、中俄东线明水压气站投产。10月30日，西气东输三线中段（中卫—吉安）项目枣阳—仙桃段、西气东输三线仙桃—潜江联络线投产。11月30日，沈阳压气站外电投产。

（张建伟）

项目前期工作

【概述】 2023年，坚持系统性思维和全局性思维，推动项目前期管理体系建设及重点油气设施项目落地取得突出成效。全年完成可行性研究项目72个，里程5426.5千米（其中批复可行性研究项目23个，里程2343.5千米；终止可行性研究项目48个，里程2538千米；暂缓项目1个，545千米），批复包括虎林—长春天然气管道工程、河南平顶山盐穴储气库、河口—临夏支线项目等国家战略通道及能源安全保障项目；获得核准批复项目22个，里程7724.6千米（其中：国家核准项目4个，里程6639千米；地方核准备案项目18个，里程1085.6千米），包括虎林—长春天然气管道工程、川气东送二线天然气管道工程川渝鄂段、广西LNG外输管道复线（百色—文山）等项目。通过坚持不懈攻坚啃硬，东北资源引进通道、重要LNG港址外输通道、川气东送系统、西气东输系统、东部原油区域管网以及河南、江苏两个储气库群等重点项目研究和决策，都取得重要进展，"全国一张网"蓝图正在精准描绘并加快推动落地。

【项目前期工作主要举措】 强化"全国一张网"系统思维，渗透体系建设和研究方法，促进项目定义工作体系从企业内部"管道"向公平开放"管网"转变。健全依法合规、专业高效的前期工作管理体系，形成可行性研究编制规定、明确可行性研究执行全过程技术路线编制理导则文件，助力可行性研究质量管控、畅通执行程序、强化可行性研究过程管理，促进前期工作协同、高效、高质量开展；创新"全国一张网"新生态可研研究方法。强化网络思维，提升资源市场调研及预测能力、全国范围流向流量分析能力、复杂管网工艺系统分析能力、站场流程、设备适应能力、管网系统经济评价分析能力等五方面研究能力，通过长春—石家庄、甬绍干线、苏皖豫干线、文23—安庆等重点天然气管道项目，创新"全国一张网"储气调峰分配原则、"LNG接收站及其外输管道规模核定方法"及"全国价格平衡带分析方法"、全国管网互联互通原则、复杂管网工艺系统分析方法，推动项目科学决策。

完善重大项目管理方法和跟踪机制，确保高质量完成前期工作。正确处理好整体推进和重点突破的关系。对于2023年开展前期工作需要协调国家发展改革委、国家能源局的重点项目，要抓好重点突破，以点带面促提升；重点关注需要获取沿线地方支持等重点事项，提前谋划、靠前站位，紧盯任务目标，层层压实责任，将工作做在前面，主动向国家能源局等国家部委汇报进展，确保各项工作顺利开展。强化落实前期工作责任，推进合力工作。以加快前期工作进度为目标，加强工作调度，及时跟进协调，工程部做好可行性研究、核准管理工作，协调市场部加强重点项目资源市场落实力度，根据项目定位确定苏豫皖天然气管道、福建天然气管网与广东天然气管网联通工程等项目类型，落实不同类型项目经济效益评价方法、参数，各部门通力合作为重大项目前期工作顺利推进保驾护航。加强前期业务能力建设。强化所属企业对前期工作主体责任，着力解决土地、路由等关键因素，加快前期审批、专项评价手续办理；充分发挥创新公司"参谋部"作用，持续提升项目前期管理效率和可行性研究质量；在国家管网集团层面和所属单位层面加强业务培训，定期组织项目前期及相关业务培训，提升国家管网集团整体前期业务能力，提高项目前期工作效率和质量。

（杨　东）

【**连云港至仪征原油管道工程连云港至淮安段**】　连云港至仪征原油管道工程连云港至淮安段起自连云港首站，止于淮安输油站，全长151千米，管径813毫米，设计压力8.5兆帕，设计输量1850万吨/年，输油能力7.1万吨/日。全线设连云港首站，依托在建的连云港商储库建设，具备加压、清管、计量、压力调节、泄放等功能；设淮安输油站，依托日仪线淮安站建设，具备加压、清管、压力调节、泄放等功能，输油泵依托站内现有设备。

项目已列入国家"十四五"石油天然气发展规划、国家2023年油气管网设施重点项目清单、国家石油天然气"全国一张网"建设实施方案，以及国家管网集团"十四五"规划和滚动发展规划（2023—2027年）。项目建设可满足连云港商储库油品外输、鲁宁线停输后沿江七家炼化企业原油资源稳定供应。

项目自2021年2月启动前期工作，2023年5月批复可行性研究报告，9月批复初步设计，11月获得江苏省发改委核准批复。

【**甬绍天然气管道工程**】　甬绍天然气管道全长313.75千米，分为甬绍干线东段、西段及六横LNG外输管道3个项目。甬绍干线东段（中宅—新昌）：包含1条干线、1条连接管道和2条互联互通管道，全长154.85千米，其中：干线153.2千米，管径1219毫米，设计压力10兆帕，设计输量131亿米^3/年，包括中宅—春晓北试验段33.6千米，春晓北—新昌段119.6千米，春晓北—新昌段隧道预留第二条1219毫米管道安装位置；中国海油浙江LNG接收站三期至中宅首站连接管道0.8千米，管径1016毫米；在春晓北站与杭甬线、新昌站与三门—嵊州线2条互联互通管道共0.85千米，管径813毫米，设计压力6.3兆帕。甬绍干线西段（新昌—诸暨）：全长122.8千米，起自甬绍干线东段新昌分输站，止于诸暨压气站（与西二线上海支干线及川二线诸暨站邻建），管径1219毫米，设计压力10兆帕，设计输量96亿米^3/年。六横LNG外输管道：包含1条干线和2条LNG注入支线，全长36.15千米，管径1016毫米，设计压力10兆帕，设计输量96亿米^3/年。其中：干线33.92千米，包括海底管道19.42千米，陆域管道14.5千米，双管敷设；浙能六横LNG接收站至六横首站注入管道长度0.6千米，中国石化六横LNG接收站至六横首站注入管道长度1.63千米。

项目已列入国家2023年油气管网设施重点项目清单、国家石油天然气"全国一张网"建设实施方案，浙江省"十四五"规划，以及国家管网集团"十四五"规划和滚动发展规划（2023—2027年）。项目建设可联通浙江沿海LNG接收站与川气东送二线、西气东输二线等国家天然气干线管网及浙江省天然气管网，提高"全国一张网"可靠性，满足浙江及周边省份用气及调峰需求，提升已建管道负荷率。

3个项目于2022年11月移交给国家管网集团；国家管网集团接收项目后，按照构建"全国一张网"的要求，对项目方案进行论证和优化。优化方案获得浙江省能源局、国家能源局的认可和支持。2023年12月，项目可行性研究报告通过党组会审议；甬绍干线东段管道项目、六横LNG外输管道项目分别于2022年10月、2023年9月获得浙江发改委核准批复。

【苏皖豫干线项目】 苏皖豫干线项目包括1条干线、2条支干线、1条联络线及6处互联互通，全长1306.5千米。其中：干线（滨海—鲁山）管道长度827千米，起自盐城市滨海县滨海北首站，止于平顶山市鲁山县鲁山东压气站，管径1219毫米，设计压力10兆帕，设计输量183亿米^3/年，沿线设置17座站场（其中包含1座压气站）；端氏支干线管道长度365千米，起自晋城市沁水县端氏压气站，止于鲁山县鲁山东压气站，管径1219毫米，设计压力为10兆帕，设计输量259亿米^3/年，沿线设置7座站场（其中包含3座压气站）；泗洪支干线管道长度28.5千米，起自宿迁市泗洪县泗洪分输站，止于泗洪末站，管径323.9毫米，设计压力6.3兆帕，设计输量3亿米^3/年，沿线设置1座站场；徐州联络线管道长度86千米，起自徐州市睢宁县睢宁分输站，止于徐州联络站（与冀宁线邳徐支线徐州站临建），管径508毫米，设计压力6.3兆帕，设计输量17亿米^3/年，沿线设置1座站场。

项目已列入国家"十四五"石油天然气发展规划、国家2023年油气管网设施重点项目清单、国家石油天然气"全国一张网"建设实施方案，纳入江苏、安徽、河南、山西四省规划，以及国家管网集团"十四五"规划和滚动发展规划（2023—2027年）。项目承接滨海LNG资源，转供中亚和俄气资源，构建海陆联通通道，实现海陆气源互济互保，提升区域资源供应安全。作为东西向主干管道，实现与中俄东线等7条主要南北资源通道的横向联通，是"全国一张网"中提高管网可靠性的重要"一横"。

项目自2022年12月启动前期工作，2023年5月获得国家发展改革委项目赋码，2023年12月项目可行性研究报告通过国家管网集团党组会审议。

【川气东送二线天然气管道工程鄂豫赣皖浙闽段】 工程包含1条干线，2条联络线，3条支干线及3条联合运行站间管道，全长2696.5千米。其中：干线管道起自仙桃联络站，止于温州末站，全长1262千米，管径1016/1219毫米，设计压力10兆帕；枣阳—宣城联络线起自西气东输二线枣阳站，止于川气东送二线宣城联络站，线路全长821.5千米，管径1016毫米，设计压力10兆帕；芜湖联络线起自芜湖东分输站，止于马鞍山南分输站，全长57.3千米，管径508毫米，设计压力6.3兆帕；3条支干线包括皖赣支干线、皖西支干线和浙闽支干线，全长551.3千米；3条联合运行站间管道均为川气东送二线与川气东送一线间的联络管道，全长4.4千米。

川气东送二线天然气管道工程已列入《中华人民共和国国民经济和社会发展第十四个五年规划和2035年远景目标纲要》和国家"十四五"石油天然气发展规划的重点工程，是国家"十四五"期间102项重大工程之一，也是落实国家长江经济带发展战略、长三角发展战略的重要举措。该项目是重要的能源基础设施，其建设有助于促进国内大循环，保障沿线省市天然气供应，改善大气环境、优化能源结构，推动国家"碳达峰""碳中和"战略目标的实现并能与川气东送一线、西气东输一二三线、中贵线、新气管道、上海支干线等干线管网互联互通，提升管道网络化水平，增强管网调运可靠性和灵活性。项目建设意义重大。

项目自2020年9月启动前期工作，2022年10月批复项目可行性研究报告，2023年11月获得国家发展改革委核准批复。

（刘　刚）

【虎林—长春天然气管道工程】　工程包括虎林—长春干线和8条支线，全长2073千米。干线起自黑龙江省鸡西市虎林市入境点，途经黑龙江、吉林2个省，止于吉林省长春联络压气站，长度859.75千米，压力10兆帕，设计输量100亿米^3/年。其中：入境点—虎林首站段为跨境段管道的组成部分，包括乌苏里江穿越工程和线路工程，长度12.85千米，采用双管1020毫米管道敷设；虎林首站—长春联络压气站段长度846.9千米，管径1219毫米。8条支线包括虎林—宝清—绥滨支线、七台河—佳木斯—鹤岗支线、佳木斯—双鸭山支线、鹤岗—萝北支线、鹤岗—伊春支线（含南岔支线）、七台河—牡丹江支线、林口—东宁支线、林口—鸡西支线，合计1213千米。

本工程是中俄之间第二条陆上天然气进口管道、第四条陆上油气进口管道，是推动中俄新时代全面战略协作关系发展、加强中俄双方贸易和能源合作的战略性项目。该项目也是实现中国天然气资源进口多元化、构筑东北油气战略通道的重要工程，是国家"十四五"期间建设的重点工程，对保障中国能源安全、优化能源结构具有重要意义，是落实"四个革命、一个合作"能源安全新战略的重要项目。习近平总书记、李克强总理、韩正副总理以及中央的有关领导同志对该项目作出重要批示，充分体现党中央国务院对这项工作的高度重视，为后续工作明确了方向。

2018年1月，中国石油启动预可行性研究工作；2020年9月，项目前期工作从中国石油移交至国家管网集团。国家管网集团结合俄罗斯远东地区天然气供应潜力，对项目建设方案、设计规模等进行优化，并多次向国家能源局汇报。2022年5月，国家发展改革委出具项目代码。2022年10月，国家管网集团批复可行性研究报告。2023年5月，国家发展改革委核发核准批复。

【锦州—郑州成品油管道】　工程包括1条干线、1条支干线、2条输入支线和6条分输支线，全长2200.3千米，共设置工艺站场24座。干线管道起自辽宁锦州市锦州首站，途经辽、冀、津、豫4省（直辖市），止于河南郑州市郑州末站，长度1374.52千米，管径660毫米/610毫米/559毫米，设计压力8—10兆帕，设计年输量1000万吨；大港石化—济南—枣庄支干线长度605千米，管径219毫米/273毫米/355毫米，设计年输量300万吨；2条输入支线为锦西、华北输入支线，总长度81.38千米；6条分输支线为唐山、邢台、邯郸、德州、济南、肥城支线，总长度139.4千米。

本工程是开辟"北油南运"战略通道的重点项目。本工程在东北可接收锦州石化、锦西石化、抚顺石化、辽河石化、辽阳石化及地炼等成品油资源，在华北接收华北石化成品油资源，并可通过与鲁皖二期、兰郑长等成品油管道联通成网，间接接收山东裕龙石化等更多成品油资源，目标市场覆盖华北、华中地区，是"北油南运"的战略通道。东北进口俄罗斯油主要供应辽阳石化、锦州石化和锦西石化，锦郑管道建成投产既可保障俄罗斯油后路畅通，又可助力成品油管网向第三方公平开放，提升东北、华北、华中地区成品油资源疏散能力。

2012年6月，国家发展改革委向中国石油核发核准批复。2012年8月，中国石油正式开工建设锦郑管道，建设期间取消大港石化等支线建设。2017年4月，中共中央、国务院印发通知，决定设立雄安新区，锦郑管道雄安新区段停工。2020年9月，项目从中国石油移交至国家管网集团。2020年12月，国家管网集团与河北省发改委就雄安新区段迁改工程进行对接，随后国家管网集团组织开展雄安新区段管线迁改初步设计变更和建设工作，建设期间取消石楼支线等建设。2023年10月，锦郑管道主体贯通。

（焦中良）

【淮安储气库】 淮安储气库位于江苏省淮安市淮阴区境内，距冀宁线淮安分输站25.4千米。设计库容13.7亿立方米，设计工作气量8.49亿立方米，注气能力1000万米^3/日，采气能力1200万米^3/日，新钻井42口（40口直井、1对水平对接井），配套外输管道长度25.4千米，管径711毫米，设计压力10兆帕。

项目已列入国家"十四五"石油天然气发展规划、全国储气能力建设实施方案、中央预算内投资支持的储气能力建设项目和江苏省"十四五"石油天然气发展专项规划。项目建设对于长三角地区天然气保供、提升管网安全平稳运行水平、管网负荷率，实现国家储气能力建设目标具有重要意义。

2020年10月，项目从中国石油划转至国家管网集团。2021—2022年，国家管网集团组织专家多次对可行性研究方案进行论证，重点对建库方案、地质气藏、钻采工程、地面工程、经济评价等方面进行优化，并编制完成可行性研究报告。2023年3月，国家管网集团内部履行可行性研究决策程序，并按照决策要求申请国家审批可行性研究。

【河南平顶山盐穴储气库】 项目位于河南省平顶山市叶县，距郑州136千米，距西气东输二线平顶山分输站约25千米。设计库容19.17亿立方米，设计工作气量10.57亿立方米，注气能力1200万米^3/日，采气能力1500万米^3/日。新钻井17口、改造利用老腔6口，配套外输管道长度31.8千米，管径1219毫米，设计压力10兆帕。

项目已列入国家"十四五"石油天然气发展规划、全国储气能力建设实施方案、中央预算内投资支持的储气能力建设项目和河南省"十四五"天然气发展规划。项目建设对于中东部地区天然气保供、提升管网安全平稳运行水平，提高管网负荷率，实现国家储气能力建设目标具有重要意义。

2020年10月，项目从中国石油划转至国家管网集团。2021—2022年，国家管网集团组织专家多次对可研方案进行论证，重点对建库方案、地质气藏、钻采工程、地面工程、经济评价等方面进行优化，并编制完成可研报告。2023年3月，国家管网集团内部履行可研决策程序，并按照决策要求申请国家审批可研。

（邹　明）

【山东管网北干线项目】　山东管网北干线管道总长656千米，项目途经山东省烟台市、潍坊市、东营市、滨州市、济南市、德州市六个地市，设计输量280亿米³/年，联通龙口南山LNG接收站和烟台西港区LNG接收站，实现与中俄东线、济青二线互联互通，分为龙口—潍坊（176千米、管径1219毫米）、潍坊—德州（344千米、管径1016毫米）、龙口—烟台（64千米、管径1016毫米）、烟台—莱山（72千米、管径1016毫米）四段，项目投资估算115亿元。

山东管网北干线项目是山东LNG基地外输大通道，国家管网集团工程部组织山东公司、工程技术创新公司在鲁信集团所做前期工作成果基础上，立足"全国一张网"，统筹研究山东省内管网布局，根据资源市场落实的最新成果，组织对管道路由、站场设置及选址、管径方案进行了全面优化，潍坊—德州管段管径由1219毫米优化为1016毫米，优化并缩短路由59千米，降低投资约13亿元，消除全部7.6千米四级地区高后果区；经持续协调，山东省能源局同意优化方案，支持项目分期建设，8月可研通过联合评审会审议。

（杨　东）

建成投产的重点项目

【概述】　2023年，建设项目公司建成西三中枣阳—仙桃段并投产，进一步完善中国中部地区天然气管网布局；首条直通雄安的天然气主干管道蒙西管道一期建成投产，为雄安新区提供可靠的能源保障，支持新区的建设和发展；新气管道广西支干线工程顺利投产，中国"南气北上"通道得到进一步拓展。东部原油储运公司建成国内凝点最高的长输原油管道魏荆线改造工程并投产，对保障区域成品油及化工原料稳定生产、更好服务中部地区经济发展具有重要意义。北方管道公司中俄东线明水压气站一次投产成功，进一步提升中俄东线的保供能力。西部管道公司古河线提前45天建成具备投产条件，连创914毫米管道接管数最多、穿越软泥岩山体距离最长2项国内管道建设山体定向钻穿越施工新纪录。西气东输公司金坛储气库按期完成溶腔和4口井投产，进一步提升储气能力。西南管道公司广西LNG外输管道桂林支线工程顺利投产，中国西南地区的"海气登陆、南气北上"战略通道顺利打通。LNG管理公司建成投产天津LNG二期，实现与中俄东线、陕京管道等多条天然气主干管道互联互通，为今冬明春保供再添动力。

【西气东输三线中段（枣阳—仙桃段）工程】　线路起自湖北枣阳联络压气站，止于湖北仙桃联络压气站，管道线路长度为258.3千米，管径1219毫米，设计压力10兆帕；站场3座，阀室12座。2022年3月9日开工，2023年6月16日建成具备投产条件，2023年10月30日进气投产，2023年12月8日完成72小时试运行。

【蒙西煤制天然气外输管道项目一期工程】　线路起自天津LNG联络线TJ3号阀室，分别止于定兴分输站和黄骅末站。线路长度336千米，管径1016毫米/914毫米，设计压力10兆帕，设计输量66亿米³/年。沿线共设置站场7座、阀室14座及调控中心1座。2019年12月25日开工，2023年4月11日建成具备投产条件，2023年6月25日进气投产，2023年11月14日完成全线72小时试运行。

【新气管道广西支干线工程】 起自衡阳分输清管站，止于桂林分输压气站，线路总长463千米，管径813毫米，设计压力10兆帕，一期设计输量28.5亿米³/年，增压扩建后输气能力70.5亿米³/年。2021年7月3日开工，2023年5月31日具备投产条件，2023年6月30日完成投产条件检查，2023年8月14日开始进气，2023年9月4日完成全线72小时试运行。

【魏荆线老旧管道整治工程（湖北襄阳段、河南南阳段、湖北荆门段）】 新建魏荆输油管道232千米，管径219毫米，设计压力9.5兆帕，设计输量70万吨/年。全线设7座站场，5座阀室。2022年9月30日开工，2023年9月11日具备投产条件，2023年10月17日进行水联运，2023年11月6日完成72小时试运行。

【中俄东线明水压气站工程】 配置4台17兆瓦电驱压缩机组及相关配套设施。2022年6月16日开工，2023年9月25日建成具备投产条件，2023年9月26日外电正式投电，2023年10月17日进气投产，2023年10月29日完成72小时测试。

【古浪—河口联络管道工程】 起于古浪压气站，止于河口末站，局部与双兰线、永登支线、兰银线并行，全长188.4千米，管径914毫米，设计压力10兆帕，设计输气能力3316万米³/日。2022年7月28日开工，2023年9月15日具备投产条件，2023年10月9日开始进气投产，2023年10月27日完成72小时试运行。

【金坛储气库工程】 金坛储气库是中国第一座盐穴储气库，位于江苏省常州市金坛区直溪镇，计库容26.39亿立方米，工作气17.14亿立方米，工程分两期建设，计划2035年建成。2023年生产任务：投产注采气井4口，新增工作气量1.3亿立方米。2023年造腔量78.67万立方米，完成全年计划造腔75万立方米的104.9%；JK5-1井、JK6-3井等4口井已注气排卤投产（工作气量完成1.3亿立方米）。

【广西LNG外输管道桂林支线工程】 起自柳州输气站，止于桂林输气站，线路全长165千米，管径813毫米，设计压力10兆帕，设计输量25亿米³/年（增压后设计输量44亿米³/年），扩建柳州输气站1座，新建桂林末站1座，设置7座监控阀室。2021年7月3日开工，2023年5月31日具备投产条件，2023年8月14日开始进气，2023年9月4日完成全线72小时试运行。

【天津LNG二期工程】 位于天津市滨海新区南疆港区，新建6座22万立方米储罐及及配套工艺、公用工程设施，接收站工程建成后，规模为725万吨/年，气化外输设备能力7000万米³/日；配套建设17.64千米长输管线，管径1219毫米，设计压力10兆帕，管线外输能力1亿米³/日；110千伏外电接入等。2020年4月30日开工，2023年3月28日4号罐开始投运，2023年11月15日8号储罐完成72小时试运行，2023年12月5号、6号、7号、9号罐机械完工。

（张建伟）

其他重点工程进展

【概述】 2023年，面对工程建设压力大和复杂多变的形势，全体工程建设者深入学习贯彻习近平新时代中国特色社会主义思想和党的二十大精神，全力以赴推进油气战略通道及国内骨干管网建设，在重要基础设施建设、畅通国内大循环上展现管网担当，用实际行动扛起管网建设铁军的责任担当，在困难和挑战交织中砥砺奋进，工程建设领域多点开花，取得亮丽的成绩。

【中俄东线南段（南通—角直）】 起自江苏省南通市南通联络站，止于江苏省苏州市角直联络站，全长156.774千米，管径1422毫米，设计压力10兆帕，设计输量315亿米^3/年，沿线共设置站场3座、阀室21座。2021年3月17日开工，截至2023年12月31日，综合进度完成84.02%，累计焊接153.87千米。

【中俄东线南段长江盾构工程】 位于江苏省海门市，穿越长度10.26千米，隧道内径6.8米，铺设三条1422毫米管道。2020年7月28日开工，2022年11月12日贯通，截至2023年12月31日，综合进度完成81.65%，2023年11月24日完成A管焊接、试压，累计管道焊接12.81千米。

【西气东输三线管道工程（中卫—枣阳段）】 起自宁夏中卫联络站出站后，止于枣阳分输联络站。线路长度1263.76千米，设计压力10兆帕，管径1219毫米，管道沿线共设置11座站场。2022年6月开工，截至2023年12月31日，综合进度完成69.35%，累计焊接1090.9千米。

【西气东输四线工程（吐鲁番—中卫）】 起自吐鲁番联络站，止于中卫联络站，管道全长1745千米（已建西部管廊长距离并行1243.5千米），其中新疆段长583千米、甘肃段长1079千米、宁夏段长83千米，设计压力12兆帕，管径1219毫米，设计输量150亿吨/年，共设置11座合建站场、线路截断阀室59座。2022年9月28日全面开工，截至2023年12月31日，综合进度完成77.26%，累计焊接1666.4千米。

【川气东送二线天然气管道工程川渝鄂段】 威远/泸县—铜梁段线路总长268.73千米，设计压力10兆帕，设计年输量202亿米^3/年。其中，威远—内江段起自四川省威远县威远首站，止于内江注入站，线路长度77.29千米，管径1016毫米，新建威远首站1座，B类阀室3座；泸县—铜梁段起自四川省泸县首站，经内江注入站，止于重庆市铜梁区旧县镇与合川区边界，线路长度191.44千米，管径1219毫米，新建站场3座，B类阀室8座。2023年8月31日开工，截至2023年12月31日，综合进度完成20.8%，累计焊接53.63千米。

【西气东输三线闽粤支干线（潮州—27号阀室段）】 起自西三线闽粤支干线（广州—潮州段）的潮州分输清管站，止于27号阀室。线路全长192千米，管径813毫米，设计压力10兆帕，设计输量57亿米^3/年。设置1座站场，10座监控阀室。2023年10月21日开工，截至2023年12月31日，综合进度完成34.6%，累计焊接62.02千米。

【天津液化天然气（LNG）外输管道复线】 起自中国石化天津 LNG 接收站围墙外 2 米，止于鄂尔多斯—安平—沧州输气管道沧州末站，线路全长 136.84 千米，管径 1219 毫米 /1016 毫米，设计压力 10 兆帕，设计输量 110 亿米^3/年。2023 年 4 月开工，综合进度完成 45.07%，累计焊接 88.77 千米。

【龙口南山 LNG 接收站一期工程】 位于山东省烟台市龙口港区 LNG 专区，一期建设规模 500 万吨 LNG/ 年，6 座 22 万立方米 LNG 储罐，其中：一阶段建设 4 座，二阶段建设 2 座（与二期同期建设），1 座 26.6 万立方米 LNG 专用泊位及配套设施。2020 年 5 月 16 日开工，截至 2023 年 12 月 31 日，综合进度完成 90.97%，接收站工程工艺厂施工完成 91.97%，储罐工程施工完成 95.69%。

【深圳 LNG 应急调峰站】 位于深圳市大鹏新区葵涌镇迭福片区北侧海域，主要包括接收站和码头工程。一期建设 20 万立方米 LNG 储罐 2 座、预留 2 个罐位；8 万—26.7 万立方米 LNG 船专用码头 1 个，工作船码头 1 座。设计周转能力 300 万吨 / 年，远期扩建 600 万吨。码头工程 2017 年 10 月 30 日开工，接收站工程 2019 年 11 月 22 日开工，截至 2023 年 12 月 31 日，综合进度完成 87.45%。

【广西 LNG 接收站二期】 第一阶段为气化扩能部分：利用现有的 4 台 16 万立方米的 LNG 储罐，增加 4 台罐内低压泵，3 台高压输送泵，3 台开架式海水气化器（ORV），2 台 13400 米^3/时的海水泵，使接收站的最大外输能力达 3000 万米^3/日，同时增加 2 路计量支路。第二阶段：新增 2 台 20 万立方米储罐，1 台 45 吨 / 时封闭式地面火炬、1 台 BOG 压缩机等配套设施。

2022 年 4 月 29 日桩基开工，截至 2023 年 12 月 31 日综合进度完成 66.32%。

【龙口南山 LNG 扩建】 在站内预留地新建 2 座 27 万立方米储罐，新增储气能力 3.375 亿立方米，储气能力达 11.625 亿立方米。2022 年 12 月 26 日开始试桩施工，2022 年 12 月 26 日开始试桩施工，2023 年 3 月 5 日完成试验桩共 15 根，2023 年 4 月 25 日完成试桩报告，推动 27 万立方米全容罐平行计算工作。

【天津 LNG 三期】 在天津 LNG 预留地新建 4 座 22 万立方米 LNG 储罐及配套设施，新增储气能力 5.5 亿立方米，储气能力达 15.13 亿立方米。2022 年 12 月 29 日开始试桩施工，完成 9 根桩试桩，初步设计 A 版已完成。

【漳州 LNG 接收站一期二阶段工程】 2022 年 7 月 31 日开工，截至 2023 年 12 月 31 日，综合进度完成 44%，完成储罐气顶升。

【楚州、平顶山储气库工程】 楚州储气库先导工程工程设计新钻井 1 口，造腔 1 口，新建造腔试验站及配套注回水管线。2022 年 12 月 29 日开工，截至 2023 年 12 月 31 日，综合进度完成 41%。

平顶山储气库先导工程设计新钻 1 口大井眼直井，开展中盐皓龙区块 24 口老井检测、评价及测试，进行 6 口老腔改造。2022 年 12 月 10 日开工，截至 2023 年 12 月 31 日，综合进度完成 49%。

【文 23 储气库三期】 拟由国家管网集团、中国石化以合资合作模式共同推进项目建设，设计库容约 14 亿立方米，工作气量 5 亿立方米。

（张建伟）

物资管理

【概述】 2023年，国家管网集团继续以建设服务卓越、品牌卓越、创新领先、治理现代、与众不同的中国特色世界一流能源基础设施运营商为目标，全力打造智慧供应链平台，稳步提高集约化采购效益，全面建成精益敏捷、合规高效、全链协同、价值引领、数字使能、合作共赢的供应链管理体系。坚持"统一管理、管办分离、分级负责、共享服务、有效监督"的管理体制，按照"总部集中统一、业务纵向贯通、区域横向协同"的管理思路，以及"精干、高效、共享"的原则，持续优化招标采购"1（总部）+N（共享服务单元）"两级业务管理架构，实现共建平台、共享服务、共创价值，不断夯实国家管网集团"小总部、大平台、强服务、共监督"的供应链管理基础。践行"市场化、平台化"战略，做好物资采购各项基础工作，编发《国家管网集团闲置和废旧物资管理规范（试行）》，完善物资管理配套程序，推进集约化采购、物资供应商管理，择优发展战略供应商，推进油气管道设备材料国产化成果应用，严格落实考核管理要求，压实降库责任，严控采购质量风险，追求性价比最优、全生命周期总成本最低，进一步提升产业供应链核心价值，助力国家管网集团高质量发展。

（李志勇）

【物资信息化建设及应用】 按照"六统一"的数字化转型原则，将4A架构贯穿始终，供应链系统全面承接8.0流程377个流程活动（L5）节点，43个关键控制点（KCP）和12个阀控、加热、联动类党建节点，以及25个流程绩效度量指标，实现全业务流程的线上作业。2023年3月底系统完成采购管理主流程测试、9月10日全面上线试运行、12月12日通过验收，正式进入运营期。

强化数据赋能，助力业务提质增效。清洗各类编码约22万条，配合清洗130个框架协议物资编码31798项，结构化表证单书130项，建立覆盖生产、工程等主要领域的供应链数据资产库，制定76类物资标准采购方案、41类标准监造细则、69类供应商考评标准。简化供应商注册功能，上线供应商代储、电商采购等功能，实现资源整合敏捷性，为抢险救灾，零星采购等工作提供极大的便利性，拉通集成内外部23个业务系统，打通项目设计料单、生产工单衔接，畅通合同管理、财务结算，打破业务域壁垒实现数据共享；与征信平台、供应商等业务协同，延展供应链广度深度，实现"一张网"无堵点、断点。开发固化智能化招标模型，实现资质、业绩、财务和信誉等符合性评审的智能辅助分析、多维度围串标行为分析、音视频在线监督，将招标领域风险防控手段建立在事前、事中，全面赋能物资保障，助力国家管网集团高质量发展。

（孟祥涛）

【重点项目物资采购】 国家管网集团执行两级集中采购管理理念，按照管理权限，实施一级物资授权牵头单位进行集约化采购，二级物资所属单位组织集约化采购，全面提升物资采购效率。根据年度工程建设安排，调研整体项目需求，统筹编制预测计划，并进行集中审核，纳入年度集约化采购方案，统一实施集约化采购,大幅削减重复采购,实现采购效率高效提升,打造共享服务平台。2023年,国家管网集团采购钢材约3000千米/180万吨,设备约4万余台(套),物资总金额294.77亿元,集中采购金额286.07亿元,集中采购率97.05%。

创造供应链"链长"价值,引领制造行业发展转型,为物资采购积蓄优势资源。开展钢管市场调研与分析,结合工程建设钢管供需现状,切实缓解直缝管的供需矛盾,引导制造企业应对市场变化,及时调整产能结构,其中宝世顺公司新能源产线于2023年7月19日正式投产,预计新增直缝钢管综合产能30千米/月,促进钢管制造行业能力的整体提升,进一步提高物资保障水平。

依托中俄东线等重点工程建设项目,按照初步设计批复的引进清单,结合国产优先的采购准则,全面加强国产化物资采购和应用,在天然气压缩机组、大口径球阀、旋塞阀、强制密封球阀、轴流式调节阀、超声波流量计、分析仪表、站控系统等关键设备采购中落实并鼓励国产化,实现物资采购节约高效。依托西三线中段商洛压气站,开展东方电机压缩机组(含电机和变频器)国产化试制,扩充压缩机领域市场资源,有效解决招标采购资源不足问题。

(王铁旭)

【**供应商管理**】 2023年,国家管网集团结合实际修订《物资供应商管理规范》,坚持注重源头开放与过程管控有机结合的供应商管理机制,通过国务院国资委全国供应商信用平台认证后,在国家管网集团供应链平台注册成为国家管网集团的潜在供应商,使用第三方工具收集供应商信息,通过大数据自动构建供应商档案信息,形成客观公正的供应商画像,避免人为因素,确保供应商源头管理的公平与开放。坚持丰富和发展供应链生态,推行"扶优汰劣"的理念,按物资品类从基本情况、履约评价、全生命周期运行等维度设置不同权重开展供应商年度考评,对2022年220家一级物资供应商进行年度考评,其中优秀供应商182家,无不合格供应商。开展问题供应商处理,注重证据收集,坚持合理公正处理供应商,共处理6家物资供应商和1家监造服务商,其中2家警告、5家暂停品类交易。

(孟祥涛)

【**钢管、钢板、橇装设备、可行性研究编制等框架招标**】 2023年,集约化采购工作秉承"巩固成果、延续优势;定期轮换,优势互补;扩大范围、充分共享"的原则,授权建设项目管理公司、东部原油储运公司、西气东输公司、北京管道公司、北方管道公司、西部管道公司6家所属单位,牵头负责线路钢管用钢板、线路钢管、阀门等44项物资和1项服务(产品监造),进一步扩大集约化采购范围,充分发挥规模优势,提高物资采购集中度。实施过程中,各牵头单位充分调研市场资源情况,进一步优化采购方案,科学设置评价条款,相关工作圆满完成。全年集约化采购金额达到约146.87亿元,一级物资集约化采购率97%。

(赵亚南)

【**物资仓储管理**】 2023年,全面总结和提炼2022年降库优秀做法,坚持"月跟踪,季督促"的工作机制,组织召开降库推进会4次,压实降库责任,要求重点单位建立降库领导小组,发布《闲置与废旧物资管理规范》,理顺闲置物资处置渠道,引入社会优势资源,拓宽闲置物资处理渠道，物资降库工作成效显著。推进"框架协议+代储"模式，推进应急钢管、压缩机备件等1600余万元物资代储，"控制型"储备模式成效凸显。推行电商化采购，实现标准器件、劳保用品、办公用品采储一体化，不仅控制库存新增，同时提高物资保障效率，全年降库9.05%。

【物资质量管理】 牢固树立"质量至上"的管理理念，持续健全物资质量管理体系，补充编制各类监造实施细则，抓实抓牢监造飞检基础工作，锁定外协件和外购件薄弱环节，明确质量管控要求，委托质量检验监督公司开展第三方质量监督检查，防范质量风险，2023年国家管网集团组织飞检30余次，质量监督检查1次，切实打牢管道运行本质安全的基础。组织监造工作集中研讨，全面总结和认真分析质量管理，深入研究小批量订单、框架协议份额分配、资料归档等事宜，切实提升监造水平。

（孟祥涛）

工程建设专业管理

【概述】 2023年，以工程建设业务管理提升为导向，持续加强工程专业化管理能力建设。

开展调查研究，持续丰富完善前期管理体系文件，建立健全独具特色的项目前期管理体系。优化设计管理制度及流程，引入更多市场化勘察设计资源，不断完善设计考核评价标准，加强设计督察管理，启动设计回访，变革设计模式，新时代管网特色大设计体系更趋完善。部署工程设计"百日亮剑"行动，全面提升施工图设计质量。持续完善油气管道工程技术与管理准则体系，截至2023年底，DEC体系文件达610个。"五新"引领技术进步，完成36项工程"五新"应用、3项示范样板工程、9个工程技术创新创效项目验收和评优，高效建造、设备材料、绿色低碳、数字智能4大技术领域实现突破。修订发布《新建项目承包商管理规范》《投标人失信行为管理规范》《非招标采购管理规范》和《评标专家和评标专家库管理规范》，优化招标采购体系。实施更加灵活的集约化采购策略，大幅度提高采购执行效率。发挥国家管网集团平台化优势，推行集中共享服务，加强资源统筹调配，保障重点物资供给。统筹推进项目勘察、可行性研究编制以及工程设计框架招标，加快实现工程建设项目前期及设计阶段框架选商模式全覆盖。持续强化供应商管理，依照国家管网集团"一中心、一张网、一公司"的管控准则，大力打击弄虚作假、围标串标、中标违约等违法违规违约行为。深入学习贯彻习近平总书记关于安全生产重要论述，认真贯彻落实国家管网集团工作会和安委会精神，全力推进"集中管控、分级管理、建管融合、行业监督"体制机制和工程质量安全保证体系运行。推进制程全面融合，数据治理持续走深，数字化协同设计平台和供应链管理系统全面上线运行，智能工地和工程项目管理系统（一期）应用持续拓展。

【新时代管网特色大设计体系建设】 优化制度流程。修订《国家管网集团工程建设项目设计与技术管理规定》，更新设计管理及设计变更流程，实现线上化管理。

引入更多勘察设计资源。扩大设计框架的

设计服务商数量，引入更多市场化专业化勘察设计资源，解决设计选商集中、设计资源不足等问题。

完善设计考核评价。按照"精细管理、闭环控制、量化考核"的原则，以设计管理流程关键控制点为抓手，优化设计项目考核方案，重点突出技术创新，并将数字化协同设计平台应用情况纳入考核内容，对参建单位进行全方位评价。

加强设计督察管理。发布《油气储运工程设计督查管理准则》，修订完善《设计督查质量评价表》，优化设计督查质量评价标准；探索由工程质量监督检验公司承担设计督查咨询工作，将设计督查与质量安全检查工作融合，形成联动机制；完善设计督查问题分类，归纳18类典型问题，建立典型问题库。

启动设计回访。全面开展设计回访工作，覆盖国家管网集团成立以来全部投产项目，构建设计闭环管理机制。2023年完成64个项目设计回访和重点项目跟访，通过系统分析问题、制定整改方案、吸纳生产运行单位需求和建议，为进一步创新设计理念、服务生产一线提供有力保障。

变革设计模式。推广应用数字化协同设计平台，全面推行数字化设计和数字化管理，构建"协同设计"新模式。明确建管双方、工程技术创新公司、勘察设计服务商等参建方的平台应用要求，初步设计和施工图设计实现100%上线。

推行设计任务书：完成油气管道、LNG接收站、地下储气库设计任务书模板，细化勘察设计服务商相关工作职责，明确工作范围、成果交付清单、创新创优目标、"五新"应用、国产化、科研成果应用等要求。

（张汉蒸）

【前期业务管理体系与能力建设】 逐步建立健全并持续精进独具特色的项目前期管理体系。国家管网集团成立三年以来，通过艰辛探索与成功实践，边推动重大项目前期工作，边总结凝练工作思想，相互支撑，相互促进，通过3年时间、17000余千米项目的沉淀，以"全国一张网"理念为核心的项目前期工作体系逐步建立健全，并脱胎换骨形成自身特色，内外部关系、工作原则及工作机制逐步理顺并步入正轨，正在努力推动工作体系由"能用"逐步向"好用"蜕变。在投资管理办法、工程建设管理办法框架下，将一张网管理思想、管理要求融入编制输油和输气管道、LNG接收站、盐穴和气藏储气库项目可研报告编制规定，基本构建了项目前期管理框架。2023年，一方面开展调查研究，探寻项目前期工作质量和效率提升路径。依托重点项目，积极征求国家管网集团内部相关部门及单位、国家部委、地方政府、三大石油公司多方意见，从工作标准、工作机制、工作组织等方面进行深入调查研究，从问题导向出发，找出近年制约项目前期工作顺利推进的关键因素，研究形成相应对策共识，持续丰富完善工程实践经验，指导管理体系持续完善。一方面结合调查研究成果，持续丰富完善体系文件。编制完成《可研工作管理导则》《可研评审管理办法》《项目前期相关工作成果衔接工作导则》等前期工作管理文件，建立健全项目可研编制、评审以及与初步设计、核准、专项评价工作衔接等管理体系。另一方面强化业务培训，提升整体业务水平。全年开展两期针对各所属单位、各可行性研究编制单位的项目前期业务培训，持续提升前期业务人员履职能力。

（杨　东）

【工程设计"百日亮剑"行动】 为落实国家管网集团工程建设高质量发展行动部署，全面提升施工图设计质量，围绕制程运营、平台应用、合同执行、勘察测绘、设计变更、图纸版次、管道下沟7个重点领域，分"全面启动、自查自纠"和"总结提升、强化考核"2个阶段，部署工程设计"百日亮剑"行动。通过自查自纠、设计督查、设计回访整改1526个问题，设计质量和设计管理合规性全面提升。

2023年初步设计质量优良率同比提升15%，虎林—长春天然气管道工程、川气东送二线天然气管道工程等重大项目设计质量优良率100%。每100份设计文件减少2.6个问题，图纸合格率整体提升6%，年度综合平均得分上升0.6分。沉管下沟不符合标准规范问题基本解决；非0版图纸施工问题、变更管理程序不完善、变更台账不健全、未批先干、事后变更，变更依据不充分，变更审批周期过长，变更资料不完整、流程L5/L6文件编制规范性等问题得到有效控制；设计文件一致性、DEC准则和标准规范偏离、初步设计批复落实等问题发生频次大幅降低。

【DEC文件工作成果】 截至2023年底，DEC体系文件达610个，形成"管网主导、行业参与、开放融合"的知识成长新生态。

油气管道工程技术与管理准则体系基本完善。统一工艺及自控水平，构建自动化焊接、数字化检测等技术体系，全要素规范"人、机、料、法、环"等质量管控要求；填补LNG接收站和地下储气库工程DEC文件体系空白；着眼新能源发展战略，统一光伏发电系统建设技术标准，弥补技术空白；统一和规范智能工地建设，加强油气储运工程现场施工质量和安全管理，提升施工现场的数字化、智能化管理水平。

建立新技术成果应用联动机制，双连管、无人站、智能工地等新技术与管理成果快速全面应用；统一油气储运350余种物资采购技术条件，大幅缩短采购周期、降低采购成本，规避合规风险等；三维模型设计与交付、物资编码等数据标准为数字化转型带来效益增值作用。

【技术管理革新】 "五新"引领技术进步，完成36项工程"五新"应用、3项示范样板工程、9个工程技术创新创效项目验收和评优，高效建造、设备材料、绿色低碳、数字智能4大技术领域实现突破。

站场工程技术创新引领建造新模式。完成中俄东线齐齐哈尔支线智慧站场示范工程，打造高价值标准化设计产品；站场阀室采用"碳中和"光伏发电，践行"绿色"管道建设理念；LNG接收站预制化率、文23储气库二期工程模块化率达40%；LNG管道保冷、热煨弯管防护等关键质量控制环节实现现场向工厂预制化转变；西三中京山分输站建筑装配率达78%、工期缩减30%，碳排放减少358吨，预装式变电站实现由"建"到"装"转变，创新低碳高效建造新模式。

线路工程技术边界拓展取得新突破。首次实现30度山区管道全自动连续焊接技术规模化应用，川二线川渝鄂段实现70%全自动焊；中俄东线齐齐哈尔支线首次实现国内508毫米管径全自动焊方式为主的规模化应用，首次将全自动焊拓展到200毫米管径工程应用；大口径管道成功应用山体定向钻穿越技术，古河线914毫米山体定向钻穿越长度达1837米；行业首次使用TBM技术，西三中商山6.6千米隧道缩减工期60%。

IWEX管道三维相控阵数字化检测技术工程化验证取得突破。西四线首次实现油气管道三维检测技术工程试点应用，为后续工程试验段实施提供支撑。

LNG接收站国产化率达95%，LNG低温潜液泵获中国机械工业科学技术奖一等奖。

全面启动输氢、输二氧化碳等战略新兴业务技术攻关和标准建设；开展能源魔方、无人站、吊管机布置、分段试压、东北地区线路管道部分区段3LPE防腐层低温指标、油气管道稳定性设计及施工指导6个专项技术研究工作。

技术专家培育在"质"和"量"方面取得新成效。工程技术专家平台在库技术专家1329人，增长27%，进一步扩充LNG接收站、地下储气库、新能源等领域专家资源，拓展专家使用渠道。2023年使用工程技术专家近万人次，培训专家1300余人，开展名师讲堂3次。

"国行团企"标准布局加快。GB/T 34275《压力管道规范长输管道》完成立项；中石协油气储运设备标委会成立，成为国家管网集团首个团体标准化组织和行业首个油气储运类团标组织；新增立项国家、行业标准2项，主编GB/T 34275《压力管道规范长输管道》等国家、行业标准4项，参编14项，评审12项；在12个国家行业技术标准化组织履职，参加国家市场监督管理总局、全国油标委等技术标准化机构会议14次；制定20项工程建设企业标准、发布14项，完成124项企业标准征求意见反馈，健全油气管道、LNG接收站、储气库工程工程设计管理标准体系，统一自动化、数字化等工程技术要求，解决国家、行业标准不完善、技术指导不全面等问题。

（张汉蒸）

【评标专家库建设】 2023年，全面落实新发展理念，增强发展主动性，借鉴工业和信息化部、国铁集团等部委央企的最佳实践，积极培育自有招标代理能力，督促东部原油储运公司招标中心、北京管道公司招标中心深入挖潜内部评标专家力量，搭建评标专家库，发布《评标专家和评标专家库管理规范》，不断打造新引擎、培育新动能，赋能公平、集约、阳光采购新平台，全面助力生产调控、工程建设、管道完整性管理、科技信息、数字使能等业务域加速升级，为"厚植高质量发展和打造世界一流企业根基"提供有力支撑。

【招标采购体系优化】 2023年，坚持贯彻"统一建设、建管融合、管办分离、分级负责"管理要求，立足国家管网集团业务实际，优化整合招标业务相关制度，夯实工程建设高质量发展根基，不断激发市场内生动力，加快推动招标管理体系有效运转，完善1（《招标管理规定》）+N顶层制度体系，修订并发布《新建项目承包商管理规范》《投标人失信行为管理规范》《非招标采购管理规范》和《评标专家和评标专家库管理规范》，进一步健全管理要求和标准。

（汤鸿宇）

【集约化采购】 2023年，集中统筹整体资源市场，充分发挥多项目并行的规模化效应，立足"五化一创"准则，进一步挖掘平衡供应资源，扩大集中采购优势，遵循"集约采购、共享服务"管理原则，依托品类定位模型推行框架采购、带量集中、电商采购模式，依据各所属单位资源、技术、能力和管理水平，授权牵头单位组建采购小组，共同研究决策，建立"汇集需求、集中决策、敏捷执行"工作机制，实现集中采购"班车制、常态化"。通过实施更加灵活的集约化采购策略，大幅度提高采购执行效率，做实"及时、优质、高效"的供应保障管理。

（赵亚南）

【**重点物资供给**】 2023年，强化各方资源协同，综合分析所属单位资源需求，发挥国家管网集团平台化优势，推行集中共享服务，加强资源统筹调配，系统保障国家管网集团管材和设备供应。

发挥国家管网集团"市场化""平台化"战略优势，调动国家管网集团、所属单位、钢厂、管厂等各协同配合，统筹强化供应链条动态平衡运转。多次召开管材资源对接会，与所属单位和钢材、钢管制造企业充分交流，结合钢厂、管厂产能情况，综合分析研判，科学调配产线资源，统筹编制国家管网集团项目群钢管供货计划并滚动执行，合理配置资源，确保计划安排与产能资源相匹配，加强钢管供应保障，依托集约化采购成果，提前锁定优势产能资源，全面提高保供效率。利用"月计划、周协调、日跟踪"管理机制，统筹跟踪物资供应进度，编制月报12份，周报52份，有效保障国家管网集团钢管供应，全年完成供管2600千米，中转站库存钢管600千米。

加强与各所属单位沟通衔接，建立压缩机组等长周期设备沟通协调机制，利用"周月报"紧密跟踪压缩机制造生产进度，组织五大连池、明水、肇源、梧州站、文23储气库二期共计5个项目，15台压缩机组（10台电驱压缩机组、1台燃驱压缩机组，4台往复式压缩机）按期到货，其中梧州站燃驱压缩机实现6个月供货。顺利实施西三线中段、川二线铜梁站、吉安站23台电驱压缩机组集约化采购。

发挥国家管网集团统筹资源平台优势，依托国家管网集团应急储备库、各所属单位和供应商库存资源，高效完成陕京一线水毁抢险物资保障工作，确保项目运行本质安全。

（王铁旭）

【**工程建设领域培训**】 2023年，立足"结合实际、立足实用、突出实效"制定培训计划，整体规划工程建设业务领域培训工作。聚焦工程建设各个重点阶段和关键环节，通过专家授课、专题辅导、案例分析、座谈研讨、操作实践等多种培训形式，全面解读国家政策法规及国家管网集团规章制度，详细宣贯业务提升思路及方案举措，强化各环节合规风险防控指导，提升工程建设队伍的专业化管理能力和技术水平，推动培训内容在业务高质量发展实践中落地生根。

组织工程建设领域培训10次，内容覆盖工程项目前期、设计、招标采购、实施、质量安全、公共关系、数字化等7项业务，累计培训专业管理和技术人员700余人次。举办2期工程建设项目前期管理培训班，推动完善和提升相关业务人员市场分析、可行性研究编制、专项评价、经济评价、项目核准、投资估算等方面知识体系及攻关能力。组织开展工程建设项目设计管理培训，以"解决项目执行过程中发现的技术和管理问题"为导向精心策划设置10项课程，提升设计人员业务管理水平及问题解决能力。通过开展工程实施管理、质量安全管理、公共关系管理、工程建设数字化等业务培训，推动全方位提升工程现场管理水平，以数字赋能工作质效不断提升。

（谢祝祝）

【**勘察设计框架招标**】 按照"五化一创"目

标，依据各所属单位资源、技术、能力和管理，持续创新优化工作组织模式，加强与各项目建设主体的沟通衔接，开展集约化采购，统筹推进项目勘察、可行性研究报告编制以及工程设计框架招标，加快实现工程建设项目前期及设计阶段框架选商模式全覆盖。通过实施更加灵活的集约化采购，2023年招标项目数量由2022年的2347项减少到1958项，降幅达16.5%，切实提升工作效率。

【供应商承包商管理】 依照国家管网集团"一中心、一张网、一公司"的管控准则，打击弄虚作假、围标串标、中标违约等违法违规违约行为，深入理解并准确把握业务监督第一道防线系统集成、协同高效的内涵要求，审计、巡视、纪检监察各部门协同配合，打造"一处违约、全网受限"的联动管控模式，2023年处理95家（次）失信投标人、新建项目承包商，永久清退四川大成创新石油工程技术有限责任公司、克拉玛依宏海管道技术有限公司、丹东通达管道设备安装有限公司等15家严重丧失社会公德、商业道德，给国家管网集团造成信誉、形象等重大负面影响的单位。其余80家单位分别给予在国家管网集团范围内暂停投标资格6个月到2年不等以及警告的处理，以依法合规的采购行为保障优质资源供应。

（汤鸿宇）

【采购管理对标评估】 2023年，总结前两次对标评估经验，形成专题报告，详细分析国家管网集团的不足，先后下发通知，3月10日在工程部加挂供应链部牌子，5月24日成立国家管网集团供应链委员会，完善组织架构。详细分析中国石化、国家电网等央企的典型做法，依托供应链项目组开展供应链管理咨询工作，规划国家管网集团供应链发展方向。扬优势、补短板，对供应商、物资质量、仓储物流、绿色采购、国产化等方面进行系统梳理，查缺补漏，及时完善相关流程和规范要求，国家管网集团供应链管理体系取得较大进步。提前谋划，精心准备，组织第二组评估专家到国家管网集团压检中心调研燃气轮机维修国产化，精心合作，详细梳理，突出亮点，严格按照对标标准答题做卷，国家管网集团最终取得第二组第四名的成绩（较2021年第11名，2022年第6名的成绩显著提升），国家管网集团供应链管理水平进入央企第一梯队。

（孟祥涛）

【工程质量安全管理】 2023年，深入学习贯彻习近平总书记关于安全生产重要论述，认真贯彻落实国家管网集团工作会和安委会精神，全力推进"集中管控、分级管理、建管融合、行业监督"体制机制和工程质量安全保证体系运行，组织建设单位深入落实质量首要责任和全面责任，构建"大质量、大安全"护航工程建设高质量发展。

围绕高质量发展目标，健全完善质量安全保证体系。持续推进工程技术创新公司、建设项目管理公司、工程质量监督检验公司专业化建设；发挥国家管网集团一体化优势，完善建管融合前伸后延，加强前期和验收阶段全面融合；开发应用设计、供应链和PIM系统，通过工业互联网+工程建设安全生产相结合，助力保障本体质量安全。强化系统思维，基本建成管网特色"全国一张网"项目定义体系。推进专项设计、精细化设计和动态设计，带动本质安全水平越级提升。强化物资全生命周期质量问题验收闭环机制，持续完善物资质量管控策略。持续加强关键环节质量和现场高风险作业管控，不断完善全员安全生产责任体系，推动各方主体责任落实，严格落实风险分级管控和隐患排查治理双重预防机制，严格执行国家管网集团"十大禁令"和"承包商管理十项措施"刚性要求，设计质量、物资质量和现场施工质量全面提升。

践行高质量发展要求，工程质量安全水平稳步提升。持续强化体系监管，开展国家管网集团级设计督查、工程质量安全检查以及焊接、无损检测、防腐专项检查，有效提升设计施工质量安全管理。在国家管网集团范围内开展工程质量典型问题百日攻坚专项行动，技术文件编制不完善、过程记录填写不规范、临时用电不规范等部分"低老坏"问题得到治理。开展技术创新和工程创优，完成柔性焊接机器人国家重点研发课题项目申报，日照—濮阳—洛阳原油管道工程获2023年国家优质工程奖，向社会传递国家管网集团"管网铁军"良好形象。

坚决落实国家管网集团《国家管网集团重大事故隐患专项排查整治2023行动总体方案》。根据国家管网集团重大风险挂牌督办安排，践行有感领导，严格落实排查整治责任和"三个一"活动工作计划，积极衔接相关单位明确工作要求和督办事项，相关工作全部按期完成。

建立质量安全问题数据库，利用数字化手段开展知识分享，提升人员能力。整合PIM一期系统已记录的质量安全问题历史数据，从问题管理场景入手，建立工程质量安全问题知识库，涵盖焊接、无损检测、防腐、土建、设备、人员管理、现场HSE管理等专业。2023年问题库数据录入1873条，累计19326条，通过对工程管理薄弱环节进行显性分析，为全体工程建设参与者提供知识分享和赋能。

2023年，焊接一次合格率98.22%（同比提升0.02个百分点），投产一次成功率100%，全年安全工时5560万小时，未发生较大及以上质量安全责任事故。全年开展国家管网集团级检查16次，开展设计督查百日亮剑、工程质量安全典型问题百日整治2次专项行动；质量监督检验公司开展日常质量监督687次，发现问题12042项；所属单位自查301次，整改问题6266项、隐患7821项。全年清退承包商违反国家管网集团十大禁令人员27人，共清退179人，约谈承包商161人，罚款1217万元，94家承包商被限制投标（半年至长期），其中15家被永久禁入。

（杜岳松　仲　谦）

【工程项目信息化建设】 推进工程项目管理系统（一期）实施应用，累计接入236个工程项目进行项目群管理，在实施项目73个，累计用户2.2万个，按照DEC标准，完成设计、施工、采办等核心数据620余万条（形成130余T存储）入库，其中焊接数据70万余条，检测数据160万余条，电子化检测底片390万余张，实现单项目和项目群信息化管理和综合展示，保证工程项目信息化工作正常开展，初步具备主要施工数据数字化移交能力。在工程项目中搭建智能工地机组360余个，接入视频监控1700余个，实现关键工序工况数据自动采集和施工作业全过程视频监控，依托重点项目开展智能AI技术、无人机计量、远程巡检等新技术探索应用，进一步提升工程项目管理智能化水平。2023年5月正式启动工程项目管理系统（二期）项目实施，承载了23个L3流程，开发完成61个L5/L6流程成果，完成8个典型企业和典型项目现场需求调研和所有所属单位问卷调研，完成13个统建系统的调研交流，

9月和11月分别通过国家管网集团组织的需求分析和详细设计审查。12月完成综合计划、周期报告、外协管理和问题库四项业务功能上线及试点应用。

（张建伟）

【**工程领域数字化转型**】 制程全面融合，12项制度要求融入流程，优化迭代流程96个，一贯到底统一编制262个L5/L6，覆盖工程供应链全生命周期管理。

3.0&8.0数据架构完成设计，设计182个业务对象、74个数据质量度量指标，发布数据标准类DEC文件43个，实现业务架构与数据架构同生共长；清洗历史物资编码超25万条，从设计源头统一编码规则，构建"一物一图一码"规则。

2023年9月，数字化协同设计平台全面上线，包含设计管理、线路设计、站场设计、估概算编制、工程交付5个子系统，覆盖可研、初设、施工图、竣工图、技术、DEC、知识管理，流程线上化率达100%。线路设计系统首次融合BIM和GIS技术，具有国家管网集团自主知识产权；统一站场设计系统，内嵌DEC文件技术要求，提升标准化、模块化设计水平；设计成果由文档、图纸向数据、模型转变。

2023年9月，供应链管理系统全面上线，包含电子招标、核心采办、仓储物流、专家库4个子系统，支持国家管网集团供应链管理规范化、数字化，为供应商等第三方企业提供协同服务。系统内置76类物资采购方案、41类监造细则，仓库9万余项物资实现"物、码、图"一体展示。全面推行电商采购、集约采购，引入线上监造，填补物流管理空白，提升全流程管控能力和透明度。与国家管网集团内外部23个业务系统（设计、工程、生产、财务、合同等）集成，实现供应链上下游之间协同共享。

智能工地应用持续拓展。累计搭建智能工地机组360余个，实时采集焊接数据，异常工况自动预警，逐步形成"互联网+工程建设"新模式。

2023年，工程部IT系统先后6次获得国家部委及行业大奖，对外充分展示国家管网集团工程数字化转型丰硕成果。

（张汉蒸）

国家石油天然气管网集团有限公司年鉴 2024
CHINA OIL&GAS PIPELINE NETWORK CORPORATION YEARBOOK 2024

安全环保

综　述

【概述】 2023年，国家管网集团深入贯彻习近平总书记安全生产重要论述和生态文明思想，落实国务院安委会、应急管理部、生态环境部、国务院国资委等部委安全环保工作部署，围绕"五个坚持"总体方略，以安全管理强化年为主线，深入推进QHSE管理体系有效运行和数字化转型，通过关口前移控风险、标本兼治除隐患、从严监督压责任，较好完成各项目标任务。

安全管理

【概述】 2023年，国家管网集团深入贯彻习近平总书记关于安全生产重要论述，牢固树立安全生产"三个一切"的理念，落实"从零开始、向零奋斗"总要求，以安全管理强化年为工作主线，全力开展重大隐患排查专项行动，全面提升全员安全意识、发挥安全大监督保障作用，为国家管网集团高质量发展提供坚实保障。

【安全生产责任落实】 2023年，国家管网集团逐级签订安全环保责任书，全面落实《安全生产法》等法律法规要求，突出"零死亡"关键指标和事故事件从严考核问责原则，修订并差异化形成《国家管网集团2023年安全环保责任书》，细化明确制定责任指标、考核内容和责任追究条款；组织22家所属企业完成签订工作，并督导各企业逐级分解、穿透基层、全覆盖签订HSE岗位责任书3万余份。加强安全环保过程管控考核，按照差异化、精准化、可量化原则和年度重点任务，以安全环保过程管控为一级指标，以约束类、过程管控类和奖励类指标形式，建立所属企业2023年安全环保业务领域KPI指标体系，并结合企业功能定位和业务特点，"一企一策"设置KPI考核指标、权重和考核目标，确保安全环保业务领域2023年主要业绩指标在对所属企业的考核中自上而下、有效承接。

【安全风险分级管控和隐患排查治理双重预防机制建设】 健全完善双重预防机制，动态识别并建立2023年风险隐患"一企两清单"，重点对承包商管理、鲁宁线老旧管道本体缺陷等62项较大及以上风险隐患，实行两级领导干部重大风险挂牌督办，逐项制定严格的风险管控和隐患治理方案，从制度、管理、工程、技术和应急等方面综合施策、全力攻坚，2023年实现降级重大风险10项、整治较大隐患29项。健全完善安全"吹哨人"机制，修订重大隐患报告第一发现人奖励制度，畅通报告渠道，全年对25起国家管网集团级隐患报告人予以奖励，指导各企业对1147名各级隐患报告人予以奖励。全面落实应急管理部关于双重预防机制数字化建设要求，完成风险管控、隐患排查、作业许可、承包商安全管理、重大风险挂牌督办、重大危险源及三类包保责任人履职任务等HSE管控一体化平台功能建设及全面推广应用。

安全环保

【燃气隐患专项排查】 2023年，国家管网集团认真贯彻习近平总书记关于宁夏银川燃气爆炸事故重要指示精神，落实国务院安委会及国务院国资委工作部署，深刻汲取燃气爆炸事故教训，组织企业重点对液化气罐、自用气橇及城市燃气管道、燃气设备设施、生产及生活燃气场所等方面开展专项安全隐患排查，发现问题隐患450项，完成全部问题隐患整改。为从根本上消除站场生活燃气隐患，组织各企业开展石油液化气灶"清零"行动，要求各企业采取措施将生产场站和生活基地的液化气灶及气瓶（生活用途）改造为电磁灶，实现气瓶全面"清零"，彻底消除石油液化气安全隐患。

【安全专项整治】 2023年，国家管网集团落实国务院国资委安全生产隐患专项整治工作部署，按照企业自查自改、专项督导检查和企业整治自评三个阶段，突出重大危险源、高后果区等易导致群死群伤的重点领域，组织开展岁末年初安全生产重大隐患专项排查整治工作。实施重大事故隐患专项排查整治2023行动。党组领导示范带头，将专项行动纳入主题教育和调研重点一体推进，深入一线督导检查，推动建立各级主要负责人带头抓落实、抓整改机制，针对特殊作业、外包外租、消防应急等重点领域，企业自查和总部督导两阶段排查整改隐患4635项，整改率100%。中央企业安全管理强化年行动按期收官。聚焦安全生产思想观念、责任落实、隐患治理和本质安全等6方面，制定专题方案并组织落实82项强化提升任务，"一企一策"系统整治安全管理突出问题和薄弱环节，推动安全管理整体水平持续提升。统筹推进老旧管道安全专项治理。完成23条、30段、3672.84千米老旧管道安全风险专项评估检查，确定安全风险等级，针对4段中风险、26段低风险管道及81项问题，分类推动落实"一段一策"整改提升方案，有力保障老旧管道的安全平稳运行。开展重大危险源督导检查和中小型油气储存企业安全风险评估。实施212处重大危险源自查评估和专项整治，重点推进黄岛油库安全综合整治，泉港油库、日照油库2处中风险实现降级。完成4处油气储存基地安全评估整治，全部为低风险。

【重点领域和重要时段安全风险防范】 2023年，国家管网集团加强"市场化、专业化、区域化、共享化"改革期间安全风险管控，科学研判改革过程中组织机构、职责界面、人员划转、管理模式等变动变革引入的"变更"风险及制约因素，组织开展筹备组安全培训和专题研讨，一体制定安全环保指导意见、表单化验收标准及任务清单，明确了12项重点关注事项，针对性开展现场调研督导，对新组建7家区域（省）公司和2家专业化公司开展独立运营前安全环保验收工作，有力保障改革期间HSE责任到位、措施到位、风险受控。加强重要时段安全生产工作，印发《集团公司2023年春节至全国"两会"期间安全生产工作安排》，狠抓安全防范责任和措施落实，确保春节至全国"两会"重要时段的油气管网运行安全平稳。全力开展省网融入、合资合作HSE尽职调查。完成盘州两河至红果天然气管道资产收购项目可行性研究安全环保审核，开展相国寺、辽河、呼图壁合资合作HSE尽职调查，协同开展湖南省省网融入隐患整改"回头看"，强化合规问题及安全隐患整改落实，把好安全环保关，切实维护国家管网集团权益。组织新一轮油气管网服务合同安全环保条款梳理修订，涉及4类24项条款，进一步明确双方安全环保管理界面、职责及HSE管理协议签订要求。完成430家托运商安全类资质准入审核。

【应急预案体系管理】 2023年，突出"可操作、可执行"原则，结合油气管网改革试点深入推进和"极端情况下的应急保供能力不足"专项整治目标，编制修订《国家管网集团极端情况应急保供专项预案》，健全并形成国家管网集团"1+15"应急预案体系，按照"上下衔接、科学实用、便捷高效"的要求，督导企业完成217个企业级应急预案备案报备工作，推动23家所属单位完成两级总体、综合与专项应急预案的修订备案，以及基层单位现场处置方案、应急处置卡的修订发布工作，逐步完善国家管网集团应急管理的体制机制。征集基层一线关于突发应急事件"十分钟处置原则"的最佳实践，督促企业开展"双盲式、情景化"应急演练工作，提升国家管网集团应急处突水平。

【安全队伍建设】 2023年，国家管网集团开展安全生产队伍先进评选，表彰国家管网集团2022年安全生产先进企业5家、先进基层单位100家和先进个人172人，充分发挥典型引领作用，激励广大干部员工创造安全新业绩。制定并实施"关键少数"安全能力提升培训计划，完成第二期安全总监培训班、新单位筹备组成员安全专题培训班，累计培训78人。开展安全生产月活动，组织习近平总书记关于安全生产重要论述主题宣教活动6283场，参与全国知识竞赛42.98万人次，通过"安全大家谈""我来说安全"及警示教育、应急疏散演练等载体，营造"人人讲安全、个个会应急"浓厚氛围。开展所属单位安全生产述职，聚集安全生产法"七项职责"落实和安全生产难点、痛点问题解决，采取现场述职与书面述职相结合，有效推动37名企业主要负责人和安全总监依法履职。加强消防能力建设，举办首届消防比武，7家单位25支专职消防队参赛，检验消防实战能力。积极履行社会责任，各专职消防队参与地方火灾救援35次，抢救群众45人，挽回经济损失2649万元。

【事故事件管理】 2023年，国家管网集团严格贯彻承包商事故视同企业内部事故管理要求，组织开展"1·02""9·27""12·9"承包商安全生产事故的内部调查，调查组通过人员访谈、查阅资料、现场勘察等方式，编制内部调查报告，按照"四不放过"原则，对相关责任单位及人员追究并督促落实整改及预防措施。关口前移强化异常事件管控，注重苗头和预警，优化异常事件统计、通报、分享和改进监管机制，构建异常事件报送机制和安全"吹哨人"奖励机制，营造积极主动报告异常事件的氛围，提升异常事件管理水平。通过国家管网集团安全月度例会及WeACT平台，定期统计、通报、分享企业异常事件情况及教训，指导企业制定改进措施。总体异常事件和较大级异常事件同比减少114项（34.1%）和18项（22.2%）。

（陈建红 赵连成 刘 亮）

生态环境保护管理

【概述】 国家管网集团始终将习近平生态文明思想作为公司绿色发展的根本遵循，高度重视生态环境保护工作，坚决扛起政治责任，坚持以高水平保护支撑高水平发展，全面构建"绿色管网"，助力美丽中国建设。

安全环保

【环保基础建设】 深入落实总书记全国生态环境保护大会讲话精神。2023年，国家管网集团制定管网落实方案、行动计划及目标，从生态文明思想、污染防治攻坚战、绿色低碳转型等4个领域12个方面全面落实大会精神。制定发布《长输油气管道规划环境影响评价技术导则》《长输油气管道建设项目环境影响评价技术导则》2项环保标准，修订发布《管理环境监测》等16项生态环境保护管理流程，进一步夯实环保管理基础。

【环境风险防范】 2023年，组织各企业举一反三开展风险隐患排查整改工作，经排查评估确定国家管网集团级重大环境风险1项、所属企业级重大环境风险2项，组织制定实施重大安全环保风险管控方案，明确分工、齐抓共管，确保防控责任落实到位，有效管控安全环保风险。综合施策土壤和地下水污染风险管控。针对379个油品储罐开展地块信息调查，对65个地块开展初步采样调查，制定5座重点关注输油站库清单，形成管网特色"边生产、边管控"在产油库管控方案，为环境风险分级奠定基础。开展油库防渗整治工程。日照、青岛、泉港、沧州、洪湖等5座油库完成储罐区防渗改造，提高风险防控水平。

【生态环境保护理念宣贯】 2023年，开展环保宣传培训，结合"全国生态日"等活动，通过张贴环保海报、播放主题宣传片、开展环保讲座、与驻地生态环境主管部门联学联建等多种方式，宣贯生态环境保护理念，提升全员"绿色工作"意识。2023年6月，中俄东线天然气管道工程"绿色"管道建设成果通过《中国环境报》和中国环境微信公众号等媒体宣传，展示管网的绿色发展形象。

【环保历史遗留问题整改】 2023年，科学根治环保历史遗留问题，主动攻坚困难点，庆铁四线、宁夏石化外输管道环保验收、"珠二期"管道穿越水源地，锦郑线穿越环境敏感区等4项问题彻底整改关闭。组织专家研讨论证洛驻偃师、鲁皖二期污染降级方案，科学施治，实现风险基本受控。

【重点项目环评报告报审】 推动建立重点建设项目环评调度机制。2023年，加强与生态环境部环评司的汇报沟通，协调8项生态环境部审批项目、20项地方审批项目纳入环评审批支持事项。推动重点项目环保"三同时"。川二线川渝鄂段（一阶段）、虎林—长春、百色—文山等重点项目环评取得生态环境部批复。开展事中事后监管。"四不两直"督查西三线中段、西四线等重点工程穿越秦岭、腾格里生态红线、灞河水源保护区、终南山世界地质公园等环境敏感区，整改问题27项，督导落实环评批复要求。

（来　源　张心怡）

碳排放管理

【概述】 2023年，按照《国家管网集团碳达峰行动方案》部署，国家管网集团围绕"保障国家油气能源安全、服务国家双碳战略、积极实现自身双碳目标"的任务，持续开展"八大行动"，扎实推进碳达峰重点任务落实落地。

【绿色低碳转型】 2023年，前瞻性布局集中式光伏发电项目，开展西部管道公司精河县

34万千瓦光伏项目前期工作，建成后发电量可达5.9亿千瓦·时/年。持续开展管网站场分布式光伏发电工程，加强分布式光伏发电项目前期论证工作，优化项目建设时序，建成压缩机维检修中心、滚泉站、茂名西站、贵港新站、南宁新站、天津LNG接收站、鄯善作业区、滚泉作业区、魏荆线整治工程等光伏发电项目，启动安宁首站、凌海站光伏发电项目建设，累计完成发电量1850万千瓦时，减排二氧化碳1.05万吨/年。持续实施加热炉、锅炉"油改气"技术改造，完成7座站场17台加热设备"油改气"技术改造，启动郑州分公司和大庆分公司加热炉和锅炉改造，推进长庆分公司四墩站、灵武站、永宁站加热炉、丹东分公司丹东站锅炉等"油改气"工程，减排二氧化碳0.95万吨/年。

【低碳能力建设】 2023年，推进低碳管理体系建设，制订发布Q/GGW04006—2023《油气储运企业温室气体管理体系实施指南》；按月开展温室气体排放核算与统计分析，开展所属企业年度碳核查分析工作，持续提升温室气体排放数据质量。组织开展地区公司HSE系列低碳管理模块操作培训，持续提升地区公司低碳管理水平。滚动优化绿色产品交易方法和策略，推进绿色电力使用并获得认证，完成1.15亿千瓦时绿电消纳取证，实现国家管网集团绿电取证"零"的突破，绿电降碳66万吨。

【深入推进甲烷排放控制】 深入推进甲烷排放控制和科技创新。2023年，将甲烷管控作为双碳战略重要组成部分，作为创始成员参加"中国油气甲烷控排联盟"，制定实施《甲烷排放管控行动指南》。开发管网甲烷排放实测量化核算方法；成功开展管道线路移动式和站场固定式放空回收示范工程，实现单次线路放空回收天然气24.7万立方米、站场压缩机放空气90%回收的初步成效。

【强化科技支撑】 2023年，牵头完成中国工程院战略咨询项目——碳中和愿景下二氧化碳管道输送发展战略研究，首次提出中国二氧化碳管道发展战略。成功完成国内首次二氧化碳管道全尺寸爆破试验，形成管道断裂控制方案。开展二氧化碳管道技术研究，形成二氧化碳输送工艺控制要求、管材止裂方法、设备选型、腐蚀控制、安全放空及泄漏扩散规律等核心技术，发布19项二氧化碳管道输送成套企业标准，初步具备为示范工程建设运行提供技术支撑的能力。开展掺氢天然气管道技术研究，形成掺氢天然气泄放、燃爆演化定量表征、掺氢天然气计量修正模型、掺氢天然气静置分布模型等核心技术，成功实施大尺度天然气管道掺氢燃爆实验。启动高钢级抗氢管材及试验平台建设研究，完成31项氢能管道输送系列企业标准编制，为示范工程实施奠定技术基础。

【开展绿色国际合作】 在氢能储运、二氧化碳管道、甲烷管控、节能低碳等技术与标准研究方面，与北京大学、美国环保协会、Enagas、DNV、SNAM、TWI等开展技术交流与合作，牵头和参与制订ISO标准提案1项、国家标准5项、行业标准2项、团体标准6项。持续开展"中国油气企业甲烷减排联盟"相关工作，参与联盟技术交流，承担长输管道储运工作组组长单位工作职责。

（来　源　张心怡）

安全环保监督管理

【概述】 国家管网集团安全环保监督采用"中心—区域分中心"两级组织架构和"1+5"区域布局，构建起上下一体化、业务全覆盖的安全环保监督体系，全面推进安全环保监督工作，为安全生产水平持续提升贡献力量。

【承包商安全监督】 2023年，制定并发布《集团公司承包商管理十项措施及条文释义》，健全承包商资质关、HSE业绩关、队伍素质关、施工监管关、现场管理关等"五个关口"管控机制，从严监督检查承包商1006家次，通报违反行为3起，下达整改通知单117项，将17家承包商列入"黑名单"。针对承包商事故，安全生产约谈企业主要负责人2人。

【承包商及高风险作业管理】 2023年，持续强化高风险作业安全监管，修订完善《国家管网集团作业许可安全管理细则》及应用解答，明确作业监护人、批准人等7类角色职责及高风险作业全过程安全监管要求。坚持一贯到底和现场监督常态化，修订发布作业许可安全管理细则、应用解答等制程文件，滚动检查高风险作业现场3429处，发现整改问题3748项。印发《关于进一步加强承包商及高风险作业现场人员聚集风险管控相关要求的通知》，规范并控减高危作业人数，最大限度降低过程风险。

（刘 亮）

QHSE体系建设

【概述】 2023年，国家管网集团立足制度、流程建设进展情况，健全完善国家管网集团QHSE管理体系，优化QHSE责任制建设模式并推广应用，开展HSE培训提升全员能力素质，深入实施QHSE管理体系审核，推动消除管理缺陷和提升管理水平。

【QHSE责任"三个一"建设】 2023年，贯彻落实《中华人民共和国安全生产法》要求，创新推动安全生产责任制建设，应用推广QHSE岗位责任"三个一"试点成果，全面覆盖基层站队岗位员工，细化责任落实任务、能力要求、考核标准等内容，开展责任制运行数字化建设，推动压实基层员工安全责任。

（刘恒宇）

【安全环保、职业健康管理制度、规范和标准建立健全】 建立健全安全环保专业标准体系架构，包括基础通用类、QHSE体系类、安全类、环境保护类和职业健康类共5个大类，15个小类，涵盖国际标准、国家标准、行业标准、地方标准、国家管网集团企业标准共计636项。推进安全环保标准制修订工作，制定11项安全环保专业企业，开展2023年发布的19项安全环保标准宣贯培训工作，推动标准实施见效。

【QHSE 管理体系量化审核工作】 2023年，国家管网集团根据制度、流程建设最新进展，修订完善国家管网集团 QHSE 管理体系量化审核清单，为体系审核奠定良好基础。分类施策完成 14 家企业 2023 年体系审核，发现和消除管理短板及问题 7282 项，推动制程管理要求落地，提升国家管网集团整体 QHSE 管理水平。

（姚学军）

【持续提升全员 HSE 素质技能】 2023年，制定并实施各级 HSE 培训教育计划，常态化开展安全总监、体系审核员、HSE 业务骨干等专题培训，分级分类实施全员 HSE 履职能力考核，进一步提升员工能岗匹配度。编制印发《国家管网集团员工安全手册》，统筹开发培训课件 60 个，培育并推动"人人都是安全员"理念进一步深入人心。通过《安全》杂志编委会，于 6 月推出一期管网特色"安全经验分享与事故案例分析"专刊。组织开展习近平总书记关于安全生产重要论述主题宣教活动 6283 场，参与全国知识竞赛 42.98 万人次，通过"安全大家谈""我来说安全"及警示教育、应急疏散演练等载体，营造"人人讲安全、个个会应急"浓厚氛围。

（丁俊刚）

安全环保数字化流程运营

【概述】 2023年，以"统筹部署、分步实施、以点带面、体系融合、风险受控、穿透基层"的总体原则，全面推广 5.0 安全环保流程，推广实施 HSE 一体化管控平台，全面推动流程数字化落地。

【5.0 安全环保流程建设】 推进 5.0 安全环保流程运营落地见效。2023年，坚持"制程一体"，将企业 270 项 L5/L6 作业指导书的典型实践融入 L3/L4 流程文件统一管理，全面推广 5.0 安全环保流程运营，推动业务域管控要求一贯到底、穿透基层。

【QHSE 管控平台建设】 推动 HSE 管控一体化平台建设。2023年，突出数字化赋能安全，推动安全环保 64 个子模块、36 个移动端上线运行，深化双重预防数字化平台和数据"一本账"管理，推动数据接入 14 家省级地方政府监控端，实现风险隐患防治关口前移。

（刘　亮）

国家石油天然气管网集团有限公司年鉴 2024
CHINA OIL&GAS PIPELINE NETWORK CORPORATION YEARBOOK 2024

科技数字化

科技创新

【概述】 2023年，国家管网集团科技业务以习近平新时代中国特色社会主义思想为指导，认真贯彻落实"五个坚持"总体方略，推动科技发展战略任务落实、落地，在打造原创技术策源地及世界一流企业、实现高质量发展的新征程上迈出了坚实步伐。

国家管网集团2023年研发经费投入强度达0.9%，成功申报3项国家重点研发计划项目，牵头制定发布1项ISO国际标准，1项发明专利获中国专利优秀奖，2项成果入选国家能源局首台（套）重大技术装备，高钢级管道环焊缝缺陷检测评价、大型天然气管网仿真、氢能/二氧化碳管道输送等多项重点研究任务取得重大阶段进展，国产天然气气质分析设备发布并应用，中国国际管道会议（CIPC）成功举办，科技服务支撑主营业务发展、创新引领战略性新兴产业技术进步的作用更加凸显。

【技术图谱研究】 2023年，国家管网集团强化战略思维、系统思维，创新应用技术图谱研究方法，全面解码科技发展战略研究任务，围绕"技术、业务、任务"三大维度，研究形成七大技术领域、三大业务对象、十大重点任务"三类技术图谱"以及技术图谱手册、技术图谱报告"两项有形成果"，一体化布局科技攻关、研发平台建设和科技人才发展，系统回答国家管网集团技术发展现状、对标世界一流的差距不足、科技如何发展等系列战略问题，为国家管网集团中长期科技发展提供指导和遵循。

【国家级科技项目申报】 2023年，国家管网集团成功申报"大口径油气管道柔性焊接机器人关键技术与应用示范""油气管网控制系统跨域多维安全智能预警关键技术""高压大口径油气管道泄漏应急处置技术与装备"3项国家重点研发计划项目，成功申报"高压纯氢输送专用管材及配套环焊技术开发""超临界CO_2输送用X65专用管材及配套环焊技术开发""大沈线海底管道工程用X65管材及配套环焊技术开发"3项国务院国资委"中央企业创新LHT"项目，实现国家管网集团牵头承担国家重大攻关任务和国务院国资委关键核心技术攻关项目新突破。

【"五大创新""九项机制"落实】 2023年，国家管网集团强化业务和技术双轮驱动作用，设立"地下空间高效利用关键技术研究与应用"重大科技专项，国家管网集团党组领导挂帅成立项目指挥部，充分发挥国家管网集团整体合力，实现工程建设与科技攻关的高效协同。持续实施"揭榜挂帅"机制，完成9项"揭榜挂帅"科技项目年度考核评价并实施激励奖励，针对"纯氢管道输送工程关键技术及标准研究""油气管道地震灾害完整性管理支持技术研究"2项重大共性项目实施"揭榜挂帅"，8家所属企业10位科研人员参与竞聘，鼓励所属企业积极推行"揭榜挂帅"，研究总院、工程技术创新公司等4家所属企业实施内部"揭榜挂帅"，创新活力和创新氛围进一步增强。继续实施"闸门式"管理机制，国家管网集团级3项、所属企业级3项科技项目因立项必要性不足，未通过开题审查，不予立项。

【关键核心技术攻关】 2023年，国家管网集团聚焦安全输送、高效运行、价值服务三大业务需求以及十大重点研究任务，加快推进关键核心技术攻关，统筹推进3项国家重点研发计划项目、13项国务院国资委核心技术攻关任务和154项国家管网集团延续项目，取得突出成效。

管道失效与灾害控制方面。成功研发直径1219毫米多物理场综合内检测器、直径1219毫米综合自动力内检测器、站场工艺管道内检测器等多型样机，具备0.3毫米开口环焊缝裂纹、直径3毫米针孔缺陷及轴向应力检测（检测精度≤±20兆帕）能力，分别在中俄东线、西三线等完成工业应用，进一步提升高钢级管道环焊缝复杂、微小缺陷的检出能力。

直径1219毫米多物理场管道综合内检测器中俄东线现场试验

新型管材与高效建设方面。通过环焊缝热影响区软化和脆化机理研究，初步明晰"成分—工艺—组织—性能"的定性关系，研发的化学成分精准化调控X80钢管及铌钒新成分体系钢管，显著提升高钢级管道环焊缝性能，分别在川二线、西四线武威段投入工程应用。联合中国钢研科技集团有限公司等成功研发X80直径1219毫米×33毫米大应变管线钢管，满足西四线甘宁段3.4千米地震断裂带工程应用需求，成功研发X65/X70气保实心焊丝，在西三线闽粤支干线、天津LNG外输复线投入工程应用，焊接一次合格率≥98%。

关键设备自主可控方面。国家管网集团关键设备国产化率提升到94%，油气管网安全自主可控水平全面提升。国产30兆瓦燃气发生器在西一线孔雀河压气站圆满完成4000小时现场工业性试验及验收，填补国内空白。5类6种成套国产天然气气质分析仪，在西气东输、陕京管道等顺利完成4000小时工业性试验并成功发布，受到广泛关注，国产动力涡轮在西一线靖边压气站开展现场工业性试验，运行超过2000小时。全国产化PLC和RTU样机在临济复线临邑输油站、济南黄河南岸阀室开展工业性试验。国产16英寸卸料臂、BOG压缩机、低温球阀、大口径常温球阀、低温调节阀、在线取样等设备在天津LNG接收站二期工程、龙口LNG接收站投入工程应用。

管网可靠性与仿真优化方面。成功研发天然气管网离线仿真软件并正式发布，完成国家管网集团所辖全部16个全要素区域管网建模，在天然气管网月度调控运行方案编制中开展试用，试验证明软件针对不同结构、不同输送方案的管网适应性良好，计算精度与国外商业软件平均偏差小于1%。完成6.1万千米全要素管网的压力测试，成功实现求解，单步迭代时间小于15毫秒，是国际首个应用于如此大规模全要素天然气管网的工业软件。完成天然气管网在线仿真科研原型开发，为开发工业级在线仿真引擎奠定基础。

氢能/二氧化碳管道输送方面。二氧化碳管道输送方面，成功完成国内首次二氧化碳管道全尺寸爆破试验，经验证X65管材韧性指标达到140焦耳可自身止裂。形成输送工艺控制要求、管材止裂方法、设备选型、腐蚀控制、安全放空及泄漏扩散规律等核心技术，发布19项二氧化碳管道输送成套企业标准，初步具备为示范工程建设运行提供技术支撑的能力。氢能管道输送方面，研究形成掺氢天然气泄放、燃爆演化定量表征、掺氢天然气计量修正模型、掺氢天然气静置分布模型等核心技术，成功实施大尺度天然气管道掺氢燃爆实验，掌握5%—30%不同掺氢比例的燃爆冲击压力及喷射火温度，为燃爆防护设计提供数据支撑。完成31项氢能管道输送系列企业标准编制，为示范工程实施奠定技术基础。

【基础研发平台建设】 根据国家管网集团董事长张伟"要深刻把握加快实现高水平科技自立自强是推动高质量发展的必由之路，深入开展国家管网集团基础研发平台专项建设研究"的重要部署，强化基础研发平台顶层设计，建立起覆盖国家管网集团七大技术领域、十大重点研究任务攻关所需的基础研发平台体系。根据"宁缺毋滥、一室一策、分批实施"原则，编制发布国家管网集团基础研发平台申报指南，组织完成"管道流动保障""管网节能与低碳""油气计量""管网关键设备运维技术"等四个国家管网集团重点实验室认定及授牌运行工作。强化企地合作、产学研融合，聚焦原油管道流动安全保障、管道断裂及失效控制、新能源多介质输送等关键核心技术，联合中国石油大学（北京）克拉玛依校区成功申报新疆多介质管道安全输送重点试验室，同时获得"自治区企业技术中心""自治区氢能储运工程研究中心"认定。

【科技成果转化】 突出科技创新要面向成果应用和价值创造的理念，科技管理部门、业务部门以及所属企业一体化协同推进科技成果推广应用的机制运转高效，科技成果服务支撑主营业务发展的成效显著。

科技成果品牌效应持续增强。2023年，油气调控中心、西部管道公司研发的"长输油气管网工业控制系统""长输天然气管道燃压机组控制系统"两项成果成功入选国家能源局第三批能源领域首台（套）重大技术装备（项目）。"国产化天然气气质分析仪系列产品""高钢级管道环焊缝失效机理研究成果"成功发布。

科技成果创效能力持续提升。围绕《集团公司科技成果推广应用目录（2022版）》，聚焦自主可控、安全生产及高效运行等方面，近60项科技成果在国家管网集团内外部推广应用，经济效益超过3.2亿元。国产化PCS系统软件在国家管网集团新建、改建、扩建站场应用站控级122套、中控级20套，提升油气管网关键信息基础设施战略安全，节约软件采购费用3000余万元。生产部、研究总院组织油气管道风险评价技术及软件在国家管网集团9万余千米管道全面应用，提高安全管控水平，保障管道运行本质安全。北方管道公司综合预警与故障诊断系统已实现384台压缩机组及505台输油泵数据的接入，压缩机组实时监测覆盖率达93%以上，提前预警机组非计划停机，2023年避免非计划停机45次。

【标准体系建设】 持续构建建管一体标准体系。2023年，统筹标准管理和业务需求，识别出主营业务领域适用标准3000余项，编制并发布协调统一的国家管网集团标准体系，为管网主营业务发展和新兴业务拓展提供关键标准支撑。紧盯"双碳"战略，系统布局氢能管道输送标准体系研究，为战略新兴业务拓展提供标准支撑。完成国标委"管道输氢标准体系构建"专项研究工作，为国家氢能标准体系建设提供"管网方案"。组织和参与标准化活动，先后举办标准编写知识讲座、世界标准日讲座和标准起草人考试，获 2023 年石油工业标准学术交流活动"优秀组织奖"，学标准、用标准、守标准的良好氛围逐渐形成。

国际标准方面，ISO 22974《石油天然气工业管道输送系统管道完整性评价规范》正式发布，实现国家管网集团成立以来牵头制定国际标准的突破。《管道地质灾害监测、系统和程序》等国际标准按计划推进。国家标准和行业标准方面，完成《原油管道热处理输送工艺规范》《成品油管道运行规范》等 6 项国家和行业标准制修订。牵头申报《输氢管道系统完整性管理规范》《进入二氧化碳管道的介质质量要求》等 5 项新能源国家和行业标准，为新能源管输领域国家和行业标准作出"管网贡献"。

【知识产权"一站式"管理】 强化高价值专利培育，为知识产权"护城河"夯基筑坝，促进国家管网集团央企专利排名稳步提升。2023 年申请发明专利 278 件，超额完成全年目标。

【科技奖励】 2023 年，国家管网集团获得省部级以上奖项 9 项，其中"一种基于超声导波聚焦的管道缺陷检测方法和系统"获第二十四届中国专利优秀奖，实现国家管网集团成立以来高水平专利获奖零的突破。"复杂环境下油气长输管道自动焊焊接关键技术及应用"获重庆市科技进步奖一等奖，"油气管道安全风险量化评估与事故应急决策技术及应用"获中国职业安全健康协会科技进步奖一等奖，"油气管网周边地质和气象灾害风险感知与预警关键技术研究及应用"获中国安全生产协会科技进步奖一等奖。

【科技智库建设】 聚焦中央企业新型智库建设，编制《国家管网集团新型智库建设方案》，高质量构筑管网智库。2023 年 11 月 2 日，中央企业智库联盟第四届理事会会议在北京召开，国家管网集团当选中央企业智库联盟第四届理事会副理事长单位，国家管网集团副总经理王振声当选副理事长，研究总院当选副秘书长单位，院长张对红当选副秘书长。参编中央企业智库联盟《央企智库信息》《全球企业资讯》《中外智库观察》等智库刊物；受邀参加中央企业智库沙龙 6 次，持续扩大能源行业朋友圈；参与 3 项中央企业智库联盟 2023 年度联合研究类重点课题，在中央企业新型智库建设指标体系、数智赋能国资国企知识与研究体系、中央企业平台经济发展与监管等项目研究过程中积极发挥管网智库作用。

【协同创新生态构建】 搭建国际高端学术交流平台，成功举办中国国际管道会议（CIPC）暨技术装备与成果展，国家管网集团董事长张伟出席开幕式并致欢迎辞，国内外 12 位院士以及 170 多位国家部委、能源企业、高校的领导和知名专家学者，共计 2300 余人参加会议。全方位展示国家管网集团组建以来在科技创新、改革发展等方面的成果，对促进管道行业创新发展、提升中国在管道技术领域的国际影响力产生积极作用。

【科技人才梯队建设】 2023 年，国家管网集团加快科技人才梯队建设，突出"高精尖缺"主方向，倾心引才、悉心育才，为科技人才"搭台架梯"，营造良好的创新氛围。新增专兼职科研人员200余人，引进海外高层次及国内高端科技人才17人。贯彻国家卓越工程师联合培养专项，引进13名硕博士进站联合培养，通过教学相长，深化校企合作，实现产教共赢。

国家管网集团2人入选国家特殊科技人才计划，2名科技人才入选国家管网集团2023年"管网十大楷模"。持续实施青年科技人才"托举"工程，200余名青年科技人才在科技项目中担任项目骨干，通过科技项目锻炼和成长，取得显著成效，14名青年科技人才依托科技项目攻读博士研究生学位、56名获得科技奖励、54名创新能力获得提升。成功举办第一届青年创新创效竞赛活动，各所属单位广大青年积极申报、踊跃参与，共表彰"青年创新创效成果"12项、"青年创新金种子"10项。北京管道公司、浙江省网公司分别挂牌博士后科研工作站，搭建青年科技人才后备军培养平台。北京管道公司启动创新"京空间"建设，为基层一线员工搭建创新技术、交流经验、转化成果的平台。

（宋　滨　艾海功　王乐乐
崔绍华　李狄楠　张栩赫）

管网数字化

【概述】 2023年，国家管网集团数字化业务深入贯彻习近平总书记关于网络强国、数字中国等重要论述和重要指示批示精神，围绕"两大一新"战略目标，大力实施科技数字化战略，落实"五个坚持"总体方略，全面推动数字化转型落地见效，不断厚植创新发展动能，努力用数字化转型开辟发展"新赛道"。基本建成统一的4A架构、统一的制程体系、统一的应用生态、统一的数据中台、统一的数字平台、统一的网络安全体系，管理规则标准化程度提升至94%，PPS数据直采率超过80%，流程IT承载率提升20%，基础设施建设全面提速，统一开发平台正式上线，自主可控能力全面增强，在国务院国资委数字化智能化考核评定为"优秀"，位列央企第一档。

【架构管理】 2023年，基于统一4A架构，持续深化需求归集管理，将152项业务需求全部归集到19个统建系统和3个基础底座，实现集约化建设。不断强化架构管控，对照5个关键环节、140项评审要素，通过内外部架构看护专家组，提出看护意见近1000条，并落实到项目实施中。以"管核心功能、管架构、管接口"为目标强化集成拉通，在新立项的8个数字化项目可行性研究中应用"跨域流程图""数据流转图""系统集成图"，指导统建系统详细设计、开发和实施。统一软件开发平台、环境和规范，推动软件开发全过程标准化管理，实现自动检查、编译、出包归档等功能，完成8个项目示范应用，沉淀软件代码资产，从技术底层奠定自主可控和互联互通基础。调查研究形成数字技术及主要ICT产品发展趋势报告，结合近两年来架构运营情况，完成国家管网集团企业架构（L1-L3）的迭代演进。

【制程管理】 2023年，围绕"流程全面推广、制程全面融合、授权全面优化、业务全面提升"任务目标，"四个坚定不移、四个持续发力"，有力推动"按业务域、按制程做事"成为全员行为习惯。建强运营推广团队、靶向培训全员认证，聚焦刚性遵从，实施遵从度评估，流程遵从度评估达90%。坚持自上而下统筹设计，自下而上适配衔接，各所属企业制度下降44%，个性化L5/L6文件下降80%，管理规则标准化程度由69%提升至94%。全部流程活动角色匹配至各层级岗位，编制权责卡片，构建统一的权限清单，覆盖KCP涉及所有权签事项、审批点，授权全面优化。首次发布年度制程运营报告，完成制程平台优化，对全集团用户开放"精益社区"，累计收到建言献策7000余项，为国家管网集团近4万用户提供文件关联搜索、权责清单和卡片查询等功能服务，制程平台累计登录120万次，平均日活6000余人次，已经成为国家管网集团规则指挥中心。国家管网集团制程管理实践多次受邀为中国石油、中国海油、中国建材等央企进行分享。

【数据治理】 2023年，国家管网集团建成统一数据中台，12个统建系统近10亿条数据入湖，日新增入湖数500多万条，日调用数据近200万条，赋能业务数据应用。统一市场、生产、工程、财经等业务域贯穿"集团总部—企业—作业区"三级管理的近600个数据指标，支撑按需数据消费，并以季度经营分析会、数字化转型委员会的需求为契机，构建形成"横向联通、纵向贯通"战略经营数据看板，在国家管网集团生产经营分析会上首次应用，搭建企业级数据看板47个，为区域化改革和企业精益管理提供数据支持。基本实现PPS数据直采，国家管网集团PPS系统数据直采率超过80%，减少2000多基层人员手工填报。完成主要管道、站场、阀室在主数据平台集中管理，统一PCS（工控系统）、PPS、IMS、交易平台、业财一体化等系统的数据标准，开展IMS检维修与PPS、HSE、ERP等系统22项数据流拉通，3家试点企业完成2300多项非安装设备"一键转资"，2家企业试点能耗与业财数据拉通，实现能耗数据排序对比、穿透查询。"大数据赋能智慧互联油气管网建设"等两个成果入选第七届大数据"星河"行业数据应用标杆案例，两支代表队在全国数据安全职业技能竞赛中获"竞赛优胜单位"。

【场景应用】 2023年，积极培育应用生态，提升生产运行效率和经营管理效能。按照统一应用架构，16/19个统建系统上线，L3/L4流程承载率提升20%，平均日活数5.4万人次，统建系统核心用户平均日活数10万人次以上。推动大党建大监督IT组件应用，统建系统共计嵌入258个大党建、大监督嵌入点，共触发15.8万次。加快系统移动端集成，将WeAct作为移动应用统一入口，用户40000余人，实现事找人，精准推送，集成后OA审批效率提升45.4%；形成47个知识库，11个订阅号，36个服务台。加快自建系统归集收敛，累计下线60%并同步完成统建系统承载。加快低代码复用推广，低代码技术推广覆盖至国家管网集团各层级，业务穿透到最基层。

【行业平台】 2023年，推进开放服务与交易平台敏捷迭代，完成在线支付、智能客服、售后管理、市场洞察、槽车日指定等功能迭代升级。通过全国天然气运行数据汇集分析，在迎峰度夏、冬季保供方面有效支撑国家发展改革委监管和运行要求。"工业互联网+安全生产"上线安全风险智能化管控平台，实现14座大型油气储存基地全过程、全方位、全天候监管，提升监测预警反应时间30%，监管数据报送效率提升30%，形成24个具备推广条件的行业APP。"机器视觉+边缘计算"部署约50种智能算法，在安全生产等场景得到示范应用。"面向油气管网的工业互联网+安全生产解决方案"获得第五届中国工业互联网大赛全国总决赛最具应用价值奖，在第六届"绽放杯"5G应用征集大赛中获总决赛一等奖。

【技术底座】 2023年，不断夯实数字基础底座，算力、存储等资源大幅扩充，统建系统上云率100%，IT基础设施服务可靠度≥99.9%。深化数字平台复用共享，按照厚平台薄应用的理念，沉淀上百个服务组件，提供工作流引擎、BI报表、电子签章、智能客服等公共服务，服务组件许可平均分配率达85%以上。依托自有光纤通信系统，构建链接国家管网集团级数据中心、所有所属企业以及外部机构的信息网络，实现10家所属企业自有光纤对电信运行商链路的替代，年节约费用600多万元，广域网总带宽提升5.5倍，带宽综合利用率提升29%，网络拥塞基本消除。以自有光纤作为主链路，采用国密算法，建成国家管网集团专网视频会议系统WeMeet管网汇，画面清晰度由720P提高到1080P，全面提升安全性。

【网络安全】 2023年，坚持以"平战"结合方式开展网络安全工作，以增强常态管理的体系化，强化应急响应和处置的有效性为目标，搭建网络安全动态感知平台，实施24小时在线监测。全年监测网络攻击百万余次，同比下降59%。在存量漏洞治理效果显著的基础上，持续优化SOAR自动封禁模型与事件处置流程，实现事件处置秒级响应能力，使单个攻击源攻击威胁大幅降低，全年未发生靶心失守、停服断网等重大网络安全事件，整体网络安全风险可控。

【能力培育】 2023年，持续强化组织保障，完善构建以架构专家组为支撑，发挥数字化部统筹、各业务域协同、智网数科公司为实施主体、组长单位牵头、所属企业深度参与的"1+1+6+N"平台化作战模式。智网数科公司经过2023首个完整运营年，已初步建立市场化运营机制和专业化人才梯队，全年承接数字化项目44项，沉淀知识产权15项，制定集团企业标准14项。组织开展数字化全员赋能，国家管网集团66%员工取得L1数字化认证，300余人取得L2数字化认证，近千人获得低代码认证；9000余人参加流程运营知识竞赛、IT应用大赛和青年数字化转型论坛等活动；150人取得CISP、CDP、PMP等专业职业资格认证。

（任　勇　许建超）

国家石油天然气管网集团有限公司年鉴 2024
CHINA OIL&GAS PIPELINE NETWORK CORPORATION YEARBOOK 2024

企业管理

公司治理

【概述】 2023年，国家管网集团深入贯彻习近平总书记关于"两个一以贯之"的重要指示要求，把加强党的领导和完善公司治理统一起来，立足股权多元化中央企业实际，加快完善中国特色现代企业制度，持续健全权责法定、权责透明、协调运转、有效制衡的公司治理机制，积极推动党组把方向、管大局、保落实与董事会定战略、作决策、防风险和经理层谋经营、抓落实、强管理有机衔接，进一步提升治理效能。

股东会。股东会是公司的权力机构。2023年，股东会严格执行《国家石油天然气管网集团有限公司章程》等规定的议事方式和程序，召开股东会会议3次，其中年度股东会会议1次，临时股东会会议2次；审议议案11项，审议通过议案11项。

党组。党组在公司治理结构中具有法定地位，发挥领导作用，把方向、管大局、保落实。2023年，党组严格执行《国家管网集团党组工作规则》等规定的议事方式和程序，召开党组会议30次，审议事项103项，其中前置研究讨论事项26项，决策事项77项。

董事会。董事会是公司的经营决策主体。2023年，董事会严格执行《国家管网集团董事会工作规则》等规定的议事方式和程序，召开董事会会议6次，其中定期会议4次、临时会议2次；审议议案27项，审议通过议案27项；召开专门委员会会议9次，研究议案19项，其中战略与投资委员会会议3次、研究议案7项，薪酬与考核委员会会议1次、研究议案1项，审计与风险委员会（监督委员会）会议5次、研究议案11项，均向董事会提交审阅意见和建议报告。

监事。监事发挥监督作用，检查公司财务，对董事、高级管理人员执行公司职务的行为进行监督。2023年，监事严格按照《国家石油天然气管网集团有限公司章程》等有关规定和要求，列席董事会会议4次，对会议的召集程序、召开程序、决议事项进行全过程监督。

经理层。经理层是公司的执行机构，谋经营、抓落实、强管理。2023年，经理层在党组的领导下，认真组织实施董事会决议，全面完成公司年度经营业绩考核指标。

【股东会作用发挥】 2023年，股东会全面贯彻落实党中央、国务院决策部署，充分发挥多元股东治理优势，依法行权履职，实现规范有效运作。

股东会分解落实国家管网集团"十四五"规划，审议通过国家管网集团2023年经营计划与预算，鼓励支持国家管网集团设定具有挑战性经营目标，实现多元投资主体对国家管网集团经营活动、投融资活动计划性、协调性的审核把关。经过董事会和经理层的共同努力，2023年主营业务收入1204.08亿元、同比增长7.15%，利润总额456.32亿元、同比增长2.45%，归母净利润289.42亿元、同比增长2.94%，股东回报率5.5%、同比提升0.5个百分点，超额完成股东会确定的预算指标。

为满足快速发展资金需要，综合使用债务融资"直接+间接"手段，实现多渠道灵活融资，股东会审议通过直接债务融资方案，授权董事会在直接债务融资净增量不超过当年融资计划规模范围内决定注册和发行债务融资工具具体事宜。国家管网集团多次有效捕捉市场时机，发行120亿元短期融资券，期限100天，平均利率1.97%。

【党组作用发挥】 2023年，国家管网集团党组以习近平新时代中国特色社会主义思想为指导，深入学习贯彻党的二十大精神、二十届二中全会精神和习近平总书记关于党的建设的重要思想，认真落实全面从严治党主体责任，把党的领导落实到公司治理各环节，推动党建工作"做出特色、走在前列、形成品牌"取得新成效，为国家管网集团推进高质量发展和打造世界一流企业提供坚强保证。

突出以党的政治建设统领党建工作。深入贯彻落实《中共中央政治局关于加强和维护党中央集中统一领导的若干规定》，制定实施10项措施，及时向党中央请示报告重大事项，确保管网事业始终沿着正确政治方向前进。严格执行"第一议题"制度，跟进学习习近平总书记最新重要讲话和重要指示批示精神30次，抓好习近平总书记关于老旧管道治理、地震灾害防治等重要指示批示精神贯彻落实，完成任务20项。严格执行重大事项集体决策制度，召开党组会议30次，对103个"三重一大"事项进行前置研究和科学决策。抓好中央巡视整改，坚持立行立改，举一反三制定整改措施251项，超半数的整改措施已经完结，取得阶段性成效。

突出以习近平新时代中国特色社会主义思想凝心铸魂。认真贯彻落实党中央关于主题教育的重大部署，全面把握"学思想、强党性、重实践、建新功"的总要求，坚持一盘棋谋划、一表式推进、一体化落实，深化运用"学思践悟验"五步法，统筹推进理论学习、调查研究、推动发展、检视整改等重点工作，两批主题教育高标准高质量开展，在以学铸魂、以学增智、以学正风、以学促干方面取得明显成效。聚焦习近平总书记关于国有企业改革发展和党的建设、能源领域等方面的重要讲话和重要指示批示精神深入学习研讨736次，党员干部自觉做学习贯彻习近平新时代中国特色社会主义思想示范引领者的信心和决心更加坚定。深入基层开展专题调研4200余次，剖析正反面典型案例1310个，解决实际问题3453个。

突出以干部人才队伍建设支撑立企强企。深入贯彻落实全国组织工作会议精神，召开国家管网集团人才工作会议，全面部署当前和今后一个时期人才工作。坚持好干部标准，严把选育管用关键环节，全年提拔和进一步使用国家管网集团关键岗位人员34名、交流15名，选人用人工作满意度达98.7%。适配国家管网集团全面深化"四化"改革，选优配强11家新组建单位筹备组负责人，选派60名两级关键岗位人员进入筹备组。健全完善优秀年轻干部跟踪培养机制，启动首批青年干部实践锻炼"旭航"计划。推动实施"筑基""储备""升顶""名匠""增输"五个人才强企专项计划，选聘中层级技术专家12人，引进科研骨干人才200余名，通过科技项目攻关培养青年科技人才200余名，举办管道保护工技能竞赛、消防比武邀请赛，人才队伍整体能力素质进一步增强。

突出以"六抓六促"提升基层党建质量。坚持大抓基层的鲜明导向，召开国家管网集团基层党建质量提升推进会，抓两头带中间推动基层党建质量整体提升。坚持"党的一切工作到支部"，部署开展"双建"活动，抓实总部到基层"点对点共建"，做优专业线条"以线带面联建"，推动党建工作部署穿透落实到基层一线。部署模范共产党员、模范党支部"双模"选树工作，贯通用好党员责任区、党员先锋队、党员示范岗等载体，在基层"四联"活动中同步开展"双示范"创建工作，持续强化典型示范引领效应。组建国家管网集团基层党建指导工作组，深入开展党支部书记示范行动，举办基层党务等培训班，基层党组织履职能力加快提升。优化党建工作责任制考核指标和流程，推进无感化考核，党建考核"指挥棒"作用得到加强。

突出以宣传思想文化凝聚力量。深入学习贯彻习近平文化思想和全国宣传思想文化工作会议精神，召开国家管网集团宣传思想文化工作会议，系统谋划部署当前和今后一个时期的宣传思想文化工作。深入开展"创新实干争先、立企强企有我"形势任务教育，编印《2023年管网之声形势任务教育读本》，举办"管网大讲堂"6期，多种形式宣传"四化"改革等重大决策部署，引导广大干部员工唱响"立企强企有我"的最强音。深化铁军文化建设，扎实推进准军事化管理，编印《铁军文化建设成果选编》《管网之韵》，管网铁军形象更好展现。聚焦安全生产、工程建设、改革创新等加强正面宣传和舆论引导，"川气东送二线 开工"等重磅新闻累计登上央视46次，开通"国家管网"微信视频号，新"国家队"良好形象得到全方位多角度展示。

突出以严的基调正风肃纪反腐。保持正风肃纪反腐高压态势，一体推进不敢腐、不能腐、不想腐，处置问题线索430件、立案85件，给予党纪政务处分72人。深化"大监督"体系建设，深入开展纪检监察干部队伍教育整顿，完善党风廉政建设和反腐败协调小组暨监督领域分委会机制，推进综合监督数据中心建设，进一步增强监督合力。推动为基层减负"二十条措施"落实落地，总部发文数量同比显著下降，从严查处违反中央八项规定精神等问题40起，通报曝光典型问题68起。加强新时代廉洁文化建设，召开警示教育大会，编印《廉洁文化教育读本》及反面典型案例。印发实施《党组巡视工作规划（2023—2027年）》，探索"巡视带巡察"机制，组织完成2轮区域巡察工作，对12家三级单位党组织进行常规巡察。

【董事会作用发挥】 2023年，董事会坚持以习近平新时代中国特色社会主义思想为指导，全面贯彻落实党中央、国务院决策部署以及国资委有关要求，认真执行股东会决议，围绕服务国家重大战略、服务国家管网集团主责主业，董事会定战略、作决策、防风险作用有效发挥，国家管网集团发展改革成效显著、经营效益再攀新高。

把准方向定战略。作为公司发展的"引领人"，董事会始终观大势、抓大事，发挥战略引领作用，在事关竞争格局的战略性部署上，既保持战略定力、坚定战略决心、坚持战略耐心，又体现战略柔性、因势而变，充分激发释放经理层活力，指导经理层对经营业务作出正确判断，形成战略共识，提升公司治理效能。董事会着眼国家管网集团"十四五"规划，细化分解年度经营计划与预算，坚持"弹跳摸高、正向牵引"，第一时间对经营预算、投资计划进行审议，明确2023年度的具体安排和任务要求，指导经理层制订既有挑战性和增长性、又充分结合公司实际的全年经营目标，为国家管网集团经营业绩屡创新高定下基调、打下基础。作为资源配置的"策划人"，董事会在目标上着眼长远、在结构上布局长远、在动力上积蓄长远、在转型上推动长远，对人、财、物、时间等战略资源配置提出要求。董事会坚决落实国家《关于进一步盘活存量资产扩大有效投资的意见》，悉心听取经理层在董事会运作两年以来针对投资项目决策存在的困难和问题，立足实现国有资产保值增值，指导经理层创新制订《国家管网集团投资项目分类管理规定（试行）》，通过投资项目分类管理的方式扩大国家管网集团有效投资，明确战略类、安全类、经营类三种类型的投资项目类型、范围、认定程序和按项目类型分别设定经济评价标准，有效保障重大经营投资活动符合国家管网集团战略规划、符合行业长远发展、符合国家战略方针。为进一步提高投资项目决策效率，加快推进油气基础设施公平开放，董事会在充分研判的基础上，本着简政放权、提高效率的原则修订《国家管网集团投资管理办法》中涉及新增上下载项目的部分条款，有效缩短项目建设周期，助力国家管网集团持续保持扩张态势，推进管网建设提速。

科学审慎作决策。董事会聚焦"议大事"，致力形成科学、理性、高效决策的体制、机制保障，不断提升决策水平，实现高质量决策。董事会全面贯彻落实国家《关于进一步深化石油天然气市场体系改革提升国家油气安全保障能力的实施意见》，聚焦"一中心、一张网、一公司"管控准则，结合国家管网集团自身改革的内在需求，在系统总结改革经验、认真梳理管理现状的基础上，决定推进"市场化、专业化、区域化、共享化"改革。为保证改革落地见效，董事会坚持抓改革试点和顶层设计相结合，采取试点方式验证"区域运维"可行性，与经理层共同专项听取山东省公司试点情况报告，在确保试点单位取得既定改革成效的前提下再向全国范围内推行，悉心指导经理层在方案制定中统筹考虑冬季保供、安全生产、队伍稳定等重点事项，确定"坚持问题导向、目标导向，坚持管理创新、依法合规"的改革原则，制定"区域运维、专业支撑、市场牵引、扩大共享"的改革思路，逐步验证和优化完善《国家管网集团全面深化"市场化、专业化、区域化、共享化"改革总体方案》，由董事会集体审议通过。董事会聚焦"谋主业"，深刻认识到储气基础设施建设滞后、储备能力不足等问题制约能源保障和供应安全，充分发挥股权多元治理结构优势，谋求股东协同合力，积极促进公司储气能力提升。董事会提前介入储气库合资合作项目重大决策，推动促成与中国石油就资产评估、交易方案、法律文件、生产运行协议达成一致，利用外事董事调研专项到金坛储气库现场了解储气库的生产运行和运营模式，把项目的潜在风险提示在方案编制前，把科学正确的决策表决落实在董事会会议上，最终呼图壁、辽河、相国寺储气库合资合作项目由董事会顺利审议通过。

管控并举防风险。董事会围绕风险能力建设，抓好风险管理顶层设计，形成由董事会负最终责任、经理层执行落实、各业务线条全覆盖的风险管理组织体系。董事会以中央企业风险分类检测指标体系为基准，结合实际全面梳理和识别分析风险点，提炼健康安全环保风险、工程项目管理风险、投资风险、资源保障风险、招标管理风险 5 项重大风险作为重点，分别制定防范化解措施，制定《国家管网集团 2023 年重大风险评估报告》。董事会围绕审计监督能力建设，保持与内外部审计机构密切沟通，保证真实、准确、全面掌握各项重大风险及其管理状况，共同研究制定防控手段。董事会分别审议《国家管网集团 2022 年内部审计工作报告》《国家管网集团 2022 年内部审计工作质量自评估报告》《国家管网集团内部审计项目计划》，充分发挥审计与风险委员会作用，定期听取审计、合规、内控、财务等专题工作报告，与外部审计机构定期沟通交流，督促重点工作落实。董事会围绕依法合规能力建设，不断提升依法合规经营管理能力和水平，分别审议通过《国家管网集团2022年合规管理工作报告》《国家管网集团2022年内部控制体系工作报告》。董事会高度重视依法合规经营工作，为确保公司改革发展各项任务在法治轨道上稳步推进，审议通过《国家管网集团合规管理暂行办法》，明确合规风险识别评估预警、合规审查、合规体系有效性评价和考核、合规报告和违规记录等管理内容具体要求，始终坚持履行重大经营管理事项合法合规论证审查前置程序，全年开展合法合规论证审查45项，法律风险提示14条，有效防范重大法律合规风险，实现合规风险闭环管理，保障依法合规决策。董事会聘任的总法律顾问、首席合规官充分发挥作用，积极列席会议、认真严肃履职，对提请董事会审议的涉及重大经营管理事项的议案做到了合法合规论证审查覆盖全面、前置把关。

【全面提升公司治理制度的规范性和执行力】
2023年，以公司治理制度刚性执行为目标，着力加强指导和管控，进一步规范治理主体运行和决策机制，加快构建系统完备、科学规范、运行有效的公司治理制度体系。

抓好董事会制度规范运行。按照新修订的《董事会工作规则》《董事会授权管理办法》《董事会秘书工作规则》《战略与投资委员会工作规则》《薪酬与考核委员会工作规则》《审计与风险委员会（监督委员会）工作规则》6项制度规定，严格履行重大经营管理事项决策、董事会授权决策、董事会决议督促执行、专门委员会议事等程序和要求，进一步提升董事会决策质量和效率。

抓好重大事项决策前期把关。依托协同办公平台，在总部上线重大事项议题审批单，将会议信息与决策信息进行有效集成，涵盖主办部门、汇报人员、参会人员、议题材料、事项名称、事项类型、征求意见情况、合法合规论证审查情况、主管部门审核意见、主持人意见等信息，实现党组审议、董事会审议、董事会授权等多项议题审批"线上一单办理"，固化重大事项决策流程，规范决策顺序、提升审批效率。

抓好对所属企业的指导监督。实施所属企业"三重一大"决策制度、重大事项决策权责清单备案管理，及时反馈意见、指导问题整改，督促所属企业制度和清单质量提升。充分利用"三重一大"信息监管系统、协同办公系统，不定期抽查所属企业"三重一大"决策情况，并将检查结果应用到党建责任制考核中，有效传导压力、压实责任，有力督促"三重一大"各项要求落实落地。

【股东会、董事会决议】 2023年，国家管网集团召开3次股东会会议。2023年4月12—16日，国家管网集团以书面材料分别审议方式召开股东会，形成3项决议。普通决议3项：（1）审议关于更换国家管网集团董事的议案；（2）审议关于免去刘中云、李辉公司董事的议案；（3）审议关于更换国家管网集团监事的议案。特殊决议0项。2023年7月4日，在国家管网集团1702会议室召开2023年年度股东会会议，形成7项决议。普通决议7项：（1）审议国家管网集团2022年度董事会工作报告；（2）审议国家管网集团2022年度监事工作报告；（3）审议国家管网集团2022年度财务决算报告；（4）审议国家管网集团2022年度利润分配方案；（5）审议国家管网集团2023年经营计划与财务预算；（6）审议关于提请股东会授权董事会决定发行直接债务融资工具的议案；（7）审议国家管网集团董事会工作规则。

特殊决议0项。2023年11月13日至29日，国家管网集团以书面材料分别审议方式召开股东会，形成1项决议。普通决议1项：关于更换国家管网集团监事的议案。特殊决议0项。

2023年国家管网集团召开6次董事会会议。2023年2月2日，在国家管网集团1702会议室召开第一届董事会第十三次会议，形成5项决议。普通决议5项：（1）审议国家管网集团2023年经营计划与财务预算（草案）；（2）审议国家管网集团投资项目分类管理规定（试行）；（3）审议国家管网集团2022年度内部审计工作报告；（4）审议国家管网集团2022年度内部审计工作质量自评估报告；（5）审议国家管网集团2023年内部审计项目计划。特殊决议0项。2023年4月16—18日，国家管网集团以书面材料分别审议方式召开董事会，形成2项决议。普通决议2项：（1）审议关于国家管网集团董事会审计与风险委员会（监督委员会）组成人员调整的议案；（2）审议关于国家管网集团董事会薪酬与考核委员会组成人员调整的议案。特殊决议0项。2023年4月27日，在国家管网集团1702会议室召开第一届董事会第十四次会议，形成11项决议。普通决议11项：（1）审议关于解聘国家管网集团总经理的议案；（2）审议关于聘任国家管网集团综合监督部总经理的议案；（3）审议国家管网集团合规管理暂行办法；（4）审议国家管网集团2022年合规管理工作报告；（5）审议国家管网集团2022年内部控制体系工作报告；（6）审议国家管网集团2023年重大风险评估报告；（7）审议国家管网集团2022年度财务决算报告；（8）审议国家管网集团2022年度利润分配方案；（9）审议关于提请股东会授权董事会决定发行直接债务融资工具的议案；（10）审议国家管网集团2022年度董事会工作报告；（11）审议关于解聘国家管网集团董事会秘书的议案。特殊决议0项。2023年7月31日，在国家管网集团1702会议室召开第一届董事会第十五次会议，形成2项决议。普通决议2项：（1）审议关于西南管道有限责任公司吸收合并西南油气管道有限责任公司的议案；（2）审议呼图壁、辽河、相国寺储气库合资合作项目可行性研究报告。特殊决议0项。2023年8月29日，在国家管网集团1702会议室召开董事会第2023年第二次临时会议，形成2项决议。普通决议2项：（1）审议国家管网集团全面深化"市场化、专业化、区域化、共享化"改革总体方案；（2）审议国家管网集团职工工资总额分配方案。特殊决议0项。2023年12月14日，在国家管网集团1702会议室召开第一届董事会第十六次会议，形成5项决议。普通决议5项：（1）审议关于聘用国家管网集团年审会计师事务所的议案；（2）审议关于修订《国家管网集团投资管理办法》第二十二条的议案；（3）审议国家管网集团改革深化提升行动实施方案（2023—2025年）；（4）审议国家管网集团布局发展战略性新兴产业工作方案；（5）审议国家管网集团"十四五"发展规划中期评估报告。特殊决议0项。

（熊 骁 刘忠焱）

战略与执行

【概述】 2023年，国家管网集团战略与执行工作坚持以习近平新时代中国特色社会主义思想为指导，认真学习贯彻党的二十大精神，扎实开展主题教育，围绕国家管网集团党组决策部署，突出抓好战略规划、战略执行、合资合作、改革管理、党的建设等工作，全力配合国家管网集团巡视和审计工作，迎战"五场大考"，全面落实"五个坚持"总体方略，重点完成以下工作：

高标准完成国家管网集团"十四五"规划中期评估，制定布局发展战略性新兴产业工作方案，业务布局更加完善。系统谋划国家管网集团战略性新兴业务发展，加快布局新能源产业示范项目。国家管网集团"四化"改革总体方案落地实施，运营型管控模式更加完善。全力推进呼图壁、相国寺、辽河储气库合资合作，大港和华北储气库合资合作进入新阶段。全面运用"数据看板、主官用数"生产经营分析模式，以数字化手段实现生产经营管控"可视化"。绘制国家管网集团战略地图，引入平衡计分卡理论，系统编制所属企业业绩评价指标体系。推动国家出台《油气"全国一张网"规划方案》《关于进一步深化石油天然气市场体系改革　提升国家油气安全保障能力的实施意见》《关于健全自然垄断环节监管体制机制的实施意见》等重大政策文件，为公司发展争取良好发展环境。改革三年行动高质量收官，国务院国资委考核获评A级，改革深化提升行动扎实起步。与新疆维吾尔自治区、重庆市政府、航天科工等政企签署战略合作协议，"朋友圈"持续扩大。

（洪保民　刘正华）

【国家管网集团"十四五"规划中期评估】　坚持以习近平新时代中国特色社会主义思想为指导，全面贯彻党的二十大精神，深入落实国家"十四五"规划中期评估有关要求和石油天然气"全国一张网"建设实施方案部署，2023年2月组织启动国家管网集团"十四五"规划中期评估工作，聚焦油气资源流向及重大基础设施部署优化、油气管网智能化发展战略、战略通道规划方案等研究方向，开展7项配套战略专题研究。全面审视国家管网集团"十四五"规划执行情况和存在问题，创新运用网络思维系统优化管网布局，优化调整规划发展目标、业务发展战略和规划部署；国家管网集团"十四五"发展规划中期评估报告12月通过国家管网集团董事会审议。

（顾灵伟　崔　琳）

【布局发展战略性新兴产业工作方案编制】　按照国务院国资委关于加快布局战略性新兴产业发展的有关要求，按照科技先行、重点突破、合资合作、人才支撑的发展思路，2023年8月启动国家管网集团布局发展战略性新兴产业工作方案研究，明确国家管网集团未来在新能源、新一代信息技术、新材料和相关服务业等4大领域布局开展18项业务，开展管网仿真模拟软件、国产化油气管道控制系统、非常规介质管道输送关键技术等托底保障技术科研攻关，启动精河县34万千瓦光伏项目等一批战新产业示范项目前期工作，布局发展战略性新兴产业工作方案12月通过国家管网集团董事会审议。

（段宝成　王　浩）

【碳达峰行动方案印发执行】　为深入贯彻落实国家碳达峰碳中和决策部署，按照国务院国资委"一企一策"制定碳达峰行动方案有关要求，组织编制国家管网集团碳达峰行动方案，2023年3月印发执行。为细化落实国家管网集团碳达峰行动方案，重点围绕"保障国家油气能源安全、服务国家双碳战略、积极实现自身双碳目标"任务，全面总结2023年度碳达峰工作落实情况，分析存在问题，科学制定2024年度碳达峰工作计划，明确能耗总量、二氧化碳排放控制在合理范围，为国家管网集团如期实现碳达峰目标夯实基础。

（顾灵伟　李雅琪）

【科学合理制定经营计划】　锚定国家管网集团发展目标，以建设世界一流企业和实现高质量发展为核心，科学合理制定经营计划与财务预算，有效引领国家管网集团年度目标。对"十四五"发展规划及滚动规划精准实施战略解码，深入剖析国内外宏观形势、行业发展趋势，合理确定目标指引，组织完成国家管网集团党组质询会议，年初下达2023年经营计划与财务预算。2023年9月，启动2024年度经营计划与财务预算编制工作，坚持统一性、先进性、系统性、竞争性、精益性的原则，创新引入"红蓝军对抗"机制，始终保持进取态势，增强年度经营计划的前瞻性、牵引性。

（崔莹莹）

【战略执行】　2023年，国家管网集团将主要指标横向分解到月份，纵向分解到作业区、到管线，细化颗粒度，全过程监测生产经营过程，对异常指标进行纠偏预警，战略执行作用日益凸显。持续抓实动态监控与"红黄绿灯"预警纠偏，按月发布《战略执行情况报告》，2023年发出督办函20份，督促企业对经营中产生的困难和问题进行复盘和纠偏，确保经营计划精准落地。编制并发布《关于国家管网集团战略闭环管理的指导意见》，明确战略闭环管理的目的、意义、管理过程、工作方法等，战略闭环管理体系工作效能有效提升。

（杨葳）

【业绩评价】　健全完善以价值创造为导向的正向激励考评体系，2023年通过合同签署、过程跟踪、业绩评价实现PDCA管理迭代循环。编制国家管网集团战略地图，利用平衡计分卡理论，对国家管网集团战略目标、主要业务、重点任务等进行系统、全面解读，梳理出2023年国家管网集团业务发展和经营管理的重点和短板。深化应用"四个对标"定量评价方法，结合完成效果评分完成国家管网集团2022年业绩评价工作，评价结果面向国家管网集团公布，进一步健全完善国家管网集团业绩评价体系。编制2023年所属单位经营业绩合同指标评价细则，与所属企业"有言在先"，更好发挥业绩评价导向作用。配合国家管网集团区域化改革进展，明确国家管网集团区域运维公司主要对标指标及目标值，指导区域公司筹备组在编制新公司可行性研究报告时充分开展对标分析。

（赫曼求）

【合资合作】　2023年，国家管网集团全力推动中国石油储气库合资合作，取得积极进展。与自然资源部中国地质调查局、中国联通集团、航天科工集团、中国计量科学院等国企、央企以及重庆市人民政府、新疆维吾尔自治区人民政府等地方政府签署战略合作协议，在工程建设、新能源新业务、安全保障、智能化数字化等方面寻求深入务实合作，实现强强联合、优势互补、互利共赢。

（李　强）

【"市场化、专业化、区域化、共享化"改革启动】　2023年，国家管网集团全面总结山东省公司改革试点成效，广泛听取总部各部门、基层单位意见，反复研究讨论，形成《国家管网集团全面深化"市场化、专业化、区域化、共享化"改革总体方案》。方案于8月2日通过国家管网集团党组（扩大）会议审议，8月29日通过国家管网集团董事会审议，9月4日正式印发施行，标志着国家管网集团"市场化、专业化、区域化、共享化"改革（简称"四化"改革）全面启动。截至2023年底，国家管网集团组织开办"四化"改革培训班、成立改革组织机构、建立工作机制，成立11家区域化、专业化公司筹备组，蹄疾步稳推进新公司组建及地区公司优化调整。12月4日、5日批复组建储运技术公司和储能公司可行性研究，两家专业化公司分别于12月15日、18日先后注册成立，标志着专业化改革率先取得突破。

（滕振恒　王德宁）

【国企改革】　改革三年行动高质量收官。2023年6月21日，国务院国资委印发《关于印发2022年度中央企业改革三年行动重点任务考核结果的通知》（国资改办〔2023〕242号），国家管网集团获评A级。为表彰先进，国家管网集团开展改革三年行动评先树优工作，印发《关于表彰集团公司改革三年行动（2020—2022年）先进集体与先进个人的决定》，北京管道公司、西部管道公司、西气东输公司、北方管道公司等4家单位获评A级，33名员工获得表彰。"双百行动""科改示范行动"首次入围。西部管道公司、北京管道公司、浙江省网公司、深圳天然气公司入围"双百企业"，管网集团（徐州）管道检验检测有限公司入围"科改示范企业"。9月12日，五家企业改革方案和工作台账报送至国务院国资委。

改革深化提升行动扎实起步。国家管网集团坚持以习近平新时代中国特色社会主义思想为指导，在深入总结改革三年行动工作经验基础上，对标对表党中央关于新一轮改革深化提升行动的部署要求，聚焦改革重点难点，高标准制订《国家管网集团改革深化提升行动实施方案（2023—2025年）》（简称《实施方案》）和工作台账。《实施方案》在全面承接中央方案基础上，结合实际细化为39大项117小项改革任务、300余项具体改革举措。《实施方案》和工作台账经9月国家管网集团党组会研究讨论、12月国家管网集团董事会审定后正式报送国务院国资委，并印发实施。

（洪保民　刘正华）

【1.0战略规划到执行流程的开发与试运行】　国家管网集团为落实流程全面推广运营工作方案，保障1.0业务域高效平稳运作，有效发挥战略引领价值创造作用，2023年1.0业务域全员参与、主动审视，完成1.0流程线上云发布、4期专业赋能培训、5家所属单位实地调研辅导、流程遵从度测试、新版1.0流程架构开发迭代与发布、战略管控一体化系统主要场景上线试运行，高质量完成1.0流程运营与迭代，全面实现年度工作目标。通过积极践行制程、数据、IT一体化建设，有力支撑1.0业务域"战略闭环管理""战略支撑管理"两条主线业务高质量开展。

（马　明　解　飞）

财务资产管理

【预算管理】　全面提升预算目标引领作用，将年度预算目标落实到各业务域和企业，推动战略目标有效落地。2023年主营业务收入1204.1亿元、EVA59.0亿元、净资产收益率5.83%、年末资产负债率37.8%，超额完成国务院国资委考核指标，利润总额和EVA实现国务院国资委一档考核目标，12项财务相关效益类指标全部达到规划目标，效益增长的协调性和质量显著提高。夯实预算成本精益管理，推动年度预算目标分解至基层场站，能耗支出分解至重点设备，维修费分解至具体项目；创新维修费"预下达"机制，提前下达各单位2024年重点专项预算26.2亿元，提高维修费执行准确率；新增117个维修费定额标准，定额维修费预算提升至70%。

【成本监审】 2023年，配合国家发展改革委高质量完成跨省天然气管道成本监审，成本调查数据质量得到国家发改委高度认可，为首次采用"一区一价"政策奠定良好数据基础。核价后运价率平均降幅4.94%，好于预期，新价格运价率由20个减少为4个，预计每年将降低社会用能成本60亿元以上，释放管网改革红利，以实际行动践行国家管网集团"三个服务"企业宗旨。

【提质增效】 2023年，全面落实国务院国资委有关中央企业提质增效工作要求，锚定"一利五率"经营指标体系，切实抓好"一增一稳四提升"任务目标落实，在拓市增收、成本管控、深化改革、自主创新、考核激励等方面多措并举，实施提质增效项目111个，践行"人人都是CEO"理念。深入推进亏损企业治理，"一企一策"制定亏损企业治理目标，按月监控治亏情况，确保亏损治理责任层层压实。全年亏损企业9家、亏损额12.3亿元，分别同比下降33.8%、66.5%，全面完成下降10%的国务院国资委目标。

【价税管理】 2023年，积极争取有利价格政策，协调国家发展改革委明确中俄东线南段管输价格，解决山东省中俄东线和泰青威管线价格叠加争议，优化市场化定价，明确金坛储气库"两部制"竞拍底价，库容费较原价格提高66.6%，明确LNG接收站4种新产品和伊宁首站同站上下气使用服务价格，助力企业提量增收；规范内部结算价格，明确广东省一票制管输费结算分配，下达共享服务收费方案、燃气发生器自主维修价格等；强化税收精益管控，所得税税负控制在23%以内，同比下降1个百分点；全年享受各类所得税优惠政策，节约税额同比增长43%，享受增值税超三返还政策收益实现年度预算的104.7%。

（向　悦）

【资金管理】 2023年，发布资金管理办法及8项管理细则，资金1+N制程体系初步建成。银行账户直联率从76.4%提升至97.4%，为央企首家突破95%企业；资金集中度达99.5%，资产负债率和平均融资成本均处于央企领先水平；优化资金运营平台，建立量化指标模型，拉通业务系统，实现资金账户、资金预算、筹融资、往来管理数据直观展示、实时联动更新。

【融资管理】 提前锁定长期限低利率项目贷款，全力推进西三线、西四线等24个重大项目融资工作落地，融资规模达775亿元；成功举办国家管网重点项目融资合作签约仪式，国家开发银行和"四大行"为国家管网集团"十四五"期间油气管网建设提供可达4200亿元融资支持；创新发行53亿元绿债和67亿元超短期融资券；抢抓债市利率低点，绿债发行规模位居中国银行间市场发行人前列，并作为首批发行人入选第二届绿色债券标准委员会，树立国家管网集团资本市场良好形象；推进第三次存量债务优化，完成48笔2.8%以上存量贷款利率压降，平均利率降低49BP，节约年化财务费用约3.9亿元，年末国家管网集团平均融资成本2.42%，较年初降低44BP，居央企前十名；高效灵活配置运作资金，实现价值创效约21亿元。

（张雪鹏）

【股权管理】 2023年，印发《国家管网集团企业产权登记管理细则》，完成4家子企业历史遗留产权登记问题整改，产权登记信息的完整率、准确率持续提升；印发《国家管网集团子企业董事会评价细则》等3项制度方案，子企业董事会规范运行、授权、考核评价制度机制更加完善，运行质量和效果持续提升，落实董事会职权、董事会应建尽建央企考核结果分别排名第25名、第29名，较2022年分别上升34名、35名，助力国家管网集团改革三年行动获得A级；对11家企业增资，拨付资本金26.16亿元，推动合资股东方增资12.38亿元，及时高效保障企业资本金需求。

（张鲁燕）

【重组整合】 2023年，联合管道少数股权收购圆满收官，核心资产全资持有，进一步加强"全国一张网"统筹建设运营能力，有效提升油气资源配置效率，更好保障国家能源安全；完成川气东送减资，开创国家管网集团以减资方式优化资本结构先河。推进完成中国石化管道附属设施等资产二次交易，涉及资产收购15亿元、资产出售2.7亿元，厘清资产管理职责界面，保障管网安全稳定运行。

（丁　为　张鲁燕）

【资产管理】 2023年，印发《国家管网集团资产评估管理实施细则》，进一步完善国家管网集团资产评估管理体系；组织培训宣贯资产评估政策、强化资产评估全流程管控、优化资产评估评审机制，防控国有资产交易过程中的风险，确保国有资产保值增值；区分战略类、经营类、安全类投资项目设置基准收益率指标；完成中俄远东天然气管道（虎林—长春）工程跨境段、西气东输三线闽粤支干线天然气管道项目（27号阀室—漳州）等24个投资项目经济评价审查。

【会计管理】 建立"两轮次，五节点"审核机制，充分发挥财务平台化审阅优势，2023年组织开展报表审核，完成决算报表、财务情况说明书编报，得到财政部通报表扬；通过建立全业务域、多层级标准字典，完善风险问题案例库设计，完成风险防控平台上线，以巡视审计、内部稽查问题为导向，开展制证、审核环节风险打点；完成交叉稽核平台上线，开展制证后抽样与稽核，形成常态化风险防控机制，实现凭证质量问题"确认、审核、记录、整改"闭环管理，有效夯实会计信息质量；全面梳理核算业务的易错点、差异点等问题，修订《会计手册》，统一核算标准、规范核算场景，形成具有管网特色的全流程核算指导规范，将国务院国资委决算批复及指出的问题落实到位。

（张璐瑶）

【系统建设】 2023年，完成财经数字化平台1.0前期可行性研究设计，构筑"工程、市场、维修、科研、数字化、合同"IT拉通蓝图，通过新建和优化12个模块，实现财经域流程IT全覆盖加快推进财经数据治理；完成商旅结算模式调整、工会账套搭建、月末关账中心升级、账务调整模块上线等60余项系统优化升级，配合

企业管理

开展ERP-C和供应链系统全集团上线，牵头完成资产智能盘点模块试点上线，持续提高财务数字化、智能化水平。成功举办国家管网集团司库体系2.0方案发布会；2023年国家管网集团获评国务院国资委司库体系建设中期验收优秀企业，被验收组评价为"四高四通"，即"高难度起步、高标准谋划、高水平实施、高质量落地"，"制程互通、系统互通、业财互通、管控互通"，圆满完成验收任务；完成财经业务域50个业务对象的数据架构设计、3687万余条财经数据入湖，为数据分析奠定坚实基础。财务共享服务平台获国务院国资委智能监管模型"揭榜挂帅"杰出应用奖，会计档案管理应用入选财政部电子凭证深化试点名单、位列央企前列。

（张雪鹏　张璐瑶）

财务共享服务平台获国务院国资委智能监管模型"揭榜挂帅"杰出应用奖

【**财经流程**】 10.0管理财经业务域充分结合财务队伍集中统一垂直管理特点，严格按照"四要素、五坚持、六步法"要求开展流程全面推广运营；统筹组织开展专题培训赋能、集中取证答辩，累计完成L1取证811人，L2取证73人，达到国家管网集团L2取证人数的31%；开展流程文件修订及活动操作指导书的编写，完成40个活动指导书和3个手册编写及评审；与"三财经"管理职责界面梳理工作全面融合，基于业务活动梳理形成948条细分职责，与93个末级流程216个流程角色进行匹配，拟定标准化岗位72个，推进标准化岗位职责与制程管理体系全面融合；完成10.0业务域新增及修改流程文件的验收与正式发布；结合审计问题整改及管理提升要求，从"合规"和"价值"两个维度优化完善绩效度量。

（张璐瑶）

【**经济责任审计**】 2023年，高质量配合完成中央审计委员会办公室、审计署对国家管网集团党组书记张伟同志2019年10月—2023年8月任职期间经济责任情况审计。成立工作专班，利用零代码平台开发经责审计功能模块，按时提交全集团2929项任务、62937份资料，实现数据统计完整、信息实时更新、材料归档有序，协调配合工作得到审计署派出审计组和国家管网集团党组的肯定；针对巡视审计提出的财务方面问题，立行立改，举一反三，全面完成中央巡视审计财务问题整改。

（沈轶超）

【**财经蓝军**】 2023年，印发《关于全面强化集团公司财会监督的指导意见》，明确"3+1"财会监督队伍职责；开展预算对接督导，研判提出个性问题30条，共性问题10条，剖析各所属企业存在的风险32条；开展严肃财经纪律检查与验收、会计基础提升百日行动、研发投入、建设项目公司专项检查、数字化投入等5次专项检查，基本实现国家管网集团财会监督全覆盖；开展2022年决算重大会计事项处理、审计问题整改、2023年完成的专项检查整改督导，总体整改率95.4%；编制《财会监督要点指引》，明确"三财"日常监督范围和监督要点，为蓝军财会监督检查及"三财"队伍发挥独立监督职能提供具体精准指导。

（周　磊）

人力资源管理与干部队伍建设

【概述】 2023年，深入学习贯彻习近平总书记关于党的建设的重要思想，认真贯彻落实新时代党的组织路线和全国组织部长会议精神，紧紧围绕服务国家管网集团改革发展中心大局，坚持党管干部、党管人才，以迎接和抓好巡视整改促进规范提升，以正确选人用人导向激励广大干部担当作为，深入实施人才立企强企工程，推进构建薪酬水平市场化、考核结果差异化、激励手段精准化的考核分配工作格局，不断提升劳动组织管理效能，全力打造堪当管网事业发展重任的高素质管网铁军，扎实有效推进国家管网集团组织工作水平全面提升，为国家管网集团全面完成生产经营目标提供坚强的组织保证。2023年，国家管网集团在2022年度国务院国资委中央企业经营业绩考核中再次获评"A"级、列央企第20名，实现全员劳动生产率314万/人，较上一年度增幅7%，位居央企前列；选人用人满意度98.7%，加强干部全方位管理和经常性监督的"好评率"97.5%，分别较上一年度上升0.3%、0.6%。

（董雪莉）

【领导班子和干部队伍建设】 立足打造世界一流企业和推动企业高质量发展目标，配优领导班子，建强干部队伍。以政治建设为统领，突出政治标准配强班子。坚持把政治标准作为第一标准，树立正确政绩观，多措并举强化整体功能，通盘考虑班子结构，选拔政治素质过硬、能够驾驭全局、善于抓班子带队伍的干部担任"一把手"，选配历经多岗位锻炼、具有专业能力和专业精神的干部进班子，注重老中青搭配和专业优势互补，2023年共提拔和进一步使用国家管网集团关键岗位人员34名，安排15名国家管网集团关键岗位人员进行跨地区、跨专业交流任职，领导班子整体功能和活力持续增强。以实干实绩为导向，常态化研判班子运行。引导树立和践行正确政绩观，经常性、多手段分析研判所属单位和总部部门领导班子运行状况，围绕国家管网集团"四化"改革，适时推动运营成熟的新公司组建领导班子，及时调整战斗力不强、巡视反映问题较多的班子，有力改善优化所属单位班子结构。完善综合考核评价体系，引导各级领导班子围绕推动高质量发展和立企强企职责使命担当作为，强化考核兑现。以治企兴企为责任，在实战中锤炼干部队伍。强化思想政治建设和专业训练，分级分类抓好干部培训，全年共培训21万人次，干部员工能力素质持续提升。聚焦实践锻炼，高效组建"四化"改革"先行军"，选拔60余名关键岗位人员进入新成立单位筹备组，引导干部在火热实践中练就真本领、硬功夫。

（毕九川）

【干部监督管理】 始终牢记习近平总书记关于"全面从严治党永远在路上，党的自我革命永远在路上"的明确要求，把"严"的要求贯穿到干部管理监督各环节。深入做好政治监督。加强对习近平总书记关于选人用人重要指示批示精神和党中央决策部署落实情况的监督，注重对坚持党管干部原则情况、选人用人政治把关情况、选育管用生态营造情况的监督，增强组织部门与纪检监察、巡视巡察等部门的监督协同联动。强化选人用人"重点环节"监督。严格执行"凡提四必",开展国家管网集团18家所属单位干部选拔任用"一报告两评议",国家管网集团选人用人满意度达98.7%。强化评议结果分析应用,督促所属单位针对短板弱项整改提升。加强领导干部日常管理监督。健全完善两级关键岗位人员任职回避和公务回避、提醒函询和诫勉、兼职管理等制度规定,开展有关领导干部档案专审等工作。完成2023年报告个人有关事项集中填报、重点核查、随机抽查等工作,查核一致率超过96%。加强两级关键岗位人员因私出国(境)登记备案和证件管理,实现备案全覆盖。严格执行领导干部兼职审批制度,对相关集团关键岗位人员亲属经商办企业的情况开展查核认定。

(常海军)

【年轻干部培养】 始终站在党和国家事业、管网事业后继有人的政治高度,建立健全培养选拔优秀年轻干部常态化工作机制,促进年轻干部快速成长、脱颖而出。坚持拓宽渠道搭建平台。聚焦年轻干部结构性问题综合施策,常态化"扩渠引流",定期开展全覆盖调研,延伸掌握百余名优秀年轻企业关键岗位人员,做到动态调整、优进劣退,始终保持优秀年轻干部队伍"一池活水"。在总结国家管网集团年轻干部"五十五百"实践锻炼计划等经验的基础上,启动实施首批青年干部实践锻炼"旭航"计划,突出周期性、针对性、复合性培养,建立培养锻炼岗位库,为干部队伍建设注入"源头活水"。坚持教育管理监督一体推进。健全完善年轻干部教育管理监督工作机制,将做深做实干部教育、从严管理监督贯穿年轻干部培养使用全过程。深入开展学习贯彻习近平新时代中国特色社会主义思想主题教育,选调优秀年轻干部参加国家管网集团党校春季班,提升用党的创新理论指导实践的思想自觉。落实落细常态化管理监督机制,增进对年轻干部的全方位多角度了解,引导年轻干部对党忠诚老实、坚定理想信念、自重自省、严守纪律。坚持同等优先使用。统筹班子建设实际和优秀年轻干部整体配备目标,同等条件下优先使用,把政治素质好、有能力、有责任感的年轻干部使用起来。截至2023年底,国家管网集团关键岗位人员中"70后"占比66.9%,全年共提拔45岁左右国家管网集团关键岗位人员12名。择优选拔"80后"干部参与企业深化改革,进入新成立单位筹备组。

【"选育管用"全链条机制】 坚持"德才兼备、五湖四海"优选干部。牢记"在经济领域为党工作"的职责使命,打造政治上绝对可靠、对党绝对忠诚的管网铁军干部队伍,严把选人用人政治"首关",看重政治品德,突出政治能力,强化政治考察,对政治上不合格的,坚决"一票否决",确保选出来的干部政治上信得过、靠得住、能放心。持续拓宽选用干部视野渠道,放眼各条线、各业务、各区域,将具备堪当管网事业发展重任潜力的干部识别选拔出来,统筹用好各年龄段优秀干部。坚持"源头培养、跟踪培养"培育干部。强化思想淬炼、政治历练、实践锻炼和专业训练,将学习贯彻习近平新时代中国特色社会主义思想主题教育作为重大政治任务,落实常态化学习机制,组织各级领导人员参加集团党校班、所属单位政治能力培训等教育轮训,加强党性修养,提高政治站位。完善跟踪培养机制,启动青年干部实践锻炼"旭航"计划,通过基层墩苗、层层考验丰富阅历、练就本领。坚持"全面从严、激励担当"管理干部。以迎接中央巡视为契机，加强对习近平总书记关于选人用人重要指示批示精神和党中央决策部署落实情况的监督，进一步健全完善从严管理监督制度建设，强化选人用人监督，加强领导干部日常管理监督，及时发现干部身上的苗头性倾向性问题并予以提醒帮助，对巡视反馈问题线索从严调查处理。结合企业发展实际，为干部人才成长搭建改革攻坚、战略"红蓝军"、"揭榜挂帅"、技术比武等实战平台，营造干部员工竞相成才、建功管网的良好氛围。坚持"用当其时、用其所长"使用干部。坚持事业为上，统筹考虑企业深化改革实际和干部队伍结构，选拔一批德才兼备、业绩突出的年轻干部进入新成立企业筹备组领导班子。加大干部交流力度，有针对性地加强干部挂职或任职，注重在大战大考中锤炼干部，在急难险重中考验干部，多层次多角度积累专业经验，丰富任职经历。

（毕九川）

【人才队伍建设】 强化人才顶层设计。召开国家管网集团人才工作会议，系统总结国家管网集团成立以来的人才工作，部署下一步重点工作任务。印发《国家管网集团人才强企专项计划实施方案》《国家管网集团专家管理工作指引》《国家管网集团工程硕博士培养改革专项试点工作指引》等，系统实施"筑基、储备、增输、升顶、名匠"5大人才强企专项计划。开展"十四五"人力资源规划中期评估，制定2024—2028年人力资源滚动发展规划、干部教育培训规划，优化调整工作目标和任务。印发国家管网集团技术图谱，对科技人才队伍进行滚动规划，形成领军人才、技术专家、技术骨干三级科技人才部署。

（白晓彬）

强化专业人才队伍建设。建立知识培训与实践锻炼相结合的培养模式，优化专业人才队伍布局，建立基层党建指导工作组，研究筹建财务、人力资源、融媒体、法律服务、招标、审计、造价等共享中心，建设具有管网特色的专业人才库，满足市场化、专业化、区域化、共享化管理需要。

加强技术人才队伍建设。落实"百一万一百万"科技人才培养工程，分层分级建设人才库。开展两级技术专家选聘工作，6人经选拔进入高层级技术专家储备池，12人被选聘为中层级技术专家。加强人才引进工作，多渠道引进高层次科技人才17人、成熟人才200余人。印发《国家管网集团"揭榜挂帅"激励约束方案》，持续推行重大科研项目"揭榜挂帅"和"项目长"负责制，让能者脱颖而出的创新氛围蔚然成风。实施青年科技人才"托举"工程，通过科技项目攻关锻炼培养科技人才200余人。加强卓越工程师队伍建设，开展工程硕博士培养改革专项试点工作，与3所高校完成校方全日制工程硕博士、企业在职博士招生工作，首批工程硕博士顺利进入企业开展学习实践。注重优秀人才输出锻炼，2名优秀博士被选入博士服务团赴西部挂职。挂牌2个博士后工作站和4个集团重点实验室，筹建储运技术公司、储能技术公司，与100余家高校、科研院所和企业协同攻关，建设创新联合体、产学研用平台，推动创新链、产业链和人才链深度融合。2023年，国家管网集团现有享受政府特贴专家14人（在职7人）；2人入选国家特殊人才计划。

（段坤华）

加强技能序列人才队伍建设。开展高层级技能专家评选，1人经选拔进入高层级技术专家储备池。申报特级技师、首席技师认定试点，建立技能人才参加职称评审、技术人才参加职业技能认定机制，打破技能人才上升"天花板"。大力开展技能培训和岗位练兵，完成五大类工种培训教材编审工作，与中华全国总工会联合开展中俄东天然气管道工程全国引领性劳动技能竞赛、西气东输四线全国引领性劳动技能竞赛，组织开展国家管网集团管道保护工职业技能竞赛和消防比武邀请赛，多措并举促进技能人才素质和能力双提升。

（李佳萌）

健全完善人才发展体制机制。全年制修订近30项涉及干部人才的制度和政策性文件，打通"纵向贯通、横向畅通"的职位序列通道，形成"以岗定薪、易岗易薪、按绩付酬"的薪酬分配体系和"上下对应、内外衔接"的绩效考核责任体系，有效激发人才创新创效活力，全员劳动生产率位居央企前列。开展职称评审，通过自主评审和委托评审新增高级及以上职称447人。全面推行职业技能等级认定制度，全年完成20个职业（工种）3234人次的职业技能等级认定工作，新增高技能人才811人，高级工以上人才占技能人才队伍比例达到66.7%。

（白晓彬）

【职工教育培训】 国家管网集团始终坚持人才引领发展的战略地位，深入贯彻落实党中央关于干部教育培训工作的部署要求，紧密围绕国家管网集团人才立企强企方略，持续完善教育培训体系，推进干部员工教育培训工作科学化、制度化、规范化，着力增强教育培训的时代性、针对性、有效性，高质量培育干部员工。完善顶层设计。根据《干部教育培训工作条例》《全国干部教育培训规划（2023—2027年）》，研究编制国家管网集团教育培训规划，把深入学习贯彻习近平新时代中国特色社会主义思想作为主题主线，以坚定理想信念宗旨为根本，以提高政治能力为关键，以增强推进中国式现代化建设本领为重点，以提升全员能力素质为核心，不断强化政治训练，加强履职能力培训，夯实培训保障基础。强化政治训练。坚持不懈用习近平新时代中国特色社会主义思想凝心铸魂，把习近平新时代中国特色社会主义思想、习近平总书记重要讲话和重要指示批示精神融入教育培训全过程，作为党组（党委）理论学习中心组学习的主要内容，作为国家管网集团党校、各级培训的主课，作为干部员工理论教育的中心内容，巩固拓展学习贯彻习近平新时代中国特色社会主义思想主题教育成果，教育引导广大干部员工更加深刻领悟"两个确立"的决定性意义，更加自觉增强"四个意识"、坚定"四个自信"、做到"两个维护"。加强履职能力建设。分级开展履职能力培训，把教育培训的普遍性要求与不同类别、不同层级、不同岗位干部员工的特殊需要结合起来，针对11个业务域，组织开展线上线下培训。2023年培训员工21万人次，为建成中国特色世界一流能源基础设施运营商提供人才保障。

（李佳萌）

【人力资源规划】 紧扣国家管网集团发展战略，坚持以打造世界一流企业为目标，遵循"一中心、一张网、一公司"管控准则，编制《国家管网集团人力资源滚动发展规划（2024—2028年）》，从加快建设五支队伍、完善人力资源管理体系、提升人力资源管理质效方面，优化国家管网集团人力资源管理顶层设计。

（魏 凯 宫 明）

【劳动组织管理】 根据国家管网集团"四化"改革总体部署，成立储运技术发展有限公司、储能技术有限公司等2个所属单位，优化调整山东省公司、华北公司、建设项目管理公司、研究总院、工程技术创新公司等单位机构编制。强化员工总量管理，持续完善与用工水平、劳动生产率等效益效率指标联动的员工补充机制，统筹谋划新增业务用工需求和人才储备，国家管网集团员工总量控制在3万人。指导所属单位做好年度招聘工作，发挥央企稳就业压舱石作用，2023年国家管网集团新增用工约1200人，招聘应届毕业生810人（较上年度增长40%），社会招聘约400人、高层次人才引进17人。进一步探索市场化用工机制，对北京智网数科公司、工程技术创新公司实行招聘备案制，充分授权赋能，提升人才招聘质量。进一步畅通员工出口，依法建立优胜劣汰的用工管理机制，全年市场化退出71人，进一步激活用工效能。

【**人力资源配置优化**】 按照"控总量、盘存量、调结构、优配置"的思路，积极引导人力资源从富余企业向缺员企业优化配置，通过对国家管网集团内部招聘实行备案制，2023年推动470余名员工在企业间流动，为建设项目管理公司、工程技术创新公司等单位的缺员进行内部补充。综合运用内部技术服务、阶段性调动等方式调剂余缺，通过工资奖励和约束等政策，组织推动北方管道公司、东部原油储运公司、山东省公司等富员企业累计向西气东输公司、西南管道公司等缺员企业支持用工367人，实现人力资源优化配置，2023年全员劳动生产率达314万元/人，位居央企前列。

（魏 凯 张 毅）

【**业绩考核**】 坚持稳字当头、合理确定挑战性目标，围绕"一利稳定增长，五率持续优化"总体要求，加强形势研判，提出富有成长性、贡献性和挑战性的年度目标建议。坚决贯彻习近平总书记重要指示批示，落实国有企业社会责任，直面强寒潮天气、中亚气降量、全球多重危机叠加等严峻挑战，统筹做好生产经营、改革发展、党的建设等各方面工作，取得好于预期的经营成果，完成经营业绩考核目标。总结2022年负责人经营业绩考核结果"A级"经验，细化分解国家管网集团负责人经营业绩考核目标，针对性采取提升措施，加强过程跟踪督导。

【**离退休工作**】 深入贯彻落实党中央、国务院关于加强离退休人员管理的决策部署，掌握社会化移交业务要求，结合各地属地政策，对新退休人员实行随退随交的常态化运作机制。根据中组部相关要求，组织22家所属单位完成离退休干部信息系统填报工作。

（杨连杰 姜长浩）

【**人事制度改革**】 坚持事业为上和实绩导向，围绕干部管理"五大体系"，健全"选育管用"全链条机制，锤炼适应国家管网集团高质量发展要求的管理人员队伍。加强制度建设，制订《国家管网集团所属单位、总部部门领导班子和关键岗位人员考核结果综合评定实施办法》《国家管网集团所属单位、总部部门领导班子和关键岗位人员综合考核评价实施办法》《国家管网集团推进两级关键岗位人员能上能下实施细则》等制度，更好发挥考核"指挥棒"和"风向标"效能，进一步推动领导人员能上能下。扎实推进中央企业改革三年行动成果落地，结合企业"四化"改革实际和管理人员队伍特点，进一步完善激励担当、年轻干部选拔、董事选派等工作，规范管理流程，形成长效机制。修订经理层成员岗位聘任协议，进一步推动经理层成员责权匹配、考核结果刚性运用。

（滕巾帼　毕九川）

【劳动制度改革】　始终坚持精干高效用工原则，严把员工入口关，畅通员工退出渠道。完善印发《国家管网集团招聘工作指引（第三版）》，建立健全市场化招聘制度，全面规范招聘程序。推动员工市场化退出，印发实施《国家管网集团员工违规行为处理规定（试行）》，健全完善国家管网集团员工违规行为处理管理制度，加强队伍建设，约束违规行为，维护正常的生产和工作秩序，保障企业高质量发展，同时初步建立适用于全体员工的违规行为处理基本管理制度，规定员工违规行为的基本原则，系统梳理员工违规行为、处理的方式及主要程序和违规情节及后果的认定，明确予以开除处分、解除劳动合同的相关情形，推动员工能进能出，2023年市场化退出71人。

（魏　凯　张　毅）

【分配制度改革】　以推动公司高质量发展为目标，不断深化收入分配制度改革，深入推进构建薪酬水平市场化、考核结果差异化、激励手段精准化的考核分配工作格局。进一步完善工资总额决定机制。坚持分类施策、效益效率导向、激励约束并重原则，印发《国家管网集团职工工资总额分配方案》，对管输类企业实行工资总额与效益、效率指标挂钩；对科技型企业实行过渡期内与市场价位对标确定工资总额，过渡期后与科技成果、价值创造类指标挂钩；对专业服务型企业实行工资水平与国家管网集团内部企业对标，工资增幅与国家管网集团大势和总部相关部门考核结果挂钩的工资总额决定机制，引导企业不断提高质量效益，实现员工收入与企业发展的同频共振。统一国家管网集团基本工资制度体系。研究出台《集团公司基本工资制度优化完善方案》，重点突出向基层一线倾斜、向重要岗位倾斜、向边远地区倾斜的分配导向，设置配套津补贴政策。加大管理和中高层级人员浮动工资比例，激励员工注重业绩表现，整体浮动工资占比70%，一线员工突出安全生产责任，整体浮动工资占比50%，实施与安全生产责任挂钩。印发《集团关键岗位人员薪酬制度完善方案》，以岗位价值为基础，突出绩效年薪与业绩表现刚性挂钩，对国家管网集团关键岗位人员按业绩排名和考核得分强制拉开2倍以上差距，切实发挥薪酬能升能降导向。促进战略性新兴产业发展。制定《关于推动国家管网集团加强科技创新、战略性新兴产业薪酬激励保障政策的重点举措》，研究提出十项重点举措，全面落实创新激励系列政策。在符合工资总额政策要求的前提下，对战略性新兴产业、新业态特别是科技型子企业探索实施更加灵活具有竞争优势的工资总额决定和增长机制，实行增人增资和工资总额单列管理，探索周期制备案管理。分类设置科技攻关专项奖励、长效奖励、战略性新兴任务中长期专项奖励金。进一步增强相关单位人员内部收入分配、待遇保障、中长期激励等制度保障，推动战略性新兴产业创新发展。完善全员绩效考核体系。修订《国家管网集团全员绩效考核管理指导意见》，从考核人员范围、考核周期、考核内容、考核程序、职责范围等方面修订制度，坚持结果评价与过程考核相结合，责、权、利相统一，激励与约束相匹配，绩效考核结果与奖金、岗位调整、评先选优、培训发展等紧密关联，切实做到考核制度公开透明，充分调动全体员工的积极性，成功搭建广大干部员工"同台竞技"的"赛马场"。加强各层级员工绩效考核的指导和监督，全面检验绩效计划制定、绩效计划执行、绩效结果评估、绩效反馈与改进、绩效档案管理和考核结果应用等各个环节闭环运行成效，实现所属单位绩效考核100%覆盖。

【"三能"运行新机制构建】 结合国家管网集团"四化"改革后，新增所属企业多、管理力量相对薄弱的实际，坚持制程一体，持续推动"三项制度"改革要求在新组建企业落地。加快推进人力资源数字化转型升级，完成人力资源业务域数据架构、流程架构、部分流程的优化，实施开发人力资源管理系统（二期）。谋划深化三项制度改革方案，健全常态化岗位评估机制，增强全员绩效考核的科学性、精准性，更大范围、分层分类落实管理人员经营管理责任制。持续推行管理人员竞争上岗，分类细化优化员工市场化退出标准和渠道，完善企业内部人才流动机制，用活各类人才。持续组织所属企业三项制度改革评估，推动健全机制、补齐短板，提升用工市场化水平。

（杨连杰　姜长浩）

【9.0管理人力资源流程建设】 根据9.0管理人力资源业务域实际工作情况，对流程经过进行进一步优化，形成7个流程组、86个L3/L4流程。实施人力资源管理系统（二期）建设工作，完成需求分析报告，助力数字化水平全面提升，做到党管干部工作全面加强、人才队伍结构进一步优化、用工水平持续提升、市场化机制充分发挥、组织架构体系健全完善、人力资源服务水平全面提升，为国家管网集团发展提供坚实组织保障。

（张伟建）

法律

【概述】 国家管网集团始终坚持以习近平法治思想为指导，认真落实国务院国资委深化法治建设加强合规管理工作会议精神，在国家管网集团党组的坚强领导下，按照董事会决策部署，立足改革发展全局，围绕中心工作，聚焦价值创造，突出服务保障，大力推进各项工作向制度化、体系化、规范化、标准化迈进，有效提升依法合规经营能力和水平，牢牢守住不发生重大风险的底线，为国家管网集团实现年度生产经营目标任务、推进高质量发展提供坚实法治保障。

【法治管网建设】 国家管网集团党组高度重视法治建设工作，组织召开党组理论学习中心组法治专题学习，邀请中央党校专家专题讲解习近平法治思想，各所属单位党委全年开展法治专题学习46次。坚持把总法律顾问制度建设作为推动法治工作的重要抓手，在总部和所属单位全面实施，国家管网集团及21家子企业已完成总法律顾问配置。建立总部领导干部应知应会党内法规和国家法律清单制度，督导各所属单位建立本单位应知应会清单，推动各级领导干部进一步筑牢法治观念。优化完善法治建设绩效考核指标，将7类重点考核事项纳入经营业绩合同指标评价细则进行强管控，进一步完善法治建设第一责任人职责落实机制，压实法治建设责任。落实国务院国资委法治央企"十四五"中期督导有关工作部署，统筹开展中期自查工作，全面"问诊"法治管网建设现状，收集整理支撑材料 260 余份，编制完成自查报告报送国务院国资委，配合完成现场调研督导。

【纠纷案件管理】 牢固树立减少损失就是创造价值的理念，采取系列措施加大法律纠纷案件处置力度，商标行政诉讼案件历时近三年取得全面胜诉，案件处置成效持续提高，有效维护企业合法权益。组织实施历史遗留案件清零专项行动，"一案一策"编制处置方案，历史遗留案件基本结案。推动重大案件督办工作精细化管理，定期组织召开案件调度会，系统开展案情分析，选派专人参加庭审，按月跟进案件处置进度，2023 年高质量完成重大法律纠纷案件处置工作，重大法律纠纷案件结案率达 89%、妥善处置率达 100%。

【合同管理】 落实《中央企业合规管理办法》最新要求修订完善流程文件，加强制程文件宣贯，进一步压实合同订立、合同履行的主体责任，通过组织问题整改、管理回溯等手段消减合同管理风险。总结 LNG 接收站短期服务经验，组织编制印发 LNG 接收站短期使用合同示范文本，保障该业务顺利实现线上签约。组织开展全系统合同管理自查，发现并推动解决问题。落实经济合同"三项"审查要求，全系统线上审批及签订合同共计约 5.6 万份，"三项审查率" 100%。

【法律风险防范】 印发"区域化"改革《委托经营管理协议》文本，保障改革落实落地。从源头严控法律合规风险，全过程参与国家管网集团"四化"改革、投资并购、省网融入等重大项目，统筹做好一般涉法事项法律审查，加强法律审核把关，提出法律审查意见、提示法律风险共计 1000 余次，保障国家管网集团依法合规经营。预防涉外项目法律风险，参与涉外管道建设项目相关谈判工作，加强涉外业务法律环境分析，跟踪美西方国家对外制裁和涉华法律政策动向，编制国家管网集团涉外项目风险防控报告，及时研究提出防范应对建议。提升工程建设项目法律风险防范能力，编制完成工程项目投产条件行政许可手续检查企业标准，开展国家管网集团一类工程建设项目试运投产条件法律检查，充分提示行政处罚等法律风险。

（张恒晨）

合规内控风险

【概述】 2023 年，国家管网集团坚持以习近平法治思想为指导，贯彻落实党中央关于防范化解重大风险决策部署，按照"强内控、防风险、促合规"目标要求，狠抓合规管理体系建设，完善内控体系，强化内控监督，进一步筑牢风险防范体系，守住不发生重大风险的底线。

【合规管理】 国家管网集团全面学习贯彻《中央企业合规管理办法》，加强合规管理组织领导，总法律顾问、首席合规官、合规管理员基本配齐，合规管理"三道防线"职责进一步清晰。制定发布国家管网集团《合规管理暂行办法》《合规审查管理规定》，编制《诚信合规手册》，印发实施反垄断等 7 个重点领域合规指引，合规管理制度体系不断完善。坚持把健全完善合规管理"三张清单"作为防控合规风险的重要抓手，围绕法律规定、监管要求、管控需要、违规问题等合规关注重点，聚焦 11 个业务域，系统开展合规管理"三张清单"优化提升工作，识别合规义务 698 条、合规风险 210 个，细分风险表现567项，分析风险成因644种，完善防控措施749项，全面提升合规风险防控的系统性、精准性、长效性。加强合规审查和法律论证，开展合规管理体系有效性评价，提示较大法律合规风险160余次，总法律顾问、首席合规官深入落实重大决策事项合规审查制度要求，依法合规经营水平和能力持续提升。

【内控体系建设】 优化内控体系框架，修订发布国家管网集团《内部控制管理手册》《内部控制与风险管理办法》，完善内控体系五要素，统筹规范内控与风险管理，为内控体系建设和运行提供制度遵循。编印《业务风险关键控制点（KCP）设置指南》《内控监督评价方式指南》，聚焦重要领域和关键环节，强化风险管控和监督评价，调整优化11个业务域对应的625个关键控制点（KCP）。开展遵从性测试（CT）、主动性审视（PR），认真落实内控自评工作要求。内控体系运行有效，完成研究总院、工程技术创新公司和山东省公司等三家单位内控监督评价。

【重大风险防范】 围绕全年生产经营目标任务，组织开展重大风险评估，剖析风险成因，有针对性研究制定24个方面重点举措，编印重大风险评估报告，建立重大风险防控责任台账并跟踪落实，坚持未雨绸缪，深化投资项目风险评估，组织开展34个重点投资项目可行性研究报告风险评审，加强风险事前防范。常态化开展风险监测，对安全生产、工程建设施工管理等23项具有典型性、普遍性和可能产生严重后果的风险及时报告预警，加强风险事中动态监测管控。实行经营风险事件台账式跟踪管理，完成新气管道郴州段压覆矿经营风险事件处置，有效避免经济损失，加强风险事后应对处置，守住不发生重大风险的底线。

（胡善炜）

外事外联与国际合作交流

【概述】 2023年，国家管网集团以习近平新时代中国特色社会主义思想、习近平外交思想为指引，统筹国内国际两个大局，用好国内国际两种资源，面对新形势、新变化带来的新任务、新要求，紧紧围绕保障国家能源安全、维护产供应链稳定、提升国际形象与话语权等重点工作，勇于担当、主动作为，保障外事外联与国际合作交流全面铺开、整体推进。

【对外工作集中统一领导】 2023年，国家管网集团坚持把学习贯彻习近平外交思想和习近平总书记关于外事工作重要指示批示精神作为推动对外工作的根本遵循。坚决落实"第一议题"制度。将习近平总书记重要外事讲话、会晤作为党组"第一议题"学习材料，印发《思想政治学习参考》40余期，其中外事外交类学习资料30余篇，通过读原著学原文悟原理，确保国家管网集团外事工作始终沿着正确方向发展，切实把坚定捍卫"两个确立"、坚决做到"两个维护"体现到国家管网集团外事工作的各方面、全过程。坚决落实党管外事要求。把因公出国（境）管理工作作为一项重要政治任务来抓，进一步明确细化因公出国（境）团组立项标准，立足国家重点攻关项目及国家管网集团战略规划，统筹因公临时出国（境）需求，将团组目标具体化、任务化、清单化，同步编制2024年国家管网集团因公出国（境）计划，由外事工作领导小组逐项研究、集体审议，外事工作统一谋划、统一部署"一盘棋"格局进一步夯实。党组领导专项听取外事汇报。国家管网集团副总经理、总法律顾问、首席合规官杜业栋主持专项会议，听取国家管网集团近3年外事工作总体情况，对国家管网集团2024年外事工作提出具体要求，强调要加强国际研判，扎根油气管道设施建设、能源储运、科技自强等业务开展紧迫需要，超前谋划、提前布局，开辟外事工作和主责主业结合新路子、新方法，加大交流频率、深化交流层次，全力服务国家高质量对外开放要求。从严落实党委书记第一责任人制度。以完善国家管网集团外事工作机制为切入点，开展外事业务"夯基行动"，明确"出访立项均需由外事专办员审核、经党委书记审批"的流程机制；严格执行"外事无小事""外事工作授权有限"工作原则，对国家管网集团重要外事活动、参与国际会议、接受外国媒体采访等事项实行自上到下闭环监督，从内到外扎紧外事规矩紧箍咒，外事规矩意识不断夯实，外事工作严肃性进一步树立。

【**外事外联业务服务保障**】 2023年，国家管网集团牢牢把握中国式现代化发展纲要，积极响应国家对外事工作最新要求，坚决扛起央企外事责任担当，利用行业特点优势"牵线搭桥"，用"常走动"带动"长发展"。保障因公出国（境）团组按时出访。编制《国家管网集团外事系统—因公出国（境）流程填报指引》和《国家管网集团外事系统—邀请外国人来华流程填报指引》，内容图文并茂、细致入微，最大程度避免反复修改、重复提报，业务和流程办理效率有效提高。截至2023年底，审批因公出国（境）团组46个，涉及人员236人次，办理外国人来华邀请7批30人次，办理因公护照145本，完成出国签证办理113人次，出入境证明办理158人次，出访俄罗斯、新加坡、德国、奥地利、韩国、捷克、挪威、荷兰、中亚等11个国家（地区）。统筹国家安全与团组安全工作。按照团组性质及出访国家特点，以邀请防恐安全教官现场模拟情景、中国人民警察大学教授专题讲座、实际案例小组讨论等多样形式，实现行前教育"个性化定制"，将趣味性与教育性紧密结合，提高行前教育效果；同步统筹国家安全、保密管理等专项工作，积极与国安局人民防线总队建立日常沟通联络机制，获取公务人员出国（境）教育专项视频材料，组织行前教育9团组次，督促团组成员签署《出国（境）反间谍安全防范承诺书》《涉密人员出国（境）行前保密教育情况表》，强化"责任人"意识担当；归国后第一时间组织开展回访并督促签署《出国（境）人员回访记录表》《涉密人员重大事项报告表》《出访团组执行中央八项规定及其实施细则精神报告表》，守牢反间防谍安全底线。持续密切外事工作信息交流。依规务实开展与外国驻华使领馆交往工作，通过企业微信群、电子邮箱等多种方式，与有关部委、兄弟单位建立友好互动日常沟通协调机制，保证最新外事资讯第一时间获取；根据最新政策制度和证照办理流程，同步调整办证办照工作节奏，全年未发生一例出访滞后或拒签团组，在外事业务全面铺开之年实现护照办理成功率和签证办理成功率"双百分"。

【**产业链供应链服务保障**】 2023年，国家管网集团以践行"四个革命、一个合作"能源安全新战略为指引，将服务国家战略、服务行业发展、服务人民需要转化为干事立业强大内生动力。服务国内外资源市场。精心组织协调跨国油气管道生产运行，做好进口管道油气资源排产，统筹安排进口海上液化天然气接卸窗口期，保证油气管网安全平稳输送。截至11月1日，输送进口俄罗斯原油2498.28万吨、哈萨克斯坦原油938.54万吨、缅甸原油968.41万吨，进口俄罗斯天然气185亿立方米、中亚气348亿立方米、缅甸气34亿立方米，接卸进口LNG1378万吨（210船），保障国家能源供给安全。打赢冬季保供硬仗。积极应对去冬今春期间多轮寒潮和中亚资源历史性减量等复杂局面，同步强化与电网、气电用户及能源主管部门对接，安全平稳完成去冬今春保供任务和迎峰度夏保供工作；为满足今冬高月高日管输需求，入冬前注气153亿立方米，超全年注气任务10亿立方米，推动实施中俄东线明水压气站等冲峰能力建设项目14项，提升管网高月高日输送能力至9.9亿米^3/日、同比增长0.7亿米^3/日；完成全国26个重点城市、103个重点用户安全供气分析，全力推动基石托运商增产增购增供，落实今冬明春进入天然气管网资源计划量1161亿立方米，较往年增加79亿立方米、增长7.3%，冬季保供主动权牢牢掌握在手。守护基础设施安全。分8批共16人次到俄罗斯执行中俄东线天然气管道、中俄原油管道计量监督轮岗任务，排除交接争议30项、计量安全隐患26项，监督监护俄方维修计量作业102次，联合巡检618次，实现全天候计量交接安全；参加乌兹别克斯坦中亚四国会议、哈萨克斯坦中亚天然气管道运行协调委员会会议，充分发挥国家管网集团在中亚地区天然气产业领域的影响力和号召力，推动会议就冬季期间保障资源上载气量、确保供气的可靠性与稳定性、控制气体质量等重点问题达成共识，以忠诚担当守护跨国能源通道平稳畅通；积极与国务院港澳办公室沟通，为到香港执行轮岗任务技术人员24人办理一年多次往返因公赴港澳签注，以实际行动守护香港地区用气安全。

【**对标世界一流企业价值创造**】 2023年，国家管网集团瞄定建成中国特色世界一流能源基础设施运营商目标，以包容、开放姿态积极推动国际合作、主动融入高质量共建。以能源合作为纽带聚集邻友。立足国家战略发展大盘棋，积极参与优化全球油气产业链供应链布局调整，通过邀请俄气专家7批30余人次来华、派出我方人员3批23人次，双向驱动中俄远东项目、南萨哈林斯克项目等国家重点项目进一步深入细化。以国际交流为媒介助力科技创新。选拔2名骨干人员到德国参加为期14天危险化学品应急救援集中培训，先后分4批共8人次到荷兰开展中亚计量站流量计校准见证任务，4人团组到捷克执行索拉大修机组驻厂质量监督任务，让技术一线人员第一时间接触国际超前概念，以外事出访成果支撑国家管网集团增质提效；广纳海外贤才，从英国、加拿大等国家聘请技术娴熟、经验丰富外籍专家，助力国家管网集团关键领域技术瓶颈突破，提升市场和国际竞争力；派出首个高级访问团组，到挪威DNV公司、荷兰Applus+公司开展为期7天交流学习，捕获国际先进管理理念与管道输送及检验技术，为国家管网集团加快推进新能源储运技术进步提供智库参考。以国际组织为依托参与治理。加入物联网与数字孪生分技术委员会等国际组织，提升对外交流层次与维度；推荐多名标准化领域专家，先后到荷兰、韩国、奥地利等国参加国际标准制定，以召集人身份开展管输领域标准研制工作，在智慧管网、氢能技术等多领域抢抓标准话语权，主动参与层次更深、水平更高标准竞争，不断提升打赢国际标准战硬实力。

【对外开放及自我革新】 2023年，国家管网集团主动培养国际视野，深度融入对外工作大局，聚焦重点国家、重点方向、重点领域、重点企业、重点项目，着力拓宽对外交往渠道，国际多边合作交流成果显著。积极参与国际会议论坛。以新加坡国际天然气展览会、俄罗斯圣彼得堡国际天然气论坛等大型国际会议论坛为契机，先后派出业务骨干20余人次，现场了解国际行业动态和发展方向，撰写实质丰富、具有参考价值会议报告；国家管网集团副总经理姜昌亮在第六届亚太能源监管论坛发表《以"全国一张网"撬动形成油气市场新体系，打造提升中国能源安全保障能力的"大国重器"》主旨演讲，向世界发出管网声音、管网邀请；邀请俄罗斯天然气公司到国家管网集团总部现场交流并参观油气调控中心，双方深入合作意向进一步加固。对外展现国家队新风采。借助进博会、服贸会等国家级大型展会平台，全力引入国际市场参与主体，吸引相关企业在国内设点、存货、销售，推动全球范围内油气资源有效利用；抓住承办国际管道会议等大型活动机遇，对外展现国家管网集团在多个领域转型研究应用成果及拥有自主知识产权设备，持续输出管道技术领域国际影响力，以自身强实力为共同实现综合发展筑牢实质基础。频繁释放合作信号。深入推进油气管道基础设施建设重点领域和重点项目深度合作，积极与俄罗斯诺瓦泰克公司、俄罗斯石油公司、俄罗斯天然气公司、荷兰壳牌集团、英国托克集团、美国埃克森美孚公司等多家国际大型企业开展高层交流对话，分享全球视野下经验做法，现场签署合作备忘录，具有管网特色的全方位、宽领域、多层次对外开放新格局初步勾勒。

【数字化转型及提质增效】 2023年，国家管网集团坚决落实数字中国战略要求，以现有数据集成平台为底板，坚持"让数据多跑路、让团组少跑腿"原则，实现系统设备全方面升级换代，外事业务办理质量和效率双提升。外事系统迁移集成。充分利用现有OA平台在实现内部信息共享、协同办公、流程管理等功能基础上，统筹外事工作安全性要求高、精准性要求高、时效性要求高的特点，将原相互独立的外事系统、OA平台整合一体，实现在内网完成外事计划填报、外事立项、来华申报、证照办理、归国填报闭环式"一点通"服务，顺利流转出访团组27项、来华团组1项，外事业务模块功能完备、数据安全可靠。配合外交部、港澳办线上办理。积极响应外交部、国务院港澳办电子化转型要求，指导有外事需求的单位采购适配设备并同步开通授权公网权限，于7月在因公往来香港澳门通行证管理系统（试行）完成首次团组证照办理，为最早实践并开展线上办理的央企之一，9月实现因公护照全部线上办理，证照办理时长较以往缩短1个工作日。建立共享共用机制。通过内网工作群等方式，建立国家管网集团外事信息共享机制，并搭建因公出国团组追踪共享台账，由外事专办员共同线上维护，实现团组状态、签证办理数、实际在外天数、实际出访人数等详细信息动态更新，随查随有、随查随新。

【人才队伍建设】 2023年，国家管网集团积极按照"靶向定位、因岗选人"原则，着眼综合素质培养、提高自身"国际范"，积极开展外事人才培训。组建国家管网集团外事专办员队伍。根据国家管网集团外事工作实际需求，在原有工作人员基础上，以政治忠诚为首要选人用人标准，向外交部和国务院港澳事务办公室申请新增外事专办员1名；完成各部门各单位外事流程三级审批人员匹配，外事专办员队伍平均年龄33岁，活力无限、创造力强、敢闯敢干的外事队伍进一步壮大。常态化开展外事培训。优选外事骨干精英干部，参加外交部、国务院国资委、应急管理部等部委外事工作专项培训，确保外事队伍紧跟政策要求、把准努力方向、步调整齐划一；以菜单式选题、点题式授课为亮点，组织开展外事业务封闭式集中培训，通过"现场集中授课＋座谈交流头脑风暴"沉浸式学习，向外事专员办详细解读中央企业外事工作政策和国家管网集团涉外管理要求，教方法、强弱项，指导促进参训人员将理论知识、政策要求、专业技能有效结合，全方位提升外事工作能力水平。以战代训锻炼翻译团队。结合国家管网集团外事活动要求及中短期业务发展需要，着力培育翻译人才力量，重点向英语、俄语等本行业通用语种倾斜，为"自己人"争取外事活动现场实战演练机会，推动兼职翻译队伍在学中大胆练、在练中深入学。

（杨玄佳）

保密工作

【概述】 2023年，国家管网集团保密工作坚持以习近平新时代中国特色社会主义思想为指导，全面贯彻党的二十大精神，坚持总体国家安全观，牢牢把握保密工作的政治属性、保障属性、时代属性和全员属性，贯彻落实国家管网集团党组关于保密工作的重要指示，充分吸收借鉴行业企业经验，着力夯基础、补短板、强弱项，进一步增强全员保密意识，提升保密管理水平，保密工作整体形势安全、平稳、可控，未发生重大失泄密事件。

【保密委员会建设】 坚持"党管保密"重要原则，及时传达学习习近平总书记和党中央对保密工作的部署要求，贯彻落实国家管网集团党组书记、董事长张伟同志关于保密工作的安排部署，切实维护国家管网集团国家秘密和商业秘密本质安全。全国保密工作会议召开后，2023年6月5日，国家管网集团召开保密委员会议，传达学习习近平总书记就保密工作的重要指示和中央保密委员全体会议、全国保密工作会议精神，审议国家管网集团有关保密制度，安排部署2023年工作任务并对保密委员会委员进行增补调整。会议审议通过《涉外保密工作管理细则》《内部资料保护管理细则》2个管理细则、《秘密保护目录（2023版）》以及2023年保密工作安排。国家管网集团党组成员、副总经理、保密委主任杜业栋作重要讲话，对切实贯彻落实中央领导和国家管网集团主要领导关于加强保密工作重要指示，深刻认识当前面临的形势和任务，着力抓好保密工作各项措施落实，全面提升国家管网集团保密管理水平提出明确要求。会后保密委组织集团总部各部门、各所属单位认真传达学习会议精神，确保会议精神层层落实到每一位员工。

【定密管理】 组织总部各部门、各所属单位认真执行国家管网集团"十四五"保密工作计划，严格落实《定密管理细则》等4个管理办法。根据业务发展需要，每年更新发布商业秘密保护目录，推进实施商业秘密定期审核、集中解密审核、密点标注等工作，建立权责明晰、程序规范、定密准确、解密及时的定密工作机制，解决有密不定、非密标密、定密不准等问题，推进商业秘密精准定密；依法依规进行派生定密，做到不错定、不漏定。全面落实定密责任人制度，加强各级定密责任人培训，强化定密监督检查，严格定密不当行为责任追究。

【网络保密管理】 顺应数字化网络化智能化发展趋势，不断加大网络安全保密投入力度，着力提升网络安全保密能力。强化运维保障、信息管控全过程管理，严格执行"涉密不上网、上网不涉密"要求，规范各类移动办公系统、数据平台、信息平台、即时通讯工具使用保密管理，有效遏制网络泄密多发势头。重点加强办公网络保密监管，严控数据产生、存储、传输、应用等环节，确保各项措施落实到位。开展互联网出口泄密风险监测，严控重要敏感信息泄露风险，为安全上网提供保障环境。购置配齐保密配套设备设施，逐步落实安可替代工作，确保主机安全、数据安全和电磁安全。协助所属单位北京智网数科公司开展涉密信息系统集成、软件开发、系统咨询甲级资质申报，为国家管网集团涉密网络建设和发展奠定重要基础。在全集团范围内持续开展办公电脑的后台检查和互联网出口的全天候监测，通过DLP后台检查等技术手段开展非密计算机违规存储涉密信息专项检查，形成非密计算机数据监控机制并生成日报、周报"双报"，有效减少违规存储和违规外发敏感信息行为。

【涉密人员保密管理】 修订完善《涉密人员保密管理细则》，从机构职责、保护措施、奖励与惩处等方面予以更新，为进一步加强保密管理提供制度保障。建立涉密人员保密审查协作机制，重点做好涉国密、涉核心商密等涉密人员的保密审查工作。准确确定涉密岗位，及时调整涉密人员，完善涉密人员管理档案。做好涉密人员入职入岗、在职在岗、离职离岗、出国（境）的动态管理，落实涉密人员出国（境）审批、脱密期保密管理、权益保障等制度。逐步完善挂职、借调、聘用、劳务派遣、第三方用工、外协等人员保密管理制度，明确管理责任和措施。在国家管网集团总部和所属单位开展涉密岗位、涉密人员统计报备工作，涉及国家管网集团在册员工3万余人，确定核心涉国密岗位10个，核心涉国密人员15人；重要涉国密岗位144个，重要涉国密人员191人；一般涉国密岗位218个，一般涉国密人员291人；核心涉商密岗位81个，普通涉商密岗位366个。

【保密要害部门部位管理】 国家管网集团严格落实《保密要害部门部位保密管理细则》，根据涉密程度和实际需要，确定保密要害部门部位防范措施，做到人防、技防、物防相结合，确保核心秘密安全。高度重视中保委关于相关企业失泄密情况的通报，为加强风险防控，找出薄弱环节，组织所属单位北京智网数科公司，对国家管网集团总部园区保密要害部门部位开展专项检查，重点对管控措施、责任落实、物理隔离、出入口控制、过程审计、电磁屏蔽等技术防护手段进行检查，对视频监控系统、门禁系统、电磁屏蔽系统等风险防范措施进行系统整改，风险总体受控。

【保密管理制度建设】 严格保密制度体系建设。坚持制度先行，加强顶层设计，突出实际应用，形成以保密管理暂行规定为统领，办法、细则和流程为支撑的制度框架。国家管网集团在成立伊始就先后修订印发《保密委员会工作规则》《保密管理暂行规定》《商业秘密保护目录》《定密管理细则》《机要文件保密管理细则》等根本性、源头性制度，贯穿"分级管理、分类施策"的理念和"保核心、保重点"的要求。近年来，随着保密工作逐步铺开，逐步制定出台《保密要害部门部位保密管理细则》《涉密人员保密管理细则》，结合国内外疫情逐步受控，国家管网集团出国（境）团组增多的情况，又适时推出《涉外保密工作管理细则》《内部资料保护管理细则》等一系列管理规定，进一步细化管理流程，完善责任体系，逐步形成具有自身特色的保密管理制度。

【保密科技支撑体系建设】 面对外防网络攻击渗透、内防信息泄密失控的双重挑战，国家管网集团高度重视保密科技支撑体系建设，注重发挥技防在保密防护、检查、监管等方面的作用，加强运行安全管理，有效管控风险，发挥科技在筑牢保密防线中的抵御作用。积极探索新技术在保密领域的应用，充分利用威胁感知系统、安全防护系统、入侵防御系统等维护网络空间安全，做好涉密场所和涉密会议保密技术防护。加强密码应用工作，落实普通密码严格统一管理要求，充分发挥机要密码设备的保障作用，保证重要信息传输安全畅通。扎实推进安可替代工作，形成北京、徐州两地同构云环境架构数字平台，支撑门户、协同办公等统建系统改造和数据中台建设。按照存量自然淘汰，增量全面覆盖原则，2023年实现新增软硬件100%国产化，协同办公平台作为重点安可工程，全部完成国产化替代。

【保密检查监管】 以"十四五"中期评估督导工作为契机，采取自查整改和突击检查相结合的方式，对总部各部门涉密文件接收登记、阅读使用、拟制发送、存档销毁等环节进行全方位体检。提升随机检查频次，切实增强保密检查震慑力，使各部门各单位绷紧保密弦、堵住泄密源。扩大检查覆盖面，将检查范围由总部向所属单位、站场延伸，形成全面覆盖的监督检查网，重点检查互联网设备违规存储处理涉密信息等监管难点，实现受检单位互联网设备100%覆盖。推行"查教一体"，对现场发现的问题及时进行教育并提出可行性建议，进一步提升检查效能。严格规范检查程序，对检查中发现的严重违法违规问题及隐患问题，及时按照相关程序处理，同时做好监督检查"后半篇文章"，形成责任追究闭环。

【保密宣教和培训】 加强保密宣传教育体系建设，以保密法律法规和规章制度为主要内容，以保密专兼职人员、涉密人员和网络运维人员等特殊人群为重点，开展保密知识培训和考核，切实加强保密业务水平。每年5月定期组织开展国家管网集团保密宣传主题教育月活动，重点加强各所属单位本部、二级单位领导干部、涉密人员保密宣传教育。依托国家保密学院实训平台，组织开展领导干部、涉密人员全员轮训，提高各级领导干部统筹发展和安全能力。开展现场培训，7月在成都举办国家安全和保密工作培训班，邀请专家教授开展主题授课。积极参加国家保密局、国务院国资委组织的各类保密宣传教育作品征集评选，在保密公益宣传片创意文案和保密公益宣传海报征集评选活动中，共收集原创作品165件，择优报送作品18件，其中2件作品获得征集评选三等奖，1件作品获得优秀奖；在保密宣传教育月"人人话保密"视频征集活动中，收集原创作品99件，择优报送作品17件，5件作品获奖，其中1件作品获得一等奖、2件作品获得三等奖、2件作品获得优秀奖，国家管网集团保密办获优秀组织单位。

【保密队伍建设】 加强保密委员会建设，充分发挥保密委员会统筹谋划、调查研究、督促检查作用，完善会议制度、请示报告制度和情况通报制度等。做好保密部门职能建设，健全各级保密组织体系，对所属单位开展保密机构和保密人员复核，督促各单位配齐配强保密干部。重视保密队伍建设，与北京交通大学国家保密学院合作，实施保密人才培养计划。通过内部培养和人才引进两种方式，充实健全集团总部、直属单位保密管理人才队伍，重点支持保密形势复杂、任务繁重的西部管道公司等单位保密队伍建设工作。

（庄　涛）

档案管理

【概述】 2023年，简称国家管网集团深入学习贯彻习近平总书记关于档案工作重要指示批示精神，全面贯彻落实党的二十大精神，扎实落实国家档案局部署要求，在档案制度建设、档案归集利用、建设项目档案管理、人才队伍培养等方面持续发力，推动档案工作取得新进展新成效。

深入开展学习贯彻习近平新时代中国特色社会主义思想主题教育，为管网档案工作凝心铸魂。聚焦"学思想、强党性、重实践、建新功"总要求，坚持理论结合实际、调研发展瓶颈，将《习近平关于档案工作、历史学习与研究、文化遗产保护重要论述摘编》作为档案业务人员开展主题教育重要内容，重温习近平总书记在考察浙江省档案局馆、中国第一历史档案馆新馆开馆之际等作出的系列重要指示批示精神，进一步深刻领会"三个走向"、四个"好"、两个"服务"精神内涵，广泛开展"奋进新征程，兰台谱新篇"国际档案日主题宣传活动，在国家管网集团总部、各所属企业开展实地参观、主题征文、知识竞答等活动，不断增强"为党管档、为国守史、为民服务"使命担当。围绕档案治理、档案资源、档案利用、档案安全"四个体系"建设，深入基层细致开展调查研究，全面系统了解档案工作开展情况、查找存在问题、研究解决措施，推动主题教育成果加快转化为提升档案工作助业务、促发展的思路举措。

【规划研究】 2023年，国家管网集团立足走完三年过渡期、从全面完成建企正式迈向立企强企的实际，围绕国家管网集团发展规划、战略目标和重点任务，启动国家管网集团档案工作中长期发展规划研究，组织专业团队，在内外部调研、全面系统梳理基础上，结合《"十四五"全国档案事业发展规划》实施情况中期评估情况，开展国家管网集团档案工作2024—2028年发展规划研究，旨在针对档案工作体制机制建设、档案管理标准规范、档案业务监督指导、档案信息化转型等问题提出具体措施，确保习近平总书记关于档案工作重要指示批示精神、党的二十大精神和《"十四五"全国档案事业发展规划》等部署要求在国家管网集团落实落地，更好服务保障国家管网集团高质量发展和打造世界一流企业。

【档案治理体系建设】 坚持以《档案法》为准绳，深入学习《企业档案管理规定》，持续健全国家管网集团档案管理制度体系，制定档案工作制度完善计划，启动《档案管理办法》《科学技术研究档案管理办法》《建设项目档案管理办法》等制度的制修订工作，结合"市场化、区域化、专业化、共享化"内部改革要求，制定《资产与产权变动档案处置办法》及档案处置方案模板，坚持"制程一体"，遵循国家管网集团运营型管控准则，编制实行8个档案业务流程，自上而下统一规范档案工作流程，依托档案系统实现IT承载，开展流程遵从度评估，实现"一套制程管到底"，推动实现国家管网集团档案管理体制机制进一步完善，确保档案工作有章可依、有规可循。

【归集保管利用】 不断健全档案归集机制，采取多举措提升归档率，修订《总部归档范围及档案保管期限表》，进一步明确责任分工、制定整理标准、统一工作要求，注重突出重点，分类别完整归集主题教育、重点工程建设、数字化转型等专项档案材料，档案"应归尽归、应收尽收"得到有效落实。强化档案保管安全管理，全面开展档案库房面积余量、"八防"要求落实等情况调查统计，编制档案突发事件专项应急预案，及时印发加强汛期档案安全工作通知，确保关键时期档案安全。强化档案服务功能，积极推进档案工作由封闭向开放、由重保管向重服务"两个转变"，以"开放共享"为目标，主动以高质量档案管理成果服务中心工作，组织档案编研工作，编纂2023版年鉴，全面记录国家管网集团生产经营、改革发展、党的建设等方面的工作成果、重大事项。在档案系统优化实施中明确用户为中心的档案信息化服务提升策略，全年提供档案利用服务3万余卷（件）次，档案利用效率、服务质量得到提升。

【建设项目档案管理】 坚持心怀"国之大者"，深入实施"新时代新成就国家记忆工程"，聚焦西气东输四线、川气东送二线等国家战略油气基础设施工程项目，强化项目监测、前端管控，健全全流程档案管理机制，创新开展油气管道工程档案标准化建设，实施《管道项目竣工资料标准化研究与实践》管理创新项目，全面应用《建设项目档案管理手册》，确保重点工程项目档案收集齐全完整、整理规范有序。统筹推进重点建设项目档案验收，中俄东线天然气管道工程（黑河—长岭）项目档案通过国家档案局验收，董家口—东营原油管道工程、粤西天然气主干管网阳江—江门干线等重点油气管道项目完成档案验收，为国家管网集团加快推进建设油气管道"全国一张网"建设、保障国家能源安全留存生动翔实的历史记录。

【数字化档案建设】 对标档案信息化强基工程要求，积极推进国家管网集团档案数字化建设，深化档案系统建设，有序推进工程管理、合同、供应链、会计等主要业务系统与档案系统对接集成。推动工程建设竣工档案数字化交付，在川气东送二线（川渝段）项目等开展竣工资料数字化试点工作；借助智能移动终端、电子标签等数字化工具，强化项目各阶段数据采集、存储、移交和利用；应用电子签字在线审批，通过在线整理组卷后归集至档案管理系统，项目资料"纸质化到无纸化""双轨制到单轨制"取得新突破。

【业务检查和人才培养】 对照中央企业档案检查评价标准，全面开展总部自查、所属单位综合检查，对排查出的问题组织立行立改、全面整改，实现以检查促提升的效果。邀请国家级档案专家，常态化开展档案业务培训，全面提升档案业务人员素质。实施业务骨干"群智计划"，建立档案人才库，加大对青年档案人才培养力度，积极建设结构合理、素质优良、作风过硬的国家管网集团档案人才队伍。

（蒋若冰）

国家石油天然气管网集团有限公司年鉴 2024
CHINA OIL&GAS PIPELINE NETWORK CORPORATION YEARBOOK 2024

党建和企业文化建设

党建工作

【概述】 2023年，坚持以习近平新时代中国特色社会主义思想为指导，全面贯彻落实党的二十大关于"坚定不移全面从严治党，深入推进新时代党的建设新的伟大工程"的部署，深入学习宣传贯彻落实党的二十大精神，高标准高质量开展学习贯彻习近平新时代中国特色社会主义思想主题教育，有力有效推动全面从严治党主体责任层层落实，紧紧锚定国家管网集团"做出特色、走在前列、形成品牌"党建工作总目标，推动国家管网集团"五个狠下功夫"党建工作总部署落实落地，统筹推进"基层三化"，以"六抓六促"为着力点，在增强基层党组织政治功能和组织功能上下功夫，打出"双建""双模""双示范"创建等系列"组合拳"，下好基础党务工作培训、党支部书记示范行、基层党建指导工作组组建等管网"一盘棋"，创新实施党建与业绩考核"双百"相乘新范式，党委书记抓基层党建述职评议严格落实，党支部标准化建设与达标定级管理全面铺开，连续两年获得中央企业党建工作责任制考核"A档"评价。

【学习贯彻习近平新时代中国特色社会主义思想主题教育】 国家管网集团党组将主题教育作为重大政治任务，在中央第49指导组、中央第22巡回指导组的精心指导下，紧扣"学思想、强党性、重实践、建新功"总要求，锚定任务目标、矢志走在前列，坚持一盘棋谋划、一表式推进、一体化落实，有机融合、一体推进理论学习、调查研究、推动发展、检视整改等重点工作，1523个基层党组织、18200余名党员接受精神淬炼、思想洗礼，在以学铸魂、以学增智、以学正风、以学促干方面取得实实在在成效，"红色能源动脉"党建品牌越擦越亮，国家管网集团"三个一"统筹推进主题教育的经验被《人民日报》刊载报道。两批主题教育高标准高质量完成，经开展随机测评，两批主题教育总体好评率均达100%。党组开展集体学习研讨9次，举办专题读书班192期、参加人数2323人，党组书记带头讲授专题党课，各级党员领导干部讲专题党课1301次，聚焦习近平总书记关于国有企业改革发展和党的建设、能源领域等方面的重要讲话和重要指示批示精神深入学习研讨736次。深入基层开展专题调研4200余次，剖析正反面典型案例1310个，解决实际问题3453个，检视列入清单问题1735个，其中专项整治清单问题289个，逐一实现整改销号，国家管网集团总部、各所属单位建立健全制度机制257项，实施"我为群众办实事"重点项目1605件，解决急难愁盼问题1374个，在"破难题、促发展"上取得显著成效，超额完成国务院国资委下达的"一利五率"考核指标，实现利润总额456.3亿元，同比增长8.4%，在全面贯彻党的二十大精神的开局之年向党中央交上优异成绩单，加快打造世界一流企业、推进管网高质量发展取得新进展。

（黎又嘉）

【"第一议题"制度规范落实】 始终将学习贯彻习近平总书记重要讲话和指示批示精神作为"第一议题"，党组通过党组（扩大）会议带头开展集体学习，及时跟进学习习近平总书记最新讲话和指示批示精神，结合国家管网集团实际提出贯彻落实思路举措，2023年开展集体学习32次，发布《思想政治学习参考》48期，精准把握集体学习内容，涵盖习近平总书记最新时政要闻227项，标星重点提示内容56项，指导推动基层学习规范高效。

【党组理论学习中心组学习】 国家管网集团党组坚持把理论中心组学习作为加强思想政治建设和干部队伍建设的重要载体，严格落实学习制度，制定学习方案，创新学习方式，增强学习效果。印发《党组理论学习中心组2023年度学习安排》，2023年聚焦党的二十大精神和习近平总书记关于国有企业党的建设、改革发展、能源领域等方面的重要讲话和重要指示批示精神，开展党组理论学习中心组集体学习研讨9次。举办主题教育读书班，中心组成员带头原原本本精读4本必读书目和4本选读书目，聚焦"带头学思想，夯实拥护'两个确立'、坚定做到'两个维护'的思想根基"主题，开展集中研讨。认真贯彻落实党中央关于大兴调查研究的重大决策部署，中心组成员聚焦破解复杂难题深入基层开展调研，形成调研成果汇编。制定《关于进一步提高党组（党委）理论学习中心组学习质量的重点举措》，提高学习制度化规范化水平。实施学习议定事项督导落实机制，发布《党组理论学习中心组专题学习研讨安排事项》5期，并对贯彻落实情况进行督办通报，促进学用结合。通过主题教育巡回指导督导和日常监督检查，加强对各所属企业理论学习情况的巡听督导，印发《关于2023年所属单位党委理论学习中心组学习情况的通报》，点名道姓指出所属单位理论学习存在的问题不足，促进提升学习质量。

（王　萌）

【党建与业务深度融合】 围绕"党建强"引领保障"发展强"，准确把握党建工作与业务工作"体用一源""一体两面"的关系，立足推动党建融入中心，创新开展支部共建、专业联建"双建"活动，做深做实国家管网集团总部党支部与基层党支部"点对点"结对共建，推动党建工作部署穿透落实到基层一线，高质量开展集团总部党支部与专业线条上的部门和单位基层党组织以线带面专业联建，强化专业线条党建穿透，促进党建工作与业务工作深度融合。贯通用好党员责任区、党员先锋队、党员示范岗等载体，在服务保障亚运、防汛救灾、冬季保供、抗震救灾中充分发挥基层党组织的战斗堡垒作用和广大党员的先锋模范作用。广大党员干部聚焦科技创新、产业控制、安全支撑主战场，在保障能源供应、推进"四化"改革、提高经营效益、加速科技攻关、应急抢险救灾等方面冲在前、作表率，经受住了严峻复杂形势的考验，实现油气供应不断不乱，为国家管网集团全面完成年度生产经营目标提供坚强保证。

【大党建体系建设】 坚决落实党的二十大精神以及习近平总书记关于党的建设的重要思想、全国国企党建会重要讲话精神，坚持整体统筹、顶层设计、综合施策，构建形成环环相扣、紧密衔接、相融互促、高效协同的大党建格局。在宏观战略上打开全局视野，确立"做出特色、走在前列、形成品牌"的党建工作总目标，全力打造"红色能源动脉"党建品牌，明确统筹、做实、创新、融合、强基"五个狠下功夫"的党建工作总部署。在中观战术上讲求方式方法，提出专业化分工、标准化建设和网络化集成的"基层三化"，提出"学思践悟验"党建工作五步法，提出抓基础促提升、抓

"双建"促提升、抓典型促提升、抓队伍促提升、抓合力促提升、抓创新促提升"六抓六促"主抓手，构成党建工作方法论，同时也是抓基层党建的着力点。在微观战法上用活手段工具，创新"双模"选树、"双示范"创建、党支部书记示范行、基层党建指导工作组派驻等实践载体。在考核上，创新采用业绩考核和党建考核互为"双百"系数相乘的结果运用模式，创造了中央企业党建工作责任制考核新范式。党组确定的总目标、总部署、主抓手、方法论、实践载体和考核模式，共同构建形成具有管网特色的党建体系，既是贯彻落实习近平总书记关于党的建设的重要思想的管网方案、管网行动，也是党组对管网党建顶层设计与落地见效的一体推进，与实施"五个坚持"总体方略推进高质量发展和打造世界一流企业一脉相承、一体两面。

【"基层三化"行动】 强化基层党建专业化分工。以"实战实效"为评判标准，突出考在日常、抓在平时，修订《党建工作责任制考核评价实施办法》，同步全面修订配套考核指标体系，在无感化、差异化、实效化考核方面持续创新工作机制和方法，从"有没有""好不好"两个维度，检验各所属单位党建工作质量实效，从党委到党支部分层分类完善具象化、可量化、可评价的党建工作考评体系，充分发挥党建考核"指挥棒"作用。加强分类分层分级指导，针对输油气站、LNG接收站、维抢修队和总部部门等不同领域的党组织特点，配套定制性、特色化方式载体，重点加强混合所有制企业党建工作，结合主题教育深入调研，探索加强混合所有制企业党建工作的有效方法和途径，交流推广西气东输公司深港天然气管道有限公司做实"前置研究"的机制方法，完善所属单位班子成员联系混合所有制企业基层党支部的工作机制，选优配强党组织书记，着力打造混合所有制企业党建特色品牌。做实基层党建标准化建设。修订完善《国家管网集团基层党建标准化手册》配套工作模板，获评第六届全国党员教育培训教材展示交流活动优秀读物。全面规范发展党员等基础工作，制定《所属单位党委领导班子民主生活会工作指引》《发展党员工作指引》等系列工作指引，配套工作模板41个，举办国家管网集团基础党务工作培训，参训党务干部达2429人，推动基层党建基础工作规范化、标准化水平有效提升。深化基层党建网络化集成。发挥管网党建整体优势，迭代升级"六共建五创优"活动，创新开展支部共建、专业联建"双建"活动，2023年开展以总部党支部与基层一线党支部共建、各业务专业线条党支部联建为主题的"双建"活动37次。在支部共建上，聚焦建强"教育党员的学校、团结群众的核心、攻坚克难的堡垒"，实施国家管网集团总部党支部与基层党支部"一对一"精准结对共建，每年开展1次党建工作或者业务工作交流、1次党支部书记讲党课、1次主题党日活动，通过互促共建，推动党建工作部署穿透基层一线。在专业联建上，由总部党支部牵头，发挥协同作战优势，组织专业线条上的部门和单位基层党组织联合开展支部活动，每年开展1次专业培训、1次经验交流、1次专题党课，强化专业线条党建穿透，促进党建工作与业务工作深度融合。

【党建工作责任制考核】 2023年8月，国务院国资委党委向中央企业逐一反馈党建工作责任制考核结果。国家管网集团2022年度中央企业党建工作责任制考核结果为A。认真抓好中央企业2022年度党建工作责任制考核反馈问题整改落实，逐项制定整改措施、落实责任，定期跟踪督办，做到整改到位。开展总部部门党支部、所属单位2022年度党建工作责任制考核评价，组织党委书记抓基层党建述职评议，督促党建工作责任落地见效。高标准高质量落实中央巡视整改工作，靶向瞄准党建考核"重形式、轻实效"问题，修订《国家管网集团党建工作责任制考核评价实施办法》，在无感化、差异化、实效化考核方面创新工作机制和方法，将党建考核组成优化为定量考核、党建工作民主测评、党委书记抓基层党建述职评议三项内容，各占60%、20%、20%的权重，并将定量考核分为日常和年终两种考核评价方式组织实施，突出考在日常、抓在平时，同步全面修订配套考核指标体系，从"有没有""好不好"两个维度，检验各所属单位党建工作质量实效。

【基层党组织组织力提升】 坚持大抓基层的鲜明导向，首次召开国家管网集团基层党建质量提升推进会，以抓基础促提升、抓"双建"促提升、抓典型促提升、抓队伍促提升、抓合力促提升、抓创新促提升"六抓六促"为抓手，抓两头带中间推动基层党建质量整体提升。严格落实"四同步、四对接"，实现党组织"应建必建"、按期换届"应换必换"。印发《集团公司新组建单位落实党的建设"四同步、四对接"工作指引（试行）》，主动适应市场化专业化区域化共享化"四化"改革需要，指导新成立区域公司筹备组建立临时党委9个，做到"管网延伸到哪里，党的组织就建设到哪里"，遍布大江南北的1500余个基层党组织听党号令、跟党奋斗，党组织覆盖度和影响力持续提升。坚持"党的一切工作到支部"，部署开展"双建"活动，抓实总部到基层"点对点共建"，做优专业线条"以线带面联建"，推动党建工作部署穿透落实到基层一线，2023年开展以总部党支部与基层一线党支部共建、各业务专业线条党支部联建为主题的"双建"活动37次。部署模范共产党员、模范党支部"双模"选树工作，贯通用好党员责任区、党员先锋队、党员示范岗等载体，累计设立党员责任区5239个，创建党员突击队、先锋队2491个，开展结对帮扶、志愿服务活动3240次，在基层"四联"活动中同步开展"双示范"创建工作，持续强化典型示范引领效应。牢固树立"精兵强将干党建"的导向，加强党务政工人员配备，选优配强基层党组织书记和党务工作者，组建基层党建指导工作组，深入开展党支部书记示范行活动，推动基层党组织书记和党务干部队伍履职能力加快提升。

【党员教育培训管理】 聚焦建设一支信念坚定、政治可靠、素质优良、纪律严明、作用突出的党员队伍，不断探索党员教育管理方式方法。注重从生产经营一线和青年员工中发展党员，深化"双培养一输送"，产业工人发展比重由2020年96.1%增长至2023年97.8%，党员队伍结构不断优化。深入贯彻落实《2019—2023年全国党员教育培训工作规划》，党员集中学习培训不少于32学时的达标率100%，党组织书记以及其他班子成员每年集中学习培训不少于56学时、至少参加1次集中培训的达标率均100%。开展习近平新时代中国特色社会主义思想党员干部轮训培训班主课堂5期、分课堂2期，培训国家管网集团关键岗位人员111人。严肃基层党组织生活，突出政治学习和党性锻炼，充分发挥重温入党誓词、党员过"政治生日"等政治仪式浸润作用，强化全体党员党的意识、党员意识。规范发展党员等基础工作，制定《发展党员工作指引》，配套工作模板41个，在基础党务工作培训中专门安排发展党员内容，基层党建基础工作规范化、标准化水平有效提升。高质量举办2023年度基层党支部书记和党务干部履职能力提升班、国家管网集团基础党务工作培训班，覆盖所属单位党建业务骨干、基层党组织书记超过2500人次。截至2023年底，国家管网集团共有党员17599名，发展党员556名，实现党员比例占员工总数58%，位居央企前列。

【直属党委建设】 坚持抓基本、建机制、夯基础，将健全总部和京直企业党的组织作为"第一行动"，指导各级党组织规范开展选举工作，组织5个总部党支部完成党支部书记换届选举。规范党费、工会账户管理，统一核算方式、防范资金风险。扎实有效开展学习贯彻习近平新时代中国特色社会主义思想主题教育，组织总部276名党员参加党的二十大精神专题教育培训班，严格执行"三会一课"、民主评议等党内生活制度，抓好参观教育、重温入党誓词、给党员过"政治生日"等主题党日活动，编发简报6期，加强总部党支部交流，提升总部党支部党建工作整体水平。2023年集中培训发展对象和入党积极分子140名，发展党员60名，转出156人次，转入64人次。做好春节、"七一"走访慰问工作，让广大党员群众切身感受到党的关怀和温暖，慰问困难党员21人，在京地区党组织发放慰问款50000元。严格开展总部党支部党建工作考核，优化总部党支部考核内容，增加总部党支部工作作风测评比重，访谈支部委员、党员代表74人次，查阅资料2000余份，及时发放《问题整改通知单》，督导各党支部对标整改，"以考促干、以考促建"作用充分发挥。

【党建数字化平台建设】 加快提升党建工作数字化管理水平，着眼打造数字化党建驾驶舱，完成国家管网集团党建数字化平台建设可行性研究和招标，党建重点工作任务大表通过党建数字化平台上线运行，推动基层党建工作"一张网"实时感知"一张图"全面监控。

【党风廉政建设】 深入学习贯彻习近平总书记在二十届中央纪委二次、三次全会上的重要讲话和全会精神，认真落实国务院国资委党风廉政建设和反腐败工作会议暨警示教育大会精神，召开国家管网集团党风廉政建设和反腐败工作会议暨警示教育大会，对年度党风廉政建设和反腐败工作进行全面部署，结合实际制定"时间表"和"施工图"，印发实施《国家管网集团党组2023年党风廉政建设和反腐败工作要点》及任务分工，层层压实党风廉政建设责任。深化"大监督"体系建设，深入开展纪检监察干部队伍教育整顿，完善党风廉政建设和反腐败协调小组暨监督领域分委会机制，推进综合监督数据中心建设，进一步增强监督合力。印发《国家管网集团党组开展违反中央八项规定精神问题专项整治工作方案》，推动为基层减负"二十条措施"落实落地，总部发文数量同比显著下降。从严查处违反中央八项规定精神等问题40起，通报曝光典型问题68起。加强新时代廉洁文化建设，编印《廉洁文化教育读本》及反面典型案例。

（黎又嘉）

【党建思想政治工作研究】 国家管网集团各级党组织坚持以习近平新时代中国特色社会主义思想为指导，全面学习贯彻党的二十大精神和习近平总书记关于党的建设的重要思想，深入贯彻落实国家管网集团"五个狠下功夫"党建工作总部署，聚焦党建思想政治工作领域重点、热点、难点问题，加强理论研究，总结实践经验，形成一批党建思想政治工作研究成果，为推动国家管网集团党建工作"做出特色、走在前列、形成品牌"发挥积极作用。国家管网集团党建课题"红色能源动脉党建品牌的内涵与实践研究"获得中央企业党建思想政治工作研究会2023年度优秀研究成果奖三等奖。各所属单位完成党建思想政治工作研究课题29项，经内外部专家评审，评选出一等奖优秀成果2篇、二等奖优秀成果3篇、三等奖优秀成果5篇。为进一步推进成果转化运用，将其汇编为《国家管网集团党建思想政治工作优秀研究成果文集》，供各级党组织学习借鉴。表彰2022年优秀宣讲报告、宣讲视频、基层宣讲员，激励各级党组织深入基层开展理论宣讲。

（王　萌）

【**国家管网集团党校建设**】　持续加强党的理论教育、党性教育、党的宗旨教育、党风廉政教育和党的纪律建设，将习近平新时代中国特色社会主义思想、党章和党规党纪、"四史"、中华民族共同体意识、廉洁从业教育和家教家风教育等内容纳入国家管网集团党校课程必修课，抓好国家管网集团关键岗位人员及优秀年轻干部等"关键少数"人员培训，选调国家管网集团总部和所属单位47人到党校参训，训后形成高质量党校论文13篇、案例萃取报告12篇，切实把习近平新时代中国特色社会主义思想转化为坚定理想、锤炼党性和指导实践、推动工作的强大力量。落实中央组织部、中央党校（国家行政学院）、国务院国资委要求，深化拓展学习贯彻习近平新时代中国特色社会主义思想主题教育学习成果，全面贯彻落实党的二十大精神，落实全国组织工作会议精神，在全集团开展习近平新时代中国特色社会主义思想党员干部全覆盖轮训，国家管网集团党校承办高管研修班分课堂2期、干部研学班18班次，共集中培训3000人，推动国家管网集团党员干部在推动中国式现代化中担负新使命、作出新贡献。

（魏　凯　聂　堃）

【**直属纪委工作**】　牵头负责国家管网集团纪检监察干部队伍教育整顿督导检查工作，制定《督导检查工作方案》，编制督导运行大表，精干高效组建三个督导组，聚焦三个环节"20个重点看"督导要点扎实开展督导检查，编发督导检查简报8期，定期通报督导检查情况，助推纪检监察干部队伍教育整顿走深走实。严格规范开展14件问题线索处置核实，年内结12件，收缴违纪款31.8万元，给予组织处理及党纪处分24人。严格对11批次28名拟提拔及评先选优人选进行党风廉政情况审查，提出暂缓或取消资格3人次。深化新时代廉洁教育，组织开展国家管网集团"廉维管网"海报设计大赛，征集海报127件，遴选66件优秀作品举行线上和线下展览，编印国家管网集团首个《廉洁文化教育读本》。配合纪检监察组开展"廉维管网"微电影微视频大赛，征集作品88件，评选表彰优秀作品16件，在国家管网集团主页"廉维管网"栏目进行线上展播。开展国家管网集团总部廉洁教育"四季活动"，将廉政教育抓在日常、抓在经常。

（刘立山）

企业文化建设

【概述】 深入学习贯彻习近平文化思想和全国宣传思想文化工作会议精神，组织召开国家管网集团宣传思想文化工作会议，系统谋划部署宣传思想工作，唱响主旋律、打好主动仗、守好主阵地，建设高水平传播平台，讲好新时代管网故事，全面推进铁军文化建设，内聚人心，外树形象，凝聚干事创业、立企强企的强大合力，为管网事业发展营造良好舆论氛围。

【学习宣传贯彻全国宣传思想文化工作会议精神】 党组第一时间通过党组（扩大）会议形式集体学习习近平文化思想和全国宣传思想文化工作会议精神，研究部署贯彻落实工作。2023年10月31日，国家管网集团召开宣传思想文化工作会议，深入学习贯彻习近平文化思想和全国宣传思想文化工作会议精神，总结四年来国家管网集团宣传思想文化工作，部署当前及今后一个时期聚人心、树形象、亮品牌、赋新能的重点举措，表彰先进集体6个和先进个人79名。

【形势任务教育】 扎实开展"创新实干争先、立企强企有我"形势任务教育，发布《关于开展2023年形势任务教育的通知》，抓实全员集体学习、形势任务宣讲、全员大讨论和岗位实践活动，推进中央精神和党组部署走进生产一线，激发全体员工谱写新时代新征程管网事业壮丽篇章的昂扬斗志。编印《2023年管网之声形势任务教育读本》，增强学习的系统性。举办"管网大讲堂"6期，党组领导和总部部门负责人亲自上讲台，深入宣传"四化"改革等重大决策部署，并采取网站专题、"一图读懂"、政策解读视频等形式，引导广大干部员工积极投身立企强企火热实践。为确保"四化"改革稳顺推进，根据国家管网集团"四化"改革工作总体部署，制定《集团公司"四化"改革33问》，解答改革推进过程中的共性问题，营造管网铁军"支持改革、拥护改革、参与改革"浓厚氛围。

【思想政治工作】 全面贯彻落实意识形态工作责任制，2023年国家管网集团党组2次研究意识形态工作。编制《关于进一步提升国家管网集团员工思想道德素养的重点举措》，明确6个方面22条具体举措，提高国家管网集团思想道德建设科学化、规范化、制度化水平。

【铁军文化建设】 深入践行社会主义核心价值观，大力弘扬石油精神和管网优良传统，从锻造铁的信仰、练就铁的本领、扛起铁的担当、锤炼铁的作风、严明铁的纪律五方面持续发力，推动铁军文化建设走深走实。各单位贯彻落实《国家管网集团关于加强铁军文化建设实施方案》，形成《国家管网集团铁军文化建设成果选编》《国家管网集团准军事化管理手册》等一系列实践成果、制度成果和理论成果。开展管网优秀故事创作评选活动，各单位积极报送图文、视频作品144件，评选50件优秀故事在人民网集中展示并编印《管网之韵（第四期）》，4件作品获得第六届中央企业优秀故事奖项，充分展示新时代管网铁军的良好形象。

【品牌建设】 高质量推进国家管网集团品牌建设工作，印发《国家管网集团品牌引领行动实施方案》，明确3个方面13条具体工作举措和下一年度重点工作任务，建立健全品牌建设体制机制，成立国家管网集团品牌建设领导小组，全面负责品牌引领行动的安排部署和统筹推进。编制发布《国家管网集团2022年社会责任报告》，连续两年被"中国企业社会责任报告评级专家委员会"评为五星级报告，以长图、H5、视频报告等多元形式在官网、官微等平台传播履责信息，高质量呈现国家管网集团年度履责成果。

【思想文化教育基地建设】 推广落实11.6.3.5-P-思想文化教育基地管理流程、11.6.3.5-P-企业展厅参观接待流程，充分发挥国家管网集团思想文化教育基地宣教作用。落实《国家管网集团展厅管理规范》，完成展厅数据更新、模型修复、展墙改造等重点工作，增设讲解机器人1台。2023年重要接待66次、883人次。其中，新员工入职培训106人次、家属开放日110人次，成为国家管网集团展示品牌形象、加强文化宣贯的重要窗口。

（王 萌）

新闻宣传与舆情引导

【概述】 坚持以习近平新时代中国特色社会主义思想为指导，深入学习贯彻习近平文化思想和全国宣传思想文化工作会议精神，落实"七个着力"的要求，唱响主旋律、打好主动仗、守好主阵地，凝聚起干事创业、立企强企的强大合力，为管网事业发展营造良好舆论氛围。

【大宣传格局构建】 2023年，国家管网集团召开宣传思想文化工作会议，总结国家管网集团宣传思想文化四年来工作，部署当前及今后一个时期的重点任务，持续巩固三万管网铁军团结奋斗的共同思想基础，奋力开创国家管网集团宣传思想文化工作新局面。开展宣传思想文化工作培训，建强两级新闻发言人和专兼职结合的宣传思想文化队伍，全力服务和保障国家管网集团实施"五个坚持"总体方略推进高质量发展。认真落实国家管网集团"四化"改革整体部署，探索融媒体业务共享，开展工作调研，持续完善融合传播矩阵，形成资源集约、结构合理、差异发展、协同高效的全媒体传播体系。

（周 湃）

【重大主题宣传】 2023年，紧紧围绕迎接宣传贯彻党的二十大主线，主动设置议题，强化舆论引导，整合内外资源，全媒体、多角度、立体化展现新时代新央企高质量发展的生动实践。聚焦改革发展和党的建设，从工作原则、宣传重点、宣传方式等方面制定宣传方案，高站位、深谋划，全力做好正面宣传，唱响主旋律，提振精气神，有力展现国家管网集团在党中央坚强领导下打造世界一流企业和实现高质量发展的新面貌、新进展、新成果。全年46次登上央视新闻，在央视网、新华社及《经济参考报》等中央媒体持续报道国家管网集团保供保畅新闻1745余篇，各级媒体刊发国家管网集团相关报道逾5.6万余篇，突出展示"大国管网"为服务国家战略、服务人民需要、服务行业发展作出的积极贡献，为服务党和国家事业全局，凝聚起奋力谱写管网恢弘篇章的强大动力。

总结和宣传主题教育中的特色亮点、经验

做法、典型案例，积极营造"以学铸魂、以学增智、以学正风、以学促干"的浓厚氛围。在国家管网集团内外部网站开设专题网页，在官网、官微、视频号推出"主题教育在管网"等特色栏目，报道习近平总书记有关主题教育重要论述、解读等62篇，报道中央主题教育部署要求169篇，发布主题教育经验做法、先进典型等各类报道1500余篇，网络点击量超过106万次。推出《主题教育大家谈》《管网青年深化开展"三个问题大讨论"》系列短视频、《一个堡垒一张名片》《让红色能源动脉奔涌不息》等专题片20余个，受到广大党员干部及员工群众热烈关注和一致好评。《人民日报》、新华社、中央主题教育官网、国务院国资委网站先后报道国家管网集团主题教育经验亮点30余次，树立国家管网集团"最讲政治、最有信仰"的良好形象。

【**网站和新媒体阵地建设**】 全力运营好官网、官微等网络宣传阵地，开通"国家管网"微信视频号，不断拓展传播渠道，近50%视频浏览量破万次。加强企业管理动态报道，推出《弘扬石油精神锻造管网铁军》《深入开展学习贯彻习近平新时代中国特色社会主义思想主题教育》等10个网站专题专栏，发布官方微信公众号170篇，总阅读量突破160万次；微信视频号70条，总浏览量突破110万次；官网、内宣平台发稿数量突破1万篇，累计阅读量170万次，同比增长40%；制作管网微视频逾90期，积极展现企业现代化管理水平和员工风貌，形成立体传播态势，在推动统一思想认识、凝聚内部合力上发挥重要作用。

（毕　妍）

【**新闻宣传**】 主动策划"大选题"，及时对接"大媒体"，努力营造"大声势"，第一时间报道重大生产经营成果、重大改革创新成果、重大工程项目进展，全景呈现管网扛起"大国重器"的责任担当和推进"全国一张网"建设的蓝图画卷。《人民日报》（人民网）发布及转载《川气东送二线管道工程开工》等245篇报道；新华社（新华网）发布及转载《天津供应雄安新区天然气主干管道投产》等191篇；中央电视台《新闻联播》《新闻直播间》等栏目播出《西气东输一线年增10亿立方米煤层气外输能力》《填补国内空白！中国天然气检测关键技术获突破》等46次；在"酷暑""寒潮""初雪""春节"等重要节点以及"洪灾""地震"等突发事件节点，通过实时数据、权威解读、一线采访等实效性推送，增强社会对央企保暖保供的信任信心，进一步强化国家管网公平开放、安全、稳定、高效、政治担当的央企形象，让"服务人民需要"的"管网温暖橙"形象进一步深入人心。

【**舆情管控**】 开展常态化舆情监测、研判和处置工作，每月根据舆情监测情况进行研判报告，每年度进行总结，针对全国"两会"、冬季保供等关键时间节点进行舆情风险预判，加强重点时段舆情管理，印发《关于进一步加强舆情信息收集研判报告工作的通知》《关于进一步加强冬季保供期间涉企和行业舆情信息收集研判报告的通知》，提高舆情信息收集报告研判的实效性和精准度。全年未发生重大负面舆情事件，有力维护意识形态领域平稳安全。

（周　湃）

【**信息公开**】 2023年，国家管网集团信息公开工作紧紧围绕生产经营中心工作，加强领导、压实责任、优化机制、强化落实，持续巩固扩大信息公开成果，常态化推进信息公开工作，持续在社会公众中打造最讲政治、最有信仰的管网主标签。健全"全覆盖"动态机制。落实"应覆盖尽覆盖"要求，结合机构新设、撤并等变动情况，排查摸底信息公开全级次覆盖情况，加强对所属单位、特别是四化改革涉及单位的公开工作业务指导，滚动更新信息公开台账，完善上下贯通的工作推进机制，确保改革发展延伸到哪里，信息公开就跟进到哪里。信息公开涉及各级子企业88家，各所属单位正在结合实际，有序推进信息公开相关工作。规范信息公开日常管理。深化落实国有企业信息公开决策部署，优化设计官方网站信息公开栏目，加强信息公开渠道建设，及时更新信息公开目录，畅通多元化公开渠道。统筹做好信息公开和保密管理，加强对公开内容的审核把关和备案，严防泄密风险，严防舆情风险。有序推动油气管道设施公平开放。及时发布或更新通知公告、受理流程、法律法规，主动向符合条件的用户提供油气输送、储存、气化、装卸、转运等服务。根据工作需要，国家管网集团依法依规、及时准确公开公司治理、经营情况、企业负责人薪酬等信息。全年报备公开事项18项，通过官方网站发布《通知公告》12期。

（林媛媛）

群团统战工作

【概述】 坚持以习近平新时代中国特色社会主义思想为指导，认真贯彻落实党中央、上级部委和国家管网集团党组工作部署，围绕"初心、匠心、暖心"，切实发挥工会、共青团、统战的桥梁纽带作用，教育引导干部员工在推动管网事业高质量发展、保障国家能源供给安全中挺膺担当。

【工会工作】 国家管网集团党组深入学习贯彻习近平总书记关于工人阶级和工会工作的重要论述，认真落实新时期产业工人队伍建设改革总体要求，推动工会工作及全国引领性劳动和技能竞赛高质量开展。联合中国能源化学地质工会在新疆召开"建功西四线、奋进新征程"劳动竞赛推进会暨劳模宣讲会，高质量完成中华全国总工会"新时代创新开展全国引领性劳动和技能竞赛实践研究"课题，中俄东线南段竞赛经验在2023年能源化学地质系统全国和行业重点劳动竞赛现场推进会上进行经验分享。组织国家管网集团首次职工队伍状况调查，全面梳理、分析职工队伍现状。举办管道保护工职业技能竞赛、消防比武邀请赛，11家管道保护单位累计参赛13124人次，25支自建专职消防队参赛422人，全面提升基层员工职业技能水平和本领。举办"筑梦新管网 奋进新征程"第一届职工运动会，采取"现场＋视频直播"方式线上最高实时观看3万人。发挥典型示范引领作用，开展"五一""双十"等表彰。对5项涉及职工切身权益的制度履行民主程序，有效保障职工民主权益。

【共青团工作】 国家管网集团党组认真传达学习习近平总书记在同团中央新一届领导班子成员集体谈话时的重要讲话精神，组织召开贯彻落实习近平总书记重要讲话精神和团十九大精神传达学习会、青年精神素养提升工程总结暨团员和青年主题教育推进会，党组书记张伟为团员和青年讲授专题团课。组建青年宣讲团，采取"现场+视频"相结合的方式，面向近200个基层单位、1600余人次开展近20场青年宣讲。制定印发团支部建设与对标定级、"号手岗队""两联"工作机制管理办法，组织开展"数智青春、无限未来"流程运营知识竞赛和"创新驱动、青年当先"第一届青年创新创效竞赛活动，引导团员和青年立足岗位建功立业。举办国家管网集团青年马克思主义者培养工程暨团干部培训班，65名来自22个单位的优秀青年参训。实施青年科技人才"托举"工程，206名青年科技人才作为项目副经理或专题经理承担科技项目研究。充分发挥"青"字号品牌作用，成立青年突击队169个，参与人数3106人次，聚焦市场开拓、工程建设等中心任务开展重点攻坚。现有青年志愿组织181个，青年志愿者5884名，围绕困难帮扶等开展青年志愿服务活动440次。组建青年创新创效团队182个，投入创新基金55.85万元，形成国家级创新创效成果5项。

【**统战工作**】 国家管网集团党组深入贯彻习近平总书记关于做好新时代党的统一战线工作的重要思想，专题研究部署统战工作，将统战工作纳入公司全面从严治党体系筹谋划、统一部署、同步推进、同步考核。制定"学习贯彻二十大、团结奋斗新征程"主题活动方案，明确强化思想政治引领、扎实开展调查研究、加强建言献策平台载体建设等方面具体工作举措。印发《党外代表人士建言献策工作室创建工作指引》，在2022年组织3家单位开展试点基础上，2023年新增4家单位开展工作室创建，为党外代表人士作用发挥搭建平台、创建条件、提供保障。举办国家管网集团统战系统首次线下培训班，52名统一战线成员、统战工作人员通过强化政治理论武装、参加红色教育、加强业务培训，有力提升理论素养、业务水平和建言献策能力。认真落实党组（党委）成员与党外人士联谊交友制度，党组书记张伟主持召开党外代表人士座谈交流会，听取工作室创建情况、与党外人士亲切交流。深化开展"爱企业、献良策、做贡献"活动，择优向国务院国资委党委统战部上报4篇调研报告。所属企业因地制宜做好民族团结工作，驻疆企业西部管道公司被评为新疆自治区脱贫攻坚先进集体、"访惠聚"驻村工作先进集体。扎实开展非法宗教组织渗透情况等摸底排查，无参加非法宗教组织及活动情况。

（王　迪）

国家石油天然气管网集团有限公司年鉴 2024
CHINA OIL&GAS PIPELINE NETWORK CORPORATION YEARBOOK 2024

监督工作

监督执纪工作

【概述】 2023年，国家管网集团各级纪检监察机构紧紧围绕贯彻落实党的二十大精神和二十届中央纪委二次全会精神，结合国家管网集团党组全面从严治党部署要求，认真履行纪检监察两项职责，聚焦"两个维护"强化政治监督，一体推进"三不腐"提升系统治理腐败效能，锲而不舍纠"四风"树新风，持续将全面从严治党向纵深推进，为国家管网集团打造世界一流企业和实现高质量发展提供坚强纪律保障。

【政治监督具体化、精准化、常态化】 2023年，国家管网集团纪检监察组编制政治监督工作要点，对16项重点监督任务台账管理、跟踪督办，持续推动问题整改。从严从实抓好中央巡视整改及整改监督工作，制定巡视整改监督工作方案、台账，明确4个阶段15项措施，设置"红绿灯"指标动态跟进监督，确保真改实改、改到底、改到位；对巡视移交的问题线索认真研判、快查快办，依规依纪依法处置；围绕巡视反馈全面从严治党监督责任方面问题，制定17项整改措施，持续推进整改并取得阶段性成效。紧盯"四化"改革重点任务，制定强化监督保障护航改革发展工作方案，上线"改革监督一点通"平台，创新运用纪检监察综合业务系统实现冬季保供监督数据在线填报，结合专题部署会议、"四不两直"、约谈提醒等方式，压实责任、严明纪律。统筹抓好安全生产、工程建设等重点任务的联合监督检查，防范化解风险隐患。制定党组巡视"回头看"及联动整改专项检查反馈问题整改方案，督促被巡视党组织高质量完成问题整改。

【"两个责任"一体落实】 2023年，国家管网集团召开党风廉政建设和反腐败工作会议暨警示教育大会、贯彻落实二十届中央纪委二次全会精神部署会议，研判形势任务，压实管党治党政治责任。完善党组与纪检监察组沟通会商机制，促进党组主体责任、党组书记第一责任人责任和纪检监察组监督责任贯通落实。强化对"一把手"和领导班子监督，部署开展领导干部履职监督线上填报，推动监督数据共享，规范履责用权行为。深入开展政治生态分析研判，健全完善干部廉政档案，规范审慎回复党风廉政意见133人次。

【一体推进不敢腐、不能腐、不想腐】 2023年，国家管网集团各级纪检监察机构持续加大执纪办案力度和成效，立案92件、处分86人，立案审查12名党组管理干部，处分5名党组管理干部，留置监察对象4人（含党组管理干部1人），充分彰显以零容忍态度惩治腐败的鲜明态度和坚定决心。全系统处置问题线索、立案、处分、主动交代等数量同比增长1倍左右，线索处置、初核、立案审查、处理处分"四零"单位基本清零。深化以案为鉴、以案促改、以案促治，制定推进"以案三促"工作的指导意见，加强"以案三促"机制建设。完善失信企业"黑名单"信息库及协同处置机制，推动相关责任部门对95家失信企业进行惩戒。

督导案发单位党委召开巡视整改工作会、以案促改专题民主生活会，要求重点做好举一反三、"以案三促"工作，切实发挥"查处一案、震慑一批、治理一域"作用。强化警示教育，以2023年查处的违纪违法典型案例为"活教材"，拍摄播放《失守的代价Ⅱ》警示教育片，形成强大震慑。

【正风肃纪】 2023年，国家管网集团各级纪检监察机构深化纠治"四风"顽瘴痼疾，查处违反中央八项规定精神问题49起，给予处理处分73人，点名道姓通报曝光典型问题15起；开展"微腐败"专项整治，对暴露出的违规吃喝、虚列套费等突出问题开展治理，印发纪律检查建议书5份。协助党组推进"违反中央八项规定精神问题"专项整治，启用"码上纠风"平台。剖析国家管网集团正式运营以来发生的102起"四风"案件。注重涵养新时代管网廉洁文化，制定《2023年廉洁文化建设活动方案》，以"廉维管网，清风四季"为主题，创新"五廉"共建，开展廉洁微电影微视频大赛、海报设计展览，对外宣贯管网特色监督执纪成效19篇，让新风正气不断充盈。

【各类监督贯通协同】 2023年，国家管网集团深化大监督体系建设，坚持在做深做实专责监督、完善党内监督体系、推动各类监督贯通协同上下功夫，提升监督治理效能。充分发挥反腐败协调小组会议暨大监督分委会作用，通报监督发现问题115项，强化纪巡贯通、纪审结合、纪财联动，协同处置问题线索62件，问责18人，有效推动问题整改落实。编制《大监督体系"三道线"部门重点监督责任清单》，开展大监督体系建设课题调研，印发《推动完善大监督体系运行机制暨全面推广纪检监察业务流程运营工作方案》，探索规范化、标准化、数据化监督执纪新模式。围绕基层权力运行过程中存在的廉洁风险，基于"制程+监督数据"模式，搭建公务用车监督模型并探索开展应用。

【纪检监察干部队伍建设】 2023年，国家管网集团各级纪检监察机构聚焦纯洁思想、纯洁组织，以主题教育和教育整顿为契机锻造纪检监察铁军。锤炼党性抓纯洁思想，一体谋划推进主题教育和教育整顿，制定工作方案和任务清单，推动各项任务落地。坚持"五学联动"、创新"支委导学周"，突出政治教育、党性教育，开展思想政治教育、纪律警示教育，筑牢思想信念根基。整肃作风促实干担当，按照中央纪委部署要求，对照"六个是否"开展两轮自查自纠，进一步清除干部队伍的思想杂质、打扫政治灰尘，制修订《国家管网集团所属单位纪委书记履职考核办法》等制度5项，扎实推进专项整治5项，补强"八小时"外监督短板，不断推动纪检监察工作规范化、法治化、正规化。抓实调研促攻关破题，制定"3+3"调研方案，形成优秀课题成果。深化全员培训和实践锻炼，开展教育整顿、监督执纪专题培训班，举办国家管网集团纪检监察业务培训班，常态化开展纪检监察业务"大讲堂""小课堂"15期，选调35名纪检干部参加跟班学习、交流调训和专项工作，推动各级纪检监察干部在思想政治、纪律作风、管理监督、履职本领上进一步提升。

（张梦娴　张思致）

审 计

【概述】 2023年，国家管网集团深入学习贯彻习近平总书记在二十届中央审计委员会第一次会议上的重要讲话精神，认真落实审计署、国务院国资委有关部署要求，持续深化审计管理体制机制改革，开展审计项目81项，提出管理建议717条，全面履行审计监督和服务职责，为促进国家管网集团提升治理能力、依法合规经营提供有力保障。

【履行审计监督职能】 国家管网集团聚焦权力运行和责任落实，强化领导干部任期经济责任审计，不断深化审计内容，完善评价指标，对2名所属单位原主要负责同志开展经济责任审计，不断促进领导干部依法合规履职。聚焦重大工程项目建设，对西气东输三线、董家口至东营原油管道工程等63项重点工程开展在建跟踪审计、竣工决算审计，覆盖投资总额超700亿元，推进工程建设规范管理，堵塞管理漏洞，有力保障工程项目依法合规建设。聚焦重点领域和关键环节，紧盯招标管理，对国家管网集团791项电子招标项目开展审计监督；针对科研管理，对3项国家管网集团"揭榜挂帅""定向委托"重点科研项目开展审计监督，揭示存在问题，剖析问题原因，提出合理化建议，为推进依法合规经营提供有力支撑。

【审计数字化建设】 国家管网集团围绕"数据+场景+平台+团队"开展数据建模和系统建设。搭建形成综合监督数据中心，定期并全量获取合同数据、财务数据和供应链等业务数据，通过数据加工、清洗、整合，形成合同、业财、招标等40份监督中间表，为数据分析查询奠定重要基础。构建审计监督应用场景，聚焦工程、财务、招标等重点领域和关键环节，按照由点到线、由线到面建模思路，研究搭建105个统计分析和疑点筛查类模型。

【审计业务管理】 创新审计质量管控模式，制定审计项目管控方案，涵盖审前准备、现场实施、审计报告、审计终结等4个阶段29个重点环节，进一步明确管控重点和要求，配套完善竣工决算、在建跟踪、经责审计等审计工作方案，统一审计查证思路，推进审计工作标准化。创新审计组配置方式，统一调度国家管网集团审计资源，将项目分类打包，从审计中心挑选核心骨干，采用"1托N"方式担任审计组长，授权其自主组建审计组，统筹管理审计现场业务、廉洁、保密等工作。创新全过程研究型审计，审前会同国家管网集团总部相关部门研究重点内容，把握政策出台背景、主要目标，确保审计目标不走偏；审中深化审计重点、查证方式方法等研究，提高审计项目执行效率；审后强化审计报告、审计移交、审计信息等成果数据研究分析，总结固化典型案例，形成可复制、可推广经验或模型。

【审计成果运用】 开展问题整改整治专项督导，组织成立3个督导组，按照"一企一清单""一问题一对策"思路，对重点问题开展专项督导，问题整改完成率100%。切实开展"边审边改"，现场审计阶段将发现问题反馈被审计单位，推动问题及时整改。加强整改成果运用，纪检监察、违规追责等部门将查处审计移交线索作为重要任务优先办理；党组巡视办将审计整改情况纳入巡视巡察范围；党组组织与宣传部将经济责任审计结果及整改情况纳入领导个人档案，作为干部管理重要参考；总部相关部门将维修费管控等关键控制点（KCP）固化嵌入业务流程，发挥制程风险防控作用；综合监督部将审计整改纳入各项审计项目，推进共性问题彻底整改。完善整改考核机制，将审计问题整改作为约束类指标，纳入各单位业绩合同，通过考核"指挥棒"督促整改质量提升。

【审计队伍建设】 加强专业人才引进，根据国家管网集团审计业务发展需要，通过校园招聘等方式引进审计人才，不断加强审计中心力量，优化审计人才结构，构建合理梯队。加强专业化人才培养，开展年度审前集中培训、专业素质提升培训以及网络课程培训，有针对性、多层次、多渠道强化审计人员专业培训和理论学习。强化审计理论研讨和业务交流，先后到审计署、江苏省纪委监委、中国移动公司等单位学习调研，国家管网集团内审人员专业能力矩阵研究获评2023年中国内审协会优秀研究成果。1名审计人员被中国内审协会评为2020—2022年度内部审计先进工作者。

（考青鹏）

违规经营投资责任追究

【概述】 2023年，国家管网集团坚持以习近平新时代中国特色社会主义思想为指导，深入贯彻党中央、国务院关于加强国有企业违规经营投资责任追究工作决策部署，围绕中心工作，聚焦价值创造，强化责任落实，加强统筹协调，进一步推动违规经营投资责任追究工作走深走实，警示震慑效能不断显现。

【违规追责制度建设】 聚焦问题线索移交及损失认定堵点难点问题，开展违规追责专题调研，结合调研情况，制定《集团公司违规经营投资问题线索移交工作实施细则》。有序衔接违规经营投资责任追究工作，印发《集团公司员工违规行为处理规定（试行）》，进一步明确职能部门、组织部门、监督部门等职责界面和有关要求，打造分工明确、程序规范、协同高效的追责工作体系。

【违规追责线索核查】 充分发挥综合监督统筹协调作用，畅通违规问题线索移交通道，坚持"权责一致、错责相当"原则，精准实施分类处置。注重提升违规追责工作以反向查促进正向建价值，结合查办移交的问题线索，提出管理建议78条，堵塞招标采购、车辆管理、废旧物资、合同管理等方面管理漏洞。坚持抓早抓小、教惩结合，召开警示教育大会49次，通报违规追责案例35次，推动"有权必有责，失责必追究"氛围形成并持续增强。

【违规追责系统建设】 以综合监督中心建设为抓手，切实提高数字化监督在监督追责领域的应用水平，强化主动监督的精准性、针对性、联动性，及时获取违规问题线索。持续优化系统功能，实现横向协调、上下贯通全流程闭环管理。实现与巡视、审计、合规、内控风险等多种监督职能系统集成，着力开发违规问题线索集中汇总、动态更新、实时分析、定期反馈等功能，有效提升违规问题线索移交、核查和处理能力。

（沈　彤）

巡　视

【概述】 2023年，国家管网集团党组深入学习贯彻习近平总书记关于党的自我革命重要思想和关于巡视工作重要论述、党的二十大以及二十届中央纪委二次全会和2023年全国巡视工作会重要部署，坚守政治巡视定位，全面贯彻巡视工作方针，以"两个维护"为根本任务，持续推动党组巡视工作向深拓展、向专发力、向下延伸。

【巡视规划】 加强党组巡视监督顶层设计，深入学习领会习近平总书记和党中央关于巡视工作新精神新部署新要求，坚决贯彻落实《中央巡视工作规划（2023—2027年）》部署要求，制定印发《党组巡视工作规划（2023—2027年）》，从政治巡视、巡视全覆盖、巡视整改、上下联动、贯通协作、规范化建设等6个方面提出战略规划，并配套编制规划释义手册和宣贯计划，做好规划的宣贯和督促执行。

【制度建设】 对标对表中央巡视要求，借鉴地方、中央企业相关经验做法，深入总结党组巡视实践有益经验，在全面梳理现有巡视巡察制度基础上，坚持务实管用原则，制定印发涉及巡视整改、协调协作、工作流程、队伍建设、区域巡察等13项巡视巡察制度，确保巡视巡察工作各流程各环节有章可循、有序运行，持续深化构建具有管网特色的巡视工作制度体系。

【巡视整改】 针对中央巡视反馈的党组内部巡视专项检查问题，成立专项整改组，制定工作方案，细化分解为33项整改任务，通过每周汇总巡视整改情况、每月听取巡视整改情况汇报的方式，推动问题整改按计划有序推进。党组巡视办发挥统筹协调、跟踪督促、汇总分析职能，形成巡视整改专题汇报材料。党组以及党组巡视工作领导小组听取党组巡视整改综合情况报告，对重难点问题研究提出整改要求，对下一步整改工作作出具体部署，确保工作成效。

【区域巡察】 在党组巡视工作领导小组的领导下，党组巡视办周密组织，经8家所属单位党委委托授权，区域巡察中心组建12个巡察组，分两轮对其下属12家三级单位党组织开展常规巡察，共发现涉及落实上级部署、班子建设、安全生产、选人用人、招标选商等多项问题。中央巡视期间，中央巡视组有关同志专门列席两个巡察组向授权单位党委巡察工作领导小组汇报会，对国家管网集团开展区域巡察工作的做法给予充分肯定。

【队伍建设】 制定印发《巡视巡察干部教育培训规划（2023—2027年）》，举办国家管网集团巡视巡察工作研讨暨综合监督业务培训班，选派多名巡视干部参加二十届中央第一、二轮巡视"以干代训"，因表现优异，受到中央巡视办通报表扬；抽调区域巡察中心专职干部、所属单位干部参与2023年两轮区域巡察工作，通过巡视巡察实践锻炼切实提升干部政治监督能力。

（李代军）

数字化监督

【概述】 2023年，国家管网集团坚决贯彻党中央关于新时代数字中国建设的战略部署，坚持把数字化监督作为推动监督体系和监督能力现代化的有力探索，积极开创具有管网特色的数字化监督新格局，通过建设综合监督（巡视巡察）数据中心、打造综合监督平台、开展数据建模和场景应用等举措，加快推进综合监督数字化转型。

【综合监督数据中心建设】 搭建形成综合监督数据中心，全量获取合同、财务和供应链等业务数据，通过数据加工、清洗、整合，形成合同、业财、招标等41份监督标准化数据中间表，通过实施标准化数据分析比对，筛查挖掘疑点数据，系统开展验证核实，严谨输出比对结论。提升综合监督数据中心硬件质量，配置独立服务器，加装数据分析终端设备，增设数据分析室、智能档案室等功能性区域。切实推动数据拉通，获取合同系统、招标系统等6037份原始数据。

【综合监督平台建设】 完成平台设计研发、测试试运行，"一盘棋"构建法务管理、巡视巡察、内部审计、合规管理、内控风险、违规追责等管理系统，实现以"平台化"承载监督业务流程、管理思路及成果数据，进一步形成监督合力。推动"管理要素、数据要素、技术要素"等关键要素融合，聚焦业务管控薄弱环节和合规廉洁风险点，提供一站式数据查询与分析工具，构建查询、应用、可视化建模，支撑服务风险识别与分析、流程遵从检查、KCP动态监测、巡视审计等多种监督应用场景，研究搭建109个合同、招标、业财领域统计分析和疑点筛查类模型，部分模型已在巡视巡察、内部审计项目中得到应用。

【专业团队建设】 抽调综合监督业务骨干，招聘计算机专业应届毕业生，组建数据分析小组。通过以干代训、集中攻关、训战结合等方式，提升数据分析小组业务能力，2人取得CISA国际注册信息系统审计师资质，1人通过工信部DCMM数据管理师考试。

【数字化监督实践】 深化数字化监督应用，实现由局部检查到全量数据扫描、由传统手工计算到大数据自动筛查、由现场监督为主到非现场监督为主等监督模式转变。组织开展远程非现场数字化审计，通过"数据分析先行＋集中研判跟进＋重点验证核实"等方式，大幅缩减审计时长和人力资源，有效提升数据量级和审计覆盖范围。

（张　媛）

国家石油天然气管网集团有限公司年鉴 2024
CHINA OIL&GAS PIPELINE NETWORK CORPORATION YEARBOOK 2024

荣誉及人物

荣誉及人物

工会系统先进集体

序号	获奖单位	荣誉称号	授予单位
1	西气东输公司南京计量研究中心技术科	全国巾帼文明岗	全国妇联
2	天然气管线压缩机 15MPa 国产干气密封研制应用	优秀职工技术创新创效成果	中国能源化学地质工会
3	Taurus60 燃气轮机检修专用工具设计及制作		
4	油气管网安全多维度感知与管控关键技术及应用		
5	长输管道阴极保护测试及干扰消除方法		
6	一种可调节式阀门及管道支撑		
7	河口站机组干气密封一次仪表升级改造		
8	成都作业区	四川省工人先锋号	四川省总工会
9	管道检验检测中心输油设备检测中心	江苏省工人先锋号	江苏省总工会
10	苏北输气分公司中俄东线（南段）建管融合监管组		
11	东部原油储运公司	全省厂务公开民主管理先进单位	江苏省厂务公开协调小组
12	乌鲁木齐应急抢险中心	开发建设新疆奖状	新疆维吾尔自治区总工会
13	林纪华创新工作室	自治区劳模和工匠人才创新工作室	
14	塔里木输油气分公司	2021—2022 年度自治区"安康杯"竞赛优胜集体	
15	乌鲁木齐作业区	2021—2022 年度自治区"安康杯"竞赛优胜班组	
16	红柳作业区		
17	秦皇岛输油气分公司工会委员会	河北省模范职工之家	河北省总工会
18	廊坊输油气分公司永清作业区	河北省模范职工小家	

工会系统先进个人

序号	奖项	姓名	工作单位	授予单位
1	"大国工匠——能源化学地质篇"	黄兆亮	北方管道公司	中国能源化学地质工会
2	湖北省劳动模范	李兵	华中公司	中国共产党湖北省委员会
3	保密公益宣传海报作品优秀奖	丁玲	湖南公司	国家保密局
4	全国保密宣传教育微电影作品二等奖	张弨 丁玲	湖南公司	国家保密局
5	四川省工会系统先进工作者	杨道广	西南管道公司	四川省总工会
6	江苏省优秀工会工作者	胡那拉	东部原油储运公司（现储运技术公司）	江苏省总工会

共青团系统先进集体

序号	获奖单位	荣誉称号	授予单位
1	西气东输中卫压气站	2022年全国青年安全生产示范岗	共青团中央、应急管理部
2	独山子输油气分公司霍尔果斯作业区	2022年度全国青年安全生产示范岗	共青团中央、应急管理部联合
3	长输天然气管道进口压缩机组控制系统核心技术攻关	第十七届"振兴杯"全国青年职业技能大赛（职工组）银奖	共青团中央青年发展部
4	长输管道阴极保护有效性测试技术	第十七届"振兴杯"全国青年职业技能大赛（职工组）银奖	共青团中央青年发展部
5	压缩机组维修专用工具自主开发及应用	第十七届"振兴杯"全国青年职业技能大赛（职工组）银奖	共青团中央青年发展部
6	古浪作业区	全国青年文明号	共青团中央
7	宁波输油处大榭岛输油站青年突击队	全国青年文明号	共青团中央
8	霍尔果斯作业区	全国青年文明号	共青团中央
9	西气东输分公司团委	中央企业五四红旗团委	中央企业团工委
10	乌鲁木齐输油气分公司玛纳斯作业区团支部	中央企业五四红旗团支部	中央企业团工委
11	徐州输油处睢宁输油站团支部	中央企业五四红旗团支部	中央企业团工委

续表

序号	获奖单位	荣誉称号	授予单位
12	大庆应急抢修中心大庆抢修队		
13	南山（山东）天然气有限公司龙口LNG项目储气及二期工程青年攻坚组	中央企业青年文明号	中央企业团工委
14	昆明维抢修分公司抢修队		
15	哈尔滨输油气分公司黑河作业区	河北省青年文明号	河南省创建"青年文明号"组委会

共青团系统先进个人

序号	奖项	姓名	工作单位	授予单位
1	中央企业优秀共青团干部	王　念	北京管道公司	中央企业团工委
2	中央企业优秀共青团干部	臧家伟	华南公司	中央企业团工委
3	中央企业优秀共青团员	钟有金	西部管道公司	中央企业团工委
4	中央企业优秀共青团员	刘　一	北京管道公司	中央企业团工委
5	中央企业优秀共青团员	邓俊星	广东省管网公司	中央企业团工委
6	中央企业青年岗位能手	于　阳	油气调控中心	中央企业团工委
7	中央企业青年岗位能手	何东雨	西气东输分公司	中央企业团工委
8	江苏省五四红旗团干部—团支部书记专项	王　雅	东部原油储运公司	江苏省团委
9	江苏省优秀共青团员	沈子琦	东部原油储运公司	江苏省团委

专家队伍

享受国务院政府特殊津贴专家

序号	姓名	性别	国籍	出生年月	工作单位	入选年度	在岗状态
1	马海恋	男	中国	1934年7月	东部原油储运公司	1992	退休
2	陈吉庆	男	中国	1942年4月	西气东输公司	1992	退休
3	丁明东	男	中国	1943年1月	北方管道公司	1992	退休
4	刘希坤	男	中国	1944年12月	北方管道公司	1992	退休
5	余景春	男	中国	1938年11月	北方管道公司	1994	退休
6	尤庆宇	男	中国	1954年11月	北方管道公司	2012	退休
7	闫文灿	男	中国	1963年2月	西气东输公司	2019	退休
8	崔树民	男	中国	1964年3月	华北公司	2013	在职
9	陈朋超	男	中国	1975年5月	北方管道公司	2014	在职
10	沈 琛	男	中国	1964年2月	集团工程部	2015	在职
11	陈 胜	男	中国	1967年11月	液化天然气接收站管理公司	2016	在职
12	李景昌	男	中国	1970年1月	北方管道公司	2016	在职
13	冯庆善	男	中国	1974年1月	集团生产部	2016	在职
14	王志学	男	中国	1966年1月	北方管道公司	2018	在职

（刘立山）

国家石油天然气管网集团有限公司年鉴 2024
CHINA OIL&GAS PIPELINE NETWORK CORPORATION YEARBOOK 2024

所属企业概览

国家石油天然气管网集团有限公司油气调控中心

【概况】 国家石油天然气管网集团有限公司油气调控中心（简称油气调控中心）2020年5月13日在北京市注册成立，设置10个二级部门和1个直属单位，实际定编员工236人。主要职能是国家管网生产运行指挥中枢，承担着长输油气管道集中统一调度指挥、远程监控操作、运行优化组织、维检修作业统筹、冬季保供协调，同时承担油气管网调度队伍建设、执业资格培训管理和企业形象展示窗口等职能。截至2023年12月31日，油气调控中心负责调控的油气管道总里程10.09万千米。其中：天然气管道总里程5.62万千米（一级调控管道5.07万千米；二级调控管道0.55万千米），年输气能力3417亿米^3/年；原油管道总里程1.77万千米，年输送能力3.3亿吨；成品油管道总里程2.7万千米，年输送能力1.52亿吨。2023年天然气一次管输量2237亿立方米，同比增长8.86%，单耗同比下降5.1%；原油一次管输量26248万吨，同比增长5.5%，单耗同比下降2.3%；成品油一次管输量8276万吨，同比增长4.8%，单耗保持同期水平。

油气调控中心计划指标实际完成情况

指　标	2023年	2022年
天然气管输量（亿立方米）	2237	2055
原油管输量（万吨）	26248	24872
成品油管输量（万吨）	8276	7896
收入（亿元）	5.40	5.27
利润（亿元）	1.01	0.8

【油气管网调控】 2023年，油气调控中心始终牢记运行的是"战略动脉"，肩负的是"历史责任"，充分发挥"全国一张网"集中调控、统一指挥、统筹协调优势，科学制定运行方案，实现"调度命令零差错、调控操作零失误、调控运行零事故"三零目标。按照国家管网集团党组"管网改革、调控先行"工作部署，推进"1+6+1"调控体系改革任务，全面完成东北、华北、华东、华中、华南和西南6家分控中心组建，38条油气管道调控权优化调整。按照"六统一"要求，开展调控业务一体化管理提升行动，建立信息报送、月度例会、生产月报和监督检查机制，形成定目标、盯执行、辨风险、强协同、析偏差、解决系统性重大问题的业务垂直管理模式，调控业务集中统一管理目标全部实现。根据国家管网集团"四化"改革工作部署，第一时间编制匹配"四化"改革的调控系统工作方案，提出13项具体措施，发挥调控系统对"四化"改革支撑保障作用。梳理涵盖油气管道运行、仪表自动化等8个核心专业领域调控标准体系，审查发布标准73项。推动31个调度台开展标准化建设，实现调度台标准化率100%。高度重视国家油气调度中心组建筹备工作，全方位对标国内外油气及可比行业，多维度听取中国石油和化学工业联合会、中国石油经济技术研究院和国家电网电力调度中心等相关专家的意见建议，编制《国家油气调度中心组建方案》，获得国家管网集团党组认可，并上报国家发展改革委、国务院国资委。严格落实国家管网集团关于省网融入集中统一调控的

总体工作部署，持续开展省网融入和集中统一调控模式研究，按照"一省一策"制定省网集中统一调控实施方案，成功组建省网调度台，实现对浙江省网、广东省网的集中统一调度。认真落实扩网立企强企方略，从投产方案、人员准备等多方面抓实抓细投产组织，顺利完成蒙西天然气管道一期、西气东输三线中段枣阳—潜江、锦州—郑州成品油管道等52项管道项目投产，助力加速"全国一张网"建设。

【冬季保供】 始终胸怀"国之大者"，严格落实国家管网集团"冬夏一体化"保供工作部署，充分发扬调控铁军精神，履行冬季保供调度协调主体责任，持续推动冲峰能力建设，管网日接气能力由10.5亿立方米增长至11.9亿立方米，管网内转供能力同比增加1亿立方米，资源调配灵活性进一步提升。采用"多气源掺混、多区域混输"运行模式，打通"俄气进京"管输通道，俄罗斯天然气日供气量由6750万立方米增至7300万立方米以上，全力保障增量俄罗斯天然气有序入网。动态调整管网运行方式，充分发挥天然气"全国一张网"调控指挥核心作用，精准匹配入网资源和外输通道，最大程度利用南气北上和俄罗斯天然气进京通道，保障管网顶峰输送通道的畅通，成功应对中亚气历史性降量、俄罗斯天然气大幅度增输和超级寒潮天气等多重考验，以实际行动践行"战严冬考验、保万家温暖"。针对冬季保供，液体管道按"1+6+21"的方式，编制1个总体方案，6个分控方案，21个易凝高黏原油管道专项方案，规范92条管道的冬季安全生产运行。2023年，液体管道未发生较大安全责任事故，环保工作达标率100%，圆满完成原油成品油冬季保供工作。2022—2023年保供季，在充分总结过去三年保供成功经验的基础上，编制天然气、原油成品油、自动化与通信专项保供方案和应急预案，高效应对三次寒流天气和中亚气历史性降量重大考验，圆满完成党的二十大后首个冬季保供任务。

2023年11月11日，天然气冬季保供誓师大会油气调控中心宣誓现场（李润泽 摄）

【自控系统】 2023年，SCADA系统综合可用率99.99%，为调控运行提供有效支撑和保障。全力推进自控功能提升改造，完成天然气站场远控改造77座、压气站"一键启停"改造22座、"自动分输"分输口改造61个，8条原油成品油管道全线"一键启停"功能投用，自动控制水平全面提升。天然气管道控制系统国产化软件累计在120座站场、400余座阀室完成替代工作，第一阶段攻坚任务圆满完成。PCS V2.0软件研发"百日攻坚"行动成效显著，软件主体编码、集成测试核心任务顺利完成，实现了跨系统、过网传输等关键功能，智能分析与报警等关键技术成功申报发明专利7项，录用论文4篇。"基于麒麟操作系统的PCS软件研发与应用"创新LHT项目成果顺利通过国务院国资委验收。"长输油气管网工业控制系统"成功入选国家第三批能源领域首台（套）重大技术装备目录。超过300套PCS软件系统在国家管网集团范围内成功应用，英文版软件首次走出国门，应用于海外尼贝管道项目。"输油管道'一键启停输'升级提效""SCADA系统集中运维平台建设"项目获评国家管网集团价值创造行动标杆项目。

【通信系统】 2023年，通信系统综合可用率99.99%。配合国家管网集团生产部推动管道通信一张网实施，协调7家所属单位完成41个互联点建设，实现10875千米管道光缆与骨干光缆网的互联工作，油气调控中心可集中监控光缆里程增加至8.7万千米，通信"全国一张网"规模持续扩大。发布《光缆线路指标越限清单》，推动125个在用光缆线路指标越限中继段专项整治，指导各所属单位对所辖故障频发线路、指标越限区段进行重点核查和整改。完成链路监测系统硬件加固、软件升级、路由梳理等工作，实时准确监管一级调控管道SCADA路由情况，精简广西管道、重庆管道冗余路由，补齐粤东LNG缺省路由，有效解决路由缺省和备用路由中断不能及时发现问题。完成《油气管网通信系统管理规范第7部分：光通信网元管理》《油气管网通信系统管理规范 第8部分：光通信时钟系统》《油气管网通信系统技术规范 第3部分：自动交换光网络》《卫星通信系统测试技术规范》合计4个标准的编制工作。参加工业和信息化部组织的"光华杯"千兆光网应用创新大赛，参赛作品获全国总决赛一等奖。

【工控网络】 2023年，工控网络安全零事故。对国家管网集团13家企业开展工业控制系统网络安全防护能力评估，发现7大类典型安全问题并督促所属企业落实整改，促进工控网络安全水平整体提升。代表国家管网集团参加公安部组织"HW2023"的护网行动和网络攻击沙盘推演，获得公安部给予"双优异"成绩。开展全网新增站场工控系统网络安全等保定级备案和三级以上系统年度评测，确保工控系统网络安全管理依法合规。"油气管网控制系统跨域多维安全智能预警关键技术"成功揭榜国家重点科研项目，获得科技部批复立项。完成《油气管网工业控制系统网络安全态势感知系统技术规范》《油气管网控制系统技术规范 第3部分：工控网络》《油气管道控制系统国产工业实时数据库产品应用测试规范》合计3个标准的编制工作。

【节能管理】 天然气管网利用在线仿真技术，结合区域管道运行特点，从机组运行、停机放空等方面优化陕京系统、西气东输系统运行，2023年节省燃动力费用超3000万元。主控、分控中心以大数据分析等方式深挖原油成品油管网节能降耗潜力，并对管线压力分布、热油余热利用、加剂配泵采取优化措施，节省运行费用470万元。精细混油切割，持续优化掺混比例，万吨混油量同比下降12%，混油回掺量提升10%，节省混油处理费用125万元。科学安排作业窗口期，顺利完成2次集中动火作业，减少天然气放空约800万立方米。持续优化原油管网运行工艺，平稳输转66批次哈油与北疆油，有效保障163万吨北疆油安全出疆。充分挖掘成品油管道增输潜力，推动兰成渝管道多点多方式增输95号汽油13.2万吨，抚锦管道输油34.7万吨。强化成品油质量全过程监控，未发生油品质量事件。2023年，天然气管网单位管输能耗101.2千克标准煤/(千万立方米·千米)，原油管输单耗为27.4千克标准煤/(万吨·千米)，成品油管输单耗为21.7千克标准煤/(万吨·千米)，实际单耗控制在上级下达的指标范围之内。

【安全管理】 始终坚持安全生产先于一切、高于一切、重于一切，扎实推进安全管理强化年行动，树牢安全发展理念，持续完善QHSE管理体系，建立主控中心53项、分控中心48

项QHSE管理制度，开展日常业务指导和监督检查，QHSE管理体系有效落地实施。配齐配强主控、分控中心安全员45名，实现"中心—班组—调度台"全方位安全管控。制定QHSE"岗位责任三个一"工作推广实施方案，编制170余个岗位清单，完成全员安全培训考核，安全生产责任进一步压实。持续推动1次国家管网集团体系审核和2次内审问题整改落实，从管理职责、制度建设、能力培训、资源配置、检查考核等方面进行管理追溯，制定专项提升方案，完成全部306项问题的整改。

【风险隐患合规管理】 开展风险隐患排查，动态更新"一企两清单"，完成SCADA系统部分服务器、网络设备老化隐患治理项目，园区整体实现一级供电，生产用电保障能力大幅增强。组织主控、分控中心开展各类安全检查27次，累计发现问题647项，每周跟踪整改，完成率97%，剩余问题已制定整改措施。扎实推进法治管网建设，制定油气调控中心法律法规清单102项，建立法律风险提示机制，对合同管理、招投标等方面可能出现的法律问题及时进行风险提示，有效管控法律风险。建立《重大事项合规审查机制实施细则》，对6项重大经营管理事项、12项规章制度、26项经济合同开展合规审查评估，131项审查意见已全部落实。严格落实合规管理"三道防线"，协同开展专项检查和问题督导，对审计、内控、体系审核发现问题及时进行整改，通过建章立制堵塞管理漏洞，依法合规管理水平持续提升。调控战线第一时间发现并处置17起打孔盗油事件，总计13次、共22人获得国家管网集团重大隐患"吹哨人"荣誉奖励。针对缅北局势影响制定演练方案，联合地区公司开展"中缅管道瑞丽站遭受袭击"综合应急演练，调控系统应急处置能力显著提升。2023年计划开展8次突发事件应急演练，实际完成10次。在应急演练科目和形式选择上，油气调控中心从突出应急演练的"联合、实战、时效"上下功夫，全年组织联合应急演练3次，开展双盲应急演练4次，及时组织针对特定时期、特定地区风险的应急演练3次。通过高频、有效的应急演练，应急处置能力得到进一步提升。完善异常事件资源库，分析找出"最接近失效"事件进行分享，开展"事件变事故—模拟追责"警示教育，有效避免同类事件再次发生。2023年异常事件同比下降20%。

【党的建设】 加强"第一议题"的闭环管理，按照"四个是否"要求，运用"学思践悟验"五步法，深入学习党的二十大精神和习近平新时代中国特色社会主义思想，以红绿灯的形式进行公示预警，建立"以月促季保年"督办工作机制。2023年，召开党委会20次，研究审议"三重一大"事项91项，其中前置研究重大经济事项19项。深入推进制度建设，组织修订《党建工作责任制考核实施细则》等党的规范性文件，编制30项管理类、14项党建类制度汇编，进一步完善油气调控中心现代治理体系。深化调查研究，整体谋划开展组合式调研15次，组织撰写报告33篇，对113项调研形成的对策思路逐一列出解决措施，形成长效机制6项。抓实整改督办，主题教育检视出的24项问题已全部整改销项。认真贯彻落实国家管网集团"双建"和"双模"选树活动工作部署，制定中心"双建"活动实施计划，推动油气调控中心各党支部分别与2—3个基层场站建立"点对点共建"关系，开展"双建"活动30余次。宣传作品《做铁军中的铁军》《凭借什么法宝成为铁军中的铁军》《扎根于"两白两夜"平凡调度岗位的博士调度员》入选国家管网集团铁军文化建设成果选编，视频作品《两白两夜》获得第三届国有企业优秀视频短片一等奖。推广使用"码上办好"低代码平台，34项"我为群众办实事"全部落实，职工群众幸福感获得感显著提升。

【廉政建设】 坚持以党章党纪为遵循，以正风肃纪为重点，坚持以上率下，压实工作责任，成立油气调控中心党风廉政建设和反腐败工作协调小组暨监督领域分委会，通过健全完善深化落实贯通协同监督机制、加强重点领域联动监督、抓紧抓实中央巡视反馈问题整改、开展所属业务域政治生态分析等举措，推动大监督体系从有形覆盖向有效赋能转变。紧跟国家油气调度中心组建等重点工作，持续督促加强组织领导、明确职能定位、靠实具体措施，针对国产PCS系统研发替代等重点项目，建立信息通报机制，督促严格守住纪律红线。全力协助纪检监察组做好冬季保供专项监督工作，2023年冬季至今，深入保供重点区域基层场站、作业区开展联合检查和"四不两直"穿透监督7次，约谈相关人员29人次，调阅相关资料62份，督促推动16项问题整改。认真落实国家管网集团关于中央巡视反馈问题联动整改工作要求，对照问题清单，举一反三开展调控业务涉及问题自查自纠，全力推动问题整改落实。坚持在重要节日前发布廉洁提醒，通报中央纪委公开的典型反面案例，要求各级党组织认真汲取教训、引以为戒。党委领导通过谈心谈话等方式了解生产运行情况、员工思想动态，以及业务环节廉洁风险，要求部门负责人将"一岗双责"落到实处，坚决抵制隐性"四风"问题，对外出调研、专题学习、参加培训的干部，通过谈心谈话、电话提醒、会议强调等形式，督促筑牢廉洁思想防线。组织开展"五个一"系列特色廉洁文化活动，通过党员廉洁讲述、廉洁宣传视频、典型案例、身边故事等活动，促进中心廉洁文化建设，督促广大干部员工严格纪律和规矩意识，筑牢廉洁思想防线，营造风清气正的政治生态。

【制程融合】 按照国家管网集团9.0业务域和中心流程运营工作统一要求，对9.0管理人力资源的63个流程和1.0战略规划与执行的3个流程，完成166个岗位角色匹配、38个文件的制程对照与融合、34个KCP业务风险关键控制点确认、18个大党建融合矩阵嵌入点梳理、1项活动指导书备案、3项遵从度评估和佐证材料抽查验证工作，并结合流程执行情况和实际业务诉求，设计、优化、推行流程，支持业务有效、安全、低成本运作。

【队伍建设】 建立"调控铁军"内涵和二十条铁军行为准则，推动实施信仰锻造、本领提升、"三化"强化、准军事化管理和纪律强化"五项行动"，开展调度员军训、内务提升、调度大讲堂、调度员技能大赛等活动，铁军建设取得实质化进展。优化干部人才队伍结构，采用公开竞聘和组织推选方式补充企业关键岗位正职1人、副职2人、综合调度长2人、值班调度长6人、横班责任工程师7人。2023年补充调度人员13人（应届毕业生）、自动化通信运维人员4人。按照国家管网集团及油气调控中心专家管理制度，选聘输油气工艺、自动化通信和数字化3个专业的技术专家各1名。新员工上岗培训规范推进，2023年13名新毕业大学生全部按计划完成上岗前理论、仿真培训及现场实习，获取调度员一级证书。开展调度员执业资格取证培训4期，110人达标取证，调控系统持证上岗率100%。

（周　涵）

国家管网集团北方管道有限责任公司

【概况】 国家管网集团北方管道有限责任公司（简称北方管道公司）是国家石油天然气管网集团有限公司的直属企业之一，北方管道公司党委受河北省国资委党委和国家管网集团党组双重领导。公司起始于1970年为缓解大庆原油外运瓶颈而建设的东北"八三"管道工程，历经53年改革变迁，公司曾先后隶属于燃料化学工业部、石油工业部、中国石油集团等，2020年9月30日由中国石油天然气集团有限公司整体划转至国家石油天然气管网集团有限公司。北方管道公司深入贯彻落实习近平总书记"四个革命、一个合作"能源安全新战略和重要指示批示精神，始终秉持"服务国家战略、服务人民需要、服务行业发展"的企业宗旨，围绕主业主责和企业使命，打造平安绿色管网。注册地址在河北省廊坊市，注册资本200亿元。本部设置职能部门13个，直附属机构3个，垂直管理机构4个。下辖二级单位27家，含管理股权单位4家。北方管道公司党委下设所属单位党委24个、机关党委1个、党总支2个、党支部202个。截至2023年底，全口径用工总量13273人，其中正式员工6229人、业务外包人员7044人。平均用工为0.3人/千米。在册党员3219人，其中正式党员3135人、预备党员84人。

北方管道公司管输介质涵盖天然气、成品油和原油，主营业务覆盖油气储运、工程建设、科技研发、技术服务等四大领域，形成较为完整的产业链。所辖管道基本实现"成网运行、集中调控、自主运维"，北方管道公司具备管道全生命周期管理能力、具备为国内外客户提供管输技术服务能力。

北方管道公司运营油气管道2.22万千米，分布在全国15个省（自治区、直辖市）的100余个地级市，服务上下游企业320家。年设计管输能力：原油1.06亿吨、成品油0.25亿吨、天然气1405亿立方米。作为中国东北能源战略通道运营主体，北方管道公司负责运行中俄漠大线和中俄东线等跨国能源动脉。负责华北地区16条原油、成品油管道的远程集中调控指挥工作，承担着华北地区原油、成品油资源"保民生、保供应、保安全"的重要使命。2023年全面贯彻落实"五个坚持"总体方略，坚定改革信心，挺膺责任担当，奋力开创公司高质量发展新局面，圆满完成国家管网集团下达的主要生产经营指标。全年天然气管输商品量435.2亿立方米，原油管输商品量7201.8万吨，成品油管输商品量1040.4万吨。生产能耗、输差损耗均控制在考核指标之内。未发生管道占压和第三方施工损伤事件，光缆中断率创十年新低。完成焊接里程361.7千米，超指标24.3%，同比增长60%。

北方管道公司资产总额1660亿元，2023年管输收入185.55亿元，净利润46.13亿元。

北方管道有限责任公司主要经营（运营）指标

指　　标	2023 年	2022 年
原油管输商品量（万吨）	7201.8	7463.5
天然气管输商品量（亿立方米）	435.2	557.3
成品油管输商品量（万吨）	1040.4	468
资产总额（亿元）	1513.98	1660.83
管输收入（亿元）	184.98	182.26
利润总额（亿元）	60.95	50.61
税费（亿元）	19.45	22.04

【生产运行】 2023 年，北方管道公司夯实基础，生产运维水平大幅跃升。东北地区高凝高黏原油管道安全运行，全面接管港枣线、银巴线及华北原油等 8 条管道调控权，按期完成鄂安沧和天津管道的全面远控及自动分输改造。全面开展站场智能化建设攻坚，高质量开展预防性维护、集中巡检、周期性维检修作业，通过待班模式调整、推行区域化管理及"无人站、少人站"管理试点及推广，助力智能站场运维模式改革，站场设备设施自主运维率达 90%，完成 84 座变电所、机柜间标准化建设，独立建成华北分控中心、东北分控中心 10 套国产 PCS 系统。全年维修 11 台燃气发生器、6 台动力涡轮、5 台离心压缩机，实现首台 VT40 动力涡轮自主维修。输油泵机组平均无故障运行时长 2.4 万小时，同比下降 39.2%。投运压检中心和滚泉站光伏项目，消纳绿电 1 亿千瓦时，实现国家管网集团绿电取证零突破。

创建联合客户服务团队，完善计划管理流程，全年调控管线输送原油 4165.72 万吨，完成率 111.4%；输送成品油 1122.71 万吨，完成率 108.6%。截至 12 月 2 日，中俄东线天然气管道投产通气四周年，安全运行 1400 余天，累计输气量突破 500 亿立方米，2023 年累计输气超 200 亿立方米，创历史新高。全年实现调度命令零差错、调度操作零失误、调控运行零事故，建立打孔盗油防范机制，全力保障安全运行。成立仿真实验室，自主完成 4 条成品油管道、6 条原油管道 SPS 离线仿真系统建设及验收。

2023 年 3 月 7 日，北方管道公司取得国家可再生能源信息管理中心颁发的《绿色电力证书》，该证书为国家管网集团首张绿色电力证书，实现管网企业绿电消纳取证零突破

2023 年 12 月 2 日，中俄东线天然气管道投产通气四周年，安全运行 1400 余天，累计输气量突破 500 亿立方米。2023 年累计输气超 200 亿立方米，创历史新高。图为中俄东线黑河首站（陈妍　摄）

【市场开发】 2023 年，北方管道公司深挖潜力，拓市场增效益持续向好。为大庆油田提供转运服务，解决铺底俄罗斯原油占罐问题。打

通兰郑长长庆支线反输功能，为中国石油西北销售提供新的保供渠道。推进14个新增上下载点项目投产供气，加权后新增气量2.05亿立方米。安平枢纽点签约库存600万立方米，实现"液卖气交"2.8万立方米。新大线超指标323.4万吨，津华线超指标233万吨，天津港库容仓储转运服务创效4516万元。打造辽阳石化柴油下海通道创效660万元，吉长线管输超计划22万吨。宣贯客户经理体系相关政策，成立专班推进客户经理体系建设。客户走访覆盖率达100%，新建托运商客户档案22份，上下游客户档案180份。举办客户推介会，与黑龙江省发展改革委、辽宁省发展改革委、吉林省能源局等政府部门，50余家上下游企业共谋合作。

【工程建设】 2023年，北方管道公司全面落实国家管网集团加速构建"全国一张网"的要求，全力推动工程项目建设，为增强油气供应保障能力提供坚实物质基础。合理应对"割青毁粮"政策，迎战"杜苏芮"强降雨，克服蓄滞洪区作业困难，攻克南水北调穿越技术难题，完成雄安新区迁改工程，实现锦郑管道全线贯通。开展生产设备治理，测试和维修机泵、排查更换内漏阀门、检测修复站内管道及储罐、开展SCADA系统专项检测及联合调试。开展管道线路治理，发送检测器106轮次、清管471轮次、内检测1531千米。修复金属损失、环焊缝异常等各类缺陷289处，完成五条河流的定向钻穿越段水压试验。清理A类占压34处，增设地面标识4391处，完成水工治理126项。组织半程水联运，从锦州首站到华北输入支线注入首站，总用水量27.8万立方米，全程历时40天，承压能力测试正常，为后续投产打下坚实基础。中俄东线秦皇岛分输清管站增加压缩机组工程等11个项目完成可行性研究，虎林—长春天然气管道工程等5个项目取得核准批复、6个项目取得可行性研究批复。嫩江支线按期开工，三个月完成焊接140.37千米。梅桦线、齐齐哈尔支线具备投产条件，双台子项目、洛郑驻项目、武清站联通、大哈支线及双合分输站投产通气。中俄东线明水压气站30天完成4台机组调试投产，实现日增输2000万立方米，一次管输能力提升至9000万米^3/日。率先推广中等口径全自动焊接工艺应用，"D1219输气管道全砂地层长距离定向钻穿越技术应用"获国家管网集团创新创效成果奖二等奖。中俄东线长岭—永清段、明水—哈尔滨支线完成竣工验收。

2023年9月20日，中俄东线嫩江支线天然气管道工程正式开工。北方管道公司副总经理杨建新，黑龙江省发展改革委二级巡视员、油气处处长郭雷出席开工仪式并讲话（王新峰 摄）

【管道管理】 2023年，北方管道公司聚焦管道线路风险，持续提升管道本质安全。完成在役管道内检测5510千米、外检测5234.3千米，站外管道法定检验覆盖率100%。开展管道检测12386千米，开挖验证环焊缝600道，修复管体缺陷123处，抢险台风水毁230处，无害化处置封存管道477千米。聚焦管道保护"四零"目标，完善警企联防机制，协调公安部组织召开督导会议2次，落实国家管网集团2023

年"冬季强盾"行动。加强人防技防力度，安装投运888处视频监控系统，光纤预警系统与视频监控系统全部实现联动。主动发现打孔盗油阀门7个，冲散打孔盗油作案9起，协助抓获犯罪嫌疑人36名。集团管道保护工职业技能竞赛，获得团队银奖和优秀组织奖。

【应急抢修】 2023年，北方管道公司强化应急处置能力，完成7个维抢修中心达标建设和考核授牌，开展公司级应急演练4次，共启动Ⅱ级应急响应1次，Ⅲ级应急响应16次，成功处置长呼线渗漏事件。自主动火更进一步，自主开展特级动火21处，站外管道自主动火完成率73%，一次焊接合格率98.6%。取得长输管道GA1重大维修改造和GA2安装许可资质。

2023年10月16日，北方管道公司取得国家市场监督管理总局颁发的《中华人民共和国特种设备生产许可证》

【安全环保】 2023年，北方管道公司以"安全管理强化年"为主线，安全环保根基日趋牢固。全面强化监管倒逼责任落实，公司领导带头监督现场动火，开展"四不两直"检查。全年组织各类监督检查147次，两次体系内审覆盖52个基层站队。异常事件严肃考核问责12人，黄牌警告7家承包商单位。洛郑驻、兰郑长、锦郑管道的重大风险降级，庆铁四线、宁夏石化成品油外输管道的环保隐患关闭。高风险作业安全受控。顺利完成特殊作业8532次，其中特级动火1381次、一级动火1583次。全面推进标准化站队提升。建成1个示范站、48个标杆站，完成100个作业区达标验收。取得国家管网集团安全生产先进企业称号，国家管网集团首届消防比武邀请赛取得团体、团队第一的好成绩，4名重大隐患"吹哨人"获集团表彰。

2023年5月25日，丹东消防队员梁立柱在百米障碍比赛项目中拼搏（李广明 摄）

【科技创新】 2023年，北方管道公司实施创新驱动发展战略，发挥企业科技创新主体作用，强化需求侧业务驱动，聚焦"专精特新"技术体系，推动特色技术攻关取得新突破，支撑主营业务高质量发展。推动创新链和产业链深度融合，建设多个成果示范应用基地，打造技术成果中试练兵场、性能提升孵化场，加快建设工厂化、流水线、高水平科技研发组织体系。完成十大里程碑业绩：高效开展标准国际化领航工程，牵头编制并发布管网集团首个ISO国际标准《管道完整性评价技术规范》；牵头成功申报国家重点研发专项"油气管网控制系统跨域多维安全智能预警关键技术";联合研究总院成功获得第二十四届中国专利奖;建成压缩机组维检修和管道智能技术示范应用基地;完成国家管网集团首届"科技服务万里行"管道运维专场活动,参与国际管道会议的筹办;7.0管理研发流程全面推广实施,遵从度100%,获专项奖励;积极践行"双碳"战略,部署光伏、风力发电等新能源项目,北方管道公司首个分布式光伏发电项目正式并网运行;创造性开展"工程师+发明"科技创新人才体系建设,培养提升38名"腰部"人才创新思维能力。

2023年7月11日,由国家管网集团牵头编制的国际标准ISO 22974《管道完整性评价技术规范》正式发布

【企业管理】 2023年,北方管道公司全面贯彻"改革"立企强企方略,构建现代企业治理体系。严格遵循国家管网集团"三不变 八个新"改革路径,全力推动打造与中国特色世界一流能源基础设施运营商相匹配的组织形态和治理结构。全力做好顶层设计,第一时间成立改革领导小组,配合三家筹备组成立相应支持小组,编制改革实施方案和优化调整可行性研究报告。大力支持筹备组建,与各筹备组建立定期协调机制,沟通交流筹备组建工作进展。选调优秀骨干56人进入筹备组,统筹提供办公、食宿、车辆等全方位后勤保障服务。确保涉改队伍稳定,有序开展实地调研和工作对接,评估改革风险,了解生产运行情况,摸排潜在不稳定问题,提出整改建议50余项。强化改革精神宣贯,编制"四化"改革宣讲材料,多渠道、多层次、多角度开展宣传,为改革推进营造良好的舆论氛围。各筹备组已经基本具备独立运营能力。全面推进流程落地实施,对标对表上级要求,匹配国家管网集团流程角色2748个,发布流程活动操作指导书63个。废止体系文件281个,缩减率达到国家管网集团考核标准。开展流程知识培训87次,L1考试认证通过率60%。选树40个基层示范单位打造典型场景,对8家所属单位开展CT测试。对后勤服务管理流程开展主动性审视,补充操作指导书4个。北方管道公司取得国家管网集团流程运营知识大赛第一名的好成绩。"国企改革三年行动"和"对标世界一流管理提升行动"高质量完成,在国家管网集团改革考核中被评为"A档"企业,获评先进集体。推进改革深化提升行动,制定落实方案、健全工作制度、完善运行机制、优化管理流程,持续加强企业管理的制度、执行、评价等体系建设。

【企业党建工作】 2023年,北方管道公司全面贯彻落实党建工作总体部署,从严从实加强党的建设。锚定"做出特色、走在前列、形成品牌"的党建工作总目标,落实"五个狠下功夫"党建工作总体部署,全面加强党的建设,着力提升基层党建工作质量。提升质效,引领保障作用充分发挥。从严执行"第一议题"和

"三重一大"制度，北方管道公司党委传达学习习近平总书记重要讲话及党中央重大决策部署60余篇，结合实际制定措施并开展督办落实。动态修订"三重一大"决策事项清单，决策"三重一大"事项104项。扎实开展主题教育和巡视整改"回头看"，北方管道公司两级党委班子精心组织中心组研学、举办读书班，班子成员讲授专题党课、开展实地调研，检视整改问题151个、完成"我为群众办实事"项目296个。巡视反馈问题整改"回头看"，编制19个专项报告，形成"一事一档"佐证材料档案。全面加强基层党建，印发党的建设和党风廉政建设工作要点。验收达标定级党支部197个，选树先进党支部32个。共建支部97对，联建专业16个。建成北方管道公司"双模"储备库，挖掘典型实践案例建成"品牌库"，提炼特色文化案例构建"文化树"。加强党建思想政治工作课题研究，建章立制，编制发布北方管道公司《党建思想政治工作课题研究成果管理规定》。

2023年6月30日，中共国家管网集团北方管道公司委员会庆祝建党102周年"两优一先"表彰（视频）大会暨专题党课在廊坊召开（高宇 摄）

【监督执纪】 2023年，北方管道公司从严监督，执纪问责更为精准高效。执纪从严，强化不敢腐的震慑，受理信访举报30件，处置问题线索79件，立案11件，运用监督执纪"四种形态"处理、处分37人。监督从严，扎紧不能腐的笼子，聚焦"第一议题、主题教育、巡视整改、'四化'改革"强化政治监督。紧盯"关键少数、重点任务、重点领域"提升监督质效。教育从严，增强不想腐的自觉，开展廉政谈话、提醒，警示教育8730人次。举办年轻干部廉政教育专题讲座，邀请专家讲授职务违法犯罪专题课。审计从严，加强经济监督力度，完成审计任务8项，挽回经济损失265万元。高效配合审计署经责审计，违规经营投资责任追究初见成效。

【企业宣传文化与群团工作】 2023年，北方管道公司广泛开展新闻宣传，加强群团统战工作。重点工程五次在央视播发新闻，冬季保供六篇报道在国家级媒体刊发。开展主题宣传、媒体走基层、形势任务教育宣讲等活动90余次。组织"助力家园重建 携手共渡难关"爱心行动，为台风"杜苏芮"灾区廊坊市胜芳地区捐款捐物，截至12月，北方管道公司和员工共向胜芳镇政府捐款37.57万元。北方管道公司两级工会慰问4800余人次，创新工作室申请实用新型专利6项。获国家管网集团首届运动会团体第一名，8个集体和8名个人获省部级五一劳动奖、工人先锋号等荣誉称号。北方管道公司1名青年，1个集体获中央企业团工委表彰。

2023年9月26日，国家管网集团首届职工运动会在国家奥体中心体育场成功举办。北方管道公司代表队获得1金5银4铜、团体奖第一名和贡献奖的好成绩（高宇 摄）

【人才建设】 2023年，北方管道公司全面贯彻"人才"立企强企方略，打造堪当重任管网铁军。贯彻人才是立企强企第一资源理念，立足发展实际，持续加强队伍建设，全面提升干部员工的岗位履职能力。不断优化员工队伍结构。强化班子建设，建立131名企业关键岗位优秀干部库，交流调整关键岗位人员51人次，持续推进领导班子梯次配备。加强年轻干部培养，启动青年干部"旭航"计划，新提拔40名关键岗位人员，其中"80后"干部占比达58.1%。优化用工管理，替换河北建投生产岗位外包人员104名，员工用工水平降至0.28人/千米、全口径用工水平降至0.60人/千米。完善薪酬分配体系，发挥薪酬杠杆作用，推动"一专多能"复合型人才成长，激励富余人员向新增业务及核心业务外包岗位转移。持续提升员工素质能力。以训促学，紧贴业务需要组织培训，举办公司级培训班44期，培训3498人次。以赛促学，举办仪表自动化、计量、中控调度、管焊工、消防等公司级技术技能竞赛，培育选拔尖兵，提升专业管理水平和队伍整体能力。以考促学，每季度开展全员履职能力测评，全年共开展履职能力测试2.1万人次。以评促学，高质量开展职业技能等级认定，内部认定953人。

【奖励与荣誉】 2023年，北方管道公司先后取得"中央企业青年文明号""河北省模范职工之家""河北省模范职工小家"等荣誉称号。《一种基于超声导波聚焦的管道缺陷检测方法和系统》获得中国专利优秀奖。

（张辰露　赵建刚）

国家管网集团东部原油储运有限公司

【概况】 国家管网集团东部原油储运有限公司（简称东部原油储运公司）是国家石油天然气管网集团有限公司全资子公司。位于江苏省徐州市，创建于1975年2月，始称"华东输油管线指挥部"，1978年9月更名为"华东输油管理局"。1998年6月由中国石油划转到中国石化，成立"中国石化集团管道储运公司"。2000年3月输油主业进入中国石油化工股份有限公司成立"管道储运分公司"，2014年4月，中国石化以管道储运分公司为主体，成立"中国石化管道储运有限公司"。2020年10月中国石化管道储运有限公司整体划转至国家管网集团，更名为"国家管网集团东部原油储运有限公司"。

东部原油储运公司本部设生产运行部、质量安全环保部、市场部等12个职能部门，华东分控中心、东部巡察中心等4个直附属机构，天津输油处（曹妃甸输油处）、宁波输油处等13个输油生产单位，以及徐州维抢修中心（实华管道特种作业公司）、管道检验检测公司等8个生产保障单位。截至2023年底，用工总量4339人（其中在册合同制员工4315人、劳务派遣员工24人）。管辖26条在役原油、成品油管道，共计7131.2千米。其中：原油长输管道20条，全长4732.9千米；成品油长输管道6条，全长2398.3千米。沿线共有输油站库（作业区）63个（其中原油站库31个、成品油站库12个、作业区18个、管道管理站2个）。管理储罐116座，总罐容144.14万立方米（其中：原油储罐46座，总罐容120.74万立方米；成品油储罐70座，总罐容23.4万立方米）。

经过多年发展，东部原油储运公司形成覆盖华北、华东、华中和华南地区主要炼化企业，国内原油与进口原油灵活调运的区域性管道储运网络，担负着5家油田及部分进口原油的输送任务，为20余家炼化企业输转原油，2010年以来连续十三年输油超亿吨。2021年9月8日以来，按照国家管网集团直属企业改革试点决策部署，还承担着华东区域炼化企业成品油的输送任务。

【生产运行】 2023年，东部原油储运公司狠抓生产运维管理，严格落实热输管线安全运维和冬季保供方案，制修订39项操作规程，推进"四懂三会五知道"专项提升行动，"一站一策"破解成品油混油回掺难题，成品油混油外运总量同比下降44%，管网运行优化取得显著成效。全年完成原油管输商品量1.55亿吨，

东部原油储运公司主要经营（运营）指标

指　标	2023年	2022年
原油管网输量（万吨）	15312.67	14738.0
原油管输商品量（万吨）	15459.85	14595.5
天然气管输商品量（亿立方米）	35.85	12.29
资产总额（亿元）	396.56	421.26
管输收入（亿元）	93.89	85.66
收入（亿元）	101.85	90.59
利润（亿元）	25.23	19.85
税费（亿元）	10	13

创历史新高，成品油管输商品量1946万吨，实现合并口径净利润26.32亿元，生产异常事件次数同比下降42%，全年安全生产无事故。

【工程建设】 2023年，东部原油储运公司扎实开展工程建设领域高质量发展专项整治与提升行动，持续深化"五化一创"，强化项目全过程监管，全年累计完成工程焊接里程177.68千米、投产里程239.2千米，超额完成国家管网集团考核指标。开展"百日攻坚"，仅用337天完成魏荆新线建设，并实现一次投产成功。东营输油站迁建工程顺利通过竣工验收，魏荆管道汉江定向钻穿越工程创造国内长距离管道采用"管中管"双管异径同孔穿越纪录，日濮洛原油管道工程获国家优质工程金奖。

2023年12月9日，东部原油储运公司建设的日濮洛原油管道工程获2022—2023年度国家优质工程金奖（赵南　摄）

【管道管理】 2023年，东部原油储运公司着力提升资产完整性管理能力，顺利完成994千米管道内检测及完整性评价，修复537项内检测缺陷，整治15处洪水地灾较高风险点，管道占压实现"清零"目标，组建并规范运行9家管道安保监控中心，织密反打孔盗油安全防控网，累计冲散、制止打孔盗油未遂21次，本质安全水平得到有效提升。实现全年管道零打孔、零泄漏、零污染，同沟光缆责任断缆次数创历史新低，阴极保护率、安防设施达标率、高后果区风险管控率均为100%。

2023年3月20日，天津站以塘燕复线给油泵出口管道腐蚀穿孔为假想开展原油泄漏应急演练（李哲 摄）

【应急抢修】 2023年，东部原油储运公司累计完成检维修作业2729项、管道封堵73处、B型套筒组焊291套、封堵三通组焊52套，创效6000余万元。自主开展管道隐患整治、输油泵机组维修、自控系统升级改造、管道封堵、废弃管道无害化处置等项目。建立"1+2+11"维抢修队伍体系，配合协助涿州市等地开展洪涝灾害应急救援、灾后重建，受到地方高度评价。承揽南京港华燃气公司直径610毫米高压天然气封堵项目作业，采取双隔离囊等安全措施，首次独立完成外部天然气封堵施工，填补天然气封堵技术空白。拓展外部设备年检服务，实施完成华中公司4座站场电气预防性试验。打造抢维修专业技能实操鉴定基地，高效组织完成技能等级实操认定工作。

【安全环保】 2023年，东部原油储运公司深入开展QHSE管理体系审核、管理溯源，整改1961项问题。推进岗位责任"三个一"建设，签订1556个"一岗一清单"，试点开展"一岗一考核"，全员安全生产责任不断压实。深化风险分级管控和隐患排查治理预防机制，挂牌督办6项国家管网集团级重大安全环境风险，开展重大事故隐患、自建房及燃气隐患等专项排查整治行动，排查整治隐患、问题1236项，高效推进安全生产专项整治三年行动"回头看"，持续提升本质安全水平。保持严管高压态势，从严落实承包商管理"十项措施"，将工程建设、检维修及劳务承包商管理风险作为重大安全风险，由各级"一把手"承包管控。扎实推进安全督查走实走深，全年开展专项质量督查11次，整改问题427项，助力安全平稳发展。

【科技创新】 2023年，东部原油储运公司承担科研项目15项，申请发明专利26件，实用

2023年6月16日，东部原油储运公司维抢修中心参加徐州市2023年"安全宣传咨询日"活动，现场展示高端应急抢险装置（陆万海 摄）

2023年11月8日，全国产化PLC和RTU在临济复线原油管道投运成功（樊星 摄）

新型专利25件，取得32项专利授权和软著登记。国内首套油气管道全国产化PLC和RTU控制系统正式投入生产运行，原油管道刮板流量计打破国外技术垄断，检测公司成功入选国务院国资委"科改示范企业"。成功竞聘国家管网集团揭榜挂帅项目"原油管道安全高效输送保障技术研究"。管输在线凝点测量装置的研制，获第六届中央企业QC小组成果发表赛二等奖。

【制程管理】 2023年，东部原油储运公司树立流程是"基本法"的理念，统筹推动14个业务域流程全面推广运营，编制上报28项L5/L6文件，废止52项制度，完成600余个低代码应用开发，2000余人通过L1认证考试，获国家管网集团流程运营知识竞赛三等奖，武汉处督办流程表单获国家管网集团数字化转型应用大赛三等奖。

【数据中心运维】 2023年，东部原油储运公司高效完成国家管网徐州数据中心建设并稳定运营，组建专业化运维团队开展精细化运维管理，为国家管网集团WeACT、WeMeet等80余个系统提供安全可靠、绿色节能的算力承载。

【市场开发】 2023年，东部原油储运公司以服务"大客户"为核心，主动与10余家炼化企业对接资源供应，快速响应长岭炼化增输需求，着力推进黄岛油库储罐保税资质办理。积极做好第三方管输服务，主动走访青岛海业、延长石油等外部客户，与浙江石化完成首单"照付不议"协议签订，全年输转原油1044.41万吨。顺利完成国家管网集团首单闲置铺底油处置，创效1.32亿元。

【企业管理】 2023年，东部原油储运公司制定落实合规管理提升工作方案，聘任公司首席合规官，配齐配强兼职合规管理员，进一步发挥"三道防线"作用，重大经营管理事项合法合规论证审查率达100%。积极配合国家审计署开展经济责任审计，坚持立行立改，促进审计成果转化应用。深化全员、全额、全过程预算管理，加大资金资产盘活力度，"魏荆线增收减亏""降低能耗成本"等5个项目创效6597万元，全年节约税款3572万元。

【"四化"改革】 2023年，东部原油储运公司坚决贯彻落实国家管网集团"四化"改革部署，制定公司优化调整方案，层层压实安全、合规、稳定责任。聚焦主责主业，加快推动非核心业务有序缩减退出，优化精简徐州维抢修中心、行政服务中心内部机构和业务，组织动员相关单位干部职工参加转岗培训，回归输油生产主业。

【队伍建设】 2023年，东部原油储运公司全面优化干部队伍年龄、专业结构，提拔重用中层领导27人，40岁以下人员占比达69%。全覆盖推行企业关键岗位人员契约化和任期制管理，做实做细干部考核评价，强化薪酬与考核联动兑现。举办"大岗位"技能提升示范班等重点培训项目，以及管道保护工、输油工、安全技术比武等3项业务竞赛。

【企业党建工作】 2023年，东部原油储运公司深入学习宣传贯彻党的二十大精神，扎实开展学习贯彻习近平新时代中国特色社会主义思想主题教育，以"六抓六促"为着力点，持续深化基层党建质量提升。推进大党建体系建设，落实四必报四必讲机制，强化领导干部驻点"四联"活动成效。深化党建品牌效应，创建"铮锋""赤卫""红船e嘉"等党建品牌，实现党建品牌质量和效能双提升。组建基层党建指导员队伍，持续加强党员教育培训，深入开展基层"四联""双建""'三个三'主题党日+"等活动，促进党建与中心工作深度融合。扎实推进巡视整改和党委巡察工作，跟踪督导巡视整改和移交问题线索办理情况，推动整改问题"清仓见底"。充分发挥群团统战作用，积极践行"枫桥经验"，职工队伍保持稳定，有效凝聚起全员奋进力量。

【企业文化】 2023年，东部原油储运公司以"创新实干争先，立企强企有我"为主题，高标准推进宣传思想文化工作，开展多场全员形势任务专题宣讲。建立先进典型资源库和"双模"储备库，分层次梳理先进资源，确保选树典型"树得起、立得住"，先进事迹"感动人心、震动灵魂"。组织开展管网优秀故事征集活动，3篇优秀图文作品、1篇优秀视频作品在人民网展示。持续加强企业文化展厅建设，制作运行"VR展厅"，发挥好思想文化教育基地作用。强化铁军文化建设，深入挖掘基层铁军文化优秀案例，多项建设成果入选国家管网集团《铁军文化建设成果选编》。

（毕杨帆）

国家石油天然气管网集团有限公司西气东输分公司

【概况】 国家石油天然气管网集团有限公司西气东输分公司（简称西气东输公司）注册地上海浦东新区，主要从事所辖区域天然气干（支）线管网等基础设施投资建设及运营，并做好公平开放服务。截至2023年底，西气东输公司设14个职能部门、1个直属机构、3个附属机构，下设13个地区输气分公司、1个储气库分公司、1个科技信息中心、1个应急抢修中心、2个计量研究中心、2个工程项目部，管理13个参控股单位，员工3400余人，资产总额超2425亿元。

西气东输公司主要运营西一线、西二线、西三线甘宁交界以东6条干线管道、49条支线、21条联络线，292座站场、697座阀室，运营管道总长18041千米，途经20个省（自治区、直辖市），形成"西气东输、川气东送、南气北上、俄气南下、海气登陆"的多气源、多通道互联互通供气格局，管网一次管输能力超1942亿米^3/年，下游用户645家。

西气东输公司始终坚持以习近平新时代中国特色社会主义思想为指导，坚决贯彻落实国家管网集团党组决策部署，全面贯彻落实"五个坚持"总体方略和"五个狠下功夫"党建工作总部署，在提升储运保障能力、变革协同能力、增输稳输能力、发展效率效能、干部人才队伍素质素养、党建引领保障发展能力中不断"上台阶、提水平"，较好完成国家管网集团下达的各项目标任务。获得国家管网集团安全生产先进企业、价值创造行动标杆企业、数字化转型标杆企业、市场开拓先进集体、财经工作先进集体、科技创新先进单位等奖项。

西气东输公司主要经营指标

指　标	2023 年	2022 年
天然气管输商品量（亿立方米）	1048	1039
资产总额（亿元）	2295	2302
营业收入（亿元）	297.31	260.27
利润（亿元）	125.61	104.18
税费（亿元）	29.18	26.76

【生产运行】 2023年，西气东输公司坚持从依法合规运维、风险隐患治理、本质安全提升、争创一流水平等维度系统谋划全年重点任务，完成38座站场集中监视条件验收，青宁线、海南管网、德化支线等28座站场正式纳入集中巡检管理，忠武线等10座站场正式实施集中监视管理；青宁线、德化支线、苏皖管道全面实行作业区管理，试点推进靖边站队合一的"集中运维"管理；上载点气质分析仪表、内部转供用计量系统100%实现自主运维；高标准推进99个基层站队开展标准化达标验收，定远、抚州等8个站队达到标杆水平。着力提升动火作业管理水平，组织完成中卫二站、薛店站二转一扩能改造、川气东送文旅区改线及互联互通项目等各类管线打开特级作业。推广抗晃电提升成果，开展外电原因造成机组停机问题整治提升，加快实现一路外电中断不停机目标。

【工程建设】 2023年，西气东输公司强化工程施工进度、质量、安全全过程管控，稳妥推进储气库建设，深化建管融合理念，加快推进支线、互联互通和上下载项目。完成《地下储气库地面工程焊接技术规定》等9个文件报审工作；完成《地下储气库工程单井计量橇技术规格书》等2个DEC文件报批。淮安、平顶山储气库取得国家管网集团可行性研究批复，川气东送二线取得国家发展改革委核准批复，全年取得可行性研究批复53项、核准批复14项。常态化开展工程质量安全巡视，成立质量飞检小组，充分发挥"飞检"作用，实现"质量飞检、现场检查、联合检查"三位一体。实现30个项目无损检测第四方复评全覆盖。加快推进文23储气库二期建设，2个丛式井场进气投产、2个具备投产条件。根据新井投产、注气排卤、排卤浓度和盐化接收量进行单井排量和造腔计划调整，提前1个月完成年度造腔任务；完成4口新井投入造腔、3口完腔井注气排卤投产。持续实施建管融合，加强施工设计、施工方案和施工现场检查，组建专班深度参与广西支干线、西三中枣阳—仙桃段等项目投产检查、联调测试，提前介入管道巡护，积极协调中卫二站发球筒位移问题整改。

【管道管理】 2023年，西气东输公司贯彻"严细实恒"作风要求，发布管道管理"八条红线"，从严从细落实风险管控及隐患治理。探索"人巡＋车巡＋视频巡＋无人机巡"的复合型巡护模式，有效识别40处管道周边建构筑物变化及隐蔽第三方施工风险。持续开展"低老坏"专项整治工作，重点对三桩一牌、施工现场布控等方面进行排查；聚焦重点风险闭环管理，安全处置第三方施工，实现管道零损伤。组织开展安保标准对照排查，完成各单位生产场所的对标工作。组织开展各级防汛演练210次，汛前补充各类防汛物资103885件，全年采用视频、现场检查等方式开展防汛"四不两直"检查50余次。坚持"治早治小"，对落水洞、冲沟等小型水毁进行及时处置，成功应对杜苏芮等超级台风登陆。践行高后果区分类管控新思路，构建管道风险管理模型，创新提出六大类高后果区细分类型。创新防汛值守的零代码数字化应用，基于零代码平台开发防汛日报、周报应用及防汛基础台账应用，实现数据线上管理，已推广至全国家管网集团。

【应急抢修】 2023年，西气东输公司坚持以练备战，强化应急演练针对性，累计开展各级演练2539次。在湖南长沙开展高后果区管道泄漏突发事件应急演练，重点检验与政府部门联动处置能力，打破信息传递和应急处置的"内循环"。参与宁夏"应急先锋"2023抗震救灾军地联合应急演练等地级市及以上演练7次。加快抢修体系建设，上海维抢修中心基地建设取得阶段性进展，完成公司注册备案，取得西气东输（上海）管道工程技术有限责任公司营业执照，项目征地纳入《上海市能源发展"十四五"规划》和金山区2023年重大工程。做强主责主业，不断巩固应急抢修实力，维抢修队伍100%参与全年管线打开特级动火作业。

【安全环保】 2023年，西气东输公司聚焦"60"和"600"工作目标，以"安全管理强化年"为工作主线，以"三个一"为抓手，推进双重预防机制建设走深走实。发布《"三个一"工作手册》，全面推广"一岗一清单、一岗一培训、一岗一考核"，以QHSE管理体系要素为积木模块建立清单库，形成6种类型基层单位、30个岗位的QHSE责任清单模版，指导基层人员通过"积木拼搭"方式编制责任清单1000余份。完善"一企两清单"，按照属地化原则，逐区域、逐装置、逐专业、逐岗位自下而上开展动态风险辨识，形成西气东输公司隐患清单、风险清单。突出体系内审"机制创新"，盯住责任落实开展"四画三问"，完成"关键少数"精准画像。完善QHSE绩效考核，开展关键安全生产指标专项奖惩，与月度绩效奖金分档挂钩，引导基层员工强化"我要安全"意识。高效完成5.0安全环保流程角色匹配、制程对照，组织4场次386人次5.0域应用培训及培训效果验证，对上海白鹤站等10个标杆站队开展5.0域运用调研、辅导。优化井控管理"一井一案"，开展3次公司级井控风险专项督查，启动井控风险诊断评估及文23储气库7-1等3口环空压力异常井隐患治理。

【科技创新】 2023年，西气东输公司坚决贯彻"集中统一垂直"数字化业务管控策略，稳步提升信息化管理水平，扎实推进网络安全体系建设。坚持科技"服务支撑+创新引领"定位，构建"1+3+X"的科研组织体系。成功发布"智慧眼"国产化天然气气质分析仪系列产品，通过中国计量科学研究院成果鉴定。完成国务院国资委"1025"专项项目"30MW燃驱压缩机组动力涡轮国产化研制及应用"的工厂测试见证、产品出厂鉴定，开展4000小时工业性应用试验。开展在役管道抢修智能自动焊机研究，完成模块化多轴联动管道焊接机器人设计制造、控制软件开发和管道全位置自动焊试验平台的设计制造；推进埋藏型海底管道抢修作业面成型技术研究，完成26米伸缩臂和五爪抓取装置设计定制，开展水下三维声呐适应性研究和优化改进试验。文23储气库达容达产研究等科研项目通过国家管网集团验收，油气计量重点实验室、"管输技术AI+联合创新工作室"授牌运行。发布国家标准、行业标准7项，授权专利32件，国家天然气主干管网运行保障关键技术等4项成果获省部级科技进步奖，获国家管网集团科技创新先进单位。

【企业管理】 2023年，西气东输公司积极采取有效措施，加强成本控制，挖掘内部潜力，提升服务质量。牵头持续推介"存取气"服务、推广升级储运通产品，实现青山点储运通业务竞拍、存气服务，持续应用储气库虚拟注采。联合浙江省网实施国家管网集团"虚拟联运、低进高出"首单业务，实现舟山新奥LNG低压上载、西二线上饶、昌东等高压站场下载。成功举办市场推介会6场，"请进来"商共赢，邀请沿线发改委、能源局等政府部门，以及上下游各类企业参会超600人次。配合国家管网集团市场部开展金坛储气库竞拍服务推介会，以"携手谋发展、合作赢未来"为主题，旨在进一步加强沟通交流，持续创新合作模式，达成储气库与托运商深度合作。积极推进提质增效项目，年度任务均有效完成。全力争取中俄东线南段等资产原值认定，合理增加定价成本，助力西气东输公司所辖范围管输收入提升。优选西气东输公司管理创新著作、成果、论文进行申报，获管理创新优秀著作奖1项、管理创新优秀成果奖1项、管理创新论文奖7项，西气东输公司获2023年度石油石化企业管理现代化创新优秀组织单位奖。开展流程遵从度评估工作，遵从性评估自评率100%。以流程体系为主体，紧密围绕业务实际，根据国家管网集团流程文件等制度管理需求，全年共制修订程序文件45项、作业文件23项。

【企业党建工作】 2023年，西气东输公司持续以学习贯彻党的二十大精神为主线，坚持"学习研讨、贯彻措施、督导推动、跟踪问效"全流程工作闭环，创新中心组靶向式专题研讨，学习研讨习近平总书记在全国"两会"、主题教育工作会议等最新重要讲话精神48次，专题学习研讨习近平总书记关于发展国有经济、科技创新、调查研究、人才强国战略、巡视工作等重要论述17次，制定贯彻措施116条。扛牢扛稳巡视"回头看"整改责任，班子成员靠前抓、带头改，以上率下、专业穿透，创新实施"一事一档"自评估工作，举一反三专项排查，修订完善制度34个，巡视整改成效持续巩固。构建"动态提醒、联系联络、联席学习、定期汇报、请示报告、宣传引导定期开展，数字化赋能贯穿其中"的"6+1"工作机制，统筹建立"三题共答"清单，推动主题教育走深走实。高质量承办国家管网集团基础党务工作培训暨党支部书记示范行活动。举办党支部书记、党务干部培训班暨强基固本现场交流会。印发"双建"实施计划，细化"三个一"规定动作，创新探索特色活动，开展经信系统第五轮城乡党组织结对帮扶，与上海市松江区新浜镇南杨村党总支建立结对关系，共同实施"先锋堡垒"等4项行动。完成5名中层干部交流、5名干部到龄退出，强化二级单位安全总监和工会主席配备。优化股权单位董事监事人员配备，调整委派25人次。持续推进"90后"优秀年轻干部"青橙·塑能"培养工程，推动"一人一策"培养措施落地。聚焦一线生产实际难题，首创性探索实行高技能人才为项目长、"技师+工程师"团队联合攻关模式，发布实施5个揭榜领题攻关项目，通过项目带动人才成长。积极组织高技能人才组队参加中国创新方法大赛，获得1项全国三等奖、1项省赛一等奖、2项省赛三等奖，实现历史突破。南京抢修队获国家管网集团"基层站（队）十面红旗"，科技信息中心吴岩获"管网十大楷模"称号。持续丰富"三聚焦一赋能"党建品牌内涵，12个党建与生产经营深度融合专项方案落地见效，数字化深度赋能基层党建，党建工作价值创造力得到提升。"甘塘站新建供水设施"等一批好事实事赢得点赞，各层级"码上就办"急难愁盼超350件，以主题教育扎实成效坚定拥护"两个确立"、坚决做到"两个维护"。

【企业文化】 2023年，西气东输公司锚定"做出特色、走在前列、形成品牌"目标，围绕强基固本和创新融合两条主线，充分发挥宣传思想文化引领、群团桥梁纽带、统一战线同心圆作用。夯实"铁军文化建设"，构建领导班子带头、干部员工争先、科学考评验证的铁军文化建设长效机制，形成25条天然气管道业务铁军行为规范、10条铁军军规、6件文化产品、15个典型案例，4项经验做法入选《国家管网集团铁军文化建设成果选编》。举办铁军英模事迹报告会、首届员工运动会、员工心理讲座，持续增强队伍凝聚力。"山西煤层气外输能力新增10亿立方米""'南气北上'再添新通道""我国首套自研天然气在线气质分析装备发布"等6条新闻在央视播出，2次登陆央视新闻联播，《温度》《灯火》等短视频刷屏朋友圈，制作《那山那水》《山水》等系列微纪录片，分获第四届中央企业社会主义核心价值观主题电影（微视频）优秀奖、"书写中国式现代化央企答卷"第六届中央企业优秀故事优秀奖，进一步彰显西气东输品牌价值，不断擦亮"国家队"金色名片。南京计量中心技术科获全国巾帼文明岗，西气东输公司团委获中央企业五四红旗团委，西气东输公司连续十年保持全国安康杯竞赛优胜单位，连云港站等获第25届上海市青年文明号。

（赵国栋）

国家管网集团西部管道有限责任公司

【概况】 国家管网集团西部管道有限责任公司（简称西部管道公司）于2004年8月在新疆乌鲁木齐市成立。2023年底，西部管道公司本部设14个职能部门、5个附属单位，托管国家管网集团甘肃省天然气管网有限公司，基层设13个二级单位，员工2990人，管理资产总额超1400亿元。

西部管道公司所辖油气管道干（支）线57条，总里程1.59万千米，管理万立方米以上储罐69座，库容537万立方米，压缩机组155台（套）。主要负责甘肃、宁夏两省交界以西的天然气管道和甘肃兰州以西的原油、成品油管道运营管理，推动辖区油气储运项目建设，受托管理鄯善和兰州原油商业储备库。天然气、原油、成品油出疆干线输送能力分别为770亿米^3/年、2000万吨/年、1000万吨/年。所辖管道接收中亚进口原油、天然气，输送新疆油田、塔里木油田、西北油田、吐哈油田、青海油田等油气资源，以及独山子石化、克拉玛依石化、乌鲁木齐石化、玉门炼化等炼厂生产的成品油。管输天然气配送至国内二分之一区域，管输原油服务东西部7个省（自治区、直辖市）13家炼厂，管输成品油辐射13个省（自治区、直辖市）。

2023年，西部管道公司坚持以习近平新时代中国特色社会主义思想为指导，全面贯彻党的二十大精神，落实国家管网集团"五个坚持"总体方略，履行服务国家战略、服务人民需要、服务行业发展的企业宗旨和保障国家能源安全的职责使命，坚持"扛红旗、塑品牌、勇创新、促团结"工作方针，迎战中亚气降量，持续优化管网运行，保持西部油气能源大通道安全平稳运行，全年管输商品量天然气737.91亿立方米、原油1957.51万吨、成品油942.07万吨，压缩机组平均无故障运行时间超过13200小时，实现净利润105.4亿元（还原中亚气欠量因素）。西部管道公司入选国务院国资委"双百企业"名单，获评国家管网集团价值创造行动标杆企业等荣誉称号。

西部管道公司主要经营指标

指标	2023年	2022年
原油管输商品量（万吨）	1957.51	1963.81
天然气管输商品量（亿立方米）	737.91	768.98
成品油管输商品量（万吨）	942.07	985.38
管输收入（亿元）	228.6	242.49
税费（亿元）	32.84	34.54

（欧 阳）

【生产运行】 2023年，西部管道公司聚焦"生产运行""资产运维"两条主线，持续发挥集中监视生产管控和西部管廊带优化运行效益，消减管网运行隐患和提升系统可靠性，加速自主运维能力建设和核心设备国产化进程，保障国家能源安全和油气平稳供应大局。深度优化管网运行，顺利完成西二三线13号阀室联通改造，事故工况下单管输送能力由1.1亿米^3/日提升到1.45亿米^3/日，3月完成北疆管网及库鄯线调控运行权平稳移交；持续推进油气储运设施风险隐患排查治理，自主完成压缩机组标准化检修24台次、输油泵机组大修31台、储罐清罐检测大修6座、变频器大中修14台，压缩机平均无故障运行时间超过13200小时，顺利完成电气自控通信等专业检修工作，自主开展计量系统核查8次，冬夏一体化保供任务顺利完成。全年能耗费用同比减少4.4%，天然气、原油、成品油管道综合单耗分别为145.34千克标准煤/（千万立方米·千米）、15.39千克标准煤/（万吨·千米）、15.18千克标准煤/（万吨·千米），剔除管输量变化因素，在同口径下，能耗量节约10万吨标准煤，燃动力费节约1.4亿元。核心技术攻关再创新高，长输天然气管道燃压机组控制系统项目上榜国家能源局首台（套）重大技术装备名单，孔雀河压气站完成30兆瓦国产化燃机4000小时工业性试验；阿拉山口试点国产化鲁尔泵转子。电气自主运维能力建设获突破，形成"1+1+N"的自主检修构架，4座站场试点开展自主检修工作，成功取得《承装（修、试）电力设施许可证》四级资质；全面推广天然气激光云台监测系统，降低站场人员巡检工作强度，提升天然气站场安全预警能力，实行巡检制度变革，73座场站场"1+3"巡检优化为"1+1""1+2"模式，每月减少基层员工巡检时间67.5小时。推动绿色技术创新，打造霍尔果斯站绿电示范站场，实现交易绿电1500万千瓦时；双兰线鄯善站等6站光伏发电站发电量119万千瓦时，5座余热发电站发电量3.8亿千瓦时；乌鲁木齐站放空回收示范项目累计10次回收天然气4.1万立方米；乌鲁木齐压气站、玉门输油站获得零碳工厂的认证。全面实施关键设备维检修标准化工作，使用抛丸除锈等先进处理工艺，提升储罐检修质量的同时将大修时间由183天降低为90天。优化压缩机中修和干气密封检修作业工序，制定专项维检修方案将检修时间由15天减少为10天。上线运行能源管控平台，实现压缩机运行效率的实时监测与报警，获得国家管网集团首届星火杯数字化转型大赛二等奖。积极响应国家号召，开展油气储运产业计量测试中心筹建工作，提炼产业关键测量参数66类，制定46项提升测量能力计划任务，2024年1月取得筹建批复，进一步带动产业升级。

（强富平）

2023年3月1日，天山脚下的输气站场——西部管道乌鲁木齐作业区（西部管道公司 提供）

2023年8月12日，霍尔果斯作业区开展压缩机厂房综合巡检（西部管道公司 提供）

【市场开发】 2023年，西部管道公司坚持客户至上，坚持流程化、标准化，厚植市场开发内生动力、不断提升客户服务水平。开展调研59次，编制《新疆煤制气调研报告》《巴州库尔勒上库高新技术产业调研报告》等专项报告15份，摸清辖区管网、资源、产品及消费情况，为氢气、甲醇和氨等新能源管输新业务奠定基础；与南疆互赢集团等民营油气勘探企业建立动态联络机制。常态化与自治区发展改革委、准东和哈密等地方政府对接，密切跟踪18个煤制气项目推进部署；超前谋划伊犁、准东、哈密煤制天然气外输通道研究。持续完善辖区内油气产运销数据库建设，为市场开发和客户服务提供支撑。实现新疆星鑫源能源设备有限公司零散气当年立项、当年投产。瞄准新疆美汇特石化产品有限公司原油资源入网进展，完成储罐租赁及相关合同签订。组织完成独乌成品油线大丰国储库下载连通，推进项目投产运行和新疆战略成品油入库转输。以"建好一座分输站、带动一方经济、造福一方百姓"为目标，实现轮南压气站零散气上载等7个新增上下载点项目获批，做好已批复项目实施全过程管理，实现12个上下载项目投产供气、2个具备投产条件。强化以客户为中心的服务理念，组建新疆、甘青两个客户经理团队，走访客户415次。成功举办首届管网公平开放市场推介会，各级政府、上下游企业共103家单位近200名代表参加会议，签订战略合作框架协议4份，通过新华社等多家媒体宣传，深入展示国家油气体制改革成果和管网公平开放成效，进一步扩大了"朋友圈""管友圈"、国家管网知名度。积极推介管输服务新产品，助力新天、庆华煤制气使用存借气等新服务；协助煤制气实现伊宁首站同站上下载，化解当地天然气供需矛盾和对冬季保供带来的不利影响。积极参加三大石油公司框架协议谈判、中国石油平台上线、天然气管网价格监审等专班。以国家管网集团《冬夏一体化保供方案》和《冬季保供方案》为行动指南，印发西部管道公司保供方案，完成迎峰度夏和迎峰度冬天然气保供工作。把数据收集的"触角"延伸到每条管线、每个客户，发挥日、周生产经营分析效能，摸清市场规律和制定纠偏措施，持续推动效益提升，强化"日研判、周调整、月对接"机制落实，保障进口及国产天然气应接尽接。

（徐淑凤）

2023年6月15日，国家管网集团西部管道公司首届管网公平开放市场推介会上，西部管道公司与新疆一区三企签署《煤制气项目配套管道工程战略合作框架协议》（王晓波 摄）

【工程建设】 2023年，西部管道公司统筹推进工程建设高质量发展，有序开展专项攻坚行动，全面落实"制程一体"要求。开展西四线（乌恰—轮南、轮南—吐鲁番）、西五线（吐鲁番—中卫）、河临线等项目前期工作。全年完成焊接里程103.26千米，焊接一次合格率保持98.3%以上，累计安全工时210.65万小时。工程建设"五大目标"如期实现，西四线（轮南—吐鲁番）项目可行性研究中落实"双碳"战略；西四线（乌恰—轮南）设计优化管道路由11段280千米，解决长距离并行交叉断裂带问题；河临线优化路由避让8处大型滑坡体，完全避让活动断裂带。古河线施工图设计督查得分83.9分，位列国家管网集团第一。开展"百日亮剑"行动，完成3项工程8项问题的自查和整改。古河线"长距离大口径软岩山体定向钻穿越技术应用研究"、果子沟战略安全管道"复杂条件下护盾式TBM法隧道掘进技术的应用"成功申报国家管网集团2023年创新创效项目，西部管道公司获国家管网集团

年度DEC优秀组织单位。古河线提前45天具备投产条件，库鄯增输10月按期投产，乌鲁木齐应急抢险中心7月按期投用，果子沟战略安全管道工程10月15日开工建设；古河线3处大型长距离山体定向钻主管道线一次回拖成功，连创914毫米管径管道接管数最多、穿越软泥岩山体距离最长2项国内管道建设山体定向钻穿越施工新纪录。全年整治7个方面39项工程质量典型问题；古河线焊接一次合格率98.3%、库鄯增输99.3%。古河线、库鄯增输工程投产一次成功。开展开复工条件审核4次，QHSE监督检查22次，实现年内无新增瑕疵土地，无违法处罚目标。成立工程建设项目领导小组，制定建管融合实施细则，委托代建项目、西部管道公司重点自建项目全部实现建管融合管理。组织西四线（吐鲁番—中卫）参建方签订安全管理相关的协议15份，完成117次在役管道穿越，开展焊接等关键点检查和见证482次，检查问题1611项，整改圈闭1461项，整改率达90.8%；西四线（吐鲁番—中卫）建管融合管理获2023年度石油石化企业管理现代化创新优秀成果奖二等奖。承接国家管网集团"3.0工程建设"和"8.0管理供应链"流程，编制10个L5/L6流程活动指导书，可线上化流程应用100%，电子招标率和依法招标率100%。开发具备现场见证、质量安全检查、问题整改等功能的低代码应用，采集369次现场检查1462项问题，闭环整改1292项。精河县34万千瓦光伏项目纳入自治区2023年第二批市场化并网新能源项目清单，正宁—长庆油田二氧化碳管道工程完成可行性研究报告、项目认定报告编制，鄯乌线改输氢气的技术论证全面开展，完成在役管道输氢适应性评价。实现西四线（吐鲁番—中卫）项目平库代用2034万元。开展工程建设领域高质量发展专项整治

与提升行动，梳理工程项目审问题96项，完成整改96项。古河线工程首次创新采用"绿色"方式投产，严格控制管道线路、站场焊接、防腐、下沟回填、试压、干燥及调试等关键工序质量，有效控制水露点，开展设备维护保养及阀门内漏测试。

（王宝山）

2023年1月10日，西气东输四线新疆段劳动竞赛施工现场（和连昌 摄）

【安全环保】 2023年，西部管道公司瞄准"四零"战略目标，推进党建与QHSE业务两融合，推动安全环保流程数字化变革，圆满完成"60600"指标，连续三年获国家管网集团"安全生产先进企业"称号。关键岗位人员领导责任持续走深，落实《全国重大事故隐患专项排查整治2023行动》主要负责人"五带头"，西部管道公司执行董事示范讲授安全公开课，"四不两直"深入基层，两级本部管理人员现场开展安全活动1170次。试点融合工作指引表与安全生产责任清单，将责任落实到基层各岗位，推进岗位责任网格化落实，该做法在国家管网集团会议上进行专题汇报，业务骨干为国家管网集团专题培训班授课2期，为其他地区公司专题授课5次。

环保合规管理更加规范，完成23个固定污染源排污许可登记及乌鲁木齐分公司排污许可证办理，变更鄯善、兰州商储油库排污许可证责任主体。推广绿色能源使用，建设绿电示范站场，采购绿电1156万千瓦时，实现古浪—河口天然气联络管道工程"绿色"投产，二氧化碳排放量较2022年同期下降1.6%。优化危废暂存间和暂存点比例结构，确定"8+30"建设模式，拓宽环保设施使用范围；以修代换助推降本增效，优化鄯善、库尔勒原油站含油污水处理系统恢复技术方案，减少投资365万元。

乌鲁木齐作业区、玉门作业区试点建设"零碳工厂"，通过国内油气管道行业首次认证，全年抵消二氧化碳排放1579吨，实现100%碳信用抵消；乌鲁木齐压气站天然气回收装置建成运行，回收天然气4.1万立方米，站场放空回收实现零的突破。

安全检查统筹推进，优化检查计划，合并两级本部年度QHSE检查18项，减轻基层迎检负担30%以上。按照"公司+分公司+外部专家"三联合方式，聚焦重大危险源、古河线等重点部位实施专项检查5次，针对承包商、作业许可、电气春检等7个薄弱环节专项检查9次，紧盯"两会"、国庆、冬季保供等特殊敏感时期专项检查6次，查改问题1900余项。完成"1+7"个作业许可文件"一本书"整合，为国家管网集团首家正式发布运行的地区公司。规范承包商入场教育，丰富优化承包商培训内容，发布精品课件122项，组织现场分类培训，实施电子化考试，基层减负和实效取得"双提升"。

坚持"综合性+专项审核"工作思路，分专业编制"公司、分公司、作业区"三个层级检查表23份，培养270余名公司级审核员，30人参加西部管道公司审核实践，21人外派国家管网集团审核，人员能力受到国家管网集团通报表扬。联合10个典型作业区建立体系落地联盟，专家驻站实施现场辅导，对标审核标准、文件要点，把脉日常管理，梳理"维检修报告审查""应急预案与演练"等21类共性管理问题，与两级本部对接7次，指导基层练好执行基本功。

组建覆盖本部部门、分公司、近两年新入职大学生共80人的安全环保数字化流程运营团队，匹配角色254个，开展流程培训、桌面推演等工作27次，参与610余人。41个公司程序文件切换至安全环保流程运行，遵从测试度达94.8%。承担国家管网集团5.0安全环保流程修订任务，西部管道公司责任制管理等16个最佳实践融入国家管网集团主干流程，修改流程文件350余处。深度参与HSE一体化平台岗位责任模块开发，承担环保及职业健康管理等模块前期测试，反馈采纳意见155条。填报数据17.2万条，数据量位居国家管网集团前三，双防数据推送运行效果全部达优。

（龚晓凤）

【管道管理】 2023年，西部管道公司完成两兰支线首次内检测及严重缺陷换管修复，全面落地白杨河泄漏风险治理、甘河子水源地风险控制提升、西宁隐患治理措施。首次开展液体管道不停输开孔封堵，引进全自动焊接及高钢级B型套筒等新技术、新装备。国家管网集团油气管道保护工竞赛取得团体优胜、个人2金1银的成绩。完成2488千米管道内检测和1390千米管道定期检验，聚焦甘南支线等小口径难点管道内检测，酒泉分公司牵头自主研发的撬装化收发球筒首次在柳园支线成功应用，科技信息服务中心成功解决西四线疏勒河预埋管道投产检测难题。西三线材料内检测、独乌成品油线超声裂纹内检测新技术顺利应用，难点管道内检测获得集团生产部充分肯定，并在国家管网集团城区段管道检验检测研讨会上进行交流发言。217处管道本体缺陷和独乌成品油线等防腐层老化管线实现应修尽修。完成133处水工保护工程维修和32处新增水工保护工程。露缆露管水毁从2022年的21次降为2023年的4次。落实区段长责任，建立高后果示范区，组织召开高后果区管理现场会。制定并发布《西部管道公司巡护优化指导意见》，全面启动巡护优化，规范人员、车辆和技术防范措施使用原则和标准，推进精益化管理。对绩效考核及红旗指标进行细化分解，细化落实重点工作45项，制定管控节点201个。完成2024年资产完整性管理方案编制。管道业务集中招标优化，优化后同类项目数量从138个缩减为62个。首次承担国家重点项目研发计划课题"高压大口径油气管道泄漏应急处置实景化演练与示范应用"研究任务，首次揭榜国家管网集团重大科研课题，牵头承担"油气管道地震灾害完整性管理支持技术"研究。参编2项国家标准，取得2项发明专利，牵头国家管网集团2个专业方向企业标准制修订，发布1项国家管网集团技术规范。油气管道维抢修关键技术研究及应用成果获省部级科技进步奖三等奖。SY/T 6828—2017《油气管道地质灾害风险管理技术规范》获"石油天然气工业优秀标准奖"。"管道智慧平台建设及应用"项目在乌鲁木齐分公司试点应用，获得国家管网集团首届"星火杯"数字化转型应用大赛优秀奖。新型电力系统（光伏、风力）干扰影响研究顺利完成阶段验收，填补该领域研究空白。推进党建和中心工作融合，在积石山抗震救灾一线，西部管道公司党员干部紧急完成管道线路、跨越和隧道的地毯式排查以及30处地质灾害监测单元数据对比，保障管道安全平稳运行。乌鲁木齐维抢修中心和兰州维抢修队迅速组建党员突击队，第一时间驰援甘肃积石山地震救灾，受到国家部委、甘肃省委多次肯定表扬，张伟董事长专门作出批示褒奖。

（方卫林）

2023年12月26日，冬季保供期间党员突击队开展线路安全隐患排查（安阳 摄）

【战略与执行】 2023年，西部管道公司以党的二十大精神为指引，在"十四五"规划中期评估中增补落实碳达峰、碳中和战略部署。确立"全力保障油气管网安全高效运行、加快构建现代企业治理体系、助力加快建设'全国一张网'、着力增强高质量发展新动能新优势、打造堪当管网事业发展重任的高素质专业化管网铁军"的西部管道公司发展基本原则。确立"两步走"战略发展目标，即第一步，从现在起奋斗3年，到2025年基本建成世界一流企业；第二步，从2025年起再奋斗10年，到2035年全面建成世界一流企业。首次在规划中纳入新业务板块，将推进2个中心、1个重点实验室建设重点工作、西二三线精河站风光发电项目纳入中期评估。2023年西部管道公司成功入选国务院国资委"双百企业"，成为国家管网集团唯一一家入选的骨干管网运营企业。编制西部管道公司《2023—2025年改革深化提升行动方案》。积极参加国家管网集团内部价值创造标杆选树活动，申报18个标杆项目、8个标杆企业，超2022年申报标杆项目数量3倍、标杆企业数量8倍。全面加强地方战略合作，西部管道公司获得呼图壁储气库49%股权，22.1亿立方米储气能力指标。聚焦西部管道公司石油石化输送技术和国家管网公平开放需求，参加亚欧商品贸易博览会，打造品牌，扩大"朋友圈"。推进精河县34万千瓦光伏项目先行先试，项目顺利纳入新疆自治区第二批市场化并网新能源项目清单，成为国家管网集团首个规模化光伏项目。组织开展二氧化碳管道建设前期工作，先后到庆阳和西安分别与华能集团正宁电厂和长庆油田公司调研座谈。编制下发西部管道公司碳达峰重点任务分解表。推动年度经营计划目标落地，每月定期召开月度生产经营分析会推进、跟踪、监督及纠偏月度生产经营计划执行，国家管网集团重点工作目标任务100%穿透落地。量化考核标准，形成西部管道公司自有考核标准110项。落实国家扩大有效投资工作部署，投资规模增加5亿元，全年预计完成投资18.5亿元，投资完成率92%。全面应用集团SCS系统，将往年6—7批次计划优化整合为2个主要批次。推动1.0战略规划到执行业务域流程全面落地，西部管道公司自有程序文件削减83%。完成1.0业务制程融合，推广使用低代码平台，投资跟踪全面数字化。组织全员开展数字化能力认证取证工作，2023年获得L1认证14人，获L2认证1人。

（李 芸）

【科技创新】 2023年，西部管道公司承担国家重点研发课题1项、参与实施国家能源局项目1项，承担国家管网集团"揭榜挂帅"项目1项，参与国家管网集团级项目21项，申报国家专利59项（发明专利34项），参与14项国家、行业和团体标准编制。"高压天然气液滴聚结分离装备关键技术及工程应用"成果获国家教育部科学研究优秀成果奖二等奖，参编的GB/T 37124—2018《进入天然气长输管道的气体质量要求》获年度"中国标准创新贡献"三等奖。西部管道公司被授予"国家管网集团2023年度科技创新先进单位"称号、西部管道生产技术服务中心被授予"国家管网集团2023年度优秀创新团队"。核心装备国产化取得重大突破,成功研制应用国产化30兆瓦燃气发生器,国产化样机通过工厂测试,在西气东输一线孔雀河压气站完成4000小时工业性试验,填补国内技术空白。成功研发燃驱压缩机国产化控制系统,发明三冗余超速保护器、液压伺服控制器,其加速度控制算法、容错安全链等5项关键技术指标均优于国外系统,成果在西气东输一线玉门压气站无故障安全运行1.3万小时,系统自主升级改造费较国外节约900万元/台,打破天然气管道核心设备关键控制技术国外垄断,2023年被列入国家能源局第三批首台套重大技术装备目录。成功开展两次OD1422 38.5毫米钢管低温半气体爆破试验,首次研发出OD1422 X80 38.5毫米壁厚管材产品;GE燃驱压缩机国产燃调阀在西气东输二线霍尔果斯压气站无故障运行超6000小时。

首次承担国家重点项目研发计划课题"高压大口径油气管道泄漏应急处置实景化演练与示范应用"研究任务,首次参与研究国家能源局项目"我国长距离管道输氢安全性、稳定性及可持续性研究",首次揭榜国家管网集团重大科研课题,牵头承担"油气管道地震灾害完整性管理支持技术研究",首次在国内成功实施9.45兆帕全尺寸非金属管道纯氢爆破试验,在高压纯氢管道输送研究方面取得突破性进展,为中国今后实现大规模、低成本的远距离纯氢管道输送提供技术支撑。全力攻坚新能源介质管输技术瓶颈,新疆多介质管道安全输送重点实验室、新疆维吾尔自治区氢能储运工程研究中心获认定批复。启动鄯乌天然气管道改输氢气前期研究,完成鄯乌线母材、管件、高压输氢阀门在输氢中试测试平台安装测试。依托国家级、国家管网集团级科技项目,先后培养出"大国工匠""全国技术能手"黄伟,"中国质量工匠""管网十大楷模"邢占元等先进典型,科技团队获新疆维吾尔自治区"青年文明号"、国家管网国家管网集团"科技创新团队"等荣誉,全年累计35人次申报科技创新领军人才、青年拔尖人才、优秀工程师、新疆工匠等"天山英才"培养项目,其中"黄伟工作室"获自治区大师工作室称号,3人首获自治区"天山英才"培养资格。

(许小蓓)

2023年12月30日,西部管道公司在哈密管道断裂试验场建设天然气管道改输氢中试平台,开展长周期临氢试验(李牛牛 摄)

【企业文化】 2023年,西部管道公司贯彻落实习近平总书记对宣传思想文化工作的重要指示精神,着力汇聚"橙装"铁军同心同向、攻坚克难的信心决心。持续丰富"火洲忠诚信念、国门责任文化、红柳坚守品格、高原奉献精神"为内核的西部国脉卓越文化,优化14个基层站队特色文化内涵,形成"一站一名片、一支部一特色、一特色一典型"创意体系。推进铁军文化建设,印发《铁军队伍建设实施方案》等文件,组织开展铁军文化建设"三项行动",收集撰写铁军文化建设典型案例

43个，举办第六届站队长论坛，开展"国家管网在新疆"活动，有序推进12面"红旗"选树，让"做出特色"有内涵、有实效。强化西部管道公司思想文化教育基地建设，深入兄弟单位调研文化展厅建设、管理工作，交流劳模和创新工作室管理经验，组织召开西部管道公司展厅建设务虚会，深入交流基层思想文化教育基地建设思路，明确西部管道公司企业文化建设"四梁八柱N榫卯"框架体系。玛纳斯作业区团支部获评中央企业"五四"红旗团支部，霍尔果斯作业区获评全国青年安全生产示范岗；组织48名学员参加2023年"青马工程"暨团干部培训班。推动企业美誉度、影响力持续提升，首次输氢试验、古河管道工程、哈密地区员工战高温报道等4上央视，全年在新华社、央广网等各大媒体、平台重要版面发布稿件366篇，3部作品及1家单位在上海石油天然气交易中心第二届冬供征文活动中获奖，听党指挥、能打胜仗、作风优良的西部管网铁军"金名片"越擦越亮。

（尹 竞）

【党建工作】 2023年，西部管道公司党委以习近平新时代中国特色社会主义思想为指导，深入学习贯彻党的二十大精神、二十届二中全会精神和习近平总书记关于党的建设重要思想，落实全面从严治党主体责任，开展学习贯彻习近平新时代中国特色社会主义思想主题教育，落实"五个狠下功夫"党建工作总部署，以"六抓六促"全面提升基层党建工作质量，党建工作"做出特色、走在前列、形成品牌"取得新成效，落实"扛红旗、塑品牌、勇创新、促团结"工作方针，为推进高质量发展和打造世界一流企业提供坚强保证。抓好党的政治建设，在坚定拥护"两个确立"、坚决做到"两个维护"上持续用力，"最讲政治、最有信仰"成为西部管网主标签。印发《学习贯彻习近平总书记重要指示批示落实机制》，跟进研学重要讲话和重要指示批示精神293篇次，开展党组织书记抓落实"破冰行动"26次，形成推进西部管道公司高质量发展践履思路100余条。推进主题教育，举办读书班14期，280余人多维度研学《习近平著作选读》等理论书籍，讲授专题党课171场次。践行"四下基层"，党员领导干部实地调研236次，现场解决问题200个，召开调研成果交流会14次。集中整改102项检视问题，解决"优化巡检模式"等员工群众"急难愁盼"事项79项。举办3期关键岗位人员、5期基层管理人员轮训班，开展年轻干部内部实践锻炼，提拔和进一步使用企业关键岗位23人、交流28人，企业关键岗位年度考核优秀比例由20%提升至30%。做深做实"双建""双示范"活动，在分公司设置党建专岗，优选35名党建工作指导员，明确"10+10"任务清单，举办3期党务工作者培训班。制定"3聚焦9看21个是否"政治监督清单，推广"四化"改革监督"一点通"平台。全年处置问题线索13件，立案5件，给予党纪处分4人，点名通报典型案例5起，形成有力震慑。严查快办4起违反中央八项规定精神

2023年7月11日，西部管道公司召开基层党建质量提升推进会暨"两优一先"表彰大会（杨尚飞 摄）

问题，清退不必要工作群815个。向自治区推荐申报群众性创新成果779项，同比增长50%。

（杨明霞）

【人才建设】 2023年，西部管道公司持续加强人才队伍培养，提升管网铁军队伍战斗力，成功申报自治区级黄伟技能大师工作室，国家级黄伟技能大师工作室通过自治区人力资源和社会保障厅审核并上报国家人力资源和社会保障部。利用黄伟工作室对选调37人采用"导师带徒"方式，培养压缩机运行维护骨干。通过"以干代练"、深度参与工程项目等方式，选送19名专业骨干进行为期半年到一年"以干代训"，培养一批核心紧缺专业人才。组织35人次申报自治区"天山英才"培养计划、青年科技人才等项目推荐，2人确定为"新疆工匠"项目支持人员。通过实施青年科技人才"托举"工程，在40余项科技项目中锻炼培养青年科技人才30余人。修订公司技术专家及技术带头人、技能专家及技能骨干程序文件，编制专家选聘方案。邀请内外部专家举行4期技术技能专家大讲堂，6期"党建+"学习大讲堂。创新员工培训方式，结合员工岗位需要和个性化需求进行自主培训，完成C类培训14班次，培训399人，完成D类培训45班次，培训1532人。组织50余人报名全国在职研究生统一考试，14人完成学历提升。筹备参加国家管网集团油气管道保护工竞赛，取得个人优胜奖2金1银成绩。开展西部管道公司维抢修、电气、压缩机运维专业第九届职业技能竞赛，对优胜单位、优胜团队、优胜个人选手表彰奖励，28名获奖选手技能等级晋升。完成12个工种331名员工初中高级和11个工种161名员工技师、高级技师技能等级认定。

（杨明霞）

【定点帮扶与乡村振兴】 2023年，西部管道公司深入贯彻习近平总书记关于"三农"工作的重要论述，聚焦新疆维吾尔自治区社会稳定和长治久安总目标，学习运用"千村示范、万村整治"工程经验，统筹推进"访惠聚"驻村和乡村振兴工作，落实阿克苏地区乌什县3个村的驻村工作，做好乡村振兴定点帮扶（乌什县阿恰塔格乡阿克博孜村）和助力示范（托里县托里镇城郊村和沙湾市东湾镇4个村）工作。择优选派驻村工作队员22名，分别派驻乌什县阿恰塔格乡英萨（11）村、托克逊亚阔坦（2）村和阿克托海乡阿克博孜（3）村。驻村工作队设总领队和副总领队各1人，分别兼任所在村第一书记、工作队长。通过对外捐赠方式，全年投入定点帮扶资金300万元，其中乌什县210万元、叶城县40万元、沙湾县35万元、托里县15万元，实施帮扶项目18个，改善当地基础设施、壮大村集体经济、帮扶生活困难群体，2023年英萨村、托克逊亚阔坦村、阿克博孜村的村民人均收入分别为18170元、17172元和18337元，同比增长超过16%。驻村工作队着力推进强村富民，壮大村集体经济规模，拓宽村民增收渠道，防止规模性返贫。例如，在英萨村出资7.2万元，开挖排碱渠8千米。在托克逊亚阔坦村修建主灌溉渠水泵站1座，铺设输水管道1000米，解决了1700亩耕地的取水灌溉难题；投入资金25万元，为村级阵地购置电采暖锅炉，供暖系统实现"煤改电"。在阿克博孜村投入55万元，打造"万象振兴"乡村夜市，帮扶10户村民自主创业，实现村民收入和集体收入"双提升"。驻村工作队解决村民困难诉求127项，化解各类矛盾纠纷96件，帮助家中突发困难村民申请临时救助16人次。落实"央企消费帮扶兴农周"活动，组织采购木耳等农产品10余万元。西部管道公司落实乡村振兴助力示范工作，在托里镇城郊村新建村民活动广场景观高杆灯1座，助力夜间富民经济发展，在东湾镇宁家河村新建400平方米洗羊池1座，在卡子湾村配备垃圾及清雪设备设施，实施亮化工程，安装路灯20盏。在自治区驻村工作干部年度考核中，王玉科、马勇、杨宾、董峻佑、王丹栋等5名同志被评为优秀；在自治区乡村振兴助力示范考核中，西部管道公司被评为"好"。驻村工作队员董峻佑被评为自治区"民族团结一家亲"和民族团结联谊活动先进个人。

2023年11月30日，西部管道公司2023年援建的乌什县阿恰塔格乡托克逊亚阔坦村党群服务中心示范点（马勇 摄）

（汪增彬）

国家管网集团北京管道有限公司

【概况】 国家管网集团北京管道有限公司（简称北京管道公司）由中国石油天然气集团公司与北京市政府于1991年7月共同出资组建，主要负责陕京管道输配气系统的运营管理。2021年4月，整体划转至国家石油天然气管网集团有限公司。公司法人治理结构设有股东会、董事会、监事会和公司管理层。截至2023年12月31日，北京管道公司设有职能管理部门14个，所属单位11个，核心业务人员1268人。陕京管道系统包括陕京一线、二线、三线、四线、永唐秦、唐山LNG外输管线、大唐煤制气北京段等，总里程5584千米，设计管输能力800亿米^3/年。配套建有大港、华北两个储气库群9座储气库。供气范围覆盖陕西、内蒙古、山西、河北、北京、天津三省两市一区。

北京管道公司主要运营指标

指　　标	2023年	2022年
天然气管网输量（亿立方米）	743.13	592.10
资产总额（亿元）	625.04	684.85
管输收入（亿元）	111.09	105.03

2023年是全面贯彻落实党的二十大精神的开局之年，是国家管网集团从"建企"向"立企强企"跨越的改革之年。北京管道公司党委坚持以习近平新时代中国特色社会主义思想为指导，深入贯彻党的二十大精神，坚决落实集团党组决策部署，团结带领广大干部员工抗洪水、战寒潮、拓市场、提效益、保安全、防风险，高标准开展主题教育，全面接受中央巡视组下沉巡视、审计署进驻和国务院国资委督导调研等"政治体检""经济体检"，首推

"主官"负责制,求真务实抓落实,较好完成全年目标任务。北京管道公司入选国家"2023年度智能制造示范工厂"和国务院国资委"双百企业",获批博士后科研工作站,获评"北京市经济贡献重点总部企业""国家管网集团改革三年行动先进单位""对标世界一流价值创造行动标杆企业"等称号,高质量发展迈出坚实步伐。

【安全生产】 2023年,北京管道公司狠抓高效运营,深化"冬夏一体化"保供机制,生产调度中心"五大功能"基本建成,9座重点站场实现"一键启站";攻坚关键设备故障问题,扩大国产化替代范围,关键设备完好率达98%,进口设备备件国产化率提高至65%。狠抓风险隐患排查整治,围绕"一防三提升"实施安全管理强化年行动,推进"六个强化"82项工作任务落地;开展全要素及重点要素审核,落实双重预防机制,削减各类隐患问题3900项;历时四年推动实体违章占压全部清零。推进作业区标准化建设,实施区域化管理2.0版,30个作业区全部达标,22个达到示范标准,在国家管网集团站队标准化验收中得分第一。狠抓应急能力建设,维抢修分公司顺利通过国家管网集团级维抢修中心考核验收。面对百年不遇洪灾考验,以"水退人进"态势全力应对、快速处置"7·31"多起重大险情,全力保障天然气平稳供应。

【市场开拓】 2023年,北京管道公司强化市场开发、工程建设、省网融入协同推进,新投产上下载项目13项,是投产项目最多的一年,带动增量5.06亿立方米,增收9050万元。做精客户服务,完成"一票制"改革,新增托运商25家,增收1.56亿元;研究安平天然气交易景气指数,努力打造国家管网集团首个区域交易景气指数;代表国家管网集团承办第二次服贸会,举办北京管道公司首届市场推介会和服务恳谈会,合作共赢成果显著。深耕区域市场,严格"照付不议"合同履约,全年催缴金额4299万元,排名国家管网集团第一;陕京一、三线两个阀室实现国家管网集团零散气上载"零"突破;西北LNG资源上载成为国家管网集团内陆LNG液厂"液卖气交"首单业务;"储运通"业务成交气量4400万立方米(占国家管网集团成交量一半以上),"存气"业务成交240万立方米,为国家管网集团增收4424万元。

【改革发展】 2023年,北京管道公司落实国企改革三年行动、对标世界一流价值创造行动,稳步推进"四化"改革,全面启动新一轮改革深化提升行动,提高公司精益管理水平。全力配合国家发展改革委管输定价成本监审深化提质增效,通过优化管网运行、压减外包费用、扩大自主维保、深化平库利库等举措,降本增效1.34亿元;依法依规落实临时耕地占用税返还和增值税即征即退政策,全年退税3.7亿元。完善合规管理"三道防线",综合运用"四种形态"问责38人,避免及挽回损失超1亿元;2项审计项目获评国家管网集团优秀审计项目二等奖、三等奖。

【科技创新】 2023年,北京管道公司深化交流合作,启动创新"京空间",搭建交流推广平台,8项国家管网集团级和6项公司级科研项目超额完成阶段目标。积极参与标准制定,牵头立项国家标准1项、行业标准1项。强化成果应用,陕京四线尚义支线获中国工程建设焊接协会2023年优秀焊接工程奖;新型防腐复合材料取得实用新型专利；张家堡站分输撬装化试点实现当年设计、采购、投产、见效。落实制程一体和数字化转型要求，推动制程融合和基础管理体系迭代升级，修订完成近50项工作制度，出台12项制程文件，圆满完成流程推广运行。构建北京管道公司低代码开发生态，完成"京管家"等开发应用284个。促进科研成果商业转化，4项科技成果从"实验室"走向"市场"，营收创185万元，成为新的效益增长点。

【人才培育】 2023年，北京管道公司大力实施人才核心竞争力提升工程。持续开展中层班子"画像分析"，全年选拔调整干部27人次。优化干部队伍结构，40岁左右及以下企业关键岗位人员占比达34%。实施"强基培苗"选育工程，储备培养优秀年轻干部，20名"90后"年轻干部进入作业区班子历练。持续推进"双百""双十"工程，技术、技能骨干人才超16%。在中央党校、清华大学、遵义等地举办"铸魂·赋能"培训和基层干部、技术技能骨干、党务人员培训班，常态化开展"百问不倒"知识竞赛，鼓励各层级开展"取证"工作，不断提升队伍能力素质。1人获"朝阳区2023年第八届政府首席技师特殊津贴"。

【党建引领】 2023年，北京管道公司党委坚持两个"一以贯之"，把方向、管大局、保落实，全面提升党建工作质量。以主题教育为主线，严格"第一议题"和中心组学习。落实"规定动作"任务大表，压实全面从严治党主体责任、第一责任、一岗双责和监督责任。积极开展"双建"、本部"四强"党支部、"主题党日+"等活动，总结推广"党员带头徒步两万五"等典型做法，配齐专兼职党务人员。大力拓展宣传渠道，在《人民日报》、新华网等主流媒体刊稿量大幅增长，4篇作品入选国务院国资委第五届中央企业优秀故事展览，"一方气的进京之旅"主题沙盘收录至中国共产党历史展览馆。持续深化铁军文化建设，积极打造特色文化品牌体系，初步形成以"京旗红"党建品牌、"京彩"企业文化品牌和廉洁管网、廉洁陕京等"京字招牌"为核心的"京"品牌体系架构。全力配合中央巡视下沉、审计署进驻，建立"当下改"和"长久立"问题整改协同机制，统筹推进财经基础管理百日行动、工程建设领域专项整治、严纪律纠"四风"正作风专项整治等，一体推动问题整改。加强国家安全、意识形态、统战、保密、维稳信访和工会、共青团工作，凝聚干事创业强大合力。

（张 磊 孙 凯 孙佳星 王微微）

国家管网集团西南管道有限责任公司

【概况】 国家管网集团西南管道有限责任公司（简称西南管道公司）实行"两块牌子、一个机构"管理模式，包括国家管网集团西南管道有限责任公司和国家管网集团西南油气管道有限责任公司。2023年底，西南管道公司设有14个职能管理部门（办公室（党委办公室）、人力资源部（党委组织部）、生产运行部、管道部、工程建设部、质量安全环保部、科技数字部、规划计划部、财务资产部、企管法规部、纪委办公室、审计部、党群工作部（党委宣传部）、市场部），15个所属单位（兰州输油气分公司、天水输油气分公司、兰成渝输油分公司、重庆输油气分公司、贵阳输油气分公司、贵州省管网有限公司、昆明输油气分公司、昆明维抢修分公司、南宁输油气分公司、德宏输油气分公司、重庆天然气管道有限责任公司、广西天然气管道有限责任公司、建设项目管理中心、技术中心、油气计量中心），2个附属机构（西南人才评价中心（教育培训中心）、分控中心），1个国家管网集团委托管理单位（国家管网集团安全环保监督西南分中心），核心业务人员3237人。所辖管道有中缅天然气管道（国内段）、中贵天然气管道、西气东输二线广南支干线天然气管道和兰成渝成品油管道、兰郑长成品油管道（甘肃段）、云南成品油管道、钦南柳成品油管道及中缅原油管道（国内段）、兰成原油管道等油气骨干管道，共计11820.67千米，其中原油管道1544.25千米、成品油管道3194.17千米、天然气管道7082.25千米。途经川渝滇黔桂陕甘宁粤等九省（自治区、直辖市），沿线设44个作业区、134座场站、472座阀室。截至2023年底，西南管道公司资产总额879.67亿元，资产负债率14.73%，原油、成品油、天然气年管输能力分别为2300万吨、1921万吨和667亿立方米，负荷率分别为83.32%、53.81%、66.31%，原油罐容15万立方米，成品油罐容122万立方米。

2023年，西南管道公司管输原油1916.42万吨、成品油1033.65万吨、天然气442.26亿立方米（其中一次管输量280.42亿立方米）；实现收入109.32亿元（其中管输收入109.04亿元），净利润40.93亿元，完成年度奋斗目标107.08%，缴纳税费14.19亿元。

西南管道公司主要经营（运营）指标

指　　标	2023年	2022年
原油管网输量（万吨）	1916.42	1873.11
天然气管网输量（亿立方米）	442.26	429.38
天然气管输商品量（亿立方米）	280.42	260.94
成品油管网输量（万吨）	1033.65	1163.72
资产总额（亿元）	879.67	841.85
管输收入（亿元）	109.04	112.16
收入（亿元）	109.32	112.89
净利润（亿元）	40.93	37.28
税费（亿元）	14.19	8.12

【市场开发】 2023年，西南管道公司细化落实"稳中卫、聚资源、优工艺、疏西南、托终端"策略，协调中卫进气总量，推动零散气资源入网，强化川渝资源流向疏导，协同推进新增上下载点投产，三种介质管输指标完成率处于较高水平；深化"冬夏一体化"保供机制，打赢冬季保供硬仗，冬季资源入网量增长9.24%；全年向国家管网集团申报新增上下载项目26项，取得国家管网集团正式批复21项，其中新增上载3项、新增下载18项，新增天然气托运量3.9亿立方米、下载量1.6亿立方米；掌握用户资源流向，形成区域市场档案16份、区域设施档案63份、区域资源档案7份，赋能营销业务提质增效，新增托运商50家、上下载客户25家，新增客户数量创历史新高。

【生产运行】 2023年，西南管道公司生产运行平稳，未发生生产类安全事故，重点推进新建项目投产管理工作，建立过程监督机制，严格组织投产方案审查，共完成中贵江津站—重燃支坪支线、黔南州县县通独山支线管道工程、中贵线与元坝—普光管道联通工程、广西支干线梧州压气站增加压缩机组工程、中缅45号阀室—昌明—贵定—福泉天然气支线、广西LNG外输管道桂林支线、新疆煤制气管道广西支干线等7个新建项目的投产工作，投产均一次成功；推动新增上下载点用户投产，全年完成中缅独山支线独山分输站、北海LNG外输管道黎塘输气站、广南支干线贵玉支线玉林输气站、川东北—川西联络线4号阀室、中缅钦州支线钦州港输气站、中缅丽江支线4号阀室、中贵线广元输气站、重庆管道涪陵输气站、中贵线固原输气站、中缅玉溪支线玉溪输气站、贵州管网修文输气站、中缅线福泉支线福泉末站等12个新增上下载项目的试运投产；建立西南地区天然气管道仿真模型，完成川东北管道与中贵线元坝互联互通反输测试，打通中贵线输往川气系统的通道，川气应急管输能力提升至800万米^3/日；编制《中贵线铜梁—江津段工艺安全性和工艺改造分析研究报告》，核算确定中贵线川气资源最大上载能力，优化油气田与中贵线上载工艺，解决油气田上载增压与中贵线增压的矛盾，使中贵线管输能力提升至6400万米^3/日，增强西南地区保供能力。

黔南州天然气"县县通"工程独山支线投产成功（田玉 摄）

【**管道管理**】 2023年，西南管道公司着力推进标准化站队和管道管理标准化建设，规范"四个标准化"管理，积极应对化解风险隐患挑战，全年排查环焊缝4108道、修复裂纹口54道，排查整治较大及以上地质灾害40处；完成兰成渝成品油管道资阳临空经济区段、兰成渝输油管道与渝昆高铁交叉段管道、中缅天然气管道丽江支线与丽江机场交叉段、上林至横县公路与广西管道交叉等4项管道迁改工程；加强打孔盗油易发段管控，全年排查厂房1047处，公路、乡村道路933条，开展防腐层自检及专业检测3229千米，未发现打孔盗油隐患；组织完成中缅天然气、中贵天然气管道所有Ⅱ级高后果区视频监控建设，增设视频监控81台，高后果区管控水平有效提升；制定第三方施工管控"统一信息收集""统一预警防护""统一现场布控""统一结束归档"四统一标准化管理要求，全年有效管控第三方施工1534处，无第三方施工损伤管道事件发生；完成兰成渝、中缅天然气等4200千米管线的地质灾害专业风险排查，对白龙江跨越、澜沧江跨越等5座跨越和娄山关、苏家土2条隧道及7处地质灾害实施应力应变和地灾实时监测，完成33项水工及地灾治理；采取"四不两直"方式，对桂林支线项目、黔南州县县通项目、桂林—阳朔、阳朔—荔浦、梧州—岑溪、中贵线—元坝等12个建设项目进行飞检，发现并整改问题300余项，全年未发生工程建设项目QHSE上报事故事件；完成地灾平台升级应用，在平台中增加水工保护设施预防性维护、地震预警、气象预警等模块，构建水工保护设施管控流程，建立基于地震信息、降雨信息的分析模型，拓展功能形式与预测范围，新接入10处监测点，新增跨越、隧道等2类监测类型，平台全年运维平稳未发生漏报误报。

【应急抢修】 2023年，西南管道公司以保障油气管网运行安全为第一要务，坚持以国家管网集团铁军文化建设为指引，打造具有日常管理、抢修现场、作业程序和厂区现场"4个标准化"的维抢修队伍。组织召开西南管道公司维抢修队伍铁军文化总结及标准化建设推进会，对6支维抢修队伍开展标准化现场达标检查；组织开展各层级应急演练669次，其中高后果区应急演练194次、溢油回收应急演练109次、企地联动演练96次；加强汛期值班值守、物资储备、极端天气预警、备战练兵，组织开展应急抢险9处，成功处置中缅天然气管道回龙山隧道裂纹焊口泄漏重大突发险情，积极应对云南省德宏州"12·2"地震、甘肃省临夏州"12·18"地震，汛期水毁同比下降77%。

2023年3月28日，西南管道公司维抢修队伍铁军文化总结及标准化建设推进会在昆明召开（林擎晶 摄）

【安全环保】 2023年，西南管道公司强化HSE责任文化培植，完成各所属二级单位、作业区HSE"三个一"建设工作宣传培训，累计参培200余人次；围绕生产经营业务，形成并发布覆盖二级单位、基层全岗位的HSE责任清单模板及推广方案；严格落实高风险作业安全技术交底，执行高风险作业预约及公示周报制度，实行作业计划"属地监督＋业务部室监督＋分中心监督"分级公示、分级管控，有效管控第三方施工1534处，安全实施特级动火529次（其中管线打开特级动火作业97次、管线非打开特级动火作业432次）、一级动火128次，整改销项5项重大安全隐患；开展"安全生产月"专项检查，共发现15个不符合项，梳理并实施推广亮点2项；强化第三方施工风险管控，制定第三方施工管控"统一信息收集""统一预警防护""统一现场布控""统一结束归档"四统一标准化管理要求，编制第三方施工管控标准化手册，持续做好现场监护，坚决做到施工未完，地面标识不恢复，管道保护措施不撤，全年有效管控第三方施工1534处，未发生第三方施工损伤管道事件。

【四化改革】 2023年8月，国家管网集团区域化改革工作启动以来，西南管道公司组建公司改革领导小组和工作专班，建立健全工作例会、沟通协调等机制，先后召开10次例会推动工作。编制实施"1+23"专项方案，主动加强与4家筹备组（云南公司筹备组、广西公司筹备组、甘肃公司筹备组、西北公司筹备组）以及西气东输公司、华南公司等兄弟单位工作对接，先后支援27人参与筹备组建，开展拟划入单位现场调研，做好验收准备；编制区域化改革优化调整可行性研究报告，分阶段推进机构及人员的调整优化。

【"十四五"规划编制】 2023年，西南管道公司坚持"开门规划、市场落实、企地融合、政府支持"的原则，强化区位发展审视，深化论证提升战略规划质量，开展"十四五"规划差异分析和目标审视，提出规划滚动纠偏调整建议，编制形成西南管道公司"十四五"规划中期评估及2024—2028年滚动规划报告，规划中期评估报告将作为2024—2028年规划落地转化和建设运营的重要指导文件。

【工程建设】 2023年，西南管道公司充分发掘省内支干线、工业直供、省级支线管网建设需求，完成川渝滇黔桂分省规划编制。开展川渝地区天然气规划专题研究，为"十五五"规划提供重要依据；加强项目前期工作，取得播州东、广元燃机、百色—文山3个项目核准批复，超额完成考核指标；加快推进工程建设，做实建管融合，优化项目管理流程，提升工程建设全过程管理能力，督促加大施工资源投入，全年焊接管道239.5千米，完成考核指标的134%；完成广西LNG输气管道与广南支干线南宁互联互通工程、独山支线管道工程、中贵江津—重燃支坪支线和兰成渝江油国储255油库支线等4个项目的竣工验收，进一步夯实西南地区管网保供基础能力；开展管道工程山岭隧道利旧评价及应用技术研究，建立利旧隧道全生命周期综合评价体系，科学指导隧道设计、施工和运行维护。

【科技研发】 2023年，西南管道公司加大关键核心技术协同攻关，推进国家重大专项跨地域复杂油气管网传感系统及应用研究，完成顶层设计传感系统应用平台开发；聚焦国家和行业重大需求，成功揭榜并牵头承担国家重点研发项目"大口径油气管道柔性焊接机器人关键技术与应用示范"；着力解决制约管道安全运行的瓶颈问题，推动产业链升级换代，参与揭榜"网络空间安全治理专项课题五：多维安全一体化测试验证平台与现场应用"。推动实施集团级科技项目13项，取得自主行走焊接机器人实验样机研制、智慧管网建设运行标准研究等阶段性成果。参与编制并发布国家标准《油气输送管道事故后状态评估技术规范》，牵头编制行业标准《油气长输管道工程数字化移交规范》，承接《油气管网检测与控制仪表运行维护规范》等14项国家管网集团企业标准制修订，新增油品顺序输送方法、混油界面跟踪方法及装置等23项授权专利，新增油气管道作业智能平台等22项软件著作权；"复杂环境下油气长输管道自动化焊接技术及应用"获重庆市人民政府科技进步奖一等奖，"山区油气管道线路设计与工程防护关键技术研究与应用"获四川石油学会石油天然气科技奖二等奖。

【数字化转型】 2023年，西南管道公司围绕制程、数据、IT一体推进数字化转型，全面启动流程推广运营，推进制程融合、流程试跑，拉通关键数据，实现适配覆盖率100%、流程遵从度91%、生产数据直采率90%。打造"工业互联网+安全生产"典型场景应用，完成地质灾害监测与预警平台功能升级。

【人才建设】 2023年，西南管道公司贯彻落实人才立企强企方略，全面完成职位序列套改，打通四支人才队伍职业发展通道。统筹推进"1345N"人才培养体系建设，建立中层级人才数据库；拓宽技能人才发展通道，新取得电焊工等4个工种认定资质，组织开展技能等级认定940人次，技师以上技能人才数量翻番；分级分类开展培训，组织公司级培训1700人次；加大优秀人才引进力度，春秋两季招聘录用208人。

【乡村振兴】 2023年，西南管道公司全面贯彻党中央决策部署，落实四川省委、省政府相关工作安排，制修定《西南管道公司定点帮扶管理规定》等制度，进一步规范定点帮扶工作。按照年度帮扶计划，推动实施彝家乐和乐宿项目（二期）及关爱特殊群体公益项目，为黄泥村改造闲置用房7间，慰问80岁以上老人户和一二级残疾人户共27户，资助学生43名；常态化开展"我为群众办实事"活动，帮助黄泥村兴办集分超市、修建村文化馆，组建乡村彝艺文化队，开展助学帮困和公益支教活动，两级机关食堂持续开展消费帮扶；黄泥村2023年集体经济突破35万元，相比2021年增长7倍；西南管道公司定点帮扶工作获乐山市"活水计划"奉献奖，在四川省直部门（单位）定点帮扶考核中获得最高等次"好"评价，驻村干部获"感动峨边人物"称号。

正反面案例68个，实现川渝零散气上载突破、广西管道扭亏为盈、中贵元坝互联互通、桂林支线、独山支线、福泉支线投产等优良业绩；探索建立办实事长效机制，"我为群众办实事"稳步推进，完成14项重点办实事项目、推动基层完成97项办实事，系统推动解决27个场站食堂液化气改电、元坝首站驻站员工生活保障、四支人才队伍套改问题。

西南管道公司2023年助学帮困活动（邓平平 摄）

西南管道公司召开深入开展学习贯彻习近平新时代中国特色社会主义思想主题教育动员部署会（李建 摄）

【**主题教育**】 2023年，西南管道公司锚定"学思想、强党性、重实践、建新功"总要求，统筹抓好两批主题教育，中央指导组、国务院国资委和国家管网集团党组领导先后到成都作业区、瑞丽作业区专题调研，对西南管道公司两批主题教育有机衔接、推动改革发展等给予充分认可；瞄准制约发展突出问题，深入开展调查研究、"四下基层"，形成调研报告122份、

中央主题教育第49指导组组长赵立新到西南管道公司调研指导（李建 摄）

（王 莹）

国家石油天然气管网集团有限公司山东省分公司

【概况】 国家石油天然气管网集团有限公司山东省分公司（简称山东省公司）于2023年2月7日在山东省济南市正式注册，主要负责运营管理国家管网集团在山东境内的油气管网、油库及附属设施，受托管理国家管网集团在山东境内的全资和合资企业。管辖山东地区45条输油气管道，管道总里程9696千米，途经山东、陕西、山西、河南等8个省27个地级市。管理122座工艺站场，有压缩机组9台（套）、输油泵机组213台（套），大型油库6座，总罐容346万立方米。本部设10个职能部门，基层设8个作业区及济南维抢修中心。在册员工2845人，党员1670人，占员工总量的58.7%。

2023年是山东省公司正式注册成立的第一年，也是由建企向立企强企目标转变的开局之年。山东省公司全体干部员工以党的二十大精神为指导，深入学习习近平新时代中国特色社会主义思想，坚定贯彻国家管网集团"五个坚持"总体方略和"五个狠下功夫"党建工作总部署，按照"1234"工作思路，坚持以系统观念和创新思维扎实推动工作，圆满完成各项任务指标，高质量开展主题教育，构建起党的建设与中心工作相融互促的发展格局，呈现出安全保障能力、企业治理能力和价值创造能力全面提升的良好态势，开创员工队伍同心、同向、同行的生动局面，全力以赴在注册成立第一年固牢立企之基、开启强企之路。

山东省公司主要经营（运营）指标

指标	2023年	2022年
原油管网输量（万吨）	3084.9	9537.35
天然气管网输量（亿立方米）	319	270.35
天然气管输商品量（亿立方米）	334.5	271.54
成品油管网输量（万吨）	427.4	377.77
资产总额（亿元）	189.48	—
管输收入（亿元）	53.28	
收入（亿元）	73.26	15.9
利润总额（亿元）	12.3	
现金成本总额（亿元）	20.1	18.36
税费（亿元）	5.98	—

【领导班子变动】 2023年8月14日，国家管网集团党组决定，张世斌任国家石油天然气管网集团有限公司山东省分公司总经理、党委副书记；王树辉任国家石油天然气管网集团有限公司山东省分公司副总经理、党委委员；免去邓彦国家石油天然气管网集团有限公司山东省分公司总经理职务。2023年9月4日，国家管网集团党组决定，免去李云超国家管网集团山东省分公司副总经理、工会主席、党委委员职务，另有任用。

（赵 蕾）

【生产运行】 2023年，山东省公司生产运维业务践行"专注一项改革、推进两类建设、提升五个专业、实现五大目标"的"1255"工作机制，牢牢把握关键任务，稳步推动生产运维"两级管理"模式落实落地。统筹"6＋10"专项提升工作，实现"六大系统"齐头并进，6条老旧液体管道完成自动化改造，17座关键站场完成光通信系统改造，23座站场483条自动控制逻辑完成优化，13座泰青威站场试点推行运检维一体化建设，"运行数据监视、生产信息汇总、维检修作业管理、应急指挥决策"四位一体的智能化监视中心基本建成，数据传输"高速路"畅通落地，运维管理效率实现大幅提升。"十大专项"持续推进，31座储油罐完成大修，290台干线截断阀门完成排查与整治，40座站场完成防爆电气整改，51座站场完成接地系统整治，96座站场通过标准化达标验收，12座站场建成标杆站，设备本质安全"防护网"加速构筑，生产运行可靠性大幅提升。高效开展专业年检工作，仪通自主运维率由67%提升至100%，电气自主运维率由60%提升至85.7%，员工自主运维能力明显增强。依托集中监视平台，搭建仪电通年检模块，实现方案审批、问题录入、进度展示及台账自动集成等年检业务的全过程IT承载，"数字化指引、智慧化运行"的目标正在加速实现。狠抓计量输差管控工作，率先实现与中国石化成品油计量协议签订零的突破，强力推行鲁皖管道流量计在线实流检定，把稳计量"秤杆子"，管网输差损耗大幅降低。全面推进数字化转型建设，培养流程运营"金种子"108名，通过L1认证考试1915人，全员通过率达67%，推动数字化团队人员能力快速提升。注重制程融合，固化流程581项，将300项制度缩减至159项，补充L5/L6活动操作指导书27项，实现管理要求从"有制度"到"用流程"转变。注重效果评价，将流程遵从度评估作为效果评价的关键工具，流程遵从度达92.44%，位居国家管网集团首位，获得国家管网集团数字化转型标杆企业荣誉称号。

（刘 琪）

【工程建设】 圆满完成2023年度工程建设任务目标。全年核准批复里程18千米，完成率100%；新建管道焊接里程31.7千米，完成率396%；具备投产条件里程23千米，完成率100%；14个新增上下载点项目建成具备投产条件，完成率140%；全年物资采购金额4.97亿元，集中采购率86%，库存降库率5.38%；60个重点项目全年计划实施符合率98%。

全力推动"全省一张网"建设，加快打通"海气登陆""北油南运"重要战略通道。开展山东管网北干线、莱州—平度支线、中俄东线聊城支线、山东裕龙石化成品油管道外输工程、文23-安庆天然气管道项目等5项一类新建项目前期工作，管道里程1153千米。全力推进重点项目建设。鲁宁线5项改线工程项目部攻克征地协调工作堵点，新建管道62千米，7月全部投产，完成国家管网集团老旧管道隐患治理督办办事项销项；黄岛油库生产设施综合整治工程项目部克服老旧油库地下未知管线纵横交错、库区内动火作业安全风险等级高等困难，总体形象进度80%，工程主体完工，消除黄岛油库安全生产运行隐患；中俄东线与济青复线齐河联通工程项目部提前谋划临时用地协调工作，11月28日开工，焊接里程4.88千米，超额完成国家管网集团年度焊接考核任务；鲁皖成品油与济青高速拓建段交叉迁改工程项目部克服高速公路穿越手续办理及补偿款支付难题，完成全线17千米焊接工作；完成青宁管道遗留工程青岛LNG接收站与青宁线干线动火连头作业，打通青岛LNG资源外输能源大通道，"冬夏一体化"保供项目取得突破性进展；山东液化天然气（LNG）输气干线工程久试未验问题完成土地预审、征地组卷、划拨材料申报、规划材料编制审查等42项具体工作，取得突破性进展，获得山东省自然资源厅函复支持意见，完成张应输气站土地手续办理、莱西输气站消防验收，为工程竣工验收打下坚实基础。全力推进新增天然气上下载点项目实施。在集团下达的"2023年投产11项"考核目标基础上，制定项目建设计划及奋斗目标，14项新增上下载点项目按期建成，其中3个项目实现当年批复当年建成，超额完成国家管网集团年度考核任务指标，以实际行动落实"早建设早投产早见效"要求。提升重要物资集中采购率。贯彻国家管网集团两级集中采购管理理念，山东省公司层面有效整合各类零散物资需求，"化零为整、集中合力"，发挥集中采购规模优势，增强物资供应竞争力，全年开展集中采购286次，集中采购率86%。开展物资通用、标准化程度分析，梳理分析框架采购品种，挖掘出25个二级框架物资招标需求，全年完成热煨弯管、管件等10个二级物资品类框架协议招标，有效缩短约45天物资供货周期。

（马翔飞）

【管道管理】 2023年，山东省公司管道业务两级管理体系持续优化，按照"公司—线条业务、作业区—区块业务"的原则增补6个专业管理制度，编制5个标准化管理手册，线性项目由作业区上移至部门直接负责。组织开展管道线条履职能力测试，举办山东省公司首届管道保护工职业技能竞赛，选拔人员参加国家管网集团管道保护工职业技能竞赛。推行管道差异化管理，识别第三方施工重点管段531处、打孔盗油高风险管段518处，全年开通打孔盗油高风险管段巡护通道366.329千米（累计开通1273千米）。落实巡护人员持证上岗机制，每月开展公司、作业区级"四不两直"巡护检查，确保管道巡护质量。增加技防占比，自主实施盗油阀专项内检测30次，输油管道光纤预警覆盖率提升至74%，2240台线路视频监控实现统一监控，在大技防未覆盖段灵活补充断线报警器、微型监控仪等小技防措施，全年冲散及防范打孔未遂15起，发生涉油案件同比下降26%。联合山东省公安厅召开全省反打孔盗油专项会议，部署警企联动及涉油案件侦破工作，全年破获案件26起，同比增长133%，抓获犯罪嫌疑人262人、缴获盗油车辆14台。聚焦完整性管理，识别管控1562处高后果区，统筹推进管道内外检测，完成872道环焊缝复检任务，治理管道本体缺陷及防腐问题176处。开展老旧管道综合治理，完成鲁宁线曲阜城区等5处改线，修复341处螺旋焊缝缺陷，推动东临复线改线工程，实施东临线、东黄线450千米管道氮气封存。开展地灾防治工作，实施地质灾害专项调查3346千米，建立地灾防治专家库，建设地灾监测预警平台，开发气象预警信息自动分发系统，汛前集中治理地灾风险65项，汛期持续开展治早治小314处，在2023年沿线降雨量普遍增加的形势下，整体受灾情况同比下降57%，全年未发生三级以上防汛应急事件。

【应急抢修】 2023年，山东省公司组织开展维抢修机构标准化达标建设，济南维抢修中心通过验收考核成功挂牌，其他维抢修队伍标准化验收达标率均为100%。统筹配置到位应急物资200余套，制作100米管径355毫米旁通管道，并完成防腐、试压和集装化，确保第一时间运抵现场。整合内外部应急资源信息1700余条，实现焊接、封堵、溢油回收等六大类抢修设备集装化管理。梳理编制管道抢修典型案例库，为应急抢险提供经验支持。组织各维抢修队伍参加特级动火作业26处，全年自主动火完成率达62%。针对136条涉油管道穿越大中型河流编制"一河一案"，坚持"以演练促实战、以实战促提升"，模拟鲁宁线邹城市白马河段突发原油泄漏组织开展公司级应急演练，勠力提升水体溢油事件抢险处置能力。

（崔　璇）

【安全环保】 2023年，山东省公司以"标准化建设与能力提升年"和安全管理强化年行动为主线，时刻践行"三个一切"QHSE理念。公司各级领导人员深入现场开展"有感领导"活动687人次，充分发挥"头雁"效能。组织层层签订安全环保责任书，编制完成并迭代更新三版基层岗位"一岗一清单"。明确"一企两清单"，组织辨识重大安全环保风险12项、排查较大隐患66项，高质量编制33个《重大安全环保风险管控方案》、32个《较大及以上安全隐患治理方案》，全年实现5项重大风险降级、54项较大隐患销项。实施重大事故隐患专项排查整治行动，推进燃气隐患排查治理行动，实现石油液化气灶全面清零。对15座站（库）开展中小型油气储存基地自查评估和专项整治，实现日照油库风险降级。紧盯中央巡视和国家审计关注重点，积极推进鲁皖二期K284处污染治理，经省级机构评估风险受控。完成新东营站重大危险源备案和停运管线涉及的6处重大危险源核销。完成7条共3903千米管线的安全评价工作。全年开展现场督查23次，覆盖站场80座，发现并整改问题940项。发布《曝光台》12期，宣传好的做法18个，通报典型问题195项。首次发布"低老坏"问题图册，促进现场问题整改。紧盯交通安全"灰犀牛"风险，升级车载北斗终端，通报交通违章情况，2023年车辆总报警率同比下降98.8%，全年安全行车1363万千米无事故，其中11月和12月连续2月实现零违章。狠抓直接作业环节安全管理，1114名企内监护人和846名承包商监护人取得监护人证书。全面宣贯作业许可流程，发布管线打开作业"白名单"，分介质细化编制特级动火作业方案模板，严格落实双检测、双监护，全年办理高风险作业票证12706份，所有作业均安全稳妥完成。开展体系运行提升专项指导，国家管网集团全要素审核，问题数量同比下降33%，排名进一步提升。推进安全环保流程和HSE管控一体化平台应用，编制完成26个L5—L6活动操作指导书，开展流程遵从度评估，实现制程融合率、流程整体遵从度、HSE管控一体化平台使用率均为100%。组织2613人参加全国"安全生产月"答题，2743人参加山东省应急普法知识答题竞赛，召开山东省公司首次QC成果发布会，发布成果12项。加强专职消防队建设，在国家管网集团消防比武邀请赛中，获得团队银牌、个人铜牌的优异成绩。开展应急管理标准化建设，修订发布"1+1+13"项应急预案，针对三种介质28种风险，编制43种应急处置措施，统一现场处置方案、应急处置卡和灭火救援"一罐一案"。组织3次公司级应急演练，有效锻炼应急队伍的现场处置与应变能力。

（许　婷）

【科技创新】 2023年，山东省公司克服科技工作起步晚、底子薄、项目少等问题带来的压力，在体制创新、队伍建设、成果推广等方面狠下功夫，持续加大科技攻关力度，助推多项科技项目取得"零突破"的好成绩。"全国产化PLC"项目在原油、天然气场站试点运行，加快核心装备自主可控研究进程；东临复线恒温输送技术研究落地见效，彻底解决东临复线冬季频繁冷热交替输送带来的潜在安全隐患；科技研发投入450万元，实现零的突破；超额完成"PCS管道控制系统软件"科技成果推广任务，国产化PCS系统软件在58座站场推广87套，节约软件采购费用约1305万元；申报发明专利2项，实用新型专利6项。

（刘琪）

【企业管理】 提速推进国企改革深化提升行动。2023年，山东省公司高标准制定实施方案和工作台账，细化分解34大项89小项改革任务、141项改革措施，实现改革工作"横向到边、纵向到底"全覆盖；将推进改革深化提升行动与实施"五个坚持"总体方略统筹起来，建立"实施—评估—反馈—修正"的闭环落实机制，各项改革实现高标准、高质量、高效率推进落实。扎实推进对标世界一流企业价值创造行动。全面对标国内数字化智能化先进企业以及国际管道企业，聚焦"盈利能力、竞争能力、可持续能力"三个评价维度，制定实施方案，细化分解32项具体工作任务，把价值创造融入公司管理运营各环节；编制《国际一流管道公司管理模式及指标体系》，与世界一流管道企业意大利SNAM等公司对比对标，为两级管理改革顶层设计提供参考样板。广泛加强战略合作。积极与鲁信集团开展高频次、多层面深入对接，积极推动"一干两支"（北干线、中俄东线聊城支线、莱州—平度支线）项目合资合作，完成北干线公司财务、法律、人力资源尽职调查，开展多轮谈判，多项分歧达成一致意见；进一步壮大"朋友圈"，深化与东明石化、鲁清石化等企业合作，东黄复线重新启输等合资合作项目顺利开展；制订中长期发展规划。承接国家管网集团规划，全面对接山东省油气"十四五"发展规划，编制《山东省公司发展规划（2024—2028年）》和《山东省发展规划（2023—2030年）》，山东省公司发展方向、目标和战略部署更加清晰；持续加强与山东省政府沟通，将国家管网集团"十四五"发展规划中期评估、分省规划的重点项目全部纳入山东省油气"十四五"发展规划，为山东省新旧动能转换贡献"管网力量"。完善经营业绩评价体系。理顺经营业绩评价工作机制，规范考核时间节点、考核范围与内容，修订考核细则54项，形成标准统一的经营业绩评价体系；签订绩效合同20份，做到目标责任明确、考核全面覆盖；强化效益和薪酬挂钩，对取得成效的单位和项目予以表彰奖励，发挥经营业绩考核的"指挥棒"作用。将精益管理贯穿到战略闭环各环节。强化战略执行严肃性，健全山东省公司"战略规划、经营计划、战略执行、业绩评价、考核奖惩"战略闭环管理机制，开展"主官用数"看板展示，对经营计划关键指标进行动态跟踪分析，抓好亮灯预警和动态纠偏，确保经营计划落地见效。

（刘士元）

【企业党建工作】 坚持大抓基层鲜明导向，持续推动基层党组织全面进步全面过硬。2023年，山东省公司以"五个抓实"为工作主线，扎实开展学习贯彻习近平新时代中国特色社会主义思想主题教育，得到国家管网集团督导组充分肯定。结合所属单位业务特点制定《党建工作责任制考核评价实施细则》，2023年1月至3月，完成对所属单位首次考核评价；全年开展党务干部示范提升培训2次、履职测试2次，率先实现党支部书记100%持证上岗，专业化分工持续增强。大力实施党支部标准化建设工程，编制党支部标准化建设工作方案，制定量化指标大表，出台规定动作指南，提炼"一二三工作法"，促进建设流程化；建立区域党建常态化督导机制，组建鲁东、鲁中、鲁西3个督导组督导党支部78个，实施"1+1+1"重点帮扶计划，为53个党支部量身制定成长提升计划，得到国家管网集团肯定；授牌"先进党支部"18个，党支部达标率提升至100%，未达标党支部全面清零，标准化建设水平实现质的飞跃。启动党委班子成员"双示范"创建，做深做实"双建"活动，开展支部共建592次、专业联建44次。以"扎根山东、贡献管网"为核心，创建"1+N+N""齐鲁先锋"党建品牌体系，打造优秀共产党员事迹报告会等先锋平台5个，形成青岛作业区黄岛原油库"启航1973"、泰安作业区新时代"挑山工"等党支部特色品牌103个，组织品牌活动119次，总结典型案例16个，品牌矩阵初步形成。在老旧管道隐患整治、青宁线青岛LNG至泊里站管道投产等工作中，开展岗位建功、岗位奉献活动157次，党组织战斗堡垒和党员先锋模范作用有效发挥。

（肖　雯）

【企业文化】　2023年，山东省公司纵深推进铁军文化建设，编制《山东省公司准军事化管理手册》，召开铁军文化建设现场交流会，开展"涵养铁军文化、永葆奋斗激情"主题实践活动，开展"立足区域改革打造高素质管网铁军"课题研究，济南维抢修中心、潍坊作业区案例入选国家管网集团铁军文化案例集，"齐鲁先锋"先进事迹入选《管网之韵》文集，铁军文化建设取得显著成效。编印《齐鲁铁军文集》《山东省公司改革发展纪实》，召开英模事迹宣讲会，开展"双模推荐""两优一先"评选等工作，典型作用进一步发挥，齐鲁管网铁军形象更好展示，进一步凝聚奋进新征程的动力。加强精神文明建设，年初部署道德建设、志愿服务、争创文明单位、用好红色资源、防范处置邪教及非法宗教渗透等工作。不断完善员工思想动态研判机制，坚持做好"一人一事"思想政治工作，及时开展中层领导与一线员工谈心谈话、支委与党员谈心谈话等工作，通过正向引导，不断激发干部员工干事创业的热情，凝聚起积极向上、奋勇争先的强大力量。

（金　城）

【人才建设】　2023年，山东省公司深入贯彻落实国家管网集团"筑基""储备""增输""升顶""名匠"等5个人才强企专项计划，印发《山东省公司党委关于贯彻落实〈国家管网集团人才强企专项计划实施方案〉的二十条措施》及《全员能力素质提升专项行动方案》，大力开展基层员工队伍基本功训练，筑牢立企强企人才根基，推动人才建设工作走实走深。建立基层员工队伍基本功训练月报与典型做法推广机制，发布15期基本功训练月报，进行15次典型做法分享，组织实施公司级年度培训项目48项，基本功训练期间累计开展培训3336期，培训总学时25314个，参与培训28230人次。每半年举办一期基层员工队伍基本功训全员考试，至2023年12月，平均分由89.01分提升至93.80分，合格率由84.19%提升至95.80%，基层员工队伍能力素质得到全面提升。组织开展9个工种全级别职业技能等级认定，鼓励员工申报第二工种，全力提升一线操作人员的技能等级认定等级。全年完成714人次技能等级认定考评，124人次取得高级工资格，41人次取得技师资格，16人次取得高级技师资格。双证上岗率达44.7%，在国家管网集团2023年消防比武中获得团队银牌、个人铜牌，为两级管理改革"大岗位、大工种"的管理奠定基础。按照国家管网集团职称评审相关制度，以品德、能力、业绩为导向，修订量化评价标准，严格评审资料审核，严肃评审会议管理，公平公正规范开展各项评审工作。首次打通技能人才成长通道，将岗位工作相近或一致的高级工及以上技能人员纳入职称评审申报范围；首次在评价指标中增加送审论文评分项。在5月、12月组织职称评审两次。5月组织政工系列高级职称评审推荐，摸底申报7人，正式申报6人，通过国务院国资委正式评审3人，通过率50%。12月组织工程技术系列正高级、高级、中级和初级职称评审，会计系列和经济系列高级职称评审、中级及以下职称资格认定，政工系列中级、初级职称评审。其中：工程系列高级职称摸底112人，指标内申报70人，通过人数39人，通过率56%；经济系列高级职称摸底2人，指标内申报2人，通过人数1人，通过率50%。通过进一步规范优化职称评审工作，激发人才创新创造活力，助力公司高质量发展稳步推进。

（董玉斌　赫利芳）

【**两级管理改革**】　2023年，山东省公司成立主要领导挂帅的两级管理工作领导小组，统筹负责两级管理改革工作，深入分析改革中的难点和制约因素，组织专班编制《两级管理工作方案》，选取典型作业区开展改革试点，全面推广实施两级管理。通过研究国外先进管道公司资料，遴选出管理幅度、管网密度与山东省公司相似度较高的意大利SNAM公司进行对标。结合主题教育基层调研发现的执行力衰减、基层负担重、技术力量弱、专业统筹不足、考核机制不健全和劳动生产率低下等6个深层次管理问题，制定《两级管理改革方案》。2023年11月，选择难度最大、管道情况最复杂的济南作业区作为试点，制定实施细则，开展改革实践探索。系统研究员工关注的基层分流、成长通道等热点问题，做出统一答复。自开展改革以来，已取得阶段性成效，安全管控能力全面提高，作业区安全、生产、管道、党建等专业人员全部到生产一线，所有专业实现AB岗全覆盖。同时，管理范围压缩至1.5小时车程以内，风险管控有效性和应急响应能力得到增强；作业区原有的329项职责减至248项，困扰基层多年的报表多、台账多、人工算、重复报等一系列问题得到基本解决。

（董玉斌）

国家石油天然气管网集团有限公司液化天然气接收站管理分公司

【**概况**】　国家石油天然气管网集团有限公司液化天然气接收站管理分公司（简称液化天然气接收站管理公司）于2020年12月26日正式成立，注册于天津市滨海新区，主要负责对国家管网集团所辖液化天然气接收站业务进行集中统一管理，履行安全环保管控责任，优化各接收站间生产资源配置、做好客户服务和快速响应能力，提高专业化管理水平。截至2023年12月31日，液化天然气接收站管理公司设置9个职能部门（综合管理部（党委办公室）、党委组织与宣传部（人力资源部、群众工作部）、规划与工程部、财务部、综合监督部（党委巡察办）、生产部（LNG调度中心）、市场部、安全与信息部（LNG安全环保监督中心）、纪委办公室），下辖7家接收站（大连LNG公司、天津LNG公司、深圳LNG公司、粤东LNG公司、北海LNG公司、防城港LNG公司、海南LNG公司）、1家专业维抢修公司和1个LNG冷能综合利用项目部，在册员工1125人（包含职能部门65人），平均年龄36岁，企业关键岗位人员56人，平均年龄46岁，正职21人、副职35人。主要经营范围是LNG运输服务、海底管道运输服务、普通货物仓储服务、工程和技术研究和试验发展、技术服务、技术开发、技术推广等。运营管理的7座接收站分布在中国由北到南的绵长海岸线，覆盖环渤海经济圈、珠三角经济圈和北部湾经济圈，总接收规模3060万吨/年，占全国的23.5%；总罐容328万立方米，储气能力20.6亿立方米，占全国17.8%。

【生产经营总体情况】 2023年，液化天然气接收站管理公司坚持以习近平新时代中国特色社会主义思想为指导，全面贯彻落实党的二十大精神，认真贯彻落实中央经济会议精神，坚持稳中求进工作总基调，完整、准确、全面贯彻新发展理念，主动融入和服务新发展格局，着力推动高质量发展，更好统筹发展和安全，深入实施"四大战略"，深入推进"五大攻坚战"，大力实施"五个坚持"总体方略，坚定不移全面从严治党，突出做好保安全、保增量、保稳定工作，有效防范化解重大风险，加快打造服务卓越、品牌卓著、创新领先、治理现代、与众不同的中国最大的接收站运营商。全年完成LNG加工量1757.41万吨，同比增长20.7%，实现主营业务收入62.52亿元，完成年度预算的109%，同比增长19.63%。账面净利润24.45亿元（不含商誉减值），完成年度预算的148%，同比增长39%。

所属单位净利润完成情况

序号	所属单位	2022年完成(亿元)	2023年完成(亿元)	2023年预算完成率
1	深圳LNG	9.49	11.10	109%
2	粤东LNG	3.11	6.12	110%
3	天津LNG	1.42	3.77	130%
4	海南LNG	5.08	3.32	624%
5	北海LNG	−1.41	0.86	419%
6	大连LNG	0.09	0.71	97%
7	福建应急维修	—	−0.26	94%
8	防城港LNG	−0.94	−1.33	93%

【生产运行】 2023年，液化天然气接收站管理公司充分发挥背靠"全国一张网"优势，优化生产运行模式，持续推进站管库协同，助力管道输量168亿立方米。以福建应急维修公司为平台，稳步推进两级维抢修体系建设，机电仪外包人员数量由2022年的130—150人减至60—70人，核心专业、关键设备等自主维修达95%以上，其中仪表自动化专业、LNG卸料臂大修实现自主维修，生产运维更加高效。强化能源管理及损耗管控，全年单位能耗为32.96千克标准煤/万米^3，低于国家管网集团考核指标23%，同比下降19.72%。在仪表自动化专业方面实现国产化突破，开展LNG辅助靠泊系统、中控系统国产化升级改造，特别是天津LNG完成中控系统从浙大中控和罗克

韦尔组合模式全部替换成和利时系统，其中罐表系统国产化尚属国内首次。

【冬季保供】 2023年，液化天然气接收站管理公司持续深化"冬夏一体化"运行，扛稳冬季保供政治责任，调峰能力达2.1亿米^3/日（7家接收站外输能力增至1.44亿米^3/日，储罐罐容增至328万立方米，外输通道新增蒙西管道、广西支干线、浮洋干线、潮阳支线、普宁支线），有序做好设备设施维检修工作，完成LNG监视中心（应急指挥中心）可行性研究合同及组建方案变更。冬季保供期间组建过渡调度中心，利用低代码平台实现数据监视及应急指挥前哨功能，顺利完成保供任务。

【工程建设】 2023年，液化天然气接收站管理公司坚持战略引领，评估优化国家管网LNG接收站中长期发展规划，海南LNG二期可研通过审核论证，粤东LNG二期完成资源市场专题论证，冷能利用项目方案完成评审。做实建管融合，粤东LNG外输配套管道剩余65千米管线一次投产成功并移交广东省管网公司；聚焦龙口、漳州、迭福北等在建项目，提升自动化控制系统，合理增加船舶返装功能。强化过程管控，天津LNG二期工程完成主体工程建设，粤东LNG气化外输扩能项目顺利实现投产，北海LNG二期完成全球首次智能化双罐升顶，新增罐式集装箱装车撬项目主体完工。天然气储气能力增至33.5亿立方米（含龙口、漳州），气化外输能力增至1.44亿米^3/日。聚焦质量安全，紧盯高空、吊装和临时用电等高风险作业，突出关键工序检查及"低老坏"问题整治，建立健全LNG接收站项目施工质量安全问题数据库。

【市场开拓】 2023年，液化天然气接收站管理公司创新开展保税转运、小船加注、船舶冷舱等新产品新服务，形成南北呼应面向国际市场新格局，海南LNG保税转运量亚洲第一，深圳LNG年加工量突破500万吨。稳固基石客户，拓展第二梯队，托运商总数达28家，全年第二梯队加工量达224万吨，市场开拓再结硕果。践行"以客户为中心"理念，进一步完善接收站公平开放规则，常态化开展客户调研走访，收集客户需求，全年累计走访、拜访客户560余次，收集有效客户需求和建议36条，不断改进服务方式方法，提高客户管理水平，与客户共同发展、共同成就。

【安全环保】 2023年，液化天然气接收站管理公司深化双重预防机制建设，强化安全环保履职能力提升，持续压实全员安全生产责任，安全管控全面夯实，国家管网集团体系审核发现问题数量同比下降72%，大连LNG、北海LNG等通过国家管网集团标准化站队审核验收。全年开展各类安全环保检查116次，整改隐患问题1608项；开展综合应急演练11次、专项应急预案演练30次、现场处置方案演练379次。开展环保合规排查，动态推进危险废物转移，定期开展环境监测，确保达标排放，大连LNG完成危废暂存间项目建设、海南LNG通过调整工艺确保装卸船作业无BOG放空损耗，全年二氧化碳排放43万吨、甲烷排放88.73万吨，同比分别下降1.49%和48%。

【科技创新】 2023年，液化天然气接收站管理公司秉持流程、制度、数据、IT"四位一体"建设思路，高效推进数字化转型和流程变革工作，按期完成流程推广运营四项工作任务，L1认证全员通过率98%，13个典型经验入选标杆选树典型案例库。扎实推进"工业互联网＋安全生产"试点建设，自动化提升、安全作业管理平台等应用成果先后获得省部部委奖励4项、国家管网集团奖励3项、行业奖励2项。统筹推动"产学研用"深度融合，低温潜液泵关键技术获中国机械工业科学技术奖一等奖，顺利完成国产化设备鉴定成果。着力推广关键系统和技术国产化成果转化应用，在建工程国产化率达95%以上。持续加强智能化建设，统筹推进接收站一键启停功能改造，大连LNG"智能协同作业"、深圳LNG"危险作业自动化"2项智能应用场景，入选工业和信息化部、国家发展改革委等五部委2023年度智能制造优秀场景。

【企业管理】 2023年，液化天然气接收站管理公司不断加强和完善公司治理，深入推进"三项制度"改革，机构压减32%，定员压减17%，用工效率稳步提升。纵深推进企业关键岗位任期制与契约化管理，建立健全市场化经营机制，统一完善基本工资制度，推动实施薪酬激励机制。深耕"双百企业"试点建设，推动股权工作标准化，落实董事会五项重点职权，完善新型经营责任制管理机制，董事会治理效能得到有效发挥。深化严肃财经纪律和百日行动自查及问题整改，研究建立问题防范长效机制，规范成本费用预提，优化成本定额，推进预算管理走深走实。

【提质增效】 2023年，液化天然气接收站管理公司持续深挖提质增效，打好"加减乘除"组合拳，出台新产品配套价格方案。制定外包优化工作方案，压减核心业务外包人员192人，提前一年完成总体压减指标，其中防城港LNG非核心业务外包一次性压减近60%。统筹资金流入流出，强化贷款额度调配，推动贷款利率下调，全年节约0.95亿元。抓实节能降耗管控，生产单耗降至32千克标准煤/万米^3。全年提质增效4.1亿元。

【党建工作】 2023年，液化天然气接收站管理公司深入学习贯彻习近平总书记关于党的建设重要思想和全面从严治党重要论述精神，不断提高政治站位，增强政治自觉。聚焦"学思想、强党性、重实践、建新功"的总要求，扎实开展学习贯彻习近平新时代中国特色社会主义思想主题教育工作。坚持大抓基层的鲜明导向，抓紧抓实两级党委主体责任，推进党的政治优势和组织优势转化为发展优势，LNG红色堡垒进一步建强。高效推进巡视、审计、党建工作责任制考核等历次检查和主题教育对照检视问题整改，深入剖析、举一反三，推动党建质量进一步提升。压紧压实全面从严治党主体责任，常态化开展政治监督和日常监督，运用"第一种形态"批评教育、通报诫勉31人次，开展主责约谈103次，推进全面从严治党向纵深发展，政治生态更加风清气正，党组织建设更加坚强有力。

【企业文化】 2023年，液化天然气接收站管理公司坚持"党管宣传""党管意识形态"，以年度重大任务为主线，筑牢内外宣平台阵地，提升主流媒体、国家管网集团平台和多媒体稿件上稿率。内宣平台发稿3292篇、推送国家管网集团230篇、外部媒体发稿148篇，微信公众号推送268条，视频号推送15条，其中大连国际转运首船、天津LNG二期二阶段项目一次投产成功等新闻在央视播出。聚焦热点话题，亮相第五届液化天然气大会、客户手册正式发布等新闻引起强烈反响，天津二期二阶段项目投产、大连保税转运首船报道等均登上央视新闻。组织"媒体开放日",提升公众影响力,大连LNG、粤东LNG等单位邀请外部融媒走进接收站,为公司改革发展营造良好舆论氛围。液化天然气接收站管理公司主题教育开展情况多次"亮相"国家管网集团主题教育专栏、官微和简报。开展特色文体活动,加强共建交流,丰富员工生活,用心守护职工心理健康。

【人才建设】 2023年,液化天然气接收站管理公司聚焦培养高素质干部队伍,选优配强本部和基层领导班子,提拔和调整企业关键岗位人员21人,选人用人满意度升至96.8%,高于国家管网集团所属企业平均值。着力打造专业化技术技能人才队伍,全面完成职位序列套改,选拔聘任公司首批业务专家19人、技能能手59人,高质量完成储运工等4个专业职业技能等级认定317人次,选拔内训师110名,多元化招聘补充基层一线人员95人,人才梯队基本成型。创新推行"菁英计划",搭建大学生培训、见习、轮岗实践等框架体系,累计培养74人次。强化基本功训练,成功举办液化天然气接收站管理公司第二届技能大赛,组织开展班组长、关键设备检维修等系列培训班,累计培训1789人次,LNG铁军整体作战能力再上新台阶。

（李海娜）

国家石油天然气管网集团有限公司华南分公司

【概况】 国家石油天然气管网集团有限公司华南分公司（简称华南公司）隶属于国家石油天然气管网集团有限公司,2020年9月9日成立,注册地为广东省广州市,2020年10月1日正式运营。2023年底,华南公司设10个职能部门、2个直属中心,在管道沿线设8个输油部（分公司）,另根据管道建设需要,设若干个工程项目部,员工总数1410人,资产总额198亿元。

华南公司负责运营管理着西南成品油管道、珠三角成品油管道和钦南柳成品管道,总里程6431千米,覆盖广东、广西、贵州、云南、四川、重庆等六省（自治区、直辖市）,拥有油库2座（总库容44.6万立方米）,年输送能力达3150万吨,累计输油超3.5亿吨。

2023年是全面贯彻落实党的二十大精神的开局之年,也是华南公司迈上高质量发展新征程的起步之年。华南公司在以习近平同志为核心的党中央和国家管网集团党组的坚强领导下,团结带领全体干部员工,深入学习贯彻习近平新时代中国特色社会主义思想和党的二十大精神,坚持一以贯之高质量开展主题教育,全力配合国家审计、举一反三做好联动整改,大力实施"五个坚持"总体方略,打好打赢"五大攻坚战",扎实开展"夯实基础管理年"活动,稳妥有序推进"去中心化"作业区改革,加快建设世界一流企业、实现高质量发展,主营业务收入、利润总额等关键性经营业绩指标实现"三连增"。

2023年,国家管网集团董事长、党组书

记张伟深入华南公司南宁作业区党支部开展主题教育调研，对提升基层党支部党建工作水平进行专题调研指导。国家管网集团党组领导何仲文、姜昌亮、王德华、杜业栋、王振声等先后到华南公司本部或所属单位开展调研检查，进行工作指导。

2023年6月7日，国家管网集团董事长、党组书记张伟在华南公司南宁作业区调研检查（杨君琳 摄）

华南公司主要经营（运营）指标

指　标	2023年	2022年
成品油管网输量（万吨）	3290	2962.11
资产总额（亿元）	198.46	193.06
营业收入（亿元）	33.60	31.46
管输收入（亿元）	33.46	31.39
利润（亿元）	10.5	9.28

【主题教育】 2023年，学习贯彻习近平新时代中国特色社会主义思想主题教育启动以来，华南公司党委坚决将其作为重大政治任务摆在突出位置，在国家管网集团第三指导组、第三巡回督导组的悉心指导下，牢牢把握"学思想、强党性、重实践、建新功"总要求，紧紧锚定目标任务，突出政治底色、央企本色、行业特色，不划阶段、不分环节，有序推进第一、第二批主题教育，在以学铸魂、以学增智、以学正风、以学促干方面取得良好成效。坚定不移用习近平新时代中国特色社会主义思想凝心聚魂，两期主题教育举办读书班25期，组织专题辅导讲座19次，推动党的创新理论学习入脑入心、见行见效。坚持大兴调查研究之风，用好"深、实、细、准、效"五字诀，选定调研课题66个，精心编制调研方案，现场办公解决问题244项，制定成效清单201项，确保调查研究成效转化为推动公司高质量发展的务实举措。坚持"当下改"与"长久立"融合推进，制定"以学铸魂、以学正风"和"以学增智、以学促干"2个专项行动方案，推行领导干部"积分制"动态管理，运用12项考核事项清单，引导全员用"苦干实干"诠释"对党忠诚"、用"三老四严"诠释"干净担当"、用"四个一样"诠释"让党放心"，持续巩固拓展主题教育成果。

2023年4月20日，华南公司开展学习贯彻习近平新时代中国特色社会主义思想主题教育动员部署（杨君琳 摄）

【党建工作】 2023年，华南公司党委坚持以习近平新时代中国特色社会主义思想为指导，全面贯彻落实党的二十大精神，旗帜鲜明坚持党的全面领导，围绕国家管网集团党建工作总目标，聚焦"做出铁军特色、走在奋进前列、形成卓越品牌"的红色能源动脉党建品牌建设扎实推进党建工作，引领保障公司高质量发展迈出坚实步伐。坚持把党的政治建设摆在首位，坚定不移贯彻落实习近平总书记建设"平安管道、绿色管道、发展管道、友谊管道"要求，引导干部员工切实用履职尽责践行"最讲政治"、做到"两个维护"，用敬业精神践行"最有信仰"、捍卫"两个确立"，坚决扛稳油气保供政治责任和安全生产主体责任。组织召开华南公司第一次党员代表大会，全面践行"3334"专项工作思路和发展规划，确立"政治建企、思想铸魂、打造铁军、文化引领、追求卓越"的总体原则，朝着"三年夯基础，六年站排头，十年创一流"的目标奋勇前进。深入贯彻落实国家管网集团党组关于党建工作决策部署，突出在"统筹、做实、创新、融合、强基"上狠下功夫，以"六抓六促"（抓基层促提升、抓"双建"促提升、抓典型促提升、抓队伍促提升、抓合力促提升、抓创新促提升）为着力点全面提升基层党建工作质量，扎实推进铁军队伍建设，着力打造以"军营文化"（即对党忠诚、让党放心）为内核的"放心文化"，充分发挥好党组织战斗堡垒作用和党员先锋模范作用，督促领导干部自觉做到"六个在前"（政治理论学在前、思想工作做在前、铁军队伍走在前、急难险重冲在前、规章制度守在前、追求卓越干在前）。

2023年2月16日，华南公司召开第一次党员代表大会（杨君琳 摄）

【安全生产】 华南公司深入学习贯彻习近平总书记关于安全生产重要论述精神，坚持安全生产"先于一切、高于一切、重于一切"，扎实开展"安全生产之工作质量提升大讨论"活动，以过程高质量实现结果高质量，不断筑牢安全生产堤坝。全面落实国家管网集团"安全管理强化年"工作部署，深化"三湾改编"落实落地，坚持理念创新、管理创新、机制创新、技术创新、文化创新统筹推进"安全生产攻坚战"，持续提升QHSE管理体系审核质量，华南公司QHSE管理水平提升至B2级，员工体系思维明显进步，内审员能力持续提升。严格落实"安全生产十五条"硬措施，深入推进风险辨识管控和隐患排查治理，推动安全生产形势持续稳定向好。聚焦"低老坏"问题整治，全面加强直接作业安全管控，做到"事前必须推演、事中必须监管、事后必须复盘"，在作业过程中做到"凡作业必按程序、凡操作必有监护、凡变更必做研判、凡异常必究原因"，始终坚持"凡事有人负责、凡事有章可循、凡事有规可依、凡事有据可查"，严格落实异常事件"四不放过"要求和"事后复盘"机制，使"第一次把事情做对，次次改善提升"成为华南公司全员工作理念，切实履行好输油保供天职，担当好安全生产天责。

【生产运行】 华南公司坚决把生产运维业务作为生存发展的基石，扎实做好调控运行、储运设施运维和冬季保供等重点工作，全力以赴确保管道安全平稳高效运行。2023年，华南分控中心负责调控运行的西南成品油管道、珠三角成品油管道等8条管道，安全平稳完成560个批次输油计划，累计输送原油、成品油3905.8万吨，调控操作实现"零失误"。扎实开展"设备再认识、原理再学习、回路再梳理"活动，有序推进设备预防性维修、仪表设备自动化系统"春检"、电气设备预防性试验、外供电线路周检等工作，统筹开展输油泵等关键设备问题整治，持续提升设备设施安全可靠性。高效完成百色、花都等8座站场老旧SCADA系统的国产化改造和15座手动阀室改造，成功实现12座站库共用控制系统重大风险消减降级，持续提升工控网络安全管理和管道设备设施自动化水平。坚持"持续改善"工作理念，不断深化基层站队标准化建设，27个作业区标准化建设达标率100%。

施工等风险纳入日常管控范围，以管道风险管控的确定性来预防突发性的"黑天鹅""灰犀牛"，实现"天空地""防护巡"一体化联动。广州维抢修中心作为国家管网集团十大维抢修中心之一，成功揭牌并投入实质性运行；坚持"以干代练"提升维抢修实战能力，全年自主完成B型套筒焊接30处、开孔封堵作业17处，积极参与地方政府应急综合演练，充分展示管网铁军风采。

2023年3月24日，国家管网集团油气调控中心华南分控中心正式揭牌（杨君琳 摄）

2023年8月25日，华南公司在重庆组织召开成品油管道天空地防护巡一体化试验项目成果鉴定会（杨君琳 摄）

【管道管理】 华南公司扎实开展"管道大摸底、隐患大排查、管理大提升"活动，持续夯实管道管理基础，努力做到情况明、底数清、做到位、质量优。2023年，完成2103千米管道内检测任务，实现管道第二轮内检测和第一轮外检测全覆盖，成为国家管网集团唯一完成全线基线检测的地区公司。攻坚修复管道本体缺陷1257项、补口带腐蚀208项，重点开展典型干扰段、内外腐蚀严重段、山区石方段的阴保问题和防腐层漏点排查治理，分类分级处置存量管道占压730项，持续提升管道本质安全水平。综合运用"空基"卫星、"天基"无人机、"地基"光纤、视频AI监测、阴保监测等9项感知技术，将管道周边的地灾、第三方

【市场开发】 华南公司始终秉承"以客户为中心、为客户创造价值"市场开发理念，发扬"想尽千方万计、踏遍千山万水、道尽千言万语、历尽千辛万苦"的"四千四万"精神，牢固树立"人人都是服务员"的观念，以细心周到的服务充分发挥好"X+1+X"油气市场体系中"1"的作用。组织制定年度市场开拓攻坚战实施方案，联合基石托运商因地制宜合作开展23个流向"管道+铁路"联运，实现钦南柳管道汽油常态化顺序输送，坚持经营计划执行情况通报分析及亮灯提醒，超额完成国家管网集团下达的经营计划任务目标，获成品油管输业务2023年度市场开拓先进集体。聚焦管输资源流向优化，实现西南成品油管道川渝支线首次汽油、柴油顺序输送，打通西南成品油

管道长坡—曲靖段反输瓶颈，进一步优化西南成品油管道南北线管输资源流向，整体管输负荷率同比提高5个百分点达79%，华南公司成品油管网增输创效能力不断提升。贯彻落实"三个服务"企业宗旨，成功承办国家管网集团与中国石油成品油市场营销座谈会，与5家潜在客户签订完成战略协议，在实现向军队成品油管输第一单基础上，顺利建成军队国储联通项目，走出军队和国储油品战略输送特色服务"新路径"，持续加大华南公司成品油管网公平开放力度。

级、林地手续补办等遗留问题整改取得突破性进展。组织实施工程建设高质量发展专项整治与提升行动方案，从施工、合同、招标、物资、项目规划前期与设计、承包商及供应商管理等方面全面对照查摆，持续提升工程建设管理水平。

2023年3月17日，国家管网集团与中国石油成品油市场营销座谈会在穗召开（杨君琳 摄）

2023年4月22日，华南公司揭阳联通管道工程正式开工（杨君琳 摄）

【工程建设】 2023年，华南公司坚持"一切为了员工、一切为了发展、吹响奋进号角"工作思路，以"抓项目一刻也不能松、项目建设一天也不能等"的鲜明导向，奋力推进工程建设攻坚战，为公司高质量发展提供强大物质基础。贵渝线久长油库支线项目初步设计及珠三角管道惠州储备库配套项目、南沙支线项目可行性研究报告获国家管网集团批复。组织开展工程建设"百日决战"活动，钦南柳管道南宁油库新增地付设施、贵渝线白云国储158油库支线、北昆线蒙自油料库支线等项目建成具备投产条件，揭阳联通管道项目总体工程进度达85%，珠三角管道二期项目水源地降

【科技创新和数字化】 2023年，华南公司深入学习贯彻习近平总书记关于创新是第一动力的重要论述精神，全面落实国家管网集团"创新立企强企"方略，在安全生产、自主可控、高效运行、低碳与新能源等关键核心技术方面持续攻关取得突破，获评国家管网集团2023年度科技创新先进单位。牵头编制完成"成品油管道质量控制技术"主体技术图谱，系统布局8大专业30个技术攻关方向，逐步建立起支撑成品油管网安全输送、高效运行、价值服务的技术体系。聚焦关键设备自主可控，大力推进成品油管道核心装备国产化进程，高精度振动传感器、雷达液位计等7类国产化设备投入工业试验，在茂名、湛江、高明等15座输油站推广应用油品界面仪，成品油管道设备国产化率提升至95%。大力推进光伏、余压、储能等低碳与新能源技术应用，有效提升用能效率；开发的成品油管道智慧用能决策系统，实现输油站生产生活用电在线监测，获评国家管

网集团首届"星火杯"数字化转型应用大赛工业互联网应用一等奖。加速制程融合进度，强化数据治理，自主开发低代码应用154项，持续培育数字化转型标杆站场，积极推动数字化转型落地见效，穿透到最基层。全力推进国家管网集团生产运行管理系统数据直采工作，直采率集团内首家达100%，更好为基层减负，服务保障安全生产。

2023年5月17日，华南公司正式发布制程融合成果（杨君琳 摄）

【"去中心化"作业区改革】 2023年，华南公司坚决贯彻落实国家管网集团"改革立企强企"方略，按照"工作的重点难点在哪，中心站场就在哪"的"去中心化"原则，探索推进具有华南特色的"去中心化"作业区模式改革，高效建成27个作业区，推行由"站线管理"向"区域管控"转变，进一步优化人力资源配置，充分发挥整体资源优势，扎实推进作业区"运检维一体化"，提高生产管控效率，全面提升站场设备的可靠性和一线员工"风险识别、风险管控、应急处置"三种能力。

【"夯实基础管理年"活动】 华南公司深刻认识到2023年是"扎根夹缝求生存，夯实基础固根基"的起步之年，做到强基固本、稳扎稳打，精益求精提高工作质量，凝心聚力铸造铁军队伍。研究制定《国家管网集团华南公司"夯实基础管理年"活动实施方案》，系统安排部署7方面44项具体工作，重点推动战略规划、提质增效、体系建设、沟通协调等基础工作稳步提升，朝着"三年夯基础、六年站排头、十年创一流"的奋斗目标迈出坚实步伐。

【合规管理】 2023年，华南公司始终把坚持依法合规治企作为贯彻落实习近平法治思想的实际行动，坚定不移将风险防控贯穿到经营管理全过程，为公司高质量发展提供强有力保障支撑。狠抓合规管理体系建设，坚持"管业务必须管合规"，全面梳理明确部门（单位）合规管理职责，修订完善内部控制手册，稳步推进授权赋能工作，着力提升依法合规治企水平。强化合同管理"低老坏"问题整治，积极解决法律纠纷案件，加强全员普法教育宣传，扎实开展法治管网建设。加大合规问题通报查处力度，重点查处通报违规典型案例，对屡查屡犯、明知故犯的问题从严定责、严肃考核。

【铁军队伍建设】 2023年，华南公司深入学习贯彻习近平总书记关于做好新时代人才工作的重要论述精神，坚持拼搏奋斗、精益求精、追求卓越，聚焦"五铁、五零"（铁的信仰"零掉队"、铁的本领"零死角"、铁的担当"零问题"、铁的作风"零差距"、铁的纪律"零缺陷"）工作标准，着力打造堪当高质量发展重任的管网铁军。坚持以（准）军事化管理建强铁军队伍为主线，着力打造"热带雨林"生态系统，引导干部员工"向下扎根、向上而生、向善而行"，肩负起保障能源安全、守护美好家园的神圣使命。构建分层分类、差异化培训体系，坚持"大专业、大岗位"常态化组织员工理论答题和实操培训，健全"周小考、月实操、季大考、半年评"机制，营造全员主动学习培训、促进能力提升的浓厚氛围。全年评比出36个优胜作业区、4个优秀维抢修队、4个优秀部门（单位），成都作业区获评国家管网集团"基层站（队）十面红旗"。

2023年6月2日，华南公司南宁作业区进行（准）军事化管理队伍操练（杨君琳 摄）

【党风廉政建设和反腐败工作】 2023年，华南公司党委深入学习贯彻习近平总书记在二十届中央纪委二次全会上的重要讲话和全会精神，坚决扛牢全面从严治党主体责任，发扬彻底的自我革命精神，一刻不停推进反腐败斗争，为推动公司高质量发展提供坚强保障。聚焦党的政治建设，严格落实"第一议题"制度，及时跟进学习习近平总书记关于党风廉政建设和反腐败斗争的重要论述，不断提高各级党组织和广大党员的政治意识和政治能力，不断擦亮"最讲政治、最有信仰"的管网主标签。修订完善政治监督、全面从严治党主体责任落实监督以及加强对"一把手"和领导班子监督3份清单，以有力有效监督推动和保障各级党组织的忠诚担当。坚持狠抓工程建设、物资采购等重点领域突出问题，严肃查处违反中央八项规定精神隐形变异问题案件，努力构建风清气正的良好政治生态。

【区域化改革】 华南公司深入贯彻落实《国家管网集团全面深化"市场化、专业化、专业化、区域化、共享化"改革总体方案》工作部署，根据改革方案，优化调整后的华南公司负责管理广东、海南、香港（香港支线）的油气管道，负责管理广东省管网公司、深港天然气管道有限公司。同时，根据国家管网集团党组安排，成立华南公司改革筹备组，张平同志任筹备组组长，钱祖国、韩华、魏振红、田磊等4人任筹备组成员。

（王乐恺）

国家石油天然气管网集团有限公司华中分公司

【概况】 国家石油天然气管网集团有限公司华中分公司（简称华中公司）于2020年9月14日注册成立，2020年10月1日正式运营，位于湖北省武汉市江汉区。主要负责管辖范围内的成品油长输管道运输、项目投资，从事货物及技术的进出口业务，从事管道科技领域内的技术开发、技术咨询、技术转让、技术服务，负责管道建设工程专业施工等。

2023年，华中公司党委坚持以习近平新时代中国特色社会主义思想为指导，以贯彻落实党的二十大精神和主题教育为主线，全面落实国家管网集团"五个坚持"总体方略和"五个狠下功夫"党建工作总体部署，团结带领全体干部员工承压奋进、勇毅前行，党建引领持续深入，安全生产总体平稳，依法合规不断强化，员工队伍和谐稳定，主要指标连创新高。

华中公司共设中层机构16个，其中本部部门8个，分别为办公室、党群宣传部（党委宣传部）、财务资产部、人力资源部（党委组织部、离退休办公室、外事办公室）、市场部（发展规划部）、质量安全环保部、资产完整性管理部（科技部）、纪委办公室（综合监督部、巡察办公室）；专业中心3个，分别为生产经营中心（数字化部）、工程建设中心、华中分控中心（业务上由油气调控中心垂直管理）；下辖5个二级单位，分别为武汉维抢修中心、湖北输油分公司、湖南输油分公司、江西输油分公司、安徽输油分公司。

华中公司主要经营（运营）指标

指　标	2023年	2022年
成品油管网输量（万吨）	1248.9	1130
资产总额（亿元）	70.59	76.76
管输收入（亿元）	6.76	6.11
收入（亿元）	6.82	6.17
净利润（亿元）	1.3	0.68
税费（亿元）	0.66	0.56

截至2023年底，华中公司在役成品油管道有7条，分布于湖北、湖南、江西、安徽四省，总长度2686千米，总设计输量2475万吨/年，管理输油站场30座。2023年，资产总额70.59亿元，管输量1248.9万吨，净利润1.3亿元；单位周转量的综合能耗为24.3千克标准煤，在线回掺率98%，管输损耗率0.07‰。

【生产运行】 2023年，华中公司组织编制批次计划200余份，较大调整50余次，制定各管道月度运行方案48份，按方案执行月度输油任务。做好特殊时期升级管理，编制"两会"及节假日、汛期、冬季等专项运行方案6份，提前辨识风险，明确管控要点，落实调控运行管理升级措施，有力保障特殊时期管道调控运行安全。全年下载油品质量合格率100%，在线回掺混油2.36万吨，回掺率达98%，同比上升6.5个百分点，未发生质量事故。合理安排设备检维修和内检测清管计划，严格控制检维修停输时间，统筹作业窗口百余次，配合完成2次重大管道改线工程和39次内检测、清管工艺组织。开展合六支线运行优化，消除节流损失，合六段主输泵单耗降低40%，年节约电费约20万元。

践行国家管网集团董事长张伟"管网改革、调控先行"指示精神，从建章立制、调度台标准化、原油控制系统搬迁、人员补充和能力培养等方面入手，积极开展华中分控中心建设工作。3月24日，华中分控中心正式挂牌成立，标志着从成品油"一专"向成品油、原油"多能"业务发展。

2023年3月24日，华中分控中心正式挂牌成立

【市场拓展】 2023年，华中公司与基石托运商中国石化销售股份有限公司华中分公司（简称销售华中）紧密合作，加强炼厂交付、水路上岸等资源端信息收集，紧盯首站资源及管道沿线库存，利用汽柴油分段铺底，合理规划管输批次方案，实现经营量与管输量"双提升"。聚焦江西赣州、湖南株洲地区周边市场物流供应状况，统筹考虑资源—油库—加油站全环节物流成本，对比分析一次、二次物流费用测算及运价，通过管道+公路、管道+铁路联运方式，替代原有铁路供应市场。走访国家粮食和物资储备局湖北局，探讨成品油储备资源未来发展趋势，促成将原铁路发运改为管道运输。调研分析国储353库入库资源流向，综合考虑锦郑管道投产后，东北资源运输方式改变，与国储353库签订管输意向协议。

【安全环保】 坚持警钟长鸣常抓不懈，落实落细安全生产责任，安全生产"三个一切"见行见效。2023年，华中公司完善责任体系，各级领导人员制定2023年度个人安全行动计划，各级干部员工签订QHSE责任书，开展各二级单位主要负责人、安全总监年度安全生产述职，督促"第一责任"有效落实。推进基层岗位员工HSE职责"三个一"，编制基层387名岗位员工"一岗一清单"，通过HSE系统跟踪、落实岗位责任清单，实现责任制考核可量化、可监督、可闭环。

邀请华东监督中心专家现场指导，全要素审核湖北输油分公司、湖南输油分公司、江西输油分公司、安徽输油分公司，共计访谈班子成员、基层站队领导及员工125人次，开展"双盲"演练4次，组织作业许可模拟6次，组织实操测试24次，开展"四不两直"抽查6次，审核共发现问题493项。

开展风险隐患排查治理，强化高后果区管控，推动地质灾害排查治理，挂牌督办风险隐患，完成水湖村山体滑坡等9项较大隐患治理。

根据自然资源部发布的全国生态保护红线划定标准，组织排查辖区管段穿、跨越生态保护红线变化情况，查明管道穿越大江大河风险点位，核查输油站、外管道周边220处的取水口、风景名胜区、生态保护区、水体水质等级、生态红线范围等环境敏感情况。按照国家管网集团企标要求，调整土壤及地下水监测频次，由3年/次提高至1年/次。

【管道管理】 2023年，华中公司落实"三级巡查"体系，上线运行IMS巡护系统，打通251千米巡护通道，筑牢管道保护第一道防线。实现第三方施工视频监视全覆盖，128次施工安全受控。加强地质灾害排查，开展50余次防汛应急演练。全力推进管道占压清理，完成48处销项。加密穿越大型河流管段内检测，完成2100多千米管道内外检测，开挖验证修复缺陷55处。

推进管道内外检测，首次系统性开展ECDA外检测，开展1360千米管道ECDA外检测、794千米管道漏磁内检测。结合管道定期检验到期时间，对穿越新墙河、沙河、遂川江、金沙溪、信江、罗塘河等大型河流的重点管段开展加密内检测，强化环境风险防范。历时4个月完成外管道春检工作，检测管道2746.7千米，按照TSG D7003—2022《压力管道定期检验规则—长输管道》要求，以收发球筒管道为单位，编制压力管道年度检查报告。

严控高后果区风险，识别全线高后果区487处，Ⅰ级高后果区207处，Ⅱ级高后果区139处，Ⅲ级高后果区141处。全线高后果区长度为571.5千米，占管道总里程的20.9%。应用 RiskScoreTP 软件进行风险评价,全线共划 6791 处风险管段,Ⅰ级风险 6092 处,Ⅱ级风险 698 处,Ⅲ级风险 1 处,Ⅳ级风险 0 处。专项复核 2022 年 135 处较高风险管段风险管控措施,修复管道本体缺陷 15 处,防腐层漏点 22 处,积极推进衡阳站水湖村地质灾害点治理及 18 座阀室自动化改造,不断提升风险管控水平。

建立管道保护警企联防机制,利用行政手段强化监管,累计走访联系各级公安机关 170 余次,通过警企联巡、联席会议、联合宣传,持续推进防范打孔盗油工作。

【应急管理】 2023 年,华中公司按照国家管网集团维抢修体系建设标准,确定时间表、路线图、任务书,全力推进武汉维抢修中心场地设施、人员补充、应急装备、保驾能力建设,顺利通过国家管网集团达标验收。7 月 7 日,华中公司区域抢维修中心更名为国家石油天然气管网集团有限公司武汉维抢修中心,管理关系和机构规格保持不变。

2023 年 7 月 21 日,武汉维抢修中心揭牌仪式

常态化更新应急物资和资源信息,与 12 家单位签订物资运输、水上溢油处置、应急物资装备等外部应急抢险合作协议,与湖北省应急厅、区域内维抢修队伍建立联动机制。

9 月 15 日,在武汉市江岸区堤边路开展武汉—信阳成品油管道高后果区成品油泄漏突发事件应急演练,湖北省能源局、湖北省公安厅、武汉市发展改革委等单位到场观摩。

2023 年 9 月 15 日,华中公司在武汉市江岸区堤边路开展武汉—信阳成品油管道高后果区泄漏突发事件综合演练

【工程建设】 2023 年,华中公司焊接里程 14.82 千米,完成率 112%。焊接无损检测 PAUT 一次合格率 99.59%,RT 一次合格率 98.69%。工程建设依法合规率 100%。孝感寰西新区改线、南昌改线、荆荆改线 3 个项目竣工验收。4 个项目建成投产,投产成功率 100%。

6 月 5 日,长郴管道七里山油库改造工程投产,新增 1 套机油泵系统、外输泵系统、计量系统、泄压系统,新建 1 座 150 立方米立式拱顶泄压罐,并配套仪表、电气、通信、消防、给排水、暖通、土建等附属工程。

6 月 12 日,长郴管道水湖村改线工程投产,起点位于原管道桩号约为 K341+260 米处,终点桩号约为 K341+720 米处,采用定向钻方式穿越水湖村北侧隐患山体,山体北侧为出土点,南侧平整场地作为定向钻入土点,定向钻长度约 460 米,两端与原管道相连接。

8 月 27 日,江西成品油二期管道抚州东临新区改线工程投产,改线采用双侧双道停输封堵工艺,原管道长 10 千米,迁改线路长 13.26 千米,新建远传截断阀室 1 座。

9月12日,安亳管道与寿西湖城西保庄圩交叉迁改工程投产,工程位于安徽省淮南市寿县大泉村,起点位于淮南市寿县跃进河与安亳管道交叉点东侧150米,管道自迁改起点向西穿越跃进河后,继续向西敷约150米后与原管道对接,迁改管道全长697米,其中采用定向钻穿越跃进河、新建保庄圩堤防和新建道路,长度601米。新旧管道采用带压封堵和动火连头工艺进行连接。

【科技创新】 2023年,华中公司系统化推进光栅阵列技术在长输管道领域的融合创新,构建应变、振动、温度等多参量大容量感知网络,开展管道第三方破坏、形变、内堵、腐蚀、微泄漏等工程化应用研究,实现管道安全状态在线分析与实时诊断。围绕管体分布式压力检测、管体变形监测、管体腐蚀模拟测试等八大研究内容,开展多轮次实验,实验结果基本满足实际应用需求。承担子课题"油气管道线路和站场感知工程示范"研究,在武汉理工大学产业园区搭建室外模拟试验环境(43米×0.9米×1.5米光缆沟),开展机械挖掘准确率对比测试。

组织召开国家管网集团光纤预警研究中心2023年规划编制暨技术交流现场会,邀请9家兄弟单位相关专业专家现场参会,深入探讨光纤光栅技术应用场景和未来研究方向,共同确定国家管网集团光纤预警研究中心2023年规划编制方向。

【企业管理】 2023年,华中公司系统谋划发展目标和路径,提出"12358"五步走战略目标(一年找差距、两年打基础、三年见成效、五年求突破、八年创一流)。对标学习华南公司,深入查找设备"低老坏"、异常事件等基础管理中的不足和短板,找准管理上的思想观念差距、痛点难点问题,制定《强基管理专项行动实施方案》,强化监督检查,制定33项措施。

建立健全风险防控长效机制,开展年度重大风险评估、"十四五"法治管网建设中期自查,推进合规管理体系有效性评价,开展严肃财经纪律检查和综合治理专项行动。全业务内控监督评价抽查1290个样本遵从率97%,重大经营管理事项、规章制度、经济合同合规审查率100%,历史遗留案件实现清零,合规管理水平逐步提升。

【"四化"改革】 2023年,华中公司贯彻落实国家管网集团"四化"改革工作要求,成立改革领导小组,组建7个专业小组,明确职责分工,每周召开改革工作推进会,稳步推动各项工作。深入划转单位开展实地调研,系统梳理各单位人员、业务、资产、管理等情况,结合实际编制完善改革实施方案,"一企一策"制定应对措施。深入开展形势任务教育,按照"一人一策"制定人员分流安置方案、队伍稳定方案和群体性突发事件应急预案。

优化配置人力资源。针对性开展原油、天然气专业基础知识培训,参培人员300余人次。选派东部原油储运公司冗余员工分到天然气站场、成品油站场跟班实训,为后期盘活用工奠定基础。筹划"油气并举"的人员结构,以天然气业务为主,成立专班提前介入专业管理工作,为本部组建打好基础,确保改革过渡期基层站队人员保持稳定。

【流程运营】 2023年,华中公司组建流程运营专班,通过第三方施工、自动计量等典型业务场景探索实践,构建"一点一面一系统",

推进"制程一体"和IT赋能的实现路径。各业务域运营小组完成2748个角色匹配，开展390余次桌面推演，检验角色匹配成果。开展八类特殊作业、一票两卡、维修费用计划执行等业务场景流程研讨及推演，组织22个流程试跑，确保流程有效可行、风险可控。推进制程支撑改革，组建专班梳理岗位适配及授权清单主要差异点，形成3.0、4.0、5.0业务域流程适配清单，完成改革后岗位设置优化、角色匹配、分层分级授权和职责梳理；形成包含98项制度、467项流程说明文件、19项活动指导书的制程框架。实现计量、能耗、调度日报数据直采率100%，完成221条流程遵从度评估。650余人取得L1、L2认证。

2023年5月5日，华中公司代表队在国家管网集团"数智青春、无限未来"流程运营知识竞赛中获第二名

【企业党建工作】 2023年，华中公司学习贯彻党的二十大精神，深入开展学习贯彻习近平新时代中国特色社会主义思想主题教育，坚持不懈用党的创新理论凝心铸魂，坚定干部员工理想信念，激发干事创业热情。严格执行习近平总书记重要讲话和重要指示批示精神落实机制，开展"第一议题"专题学习和党委中心组集中学习研讨15次，推动学习成效转化为18项重点工作。深化基层"三基本"建设，举办红色教育研学班、党务工作者培训班，开展"双建""双模""双示范"活动，开展30余次共建活动。强化"一把手"和领导班子监督，统筹推进主责约谈、廉洁提醒，全年开展廉洁谈话52次。

2023年11月15日，"管网书屋"落户高安市八景镇中心小学

2023年11月21日，在井冈山举办主题教育实地研学班

【企业文化】 2023年，华中公司围绕国家管网集团实施"五个坚持"总体方略，深入开展"创新实干争先 立企强企有我"形势任务教育，建立宣讲团机制，聚焦国家管网集团企业文化、安全生产、"四化"改革等内容宣讲23场次，把广大干部员工思想和行动统一到国家管网集团党组决策部署上来。

7月21—23日，华中公司举办第一届"铁军文化节"，推动铁军文化理念入脑入心。开展"日卫生检查""周一点名""月列队训练"等主题文化建设，积累铁军文化建设实践经验。开展准军事管理建设试点，评选武汉维抢修中心、淮南站、襄阳站、湘潭站、樟树站5

个"准军事化管理示范单位"，以点带面加强铁军文化建设。

2023年7月22日，华中公司第一届"铁军文化节"开幕

【领导班子建设】 根据国家管网集团党组安排部署，仪林任华中公司代表、党委书记，陈春香任总经理、党委副书记，祝颖任副总经理、工会主席、党委委员，何志强任副总经理、安全总监、党委委员，刘平任副总经理、党委委员，丁铁彪任总会计师、党委委员，张晓松任纪委书记、党委委员。

【人才建设】 2023年，华中公司树立正确选人用人导向，提拔企业关键岗位人员10人。强化干部履职能力提升，举办企业关键岗位履职能力培训班，开展项目管理PMP、通信HCIP工程师取证培训。加强人才队伍建设，组织213人开展技能鉴定，76人通过技能鉴定，11人取得技师、高级技师资格，100人完成电工、特种设备取证。做好年轻干部培养，选派2名年轻干部参与国家管网集团"旭航"计划、10余名干部参与国家管网集团专项工作、2名干部深入基层实践锻炼。引进3名骨干，招聘2名大学生，为公司发展注入新鲜"血液"。

【审计监督】 2023年，华中公司开展"纪财、纪巡、纪审"联动，坚持把"三不腐"有效贯通，处置问题线索5件，立案2件，给予警告处分4人，推动各级党组织以"第一种形态"提醒谈话17人次，开展违规追责4项，不断释放执纪必严的强烈信号。加强对权力集中、资金密集等领域开展监督，重点分析问题产生深层次根源，督促及时完善机制体制，发放管理提升建议书3份，督促制修订制度3项。开展维修费专项审计、荆荆改线工程竣工决算审计等6项审计工作，发现问题48项，挽回经济损失57.48万元，督促完善制度和管理流程3项。

（邹 倩）

国家石油天然气管网集团有限公司华东分公司

【概况】 国家石油天然气管网集团有限公司华东分公司（简称华东公司）于2020年9月11日注册成立，2020年10月1日独立运营。承担华东区域江苏、浙江、福建的成品油管输业务，管道6条，2396千米，设计输送能力4145万吨/年，输油站31座，福建泉州泉港油库1座20万立方米。截至2023年12月31日，华东公司资产总额921779.0万元，负债总额127862.76万元，净资产793916.19万元，资产负债率13.87%。

根据国家管网集团《关于开展直属企业改革试点工作的通知》（国家管网〔2021〕40号）、《关于国家管网集团改革试点企业资产管理权和人员移交的实施意见》（国家管网〔2021〕45号）精神，华东公司2021年9月8日起，管道油库资产委托东部原油储运公司运维管理。2022年1月1日起，华东公司原六个管道管理处522人划转至东部原油储运公司。根据国家管网集团《关于调整集团公司油气调控管理模式的通知》，2022年10月31日，华东公司调控业务划转油气调控中心华东分中心，过渡期至2023年3月31日，华东公司派员到徐州跟班保驾运行。根据国家管网集团《关于深化华东公司改革的通知》（国家管网〔2022〕39号），华东公司进一步转型定位为区域市场开发中心。2023年一季度，华东公司完成机构改革和人员调整。改革后，华东公司设置市场开发部、商务计划部、运营部、综合管理部、战略执行与财务部、纪委办公室六个部门，在江苏、浙江、福建设置三个市场分部。华东公司调控中心原18名调度员，华东（徐州）分控中心仅接收1名，其余调度员在华东公司深化改革中分流到三个市场分部一线。改革后，华东公司员工70人，其中国家管网集团关键岗位人员4人（公司班子3人、广东省管网公司外部董事1人）、企业关键岗位人员15人、其他员工51人。

【生产运行】 2023年，华东公司主营业务收入77753万元，完成102.7%；管输商品量1946.12万吨，完成102.3%；净利润10352万元，完成152%；现金流40317万元（华东公司成立以来累计实现净现金流达140880万元），完成104.0%。此外，互联互通项目发展、数字流程及其他监控指标也完成年度目标，在国家管网集团开展的各项活动中基本做到"榜上有名"。

华东公司主要经营（运营）指标

指标	2023年	2022年
成品油管网输量（万吨）	1946.12	1895.48
资产总额（亿元）	92.18	92.72
管输收入（亿元）	7.78	7.55
收入（亿元）	7.78	7.73
利润（亿元）	1.76	0.89

【市场化改革】 2023年，华东公司把改革转型作为关键一招，着力建强市场体系。建强市场前哨。精细改革实施方案，优化调整部门职能，成立三个市场分部，引导激励调度员及本部人员奔赴市场一线，初步形成全公司一盘棋、各部门有序协同、各岗位高效配合的市场中心新体系。华东公司市场化改革实践获国家管网集团办公室简报第9期专刊报道。创新体制机制。坚持客户需求在哪里，市场人员就服务到哪里，不断完善客户服务体系，下沉批次计划编制至市场一线，用优质惊喜服务赢得市场。自主独立完成资源市场报告3份，"市场大调研、客户大走访、项目大攻坚"获国家管网集团主题教育简报专刊报道。创新绩效考核机制，党建经营互融考核，突出业绩提升、难点攻坚，开展专项激励并加大力度。助力"四化"改革。主动担当，有效作为，较好地完成国家管网集团市场部等部门交办的改革专项工作，深度参与商务合同谈判，助力市场化改革专班工作，牵头组织南方成品油管道互联互通规划研究和油品业务上线交易平台工作等。推进数字转型。开发应用"华东公司数字市场通平台"，并获得国家管网集团首届青年创效金种子奖，大幅提高市场业务人员工作效率及数据的标准化水平。市场分部客户经理每

日跟踪资源端及市场端动态，有效降低资源市场的变化对管道经营的影响。

华东公司领导带队到中国石化销售华东分公司调研工作（王哲卿 摄）

【**攻坚发展**】 2023 年，华东公司把攻坚发展作为第一要务，着力推动公平开放。紧盯战略通道项目。浙赣及甬台温管道中国石油宁波油库首站及联络线项目，既是浙赣管道战略通道提效项目，也是甬台温管道治亏项目。华东公司组建专班，上下协同，各相关部门团结奋斗，合力推进，提前 5 个月完成国家管网集团考核的项目核准目标，9 月与中国石油东北销售公司签订合作协议，完成初步设计企业初审并报审相关行政许可，项目相关的宁波分公司迁移注册基本落实，为后续早开工、早见效打下基础。攻坚公平开放项目。泉港油库码头联接线项目，既是福建管道亏损治理提效也是油库公平开放的关键项目，项目建设涉及多主体协同、多方面监管，年底前实现项目基本具备开工条件实为不易。福建市场分部及各相关部门，抓住宏海石化改造子项目安评报建难这个主要矛盾，拜访福建省应急管理厅、福建省交通运输厅，协调泉港市、区政府多层级、多途径沟通方式，上下联动，艰难推进，获得所有开工前行政许可，协调落实东部原油储运公司及其福建分公司承接初步设计批复，签订委托代建协议。持续推进储备项目。坚持规划引领、滚动调整、精雕细琢，有效推进储备项目，分别完成福建闽海能源、苏北清江物流项目及江苏航煤资源市场报告，为后续发展打下基础。

华东公司召开甬台温管道中国石油宁波油库首站及联络线项目审查推进会（王哲卿 摄）

【**高效运营**】 2023 年，华东公司把高效运行作为服务保障，着力打造特色品牌。精准商务运行。细化调度体制改革后的商务运行与批次计划管理流程，重塑华东管网小品号精准管输运行模式，6 月以后再现华东管网连续混油零回炼纪录，混油回炼量同比下降 27.61%，在线回掺率达 96% 以上。持续开展苏北管道航空煤油输送示范线建设，优化完善航空煤油/柴油顺序输送动态切换并捕捉最佳窗口，全力促成高低硫航煤混合大批量输送，全年航空煤油管输 8 万吨。全网管输能耗、计量差异指标达到考核要求。精准资源统筹。主动协同托运商做精物流优化，全年对接月度计划 20 余次，及时掌握配置计划、统采和外采计划等信息，积极争取外采水路资源入网同比增加 20 万吨。结合资源市场实际分析上下游动态，细化分解月度计划到每条管道、每个下载点，建立市场分部"137"跟踪机制，以最小的颗粒单元带动全华东管网，7—10 月管输量连续 4 月创造新高。精准流程运营。把流程运营数字赋能作为转型关键，着力创新思路赋能"慧心"服务，开发应用管线批次计划时刻表自动生成工具，构建管网主动服务模型，实现从市场预测和管输需求的快速验证，持续优化商务批次计划和管输运行方案。

华东公司调度员进行批次计划管理（王哲卿 摄）

【提质增效】 2023年，华东公司把提质增效作为长效机制，着力推动价值创造。坚持全面挖潜增效。聚焦质效持续塑造精细精益精心文化，年度明确5大类、26项重点任务，实现提质增效9290万元，完成指标280.7%。其中，争取更多资源入网拓市增效3547万元（航空煤油输送创效350万元），管道改线创效2185万元，落实财税政策创效2697万元。做实价值创造行动。围绕七个聚焦，以"可衡量、可考核、可检验、要办事"的标准设定价值创造目标，聚焦价值创造重点领域、关键环节、核心要素，从市场经营"五大中心"建设入手，研究并初步形成市场中心价值创造指标体系。组织价值创造标杆项目选树并向国家管网集团申报6项，其中人才价值提升计划项目获国家管网集团优秀价值创造标杆项目。推进预算价值牵引。围绕主营业务收入，强化月度滚动预算牵引，细化到站"双因子"责任预算矩阵，抓浙赣管道江西段和苏南管道外采注入等影响周转量和主营业务收入的主要矛盾和关键因素，月度分析会分线、分站复盘分析评价，推进量值指标持续改善。

华东公司召开苏北成品油管道宿迁港区改线工程竣工验收审查会（王哲卿 摄）

【依法合规】 2023年，华东公司把依法合规作为正确轨道，着力塑造法治文化。坚持教育引导，抓早抓小。开展各类依法合规经常性教育，举办依法合规专题形势任务教育"大讲堂"，持续营造清风正气，塑造依法合规治企文化。聚焦苗头性问题，对合同签订、招标选商、车辆租用、差旅报销等问题开展靶向监督，识别防范风险，修订完善制度，织密合规体系。坚持从严规范，贯通监督。推进大监督体系建设，落实"五个监督"，促进依法合规经营、严肃财经纪律，持续开展问题排查，落实整改，建章立制，在中央巡视和审计署审计中无直接问题，保持华东公司良好形象。不断健全完善公司法治组织体系和日常工作机制，持续推进违规投资经营责任追究体制机制建设。坚持担当作为，攻坚克难。发扬斗争精神和"钉钉子"精神，完成苏北管道整体竣工验收；完成甬台温管道完成档案及专项验收，并行段和单线段结算按计划有序推进；对福建管道多年积存的占压纠纷案，华东公司职能部门与代理律师细化应诉策略，紧盯不放，获得福建高院驳回原告全部诉求的终审判决；对苏南管道江阴夏港河历史改线占压纠纷诉讼案，主动分析研判案情，积极有效应对，细化过程管控，获得原告撤诉的好结局；苏北管道河道占用费等历史诉讼案件也取得阶段性成果。

【党建工作】 聚焦主题教育，强化政治建设。把牢政治方向。2023年，华东公司认真贯彻落实党中央关于国资央企的重大部署和习近平总书记关于发展国有经济的论述，深入学习贯彻全国国有企业党建工作会议精神，在持续深化改革中，坚持"两个一以贯之"；召开2022年度及学习贯彻习近平新时代中国特色社会主义思想主题教育专题民主生活会，深刻查摆问题、剖析原因、提高认识、强化整改，更加深刻领悟"两个确立"的决定性意义，坚决做到"两个维护"。加强党的领导。认真执行"三重一大"决策制度，严格党委会议事规则，召开党委会23次，研究审议149项"三重一大"事项，其中重大决策事项134项；制定实施党委2023年落实全面从严治党"四责协同"机制清单，修订完善领导班子履行党建责任"一岗双责"实施办法，进一步压实党建工作责任。强化凝心铸魂。认真落实"第一议题"机制，党委会"第一议题"学习22次，制定落实举措66个；带动党支部"第一议题"学习129次，每季度开展"四个有没有"学习督导检查通报；精心组织党委理论学习中心组专题及扩大学习15次，针对性开展专题学习研讨；党委班子成员带头讲授专题党课7次，举办7天主题教育读书班，形成国家管网集团和企业两级关键岗位调研报告18篇并开展调研成果交流；围绕"创新实干争先、立企强企有我"主题，全年举办14期形势任务教育大讲堂，有力凝聚深化改革转型发展的思想共识。建强支部。按照"支部建在连上"的原则，落实"四同步四对接"要求，增设江浙闽三个市场分部党支部，强化小支部大党建；号召党员到市场一线，选强配优党支部书记，开展党务政工人员培训。新发展党员2名，转为正式党员1名。发挥作用。将胸怀"国之大者"，践行"保障国家能源安全"和国家管网集团"三个服务"的企业宗旨在客户和市场一线中体现，发挥支部战斗堡垒作用和党员先锋模范作用；市场分部做精物流优化，以最小颗粒单元带动全管网管输量连续4个月创造新高；中国石油宁波油库首站及浙赣管道联络线项目，提前半年时间获得地方政府核准；泉港油库码头联接线项目，攻克多项报批难关具备开工条件，有力促进成品油管网公平开放和提质增效主要矛盾化解。优化机制。严格落实党建工作责任制考核和党支部标准化建设和达标定级管理办法，开展党支部书记抓基层党建工作述职评议，每月召开政工例会，在华东公司微信公众号开展"支部月月谈"专栏，每季度对各党支部进行考核，优化责任落实机制。

华东公司举办主题教育读书班（王哲卿 摄）

【宣传工作】 聚焦凝心聚力，突出思想引领。抓正面宣传。全面落实党委意识形态工作责任制，把牢意识形态阵地。集中力量办好华东公司微信公众号，全年发稿253期、503篇；用好国家管网集团内宣和简报平台展形象，内宣平台发稿151篇；国家管网集团简报专刊报道华东公司特色经验做法2次，展现华东公司创新实干争先的良好形象。抓典型引领。召开宣传思想文化工作会议，修订完善先进典型选树表彰宣传管理办法，开展"五一""五四""七一"及年度先进等各类典型评比表彰，激励干部员工在国家管网集团及地方各项活动中做到"榜上有名"，加大正面典型宣传力度，鼓舞了士气、凝聚了力量。抓文化塑造。积极践行石油精神和"八三"管道精神，制定华东公司铁军文化建设内涵释义和行为准则，持续开展"锤炼铁军全面提升百日行动"，市场特色铁军文化再提升，"观念较新、善于经营、精细管理、有勇善谋"精神品格再彰显。抓工团建设。开展"奋进十四五、建功在管网"劳动竞赛和公文写作联赛，建立"常态化＋突发性"帮扶慰问机制，《关于在改革转型单位中发挥工会组织作用的调研报告》获上海市经济和信息化系统工会调研成果一等奖；持续提升"青年精神素养提升工程"，扎实开展团员和青年主题教育，1名青年获得上海市经济和信息化系统优秀共青团员表彰，青年力量不断彰显。

华东公司开展团员和青年主题教育读书班 优秀年轻干部培训暨"青马工程"培训班（王哲卿 摄）

【人才建设】 聚焦干事创业，锻造干部人才。提升人才价值。以适应华东公司转型发展、支撑市场化战略为目标，组织实施人才价值提升计划，清晰人员定位、规划职业前景、明确成长路径，坚持正向精准激励，制定《2023年绩效考核办法》和《全员绩效考核办法》，实现华东公司人才价值的持续提升，人才价值提升获得国家管网集团价值创造可持续发展标杆项目。优化改善结构。选拔任用3名企业关键岗位人员，华东公司40岁以下年轻干部占比达41%；开展后备干部民主推荐，制定基层管理及相当职位常态化晋升实施方案，11名第三层级人员得到晋升，全面充实各层级干部人才，优化改善干部人才队伍结构。激发干事创业。持续开展"党员攻坚、先锋带动"行动，围绕44项攻坚任务、122项攻坚内容，制定攻坚清单、加强督导问效，两个项目获评年度优秀项目。激发追求价值、不唯考核、干事创业的良好氛围，创新管道改线模式创效2185万元，细化提质增效实现9290万元，完成指标280.7%；持续优化苏北航煤管输年度下载量8万吨，年度实现净利润超亿元。

华东公司举办市场人才能力提升班（王哲卿 摄）

【巡视监督】 聚焦清风正气，从严党风廉政。贯通监督体系。全面落实"五个监督"，贯通各类监督，聚焦作风、合规等苗头性问题，开展靶向监督专项整治，坚持依法合规经营、严肃财经纪律，持续开展问题排查，落实整改，建章立制，国家管网集团党组巡视华东公司党委、审计监察、专项检查，以及华东公司主题教育检视等问题得到全面整改。培育廉政文化。坚持纠"四风"、树新风，一体推进"三不腐"，开展专题廉洁文化教育，策划拍摄廉洁微视频微电影，一个项目获得表彰。以着力打造让国家管网集团党组放心、让职工群众尽可能满意，能够持续创造价值、为国家管网集团作出一定贡献的全新华东公司的目标愿景，凝聚全体干部员工干事创业、创造价值，清风正气、廉润华东的共识。推进"四责"协同。持续推进党委主体责任、书记第一责任、班子"一岗双责"和纪委监督责任全面协同；聚焦作风、合规等苗头性问题，开展监督整治，华东公司在中央巡视和国家审计过程中，保持良好的形象。

华东公司领导为先进个人颁奖（王哲卿 摄）

【荣誉】 华东公司市场开发部获国家管网集团2022—2023年度冬季保供先进集体。

华东公司获国家管网集团第一届"星火杯"数字化转型应用大赛低代码应用优秀奖。

华东公司获"堪重任助强企，以人为本创造价值"国家管网集团2023年价值创造行动标杆项目。

徐雪燕获2023国家管网集团工会巾帼建功标兵。

付心怡获国家管网集团2023年五一劳动奖章。

何良恩获国家管网集团2022—2023年冬季保供先进个人。

沈伟伟获国家管网集团2022—2023年冬季保供先进个人。

何良恩获国家管网集团改革三年行动（2020—2022年）先进个人。

王文东获国家管网集团改革三年行动（2020—2022年）先进个人。

章志豪获上海市经济和信息化系统2022年度优秀共青团员。

施宝骏获2023年上海市经济信息化系统优秀共产党员。

（王哲卿）

国家石油天然气管网集团有限公司华北分公司

【概况】 国家石油天然气管网集团有限公司华北分公司（简称华北公司）于2020年9月11日由中国石化销售股份有限公司华北分公司管道、油库等业务重组设立，注册地为天津市滨海新区高新区，2020年10月1日正式运营。主要负责管辖范围内的成品油管道、油库等基础设施的投资建设和运营，对社会公平开放以及油品仓储服务等。

2021年8月20日，国家管网集团印发《关于开展直属企业改革试点的通知》（国家管网〔2021〕40号），华北公司进行试点改革，于2021年底完成改革过渡期工作，将所属管道管理权和人员移交北方管道公司和山东运维中心，委托运维管道3111千米，油库38万立方米，划转人员754人。

2022年1月13日，国家管网集团印发《关于华北公司转型发展实施方案的批复》（国家管网办〔2022〕40号），华北公司转型后定位为区域成品油管道市场经营主体，业务范围扩展至包括东北三省、河北、河南、山东、山西、天津、北京、内蒙、宁夏、陕西等12个省（直辖市）的成品油管道市场开发、客户服务、经营计划、区域调控、项目市场规划及前期等工作，业务范围内共有成品油管道11条，总里程约8156千米。

2022年12月16日，国家管网集团印发《关于深化华北公司改革的通知》（国家管网〔2022〕38号），进一步深化华北公司改革转型，转型后定位为区域成品油管道市场开发中心，同时依托华北公司设立国家管网集团客户服务中心，承担北方12省（直辖市）成品油市场开发、集团客户服务中心建设运营等职能。华北公司本部设市场开发部、商务计划部、运营部、综合管理部（党委办公室、党委组织部、党委宣传部、人力资源部）、战略执行与财务部、纪委办公室（综合监督部）、热线响应部、售后服务部等8个职能部门，设东北、河北、山东、西北、中原等5个市场分部。

截至2023年12月31日，华北公司正式在册员工77人，其中国家管网集团党组管理领导5人、管理人员20人、专业技术人员52人，平均年龄41.5岁，大学本科57人，占比74%，硕士研究生以上19人，占比24.7%。

华北公司主要经营（运营）指标

指标	2023年	2022年
成品油管网输量（万吨）	964.83	925.43
资产总额（亿元）	66.51	66.6
管输收入（亿元）	6.38	5.82
收入（亿元）	7.09	5.83
利润（亿元）	-0.52	-1.37
税费（亿元）	0.26	0.35

注：利润为考核还原后数据。

【领导班子调整】 2023年3月28日，国家管网集团党组决定：张忠东任国家管网集团综合监督部（党组巡视办公室）总经理（主任），免去其国家管网集团华北分公司党委书记、委员、公司代表职务；金建国任国家管网集团共享运营分公司党委委员、副总经理，免去其国家管网集团华北分公司党委委员、总会计师职务。2023年8月14日，国家管网集团党组决定：罗东明任国家管网集团华北分公司公司代表、党委委员、书记，免去其国家管网集团华中分公司公司代表、党委书记、委员职务；王小龙任国家管网集团华北分公司高级客户经理（国家管网集团关键岗位副职级待遇），免去其国家管网集团西部管道有限责任公司公司副总经理、党委委员职务；2023年9月4日，国家管网集团党组决定：张志军任国家管网集团西南管道有限责任公司公司副总经理、党委委员，免去其国家管网集团华北分公司副总经理、党委委员职务；孙向东任国家管网集团福建公司筹备组组长，临时党委负责人。

【商务运营】 2023年，华北公司着力构建新商务经营体系，以高效惊喜服务助力实现华北成品油管网提质增效。通过完善与基石客户各层级沟通联络机制及信息共享机制，不断更新管输服务方案，实现管道扩距。全力保存量、拓增量，深挖增输潜力，全年组织与托运商召开业务对接会23次，协调完成管输609批次，调整批次计划368版。首次采用山东炼厂跨3条管道顺序输送汽油工艺，首次实现管输山东、山西资源串换，为客户提供惊喜服务体验。面对所辖区域两家炼厂同时检修困境，为客户量身编制专项方案，同时抓住成品油消费市场回升机遇，精细测算，主动优化，充分利用时间差，打造鲁皖一期、鲁皖二期、洛驻管线批次计划三线联动、无缝衔接新模式，充分发挥"一张网"能效，避免洛驻管道管输降量16.4万吨，挽回收入损失1115万元。实现国家管网引入社会大型炼厂资源"第一单"，全年实现弘润石化资源入网11批次共计20.9万吨，管输收入805万元。充分发挥"排头兵"和"稳定器"的作用，与区域调控分中心、区域运维单位建立共同服务客户新模式。与华北分控中心共同组建批次计划联合编制团队，以满足客户需求为中心，确保沟通顺畅与信息准确，问题及时共商有效处理。与区域运维单位协同配合，协调石化管输资源安排，推动77台流量计在线检定、7个站场SCADA系统国产化改造、外管道动火施工、管道内检测等检修作业有序开展，确保管网系统安全平稳高效运行。

【市场开拓】 2023年，华北公司坚决落实国家管网集团"五个坚持"的总体方略，准确把握"三个一"管控准则和"四化"内部整合协同目标，坚持"以客户为中心"，全力推进市场开拓工作。打造市场开发中心，聚焦提效发展成品油的核心目标，推动"北油南调"通道建设取得新成效。充分发挥线长单位作用，统筹做好"北油南调"通道顶层设计，规划通道项目20个；推动通道项目建成投产，成品油管道公平开放取得新进展，石家庄储备库恢复地付设施项目、郑州互联互通项目、兰郑长长庆支线反输项目投产，中国石化周村油库恢复上载功能；牵头做好区域成品油管道互联互通项目规划研究，与工程技术创新公司及相关兄弟单位共同编制完成全国成品油管道互联互通项目规划方案。打造市场洞察中心，持续开展客户大走访、大调研，全年调研走访客户81家，建立或更新客户档案185个，新增托运商1家；高质量完成"北油南调"通道整体资源与市场报告；积极推动与新客户战略合作，签订战略合作协议2项；自主开发市场开发管理低代码平台，该应用获国家管网集团第一届"星火杯"数字化转型应用大赛低代码应用优秀奖。

【客户服务】 2023年，华北公司（国家管网集团客户服务中心）高质量完成国家管网集团客户服务中心组建、高起点建设世界一流客服中心、高标准开展客服热线业务、高效率加强售后履约职能、高水平打响管网惊喜服务品牌、高要求提升客户服务专业水平。全程参与全国天然气合同归集系统建设及运营，为用户提供7×24小时热线咨询服务；开通7×24小时950958客服热线，提供在线客服、热线客服、智能客服机器人、工单管理服务；建立冬季保供舆情监控机制，扛稳冬季保供舆情监控责任，为党分忧，为民尽责。优化售后服务流程，依托平台实现IT承载，编制《售后服务业务须知》，精准高效开展售后服务业务，推动"售前+售中+售后"深度融合，促进行业持续加强履约。策划、举办第九届"北京服贸会"、第二届"管网之夜"市场推介会，通过品牌化的输出和精准化的推广，树立国家管网安全、惊喜、高效的服务品牌形象。坚持"对外服务客户、对内服务客户经理"理念，为客户提供"一对一"业务指导，助力市场业务开展，完成2023年度客户满意度调研分析工作并编制相关报告；组织国家管网集团客户经理培训班，提高客户经理业务能力和服务能力；开展客服人员"党建+业务"轮训、客服小课培训、售后业务集训，全方位强化员工专业素质。

【安全环保】 2023年，华北公司以习近平总书记关于安全生产的重要指示批示精神和生态文明思想为指导，坚持人民至上、生命至上，全面构筑安全发展的思想防线。全面落实全员安全生产责任落实，利用零代码应用工具组织线上安全环保责任书签订，实现HSE责任目标层层分解、层层承诺，全员签订率100%。持续健全完善制度体系建设，按照华北公司深化改革发展的实际修订安全、消防、应急、风险、隐患、职业卫生等9项管理制度以及灭火与疏散逃生现场处置方案。持续强化企业依法合规运行，及时办理危险化学品经营许可证变更登记。加强员工安全意识培养和安全技能素质提升，积极推动安全文化建设。全年工作组织实施安全、质量、消防、职业健康等各项培训5次，累计培训315人次。紧抓"两重"环节的风险防控工作，在重要特殊时期组织开展节假日、安全生产月、消防宣传月等检查排查工作，全面整改电气消防安全隐患问题。全面推动项目建设，上半年顺利完成石家庄储备库恢复地付设施工程，实现投产试运。

【制程管理与流程运营】 2023年，华北公司以流程全面推广运营为中心，全面开展流程落地建设和制程管理工作。高质量建立华北公司制程管理架构体系，全面完成制程一体融合目标，实现国家管网集团2759个角色、648个流程在华北公司的有效落地应用，形成1091个流程角色、338个末级流程、75项制度和3个活动操作指导书的华北公司制程体系；加大低代码工具在业务中的推广应用，组织低代码项目的"揭榜挂帅"开发工作，共开发15个低代码应用，合计170个流程表单、驾驶舱。选拔4件作品参加国家管网集团"星火杯"数字化转型应用大赛，其中一件作品获得优秀奖。全面涵养流程文化，搭建线上培训平台开展流程知识的培训赋能，组织开展"欢庆三节 流程畅游"等形式多样的流程运营主题活动，联合液化天然气接收站管理公司共同举办"流程文化铸发展，变革数智造未来"知识竞赛。华北公司全体干部员工通过国家管网集团数字化能力L1以上认证，认证率100%。打造国家管网集团级数字化转型标杆战队1个。

【企业管理】 2023年，华北公司改革三年行动25项任务、对标世界一流价值创造24项任务全面完成，提质增效工作取得实效，完成中化弘润上载、呼包鄂管道与鄂尔多斯油库互联互通、管铁（管汽管水）联运服务、郑州互联互通等提质增效项目4项，完成创效0.08亿元。通过攻坚克难、大胆创新，在客户服务、商务模式创新、改线资产处置等方面，新增预算外创效1.57亿元，全年主营业务收入7.01亿元，较预算增加0.85万元,净利润完成-0.58亿元,减亏1.41亿元。

【人才建设】 2023年,华北公司持续选优配强市场分部"一把手",公开选聘提拔关键岗位人员正职1人,关键岗位人员平均年龄43.3岁,比2021年底45.7岁下降5.3%。加大优秀年轻干部培养选拔力度,及时更新优秀年轻干部库,利用轮训、岗位锻炼等方式加大年轻干部培养力度。提升人才队伍建设质量。修订华北公司"十四五"及中长期人才发展规划。组织2期政治能力提升培训班,1期客户经理能力提升培训班,开展全员项目管理培训。全年组织开展华北公司培训班46个,培训835人次。激发人才队伍活力。突出对市场一线人员效益贡献的激励,市场一线员工薪酬较平均水平提高10%左右。设置服务、改革、扩网、创新、攻坚等多个专项奖励,有效调动全员工作积极性。

【企业文化】 2023年,华北公司持续涵养铁军文化,印发《准军事化管理十五条》,锻造敢打敢胜的华北市场特战队。开展"合力攻坚争红旗暨劳动竞赛"活动,开展"树英模 铸铁军"先进评选及宣传活动,组织党员干部以主题党日活动或党建共建等形式开展沉浸式红色教育15次。强化支部品牌建设,创建并发布8个党建品牌,开展"一支部 一品牌"宣传展播。强化宣传思想文化建设,累计在国家管网集团内宣平台上刊稿51篇,在华北公司微信公众号推文194篇,编制的宣讲视频获中央企业党的二十大精神基层理论宣讲视频优秀奖。抓实思想政治工作,扎实开展形势任务教育,落实员工思想动态分析工作机制,保障公司和谐稳定发展。

【企业党建】 2023年,华北公司党委深入开展学习贯彻习近平新时代中国特色社会主义思想主题教育。牢牢把握"学思想、强党性、重实践、建新功"总要求,扎实推进"理论学习、调查研究、推动发展、检视整改、总结评估"五个环节,在以学铸魂、以学增智、以学正风、以学促干上求实效。严格落实"第一议题"制度,高质量举办专题读书班,精心策划8个学习专题,组织6次集中领学、8次专题研讨、3次专家辅导。构建以领导领学、专家导学、集体研学、个人自学、讨论互学"五位一体"的学习方式,以五个"第一时间"和五张"表单"确保主题教育高标准起步、高质量推进。第一时间成立主题教育领导小组及工作机构、作出总体部署;第一时间制定实施方案及"运行大表",提出理论学习"五学"要求;第一时间制定并动态完善"学习计划表",列出"重点学习清单";第一时间制定主题教育读书班方案和"读书班计划安排表";第一时间聚焦问题调研,制定并动态完善"调研清单"。班子成员分别带队,成立4个联合专项调研组统筹开展调研,结合改革发展实际,有针对性地选择20个课题深入调查研究。充分运用"浦江经验"和"千万工程"的理念方法和经验启示,深入区域市场、上下游企业、兄弟单位及政府有关部门开展调研50余次,详细制定调研成果转化清单,形成调研报告20篇。对照主题教育需要着力解决的6个方面突出问题,制定整改措施17条,全部落实整改。深入开展"我为群众办实事"实践活动,完成办实事项目12项,完成率100%。

【党风廉政建设】 2023年，华北公司纪委坚持以习近平新时代中国特色社会主义思想为指导，深入学习贯彻党的二十大和二十届中央纪委二次全会精神，深入开展主题教育和教育整顿，为高质量发展提供坚强保障。推动党委研究细化主题教育8方面38项落实举措；开展招标选商、职务消费、物资采购、保留项目管理等"四个专项"监督检查，制发监督建议书6件，发现问题线索2项，督促制定制度规范5项；编制干部员工"八小时外"监督管理细则，持续推动领导干部履职在线填报，督促运用"第一种形态"4人次，回复党风廉政意见82人次。推动建立党委及其班子成员全面从严治党履责"一季度一清单一总结一报告"落实机制，对"三重一大"决策提出意见建议14项。加强"华北清风"廉洁文化品牌建设，开展"致广大家属一封信""管网青廉说"等活动，开展警示教育17次，推动开展学习课堂10期。深化作风建设，2023年公司级发文同比压减34%，主要会议同比压减42%，精文减会成效显著。推动纪检监督与各类监督贯通协同，利用联席会议机制通报会商重要监督内容7项。开展好主题教育和教育整顿，形成调研成果2项，配合完成1项纪检监察组课题调研，完善学习例会机制，纪检干部参加各类脱产培训27人次。

（刘刚 记）

国家石油天然气管网集团有限公司建设项目管理分公司

【概况】 国家石油天然气管网集团有限公司建设项目管理分公司（简称建设项目管理公司）成立于2020年3月12日，是国家管网集团直属单位，总部位于河北省廊坊市广阳区四海路18号，是国家管网集团四大业务"建、运、维、研"中的专业化工程建设企业。主要从事中国油气干线管网及储气调峰等基础设施建设、干线管网互联互通和社会管道联通。截至2023年底，建设项目管理公司设有职能部门11个，直附属中心1个，所属项目部及合资公司共13个，在册员工835人。负责参与建设工程项目包括闽粤二期、川气东送二线、西气东输三线中段、西气东输四线及龙口、深圳、漳州等三座LNG接收站等47项，管道总里程7000千米，LNG接收站项目远期总规模2700万吨/年。

2023年建设项目管理公司主要经营（运营）指标

指标	2023年	2022年
新建管道焊接里程（千米）	2300	2037
无损检测一次合格率（%）	98	98.9
投资计划完成率（%）	77.14	98
重点项目前期工作	1个项目可行性研究批复、1个项目核准	2个项目可行性研究批复、3个项目核准
依法必须招标完成率（%）	100	100
资产总额（亿元）	366	414
收入（亿元）	4.62	2.62
税费（亿元）	0.57	0.25

【工程建设】 2023年，建设项目管理公司工程建设项目完成管道焊接2302千米、下沟

3100千米、回填3094千米，投产管道1186千米，焊接同比增长13%，下沟、回填、验收等指标全面完成。龙口LNG一期1—4号储罐机械完工，5号、6号储罐水压试验完成，深圳LNG项目两座储罐水压试验完成，漳州LNG一期二阶段3号储罐成功升顶。全年新建管道焊接里程、投产里程在国家管网集团分别占比67.9%、28.9%。漳州LNG外输、枣阳—仙桃、蒙西一期、广西支干线等投产进气，龙口南山LNG接收站一期工程进入冲刺阶段。卸料臂、低温蝶阀全系列尺寸等主要工艺设备全部国产化。苏皖管道与中俄东线互联互通动火连头作业圆满完成，使江苏境内区域供气形成环状管网。工程建设指挥中心、应急值班管理团队，开展施工现场远程视频隐患检查、流程宣贯、应急管理以及工程PIM数据等方面的互动交流培训。

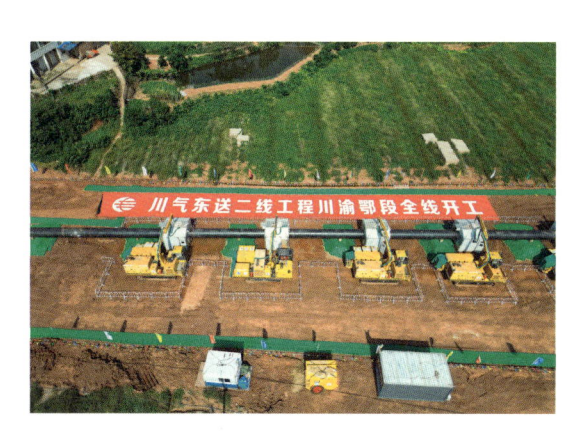

川气东送二线工程川渝鄂段权限开工（柴华 摄）

【企业管理】 2023年，建设项目管理公司制定《建设项目管理公司改革深化提升行动实施方案（2023—2025年）》和《建设项目管理公司改革深化提升行动工作台账》，明确具体措施、完成标志、完成时间、责任部门及负责人，共计22项改革任务、47项完成标志。开展对标世界一流价值创造提升行动，梳理完成对标世界一流管理提升工作的重点、难点问题，结合工程建设管理实际情况，从量化指标和管理能力两个维度开展对标工作，总结油气行业工程建设领域优秀实践做法，重点围绕工程"五大控制"目标，搭建公司价值创造指标体系。全面探索E+P+C、E+PC、EPC项目管理模式，为不同项目采取针对性的模式积累经验。探索实施"公司总部（决策中心）+区域中心（执行中心）+项目分部（现场管理）"管理体制。

推行"集约化采购、贯通式管理、支撑性保障"运营型管控模式，实施集约化采购。从物资类拓展到工程和服务类，招标次数大幅减少，节约22.3亿元。推行多项目统一招标、统签合同、分别结算方式，有效降低采购成本和风险；通过提高资金使用率、国产化采购等措施创效7600多万元，及时筹措建设资金221.3亿元，提质增效成果显著；通过强化资金管控、LNG接收站专业设备国产化、加强营地建设和纠纷案件处置，4项主要措施实现创效3.71亿元。推行贯通式管理，履行组织协调管理的直线责任，所属各单位履行属地管理责任及工程建设主体责任强化支撑性保障；职能部门全力做好质量、安全、进度、投资、合规等工作支持，突出服务基层，上下同心，抓牢"五大控制"。

制定完成《基本建设项目管理程序》，实现项目管理标准化、流程化。编制完成"三重一大"决策管理程序及7张权责清单大表，形成资金事项管理矩阵。制、修订制度文件118个，开展237个体系文件制程对照，流程遵从度达93.4%，常态化、规范化用流程管权、管人、管事。全年对不良行为承包商作出限制交易、通报批评等处罚68家（次），对381家承包商进行考评并在招标中应用结果。引入中铁、中交、中建、中化等承包商积极参与管网工程建设。

【安全环保】 2023年，建设项目管理公司开展安全管理强化年行动，顺利完成安全生产思想观念强化、安全生产责任制落实、双重预防机制建设、安全生产队伍建设、应急管理等6类18项工作任务。制定并公示各级领导干部年度安全生产联系点和个人安全行动计划，全年各级班子联系点督导检查711次。组织修订所属单位和职能部门安全环保责任书考核指标以及逐项赋分杜绝、遏制、管理、过程指标，逐级签订安全环保责任书846份，层层明确监督责任、直线责任、属地责任。修订工程建设承包商作业安全管理规定，完善风险数据库，编制隧道掘进突泥涌水、火灾爆炸等较高级别风险管控方案51项。统筹开展"2023年重大事故隐患专项排查整治行动"和"青年查隐患活动"。常态化开展质量安全检查、QHSE开工审计、体系审核、作业安全专项检查，排查整改QHSE问题7800余项，调查处理QHSE不符合项35起。将检查问题纳入承包商考核，对311名相关责任人分别作出约谈、通报批评、清退、列入"黑名单"等处罚。对违反合同、HSE协议的承包商处以罚款541.63万元，扣减所属单位绩效成绩，全员安全履职意识和能力提升。修订发布总体应急预案、9项专项预案和岗位应急处置卡模板。开展隧道透水、基坑坍塌、机械伤害等应急演练426次。年度累计完成65.5个百万人工时，工程建设安全平稳推进。

【物资管理】 2023年，建设项目管理公司紧密结合工程施工进度，动态调整发运节奏，供管1716.5千米。完成24项国家管网集团授权集约化物资采购工作，采购金额近200亿元。持续开展公司级二级物资框架协议招标工作，框架协议物资品类扩展至23项。化零为整发挥项目群集中采购优势，提升物资保供效率，共完成625个采办包采购工作，采购金额107.28亿元，减少招标采购次数499次，集约化采购率93.3%。强化落实物资质量管控措施，探索实施物资监造集中管理，建立物资质量问题库，启动7次飞检，发现并整改问题501项。强化管培结合、奖惩分明的供应商管控措施，通报批评、警告、暂停使用等共计处理供应商（监造商）9家。健全11项物资管理制度，坚持检查预防相结合，以"六个专题"形式加强业务领域监督，梳理总结"问题库"，确保业务合规。剩余物资减少重复采购，开展剩余物资调剂。建设项目管理公司内部物资调剂调拨6次，金额共计1201万元。在连云港—泰兴、南通—甪直项目调剂利用旋塞阀等库存闲置物资约3120万元。

【人才建设】 2023年，建设项目管理公司制定《人才队伍管理程序》和《人才强企工作及人才队伍建设规划》，确定人才工作总体目标、2023—2025年度具体目标。突出毕业生源头培养、三支序列人才特质培养等5个重点方面，提出21项重点工作、110项任务清单，明确人才强企配套保障"五个"机制和三项保障措施。围绕加强建设项目管理公司高质量发展，适应机构改革调整需要，开展国家管网集团系统内、建设项目管理公司内部以及社会化人才招聘共计58人。开展2023年应届毕业生春季招聘工作，连同2022年度秋季招聘共计43人。优化配备两级管理岗位人员，2023年调整交流企业关键岗位人员59人次。开展项目分部经理、副经理"揭榜竞聘",共计5批次77人。探索实施专家队伍建设计划,突出工程建设核心业务领域专项人才储备,编制完成建设项目管理公司管理专家专业领域目录以及高级专家、专家职位选聘工作方案。严格实行职数总量管控,组织开展第三层级专业、技术序列人员聘任、晋升工作,共计100余人。落实国家管网集团青年科技人才"托举"工程,实行青年科技人才培育行动,建立国家管网集团级课题揭榜竞聘制度,18名35岁以下青年员工参与3项课题技术管理岗选聘。加大女性科技人才支持培养力度,3名女性科技人才参与国家管网集团级课题揭榜竞聘。探索共建创新联合体为科技人才提供一流创新平台,新立项2项国务院国资委创新联合项目,申报LNG接收站施工技术与材料装备研究等3个分室建设,取得14份专利、2项软件著作权申报和4项企业标准提报。

【科技管理】 2023年,建设项目管理公司开展"X80MHD2 OD1219×33毫米大应变管线钢开发"技术攻关,全部完成所需3000余吨产品的工业批量生产,并通过中国钢铁工业协会组织的产品鉴定,该成果将有力保证西四线天然气管道工程需求。针对西三中、西四线工程,组织开展分布式光伏发电技术、预装式变电站技术、装配式建构筑物三项"碳中和"技术站场及阀室规模化应用。开展的"LNG接收站关键设备国产化研制与应用"课题项目中的"LNG卸料臂""低温蝶阀""低温安全阀"3款LNG国产化关键设备研制,取得可喜成绩并通过产品鉴定,完成现场安装,产品主要技术指标达到国际同类产品先进水平。油气管道工程自行走式大口径双连管预制成套技术研究与应用,首次提出双面埋弧焊预制环焊缝的焊接工艺评定试验方法,焊接合格率98.5%,为管道行业线路施工提供一种新施工组织形式。2023年申报发明专利9项,实用新型专利1项,软件著作权1项。

LNG国产化卸料臂吊装(翁永美 摄)

【企业改革】 2023年,建设项目管理公司更名成立办公室(党委办公室)、党委组织与宣传部(人力资源部、群众工作部)、战略执行部、纪委办公室(综合监督部),深度承接国家管网集团总部职能;按照工程项目分类,组建管道工程部和LNG工程部,突出工程建设专业属性,管理职能更加聚焦主责主业;核增业务部门编制职数,职能部门编制由60人增加至130人,做优做强。工程技术部、物资采办部、质量安全环保部、公共关系部和财务部,大力提升专业保障部门竞争优势,加大人力资源配置,持续为构建运营型管控本部积蓄力量。

结合工程区域分布、地质条件、建设规模等因素,因地制宜设置项目分部,作为中心项目管理的前线作业单元,实现管理职能清晰,队伍精干高效,上下衔接有序。同时在新疆项目部、豫鄂项目部率先进行区域化改革试点,结合工程项目管理实际和建设投产进度,合并项目部职能部门,压减职能部门人员编制,设工程项目管理分部,鼓励人员向项目分部有序合理流动，为基层一线补充更多力量，确保主"战"功能显著发挥。

积极落实新疆炼制天然气外输管道公司和华东公司重组划转方案，稳妥接收新疆炼制天然气外输管道公司及其广西支干线项目部共82名干部员工，根据工程建设需要，结合员工个人专业和意愿全部安排到合适岗位工作。认真落实国家管网集团"四化改革"工作部署，全力推动工程建设领域专业化改革，着力推动西部管道公司、西气东输公司、西南管道公司、广东省管网公司四家单位工程建设力量整建制划转，149名干部员工办理划转手续，建设项目管理公司工程建设管理力量将进一步增强。

顺利完成苏皖管道和华北管道公司2家公司股权管理移交，积极推动新疆炼制天然气外输管道公司股权管理移交湖南公司，福建省网公司股权管理移交福建公司，龙口LNG公司和漳州LNG公司股权管理移交液化天然气接收站管理公司。

【党建工作】 2023年，建设项目管理公司坚持全面从严治党与全面从严治企相结合，以全面从严治党为引领，贯通建立和落实动力、责任、管理、监督、问责"五大机制"。健全建设项目管理公司全面从严治党体系，将全面从严治党各项工作融入公司治理各领域各方面各环节。坚持贯彻全国国企党建会精神，探索创新"两个一以贯之"实践路径，修订"三重一大"决策管理程序，制定7张权责清单大表，召开党委会41次，前置审议建设项目管理公司重大事项467项，将党的工作融入《基本建设项目管理程序》。

坚持部署、推动、考核一体推进，组织召开第一次党代会，召开党的建设工作领导小组会议7次，及时召开党建工作年度会、推进会及专题会，深入基层开展党建调研督导工作，制定党建工作各路年度工作要点、全面从严治党责任清单及"规定动作"任务大表，形成"一张大表指挥、一个拳头作战、一贯到底执行、一个标准动作"的工作模式，每季度进行对照检查，跟踪问效，开展年度党建责任制考核，党委121项"规定动作"及全年23项重点工作。

深入开展学习贯彻习近平新时代中国特色社会主义思想主题教育，制定主题教育专题实施方案，两批次任务全面完成。通过"十学联动"强化理论学习，大兴调查研究之风，运用"四下基层"工作方法等深入调查研究。各级领导干部撰写调研报告83个，梳理和解决问题782个。召开专题民主生活会，检视整改问题106项，强化建章立制，修订制度文件113个，解决群众急难愁盼问题78项。

坚持围绕中心抓党建、抓好党建促发展，党员干部坚持"四联"深化"双示范"创建，开展"双建"活动16次，"一支部一品牌"活动创建"大漠胡杨橙"等12个支部品牌。围绕工程建设大力开展主题党日、"百日攻坚"等活动，建立党员责任区、示范岗、先锋队等100个，推进党员"五亮"活动，将党建工作以一定分值纳入招标及合同范畴，推进党建共建共享，把党的一切工作穿透落实到"最后一公里"。

建设项目管理公司召开党的第一次代表大会（刘宁宇 摄）

【企业文化】 以打造企业品牌为导向，促进铁军文化理念内化于心。2023年，建设项目管理公司开展"倡导共同奋斗理念 争创红色能源动脉铁军"活动，进一步明确"求真务实、艰苦奋斗"共同理念具体工作内容，全体干部员工融入日常工作感悟共同理念，不断强化领悟"打造工程建设铁军"的品牌、"筑牢油气保供基石"的价值定位。通过宣传全国引领性劳动和技能竞赛、百日攻坚等竞赛活动，激发干部员工内生动力，持续深化"铁军文化"建设，进一步明确精炼"五铁"内涵，开展"铁军文化"主题党日，将"铁军文化"融入员工日常工作中，以系列活动推进公司铁军文化建设落地。开展"管道沿线那抹红""管网'橙'色 铁军添彩"等系列活动，开展红色教育，传承百年党史精神，践行央企社会责任，选树先进典型，以身边人身边事激励铁军建设。在建设项目管理公司网站和公众号建立"榜样在身边"专栏，共发布先进人物事迹20篇。

（王　佳）

国家管网集团广东省管网有限公司

【概况】 国家管网集团广东省管网有限公司（简称广东省管网公司）前身是广东省天然气管网公司，成立于2008年3月，曾先后由中国海油、广东省能源集团有限公司控股，中国石化、中国石油参股；2020年10月1日，三大石油公司持有的股权整体划转至国家管网集团，广东省管网公司成为首个以市场化方式融入国家管网集团的省级管网公司，并被国家管网集团和广东省人民政府作为省网融入样板工程来打造。根据国家管网集团与广东省人民政府签订的战略合作协议，广东省管网公司是广东省天然气主干管网的唯一建设运营主体，推动实现全省天然气主干管网统一规划、统一建设、统一调度、统一运营、统一维护。截至2023年底，资产总额265.15亿元，员工718人，大专及以上学历员工占比99%，平均年龄32岁。

广东省管网公司主要经营（运营）指标

指　标	2023年	2022年
天然气管网输量（亿立方米）	147.99	139.67
资产总额（亿元）	265.15	243.35
管输收入（亿元）	17.90	17.36
收入（亿元）	21.91	20.79
净利润（亿元）	3.78	4.83
税费（亿元）	2.74	1.22

（侯　淼）

2023年，广东省管网公司牢牢按照"三不变、八个新"的原则，秉持"一中心、一张网、一公司"管控准则，认真贯彻落实国家管网集团"四化"改革总体部署，持续推进公司治理体系和治理能力现代化。在深化改革中，成立工作专班，与华南公司开展集中办公，瞄准"专业支撑"目标，按照"区域运维"的改革思路，推动资源整合融合，切实保障天然气管道高效运行；实现新增投产20个项目，持续跟进2024—2025年71个下载项目，推动市场占有率不断提升；大力推广工业控制系统国产化替代，16座新建站场自控系统国产化覆盖率达100%；同时持续完善组织架构，将69个专业技术岗位减为43个，配备人数整体精简20%；本部部门人员仅占员工总量的10%。截至2023年底，广东省管网公司运维管线3223千米（其中广东省管网公司1803千米、西气东输公司1218千米、新疆煤制天然气外输管道公司198千米、深圳天然气有限公司4千米），途经广东省21个地级市和香港特别行政区，形成以珠三角为中心、横跨粤东西北的全省"一张网"，肩负着"南气北送"和向香港供气的重任。

（裴曹莘）

【市场开发】 2023年，在国家管网集团市场部等总部部门的有力指导下，认真落实国家管网集团年度工作会议安排，按照"五个坚持"的总体方略，"建中台、强前台"，锚定"市场占有率、资源入网率、管道负荷率"提升目标，全力拼抢市场份额，高质量完成全年各项工作。

主要指标完成情况。广东省管网公司全年完成管输商品量226.5亿立方米，同比增长10.8%；分输下载量完成185.1亿立方米，同比增长22.7%，其中省内分输气量完成169.8亿立方米，同比增长25.2%，跑赢广东行业大势12.2个百分点，市场份额较2022年提高3.4个百分点，增至51.4%。

重点工作成果。广东省管网公司全年申报新增下载点27个，获批22个，实现当年审批当年投产7个，全年新增下游用户12个，新增用户增长率20%；首创"液卖、气交、管输"的商务模式，作为典型经验在国家管网集团推广应用。积极开展存气服务、储运通服务产品营销，广州储气点销售出100万立方米存气服务管容。针对下游客户短期应急、不平衡用气需求，率先开展编制面向下游用户的借存气服务方案。

客户经理体系建设。广东省管网公司积极推进客户经理体系落地，客户经理体系落地方案率先获得国家管网集团批准，组建粤港澳客户经理团队；配合国家管网集团市场部开发完善客户经理数字化赋能工具Pipelink，按时填报客户档案、区域档案、拜访记录、营销计划等信息。以粤港澳客户经理团队为原型，拍摄"客户经理的一天"宣传推广短视频。发挥客户经理职能作用，跨区域协调核实托运商照付不议申请，维护国家管网集团利益。

高质量编制商务计划。广东省管网公司高质量编制完成广东省天然气市场规划，梳理规划建设省内支专线29条。深入推动"一市一规划"工作，主动对接当地能源规划、城燃规划和产业发展规划，分别制定21个地市主干管道规划建议书。开展粤港澳大湾区天然气管道规划编制工作，统筹港澳地区市场开发工作。

压减用户清单可操作性提升。广东省管网公司组织客户经理完成省内31家重点城燃用户摸查，了解冬季保供期间资源落实情况，对7家用户合同落实气量存在缺口的情况，积极协调上游资源方帮助用户落实资源。

提升客户服务水平。广东省管网公司积极协调解决客户难题，急客户所急，想用户所想，协调解决佛山佳利达、肇庆新奥资源调配等客户难题，获得客户表扬信3封、锦旗2面。针对部分下游用户不完全符合国家管网集团上下载管理规定的新增下载点申请，积极与国家管网集团、地方政府和下游用户加强沟通，实现仁化安顺达、乐昌安顺达2个历史遗留项目获批，光明电厂在17号阀室开口申请取得国家管网集团同意，有效避免客户巨额投资闲置浪费。冬季保供期间，肇庆新奥管道发生故障，积极协调国家管网集团市场部取得同意，由西二线肇庆站调配到省网永安阀室供气，有效保障当地企业稳定用气。协调推进惠州—海丰干线项目工程建设和投产审批，促成惠州分输站至白花分输站提前5个月投产，保障下游用户惠州埃克森美孚化工综合体项目按期投产用气。

（李　莉）

【生产运行】"冬夏一体化"保供。2023年，广东省管网公司强化责任落实，夯实生产基础管理，补短板，强弱项，扎实开展"冬夏一体化"保供，冬季保供关键场站制定"一站一案"。2023年实现"南气北上"40.17亿立方米，"南气北上"日峰值达5057万立方米，全年生产运行平稳。

强化运行管理。广东省管网公司科学生产运行组织，合理安排维检修作业窗口，减少停气增加天然气外输气量73.0万立方米，减少放空量及耗气量30万立方米。强化计量基础管理，开展计量系统专项核查及加大外部计量监管力度，年度输损率由2022年的0.19%降至2023年的0.06%。强化试运投产管理，顺利完成2项一类项目、2项三类项目、7项四类项目新建改扩建项目投产，新增投产管道里程232千米，新增茂名中燃等8个用户分输供气。

改造调控系统。广东省管网公司推进"全国一张网"集中统一调控建设，完成油气调控中心侧省网调度台组建及粤东LNG外输管道9座站场5座阀室的一级调控改造。完成西气17座站场61座阀室配套改造及联合调试工作，持续打好国产化替代攻坚战，提前完成国家管网集团下达工作任务，成为国家管网集团内首家完成全部管线配套改造工作的地区公司，推动油气管网关键核心技术安全、自主、可控。完成12座站场ESD按钮回路诊断功能改造、17套ESD气液联动执行机构冗余电磁阀改造、9套ESD电动放空阀失电动作改造及1座站场SIL评估验证，进一步提升安全仪表系统本质安全水平。完成光通信互联互通改造，助力光通信全国一张网战略目标。坚持自主可控安全红线，积极推广BPCS/SIS/RTU控制器、PCS、国产数据库及国产操作系统等国产化软硬件应用，16座新建站场实现国产化覆盖率100%。

设备设施检修。广东省管网公司以干代练、以修代训精心开展设备年检工作，2023年开展21次压缩机组计划性维护保养，全年压缩机组零故障停机，大铲岛站压缩机连续六年零故障停机。依法合规开展设备设施检验检测，按期开展24座站场及40座阀室压力管道RBI检验检测、36台压力容器和693台安全阀定期检验。巩固提升电气设备可靠性，开展127千米外电、10座变电所标准化建设及评价工作；完成20项防雷系统可靠性评估分析、省网站点27处智能排流装置增设试点、压气站高压快切装置增设等工作。推进电气设备缺陷整治，全年完成19座站场、36座阀室防雷防静电接地标准化整改，完成20座阀室老旧太阳能系统改造，5座站场缺陷UPS更换等工作。

隐患排查治理。广东省管网公司加大隐患排查治理力度，针对省网一期工程 105 台在役纽威球阀袖管焊缝缺陷问题，完成更换 30 台、补强 14 台、安全评定通过三年期评定 61 台。完成浮洋分输站干线截断阀 BV1101 号阀门内漏更换治理作业，第一时间响应处置西二线清远站调压橇入口电加热器渗漏问题，及时消除管道设备本体缺陷。开展压缩机隐患整治，完成 4 台机组发动机水系统清理及预润滑泵更换及 3# 机组缸套水套更换，消除机组隐患，提高压缩机组运行可靠性。

（石小玉）

管道管理。2023 年，广东省管网公司牢记管道保护"人民战争"理念，瞄准"一个中心目标"，围绕管道保护"四大风险"，以"两条主线"入手，组织开展管道保护"八项专项提升"工程，强化"六项保障支撑"，全面改进提升管道保护管理能力与水平。完成 2241 处第三方施工安全完工管理和 393 处高后果区安全管控，完成 56 处Ⅲ级高后果区风险评价，完成 513 道环焊缝开挖复检及 10 道环焊缝严重缺陷动火修复，完成光缆风险点排查及整治 158 项，完成 3107 千米在役管道半定量风险评价，完成 14 段管线共计 1172 千米的管道检验，投产满 3 年管道基线内检测覆盖率由 71% 提升至 91%。连续五年开展百日攻坚专项活动，夯实了管道管理基础，广东省管网公司特色的管道保护管理模式初见成效。

（胡贵斌）

应急抢修。广东省管网公司加强应急保障体系建设，编制《广东运维中心维修队伍标准化建设与验收管理手册》。完成与华南公司广州维抢修中心的抢修保驾协议签订，定期开展现场联合踏勘及联合应急演练，提高应急协同作战能力。大力推进维修队能力提升，具备大型突发事件前期应急处置能力和小型突发事件独立应急处置能力。2023 年完成阀室进水实战抢险 2 次、管道沿线水毁应急抢险 5 次和应急预警 7 次，参与动火及投产保驾 30 余次，有效确保现场安全生产运行。

（石小玉）

【工程管理】2023 年，广东省管网公司开展实施项目 83 个，总长 2448.9 千米，其中自建项目 77 个长 1695.9 千米、委托建设项目管理公司代建项目 6 个长 753 千米。

自建项目。广东省管网公司自建项目 77 个。按照建设阶段分，包括竣工验收阶段 13 个、施工阶段 18 个、前期及设计阶段 29 个、项目规划阶段 17 个。按照项目类型分，包括"2021 工程" 9 个、县县通工程 8 个、互联互通工程 5 个、电厂专线 13 个、改线工程 4 个、改扩建项目 30 个、技改工程 6 个、光伏发电 1 个、压缩机工程 1 个。按照项目投资分，包括一类项目 12 个、二类项目 5 个、三类项目 22 个、四类项目 38 个。

委托代建项目。广东省管网公司委托代建项目 6 个。广东省管网公司作为项目业主，与建设项目管理公司签订委托代建协议委托建设项目 6 个，包括县县通工程 5 个、互联互通工程 1 个，均为一类项目。

考核指标完成情况。广东省管网公司全年自建项目新建管道焊接里程考核指标 63.0 千米，实际完成 63.0 千米，年度目标完成率 100%。可行性研究批复考核指标 3 个项目、48.13 千米，全年实际完成可行性研究批复 6 个项目、批复里程 84.32 千米；核准批复考核指标 48.13 千米，全年实际完成核准（备案）

批复项目 8 个，批复里程 51.13 千米；具备投产条件国家管网集团考核里程共计 69.9 千米，全年完成 97.7 千米，完成率 133%。

项目前期工作主要举措。广东省管网公司积极推进华电东江专线、园洲分输站新建等重点项目落地，确保工程管道项目前期工作指标超额完成；紧跟市场新增市场开拓进度，积极推动生产类项目，着力配合"终端用户"加快站场阀室改扩建项目前期工作，取得深能妈湾专线、东莞分输站改建、广州压气站增加压缩机组工程等 3 个改建项目可行性研究批复；为确保公司平稳运营，消除管道运营隐患，取得韶关支干线 RH121 桩管道修复工程项目可行性研究批复。

项目前期工作完成情况。2023 年 3 月 29 日，取得惠州市能源和重点项目局关于国家管网集团广东省天然气管网园洲分输站新建项目核准批复。

2023 年 3 月 13 日，取得国家管网集团广东省天然气管网丰达惠州专线项目核准批复。

2023 年 5 月 11 日，取得关于国家管网集团广东省天然气管网韶关支干线 RH121 桩管道修复工程项目备案批复。

2023 年 10 月 8 日，取得关于国家管网集团广东省天然气管网韶关支干线 RH121 桩管道修复工程项可行性研究报告的批复。

2023 年 9 月 20 日，取得广东省天然气管网深能妈湾专线项目备案批复。

2023 年 9 月 27 日，取得惠州市能源和重点项目局关于国家管网集团广东省天然气管网华电东江专线项目项目核准批复。

2022 年 11 月 8 日，取得国家管网集团广东省天然气管网丰达惠州专线可行性研究报告的批复。

2023 年 11 月 17 日，取得关于广东省天然气管网深能妈湾专线项目可行性研究报告的批复。

2023 年 11 月 27 日，取得关于广东省天然气管网东莞分输站改建项目可行性研究报告的批复。

2023 年 12 月 1 日，取得关于广东省天然气管网东莞分输站改建项目核准批复。

2023 年 12 月 23 日，取得清远市发展和改革局关于国家管网集团广东省天然气管网国能石角专线项目核准批复。

2023 年 12 月 5 日，取得关于国家管网集团广东省天然气管网广州压气站增加压缩机组工程可行性研究报告的批复。

2023 年 12 月 21 日，取得关于国家管网集团广东省天然气管网国能肇庆专线项目核准批复。

2023 年 12 月 31 日，取得关于国家管网集团广东省天然气管网华电东江专线项目可行性研究报告的批复。

建成投产的重点项目情况。2023 年 8 月 20 日，国家管网集团广东省天然气管网茂名站茂名分输站改造完成投产。

2023 年 10 月 13 日，国家管网集团广东省天然气管网丰达惠州专线项目进气投产。

2023 年 11 月 6 日，国家管网集团广东省天然气管网华电华侨园项目进气投产。

2023 年 11 月 15 日，国家管网集团广东省天然气管网肇庆永安项目进气投产。

其他重点工程完成情况。2023 年 12 月 2 日，国家管网集团广东省管网天然气粤电云河专线项目实现全线贯通。

2023 年 12 月 14 日，国家管网集团广东省管网天然气穗莞干线项目全线贯通、初步具备投产条件。

2023年12月20日，国家管网集团广东省管网天然气惠州—海丰干线项目惠州—白花段机械完工。

（胡海辉）

【安全环保】 落实安全风险分级与隐患排查治理双重预防机制。广东省管网公司组织风险再识别、风险评价和隐患排查，2023年安全环保风险共计609项，发布《较大及以上安全环保风险管理清单》和《较大及以上安全环保风险领导挂牌监督清单》，重大风险4项和较大风险2项，较大及以上风险制定风险管控方案，由领导挂牌督办，压实风险管控责任。经排查无重大隐患，安全隐患75项，其中较大及以上隐患9项（均为环焊缝缺陷隐患），已制订隐患治理方案，完成整治68项，隐患治理完成率90%。制定《关于落实重大事故隐患专项排查整治2023行动的通知》，严格按照国家管网集团总体方案5条要求逐项细化行动安排，推动安全隐患排查专项行动取得实效，专项行动发现事故隐患7项均整改销项。推动安全管理强化年行动。年初细化分解安全管理强化年行动实施方案77项工作任务并在广东省管网公司安全生产（HSE）委员会第2次会议上进行全员宣贯，查找问题短板和薄弱环节7项并制定专项攻坚方案，梳理形成任务清单，逐项落实专项攻坚。

深化安全队伍能力建设。广东省管网公司举办企业关键岗位人员和基层关键岗位人员的安全管理能力提升培训，在中国石油大学（华东）开展两期面向企业关键岗位人员和基层关键岗位人员78人的安全管理能力提升培训。加强基层专兼职安全管理人员的安全管理能力建设工作，分两期开展QHSE专项培训60余人次，提升基层安全监管力量。着力打造公司安全文化。深入基层交流安全管理理念6次，成功申报广东省企业安全文明示范单位，进一步促进全员思想认识提升、行动统一，不断提升公司安全文化建设及员工的认同感。

强化应急管理能力建设。广东省管网公司及时发布应急演练计划，分级分类开展应急演练，抽查5个作业区、8个站队开展的应急演练，查找应急预案、处置方案存在的问题，组织各作业区对应急预案完成修订和备案。组织广州作业区参与广东省能源局组织的2023年广东省（佛山）能源应急联合演练，获广东省能源局感谢信；组织广东省管网公司与阳江作业区联动开展的2023年山体滑坡导致天然气管道泄漏事件应急桌面演练，为同类演练梳理固化模板。联合深圳市完成广东省管网公司首次双盲海底管道综合应急演练，克服演练难度大、参演部门多协调难度大、没有既往经验等困难，探索海管抢修方案和视频制作，实战检验应急预案的实用性、有效性和可操作性。成立广东省管网公司突发环境事件应急预案修编工作组，修订发布突发环境事件应急预案，并取得广东省生态环境厅备案。严肃安全生产异常事件追责问责严。2023年组织事故事件调查7起，深入分析根源，查找安全管理短板，对4家作业区开展安全生产考核及绩效考核兑现，对4家承包商进行合同处罚，对37名责任员工进行处理处分和扣罚绩效奖金（其中记过处分员工5名、批评教育员工13名、提醒谈话员工8名、责令做检查员工11名），制定有效防控措施，落实事故事件闭环管理。

加强高风险作业管理和特殊时期的生产安全监督。广东省管网公司印发改革过渡期间强化安全管理通知，对改革期间高风险作业实施升级管理，严格落实作业许可管理要求，确保作业全过程风险受控。《国家管网集团作业许可安全管理细则》发布后，及时发布公司贯彻细则的具体要求，组织各级安全管理人员宣贯学习，提高文件的适用性，记录的可操作性。制定各作业区高风险作业周计划，累计发布32期，持续跟踪督办高风险作业1248项，严格落实动火等高风险作业现场安全措施检查清单制。建立安全监督检查机制，不断完善"四不两直"监督机制，遵循"优中选优"的原则，实时更新兼职安全监督队员，强化重点时段、关键环节、关键岗位的"四不两直"检查和特殊时期安全监督。每月组织开展1次公司级"四不两直"检查，有效督促、帮助、提高各基层单位安全管理水平。强化监督管理，通过开展专项督查、安全大检查、"四不两直"检查共13次，持续保持高压严管态势，累计发现问题3784项，2023年典型问题同比下降20%。加强现场作业监督关，组织参与广州作业区珊瑚门站、韶关作业区大镇站等16次特级动火作业现场作业全过程的安全监督。

（苏　松）

加强环境保护制度体系建设。广东省管网公司根据国家管网集团下发的环保目标指标，制定环保目标指标，并将其纳入新的QHSE责任书和岗位安全生产（HSE）责任清单，组织全员逐级签订，确保环境保护职责"横向到边，纵向到底"全覆盖。修订完善《环境保护管理办法》《环境事件管理细则》等8个环境保护规章制度。积极开展流程试运，推动5.5.1、5.5.2、5.5.3、5.5.4环保管理流程落地见效，2023年2月组织二级单位韶关作业区进行内部流程试运工作，对环保相关的10个流程进行推演，共梳理匹配角色10项，提出优化建议5条，共计120人次参与。为有效落实流程5.0有效落地，组织各专业、各站队开展HSE管控一体化平台数据的环保模块数据录入工作。成立以广东省管网公司主管安全环保工作副总经理为组长，专业第三方外部专家和相关部门及基础站队人员为成员的预案修订组，经过多次探讨和专家审核，于11月30日完成广东省管网公司突发环境事件应急预案发布工作，并于12月8日在广东省生态环境厅成功备案。

推进新建项目环境保护"三同时"工作。广东省管网公司取得大桥阀室改建项目、园洲分输站新建项目、福建天然气管网与广东省天然气管网联通工程（广东段）、那龙阀室、织篑阀室、广州站新增压缩机组工程、深圳LNG首站7个项目的环评批复，开展协鑫佛冈项目、华电东江专线项目、国角石能项目、华能龙塘专线项目、国能肇庆专线项目、梅州—大埔项目、珠海LNG西干线斗门分输站增加流量对比流程项目7个新改扩建项目的环评工作。完成阳江—江门项目、肇庆—云浮项目、揭阳—梅州（揭阳—梅州段）、惠州—河源项目（西三线河源分输站—广东管网河源末站段）、海丰—惠来项目、斗门分输站、惠州分输站7个已投产项目的竣工环保验收，确保项目合法合规建设和运营。

全面开展环保风险识别评价和隐患排查治理。广东省管网公司根据国家管网集团《关于报送2023年安全环保风险管控和隐患治理工作总结暨开展2024年安全环保风险识别评价与隐患排查的通知》要求，深度开展在役的62个分输站环境风险受体摸排、辨识与评估工作，建立风险清单台账进行管控，评估得出62个分输站均为一般风险。结合广东省管网公司突发环境应急预案修订，根据《油气管道突发环境事件应急预案编制指南（征求意见稿）》（环办应急函〔2017〕127号）对在役管道、在建设管道、已建成未投运管道以及受托代运的4181.864千米管道进行环境风险梳理和识别，经识别站场评级为"一般[一般—大气（Q1-M1-E2）+一般—水（Q0）]"，长输管道评级为"较大环境风险"。常态化开展环保隐患排查，通过季度专项检查、日常巡查及抽查等形式，对生产现场、工程建设现场进行环保隐患排查，均按照立查立改要求完成整改。

强化建设项目环境保护监管。广东省管网公司按照规范要求在项目初步设计阶段编制环境保护专篇，严格落实环境保护措施。在项目实施过程中，要求设计单位在施工图设计文件中落实环境影响报告书和批复文件的要求。编制建设项目施工组织设计环境保护措施，水土保持施工方案等，并委托工程环境监理和监测单位对工程施工环境影响防范措施落实情况进行环境监理和监测，确保建设过程各项环境保护措施和设施满足要求，2023年环境监理巡查过程中发现51项环保措施落实不到位问题，其中裸土覆盖不到位25项、扬尘防治措施落实不到位13项、固体废物未按要求收集处置13项，已全部整改完成。

加强污染防治管理。广东省管网公司组织开展污染源识别，建立污染源清单和固体废物管理台账，便于全面掌握辖区各类污染源的数量、排放去向。组织各基层单位建立环保设施台账，定期开展环保设施维护保养，确保环保设施正常运行。委托专业第三方机构对在役的62个场站周界开展甲烷、非甲烷总烃、噪声大气环境监测，以及7个有加热炉的场站和2个压气站进行废气监测，对54个场站的生活污水开展水环境监测，对2个压气站开展土壤监测，监测的600个点位排放值均符合标准要求。做好输气站场生产运营过程产生污染物的收集和处理，采取GPS行车路线等措施加强外委处置工业固体废物的监控，确保外委处置的固体废物妥善处置，妥善处置率100%。

加强培训宣传提高全员环保意识。广东省管网公司通过在公司本部及各作业区、项目部公共区域显示屏轮动展播生态环境主题宣传片，营造保护生态环境的良好氛围，全年展播宣传片6部。组织各部门、各单位通过视频展播、主题培训、宣传海报等宣传形式，通过微信群等即时社交软件、办公楼公共区域显示屏等宣传载体，广泛宣传生态环保知识。广州作业区、深圳作业区、阳江作业区、韶关作业区、项目一部在办公室、过道走廊、食堂等公共区域张贴"绿水青山就是金山银山""生态兴则文明兴""坚持人与自然和谐共生""美丽中国"等宣传海报，在楼梯口循环播放《习近平谈生态文明》《人不负青山青山定不负人》《望见山水—绿水青山生态兴》，使员工深刻的感受到自身生态文明的使命感，把生态文明的工作传递给周边的人，为工作、为生活、为国家撑起一把生态伞而奉献自身的力量，总计参加受众1000余人次，宣传海报100张、横幅30份、分享环保教育视频200余次。组织学习《中华人民共和国固体废物污染环境防治法》《中华人民共和国环境保护法》《关于进一步加强石油天然气行业环境影响评价管理的通知》《公民生态环境行为规范（试行）》等环境保护政策法规，普及生态环境保护基本知识，引导全员践行生态环境责任，全年学习1300余人次。开展"'6·5'环境日""'8·15'全国生态日"等活动，号召全员和各参建单位低碳出行，步行上班，同时开展"关灯一小时""空调停机一小时"活动。

强化危废管理及处置。广东省管网公司重视危险废弃物存储、处理过程记录完整、账物相符。针对各站场春秋检中更换下的滤芯及内检测清理出的杂质，以及站场生产运行中产生的工业污水、废弃润滑油、清管废弃物等，组织各站场做好防护，联系资质齐全、具备拉运能力的单位，及时签订危废处置合同，完成广东省危废平台的登记及环保部门的审核，及时开展2023年站场危废的清运和处理，并对处理、处置情况进行全过程监督，确保达到国家、地方有关环保要求，防止发生二次污染。2023年合规处置危险废物60吨，均出具危废转移联单。

碳排放管理。为深入贯彻落实党中央、国务院关于碳达峰、碳中和的重大决策部署，以及《国家管网集团碳达峰行动方案》的通知要求，广东省管网公司加快天然气"全省一张网"及下游用户接气改扩建工程项目建设，保障广东省天然气清洁能源供应。抢抓管网建设黄金期，全力推进穗莞、珠中江等重点工程项目建设，加快推进"市市通"全线投产，统筹推进"县县通工程"，2023年基本实现广东省天然气主干管网"县县通"，全力构建"全省一张网"。预计"十四五"期间建设天然气管道1700千米，广东省天然气主干管网布局基本完成。立足管网特点，做好节能降耗专项管控，实施节能降碳升级改造，强化温室气体排放管控，逐步降低碳排放强度。优化天然气"全省一张网"运行，发挥"一张网"优势，深入开展天然气管网优化运行，实现管网系统、输送方式、工艺技术、管存分布、压力匹配优化；加强安全生产异常事件管理，异常事件及时发现、妥善处置、如实反馈与上报；推进"一张网"调控运行，配合组建省网调度台，推进调控体系、标准化调度台的建设；试点推广国家管网集团新建生产运行管理系统；按计划开展压缩机组等重要设备维检修工作，提高设备可靠性，降低非故障停机次数，做好天然气"冬夏一体化"保供工作；严格按照资产完整性管理方案要求，完成各项维检修、设备更新改造项目计划。做好温室气体排放统计，定期组织在国家管网集团环保管理系统中进行温室气体排放填报和统计；做好温室气体排放核算，定期组织温室气体排放内部核查，确保核算过程中的完整性、准确性。紧跟国家"双碳"战略推进节奏，结合广东省管网公司自身特点和优势，探索实施站场分布式风光发电项目，助力广东省管网公司实现绿色低碳发展。

（肖四海）

推动QHSE管理体系专项提升。广东省管网公司根据国家管网集团体系帮扶提升的工作安排，制定QHSE管理体系提升方案，细化体系提升清单挂图作战，落实到责任部门、责任人和完成时限。持续优化完善QHSE管理体系，更新完善2023年广东省管网公司QHSE管理体系管理手册，修订QHSE管理体系文件56个。组织QHSE管理体系基础全员集中培训、管理追溯培训和领导干部带头到基层宣讲，分级分类开展QHSE体系培训宣讲1300余人次，探索形成管理追溯"八步工作法"。迎接国家管网集团体系审核，制定7个专业量化审核清单，完成广东省管网公司全要素审核和转审核两次体系内审，发现问题1550项，录入国家管网集团HSE系统跟进闭环管理。建立广东省管网公司体系审核员动态管理评价机制，委托专业机构开展"理论+实操"的内审员培训，体系内审员增至67人，提升体系内审员队伍素质。

推进安全生产责任清单"三个一"建设。广东省管网公司成立HSE责任制建设及考核试点运行团队，分阶段集中办公完成试点作业区岗位清单上线试运行和基层岗位468个岗位清单的全部上线正式运行。依据"一岗一清单"识别基层岗位需要具备工作的能力，建立作业区14类岗位培训内容76项岗位HSE培训矩阵。完善制定基层单位岗位安全生产（HSE）责任清单"一岗一考核"HSE考核试运行工作方案，完成试点作业区安全生产责任制考核模拟首次兑现。规范安全吹哨人奖励评估工作机制，完成4次91项安全隐患评估（发放奖励76600元），其中获国家管网集团级特别奖励2项。规范安全生产履职能力评估机制，分类建立安全生产履职能力评估测试试题，完成全员HSE履职能力专项评估工作。

（苏 松）

安全环保数字化流程运营。广东省管网公司组织各作业区持续推进5.0安全环保流程试运行及HSE管控一体化平台应用，组织5个作业区已完成5.0流程326次桌面推演工作，上线试运行填报HSE管控一体化平台，累计填报数据22867条。

成立5.0流程推广运营的金种子团队，完成制程对照，实现5.0业务域角色匹配235个。组织3个试点作业区5.0流程推广，以站场为起点的业务场景梳理均完全适用。9月完成两个试点作业区242个"一岗一清单"发布试运行，10月底完成468份责任清单审核发布，11月初完成HSE管控一体化平台系统录入，完成468个基层岗位的责任清单签订，签订率100%。分10期组织开展5.0流程内部培训和答疑，确保作业区了解流程、会使用流程。完成5.0流程的遵从度评估和CT测试，如实收集反馈流程执行情况。

（肖四海）

【企业管理】 战略规划。2023年，广东省管网公司按期组织开展"十四五"规划中期评估工作，从油气基础设施、市场开发、生产运营、工程建设等各方面分析广东省管网公司"十四五"以来取得成效，结合"十四五"以来国内外发展环境的变化，优化广东省管网公司"十四五"发展的主要目标，适时调整规划部署，强化规划引领。

经营计划与战略执行。广东省管网公司认真健全完善战略闭环管理体系，细化分解各项年度经营目标指标，按月对标通报指标完成情况，按季通报考核，强化战略执行的严肃性，确保各项经营指标顺利完成。2023年完成投资13.68亿元，投资计划完成率94.08%。全年下达维护修理、管网设施保护项目417项，全年完成费用3.45亿元，费用完成率95.90%。

（刘飘扬）

招标管理。2023年，广东省管网公司组织开展招标项目78项，其中工程招标6项目、服务招标50项目、物资招标22项目，电子招标率100%，预算金额5.17亿元，中标金额4.57亿元。平均节资率11.61%。

物资管理。2023年，广东省管网公司持续深入开展制程融合与流程运营，完成业务域角色匹配和制程对照工作，完成8.0供应链系统的全面上线应用。先后完成32项物资框架协议招标采购，累计采购物资金额2.89亿元，供应项目钢管8.8千米、设备约2万台（套），同时物资全生命周期严格执行DEC文件要求，确保现场物资质量。深入推进闲置物资再利用和降库管理工作，全年完成降库821万元，降库率25%。

合同管理。广东省管网公司持续优化合同审批流程，提升合同签署效率。2023年签订合同1609份，合同金额144.74亿元。定期对合同履约情况进行总结分析，完善合同管理要求，切实维护公司利益。

（曾文光）

绩效考核。2023年，广东省管网公司持续优化组织绩效考核，完善指标计分规则梳理完善《部门绩效考核管理办法》及绩效考核方案，组织优化广东省管网公司18个部门/单位的《部门绩效考核表》，全盘承接国家管网集团的考核要求和公司年度考核指标，完成四个季度及年终绩效考核工作，落实考核责任，突出考核重点，实现考核硬兑现，充分发挥考核指挥棒作用。

国企改革。根据国家管网集团印发的相关文件精神，广东省管网公司结合工作实际编制印发实施方案及工作计划表。从广东省管网公司实际出发，聚焦"盈利能力、竞争能力、可持续能力"3个评价维度，确定9大工作任务、23个具体工作举措。紧扣"十四五"规划目标，将指标逐年分解到年度计划中，实现价值创造行动落实到生产经营全过程各方面。

根据国企改革深化提升行动方案及国家管网集团方案要求，结合工作实际编制印发具体实施方案和工作台账。在产业控制方面、科技创新方面、安全支撑方面、市场化经营机制方面、综合成效方面5个维度确认7个工作方向，28个重点任务领域，58项具体工作任务，并制定2023—2025年改革深化提升行动35项指标，将指标逐年分解到年度计划中，实现改革深化提升行动落实到生产经营全过程各方面。

（黎喻）

健全法治管网建设领导责任体系。广东省管网公司党委理论学习中心组专题学法3次，党委定期听取法治专题报告，研究法治管网建设、基本制度等重点工作。组织法治建设及合规管理领导小组会议2次，部署法治建设及合规管理重点，健全主要负责人履行推进法治建设第一责任人职责机制。将法治建设推进情况、公司领导履行法治建设责任落实情况纳入公司年度工作报告及班子年终述职报告。将总法律顾问的任职条件、职权等相关要求落实到公司章程中。

统筹部署法治建设。广东省管网公司根据《关于深化集团公司法治管网建设的意见》的58项任务，组织2次自检自查，收集佐证材料，确保每项工作落到实处。经自查，58项任务中，适用38项，已完成34项，4项持续开展。将法治合规建设纳入整体工作统筹谋划，将进展情况作为年度工作报告的重要内容。参与粤东LNG项目配套管线工程（浮洋分输站—莲华末站段干线、普宁支线、潮阳支线）和惠州—海丰项目（惠州站—白花站段）试运投产条件检查，发现问题20项。

健全法治制度体系。广东省管网公司修订《法律事务管理办法》等制度，提升制度的实效性、规范性。推动广东省管网公司管理制度与国家管网集团规章制度全面对接，建立起"以业务为基础，以流程为主线，以法律法规、国资监管要求、国家管网集团制度为依据"的企业制度管理体系。举办"制度宣讲"主题活动，2023年开展制度宣贯14次，对17个重点规章制度进行宣贯。

健全法治建设规划。广东省管网公司制定全面贯彻落实习近平法治思想，深入推动依法治企工作计划，将法治工作与生产经营、安全管理、工程建设等中心工作相结合，推动法律管理与企业经营管理深度融合。法务人员全程参与重大经营管理事项法律合规审查，2023年，开展重大经营管理事项审查26项，提出15条意见。

纠纷案件管理。2023年，广东省管网公

司法律纠纷案件17件，涉及金额8038万元，其中，新发案件10件，以往结转案件7件；主诉案件3件、被诉案件14件；通过诉讼解决争议案件8件，通过仲裁解决争议案件9件；包括13件建筑施工类纠纷案件，3件劳动纠纷案件，1件其他类型纠纷案件。截至12月31日，年内处理终结案件10件，尚未终结案件7件，年内圆满完成4件历史遗留法律纠纷案件的结案。针对2023年法律纠纷案件类型及相关情况进行分析，开展2次法律纠纷案件回溯综合分析，发现外包单位人员管理、承包商过程管理、劳动相关管理制度等方面的问题不足，并提出相关改进措施。

法律风险防范。广东省管网公司主动沟通，各方协调，完成新中南四起（三标仲裁请求及反请求、五标仲裁请求及反请求）历史遗留纠纷案件的结案，为公司挽回损失；通过对2023年法律纠纷案件的梳理分析，提出法律提示和建议。修订《法律事务管理办法》，完善法律纠纷案件"案发部门负责制"及管理流程和要求。

持续推进合规体系建设。广东省管网公司组织国家管网集团新发布《合规管理暂行办法》等制度培训宣贯，帮助员工掌握合规审查、合规管理等要求。开展新员工入职前合规培训，促进树立合规意识。2023年，对72名新入职员工开展法律合规培训。开展法律法规"外规内化"工作，识别出151部适用法律法规及要求，对730项要求开展合规性评价，将要求纳入制度。开展以"树立合规理念、学习合规技能、培育合规文化"合规大讲堂活动，共开展工程建设、招投标及合同、劳动用工和安全环保等合规高风险领域讲堂5期，受训620余人次。开展新法解读及普法教育。每月印发《普法月报》，2023年解读新法88部，专法8部，持续提高员工的法律意识和合规意识。

完善法治工作组织体系。广东省管网公司设立总法律顾问、首席合规官，统筹协调法治建设及合规管理中的重大事项，领导法律合规管理机构开展工作。设立由部门、单位负责人担任合规管理员的合规管理网络，抓好重点领域合规管理等措施。完善广东省管网公司84个岗位的《重点岗位合规职责清单》，夯实"管业务必须管合规"主体责任。

强化法律合规审查。广东省管网公司严格按照《重大经营管理事项合规审查实施意见》明确的合规审查事项及审查要点，做到应审必审。2023年对1506份合同开展合法合规审查，发现43类问题，每季度对审查问题进行总结分析。对广东省管网公司新修订制度开展合法合规审查，2023年审查规章制度102项。建立合法合规审查后评估机制，对合法合规审查意见的采纳情况进行回顾。

（陈水明）

健全内控体系。广东省管网公司根据国务院国资委及国家管网集团要求，进一步强化组织领导体系建设，建立健全党委顶层谋划、主要领导亲自负责、董事会全面领导，综合监督部主责推动，业务部门协同配合的内控建设与监督管理体制。设置16名兼职内部控制管理人员，负责组织本部门的内控管理工作。发布《内部控制评价管理办法》《风险评估管理办法》《资金内控管理办法》等制度，进一步规范内控管理。

做实内控监督评价。2023年，广东省管网公司组织2023年业务流程遵从性（CT）测试，覆盖1.0至11.0业务域，抽检1406个样本，其中有效执行1393个、未执行13个。广东省管网公司业务流程遵从性（CT）测试总体测试结果：有效，遵从率99.08%。流程设计合理高效、执行刚性、绩效达标，有助于指导企业合规高效开展工作。

深化内控缺陷整改。广东省管网公司对照历年检查发现的109项内控问题和风险背后的内控设计或执行缺陷，分类研究制定专项整治工作方案，明确各类问题整改责任部门和单位，建立问题清单和责任清单，举一反三、堵塞漏洞。

风险管理。广东省管网公司按照国家管网集团风险管理要求开展2023年重大风险评估，对评估的前十大风险进行重点管控，分析风险成因，精准施策，确定主责部门，制定风险控制措施。定期对风险控制情况进行监测，2023年未发生重大风险事件。开展2024年重大风险评估工作。业务范围包含国家管网集团风险分类规范所列的42类风险，调查对象覆盖640人。对评估前十的大风险进行识别风险影响因素，分析风险表现，明确防控目标，设置经营风险监测指标和预警阈值，研究制定可行的风险防控措施。

（芦锡宏）

企业党建工作。2023年，广东省管网公司党委深入学习贯彻落实习近平新时代中国特色社会主义思想和党的二十大精神，在高质量开展主题教育中集聚强大动力，聚焦"六抓六促"深化基层党建"三化"，创新载体平台创建"红色能源动脉"党建品牌，实施"铁军先锋"工程，基层党建质量全面提升，引导党员在推动落实集团"五个坚持"总体方略开花结果。全面加强党的政治建设，深入学习宣传贯彻党的二十大及二十届二中全会精神，高标准完成学习宣传贯彻和转化实践措施70项；精心组织开展主题教育，构建"主题教育6+"工作机制，两批主题教育84项任务成效显著；严格落实"第一议题"制度，研究部署31项具体任务，开展工作督办4次；在完善公司治理中加强党的领导，全年召开党委会42次，审议"三重一大"事项192项；健全全面从严治党体系，专题研究全面从严治党工作16次，重点任务全部"清零"。深入实施基层党建"七抓"工程，抓组织，完成"两委"换届和本部党支部优化调整；抓书记，选优配强基层党支部书记；抓党员，开展党性锤炼活动2次，举办"思享汇"主题读书会7期，深化实施党员"铁军先锋"工程；抓活动，落实基层"三化"，从严从实开展"三会一课"等党的组织生活；抓制度，修订基层党建制度11项，制定《党支部重要事项权责清单》；抓培训，选定党建指导员8名，开展党建业务培训17次，召开党建工作分析例会4次；抓保障，落实"两个1%"，配备高素质专职党务干部22名，规范使用和管理经费。推动党建工作与业务工作融合，组织各党支部探索建立党建工作法，以"支部我当家"等有力带动党支部蝶变升级；探索培育"一支部一特色一品牌"党建红色矩阵，实行党建品牌分级管理，组织首次党建品牌创建成果评估验收，充分发挥党建品牌的辐射和示范引领作用，春风运维、旗帜领航等7个品牌全面对外推广；实施"铁军先锋"工程作为"大抓基层"的有力抓手，按照"一队一区一岗"选树"尖刀铁军""利刃铁军""红旗标兵"23个，升起"闪亮的星"。

（曹秋芬）

企业文化。2023年，广东省管网公司有力推动意识形态工作制度化、规范化、常态化。确保公司全域意识形态工作落到实处，做到意识形态领域工作常态监控,全覆盖对各党支部意识形态工作督查检查2次,开展意识形态专项审查78次,保持24小时舆情监测24次,实现全年未发生意识形态领域的责任事件。注重舆论引导、抓好主题宣传。发布内宣稿件1900余篇,连续三年上升,发布国家管网集团内宣平台稿件120余篇;升级改版微信公众号栏目,关注人数突破5500人,策划推文143期,其中《快来Pick你最心仪的菜园子》单篇阅读量首次破万;"穗莞干线"优质安全推进被广东省电视台报道,《正式供气!粤东天然气主干管网"海丰—惠来"联络线投产》等新闻被南方网等主流媒体广泛报道,《前行者》在集团首届微视频大赛中获三等奖,《南粤管道人》作品在人民网第六届中央企业优秀故事中展播。强化文化建设,凝聚奋进新征程的磅礴伟力。认真开展2023年形势任务教育,用好《集团2023年形势任务教育读本》,开展全员集体学习30余次;党员领导干部、优秀个人、青年宣讲团通过多种形式开展形势任务宣讲77次。全面推广准军事化管理,推动《铁军行为规范实施意见(试行)》在各作业区落地见效,提炼形成企业文化建设精神成果《铁血精神体系》,大力培育管网铁军文化。

(邓　泉)

群团统战工作。2023年,广东省管网公司团委推动团员和青年主题教育走深走实,开展青马工程暨共青团干部培训,认真贯彻落实青年素养提升工程,组织纪念五四青年节系列活动,实施青春建功新时代行动。印发团员青年登高计划实施方案,加强号手岗队等青字号品牌管理。严格执行团内各项制度,完成新一届团委换届选举工作,落实好"三会两制一课",严肃认真、规范开展团内组织生活,积极落实"推优入党"制度,2023年推优29人。

广东省管网公司积极落实党委与党外代表人士"一对一"联络工作机制,推选党外代表人士15名,通过培训倾斜、党委委员一对一谈心谈话等形式加强对党外人士的培养。开展"爱企业献良策做贡献"主题活动,搭建建言献策平台,召开"学习贯彻二十大团结奋斗新征程"统战工作座谈会,进一步凝聚统战对象思想政治共识。

广东省管网公司工会组织全员学习工会十八大精神、妇女十三大精神,开展职业技能竞赛,提升全员岗位素质和能力。开展"巾帼新建功奋斗新征程"行动,引导妇女职工立足岗位奋发有为、创新实践。组织召开职代会审议提案16项,举办"家属开放日"活动和压缩机培训等提案落实得到员工认可;组织参加国家管网集团首届职工运动会,获1金3银2铜,获团队优秀奖,展现良好精神风貌;努力提升服务精细化水平,组织春节期间集中帮扶、日常帮扶、应急救助慰问79人次。

(句丽华)

人才建设。2023年,广东省管网公司深入贯彻落实中央人才工作会议精神和新时代人才强国战略,招聘新员工入职81人,全员签订"传帮带"培养协议;编制广东省管网公司《培训发展体系建设规划》,挂牌成立教学实训基地4个;研究制定年度培训计划,分级分类培训完成率100%;建立专家师资库,遴选外部专家35名、内训师28名;举办广东省管网公司第二届职业技能竞赛,角逐获奖选手15名;修订发布《职位序列管理实施细则》,拓宽各职位序列横向转换范围;按程序完成人员取证、技能鉴定、职称评审工作,人才队伍整体能力素质进一步增强。

(李荣升)

广东省管网公司运维中心改革。2023年,广东省管网公司牢牢按照"三不变、八个新"的原则，推动运维中心改革落地，实现"运维中心—作业区"两级管理，全面提升管理运行效率。本部职能部门由原有的22个压减到10个，人员编制由123人压减到87人，压减比例29%；合并运行17座"背靠背"场站及190多千米并行段管道，通过联合维修、联合巡线、信息共享等方式，逐步整合管理资源，降低运维成本，促进安全生产管理水平提升。全面完善人力资源管理体系，干部队伍和关键岗位员工能力显著增强，正式用工水平降至0.23人/千米、全口径用工水平降至0.57人/千米。健全完善"选、育、管、用"全链条干部管理机制，着眼增强年轻干部本领才能，有计划、有组织的安排年轻优秀干部开展轮岗交流锻炼，前往基层单位、艰苦岗位实践锻炼，使年轻干部经风雨、长才干，练就担当作为的硬脊梁、铁肩膀、真本事。

（刘 涛）

监督工作。2023年，广东省管网公司纪委在集团纪检监察组和公司党委的坚强领导下，聚焦主责主业，忠诚履职，有力发挥监督保障执行、促进完善发展作用，确保国家管网集团和广东省管网公司党委的各项改革决策部署落实落地，为广东省管网公司高质量发展提供了坚强纪律保障。聚焦推进政治监督具体化、精准化、常态化。对2022年以来发生的6起较大影响生产安全事件调查过程监督检查，发现问题6项，发出工作提醒，限时整改；到断缆频繁的作业区开展专项监督，督促相关人员全面履行安全生产责任，并跟踪整改完成情况。紧盯关键环节责任落实，突出政治监督属性。针对广州作业区"1·2"承包商亡人事件跟进监督，立足职责定位，推动安全生产责任落实落细。聚焦"冬夏一体化"保供，推动政治监督具体化。编制专项监督清单，建立沟通联络机制，明确5个方面的监督重点，压实主体责任，多措并举，推动保供任务顺利完成。聚焦"四化"改革，确保各项举措规范落实。根据国家管网集团《国家管网集团纪检监察机构"强化监督保障护航改革发展"工作方案》要求，根据广东省管网公司业务实际，制定《广东运维中心改革监督任务清单》，分解10个方面17项改革监督标准及内容、18条监督具体举措，全面建立"纪委负责制、任务清单制、督导跟踪制"的抓落实工作体系，明确具体责任单位，实施清单化管理，在改革关键期铆钉主责主业，为"四化"改革保驾护航。落实"两个责任"，坚决铲除腐败滋生蔓延的土壤和条件，一体推进"三不腐"。督促各级领导干部履行好管党治党责任，党委书记与其他班子成员、下级"一把手"开展监督谈话40人次，纪委书记与下级班子成员主动约谈14人次。落实"监督的再监督"，纪委书记参与"三重一大"决策事项监督34次，提出监督意见或建议18个。成立监督委员会，制定《监督委员会实施细则》，进一步完善监督贯通协同机制。做好"11.7管理纪检监察工作业务域"流程试运相关工作，持续健全完善纪检监督与综合监督、干部监督、审计监督、财会监督、安全生产监督等贯通协同机制。扎实开展家庭家属助廉"五个一"活动，签订25份家庭家属助廉承诺书，观看家教家风专题警示教育片25人次，赠送《中华好家风》廉洁家风书籍25本，撰写清廉家风座右铭25条，发送《家庭助廉倡议书》49份。加强干部队伍建设，严把干部选拔任用党风廉洁意见回复关。重新选聘各党支部纪检委员，党支部书记不再担任支部纪检委员。针对支部纪检委员更换频繁的情况，及时对新任纪检委员开展教育培训，发布

《广东运维中心新任纪检委员工作指引》，选优配强6名专职纪检干部。严格程序做好经常性监督管理，严把党风廉政意见回复关，出具党风廉政意见14人，坚决防止"带病提拔"；规范公司管理、专业和技术序列队伍选拔任用工作程序，修订发布《管理人员管理办法》《职位序列管理实施细则》。

（胡梦宇）

【审计】 2023年，广东省管网公司立足审计监督"经济体检"职能，以合规为基础、风险为导向、增值为目的，发挥审计监督与服务职能，加强项目精细化管理，按时保质完成审计任务。

审计管理机制建设。按照国家管网集团大监督理念及组织匹配流程的改革思路，广东省管网公司已将内部审计、法律事务、内部控制、风险合规、违规追责、制度管理等工作进行系统整合，形成统一协同、共享联动的综合监督有机整体。

审计监督与服务职能履行。广东省管网公司结合历年审计问题整改经验，建立健全内部审计发现问题整改机制，压实整改落实责任，探索审计结果公开，建立健全整改问题台账，实行对账销号制度，加强跟踪回访，促进审计成果有效转化。

扎实推进重点领域审计。广东省管网公司配合国家管网集团完成揭阳—梅州支干线项目和海丰—惠来联络线项目的竣工决算审计工作。聚焦成本费用管控及合规经营，组织对生产经营中设备设施维护保养、维修、更新改造、隐患排查治理项目及为生产正常运行的技术服务等合同结算及相关资料的合法合规性、合同结算原则的一致性进行审计，以作为确认项目造价金额和支付价款的必要依据。聚焦重大决策部署落实和内控管理情况，开展市场开拓管理专项审计。

做深做实监督"后半篇文章"。广东省管网公司把审计整改作为全局性重点工作来抓，形成"一把手"领导，分管领导主抓，各部门落实整改的全局"一盘棋"审计整改监督工作运行体系。强化审计结果应用，建立审计发现问题问责机制，形成绩效考核、整改提醒、警示、责任约谈、违规经营追责等多体联动的监督机制，肇庆—云浮支干线项目和阳江—江门干线项目发现的问题已纳入绩效考核，对存在问题较轻或原因分析整改措施不具体等问题进行提醒，对性质较严重的问题提出警示。结合业务部门不清楚"怎么改""如何改"的难点困点，召开7次审计及内控发现问题整改推进会，审计及内控人员深入各部门，对问题进行逐一剖析解读，指导责任部门更好开展整改工作。

深化审计及内控发现问题整改。广东省管网公司把审计问题和内控问题整改"同部署，一手抓"。全面梳理历年审计、内控、合规检查发现问题273项（其中内控问题109项）。为提高各部门对本部门责任范围内的问题进行全面梳理整改的工作效率，启动审计、内控问题管理系统平台，截至2023年年底，问题已完成整改262项，11项问题在整改中，整改率95.97%。

审计队伍建设。2023年，广东省管网公司共有审计人员1名，配备在综合监督部审计巡察岗，为兼职审计人员。2023年广东省管网公司参与国家管网集团"审计专业能力和素质提升培训班"1次，累计参训2人次。

【违规经营投资责任追究】 2023年，广东省管网公司聚焦权力集中、资金密集、资产集聚部门（岗位）等监督重点，完善机制，严肃问责，发挥追责警示震慑正向作用，促进依法合规。

违规追责制度建设。广东省管网公司制定《违规经营投资责任追究工作标准》，细化50万元以下资产损失或潜在损失的违规经营投资责任追究依据。开展历年审计、内控发现问题整改推进会暨工程量不实问题专项整治案例警示会议。通过内控制度审查，督促业务部门在制度中嵌入违规追责条款35项。

违规追责线索核查。2023年，广东省管网公司受理问题线索共6件。从来源看，企业审计发现5件，国务院国资委移送1件。从问题类别看，主要集中在广东省管网公司相关部门把关不严，相关承包商/供应商违反合同约定。从违规情形看，主要特征有承包商/供应商和公司业务人员对于合同约定研究不清晰，存在疏漏的情况，违规结果较轻，未造成国有资产损失或其他严重影响。从办理情况看，尚未开展核查0件，已开展核查6件，未发现明显违规情形不予追责0件。通过违规追究工作，挽回直接资产损失120.92万元。所有问题线索均在规定时间内按照《国家管网集团违规责任追究工作实施细则（试行）》完成核查，并按照国家管网集团要求每月完整录入项目资料，及时在线维护违规问题线索管理台账，保证月度数据完整、准确。

（廖志奇）

国家管网集团浙江省天然气管网有限公司

【概况】 国家管网集团浙江省天然气管网有限公司（简称浙江省网公司）成立于2022年10月10日，由国家石油天然气管网集团公司出资51%、浙江省能源集团有限公司出资49%共同成立，作为国家管网集团控股子公司，列国家管网集团直属企业管理，主要负责浙江省级天然气管网的投资、建设、运营等业务，注册登记在浙江省杭州市。现有职工725人，本部设职能部门13个、直属机构5个；设浙东、浙西、浙南、浙北、浙中5个作业区，负责所辖区域管网生产运营工作。公司管辖杭湖干线、杭嘉干线、杭甬干线、萧义线、甬台温干线、金丽温干线、LNG干线等干线管道及支线、联络线，设有站场102座、阀室121座，运营管道总长2494.96千米，在用天然气设备设施系统31694台（套），覆盖浙江省除舟山外的所有地级市行政区域。资源上载点14个，用户95家，下载分输点113个，输送气量占浙江省消费量4/5以上。截至2023年12月31日，浙江省网公司资产总额238.53亿元；2023年天然气管网输量147.21亿立方米，天然气管输商品量147.30亿立方米，管输收入20.55亿元，收入20.56亿元，利润总额5.14亿元。浙江省网公司获2021—2022年度省级"平安单位"暨"智安单位"称号。

2023年浙江省网公司主要经营（运营）指标

指标	2023年	2022年（11-12月）
天然气管网输量（亿立方米）	147.21	—
天然气管输商品量（亿立方米）	147.30	26.39
资产总额（亿元）	238.53	206.27
管输收入（亿元）	20.55	3.68
收入（亿元）	20.56	3.70
利润（亿元）	5.14	0.80
税费（亿元）	0.25	0.13

【生产运行】 2023年，浙江省网公司围绕坚决打赢安全生产攻坚战，扎实推动生产运行和资产完整性管理。推进基层站队标准化建设，编发生产运维管理制度16项。首次按照国家管网集团标准开展春秋检，完成阀门维护保养12607台，处置设备缺陷1422项；完成53座站场和72座阀室站内管道、297台特种设备定期检验，定检覆盖率100%。实施电气设备提升专项行动，完成31座站场预防性试验、208座站场（阀室）防雷接地测试、72站场（阀室）电气防爆安全检测。开展外电线路巡检、无人机智能巡检，巡护全线208处站点户外电力线路，完成站场ESD系统84座，完成率92.85%。协调实施杭甬线绍兴段、杭嘉线嘉兴段改线等8处特级动火作业、10次站内关键阀门更换、6条管道共287.79千米内检测等较大影响作业。调控"二升一"项目取得初步设计批复，完成浙江省网公司湖州联络站与川气东送湖州站、浙江省网公司金华站与西气东输金华站通信互联互通项目。严格开展投产条件检查，实现宁海—象山天然气管道工程、温州LNG外输管道工程投产；完成平湖、诸暨、乐清等上载点扩容改造投产，新增上载能力3840万米^3/日；完成象山华润燃气、大佳何阀室增供宁海天然气项目等下载点动火连头及供气。

【工程建设】 2023年，浙江省网公司积极开展六横LNG、甬绍干线东段、金华中西部发电项目、苍南联络线前期工作，促进方案尽快落地，完成专项评价20余项。扎实推动浙沪二期、甬绍干线东段北仑试验段、西二线绍杭嘉段配套管道工程平湖分输站及21项改线工程建设，推进10条隧道爆破掘进12786米，新建2座站场及4座阀室，完成改线项目4个。12月23日浙沪联络线二期工程顺利投产。全面梳理国家管网集团融合前瑕疵土地和房产情况，涉及土地93宗和房产61宗，时间跨度达19年。经不懈努力，取得龙泉分输站、遂昌分输站等土地证26宗和房产证12宗。完成浙能常山热电联产配套天然气管道工程等5个久投未验项目竣工验收。对浙沪二期、甬绍干线试验段、改线项目等在建工程开展质量安全检查11次，通过交叉检查、互督互查，发现质量行为与实体质量问题200余项，闭环整改率100%。有序开展物资计划、采购实施、合同签订、结算付款、供应商管理及供应链系统

2023年12月23日13点08分，海盐分输站ZFV318102号阀门开启，向浙沪联络站方向注入天然气，标志着浙江省网公司浙沪联络线二期工程按计划顺利投产（兰承受 摄）

应用等工作，组织开展采购项目审查会28次，浙江省网公司招标采购委员会审议采购事项议题170项，协助各业务部门完成招标项目50项，非招标采购项目审查82项。全年完成物资采购合同及订单签订192个，采购物资金额6263万元，一级物资集约化采购率100%。综合物资采购需求及库存消耗情况，超额完成国家管网集团年度降库率4%的指标要求，降库率达到21%。

【管道管理】 2023年，浙江省网公司开展特级动火作业20次，其中4月16日组织完成浙江省网历史上涉及区域最广、动火点最多、规模最大的江山支线迁改项目特级动火作业。完成浙江省网全线X65钢级以上管道环焊缝底片复评，环焊缝质量风险排查开挖复拍90处。完成内检测里程321千米，定期检验555.5千米，内外检测缺陷点修复80处。首次应用铁塔智能视频监控技术，实现40个重点管段内机械设备的自动识别，提高管道周边第三方施工破坏风险的管控能力。组织浙江省网公司运维人员首次参加国家管网集团2023年管道保护工职业技能竞赛决赛，取得团队第六、个人两铜的佳绩。

【应急抢修】 2023年，浙江省网公司高度重视生产突发事件应急管理和处置，建立完善"公司—运维单元"两级应急预案管理体系，组织编发公司级应急预案13项，完成管道沿线10个地市发改、公安、应急管理备案，编制完成10个运维单元现场处置方案和应急处置卡。开展省内政企联合演练1次、公司级应急桌面演练8次，提高应对各类突发事件的协调处置能力。组织各运维单元开展站内天然气泄漏、ESD误触发、火灾、人身伤害、治安反恐、设备故障、防汛防台等各类突发事件演练100余次，提高基层员工现场应急处置能力。以建设维抢修标准化为目标，开展维抢修动火现场标准化工作，通过规范作业坑、逃生通道、安全警示标识、编制动火前检查表，实现作业现场标准化布置，动火作业全过程监管，风险全过程受控。对下沙维抢修厂区开展标准化改造，实行设备分类定置、物品物料分区摆放、文件规范记录、标识标牌目视清晰，实现分区管理、调配有序。组织维抢修队员参与管道换管作业、B套修复作业，在实战中锻炼队伍技术技能与应急能力。全年安全高效组织完成特级动火作业11处、连头点焊接26个及管道重点隐患销项、本体裂纹缺陷隐患消除等。

2023年8月2日，浙江省网公司总经理、党委副书记李江到现场指导公司抗台防汛工作（郭立晓 摄）

【安全环保】 2023年，浙江省网公司根据国家管网集团QHSE文化理念和管理体系要求，充分吸收"三湾改编"成果，于2023年3月发布浙江省网公司《QHSE管理体系管理手册》。各部门梳理承接集团和浙江省网公司《QHSE管理手册》要素和制程一体管理要求，建立QHSE管理制度84项。5月完成70名内审员培训取证，6月完成首次QHSE管理体系内审，9月通过国家管网集团审核，整改问题1828项。温州、衢州、嘉兴、杭州等4个试点站场标准化建设成效显著，顺利通过国家管网集团考评验收，其中嘉兴站被评为标杆站队。严格落实国家管网集团风险分级管控和隐患排查治理双重预防机制，从人、机、料、法、环五个方面开展全方位风险、环境因素辨识，评估出生产安全重大风险3项、较大风险8项。制定程工技术、管理控制、培训教育、个体防护、应急处置等管控措施，并逐级落实风险管控责任部门、责任人。2023年对基层班组安全环保监督检查41次，发现安全体系管理、站场设备、线路管道等方面的问题，限期内整改完成率100%。开展技改和改线特级动火现场监护14次，一级动火现场监护2次，现场监督指导施工单位人员安全开展受限空间内动火作业和高处作业，对现场发现问题及时指正，立即整改，未发生不安全事件，切实保障安全生产运行。

【市场开发】 2023年，浙江省网公司围绕年度重点工作目标要求，坚定不移践行拓市增效举措，努力跑赢区域大势，在艰难形势下实现商务模式突破和创新发展。为缓解省内用气动力不足的局面，创新商务模式，加强增值业务创新。对接浙能贸易打通"苏气入浙"新路径，由江苏滨海LNG接收站经国家管网干线管道向浙江省注入管输增量，实现超过1亿立方米的供应量。推动福莱特、旗滨玻璃等大用户直供，增加分输下载量3848万立方米，促进市占率稳步提升。破除管道运行压力等级限制，实现浙江省内气源（舟山LNG）"虚拟上载"，出省供应江西、江苏等省外用户，推介4家托运商实施该业务，为浙江省网公司与西气东输公司增加管输量910万立方米。完成两单"液卖气交"业务，针对LNG销售合同，利用"液转气"补充协议使其转向气态交付，订单量1200吨共168万立方米。向国家管网集团申请并获批新增上下载项目14项，实现温州LNG上载当年见量2.6亿立方米，海宁新欣、象山华润下载当年见量1.3亿立方米，2023年新增上下载气量位列地区公司第一名。结合经营实际，全新打造"两级联运、一托到底"混合托运模式，解决省内托运商无法上线及电厂计划管理不平衡问题，4月1日如期实现浙江省内32家托运商所有托运业务上线交易平台。组建浙江省客户经理团队，建立全省所有客户的联络群组及沟通机制，以服务为根本，加大优质资源引流入浙力度，满足客户多样化市场需求。

【科技创新】 2023年，浙江省网公司自研的第1代分布式光纤振动预警系统（DVS）累计上线33台，布防1800千米，成为国家管网集团内部分布式光纤预警系统覆盖率最高单位。衢州分布式光纤试验场功能全面提升，可进行挖掘机、定向钻、管道泄漏、人工挖掘等真实油气管道场景测试，配合研究总院开展多算法测算并取得阶段性成果。2023年6月宁波计量检定分站顺利获得国家市场监管总局批筹文件，升级为国家站，并通过建标初步考核。该站配套的计量系统性能评价实验室、流量计检维修关键技术研究与应用实验室建设进展顺利，软硬件设施为国家管网集团3个在建项目中最优。8月中国工程院院士、国家管网集团技术专家委员会主任黄维和组织召开浙江省网科技工作专题会议，确立由浙江省网公司承接国家管网集团"管道智能感知预警技术研究"和"压力能综合利用实验基地建设"两个重点科研方向。同月浙江省网公司首台套天然气压差径向透平发电系统首次冲转，目前在70千瓦及11000转/分工况下顺利完成上网发电测试，试运情况整体稳定。该项目作为国内外首次尝试，具备行业领先性，经济效益明显、绿色低碳价值突出，单台装置年生产绿电价值近100万元。10月13日浙江省网公司博士后工作站正式挂牌，标志国家管网集团首家博士后工作站顺利建成。高层次人才引进及科技人才培养工作有序开展，围绕集团重点科研方向，协调聘请1名清华大学教授作为科创中心技术专家，加强科技创新成果转化、研究生和博士后工作站人员教育培养。依托研究生工作站科研平台，先后与浙江大学、中国石油大学等高校新建或续建研究生联合培养基地。研究生工作站累计培养研究生50名，现有进站博士研究生3人、硕士研究生4人。

2023年10月13日，浙江省网公司博士后工作站正式挂牌（王文江 摄）

2023年11月浙江省网公司参加"中国石油石化科技创新大会暨新技术成果展"，围绕管网智能感知预警技术、天然气压差径向透平发电技术、管道内外检测技术等创新成果布展交流。此外，《罐车与管道油气储运智能化安全防控关键技术及应用》获浙江省科学技术进步奖二等奖，《基于机械臂的无人机换电机库开发》获国家管网集团第一届青年创新创效成果奖二等奖，《高压直流干扰下油气管道腐蚀规律研究及智能防控设备研制》获中国职业安全健康协会科学技术奖一等奖，《浙江省多气源复杂管网天然气发热量赋值方法关键技术研究》获浙江电力科学技术进步奖二等奖、钱江能源科学技术奖一等奖等5项团体荣誉。

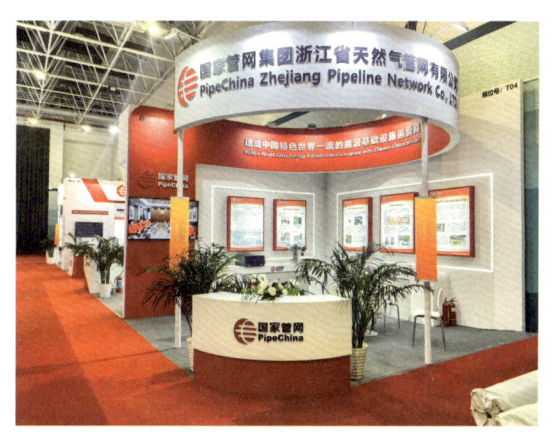

2023年11月22—24日，浙江省网公司参加"中国石油石化科技创新大会暨新技术成果展"（王文江 摄）

【管网数字化】 2023年，浙江省网公司按照集团"流程全面推广、制程全面融合、授权全面优化、业务全面提升"的总体目标，编制实施《浙江省网全域流程推广运营工作总体方案》。组织开展流程运营工作推进暨岗位匹配制度对照实操培训，半个月内完成2748个角色匹配。组织70余人参与国家管网集团流程运营制程融合联合办公，完成648个国家管网集团流程文件对照并形成128条L5、L6指导书，通过国家管网集团联合评审组评审（浙江省网文件总体质量排名第三）。公司通过L1能力认证574人，L2能力认证3人，L1能力认证率80%。7月浙江省网公司正式签署制程融合成果发布令，发布L5、L6操作指导书22个。8月底开展流程遵从度评估工作，11月经过国家能源集团复核，确认浙江省网公司流程遵从度复核88.79%。按期完成WeACT全面上线任务，用户激活率100%，活跃率稳定在92%以上。组建低代码开发团队，全部取得简道云FCA证书，针对统建系统未完全覆盖的末端业务，低代码开发团队主动对接业务部门、快速响应开发、持续跟进优化，浙江省网公司已上线涉及11个业务域共58个低代码流程应用。

【企业管理】 2023年，浙江省网公司统筹编制公司五年发展规划、浙江省天然气市场专项规划，提出打造省网市场化融入"全国一张网"标杆的发展总目标，丰富总目标下"油气体制改革先行标杆、服务地方高质量发展标杆、国企价值创造提升标杆"三方面内涵，明确2024年、2025年、2028年三个阶段性发展指标。聚焦经营管理提质增效，全面开展对标世界一流企业价值创造行动，其中《220kW级天然气压差径向透平发电系统》获国家管网集团2023年价值创造行动效益效率领域标杆项目。按照国家能源集团"四化"改革要求，编制完成浙江省网公司组建可行性研究报告，有序推进组织模式变革。全力推动解决甬台温、金丽温、县县通等工程项目结算问题，2023年完成77个遗留项目合同结算，涉及金额超31.43亿元，解决多年积压的历史矛盾。按期召开股东会4次、董事会4次、监事会2次，审议通过《关于公司2023年财务预算的议案》等议案33项，实现国家管网集团和股东方意志。

【企业党建工作】 2023年，浙江省网公司党委按照"四同步、四对接"原则，选优配齐党支部书记及委员，结合深化改革进程，动态设置作业区联系人和党小组组长，落实党组织隶属关系整建制属地化管理，确保基层党组织执行力。推进党建工作制度责任体系建设，编制《公司党建工作责任制考核实施细则》等制度6项，完成党建工作责任制考核及党支部达标定级考评工作。落实"第一议题"制度，跟进学习习近平总书记最新重要讲话和重要指示批示精神50次，开展党委理论中心组学习12次。召开党委（扩大）会46次，审议议案133项，决策"三重一大"事项60项。研究制定学习宣贯党的二十大精神、主题教育实施方案，建立五学联动模式，举办主题教育读书班2期，学习研讨12次，讲授党课20余次，开展循迹溯源实地研学10余次，到基层站队调研20余次，完成"我为群众办实事"9项，推动主题教育走深走实。浙江省网公司党委班子高质量完成2022年度民主生活会及主题教育专题民主生活会，查找问题54项，从严从实开展销号式整改。坚持"党的一切工作到支部"，组织开展党建"4+1"主题实践活动，以党委、支部、党员"三级联动"，贯通用好党员责任区、攻坚破难、宣讲团等载体，分级推进党员攻坚破难任务领办249项，发挥51个党员责任区、12支先锋队、2个宣讲团作用，推动实现党的建设与中心工作双促双升。推进领导班子双示范创建，党委班子带头做好"四个一"规定动作，开展"四联"活动41次，充分发挥"四联"辐射引领作用。制定浙江省网公司支部共建、专业联建"双建"活动方案，做深做实工作任务19项。成立百日攻坚突击队，圆满完成浙沪二期项目年底投产目标，实现业务党建互融。构建"三位一体、分级管控、数字化监督"监督矩阵，实现大监督体系全覆盖。成立党风廉政建设和反腐败工作协调小组和监督委员会，统筹各类监督力量，初步形成

"四全合一"大监督格局。深耕廉洁文化建设，高标准开展"九廉九实 久久为功"廉洁文化建设年活动，打造"浙网廉心"廉洁文化品牌，廉洁微电影《一张"歪"板凳》获国家管网集团廉维管网微电影微视频大赛一等奖。

2023年5月23日，浙江省网公司董事长、党委书记、主题教育领导小组组长董鹏以《坚定理想强党性 实干担当建新功 以新面貌新作为奋力开启浙江省网高质量发展新征程》为主题，讲授学习贯彻习近平新时代中国特色社会主义思想主题教育专题党课（程哲阳 摄）

【企业文化】 2023年，浙江省网公司以国家管网集团企业核心价值观和企业愿景为统领，依托集团"管网之道"文化体系，丰富企业文化传播途径，加强企业文化建设，建立员工行为准则，推动国家管网集团企业文化在浙江省网落地践行。大力宣贯国家管网集团铁军文化，通过广泛调研，研究制定公司《铁军文化建设行动方案》，明确未来3年工作思路和举措。依托公司红色宣讲团，组建"浙网星火"青年宣讲团，建立宣讲机制，打造浙江省网文化精神内核。拍摄制作企业宣传片、工程建设专题纪录片，全方位提升员工对管网文化认知、认同度。构建浙江省网公司新闻宣传新格局，加强制度顶层设计，组建本部宣传工作联络人和作业区宣传骨干两支核心队伍，各党支部、作业区40名骨干投身思想宣传文化工作。强化宣传阵地建设，"国家管网浙江省网"微信公众号注册上线，搭建"浙网知""浙网看""浙网学"三大模块，累计审核发布公众号155篇，单篇最高点击量超3300次。优化浙江省网公司新闻网站，结合省网融入处级阶段实际，开辟合规融入、信息公开、业务体系版面。扎实开展重点任务宣传，在浙江省网公司新闻网站设置主题教育、学贯二十大精神等专栏，累计发布报道900余篇，向国家管网集团推送45篇，1篇专题稿件被国家管网集团《管网之韵》收录刊发，3篇报道在"中国计量测试学会"公众号发布。

【主题教育】 2023年，浙江省网公司党委坚持关键少数集中学，举办主题教育专题读书班2期，通过规定书目领读、专家学者辅导、工作研讨交流，系统深入学习习近平新时代中国特色社会主义思想。利用工作例会开展集中学习47次，组织党委理论学习中心组专题学习3次。坚持党员全面覆盖学，举办党的二十大精神轮训班3期，骨干党员参训率100%。组织50余名基层作业区党员参加国务院国资委网络学习，实现学习全覆盖。各党支部结合"三会一课"、主题党日等，采取学习研讨、业务交流、实践研学等形式开展常态化学习。主要领导面向全体党员讲授专题党课，其他领导班子和企业关键岗位到基层单位、所属支部讲授专业党课20余次。坚持红色教育现场学，企业关键岗位以上人员到"两山理论发源地"安吉余村、新四军苏浙军区纪念馆、诸暨枫桥经验陈列馆等开展现场研学。各作业区党支部因地制宜前往嘉兴南湖、余姚四明山等红色革命基地开展现场学习，以"循迹溯源学思想促践行"

引导带领党员干部赓续红色基因。坚持聚焦问题调研，把浙江省网公司发展最迫切、职工群众最期盼的问题作为调研重点，科学制定调研课题33项。采取"四不两直"方式，到困难多、群众意见集中、工作打不开局面的基层站队、上下游用户、工程现场、职能部门等开展调研30余次，与600多名职工面对面交流。坚持调研成果转化，对调研发现的问题系统梳理，认真剖析原因，制定整改措施，两批次主题教育形成高质量调研报告33份，问题转化清单2份，整改问题15项，组织召开调研成果交流会2次。

2023年5月18日，浙江省网公司党员干部到"两山"理念发源地湖州市安吉余村开展"追寻红色足迹，凝聚奋进力量"循根溯源主题党日活动（李昶 摄）

【人才建设】 2023年，浙江省网公司围绕"双百行动"改革要点，系统盘点、全面梳理人力资源劳动用工管理、干部管理、人才培养、绩效管理、薪酬福利与激励管理等流程，编制发布《经理层任期制和契约化管理规定》等制度16项，全面构建"三能"运行机制。锚定岗位空缺，大力培养选拔优秀年轻干部，择优选拔企业关键岗位人员11名，平均年龄优化至43.84岁，调整选拔基层管理干部3名，干部队伍结构进一步优化。首次对接杭州市出入境管理局，实施企业关键岗位人员出入境备案，严格干部出入境审批，做好动态跟踪管理。开展"靠企吃企"专项整治，全面规范干部及其近亲属经商办企行为。围绕破解年轻干部储备不足难题，组织实施后备干部推荐选拔，建立首批企业关键岗位干部储备库。建立完善管理、专业、技术、技能四个序列晋升转换机制，选聘48名专业、技术骨干，实现干部人才协同共进。结合浙江省网公司经营发展需求，盘点公司375名技能人员职业技能资格持证情况，确定浙江省网公司技能等级认定工种需求，强化技能人员能力培养。全面落实年度教育培训工作，全年开展培训项目400余项，累计参训人数达1万余人次，全力提升员工核心业务专业能力。

【亚运护航】 2023年9—10月第19届亚运会和第4届亚残运会在浙江省举办。浙江省网公司系统部署平安护航亚运各阶段工作任务，切实履行企业安全生产和维稳安保主体责任，顺利平稳完成平安护航亚运工作目标，受到浙江省能源局、浙江省生态环境厅的书面表扬。结合省网自身"多气源—环网"特点，统筹分析平安护航亚运期间的供需关系、检修计划、气量调度、运行瓶颈等影响因素，提前介入温州LNG入网前期事宜，迅速办理管输路径需求，顺利保障温州LNG在亚运会前如期接入省网，填补浙南地区无气源上载的保供气短板。充分发挥管网互联互通互保优势，协调相关方畅通"苏气入浙"渠道，优化资源结构，全力保障燃气机组高峰用气需求。面对东海气设施维检修作业减量、浙能煤制气入浙资源非计划性减量等不利情况，协调相关托运商及时增加其他资源补齐管网供应缺口，确保管网进供平衡，确保各方资源通过浙江省网安全平稳送达用户，圆满完成"平安护航亚运百日攻坚大行动"实战阶段和决战阶段省内下游用户32.8亿立方米、亚运会期间省内下游用户5.25亿立方米的用气保障任务。浙江省网公司提升杭州亚运会期间一、二级调控一体化应急联动能力，与国调省网台联合制订《杭州亚运会天然气保供联合应急预案》。针对典型生产调度运行风险，对调度值班人员进行调控运行专项应急预案和调度运行中心应急处置卡专项培训，开展气液联动阀异常关断和主力气源异常中断应急演练，提高生产调度指挥协调能力。积极与作业方、用户及相关方联系，合理确定作业时间和任务，加强管网作业协调保证作业时间，发出协调函件21份，接收协调完成检修作业70余项，顺利完成清管作业7次。主动协调对接属地政府，推进省、市、县、镇、村五级管道保护联动机制，及时完成管道占压整治22处，实现管道外部占压动态清零。联合各级政府职能部门开展管道保护检查17次，通过徒步巡线、广场宣传、走村入户等形式，开展管道保护知识宣传13次，提高沿线公众管道保护意识。加密警示标识，增设高后果区风险告知牌、更新告知牌内容，安装视频布控球、编制"一区一案"技术和管理措施，实现所辖管道339处高后果区风险管控零隐患。护航亚运期间排查整治风险隐患1779项，在决战、实战阶段开展"回头看"，群策群力全面"会诊"当前阶段平安护航安全保卫现状，确保风险隐患动态清零。组建网络安全专业防守队伍，在HW2023、亚运保障等重要时期严格落实24小时值守要求，实现"护网"行动首战告捷，杭州"亚运"保障圆满完成。

2023年9—10月，浙江省网公司做好亚运会期间天然气供气保障工作（程哲阳 摄）

【双百企业】 浙江省网公司党委积极践行国家管网集团改革立企强企方略，以改革提效率、创效益、增活力，2023年5月成功申报入围国务院国资委"双百企业"，第一时间编制公司《"双百企业"实施方案（2023—2025年）》。方案涵盖健全完善治理体系，建立现代企业制度；推进企业布局优化，加快转型升级发展；推动科技创新改革，激发企业发展动能；加大人才培养开发，建设高素质人才队伍；健全激励约束机制，构建新型经营责任制；深化提质增效改革，提高价值创造能力；全面加强党的建设，引领企业高质量发展等7个方面37项重点改革举措。着力打造治理结构科学完善、经营机制灵活高效、党的领导坚强有力、创新能力和市场竞争力显著提升的国企改革尖兵。截至2023年年底，37项重点改革任务中已完成12项，浙江省网公司"双百行动"取得阶段性成果。

（张笑玲　王蓉蓉）

国家石油天然气管网集团科学技术研究总院分公司

【概况】 国家石油天然气管网集团科学技术研究总院分公司（简称研究总院）是国家石油天然气管网集团有限公司所属科技研发机构，目前拥有国家工程实验室、国家能源局油气长输管道技术装备研发（试验）中心、油气储运重点实验室、节能监测中心等研发平台，是全国首批承担国际管道研究协会（PRCI）课题的研发单位，承担国家重点研发计划公共安全专项、国家质量基础共性技术研究与应用（NQI）专项、中国科学院战略性先导科技项目，具备独立开展ISO、NACE等国际、国家、行业标准与国内外专利起草能力，是集科技创新、技术服务、成果转化、检测认证、学术期刊、人才培养等业务为一体的综合型科技企业。研究总院注册地在天津市滨海新区，暂在河北省廊坊市开展工作。

研究总院下设四个职能部门，一个直属机构，11个科研业务单元。截至2023年底，研究总院员工数225人，硕士研究生学历以上人员占77.3%，副高级以上职称占比52.4%。在油气输送与储存、完整性管理、决策与管理等领域形成一定的技术优势积累，管道流动保障、资产完整性评价、泄漏监测与预警、地质灾害防护等专业居国内主导地位，具备扎实的研发基础与技术竞争力。

2023年，研究总院聚焦"安全输送、高效运行、价值服务"三大需求，共承担各级科研项目94项，科技工作51项，受理发明专利109项，申请软件著作权登记62项，发布ISO标准1项，主导制修订国际、国家、行业等标准67项。成功入选国务院国资委创建世界一流专业领军示范企业，首批挂牌运行国家管网集团"管道流动保障""管网节能与低碳"2个重点实验室，连续两年获得国家管网集团科技创新先进单位。获中国优秀专利奖、国家管网集团"星火杯"应用大赛二等奖等科技数字成果奖励6项。

（董学刚）

【党建工作】 2023年，研究总院党委全面学习贯彻习近平新时代中国特色社会主义思想，深入学习贯彻党的二十大精神，牢牢把握"五个狠下功夫"党建工作总体部署，紧紧围绕"六抓六促"工作要求，聚焦"政治铸魂、思想凝心、人才赋能、组织强基、文化引航、作风塑形、群团聚力"七个方面，推进党建工作"夯基础"与"树品牌"同步提升，为研究总院落实好"五个坚持"总体方略，圆满完成年度各项工作任务，顺利为从建企到立企提供了坚强保证。

研究总院党委始终做到旗帜鲜明讲政治，规范运行"第一议题"机制，开展学习17次，制定贯彻落实措施59项并督办落实。接续完成16期学习贯彻党的二十大精神读书班，形成《研究总院学习党的二十大报告成果汇编》。制定党委理论学习中心组年度和月度学习计划，开展集中学习13次，组织专题辅导5次，围绕"如何推动研究总院建设成为具有全球影响力的管输产业科技创新基地"等内容，开展专题研讨8次并建立了中心组学习研讨重点事项督办台账，督办34项措施落实。深入开展学习贯彻习近平新时代中国特色社会主义思想主题教育。以"一张大表统筹、三张清单推进"模式，一体推进理论学习、调查研究、推动发展和检视整改，动员全体干部员工坚守主责主业，强化自主创新，以高水平科研质效筑牢管网立企强企发展基石。

研究总院党委严格落实"四同步、四对接"要求，成立11个党支部，选优配齐党支部书记和支部委员并及时组织培训。试点开展支委会决策事项清单编制工作，形成支委会决策事项清单104项，充分发挥支委会决策议事功能。开展了党支部书记述职评议和基层党建责任制考核，推进党支部标准化规范化建设。依托国家重点研发计划项目，打造参研单位"党建联合体"，围绕内检测技术攻关等10项重点项目，成立十大党员攻关组，引导党员在重点科研项目攻关中发挥先锋模范作用。

（孙佳正）

【企业文化】 2023年，研究总院党委积极开展企业文化建设，学习宣贯全国宣传思想文化会议精神，专题研究总院文化体系建设工作，并组织开展研究总院企业文化理念征集与评选工作，形成企业文化体系建设初步方案。大力开展铁军文化建设，加强文明单位创建，评选3个文明建设先进单位和24名先进职工。开展形势任务教育，组织学习宣讲15次，大讨论11次，各类岗位实践活动30余次。积极参与国家管网集团优秀故事征集活动，2篇文章入选《管网之韵》。抓好传播宣传，讲好研究总院故事，建立微信公众号，全年在内外宣平台共计发稿800余篇，其中"国内首次二氧化碳管道全尺寸爆破试验成功"和"我国首次参氢天然气管道燃爆试验成功"2篇新闻，在中央电视台、光明网、环球网等国家主流媒体宣传。

（霍超尘）

【人才建设】 2023年，研究总院通过外部高层次人才招聘、开展科研项目"揭榜挂帅"、实施科技新星培育项目及社会招聘等方式不断畅通引才渠道，持续搭建育才平台。引进急需专业技术人才9名，校园招聘应届硕士、博士38名，科研队伍不断壮大；引进高端人才5名，卓越工程师计划联合培养硕博士3人，推荐公派在职工程博士3人，青年新星培育16人，联合培养进站研究生12人。科研人员占员工总数的87%；高级工程师及以上137人，占科研人员67%；硕士研究生及以上188人，占科研人员92%；1人入选"长江学者奖励计划"，1人通过国家专项人才计划评审，"高精尖"人才队伍不断壮大，研发能力持续增强。

（段林杰）

【法律合规】 2023年，研究总院持续加强合规管理体系建设，成立法治建设领导小组和合规管理委员会，明确领导小组、合规委员会工作职责。设立研究总院总法律顾问、首席合规官，聘任由各业务单元、各管理部门企业关键岗位人员担任的兼职合规管理员16名，选定16名合规业务人员，为研究总院依法合规工作的正常开展提供组织保障。

合规管理运行机制初步建立。建立符合研究总院特点的制度体系框架，组织协调24项制度制修订工作。明确经济合同、规章制度、重大经营管理事项前置审查制度，制定《研究总院重大经营管理合法合规性审查事项清单》，全年重大经营管理合法合规性审查12项，规章制度制修订审查24项，重要经济合同出具法律意见书74份；将合规管理纳入业绩考核，对各业务单元、各管理部门合规管理责任落实情况严考核、硬兑现，发挥考核"指挥棒"作用。

法律事务工作进一步规范。修订研究总院《法律事务管理细则（试行）》，开展国家法律法规识别，梳理出适用研究总院的法律法规282部；对经济合同、规章制度进行全方位法律审查与法律服务支持；充分借鉴兄弟单位合同管理经验做法，优化完善信息填报、编码设置、专人专责等管理方式。

不断推进法治合规文化建设。积极开展依法治企、合规经营学习宣贯，为党委理论学习中心组学习习近平法治思想、法治文化建设等内容提供相应文件资料；通过法治讲堂、法律讲座、宪法宣传周、专题宣传日等活动，营造学法、守法、懂法、用法的浓厚氛围；分类制定领导干部应知应会党内法规和国家法律清单，推动领导干部带头尊规学规守规用规；利用工作例会、合规制度宣讲、专业会议解读等形式宣贯合规管理理念、合规工作流程、典型案例，践行"管业务必须管合规"的理念，积极营造合规文化氛围。

（王凯濛）

【内控风险管理】 2023年，研究总院持续加强内控风险工作的管理，认真落实《关于做好2023年中央企业内部控制体系建设与监督工作有关事项的通知》（国资厅监督〔2023〕8号）与《集团公司2023年综合监督工作要点》（综合监督〔2023〕8号）文件精神，在2022年编制完成内控手册的基础上，组织专家进一步完善内控手册，并强化学习宣贯落实，保障内控手册全面性、适配性、系统性的进一步提升；开展研究总院内控手册KCP点与国家管网集团KCP点对照评估分析工作，梳理优化适用的KCP点355个，并健全相关管理要素；建立风险数据库，开展季度风险监测，压实风险管理责任，全年无风险事件发生；根据国家管网集团数字化流程推广运营工作部署，组织实施流程遵从度自评估，及时报送评估底稿和报告，研究总院制程融合处于国家管网集团前列；组织并指导各管理部门开展遵从性测试（CT），对各业务KCP点的设计和执行情况进行检查测试，发现问题9项并督促整改；主动开展合同管理领域主动性审视（PR），发现问题5项并压实管理责任；召开研究总院内控手册宣贯培训会、内控评价实务与内控监督评价培训会、国家管网集团内控监督评价迎检启动会，不断提升内控监督评价管理质效；聚焦研究总院重点工作开展2024年重大经营风险评估，编报《研究总院2023年内控体系工作报告》《研究总院2024年重大经营风险评估报告》，固化工作成果。

（石　萌）

【审计工作】 2023年，研究总院配合国家管网集团审计组对研究总院高钢级管道缺陷检测评价技术研究等3项科研项目开展专项审计，第一批科研项目结题审计，发现问题13项，制定问题清单督促责任单位逐项落实整改。开展工程项目专项监督，进行大兴试验基地建设专项检查，对试验基地建设过程中的管理风险督促立行立改。开展违规违法获取工程项目问题专项整治，聚焦工程建设招投标、违法转包分包、大额资金支付等高风险领域，认真监督检查跟踪重点工程建设实施情况。对3个典型科研项目，全过程跟进项目实施，寓监督于服务，对监督发现的15项问题逐项分析原因，探索科研项目监督规律。

（党　瑞）

【违规追责】 2023年，研究总院组织违规追责制度学习宣贯，先后开展国务院国资委、国家管网集团关于违规追责工作制度及工作要求的学习培训，组织违规警示教育，进一步提高员工合规意识；编制《研究总院2023年违规责任追究任务清单》，细化违规追责重点工作，明确责任人和完成时间，全年召开违规经营投资责任追究领导小组会议3次，召开警示教育会议5次，编制案例汇编1份，并切实发挥日常警示和约谈提醒作用，开展集体责任约谈1次，个人责任约谈11人次；召开专题会议，深入剖析科研项目结题审计、特色监督发现问题，向项目组、业务单元发出问题整改通知书3份，向相关管理部门发出监督建议书1份，提出管理建议7项，督促整改措施落实，对较严重的问题相关责任人提出处理建议，强化追责成果运用。

（陈世云）

【监督执纪】 2023年，研究总院强化政治监督，推动全面从严治党向纵深发展。统筹开展学习贯彻习近平新时代中国特色社会主义思想主题教育全过程监督，推动落实员工关切、加强矛盾排查调处，解决"我为群众办实事"6项。加强巡视国家管网集团反馈问题整改监督，与党委同向发力，重点关注科技创新领域4项问题，动态分析并逐项跟踪落实监督台账。落实习近平总书记关于实现高水平科技自立自强的重要指示批示精神，紧盯关键核心技术攻关，谋划油气管网仿真项目专项政治监督，助力推动项目顺利实施。紧盯"关键少数"，推动落实"一岗双责"，开展履职手册填报"回头看"检查及运用培训，定期检查跟踪填报情况。

精准开展信访举报研判，严格处置问题线索并首次转立案，不断提升规范化、法治化、正规化水平。抽取典型科研项目，开展"解剖麻雀"式科研业务特色监督模式探索，统筹监督力量，每月跟进监督结果，推动问题整改与管理提升协同并进；紧盯研究总院办公区搬迁重点环节制定监督方案，有效助力解决职工切身利益问题，保障搬迁工作稳步推进；紧盯重要节日和重点领域，组织3次三公经费专项检查，跟进监督试验场所及设备安全情况，排查安全隐患，同步推动制修订制度，确保安全生产责任有效落实。

抓实大监督体系建设，组织召开2次党风廉政建设和反腐败工作协调小组暨监督委员会会议，统领各类监督同向发力，做实"三道防线"。扎实开展上级交办信访举报、问题线索的处置，稳慎处置职能部门移交问题线索。建立完善领导干部新调入员工廉政档案、"画像"材料并动态更新，全面接收相关信访、线索、案件档案，为党风廉政意见回复提供精准素材。抓牢廉洁教育，落实廉洁文化建设方案，积极报送廉洁微电影；开办"研苑清风"专栏，精心制作"纪法小课"普及纪法常识；为新员工开展廉洁合规"第一课"教育，推动各类会前、节前开展警示教育，为研究总院全体职工家属发放廉洁家书，共建单位家庭"护廉网"。

加强纪检队伍建设，提升纪检干部能力素质。统筹推动纪检干部队伍教育整顿，扎实开展学习教育、整治检视与巩固提升，切实将教育整顿成效转化为推动工作的实效。选聘17名基层党风廉政监督员、选派干部参与专案工作、联合兄弟单位开办纪检业务培训班，增强纪检干部纪法双施双守的本领担当。

（牛亚琨）

【战略研究】 2023年，研究总院面向国家管网集团战略发展，围绕经营管理、科研创新、决策支持开展系列研究。深入开展中国特色世界一流管网公司内涵及评价体系研究，构建国家管网集团世界一流企业指标体系，服务"对标世界一流企业价值创造"行动。解码国家管网集团科技发展战略，牵头开展管网技术图谱研究，创新运用技术图谱研究工具，全面系统梳理国家管网集团技术研发现状，从"技术、业务、任务"三大维度，编制形成七大领域技术图谱、三大业务技术图谱和十大重点任务技术图谱，全景展示国家管网集团技术全貌，为国家管网集团科技攻关、平台建设、人才发展提供决策参考。持续推进油气市场宏观发展分析及对策研究，建立油气市场宏观形势监测体系，构建油气中长期消费需求预测模型，实现油气中长期需求变化趋势定量表征，为国家管网集团洞察市场发展形势、把控生产经营提供支撑。持续开展战略情报研究，权威发布《油气管道行业发展报告（2023）》《管道行业观察》12期，通过科技管理平台为用户提供文献信息咨询服务，为国家管网集团科技创新提供信息支持。

（赵明华）

【油气"全国一张网"规划制定】 2023年，研究总院根据国家管网集团基础研发平台战略布局和规划部署，围绕"大兴、新疆、天津"三大主体区域，以集群化发展思路，构建覆盖"室内实验—中试放大—现场工业测试"等研发环节的世界一流能源管输基础研发平台架构体系，针对平台建设、实验室建设及人才规划编制了科技业务发展规划初稿。

【战略执行】 2023年，研究总院组织完成实验室设备购置及基于集团数字平台的三项专业软件模块开发集成项目可行性研究报告评审；定期开展经营分析和经费执行反馈，全年购置科研设备及专业软件144台套，完成投资4651万元；配合国家管网集团开展朝阳区统计执法检查迎检工作；圆满完成年度经营计划各项指标。

【世界一流企业建设】 2023年，研究总院围绕"专业突出、创新驱动、管理精益、特色明显"创建世界一流领军示范企业核心要求，编制了创建世界一流专业领军示范企业行动实施方案，形成了5大任务、16项工作举措、22项细化措施，完成年度创建世界一流企业行动目标。

（姚 玢）

【招标采购体系优化】 2023年，研究总院招投标选商管理实现数字化平台应用，充分提高审批时效性，招标选商工作委托代理机构开展实施，提高采购选商专业化水平。发布"采购管理负面清单"，规范采购行为，供应链系统全面上线应用，提升物资采购管理水平，通过完善审批流程，提高采购效率。继续推进框架协议供应商、电商平台使用，发挥市场公开公平竞争力。

（李秋萍）

【安全管理】 2023年，研究总院修订QHSE管理体系管理手册。编制QHSE体系审核方案及计划，开展2次全覆盖的体系审核，共发现66项问题并整改完毕。对照流程文件将流程角色、业务活动与研究总院的岗位逐一匹配，完成59个流程265个岗位角色匹配，完成率100%。

（高 巍）

【经营业绩】 2023年，研究总院紧紧围绕年度工作目标，认真落实各项工作安排，以"提质增效"和"严肃财经纪律、依法合规经营"两条主线组织生产经营，强化经营计划管理、严肃财经纪律、严格招投标和物资采购过程管控、全面落实安全环保责任，高质量完成国家管网集团下达的经营业绩指标。

【业财一体】 2023年，研究总院全面做好各项财务服务工作。为进一步提高报销的速度和质量，安排专人负责报销相关问题的解答。在合规的前提下，缩短了数项业务的审批流程，提高了审批效率。

【资金管理】 2023年，研究总院严格按照国家管网集团财务规章年计划、月计划、日计划编制和资金支出制度管理，月末按时完成银行对账。建立长效机制，定期跟踪民营企业应付款项情况，从未发生逾期现象。严控资金预算填报，年度资金计划完成率达92%。

（曹京刚）

【科技项目管理】 2023年，研究总院共牵头承担各级项目65项，新开18项，完成验收3项。

其中承担国家级项目2项、课题1项（在研）；国家管网集团揭榜挂帅项目6项（在研）；国家管网集团定向委托项目17项（在研），完成验收3项，新开3项；企业级项目32项（在研），新开6项；研究总院新星项目7项（在研），新开9项。

（余海冲　马文华）

【重大科技成果】 2023年，研究总院成功研发直径1219毫米多物理场管道综合内检测器，完成中俄东线中段（盘锦联络站—锦州压气站、秦皇岛—唐山）259.4千米现场试验，可检测0.3毫米根部开口环焊缝裂纹、直径3毫米以上针孔缺陷，检出率超过95%，管道全域应变检测精度优于0.02%。

天然气管网离线仿真软件已在油气调控中心与国外软件并行使用，计算精度与国外商业软件平均偏差小于1%；开展6.1万千米管网压力测试，首次实现大规模全要素天然气管网工业模拟；完成天然气管网在线仿真工业级原型开发和测试。

建立智慧管网"能量—信息—物质"基础理论，形成了智慧管网"5+15+N"技术体系；创新单光纤多参数感知、天然气管道泄漏监测等14种系统和11类模型算法，从感知参数和应用场景两个维度建立了"感传知用"技术体系和应用指引，在中俄、中缅管道典型场景启动综合应用示范。

首次提出2060年前形成管输二氧化碳能力10亿吨/年，区域成网、区间联通的6万千米国家碳网发展战略，形成院士建议报送党中央、国务院；成功完成国内首次全尺寸掺氢30%天然气管道封闭空间燃爆和开放空间喷射火试验，以及二氧化碳管道全尺寸爆破试验，建立中国高钢级天然气管道掺氢输送和百万吨级二氧化碳输送成套标准，具备为示范工程建设运行提供全面技术支撑的能力。

成功研制建设期管道补口粘结质量检测器样机，实现管道补口超声无损检测技术新突破。

国际首次完成高压输电线路人为短路故障对管道影响实验，掌握了高压输电线路故障电流强度、频谱特征和对管道影响规律；成功开展人工引雷对模拟管道系统冲击规律实验，揭示真实直击雷电对管道损伤规律。

开发完成管网组件级甲烷逸散检测量化方法及软件，形成相关标准草案，在永清站、榆林站等十余个站场应用，实现管网甲烷排放检测量化零的突破。

（余海冲）

【标准管理】 2023年，研究总院加快落实《国家标准化发展纲要》和《集团公司标准化发展规划》要求，构建管网特色建管一体标准体系。识别出7大领域适用标准3626项，发布《国家管网集团标准体系（2023版）》，初步建成氢能、二氧化碳管道输送等新能源标准体系，承担《管道标准输氢体系构建》项目顺利通过国家市场监督管理总局标准技术司验收，申报氢能管道输送国家标准3项、二氧化碳管道输送国家标准1项和行业标准1项。

探索建立科研成果与标准转化机制，对26项国家管网集团课题开展标准化成果跟踪，累计提出47项标准建议。

为国家管网集团2023年企业标准立项评估工作提供科学的判断依据，发布国家管网集团企业标准Q/GGW 00005—2023《标准实施评估规范》，制定《集团公司2023年企业标准实施评估工作方案》，国家标准《标准国外适用性评价指南》成功获批立项。

5项国际标准按计划推进，国际标准ISO 22974《石油天然气工业管道输送系统管道完整性评价技术规范》正式发布，《石油天然气工业管道输送系统油气管道地质灾害监测技术、程序和系统》等3项国际标准推进至CD阶段，国际标准提案《Methods for assessment of repurposing natural gas pipeline for transportation of hydrogen blended natural gas》通过ISO/TC 197年会立项初审，《物联网长输油气管道物联网系统总体要求》等5项国家标准成功立项，《原油管道热处理输送工艺规范》等3项行业标准按计划推进，1项团体标准《油气长输送管道地理空间数据模型规范团体标准》成功立项。

协助国家管网集团标委会发布178项国家管网集团企业标准，开展企业标准立项协调，组织152项企业标准编制。完成标准化基础知识、标准国际化知识与技巧等内容共计30课时的标准化人员培训课程开发；举办2023年世界标准日活动、标准编写知识讲座，共计393人取得标准起草人资格。

2023年油气储运专标委完成5项国家标准（含4项外文版）、8项行业标准（含1项外文版）制修订以及报批工作，发布国家标准1项。组织开展2024年制修订项目立项征集，申报国家标准制定计划5项，行业标准制修订计划15项，外文版制定计划2项。

（任重）

【知识产权管理】 2023年，研究总院立足国家管网集团知识产权管理支撑定位，认真落实国家管网集团科技工作会议要求，加强知识产权与科技研发的深度融合，畅通预审优审等快速审查通道，探索海外专利布局，以商标为抓手打造特色显著的科技品牌，统筹兼顾做好国家管网集团和研究总院知识产权综合管理。

立项开展《国家重点研发计划项目全过程知识产权管理及资产化研究与示范应用》研究，提出知识产权专员管理机制，在国家重点研发计划项目中开展示范应用，为项目知识产权目标的高质量完成提供技术支撑。

拓展专利申请审查渠道，围绕新一代信息技术产业和高端装备制造产业建立专利快速预审机制，优选6项专利开展试点预审申请，刷新研究总院专利申请3个月内授权的记录。围绕战略性新兴产业、绿色技术、关键数字技术等国家重点发展产业，优选符合条件的实审专利申请优先审查，大幅缩短高质量专利获权周期。综合创新成果市场转化需求，探索开展海外专利布局，6项专利通过PCT途径提交国际专利申请，有效拓展专利全球布局的广度和深度。

以知识产权为工具，不断夯实品牌与科创业务的法律基础。在国家管网集团统一品牌战略指导下，以创新、品质、服务为品牌核心定位，以提升品牌竞争力和市场影响力为目标，以商标为"名片"，采用"母品牌+子品牌"建设策略，根据研究总院品牌建设需要，对"管网仿真软件"和"管网检测器"两项重要产品，在两个商品品类分别申请注册中英文商标，打造特色显著、竞争力强、内涵丰富的管网科技品牌。

统筹兼顾做好国家管网集团和研究总院知识产权综合管理。2023年研究总院申报专利170项（发明168项），申请软件著作权登记69项，获专利授权10项。分6个批次完成国家管网集团862项有效专利专利年费的梳理与缴纳；组织完成国家管网集团知识产权历史数据的收集、整理与平台迁移；配合国家管网集团科技部组织完成国家管网集团申报中国专利奖项目的遴选评审，有效保障国家管网集团知识产权管理工作的顺利开展。结合国家"世界知识产权日"宣传活动要求，组织开展了专利挖掘技术与专利信息利用技术的专题培训。

【**科技奖励**】 2023年，研究总院秉承激发科研人员的创新活力，促进行业科技进步的科技奖励管理工作宗旨，积极推荐优秀科技成果申报各类科技奖励。全年组织申报各类科技奖励10余项。主要包括：推荐3名候选人参评孙越崎能源科技奖；《一种采空塌陷区油气管道监测系统及其构建方法》专利经院士推荐申报中国专利奖；推荐《新一代油气管道内检测感知技术及机器人研制与应用》项目申报市场监管总局科研成果奖；推荐《多物理场三轴超高清油气管道综合状态内检测技术与装备》申报国家能源局2023年度能源行业重大科技创新成果；推荐《超大规模长输天然气管网离线仿真软件》申报国家能源局能源领域首台（套）重大技术装备。

获中国专利优秀奖1项，市场监管总局科研成果一等奖1项，第十六届石油和化工企业管理创新成果奖二等奖1项。获河北省石油学会科技进步奖二等奖和三等奖各1项，河北省石油学会青年科技创新奖一等奖1项。

（张一玲）

【**试验基地建设**】 2023年，研究总院完善基础研发平台体系，持续开展自主创新能力建设。系统谋划基础研发平台布局，编制完成《研究总院基础研发平台五年发展规划》。围绕"天津、大兴、新疆"三大主体区域，以集群化发展思路，构建"1个全国重点实验室+2个国家级实验平台+10个国家管网集团重点实验室"世界一流能源管输基础研发平台架构体系。

提速推进基础研发平台规划建设，组织10个实验室、33个研究室参加国家管网集团重点实验室认定和建设立项申报。2023年12月28日，"管道流动保障"和"管网节能与低碳"2个重点实验室成功通过国家管网集团第一批重点实验室认定并授牌运行。完成新疆705站场新能源试验基地建设规划设计方案，持续推进"油气管道输送安全国家工程研究中心"和"国家能源油气长输管道技术装备研究中心"2个国家级平台高效运行。

（郝建斌）

【**科技交流与合作**】 2023年，研究总院积极参与国际国内学术交流及展示活动。4月11—13日"第七届中国国际管道会议（CIPC）议"在北京召开，研究总院张延辉、陈朋超等八位专家在大会主会场和分会场作专题报告，全面加强国际管道技术交流与合作。在技术装备与成果展区域，国家管网集团特设"科技创新驱动、无限能源未来"主题展览，研究总院研发的多物理场综合内检测设备在展会上首次亮相。7位专家在"第八届中国油气管道完整性管理技术交流大会"主会场及分会场做技术交流。参加"中国石油石化科技创新大会暨新技术成果展"，以实物现场演示自主研发的离线仿真系统。

借助国家管网集团行业领跑和资源配置优势，按照"五位一体"创新模式，瞄准管输原创技术策源地的角色定位，积极与航天科技、中国特检协会、高校、科研院所、DNV、TWI、SNAM、PRCI等开展战略合作和协同攻关，逐步完善以管网发展为驱动、研究总院为主体、其他联合体为助力的科技创新生态圈。

（任　重　刘明辉）

【流程推广】　2023年，研究总院锚定"流程全面推广，制程全面融合，授权全面优化，业务全面提升"四项任务，推行"一把手工程""战区责任制""培育精兵团队"三项举措，完成11个业务域2748个角色岗位匹配和流程适配，按照责（活动）权（授权）利（流程绩效度量指标）能（赋能）相匹配的授权原则，完成86张权责卡片以及授权清单的编制，初步形成一套全面覆盖、简洁高效、一贯到底、具有科研特色的业务运作机制。2023年，研究总院获评"数字化转型特别专业贡献奖企业"称号，收到国家管网集团数字化部表扬信1件，入选国家管网集团标杆典型案例8个，获得数字化转型基层标杆站队3个，L1取证100%，L2认证16人，数字化能力不断彰显。

【制程运营】　2023年，研究总院聚焦制程运营，强化科研管理顶层设计。贯彻"制度解决干什么、流程解决怎么干"指导方针，解构分析制度条款，分类施策开展融合，形成制程框架和制度制修订废止计划，并通过党委会审议，制定2项、修订7项、废止31项、修订发布2项制度，为科研管理提供了制程基本遵从。积极开展流程立体诊断，通过优化科研管理流程，完成《研究总院科技管理办法》修订发布，取消季度计划编制，借力科技管理平台强化科研过程管理，科研管理效能大幅提升，获国家管网集团优秀PR诊断报告。

（王珍琼）

【管网智库建设】　2023年5月，国务院国资委印发《关于印发〈关于中央企业新型智库建设的意见〉的通知》（国资厅发研究〔2023〕19号），对中央企业新型智库建设提出了意见。国家管网集团根据国务院国资委文件精神并结合自身实际，聚焦中央企业新型智库建设，积极谋划管网智库发展，启动编制《国家管网集团新型智库建设方案》；通过论坛交流、专家访谈、实地考察等方式，先后对中国科学院科技战略咨询研究院、中国石油集团经济技术研究院、可持续交通创新中心（北京交通大学与交通运输部科学研究院联合）三所国家高端智库开展深入调查研究。

2023年11月2日，中央企业智库联盟第四届理事会会议在京召开，国家管网集团当选中央企业智库联盟第四届理事会副理事长单位，王振声当选副理事长，研究总院当选副秘书长单位，张对红当选副秘书长。全年积极参编中央企业智库联盟《央企智库信息》《全球企业资讯》《中外智库观察》等智库刊物；受邀参加中央企业智库沙龙6次，扩大能源行业朋友圈；参与3项中央企业智库联盟2023年度联合研究类重点课题，在中央企业新型智库建设指标体系、数智赋能国资国企知识与研究体系、中央企业平台经济发展与监管等研究发挥管网智库作用。

（李秋扬）

【**原油管道安全高效输送保障**】 2023年，研究总院开发了热油管道径向温度场模型、停输温降高效求解方法和基于数据与机理融合的含蜡原油管道结蜡厚度预测方法，并将其集成到原油管道流动性安全评价软件。研发的3套土壤热影响参数一体化在线监测装置在长庆沙坡头站和中朝线进行应用，研发的3套清管过程状态参数智能感知设备在津华线和东部管网进行应用，为原油管道的安全运行及清管周期制定提供技术支持。研发脉冲磁化改性中试装置，对长庆原油有较好的改性效果。形成适用于复杂烃类及非烃类体系的分子层次检测方法，构建五种典型原油分子组成及物性数据库，研发基于活性基团的接枝/聚合改性降凝剂和功能型磁响应纳米改性剂。

（李其抚）

【**内检测技术取得突破**】 2023年，研究总院"超大口径天然气管道磁电融合内检测技术研究及装备研制"项目完成焊缝成型、裂纹检测和梯度磁场应力探头研制，形成1422毫米超大口径内检测装备设计方案。"管道本体缺陷检测传感器研制"项目首次提出以三轴一体化磁敏成像阵列国产芯片与LTCC涡流元件为核心检测元件的技术方案。针对高钢级管道环焊缝裂纹、针孔、应力应变内检测等难题，突破了阵列超高清3D分辨率磁电复合微缺陷管道内检测传感技术，研发了基于正交交变磁场的管道附加应力内检测技术，研制了1219毫米磁电复合超高清油气管道综合状态内检测装备，可检测根部开口宽度≥0.3毫米、长度≥25毫米、深度50%的环焊缝裂纹，直径3毫米针孔缺陷，轴向应力检测误差≤20兆帕，所有测试均获得CNAS和CMA认证，完成中俄东线中段工业应用。完成大口径管道投产前自动力内检测器研制，采用电驱自主动力行走机构设计，实现自主平稳检测。首次研发可见光+红外双光融合视觉检测技术，集成高精度激光几何变形、IMU检测技术，实现建设期管道投产前缺陷、测绘等综合检测，在西气东输三线开展了工业应用。

1219毫米磁电复合超高清油气管道综合状态内检测装备牵拉实验（富宽 摄）

（富宽）

【**国家管网承担的首个中国工程院项目结题**】 2023年，研究总院牵头承担的首个中国工程院重点项目"碳中和愿景下二氧化碳管道输送发展战略研究"于8月18日在北京顺利通过结题评审。评审会议由中国工程院管理学部主任卢春房院士主持，吴曼青等13位院士参加。项目组重点围绕中国碳中和愿景下二氧化碳管道输送重大战略需求、经济社会发展重大需要及国内外二氧化碳管道工程科技发展重大问题，深入对比分析国内外二氧化碳管道输送现状，战略研判中国二氧化碳管道输送未来发展需求及趋势，科学清晰提出中国二氧化碳管输技术在工艺、装备、材料、安全、标准等方面发展对策。与会院士、专家充分肯定项目组工作，对项目成果给予高度赞扬，一致认为本项目首次从国家层面提出中长期二氧化碳管道输送布局、发展战略及实施建议，为中国实现碳达峰碳中和提供重要战略决策支持。对中国二氧化碳管道输送需求进行长期预测，对关键技术发展和标准体系进行规划，对相关政策和经济进行分析和研判，并提出发展对策。项目成果形成院士建议《关于加强二氧化碳管网规划支撑"双碳"目标实现的建议》报送给党中央、国务院。该成果将加快推进中国二氧化碳管网规划布局，统筹推进CCUS应用，促进新产业链发展，对保障中国"双碳"目标的实现具有重要意义。

（满建峰）

【中国首次二氧化碳管道全尺寸爆破试验成功】2023年，研究总院组织开展的国内首次二氧化碳管道全尺寸爆破试验于5月15日在爆炸科学与技术国家重点实验室东花园基地取得圆满成功。对于超临界/密相二氧化碳管道设计，关键要求是管道产生裂纹后阻止管道的长程韧性断裂，全尺寸爆破试验是目前验证管道在发生爆裂时能否停止断裂的最直接手段。国外共开展11次二氧化碳管道全尺寸爆破试验，考虑到国内外制管工艺差异性及实际二氧化碳运输的不同情况，为探究中国超临界二氧化碳管道输送用管材止裂韧性，设计实施本次全尺寸二氧化碳管道爆破试验，试验选用X65钢级、323毫米管径管道，试验压力12兆帕，精准模拟了超临界二氧化碳管道运行工况，试验得出的管道止裂韧性、裂纹扩散速度、减压波速度等一系列重要参数，验证了超临界二氧化碳管道系列模型准确性，提升管道止裂韧性的计算精度，为中国掌握百万吨级二氧化碳输送管材研制、管道设计和建设技术提供重要数据支撑，标志着中国在碳捕集利用与封存（CCUS）技术研究领域取得重大突破性进展。

2023年5月15日，研究总院开展中国首次二氧化碳管道全尺寸爆破试验（欧阳欣 摄）

（欧阳欣）

【国际标准提案通过ISO/TC 197年会立项初审】 研究总院于2023年11月13日至17日参加国际标准化组织氢能技术委员会（ISO/TC 197）第32次年会及工作组会议，牵头提出了国际标准提案《Methods for assessment of repurposing natural gas pipeline for transportation of hydrogen blended natural gas》并作汇报，经大会主席团深入讨论和投票，该提案通过立项初审，获准正式提交NP文件进入立项流程阶段。此次提案可加快推进中国氢能管输技术的发展，扩大中国在氢能管输领域的影响力。

（彭世垚）

【国内首次全尺寸掺氢天然气管道燃爆试验成功】 研究总院于2023年11月10日成功实施国内首次全尺寸掺氢天然气管道泄放喷射火试验与封闭空间泄漏燃爆试验，这是中国最大尺度的管道掺氢天然气燃爆工业验证试验。天然气管道掺氢输送是将氢气与天然气进行不同比例混合后，利用现有天然气管网进行输送，掺氢天然气可被直接利用，改善天然气品质；也可以将氢气和天然气分离后单独使用，实现氢气的低成本远距离输送，对促进节能降碳、绿色发展具有重要意义。掺氢天然气管道的安全性一直是该技术领域探索和研究的重点，因氢气自身特性，掺氢管道一旦发生泄漏，高温高压破坏性巨大。本次试验选用X65钢级、323.9毫米管径管道，放空立管高度5米，试验压力高达12兆帕，最大掺氢比例30%，模拟的封闭空间结构参照输气管道阀室建设。通过获取全尺度喷射火热辐射强度、封闭空间燃爆压力、火焰温度及长度等参数，分析掺氢燃爆机理，构建了定量表征模型，制定工业验证实验方案，提高掺氢燃爆特性的模型精度，揭示掺氢天然气火焰传播与燃爆机理，确定管道输送最佳掺氢比例，为建立掺氢天然气管道安全标准体系和管输运行风险防控提供数据和技术支撑。

2023年11月10日，开展掺氢天然气管道泄放喷射火试验（彭世垚 摄）

（张瀚文）

【在役天然气管道掺氢输送关键技术研究成果在SCI一区期刊发布】 研究总院承担的《在役天然气管道掺氢输送关键技术研究》（项目编号：DTXNY202203）项目重大成果——《氢气—甲烷混合气体在重力场中的平衡分布与扩散》于2023年11月6日在SCI一区《Fuel》期刊（影响因子7.4）上发布。中国氢能资源分布不均，利用在役天然气管道进行掺氢输送是实现氢能资源转运的有效手段。目前，掺氢天然气对钢制天然气长输管道作用机理尚不明确，为保证掺氢天然气管道安全运行，需保证管道沿线各处掺氢比例低于临界值。长输天然气管道沿程落差较大，管道处于事故停输工况时，掺氢天然气被封闭在存在高程落差的封闭空间内，存在分层风险，可能导致管道局部位置掺氢比例升高，增加管道氢损伤风险，影响管道安全运行寿命。将分子动力学模拟与热力学和扩散理论相结合，系统地模拟了重力场中氢气—甲烷混合气体的平衡分布，并揭示了重力场中混氢气体的平衡和扩散行为。研究成果从理论证明了在温度为20摄氏度，落差为1500米情况下停输30天混氢气体分层并不显著，不会显著影响氢脆的风险。该项研究成果对天然气管道掺氢运行参数确定和停输时间计算具有重要的指导作用，为中国推进掺氢天然气管道示范工程落地提供技术支撑。

（柴　冲）

【能源局揭榜课题"我国长距离管道输氢安全性、稳定性及可持续性研究"结题】 研究总院承担的能源局揭榜课题"我国长距离管道输氢安全性、稳定性及可持续性研究"于2023年11月1日顺利通过结题审查。本项目受国家能源局油气司委托，由研究总院牵头，联合电力规划总院、国家管网西部管道公司、国家管网工程创新公司等6家单位承担。会议邀请程玉峰院士和来自中国石油大学（华东）、中国石油工程建设北京分公司、中国石化洛阳石化公司、国家电投集团中央研究院、电力规划总院有限公司等 7 位专家对"我国长距离管道输氢安全性、稳定性及可持续性研究"项目结题报告进行了审查。项目组详细汇报国内外长距离输氢管道的工程现状，研判氢能供需增长趋势，分析氢气规模化管输的可持续性和稳定性，并论述了氢气管输的安全风险和应对措施，提出了输氢管道未来发展的政策建议。专家组从输氢技术发展痛点、电氢耦合可行性、工程示范应用等多维度开展深入探讨，与会院士、专家对项目成果给予高度评价。本项目致力于在充分调研中国氢能资源与市场分布的基础上，科学布局中国氢能管道，制定氢能管输规模化发展的政策建议，提出解决中国输氢管道发展的重大攻关方向，为加快中国能源低碳转型提供指向灯。

（裴业斌）

【国家标准《长输天然气管道放空回收技术规范》立项】 国家标准化管理委员会于 2023 年 12 月 28 日下达 2023 年第四批推荐性国家标准计划，研究总院牵头申报的国家标准《长输天然气管道放空回收技术规范》（计划号：20231934-T-469）正式获批立项。本标准由全国石油天然气标准化技术委员会油气储运分技术委员会（SAC/TC355/SC8）归口管理，与已经发布的 GB 50251《输气管道工程设计规范》和 SY/T 5922《天然气管道运行规范》相互配套，是指导长输天然气管道放空回收的基础性、通用性标准。《长输天然气管道放空回收技术规范》可指导长输天然气管道放空回收的基础性、通用性标准，规定长输天然气管道站场和线路放空回收的放空分类、回收量测算与限值、回收系统设计要求等内容，明确天然气放空的报备、监管、回收要求，推动中国长输天然气管道技术发展，标志着研究总院在天然气放空回收领域再次取得突破。

（徐栋）

【参与国家发展改革委"新型能源体系建设"重大课题研究】 国家发展改革委于 2023 年 11 月 14 日组织召开"关于加快构建新型能源体系统筹推进双碳目标和经济社会高质量发展"重大课题研讨会，提出从化石能源为主体的能源体系逐步转向低碳、零碳为主题特征的新型能源体系，协同推进降碳、减污、扩绿、增长的基本思路。研究总院承担"1+2"项（1 项总体报告和 2 项专题报告）报告编制工作。课题组在分析未来五年能源需求趋势的基础上，综合考虑新能源成本下降潜力和高载能产业布局调整前景，针对氢能、甲醇、氨及二氧化碳进行源汇分析，研究全产业链技术发展和应用前景，并结合国家管网集团管输和天然气业务优势，综合研判传统业务与新能源业务融合发展的趋势，包括纯氢/掺氢管道的建设与发展、甲醇/液氨的管输技术及基于 CCUS 的超临界二氧化碳管道输送技术发展，提出能源运输通道生产力布局安排。在统筹推进双碳目标和经济社会高质量发展的背景下，报告阐释新能源体系的内涵特征，结合国家管网集团的发展提出构建新型能源体系的总体思路，谋划未来五年的重大政策、重点任务和重要项目。

（聂超飞）

【明确醇氨等非常规介质管道输送必要性和可行性】 2023 年，研究总院根据国家"双碳"战略部署，未来全国产业结构和能源结构将发生深刻变革，甲醇和氨作为绿氢载体的功能愈加凸显，开展了甲醇、液氨管道发展必要性及可行性分析研究。课题组梳理了甲醇和氨的产业发展现状，调研国内外甲醇和液氨管道并结合国内情况分析管道发展现状及未来趋势。针对国内甲醇和氨的重点生产企业及绿醇绿氨未来建设规划进行调查，确定产能区域，了解两种介质的未来应用趋势及消费分布区域，从空间分布上分析了醇氨的管输必要性。同时对氢能、甲醇和液氨三种能源载体的管输经济性进行分析，讨论以甲醇、氨作为氢载体运输的经济可行性。2023年12月29日，研究总院负责的《液氨输送管道工程设计规范》顺利报批，经过前期系列对标和系统研究，标准规定了液氨输送管道工程的工艺、线路、站场、结构与材料、通信、仪表控制系统及辅助系统的设计要求，适用于除厂际管道以外的陆上新建、扩建和改建液氨输送管道工程的设计，将为后续液氨管道的发展提供标准支撑。此次研究明确醇氨等管道输送必要性和可行性，为国家管网集团新业务扩展提供决策支持。

（李　康）

【国家管网集团新能源储运重点实验室建设启动规划】 2023年，研究总院为助力国家"双碳"战略稳步推进，围绕二氧化碳储运、氢能储运、非常规介质管道输送等方向建设新能源储运重点实验室的规划正式启动。新能源储运重点实验室将以国家管网集团科技发展战略和技术图谱为依据，高质量建设天津和新疆基地，结合前期研究基础，持续攻关基础理论、前沿技术及重大装备等关键技术问题，对新能源管输技术开展工业性试验和理论验证，建立新能源储运技术和标准体系，广泛开展国内外技术交流与合作，培养高层次科技创新人才，为示范工程提供全面技术支持。

（聂超飞　张瀚文）

【腐蚀控制】 研究总院于2023年9月组建了腐蚀与控制研究中心，2023年共承课题9项，科技成果推广2项，申报发明专利8件，软件著作权登记2件，发表论文11篇。

针对管道建设期，管道防腐补口质量检测难题，成功研发管道防腐补口质量超声检测样机，明确不同参数对探头成像检测质量的影响规律。提出基于ER探头、温度和湿度等组合传感器开展外腐蚀监测方法和趋势预测算法，完成基于阵列超声波探头壁厚变化率的管道弯头与死油管道内腐蚀速率预测算法。针对长输管道内外腐蚀典型形态，梳理分析腐蚀影响因素，并建立相关识别的技术流程，结合内外腐蚀检测与评价数，提出基于相关性算法识别腐蚀形态和划分腐蚀单元的识别模型，提出LNG接收站腐蚀评价方法及分级准则，编制LNG接收站腐蚀风险评价技术指南。

完成6种站场区域阴极典型工况运行特点研究和分析，形成典型区域电场分布规律及阳极优化方案和站场区域阴极保护运行管理技术，进一步提升国家管网集团站场区域阴极保护设计、施工和日常运维技术水平。提出X80钢管道环焊缝SCC敏感性的评价方法和判据，获得环焊缝区的应力腐蚀开裂敏感差异。成功开发同步管中电流测试装置的研制及配套软件，研究成果将填补在役管道穿越段外检测技术空白，为穿越段防腐层质量评价提供全新的技术手段。完成国内外管道工程技术跟踪和适用性分析研究，分析提炼7项新技术的适用性分析清单，为跟踪和识别管道工程新技术奠定基础。首次在国内揭示了试片在真实土壤环境中的极化边界，明确试片100毫伏极化准则适用性。首次在国际上揭示了交直流混合干扰腐蚀机理和传导机制，相关成果登载于国际腐蚀领域顶刊《Corrosion Science》。

针对管道雷击和输电线路故障电流危害评价和防护难题开展技术攻关，在国际上首次完成高压输电线路人为短路故障对管道影响实验，掌握高压输电线路的故障电流强度、频谱特征和对管道的影响规律，揭示管道雷击土壤离子化机理和传导机制。在国内首次成功开展人工引雷对模拟管道系统冲击规律实验，掌握真实直击雷电对管道损伤规律。管道雷电研究相关技术成果已经纳入了IMS二期开发计划，将实现全管网管道雷电损伤在线预警和评估。

（毕武喜）

【国家管网集团甲烷排放管控行动指南】 2023年，研究总院依托国家管网集团揭榜挂帅课题"国家管网集团甲烷排放管控关键技术与策略研究"，广泛调研国内外甲烷排放管控现状及政策、典型油气管道企业甲烷管控目标及措施；建立涵盖82项具体甲烷减排技术措施的数据库，并对每项技术措施特点、适用性、成本、减排效果等进行评价；分析国家管网集团近三年甲烷排放数据，明确主要排放源和影响因素。在此基础上，统筹考虑能源安全和低碳发展提出了国家管网集团甲烷排放管控目标和7个"甲烷排放管控重点举措"。

（田　望）

【CP管道清洗剂研发并成功应用】 2023年，研究总院研制的具有自主知识产权的绿色环保型CP系列清洗剂产品，产品均匀无分层，无腐蚀性，闭口闪点大于60摄氏度，挥发性较低，挥发性有机化合物符合《清洗剂挥发性有机化合物含量限值》（GB 38508—2020）规定，溶蜡速率较高，清洗剂与溶解油蜡质量比较小，安全环保及溶解油蜡性能优于市面上的产品，达到无害化处置要求。清洗剂产品在庆铁一线（太阳升站至江北阀室段）59.45千米无害化处置工程现场应用性能优异，首次实现26千米长距离和大口径管道清洗一次成功，清洗后管道内壁无油、无蜡，可燃气体浓度检测为零，冲洗水油含量符合规定，完全满足国家和国家管网集团废弃管道处置标准要求。

（王传风）

【数字化技术攻关】 2023年，研究总院在智慧管网技术方面构建了"感传知用"的理论技术体系，形成了以智能感知、数字孪生、知识库为核心的智慧管网顶层架构。在管网大数据技术方面研发了管道多模态数据融合方法，构建中俄管道安全保障数据库，发布Q/GGW 05006—2023《数据湖建设导则》，形成环焊缝缺陷识别、压缩机和输油泵机组故障诊断、储罐健康评价、天然气超声流量计故障智能诊断等20余种算法与模型，在轮吐线（库米什—吐鲁番）、西三线（乌苏—玛纳斯）、霍尔果斯站等示范应用，助力关键设备从事后维修模式转变为预测性维修模式。

（贾韶辉）

【数字化项目建设】 2023年，国家管网集团科技管理平台（一期）建设项目完成上线验收，立足"7.0管理研发"流程，承载科研项目、标准、知识产权全生命周期一站式管理。切实发挥大党建对业务的政治引领、动力支持和稳定保障作用，内嵌典型实践案例，引领业务高质量发展。聚焦大监督与业务融合，完成7.0域114个角色在科研管理平台授权，将15个KCP监督点解构为监督要素，设置落实佐证提示等功能显性化监督结果，规范监督过程管控，助力发挥刚性监督作用。平台获国家管网集团第一届星火杯应用大赛"业务数字化应用赛道"二等奖，获国家管网集团2023年度"数字化转型标杆站队"荣誉称号。

（杨宝龙　高海康）

【专业软件研发与创效】 2023年，管道风险评价软件在国家管网集团全面应用，评价管道里程达9万余万千米，高效支撑国家管网集团风险管控工作，降本增效成果显著。管道下料计算软件解决短管、弯头及来回弯等精确下料难题，在大沈线、港枣线等维抢修实战应用6次，取得显著应用效果；管道正口圆快速精准下料软件，在东北公司、北方管道公司、山东公司等多家维抢修队伍试点应用，进一步提升管道下料质量。

（高海康　吴官生）

【数字化基础设施建设】 2023年，研究总院启动数字化基础设施建设，完成会议室视频会议系统改造升级，建立运维热线，累计处理各类问题197次，问题解决率和用户满意度均达100%，为研究总院科技数字化工作有序开展提供支持。

（吴官生）

【网络安全保障】 2023年，研究总院深入贯彻落实国家管网集团6.7管理网络安全流程，切实做好网络安全常态化运营管理，在全国两会、"HW"行动等重保期间，从"尽早组织、精心部署、全面加固、重点防御、协同联动"五个方面着手，全面开展网络安全防护工作，圆满完成实战阶段的安全防护任务，实现了全年重大网络安全事件为0，有力保障了研究总院网络安全平稳运行，并在国家管网集团网络安全攻防演习中成绩优秀，在30多家二级单位中排名第四，获三等奖，成为国家管网集团唯一一家获奖的专业化公司。

（张正雄）

【天然气管网系统可靠性深化技术研究与应用项目结题】 2023年，研究总院围绕天然气管网系统可靠性技术，研究建立管网系统可靠性应用指标；针对管网系统目标可靠度确定、可靠性分配、系统可靠性模型构建与分析等关键技术问题开展相关研究，明确管网系统目标可靠度确定的原则及方法、建立可靠性分配方法、构建系统可靠性分析模型，建立压缩机组可靠性曲线。以陕京管网冬季保供工况为例，计算系统气量维度目标可靠度；基于系统可靠性分配原则，进行陕京管道系统可靠性分配算例；建立了耦合稳态计算和水热力计算的天然气管网系统随机过程的数学模型，构建天然气管网系统供气量优化计算模型；建立综合考虑上游资源、中游管输、下游市场一体化的可靠性评价模型；以陕京输气系统为对象，构建以关键设备参数与故障状态关系的管网系统可靠性模型，并开发管网系统可靠性分析软件，完成陕京输气系统的可靠性模型构建与模型仿真分析，识别出了系统薄弱环节，计算最大允许维修时间，对优化调度方案、压缩机运行管理、维抢修管理具有实际指导意义。

（郑洪龙）

【国产化设备持续跟踪与应用效果评价】 "国产化设备持续跟踪与应用效果评价"是国家管网集团定向科研项目，2022年立项，2024年验收，由研究总院牵头，工程技术创新公司及各生产运行单位参与开展相应研究。

油气管道国产化设备在进行工厂、工业试验时，设备性能已满足技术条件要求，且主要技术指标均达到或超过国际先进水平，经过油气管道行业多年发展，需要对国产化设备在量产推广后的应用情况进行全面摸底，了解现阶段国产化设备现状，建立国产化设备评价方法及多维度多层级评价指标体系，客观反应国产化设备实际运行情况，提出国产化设备优化提升方案，有效推进国产化设备应用进程。

通过设备现场测试、厂家配合、行业权威机构咨询3个途径，开展油气储运国产化关键运行设备应用现状调研与分析，包括国产化情况调研（整机国产化、核心部件国产化、性能提升、厂家培育）、国内外技术调研（可引进的技术装备、技术对比分析等）、全生命周期问题梳理（设计制造、生产运行、维修维护等阶段）、数据收集（性能数据、失效数据、维护数据等），针对调研内容进行应用现状分析，全面解读国产化设备应用现状。

在充分调研的基础上，以电驱压缩机组、输油泵机组、天然气调压装置关键阀门、全焊接球阀、输油管道调节阀及执行机构为研究对象，创新性引入RAMSE综合评价指标体系架构，包括可靠性、可用性、维修性、安全性、经济性指标，建立不同国产化设备多维度、多层级评价指标体系，采用层次分析法（Analytical Hierarchy Process，AHP）构建递进层次模型，计算RAMSE逐级指标相对权重，通过比较判断矩阵、一致性检验，量化国产化设备评价结果。

国产化设备应用效果评价方法与指标体系正在论证阶段，其成果可以实现对设备现场应用情况的客观评价，进而通过对国产化设备问题的溯源，提出切实可行的优化提升方案，指导设备厂家进行优化改造，保障油气储运国产设备安全平稳运行，可在国家管网集团工程、生产、科研等多领域推广。

（李　华）

【**管道地质灾害单体精确预警模型**】　近年来中国80%的地质灾害发生在已圈定的隐患点范围之外，发生地点具有更高的隐蔽性、发生时间具有更大的随机性。面对日益频繁的极端气象和环境作用，地质灾害的准确预测和防范面临极大挑战。研究总院以云贵山区和黄土高原典型重力型滑坡为研究对象，采用SPH+FEM（光滑粒子流体+有限元）大变形数值模拟技术构建灾害演化发育时序案例库，积累各种工况下坡体位移、管道最大应变、管道最大位移、稳

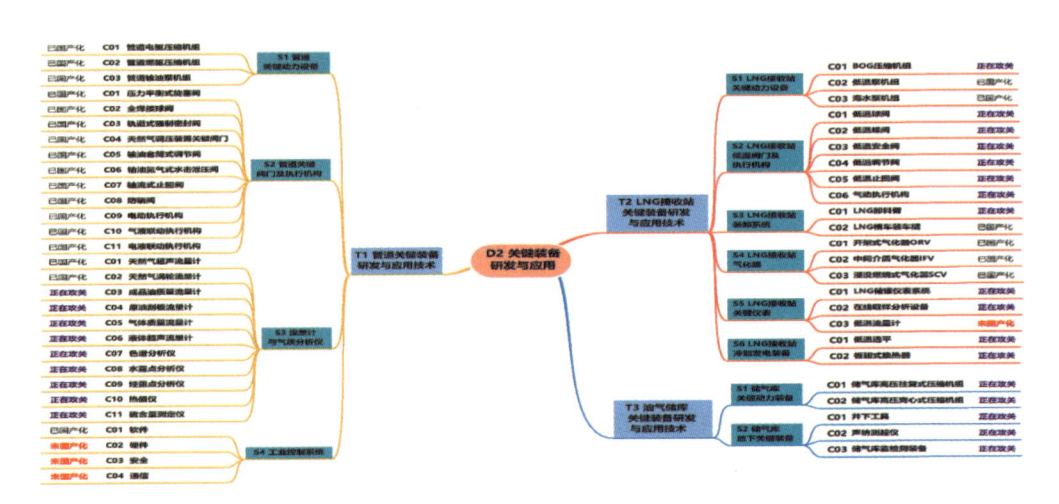

国家管网集团关键装备国产化情况（李华　提供）

定性系数等数据，并利用智能分析手段量化表征灾害发育发展直至失稳过程中的管体安全状态，即不同坡体参数（坡体宽度、长度、高度、坡度及管道位置等）对管体形变（应力、应变、截面、位移等）的影响。基于以上分析，建立基于坡体稳定性、管道最大应力、最大应变和椭圆度的综合预警指标，提出管体形变与坡体状态协同的单体地质灾害精确预警模型。

预警模型具备已知各种坡体变量参数的情况下预测后续灾害形变下管道变形、坡体稳定性变化的能力，并输出预测曲线，还具备根据实际监测数据实时调整预测曲线的能力。基于预警模型开发了算法程序代码，能够预测未来短时间内（3—7日）滑坡变形及管体变形趋势。模型基于"案例+数值模拟+神经网络"的设计思路，能够量化表征灾害发育发展直至失稳全过程的管体安全状态，随着实际案例的累积，预警模型的准确性将会逐步提高，具有区域通用性。预警模型结合研制的智能普适型多维数据采集器，从感知层到认知层逐步提高国家管网集团主动应对突发、群发地质灾害威胁下的管道安全保障能力。

（李亮亮）

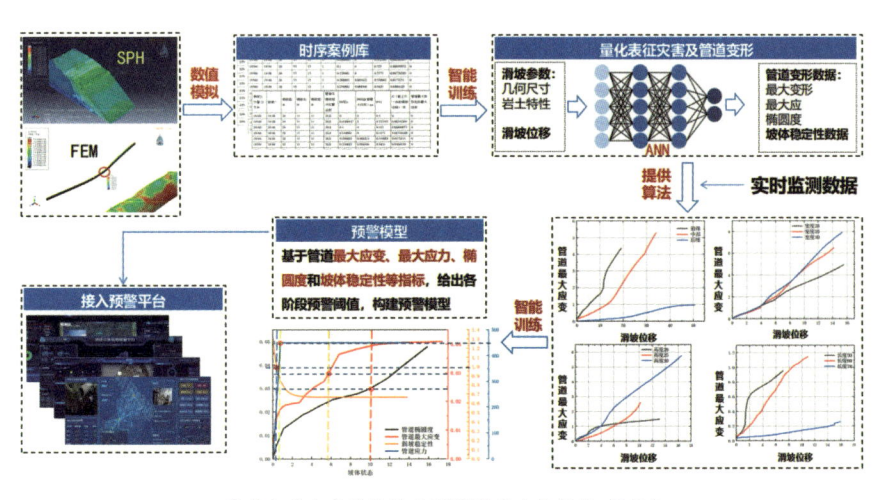

【**输油泵机组异常状态智能预警**】 2023年，研究总院针对当前输油泵机组固定阈值预警迟缓、智能化水平不高的问题，提出采用相关分析、皮尔逊相关系数并结合设备原理和专家知识构建特征提取方法，借助SCADA数据建立基于深度神经网络的输油泵机组异常状态识别模型和基于序贯概率比检验的异常预警模型，开发涵盖不同工况下输油泵机组异常状态、性能劣化、传感器异常等3项预警模型，经新庙站四台机组两年数据测试验证，算法预警准确率达91.1%。在充分分析输油泵机组的故障模式、原因及解决措施并结合对庆铁线多个输油站场现场调研的基础上，梳理涵盖转子不平衡、转子不对中、支座连接松动、空化故障、口环磨损、轴承故障及机械密封泄露等7种典型故障模式的故障机理，揭示故障的本质和相互演化关系，构建低频和高频故障知识库，便于知识的共享与沉淀。针对传统的FMECA方法通常使用单一的数字值来表示故障模式的重要程度，易受到主观因素和专家经验影响的问题，提出了一种基于D—S（模糊证据）理论和FMECA（故障模式、影响和危害性分析）相结合的方法，实现基于后果风险程度的异常状

管道地质灾害单体精确预警模型（李亮亮 提供）

态评价方法，同时开发相应的输油泵机组异常预警与评价软件，实现异常预警、故障诊断、结构化诊断、知识库、模块化组态配置及异常统计显示等功能。形成具有知识产权的软著1件、申报专利2件、发表SCI论文1篇。

（张　兴）

【**管道服役应力感知与评估**】　2023年受极端气候影响，自然灾害频发引起多起管道结构安全风险。研究总院通过开展"管道服役应力感知与评估"，将科技创新作为引领现代化产业体系建设的核心动力，大力开展科研成果的落地转化工作，不仅推动了技术进步，同时解决了现场问题实现风险减缓。

在应力感知研究领域取得了重要突破，相关研究成果在国际上得到了广泛认可。与国际管道协会PRCI签订了"Review and Evaluation of Pipe Stress Inspection Techniques for Onshore Pipeline"技术服务合同，这一国际合同的签订证明研究总院研究成果在世界范围内的影响力，为中国在国际油气管道领域的话语权增添了重要砝码。

着力推动科研成果转化，紧密结合实际需求，积极与相关企业开展合作。与河北省天然气管道有限公司签订技术服务合同，针对承德山区兰旗梁滑坡穿越段管道开展应力应变感知与评估工作。通过实时监测管道应力应变情况，为管道的安全运行提供了有力保障。此外，与山东省公司、北方管道公司等签订了技术服务合同，在抢修抢险过程中为高风险裸露管道提供感知与评估服务，通过实时监测管道状态，为抢险工作提供了精准的数据支撑；与济宁、德州、济南等作业区签订了技术服务合同，针对各作业区的实际需求，提供定制化的应力感知与评估解决方案，提高管道运行的安全性和效率。

（施　宁）

【**管道泄漏监测技术及系统研发**】　2023年，研究总院油气管道线路及站场感知技术研究项目利用Fluent软件对声场和温度场进行了模拟计算，完成直径660毫米、711毫米、1016毫米和1219毫米等四种不同规格管道，压力1—10兆帕、泄漏孔径1—6毫米的多种工况温度场、声源和声场的模拟，得到了泄漏点10米内温度场、声场随距离的分布规律；基于分布式反馈光纤激光器的传感原理，设计适用于天然气管道高压、野外等环境，可获取沿管壁和管输介质传播声波信号的传感元件、封装结构以及传感器安装方式，形成了管壁和管内安装的两类传感器；开发声信号采集模块，实现了管道泄漏声波信号的采集，研究声信号降噪和特征提取等算法，实现了微弱泄漏声波信号的检测。

融合SCADA系统数据的液体管道泄漏综合监测系统研发与应用项目搭建PLC和泄漏监测专用设备的数据采集平台，开展采样精度和采样速率等指标的高速采集性能对比分析测试，验证在泄漏监测的应用场景下，专用设备相对于PLC性能更优；开展管道泄漏监测数据高速采集模块软硬件设计、模块制作及功能调试，通过模块的温度适应范围、功耗指标、时钟同步精度等40多项指标实验室性能测试验证，成功研发管道泄漏监测专用采集模块；研究微弱泄漏信号降噪增强技术、压力趋势检测及消除技术，建立微弱泄漏信号的特征提取融合模型，开发基于信号幅值多尺度特征的微弱泄漏信号增强算法，初步实现了微弱泄漏信号增强15分贝的效果；研究借助管道的启停泵等工况形成自动计算负压波波速的技术，开发基于时间滞后互相关的液体管道负压波波速实时计算算法，实现负压波波速小时级别的更新准确计算；分析国家管网集团在用的主流PLC/

RTU等设备的数据传输方式，制定多源异构数据的存储及分发规范，开发规格统一的泄漏监测数据管理软件；设计融合现有实时模型法、负压波法等多种算法的管道泄漏监测软件模块，判断管道泄漏并向SCADA系统发送报警信息，开发相应的泄漏监测综合应用软件；分析确定管道泄漏监测数据管理软件、综合应用软件架构，并进行了第一阶段软件开发。

输油管道泄漏监测技术的多监视终端架构在石兰线、惠银线、港枣线、兰郑长两湖段得到再应用，支持相关分控中心、生产监视和应急指挥中心的建设和运行。

（王洪超）

【**油气站场风险智能管控技术研究**】"油气站场风险智能管控技术研究"基于国家重点研发计划项目"跨地域复杂油气管网安全高效运行状态监测传感系统及应用"，2022年立项，2025年验收，项目由国家管网集团牵头，哈尔滨工业大学、中国科学院合肥物质科学研究院等10家单位共同完成。

按照国家管网集团智慧互联大管网的建设目标，加速少人化、无人化智能站建设，将会成为推进智慧管网建设的重要举措。而油气站场工艺复杂、设备设施众多，存在油气泄漏、人员入侵等诸多风险场景。提高少人、无人站风险管控能力，实现风险管控智能化，是实现管网智能站建设的重要保障。站场风险管控存在依靠人工经验、识别手段单一、评价时效性差等问题，难以满足智能站场建设需求。站场感知数据繁多但未实现价值充分挖掘，通过多源数据融合对站场风险进行动态分析，是实现风险实时监测、动态预警，综合决策的有效途径。

"油气站场风险智能管控技术研究"创新提出"端—边—云"协同的基于多源数据融合的站场风险智能管控平台的整体设计架构思路。末端感知，明确站场综合风险评估场景及典型风险场景的数据采集需求；边缘端的数据融合，一般针对典型风险场景，通过边缘计算，实现边缘侧高实时响应、网络互联、数据计算与存储等功能，降低云端数据计算量，直接向云端提供辅助决策信息；云端互联，建立以站场静态数据、动态数据采集为基础，边缘

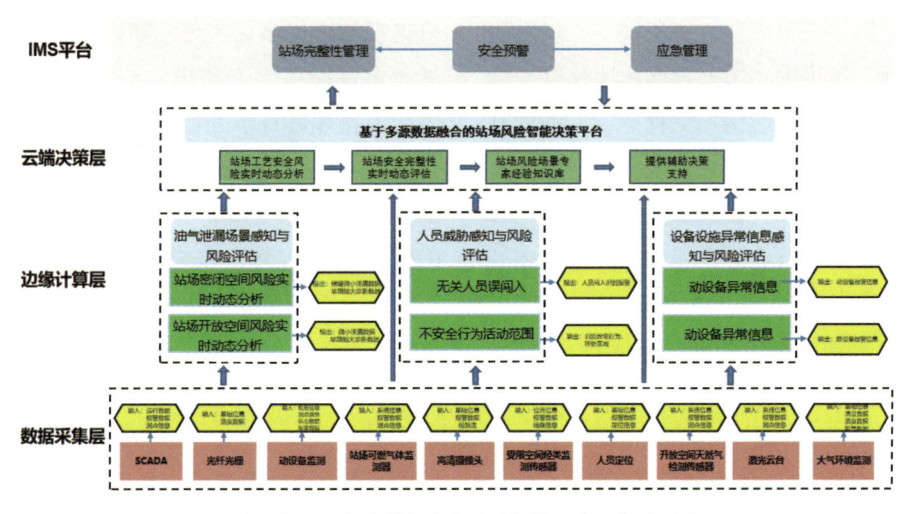

油气站场风险智能管控平台设计架构图（刁宇 提供）

计算提供辅助决策，云端数据融合，实时导入风险评估模型，实现风险动态实时感知，等级实时评估、事件超前预警，应急方案及时推送，为油气站场风险管控提供"定制化"智能解决方案。

油气站场风险智能管控平台，通过"定"场景数据，"融"传感网络，"建"技术架构，形成"端—边—云"协同的基于多源数据融合的站场风险管控平台设计方案。结合油气站场主要风险特征，通过融合多源数据提供综合决策，提高风险预知性、报警准确性、处置及时性，可实现场景安全监测、报警、风险评估等功能三维可视化展示，具备"可复制、可推广、可借鉴、可落地"属性。可广泛应用于管网油气站场，提高站场风险管控能力，推动智能站建设。

（刁　宇）

【**编制完善国家管网集团标准体系**】　标准体系建设是企业标准化工作的核心内容，在提升国家管网集团核心竞争力和支撑业务高质量发展方面发挥重要作用。2023年，研究总院按照国家管网集团科技部部署和安排，对标国内外先进企业，坚持"完整成套、协调统一、层次明晰"的原则，初步构建国家管网集团建管一体标准体系，设置基础通用、工程建设、油气管网调控、资产完整性管理、安全环保、数字化和综合管理7大领域，涵盖适用标准3626项，为国家管网集团主营业务发展和新兴业务拓展提供关键标准支撑。

按照国家管网集团企业标准制修订计划，统筹标准管理和业务需求，充分发挥业务部门和专标委主体作用，加快企业标准编制工作，基本实现对工程建设、油气管网调控、资产完整性管理和安全环保等关键业务领域的全覆盖。

国家管网集团标准化委员会在国家管网集团标准体系（2023版）基础上，于2023年12月启动国家管网集团标准体系（2024版）建设工作。以"结构优化、先进合理、内外融合"为目标，服务主营业务发展需求，全面评估现行标准体系，紧密结合国家管网集团技术图谱，科学系统规划各类标准，持续优化、迭代更新标准体系，开展国家管网集团标准体系（2024版）编制，筑牢主营业务标准根基。

（马伟平）

【**国家管网集团节能与低碳重点实验室挂牌成立**】　国家管网集团科技部于2023年12月28日发布《关于集团公司第一批重点实验室授牌运行的通知》，挂牌成立"国家管网集团节能与低碳重点实验室"。重点实验室将围绕国家管网集团节能、低碳和环保的管控要求，开展相关节能检测新装备、新方法，节能测试方法及评价相关标准研究。

【**节能监测技术深化及推广应用**】　2023年，研究总院首次开展输油泵机组国产化转子更换后的多项节能测试，支撑西部管道公司输油泵机组视情维修测试工作，新拓展变压器节能测试，更好服务生产需求。与10家国家管网集团所属企业签订节能监测技术服务合同，完成合同收入约260万元。2023年完成北方管道、西部管道、西气东输等公司356台设备及站场的节能测试工作，完成3个LNG接收站的现场测试及综合分析报告出具，总体工作完成率达115.05%。

（潘　腾）

【**油气管输介质质量检测技术服务推广**】　2023年油气质量检测工作坚持"价值服务"理念，

技术服务范围由北方管道推广至国家管网集团所属生产企业。技术服务对象包括：北方管道公司、西部管道公司、西南管道公司、北京管道公司、山东省公司、东部储运公司、华南公司、华中公司、广东运维、浙江省网公司、液化天然气接收站管理公司、西气东输公司的辖区内油气介质的关键上载点、下载点、枢纽点。签订的技术服务合同金额约为上一年度的5倍。为国家管网集团掌握管输介质质量整体情况提供第一手资料，形成第一批管输介质质量数据资产。编制《集团公司油气管输介质质量报告（2023年度）》获国家管网集团安全生产委员会暨党组扩大会议的审议通过。

【编制完成《国家石油天然气管网集团管输介质质量管控规划》《国家石油天然气管网集团质量管理信息系统和实验室信息系统建设规划》】 2023年，研究总院编制完成的《国家管网集团管输介质质量管理体系及规划》以有效管控管输介质从接收到交付的全过程质量、有效应对"X+1+X"市场体系上下游质量争议、有效促进管网安全经济运行和助力"公平开放大平台"建设为目标，为国家管网集团介质质量专业的建设和发展明确了方向和工作内容。《国家管网集团质量管理信息系统和实验室信息系统建设规划》设计管输介质质量管理与介质质量检测的信息化平台，采用中心—分布式多实验室管理架构，聚合并维护管输介质质量管理与检测的资源信息（包括人、机、料、法、环），收集和动态分析介质质量检测结果数据（包括离线实验室和在线设备两方面的检测结果），为实现介质质量管控信息化和数字化转型做出部署。

两项规划中，国家管网集团管输介质质量检测中心实验室将依托研究总院建设、管输介质质量管理信息系统规划由研究总院运行维护，研究总院在国家管网集团管输介质质量管理中的作用进一步凸显。

（穆承广）

【防腐材料测试持续拓展】 2023年，研究总院累计为中俄东线、西气东输三线、西气东输四线等在建重大管道工程提供防腐材料检测相关服务。累计接收样品720个，出具检测报告700余份，同比增长60%，检测收入大幅增加。成功中标"西气东输三线中段（中卫—吉安）项目中卫—枣阳段工程（陕西段）防腐材料检验技术服务"等3项集团内外部项目，进一步巩固研究总院在管道防腐材料检测方面的核心地位。到集团内外各工程现场开展防腐工艺评定7次，让质量提升走出实验室直接面对工程一线，有效提升了行业影响力。

【"管道防腐材料检测评价技术"应用体系日益完善】 管道防腐材料检测评价技术是按照国家和国家管网集团标准要求，对新建和在役管道防腐保温材料进行检测和评价工作，拥有国家级计量认证资质（CMA）和国家实验室认可资质（CNAS）。具备4大检测领域、45类检测对象、151个参数、691个方法的检测能力，涵盖管道防腐材料检测的所有核心项目。2023年，研究总院牵头制定 NACE TM21420—2018、SY/T 4113.1—2018、SY/T 4113.2—2018等10余项标准，建立完善的检测指标体系和评价方法。

【自研"检测实验室制样机"同时实现阴极剥离、附着力、涂层热特性数字化实验制样】 2023年，研究总院自研的"检测实验室制样机"，实现阴极剥离实验规定制样要求，沿360

度圆周八等分，划20毫米长米字射线，且划透至基材。实现附着力实验规定的制样要求，划约30毫米×15毫米的长方形，且划透涂层至金属基材。实现涂层热特性实验规定的制样要求，将涂层从基材表面翘剥下来同时将底层和面层涂层分离，涂层剥离厚度精度达到约20微米，取样量小于10毫克。大大提高制样的精度和效率，有效保证检测结果的准确可靠，系国内首创。

（李东阳）

国家管网集团工程技术创新有限公司

【概况】 国家管网集团工程技术创新有限公司（简称工程技术创新公司）2021年9月14日注册成立，2022年2月23日国家管网集团党组书记、董事长张伟和总经理刘中云为工程技术创新公司揭牌。工程技术创新公司是国家石油天然气管网集团有限公司的全资子公司，列国家管网集团所属企业序列，总部设在天津市滨海新区。工程技术创新公司对照公司组建可行性研究报告和国家管网集团党组赋予的新职责新使命，以"引领工程设计高质量发展，创建改革创新示范企业，成为世界领先的油气储运工程技术引领者"为目标，推进"打基础、提能力、上水平、塑品牌"四步走路线图，打造了三条业务线，统筹开展八大业务。

工程技术创新公司对标世界一流，打造精干高效、平台化、扁平化、赋能型的组织架构，设2个管理委员会、6个职能部门、7个业务单元及1个所属二级单位（华东设计院分公司），构建"小机关、大业务"组织架构和赋能组织形态。

工程技术创新公司立足助力高质量构建"全国一张网"，在价值创造行动中，对"12345"战略体系进行优化，明确"一智库、四中心"的发展定位，即一个愿景：引领工程设计高质量发展，创建改革创新示范企业，打造国家高端智库，成为世界领先的油气储运工程技术引领者。两新构建：构建新机制和新业务模式，实现高价值创造、高质量发展。三大功能："开展设计与设计管理咨询业务，保障'全国一张网'高质量建设；开展战略规划与决策支持业务，支撑国家管网集团战略决策和国家油气储运系统安全；开展技术创新研发与推广应用业务，引领行业技术革命与转型发展"。四个目标：成为国家管网集团战略规划研究中心、项目前期研究中心、工程设计与管理中心、工程技术创新研发中心。五大战略：市场化管理，平台化运营，创新驱动，人才强企，数字化转型。

2023年工程技术创新公司主要经营（运营）指标

指标	2023年	完成率（%）
规划项目	23项	100
可行性研究项目	11项	100
设计咨询任务	24项	100
数字化平台建设	2项	100
技术创新与应用	7项	116.67
主营业务收入	6.35亿元	128.28

【领导班子调整】 2023年8月14日，国家管网集团党组研究决定，桑广世任工程技术创新公司总经理、党委书记，朱华锋、刘忠付任工程技术创新公司副总经理、党委委员，免去齐建

华工程技术创新公司执行董事、党委书记职务。

【组织机构优化】 2023年，工程技术创新公司为更好发挥保障、支撑、引领作用，根据国家管网集团关于机构编制优化事项的批复，对机构进行优化调整：成立了技术创新中心，将储气技术中心和储气库设施研究中心合并设置为储气设施研究中心，将2个直属机构调整为职能部门，规范了部分机构名称。调整后，工程技术创新公司本部设置6个职能部门，分别为：办公室（党委办公室）、党委组织与宣传部（人力资源部）、经营财务部、纪委办公室（综合监督部、党委巡察办公室）、技术创新管理部、项目管理部；设置7个业务单元，分别为：战略咨询中心、设计管理中心、公用工程技术中心、数智技术中心、技术创新中心、新能源工程技术中心和储气设施研究中心；设置1个所属二级单位：华东设计院分公司。

【主营业务】 2023年，工程技术创新公司承担了国家管网集团全部29项战略规划和专项研究任务，完成国家管网集团"十四五"发展规划中期评估、全国天然气分省发展规划，开展成品油管道互联互通、"两库群、一基地"规划研究。承担苏皖豫等国家管网集团全部一类及重点可研项目23项，涉及管道总里程5700千米、总投资1400亿元。深入开展"3+1"成品油重点通道建设必要性论证，超前开展原油陆上进口通道研究，甬绍干线东段等8个项目通过审查。承担国家管网集团全部一类和重点二类、三类设计管理咨询项目68项，审查重大问题240余项、一般问题4.6万余项，推广"五新"技术25项。中俄东线嫩江支线等12个项目初步设计通过审查，优良率同比提升152%。魏荆线改造、鲁宁线整治等项目顺利完成，助力国家管网集团消除"全国一张网"安全隐患。液体管道技术优势持续巩固扩大，获国家级、省部级奖励8项。气体管道技术短板加快补齐，独立承担皖赣支干线、绥滨支线等项目。

【科技创新】 2023年，工程技术创新公司提出技术研发需求49项、开展专题研究15项，参与国家部委项目2项、联合申报中央企业创新联合体3项。申报知识产权40项，新增科研项目14项。成立新能源工程技术中心，承担中国首个长输管道利旧改输氢气评价项目，完成国家管网集团第1个二氧化碳管道主体建设方案，开展国家管网集团油气站场大中型光伏发电可行性专项研究、风光发电业务发展思路及试点项目研究，完成新疆精河34万千瓦光伏示范工程可行性研究。筹建国家管网集团首个团标组织——中石协油气储运设备团标委，主编国际标准1项、企业标准15项，参编国际标准1项、行业标准8项、企业标准26项、团体标准11项，代表国家管网集团对19项国家行业标准提出360余条审查意见。认真履行工程建设专标委秘书处职责，发布DEC文件88个，对国家管网集团全部487个DEC文件开展技术、格式"双复核"。工程及物料编码子系统正式运行，数字化协同设计平台按期建成，设计管理子系统获油建协勘察设计二等奖、378个项目完成上线。

【企业管理】 2023年，工程技术创新公司结合改革深化提升行动，聚焦"三项"制度、锚定"三能"目标，开展业绩薪酬双对标，制定工资总额动态调整机制，建立"1+N"全员绩效考评体系、"降、离、退"三步退出机制。落实"四化"改革要求，全力打造专业化管理、系统化支撑、共享化服务、区域化协同的项目管理体系，提高项目运行效率。系统梳理工程技术创新公司价值创造重点领域、关键环节、核心要素，从效益效率、核心功能、核心竞争力3个维度，明确了6方面、20项价值创造指标，制定行动蓝图，工程技术创新公司获国家管网集团价值创造标杆企业、华东设计院获标杆单位。积极营造数字化和流程文化，高质量完成流程全面推广、制程全面融合、授权全面优化、业务全面提升四项任务。构建"五位一体"综合管理体系，成立法治建设领导小组和合规委员会，设立总法律顾问、首席合规官。

【人才建设】 2023年，工程技术创新公司统筹考虑"增总量"与"调结构"，先后组织社会招聘3次、校园招聘2次，选拔成熟技术人才114人、优秀毕业生29人，其中技术领军与管理领军人才10人，员工队伍总量迅速突破550人大关。着力打造顶尖技术专家团队，储备核心人才力量，选聘公司级技术专家8人，以"揭榜挂帅"的形式选聘重大科研课题项目经理2名，3人成为中国科协工程领域高层次评审专家，90人获聘国家管网集团、油建协会评审专家、技术专家。按照"筑牢塔基、壮大塔身、做强塔尖"的思路，实施战略人力资源管理，研究制定人才强企专项计划实施方案，部署人才建设4大工程、明确12项具体任务，制定发布相关制度办法29项、开发流程40个。出台教育培训管理规定，2023年累计组织各类培训320余次，制定"专业+定制"培养方案，2023年累计组织各类培训320余次，推进"创新学院""创新播客"建设。

【党建工作】 2023年，工程技术创新公司建立完善"第一议题"学习督办机制，第一时间跟进学习、研究落实习近平总书记重要讲话和重要指示批示精神。高标准、高质量开展主题教育，广大党员干部受到一次全面深刻的政治历练、思想淬炼、实践锻炼。严格执行"三重一大"决策制度，修订完善工程技术创新公司重大事项决策清单。召开第一次党员大会、党建质量提升推进会，开展首次所属企业党委书记抓基层党建工作述职评议暨天津本部党支部书记述职评议现场考核，推动基层党建品牌建设"百花齐放"。深化一体推进"三不腐"，统筹"三道防线"建设，风清气正良好氛围进一步巩固。召开团员大会、统战人士座谈会，成立专家工作室，组织开展乒羽大赛、DEC管理劳动技能竞赛、青年创新创效活动，工程技术创新公司专家方阵在国家管网集团运动会被国家管网集团董事长张伟点赞，储气设施研究中心和华东设计院铁军文化案例入选国家管网集团典型案例。

【品牌创建及荣誉】 2023年，工程技术创新公司累计派出百余人次，配合总部部门完成国家能源局"十四五"重大油气基础设施优化调整、国家管网集团工程项目前期工作指导意见、数字化平台培训等重大专项任务；在"七上八下"防汛关键期，靠前服务兄弟单位，保障管网平稳高效运行。按照"打响管网安全服务品牌"要求，构建以业务为核心的QHSE管理体系，获得了体系认证证书、特种设备生产许可认证，5项QC成果获省部级奖励，2023年未发生质量、安全事故事件。努力打造行业品牌标杆，取得了天津市科技型企业"雏鹰企业"资质、高新技术企业资质，积极申报国务院国资委启航企业。2023年，工程技术创新公司设计项目获省部级、国家级奖励8项，其中日濮洛原油管道工程获国家优质工程奖、洛阳—新郑国际机场航煤管道项目获全国优秀工程咨询成果二等奖。

（兰国霖　杜雅丽）

国家石油天然气管网集团有限公司共享运营分公司

【概况】 国家石油天然气管网集团有限公司共享运营分公司（简称共享运营公司）于2022年3月18日在北京市朝阳区注册成立。共享运营公司设职能部门7个、附属机构1个、区域中心4个。共享运营公司党委下设党支部5个，党组织健全率100%。截至2023年底，用工总量205人。

共享运营公司主营业务覆盖财务共享服务、平台建设及运营、数据挖掘及分析、大宗生产资料（天然气）集中采购、跨省天然气管道铺底气和国家天然气应急储备统一持有及结算等五大领域，形成较为完整的财务共享运营服务体系。

2023年，共享运营公司坚持以习近平新时代中国特色社会主义思想和党的二十大及二十届二中全会精神为指导，深化"12356"发展战略，全面贯彻落实国家管网集团党组各项决策部署，践行服务使命，大力推进数字化转型，奋力开创共享运营公司高质量发展新局面，为国家管网集团立企强企作出新的贡献。

共享运营公司主要经营指标

指　标	2023年	2022年
主营业务收入（亿元）	175.49	122.7
利润总额（亿元）	1.98	0.9
资产总额（亿元）	106.80	47.25
税费（万元）	356.86	278.96

【会计核算标准化】 2023年，共享运营公司抓牢抓实会计核算立足之本基础型业务，处理凭证228.9万张，编制报表11.6万张（包含久其报表），国务院国资委、财政部快报上报及时率、准确率均达100%，人均产能达1107笔/月超考核指标25.8%，对公业务结算平均时长降至5.2天较考核指标降低22.4%，会计业务准确率达99.5%超考核指标1.5%，完成各项业绩指标。发布《共享操作手册》《业务报销手册》，编写完成《会计手册》，助推国家管网集团会计核算标准化全面落地。发布《差旅费管理细则》及问题解答、预提暂估业务处理规范、探亲费报销规范等，形成符合管网特色、具有行业特点、业务指导性的标准规范。

【财经数字化工作】 2023年，共享运营公司贯彻落实《"十四五"数字经济发展规划》加快企业数字化转型升级的总体要求，全面启动财经数字化平台建设，完成财经数字化平台1.0前期可行性研究设计各项工作，构筑"工程、市场、维修、科研、数字化、合同" IT拉通蓝图。优化月末结账模块、账务调整模块等53项系统功能，配合完成ERP-C和供应链系统在国家管网集团范围内上线实施。应用智能识别、函数转化等新技术，实现差旅2.0自动化、智能化。推广一体化平台RFID智能盘点模块，支撑业务高效运行。共享运营公司流程推广运营任务圆满完成，L1、L2认证人数通过比例达100%、26%，位居国家管网集团前列。运营数据看板上线应用，统一规范十大类运营数据取数规则，企业运营数据下钻至责任中心，实现运营数据实时展示、指标精准定位。

【客户服务】 2023年，共享运营公司建立健全客户服务体系，持续推动服务走深走实。开通400服务热线，全面推广员工信用体系，资金支付由3级审核压降至2级审核。档案物流统一下单试点实现"数据共享、一键下单、统一结算、折扣邮寄"。商旅平台升级实现"免结算、免垫资、免贴票、免邮寄"四免目标。"一票制"业务服务效能显著增强，管输结算单均于当天开具发票并完成结算，对外平均结算时长由15小时压缩至10小时，平均退款时长由10天缩至5天。组建差旅业务组承接全集团差旅报销业务，人均产能达集中前的3倍，差旅付款周期从平均3天减至1天。

【公司治理】 2023年，共享运营公司学、思、践、悟习近平法治思想，持续增强管控能力，确保依法合规经营。印发《公司"三重一大"决策制度实施办法》《重大经营管理事项合法合规论证审查清单》，完善公司"三重一大"决策及重大经营管理的合法合规审查机制，依法依规防范化解重大风险。全面优化业务审批流程，梳理272项工作事项，确保权限指引设计到位、业务流程贯穿到位，切实提高治理效能。成立追责领导小组、法治建设领导小组和合规管理委员会，建立合同法律前置审查机制，确保涉法事项审查率100%。

【人才建设】 2023年，共享运营公司坚持党管干部、党管人才原则，切实将公司需要、岗位需要与干部选拔任用结合起来，形成合理梯队结构，打造高素质干部人才队伍。2023年初202名财务共享筹备人员顺利划转调入，完成160名员工职级聘任、19名员工序列转换、13名员工职称评定、37名员工职级晋升及13名高校毕业生转正定级工作，2023年聘任企业关键岗位16人，聘任企业基层正副职44人，干部人才队伍建设质量持续提升。建立共享运营公司薪酬体系，统一工资项目、统一基本工资标准、统一区域中心月度发放水平，稳步推进工资制度优化；开展全员绩效考核，绩效合同覆盖率100%，强化考核结果应用，合理拉开薪酬差距，充分发挥薪酬激励人才建功立业的作用。

【党建工作】 2023年，共享运营公司党委始终把政治建设摆在首位，深刻领悟"两个确立"的决定性意义，增强"四个意识"、坚定"四个自信"，做到"两个维护"。严格执行"第一议题"学习制度，组织"第一议题"学习45次，推动形成传达学习、贯彻落实、跟踪督办和报告反馈的完整闭环。按照共享运营公司《"三重一大"决策制度实施规定》，严格落实党委会前置研究、末位表态等制度要求，2023年召开党委会36次、集体决策"三重一大"事项96个。坚持把学习贯彻习近平新时代中国特色社会主义思想作为首要政治任务，认真落实党中央和国家管网集团主题教育整体部署，高质量开展主题教育，持续巩固拓展主题教育成果，推动教育成效转化为推进中心工作的实际行动。

按照"四同步、四对接"要求，2023年初成立五个党支部并组织完成支部委员选举工作，推进党组织有效覆盖，与服务企业开展"双模双建"活动5次，充分发挥党支部战斗堡垒作用。将党建与中心工作融合，年内成立5个党员突击队和1个尖刀班，发挥党员急难险重任务面前冲锋在前的先锋模范作用。

全面贯彻落实习近平总书记在二十届中央纪委二次全会上的重要讲话和全会精神，认真落实健全全面从严治党体系任务要求，编发

《落实全面从严治党主体责任管理细则》。深入学习贯彻保持正风肃纪反腐高压态势，扎实开展作风问题专项整治，一以贯之落实中央八项规定精神，编发《贯彻落实中央八项规定精神管理细则》。高质量完成巡察全覆盖，坚决反"四风"树新风，坚持一体推进不敢腐、不能腐、不想腐，标本兼治深化反腐败斗争，营造风清气正的政治生态。

【荣誉】 2022年度财务决算工作获财政部通报表扬。司库体系2.0高标准通过国务院国资委中期验收获评"优秀企业"。财务共享服务平台获国务院国资委智能监管模型"揭榜挂帅"杰出应用奖。会计档案管理应用入选财政部电子凭证深化试点名单、位列央企前列。附件标准化实践论文斩获石油企业协会管理创新成果三等奖。

（韩轶钢　李纯纯　王　寒　汪驿杉　杨　捷）

北京智网数科技术有限公司

【概况】 北京智网数科技术有限公司（简称北京智网数科公司）列国家管网集团所属企业序列，2022年4月在北京市昌平区注册成立，2023年正式进入实质性运营。北京智网数科公司设置综合管理部（党委办公室、组织宣传部）、经营计划部、综合监督部（纪委办公室）3个职能部门，项目管理部和技术研发部2个直属业务管理部门，企业架构支持中心、智慧管网支持中心、数字平台支持中心、数据管理中心、网络安全支持中心5个业务单元。

2023年，北京智网数科公司坚持以习近平新时代中国特色社会主义思想为指导，始终牢记集团党组嘱托，坚定不移推进国家管网集团数字化转型落实落地，紧紧围绕架构咨询、数字技术、智慧管网、数字平台、数据管理、网络安全等核心业务，积极培育并逐步形成5方面10项自主能力；在首个完整运营年，承接数字化项目44项，初步建立市场化运营机制，初步打造专业化作战团队。北京智网数科公司在国家管网集团范围内高质量推进流程运营与制程融合，承担全部新建统建系统可行性研究和大部分系统运维工作，部分产品实现代码级开发和运维，统一数字平台逐步复用共享，国产化工作按国务院国资委计划有序推进，光纤利用取得实质性突破，网络安全防护自有力量渐具规模，支撑国家管网集团在国家级网络安全攻防演习中获得"双优异"，助力国家管网集团在国务院国资委数字化智能化考核评定中取得"优秀"，实现"十四五"良好开局。

北京智网数科公司主要经营（运营）指标

指　　标	2023年
形成具有自主知识产权数字化产品数量（个）	15
制程融合和落地适配覆盖率（%）	100
经营管理市场化（%）	100
安全可控的低代码应用上线数量（个）	42
研发进度及经费执行率（%）	100
新增网络基础设施国产化替代率（%）	100
IT基础设施服务可靠度（%）	100
资产总额（万元）	16701
主营业务收入（亿元）	2.1
税费（万元）	1828

【党的建设】 2023年，北京智网数科公司党委全面贯彻习近平新时代中国特色社会主义思想，以深入学习宣传贯彻党的二十大精神为主线，贯彻落实集团党组"五个坚持"总体方略，始终坚持"越是市场化的企业，越要加强党的建设"，在组织建设、建章立制上狠下功夫，以"严明的纪律＋极致的创新"纵深推进党建与业务深度融合，以数字化思维推进党建工作手段创新，以高质量党建引领数字化业务高质量发展新局面。

全面夯实基层党组织建设，按照"四同步、四对接"要求，以"支持中心＋职能部门＋党委委员"的方式混编设置3个党支部，高标准推进支部"三化"建设。建立健全党建工作责任制考核评价指标体系，印发党支部考核基础指标、创先指标，开展支部书记抓基层党建述职评议。规范组织"三会一课"，扎实开展党的创新理论学习。坚持把政治标准放在首位，注重从经营管理一线、青年员工群体中发展党员，持续提升发展党员工作科学化、规范化水平。2023年发展预备党员2人，培养积极分子11人，21人提交入党申请书。

截至2023年底，北京智网数科公司有员工105人，平均年龄34岁，49%为党员，30%具有能源管输行业背景，40%来自互联网头部企业，30%来自其他央国企及跨国企业，80%拥有行业认证，员工整体素质较高。注重发挥党员先锋模范作用，提升全员战斗力，积极调动和发挥全体员工的积极性、主动性和创造性，1名同志获国家管网集团"五一劳动奖章"，1个事业群获国家管网集团"工人先锋号"荣誉称号，党员先锋模范作用凸显。

（王心玉）

【项目管理】 2023年，北京智网数科公司生产经营步入正轨，肩负国家管网集团数字化转型艰巨任务，为保障44个数字化建设项目高效落地，并行推进项目标准化管理与项目市场化运行双机制，建立一套项目管理制度，实现从项目承揽、资源配置、过程管控、交付验收、考核兑现、归档审计等全流程规范化管理。

推进项目承揽标准化，起草发布《承揽项目管理办法》《智网数科公司招标管理规定（暂行）》《智网数科公司非招标采购管理实施细则（暂行）》等制度，建立从项目线索发现、商务响应、商务谈判及合同签订全流程标准化机制，实现项目规范化承接。优化人力资源合理配置，多项目并行开展，组织项目经理竞聘上岗，2023年遴选18位项目群经理（正／副），技能培训持证上岗，真能做到能者担当、适者担任；公司组织人力工时交易、双向选择，实现人力资源内部市场化调剂；开展"企业联合创新"，灵活满足项目组对专业人员多样化需求，优化人力资源合理配置。高效管控项目全生命周期，制定项目计划，通过进度看板、周跟进销项、双周例会、全员监督比赶超等机制，充分激发各项目组攻坚克难、节点交付、严控质量的热情，保障项目全生命周期高效管控。

交付成果严控质量，基于低代码平台及供应链系统，审核项目策划方案及采购事项64项，严把采购运行质量。2023年组织召开7次项目可行性研究、详细设计方案审查会，结合客户多频次满意度调研，严把项目成果交付质量关。规范管理归档，基于低代码平台，实现涵盖项目基本信息、人员工时、周报纪要、方案审查、验收交付等全过程资料实时归档。

（于 蓝）

【市场化运营】 2023年，北京智网数科公司坚决贯彻落实董事长关于"要把智网数科打造成为国家管网集团市场化发展的高地"要求，积极探索实践市场化选人用人机制。

建立市场化引才机制，截至2023年底，公司员工105人，其中，社会招聘71人（68%）、校园招聘13人（12%）、系统内部公开招聘/选调21人（20%），引进领军人才3人。招聘环节适配行业市场规则，招聘过程从严把关、宁缺毋滥，员工入职前均需接受专业背调并签署入职承诺书。

建立不唯"职级"、唯"价值"的薪酬分配机制，全员实行密薪制，彻底破除平均主义，拉大同层级成员薪酬差距，让业绩产出、价值贡献成为薪酬体系的"指挥棒"；实施特别奖励制度，对市场化管理、重点项目实施等专项工作中作出突出贡献的团队或员工及时奖励，赏不逾时。

建立"不唯资历唯能力"的技术序列聘任试验田，技术序列职级设置与国家管网集团有序衔接，职级聘任对标市场，突破资历、职称限制；建立专家评聘机制，重点考量员工价值贡献及技术能力，选聘1名软件开发专业方向的企业专家（T4）。建立重拳出击的考核机制，以工作交付成果为主要考核内容，强考核、硬兑现，C、D档占比达到22%，4名D档员工降一级聘任，2名员工在试用期间被解除劳动合同。

（王新奇）

【科技创新】 2023年，北京智网数科公司兼顾"质的有效提升"与"量的合理增长"，努力沉淀积累科技创新核心能力。

平行推进专利发明、软著申请、标准编制等多方面工作，申请发明专利5件、软件著作权10项，做好标准编制，牵头完成14项集团企标编报，从技术创新、数据管理、制程特色等方面填补国家管网集团数字化标准空白，发挥智网数科公司专业化力量。在科技人才培养方面，举办北京智网数科公司科技管理工作专项培训，邀请阿里云、中国电子技术交流与专题讲座，组织4次论文征集、2次高层次专家申报、3次奖项申报、1次国家管网集团层次评优评先，带动培养北京智网数科公司核心科技人才队伍建设，激励科技骨干勇攀科技高地，提升科技研发能力。

（于 蓝）

【制程运营】 2023年，企业架构支持中心作为国家管网集团制程运营能力中心，以支撑"四化改革"落实落地为首要目标，以群众路线为指引，通过创新服务模式，制程融合与落地覆盖率100%。

靶向培训全员认证，全员数字化能力显著提升，L1认证人数19763人，L2认证295人。通过线上线下培训和新员工流程运营必修课程，激发全员"运营有我、变革转型"的内生动力。按照5个方向精选出142个流程运营标杆，积累300余项经验案例。融合制程文件，统一管理语言，完善共性L5/L6文件并明确适配框架和范围，以引导企业开发适配的个性化制程文件，累计设计编制1951个所属企业范围内适用的L5/L6支持性文件。融汇行业最佳实践，统一业务规则，通过严格审核和细化收敛文件，减少管理差异，将个性化文件数量收敛裁剪至较低水平——377项，显著提升管理标准化水平至94%，有效支撑"一公司"高效运转。

编制授权清单，清晰授权脉络，通过解构国家管网集团242个制度文件及639个KCP审批审核活动，识别572项权签事项和1396个审批点，明确总部与企业的权责关系，开发完善权责卡片，通过自动生成工具为4家试点单位编制995份卡片，基于22家企业的适配情况编写通用岗位86份。聚焦刚性遵从，建立全业务流程遵从度评估，通过自评复核和培训赋能，围绕6个维度验证制程框架设计和流程端到端执行情况及活动准确性，提升遵从度至90.89%。针对业务域流程运行问题痛点，开展PR立体诊断，调研并现场解决47项问题，完成23个PR专项任务。聚焦流程运营，以10.0业务域为试点，推进跨域流程拉通，解决61个断点堵点，拉通20个待拉通点，建立统一方法论，显著提升业务流畅度。

（秦　翔）

【智慧管网】　2023年，智慧管网支持中心在北京智网数科公司统一部署下，承接开放服务及交易平台等多个统建系统运维及实施工作，助力智慧管网推进和企业高质量发展。

参与开放服务与交易平台二期项目4个模块的研发，独立开发功能点8项；独立负责业务运营，支持97个托运商结算工作，累计完成29次、共计313亿元的在线结算。承接工程项目管理系统运维，新增键焊接数据121394道、关键检测数据227926道，推动智慧工地建设走深走实。承接IMS一期运维及二期实施，梳理IMS功能提升需求，组织完成完整性管理方案、维检修APP—工单现场操作等功能的开发及上线，完成二期详设编制及评审工作。承接HSE一期运维工作，迁移18家区域化改革公司数据，与IMS就巡检业务进行集成拉通，降低基层填报工作量。参与供应链系统建设运维工作，完成日常项目支持、网络安全及专项工作协调，组织编制系统运营月报、运营运维方案、区域化改革实施方案等。组织9.0DHR项目完成可行性研究批复、招标选商、需求分析评审及详设编制；11.6党建项目完成可行性研究调研、编制、数科内审等工作。协同办公平台运维开展"百日攻坚"专项行动，响应收集360条优化建议，修复107个技术问题，完成WeACT、协同设计平台集成，实现审计系统、合同系统等自动归档，提升综合办公业务流程IT支撑度和系统应用满意度。承接ERP系统项目管理，支持国家管网集团销售管理、设备管理、物资管理、项目管理等核心业务顺利开展，为"业财融合"提供重要技术支撑。

搭建完成信创云环境，实现从芯片、操作系统、云平台、数据库、中间件全面的国产化替代，初步实现了"一云多芯"，实现10个统建系统服务器操作系统国产化替代；完成协同办公平台信创改造，具备切换条件；综合办公类系统自主可控进度超过60%。新增软硬件实现100%国产化。承接标识解析、地震完整性等科研项目成果的场景应用，负责相关科技成果在系统平台的落地实施。通过行业前沿技术的探索和对接应用，持续保持行业领先，助力建成中国特色世界一流能源基础设施运营商。

（李　慧）

【数字平台】　数字平台支持中心在国家管网集团总部及北京智网数科公司领导下，承担7个信息化统建项目，统一数字平台逐步复用共享，国产化工作按国务院国资委计划有序推进，光纤利用取得实质性突破。

广域网建设项目历经两期，建设北京、徐州两个核心节点，2023年完成二期项目上线验收。实现国家管网集团总部与所属企业的互联互通，提高国家管网集团广域网覆盖面，提升集中统一管理能力。2023年完成局域网优化建设项目可行性研究报告编制与评审，项目统筹广域网和局域网布局，形成"数据中心—区域节点—企业总部"三层架构，设立23个区域节点，推动IPv6+全面部署，加强SD-WAN、人工智能、移动物联网等新技术的深化应用。

2023年机器视觉建设项目完成徐州中心平台和LNG公司分平台的实施部署，北京临时环境接入线路和场站的摄像机6000路，通过机器视觉视频监控和智能解析的应用，可以提升公司生产本质安全水平。数字平台一期建设项目经过两年建设，2023年完成项目上线验收，已初步建成国家管网集团统一数字平台，满足国家管网集团内部重点业务上云需求，提供云计算服务，构建坚强的数字底座。边缘计算建设项目2023年完成可行性研究报告编制与评审，完成19大统建系统对基层现场数据的需求收集规划，将设计适用于管道各类应用场景的云边协同边缘计算平台，更好的建立云上统建系统应用与数据采集端的连接。

视频会议项目2023年完成项目上线验收，为国家管网集团建成一套高效、可扩展、广域覆盖的视频会议核心平台，将总部和所属单位的MCU构成共享资源池，实现国家管网集团层面的资源共享。总部城科大厦IT运维项目，2023年完成工单共近1.7万次，年度IT运维系统回访满意度99.97%，保障国家管网集团重大活动20余次零失误。

（高　玲）

【数据管理】 2023年，数据管理中心坚决贯彻习近平总书记关于"数字中国"的重要指示精神，始终践行"数据是国家管网的战略核心资产"。

搭建国家管网集团数据中台，开展数据入湖及开放共享，完成已上线13个统建系统约10亿条数据入湖，日均调用量达100万条；统一管理第三方数据源，为供应链等5个系统提供5500万次外部企业查询服务。释放数据要素价值，自主开发主官看数、企业用数、基层用数等数据产品；以业务需求为导向、打通数据壁垒，独立实施西南管道管输计划数据分析项目，提升"数据消费"服务能力。筑牢数据安全屏障，配合国家管网集团开展数据管理成熟度（DCMM）及数据安全能力成熟度（DSMM）评估，牵头实施国家管网集团首次数据安全应急演练，建立数据应急保障措施，增强突发事件应急反应能力。

深化应用公共数据编码平台，建立健全集团公共数据标准化机制，基于公共数据编码平台统一管理21类公共数据和2类数据映射标准，完成约257万条数据清洗工作，实现公共数据同源共享，解决数据质量低、差异大和同步性低的问题。积极提升数据服务能力，集成34个统建及自建系统，覆盖226个业务应用场景，累计提供149万次数据服务。搭建高效、可靠的管理平台，采用微服务架构，部署于华为云平台，完成平台六统一改造和数据库切换，查询效率提升90%、数据批量处理效率提升57%。

运营低代码平台，有力支撑业务流程高效运转，开发国家管网集团级产品12个、"四化"改革综合保障类应用17个、北京智网数科公司内部日常办公产品21个，快速承载流程，发挥数据价值，支持业务应用，打通IT承载的"最后一公里"。坚持推进培训赋能，全年参加培训人数2208人，其中零代码开发工程师FCA认证通过人数727人、FCP认证通过人数39人。助力低代码产品推广应用，指导开发LNG接卸船微应用，获得"星火杯"数字化转型应用大赛低代码赛道一等奖，实现该应用数据与统建系统PPS的数据拉通。

（徐加兴）

【网络安全】 2023年，北京智网数科公司深入学习习近平总书记关于网络强国重要指示批示精神，全面构建网络保障体系，坚决筑牢安全防线，持续保障业务系统安全运行。从管理体系、技防体系、运营体系三方面优化提升，保证全年无重大网络安全事件发生，在国家级网络安全攻防演习中，助力国家管网集团获得"双优异"成绩。

持续开展6.7管理网络安全流程运行工作，累计输出各类表证单书1185份，新增L4子流程2个，优化19个；新增L5/L6活动2个，优化18个，党建嵌入点优化8个，重点将信创国产化及合规性要求纳入党建融合矩阵。加快网络安全技防体系建设，积极调动各所属企业各部门力量，宣传网络安全理念、普及网络安全知识、推广网络安全技能，组织部门4人次取得网络安全专业技能认证。承揽国家管网集团广域网安全二期建设项目，重点围绕提升安全区域边界、安全计算环境、安全管理中心、安全建设运维等方面进行能力建设，持续完善国家管网集团网络安全纵深防御体系，筑牢网络安全屏障。

持续健全常态化网络安全运营，2023年修复11421个漏洞，其中高危漏洞占30.2%、中危漏洞占69.8%；收集处理3621条威胁情报。漏洞治理效果显著，同比存量漏洞数量下降83%；基于技防能力体系的支撑，持续优化SOAR自动封禁模型，事件处置时效提升96%，2023年平均处置时效为10秒（2022年平均处置时效为300秒），因处理效率的提升，单攻击源对国家管网集团造成的威胁大幅降低；通过"安全关口"前移，全年监测网络攻击近190万次，同比下降59%。

在国家级网络安全攻防演习中，执行7×24小时风险监测、应急处置工作，期间共遭受网络攻击20.5万次，处置事件4.1万起，封禁攻击IP地址40234个。北京智网数科公司1名员工作为领队带领集团攻击队首次代表国家管网集团参加演习攻击方，攻破9家参演单位的21个信息系统，共计4140分。

（袁　启）

【经营计划】 2023年，北京智网数科公司承揽项目37个，其中IT运维类10个、IT实施类11个、咨询服务类16个，实现主营业务收入2.1亿元，净利润3850万元，税费总额1828万元，完成投资1517万元，净资产收益率78%。

北京智网数科公司主营业务与国家管网集团存在显著差异，在国家管网集团"一本账"的前提下，探索符合业务实际的财务审批流程和会计核算体系。赋予项目经理预算额度内的审批权限，在部门负责人的监督指导下，做好项目收支管理，履行好项目"CFO"的工作职责，通过财务知识培训，做到项目经理懂财务，懂经营，懂合规，记好项目收支一本账。规范会计核算收入确认规则，在国家管网集团会计手册编制小组的指导下，编写完成数字信息业务专篇，明确数字化项目可以采用时段法和产出法确认收入，在合同审查阶段，结合数字化项目过程管理和造价管理现状，按照可行性研究报告的实施内容和投资构成，细化结算时点、明确设备及服务单价，通过完善合同条款保障项目回款。

创新预算目标形成机制，牢固树立"人人都是CEO"理念，各项目组实行"谈判定价""投标定价"，签订项目经营业绩合同，通过项目营收实现公司经营目标。切实将企业预算变为全年生产经营的硬任务、价值创造的硬举措，并把拓市增收、成本费用压降的各项管控措施和责任落实到每个项目组，确保"千斤重担千人挑，人人身上有指标"。夯实月度预算管控基础。实施3个月滚动预算编制管理，定期召开生产经营分析会，根据主要经营指标完成进度分别亮红灯、黄灯、绿灯予以示警，完成进度严重滞后的项目组接受公司督导，制定提升整改措施，形成月度预算下达、执行和评价的闭环管理，确保实现"以月保季，以季保年"。

（张　强）

【合规管理】 深刻领会和贯彻习近平法治思想的科学体系、丰富内涵、精神实质和实践要求，把加强党的领导贯彻到依法治企各方面各环节。自2023年年初正式运营以来，北京智网数科公司党委专题研究法律合规重要事项6次，切实发挥党委把方向、管大局、促落实的领导作用，确保依法治企的正确政治方向。

成立北京智网数科公司法治建设领导小组和合规委员会，党委主要负责同志担任组长，统一部署和组织推动法治建设工作；设立总法律顾问、首席合规官和兼职合规管理员队伍，将合法合规性审查和重大风险评估作为重大事项决策必经前置程序。

将合规审查作为前置程序嵌入经营管理相关流程，对违规事项坚持"一票否决"。2023年审查重大经营管理事项14项、规章制度10项、经济合同146份，提出审查意见95条，相关审查意见均被采纳。审核各类招标（谈判）文件28个，提出或纠正不合规问题（事项）46个。重大经营管理事项合规审查率100%，针对市场化用工、保密和竞业限制、业务外包等重点领域开展专项研究并进行相关风险提示，提出可操作的法律意见。先后开展专项培训6次，培训人员130人次。

实施清单化管理，推动合规管理成为履职行权规定动作。建立采购文件评审要素"排雷清单"，设置包括投标人资格要求等45项审核指标嵌入采购流程。建立招标工作常见问题清单，复盘同类型招标项目中经常出现的26个典型问题，编制《招标工作常见问题清单》。编制合规风险识别清单，识别公司管控等32大类风险，梳理具体风险表现243个，对应业务层面风险333个。编制重点岗位合规职责清单16个，将合规要求纳入岗位职责。建立招标采购、公务出差等三类业务场景"负面"清单，要求相关人员在开展业务前签署合规履职承诺书，通过清单警示违规行为。

【监督执纪】 2023年，北京智网数科公司压实主体责任，出台《落实全面从严治党主体责任实施细则》《贯彻落实中央八项规定精神实施细则》《"三重一大"决策制度实施细则》等制度。召开专题会议，研究部署全面从严治党和党风廉政建设工作3次，组织签订廉洁从业承诺书107份。落实监督职责，通过列席党委会、总经理办公会，对北京智网数科公司"三重一大"决策事项进行监督，重点关注招标采购、选人用人是否按程序进行，党内民主集中制是否落实到位。严把干部选拔任用廉洁关，全程参与干部推选、员工招聘全过程，全年审查并回复干部提拔、评先选优等党风廉政意见12人次，切实防止党员干部"带病"上岗。督促落实"一把手"和领导班子监督职责，向北京智网数科公司党委通报领导干部落实"一把手"和领导班子监督有关要求，按照履责清单落实主体责任和"一岗双责"，运用"一对一"谈话和集体谈话等方式，实现关键岗位人员谈心谈话全员覆盖。

紧盯节日节点不松劲，在春节、五一端

午、中秋国庆等重要节点进一步严明纪律要求，组织学习违反中央八项规定精神典型案例，教育引导党员干部时刻保持警醒、干净干事创业。常态教育提醒不懈怠，聚焦重点领域强化风险防控。围绕违纪违规易发多发领域，强化"三道防线"贯通协同，着力构建"大监督"体系，有效防范化解风险。开展招投标项目专项检查，重点检查不严格执行"三重一大"决策制度搞"一言堂"、违规制定有倾向性招标文件和评分办法、虚假招标、明招暗定等违规行为。强化日常全过程监督，将采购文件评审要求细化形成"排雷清单"，结合招标采购项目同步检查招标方案28次（项），检查中标结果4次（项），提出或纠正不合规问题（事项）46项，发出风险提示函2次，就招标过程中出现的问题督促主责部门约谈招标代理机构2次。开展"四风"问题监督检查，围绕公务出差、招标采购等业务场景，把落实中央八项规定精神相关要求具体化为"负面清单"嵌入流程，在开展相关业务时常态化触发提醒；全面排查中央八项规定精神贯彻落实情况，协同财务部门重点对公务接待费、差旅费、会议费使用情况进行监督检查，北京智网数科公司全年未发生公务接待费，未发现违规套现等问题。

（柳　燕）

【人才建设】 2023年，北京智网数科公司党委深入学习贯彻习近平总书记关于国有企业干部工作的重要论述，落实新时代党的建设总要求和新时代党的组织路线，紧紧围绕国家管网集团"两大一新"战略目标，着眼干部"选育管用"，着力加强领导班子和干部队伍建设，积极探索实践市场化选人用人机制，努力打造数字化人才中心，为国家管网集团数字化转型工作高质量推进提供坚强有力的人才保障。

坚持落实新时代党的组织路线，打造过硬领导班子和干部队伍。始终坚持党管干部原则，树立正确选人用人导向。在干部选拔任用工作中，坚持把政治标准放在首位，树立重实绩、重实干、重担当的鲜明导向，严格落实政治素质考察和"凡提四必"要求，坚持政治素质、廉洁从业"双鉴定""双签字"。建立健全干部考核评价体系，推动三项制度改革落地见效。全面推行关键岗位人员任期制与契约化管理，"一人一岗"签订岗位聘任协议，明确任职期限、岗位职责、退出规定及责任追究等内容。企业关键岗位人员年度绩效考核严格考评业绩贡献，推动干部能上能下成为常态。加大优秀年轻干部培养选拔力度，引来源头活水。2023年，新提拔聘任7名干部中，"80后"年轻干部占比71%；竞聘上岗的项目经理平均年龄38岁，"80后"占比94%。

（王新奇）

【企业文化】 2023年，北京智网数科公司构建微信公众号、数字化转型之窗、WeACT平台等自有媒体矩阵，"数说智网"公众号发文59篇，"数字化转型之窗"发文312篇，向国家管网集团党组领导展示WeACT产品系列短片5部，摄制廉洁文化宣传短片2部、摄制北京智网数科公司团建短片1部、制作保密宣传条漫1项。将国家管网集团"ACT"企业核心价值观和管网铁军文化细化为数字化铁军的"十条军规"，开展企业文化应知应会线上考试、军规学习对照提升活动。坚持去行政化，打造市场化特色办公环境，同事之间以"老师""同学"相称，淡化职级职务。组织开展新员工入职培训、困难员工慰问、员工集体生日会、到红色教育基地"沉浸式学习+团建"等活动，促进队伍融合。

【群团统战】 2023年，北京智网数科公司成立统战工作领导小组，建立党委委员与党外人士"一对一"联系机制，编制《在统战成员中开展"爱企业、献良策、做贡献"主题活动实施方案》，开展"用好强军思想、统战法宝，助力高质量发展"专题研讨，召开党外人士座谈会。成立工会组建筹备组，编制组建方案，规范推进工会组建；与总部工会建立财务联系，确保职工福利政策有序衔接；成立篮球、足球、羽毛球、乒乓球等兴趣爱好小组，规范开展各项工会活动。成立北京智网数科公司团总支，开展团员和青年主题教育，深入推进青年精神素养提升工程，组织思想旗帜、坚强核心等8期专题学习，协办青年流程运营知识竞赛，承办数字化转型应用大赛决赛等活动，组建"橙盾"网络安全青年突击队，组织"青年建功沙龙"、青春分享会等特色团青活动。

（王心玉）

国家管网集团工程质量监督检验有限公司

【概况】 国家管网集团工程质量监督检验有限公司（简称工程质量监督检验公司）注册于2022年10月12日，注册地在北京市，位于国家管网集团总部园区B座3层、12层。其前身为2020年12月9日成立的国家管网集团工程质量监督总站。受国家发展改革委的委托，工程质量监督检验公司对国家管网集团投资建设的石油石化建设工程实施质量监督管理。在受委托工作范围内，保证实施工程质量监督的独立性，严格按照国家有关规定，科学、公正、廉洁、高效的开展工程质量监督工作。依照有关规定建立健全实施工程质量监督的管理办法和各项工作制度，为建设单位工程建设项目办理报监手续；对工程建设参与各方主体的质量行为及建设工程的实物质量进行监督检查；对配备的技术手段、相应机构和工作人员进行考核和监督管理，并报有关主管部门备案。定期向有关主管部门报告工程质量监督管理工作开展情况和重大问题，在每次重大建设工程竣工后，及时报送工程质量监督报告。工程质量监督检验公司本部设4个部门，分别是综合管理部、经营计划部、工程质量监督部、综合监督部；下设5个质量监督站，分别是廊坊、徐州、广州、成都、乌鲁木齐质量监督站。截至2023年底，有员工78人。

【质量监督工作布局】 2023年，工程质量监督检验公司新增注册监督项目72项，累计注册监督项目272项，实现重点建设项目全覆盖、国家管网集团下达油气储运项目清单中已新开工项目全覆盖。开展精准监督、差异化监督、区域化监督。各质量监督站资源进行合理调配、平衡，以重大项目辐射周边二、三、四类项目，以大带小、以点带面，强化示范引领作用，加强全过程工程质量监督。重点关注设计质量督查，注重设计龙头作用；对承包商人员资格、设备投入、机具报验、材料进场等环节进行重点监督检查，开展物资质量督查，注重预防控制，及时消除潜在质量隐患；强化施工过程及验收程序的监督，规范验收标准的执行，确保工程质量。紧盯关键工序，聚焦重点环节，细化监督措施，持续跟踪督查整改效果。严格落实法律法规、标准规范和DEC规范要求，对质量问题深究细查，针对焊接工艺执行、防腐施工、管道下沟等典型问题采取割口、局部停工等管控措施。各质量监督站重点聚焦焊口根焊与热焊时间间隔超标问题，对在监项目PIM系统焊口数据录入情况进行梳理排查，对于发现的风险焊口及时采取果断措施，确保不留隐患。强化典型问题的通报，在国家管网集团范围内通报187个典型问题，有效促进各单位加强建设项目工程质量管理、提升质量管理意识。

【企业管理】 2023年，工程质量监督检验公司建立三级QHSE管理体系架构，优化完善6个一级要素、26个二级要素和72个三级管控要点的管理架构、要素设置和管理要求，发布29项管理文件，QHSE管理体系全面试运行，取得HSE体系认证。签订工程质量监督合同102项，通过预算目标管理和过程控制，实现收支平衡。建立完善合规管理运行机制，成立工程质量监督检验公司法治建设领导小组和合规委员会，设置总法律顾问和首席合规官；选聘工程质量监督检验公司常年法律顾问，工程质量监督检验公司规章制度制定、重大决策、重要合同合规审查均为100%。组织开展内部管理评审，采用"部门自查＋委托专业机构集中检查"的方式，对工程质量监督检验公司正式运营第1个完整年的业务全面排查，推动完善相关制度、规范业务流程。推进质量监督管理标准化，围绕线路焊接、防腐、LNG储罐焊接和智能工地等相关专业编制10套质量监督专业技术提升和标准化监督精品课件，编制标准化监督手册，形成质量监督模板文件，进一步强化质量监督管理工作的程序化、流程化、规范化。

【人才建设】 2023年，工程质量监督检验公司建设学习型专业队伍，组建数字化、焊接、防腐、无损检测、土建、电信仪等6个专业QC小组，以中国质量协会QC小组管理部门提供技术支撑，收集"QC小组成果报告案例"835个、所属单位QC成果130个，完成7项课题立项申报，广泛开展QC课题关键技术攻关。加强专业人才培训，组织第1期质量监督工程师培训班，参加国家管网集团举办的培训班，参加PT/MT/RT/UT、注册监理工程师、压力管道检验员等取证学习，累计取得质量监督业务相关的执业注册类、特种作业类、工程管理类等专业证书109人（项），有效激发员工创新活力和潜力，质量监督队伍整体素质得到提高。发挥专家资源优势，组建工程质量监督检验公司专家库，入库专家295人；聘请6位资深专家担任QC小组外部导师，指导开展课题活动、科技攻关；通过外部专家的培训、技术指导、经验分享，有效发挥带动作用，提升质量监督行业竞争力。积极发挥专业优势创造更大价值，在日常质量监督中通过问题通报、督促整改，推动建设单位落实工程质量首要责任，积极参加国家标准、行业标准、企业标准制修订工作，参加DEC文件评审并提出有效建议。

【科技创新】 2023年，工程质量监督检验公司推广实施"互联网＋智能监督"方式。创新利用互联网＋、PIM系统开展监督，突破时空限制，丰富监督手段，充分利用PIM智能工地、视频监控、数据管理三大模块，以信息化手段对现场开展远程监督，探索形成关键工序全覆盖、历史数据可追溯的数字化监督新模式。工程质量监督管理系统的应用与实践，获得国家管网集团2023年度工程技术创新创效优秀项目二等奖。拓展质量监督数字化应用场景，组织数字化工程质量监督研讨，结合工作实际和PIM系统使用需求，搭建质量监督执法记录仪和无人机监督平台，提升数字化应用能力。参加PIM系统1期相关功能升级完善工作，组织开发机组定位程序、机组移动端软件联调测试、PIM数字化底片在线查看、焊口数据自动筛查等应用工具，进一步保障焊口管控效能。开展工程质量监督模块二期建设需求分析、平台设计与开发，做好与PIM（二期）深度融合。推进以科技创新赋能质量监督和人才培养，落实"非破坏性环焊缝力学性能检验技术研究"科研攻关任务，建立X80钢管道环焊缝力学性能与焊缝金相组织、声学参量数据库，初步形成环焊缝力学性能非破坏检验方法。2023年申报专利3项，获得专利授权4项。

【全面从严治党】 2023年，工程质量监督检验公司深入开展学习贯彻习近平新时代中国特色社会主义思想主题教育，一体推进理论学习、调查研究、推动发展、检视整改各阶段任务。构建党建"一体化"工作模式，创新开展党建工作，制定党建一体化管理方案，统筹工作资源，突破地域限制，形成1个党总支、6个党支部共同参与的"一核多元、六部共享"管理模式，逐步建立党总支统筹、各党支部资源共享，发展共促，上下贯通、横向联结、全面覆盖的"大党建"格局。制定年度党建工作要点，明确月度党建重点任务清单，开展"创新实干争先，立企强企有我"形势教育，及时成立工程质量监督检验公司工会和共青团，通过群团组织常态化开展"我为群众办实事"，开展支部"双建"和"专业联建"活动，强化专业线条党建穿透、上下联动，通过党建+业务大讲堂，推动党建工作与业务工作深度融合。成立工程质量监督检验公司党风廉政建设和反腐败工作协调小组，建立机制，印发公司党风廉政建设和反腐败工作重点任务清单，全员签订廉洁自律承诺书，组织重要节假日廉洁提醒和专项检查。召开工程质量监督检验公司全员警示教育大会，公司党总支、各党支部结合工程质量监督业务特点上廉洁党课。构建大监督体系，建立业务监督、职能监督、专责监督"三道线"，压实各部门监督责任。制发工程质量监督检验公司纪检工作方案，延伸日常监督"神经末梢"，充分发挥基层党支部"探头"作用。

（于鲁宁）

北京燕祉商务服务有限公司

【概况】 北京燕祉商务服务有限公司（简称燕祉商务服务公司）成立于2020年4月，注册地在北京市，位于国家管网集团总部园区B座7层。主要为国家管网集团总部办公区域提供后勤服务保障，负责总部办公区域的安全保卫、绿化保洁和设备运维监督；负责总部机要、会议、文印、公务用车、公务接待等服务工作；负责总部办公、行政服务物资采购管理；负责国家管网集团大型会议、重要活动医疗保障和总部员工健康体检等工作；负责办公区域员工餐饮等服务工作。燕祉商务服务公司内设4个职能部门，分别是综合管理部、计划财务部、质量安全部、物资采购部；内设3个业务服务部，分别是公务保障部、物业服务部、餐饮服务部。截至2023年底，有员工182人。

【**深入开展学习贯彻习近平新时代中国特色社会主义思想主题教育，汲取奋进新征程的智慧力量**】 2023年，燕祉商务服务公司将抓好主题教育作为年度首要政治任务，编制主题教育运行大表，细化21项重点工作安排，不断强化对主题教育的组织领导。举办为期7天的读书班，66人次发言交流学习体会，班子成员全员讲授主题教育党课累计覆盖73人次。到中国人民革命军事博物馆开展现场教学，聆听国家管网集团副总经理、党组成员杜业栋主题教育专题党课，进一步坚定理想信念、汲取奋进力量。深入开展基层调查研究，结合问题检视确定8项突出问题，制定11条整改措施、16项整改目标，确定"我为群众办实事"活动重点任务3项任务，2023年全部完成。通过扎实有效开展主题教育，进一步强化全体员工保障国家管网集团总部园区安全平稳运行就是保障国家能源安全的使命感责任感。

【**稳步推进服务质量提升，全力保障总部园区安全平稳运行**】 燕祉商务服务公司面对2023年国家管网集团总部园区重大活动较多、保障任务较重的实际，专题传达学习习近平总书记关于北京地区安全工作重要批示精神，研究制定专项工作方案，部署10项安全管理提升措施，进一步提高园区安全管理水平。按照"内紧外松"思路制定维稳信访升级管控方案，以燕祉商务服务公司全体党员为骨干组建30人的应急处置队伍，配备专用应急车辆，开展2次仿真演练，严密防控，妥善处置多起进京访事件，为园区营造和谐稳定环境。认真听取服务对象意见建议，定期分析机要、会议、餐饮、物业等服务流程优化潜力，全年高标准、规范化服务重大活动460场、会议9800场、访客10万人，保障各类就餐38.7万人次、对外供餐5800人次，迎接中央巡视、国家审计署审计等重点服务保障任务高质量完成，多次获得上级组织和相关领导肯定。

【**不断完善风险管控机制，持续提升合规经营能力**】 2023年，燕祉商务服务公司深入学习贯彻"两个一以贯之"，规范执行民主决策制度，坚持以集体的智慧把控燕祉商务服务公司经营发展。修订《"三重一大"决策制度实施细则》，及时调整重大事项决策权责清单，完成分级审批权限设置，对议题审批制度执行作出刚性规定，不断提高"三重一大"决策规范化水平。修订《采购管理办法》，结合燕祉商务服务公司采购类别多、临时采购多的特点，对销售商品、非销售商品、承包服务等采购方式、操作流程、文件模板作出详细规定，明确不同采购金额的审批权限，科学设置询价、选商等环节的职责分离，突出做好党总支对招标方案的审核把关，有效降低采购成本，切实防范采购风险。完成燕祉商务服务公司基本工资制度改革，完善员工薪酬管理制度体系，探索建立业务外包管理体系，建立合规管理员队伍，合规管理基础工作持续加强。

（王　兵）

国家石油天然气管网集团有限公司年鉴 2024
CHINA OIL&GAS PIPELINE NETWORK CORPORATION YEARBOOK 2024

大事记

2023年国家石油天然气管网集团有限公司大事记

一 月

6日　召开党组会，听取2022年度纪检监察工作汇报，审议国家管网集团政治生态分析报告。

6日　召开2023年党的建设工作会议，总结2022年党的建设工作，部署2023年重点任务。

16日　召开党组会，审议《集团公司2023年党的建设工作要点》、国家管网集团党风廉政建设和反腐败工作暨警示教育会议材料、国家管网集团党组向党中央报送的重大事项报告、国家管网集团合规管理办法，研究部署全面从严治党工作。

16日　召开党组会，专题研究部署国家管网集团2023年全面从严治党工作。

17日　召开党风廉政建设和反腐败工作会议暨警示教育大会，总结2022年党风廉政建设和反腐败工作，开展警示教育，部署2023年工作。

二 月

2日　召开董事会，审议通过《公司2023年经营计划与财务预算》《公司2022年度内部审计工作报告》等5项议案。

16日　国家管网集团与自然资源部中国地质调查局在北京签署战略合作协议。

三 月

1日　国家石油天然气基础设施重点工程——漳州LNG外输管道工程延伸段正式开工建设。

3日　国家管网集团西气东输公司南京计量研究中心技术科获"全国巾帼文明岗"称号。

8日　召开党组会，专题研究部署巡视工作。

13日　召开党组（扩大）会议，专题学习习近平总书记在全国两会期间的重要讲话和全国两会精神，研究部署贯彻落实举措。

24日　国家管网集团董事长、党组书记张伟参加油气调控体系一体化建设分控中心揭牌活动，视频见证6个分控中心现场揭牌及管道调控权交接，标志着国家管网集团"1+6+1"调控体系架构已基本形成。

27日　国家管网集团与中国联通在北京签署战略合作协议。

31日　2022—2023年天然气保供工作圆满收官。国家管网集团天然气总输量超1040亿立方米、同比增长近3%；日最高输气量超8.4亿立方米，刷新中国主干管网供气纪录；与管网相连的14座储气库高日采气峰值达1.64亿立方米；所属7座LNG接收站累计接卸超120船，LNG加工量超760万吨、气化外输量超80亿立方米。

四 月

11日　召开学习贯彻习近平新时代中国特色社会主义思想主题教育动员部署会，对国家管网集团开展主题教育进行部署安排。

18日　召开中央第十三巡视组巡视国家石油天然气管网集团有限公司党组工作动员会。

19日　国家油气基础设施重点工程——双台子储气库双向输气管道工程成功投产。

27日　召开董事会，审议《公司2022年合规管理工作报告》《2022年内部控制体系工作报告》《公司2022年度财务决算报告》《公司2022年度利润分配方案》《公司2022年度董事会工作报告》等11项议案。

五 月

15日　国家管网集团组织开展的国内首次二氧化碳管道全尺寸爆破试验，在爆炸科学与技术国家重点实验室东花园基地取得圆满成功。试验为中国掌握百万吨级二氧化碳输送管材研制、管道设计和建设技术提供了重要的数据支撑，标志着中国在碳捕集利用与封存（CCUS）技术研究领域取得重大突破性进展。

22日　召开党建工作领导小组（扩大）会议，专题研究部署党建工作。

22日　国家管网集团与中国航天科工在北京签署战略合作协议。

23日　召开党组会议，审议国家管网集团2022年度党建工作责任制考核情况报告、国家管网集团党组2023年党风廉政建设和反腐败工作要点。

六 月

21日　召开党组会，审议《国家管网集团党组巡视工作规划（2023—2027年）》。

25日　9.45兆帕全尺寸非金属管道纯氢爆破试验在位于哈密的国家管网集团管道断裂控制试验场成功实施，标志着国内首次高压力多管材氢气输送管道中间过程应用试验圆满完成，为中国今后实现大规模、低成本的远距离纯氢运输提供技术支撑。

29日　中国首条直通雄安新区的天然气主干管道——国家管网集团蒙西管道项目一期工程（天津—河北定兴）成功投产。

30日　召开基层党建质量提升推进会，全面部署加强基层党建工作、提升基层党建质量。

七 月

15日　国家管网集团获国务院国资委2022年度中央企业负责人经营业绩考核A级。

19日　召开国家管网集团年中工作会议，通报上半年战略执行情况，部署下半年重点任务。

21日　国家管网集团董事长、党组书记张伟参加国家管网集团维抢修中心揭牌活动，为国家管网集团级维抢修中心揭牌，标志着由3个国家级管道应急救援基地、7家国家管网集团级区域维抢修中心、18家企业级省域维抢修中心三级专业化抢修队伍构成的"3+7+18"维抢修体系架构基本建成。

24日　召开党组会，专题研究部署国家管网集团党风廉政建设和反腐败工作。

31 日 召开董事会，审议西南管道有限责任公司吸收合并西南油气管道有限责任公司方案，呼图壁、辽河、相国寺三座储气库合资合作项目可行性研究报告。

八 月

2 日 召开党组（扩大）会议，传达学习习近平总书记对防汛救灾工作作出的重要指示精神，审议关于全面深化"市场化、专业化、区域化、共享化"改革的建议方案。

14 日 召开党组会，听取国家管网集团和所属企业 2022 年度干部选拔任用工作"一报告两评议"有关情况汇报。

14 日 西气东输一线沁水分输压气站提升工程顺利投产运行。

21 日 召开党组会，审议山东管网北干线项目可行性研究报告等。

29 日 召开董事会，审议国家管网集团全面深化"市场化、专业化、区域化、共享化"改革总体方案、国家管网集团职工工资总额分配方案。

九 月

4 日 召开党组会，审议《国家管网集团改革深化提升行动实施方案（2023—2025 年）》《关于在改革中规范管道运营企业机构设置的意见》。

5 日 国家石油天然气基础设施重点工程——潜江—韶关输气管道广西支干线顺利投产。

2—6 日 国家管网集团再次亮相 2023 年中国国际服务贸易交易会服贸会，"国家管网"品牌、形象与实力再获广泛关注。

12 日 召开学习贯彻习近平新时代中国特色社会主义思想主题教育第一批总结暨第二批动员部署会议。

14 日 国家管网集团与重庆市人民政府签署战略合作协议。

15 日 中国"十四五"重大能源基础设施工程川气东送二线天然气管道工程正式开工。

25 日 召开党组会，专题研究部署中央巡视反馈意见整改工作。

28 日 召开党组会，研究部署中央巡视反馈意见整改工作。

十 月

12 日 召开党组会，审议《国家管网集团党组学习贯彻习近平总书记重要指示批示落实机制》，专题研究部署全面从严治党工作。

12 日 召开党组会，专题研究部署全面从严治党工作。

16 日 召开党组会，审议《党组关于中央巡视反馈意见的整改落实方案》《党组关于中央第十三巡视组对党组选人用人工作专项检查反馈意见整改工作方案》《党组关于中央第十三巡视组对党组内部巡视工作专项检查整改工作方案》，研究部署中央巡视反馈意见整改工作。

26 日 古浪—河口天然气联络管道工程投产。

30 日 国家管网集团在北京发布"智慧

眼"国产化天然气气质分析仪系列产品，实现中国精密仪器仪表研发领域又一自主创新。

30日 中国能源化学地质工会发布第九季全国能源化学地质系统100名"身边的大国工匠"推荐学习宣传对象名单，国家管网集团北方管道公司压缩机组维检修中心零件修理车间经理黄兆亮荣登榜单。

31日 召开青年精神素养提升工程总结暨团员和青年主题教育部署推进会，国家管网集团董事长、党组书记张伟讲授专题团课。

同日 召开宣传思想文化工作会议，总结国家管网集团宣传思想文化四年来工作，部署重点任务，表彰先进。

十一月

2日 召开人才工作会议，总结国家管网集团成立以来的人才工作，部署下一步重点工作任务。

3日 国内凝点最高的长输原油管道魏荆新线一次投产成功。

10日 天津LNG外输管道一次投产成功。

15日 举行国家管网集团天然气冬季保供誓师大会。

22日 国家管网集团与中国建筑集团在北京签署战略合作协议。

23日 召开党组会，审议国家管网集团布局发展战略性新兴产业工作方案、国家管网集团"十四五"规划中期评估报告等。

30日 召开党组会，通报中纪委、中组部关于《党组关于中央巡视反馈意见的整改落实方案》的审核意见，审议《党组关于中央巡视反馈意见的整改落实方案（送审稿）》，研究部署中央巡视反馈意见整改工作。

十二月

4日 召开党组会，审议《党组关于中央第十三巡视组对党组内部巡视工作专项检查整改工作方案（送审稿）》等。

13日 召开党组会议，传达学习中央经济工作会议精神。

13日 中国主干天然气管网日输气量突破9亿立方米，创历史新高。

14日 召开董事会，审议国家管网集团改革深化提升行动实施方案（2023—2025年）、国家管网集团"十四五"发展规划中期评估报告等5项议案。

16日 西气东输四线天然气管道工程吐鲁番—中卫段全线主体线路焊接完工。

18日 召开党组会，审议国家管网集团党组开展违反中央八项规定精神问题专项整治工作方案、"极端情况下的应急保供能力不足"专项整治工作方案、老旧管道和城区段管道风险隐患专项整治方案、"靠企吃企"问题专项整治工作方案等。

19日 上海市委书记陈吉宁会见国家管网集团董事长、党组书记张伟一行。上海市委副书记、市长龚正出席国家管网集团储能技术有限公司揭牌活动，与国家管网集团董事长、党组书记张伟共同为储能技术公司在沪成立揭牌。

22日 国务院国资委发布《中央企业社会责任蓝皮书（2023）》。国家管网集团入选"央企责任管理·先锋30指数"，履责案例《连续三年打赢冬季保供保卫战 确保群众安全温暖过冬》获《中央企业社会责任蓝皮书（2023）》"主业履责篇"优秀案例。

29日 召开党组会，传达学习中央政治局主题教育专题民主生活会精神、中央企业负责人会议精神，研究讨论国家管网集团2024年经营计划与财务预算、2024年工作会议材料、2023年度国家管网集团领导班子述职报告、国家管网集团党的建设工作会议材料、国家管网集团2023年意识形态工作报告等。

（蒋若冰）

国家石油天然气管网集团有限公司年鉴 2024
CHINA OIL&GAS PIPELINE NETWORK CORPORATION YEARBOOK 2024

附 录

天然气在役管道概况表

管线名称	所属单位	起止—终止地点（省、市）	投产时间（年月日）	设计输量（亿米^3/年）
西气东输一线系统				
西气东输一线（西段）干线	西部管道公司	新疆轮南站—新甘交界（K940—19.7）	2004-10-01	170
西气东输一线（西段）干线	甘肃公司	新甘交界（K940）—甘宁交界（K1924+870）	2004-10-01	170
西气东输一线（东段）干线	西北公司	甘宁交界（K1924+870）—晋豫交界（FA001—2）	2004-10-01	170
西气东输一线（东段）干线（河南段）	北方管道公司	晋豫交界（FA001—2）—豫皖交界（GX374+500）	2004-10-01	170
西气东输一线（东段）干线	西气东输公司	豫皖交界（GX375—50）—上海白鹤末站	2004-10-01	170
冀宁线苏北段干线	西气东输公司	江苏青山—苏鲁交界	2006-01-01	56.3
冀宁线冀鲁段干线	北方管道公司	安平压气站外L919—德州分输站外L795	2006-01-01	110
冀宁线冀鲁段干线	山东公司	德州分输站外L795—枣庄分输站外L400	2006-01-01	110
西气东输二线系统				
西气东输二线（西段）干线新疆段	西部管道公司	新疆霍尔果斯—新甘交界（K1341—53.5）	2009-12-15	300
西气东输二线（西段）干线甘肃段	甘肃公司	新甘交界（K1341）—甘宁交界（K2324+795）	2009-12-18	300
西气东输二线（东段）干线宁夏段	西北公司	甘宁交界（K2324+795）—宁甘交界（K2684）	2010-10-01	280/300
西气东输二线（东段）干线	甘肃公司	宁甘交界（K2684）—甘陕交界（K2831+320）	2009-12-18	280
西气东输二线（东段）干线陕西段	西北公司	甘陕交界（K2831+320）—陕豫交界（K3116+550）	2010-11-18	300
西气东输二线（东段）干线	北方管道公司	陕豫交界（K3116+550）—豫鄂交界（EX491+210）	2011-06-01	280
西气东输二线（东段）干线	华中公司	豫鄂交界（EX491+210）—鄂赣交界（九江长江盾构穿越南岸K4001+967）	2011-06-01	280
西气东输二线（东段）干线	西气东输公司	鄂赣交界（九江长江盾构穿越北岸K4001+967）—赣粤交界（K4570+61）	2011-06-01	280
西气东输二线（东段）干线	华南公司	赣粤交界（K4570+61）—广东广州	2011-06-01	280

附　录

续表

管线名称	所属单位	起止—终止地点（省、市）	投产时间（年月日）	设计输量（亿米^3/年）
西气东输三线系统				
西气东输三线（西段）干线	西部管道公司	新疆霍尔果斯—新甘交界（K1373—75）	2014-09-19	300
西气东输三线（西段）干线（甘肃段）	甘肃公司	新甘交界（K1373）—甘宁交界（K2349+533）	2014-08-06	300
西气东输三线（西段）干线	西北公司	甘宁交界（K2349+533）—宁夏中卫	2014-11-01	300
西气东输三线（中段）干线（枣阳—仙桃段）	华中公司	湖北枣阳—湖北仙桃	2023-12-01	250
西气东输三线（东段）干线	西气东输公司	江西吉安—赣闽交界（K244+607）	2017-01-09	150
西气东输三线（东段）干线	福建公司	赣闽交界（K244+607）—福建漳州—福建福州	2017-01-09	150/100
中俄东线系统				
中俄东线（黑河—长岭段）过境段	东北公司	黑龙江河道中心线—黑龙江黑河	2019-12-01	380
中俄东线（黑河—长岭段）	东北公司	黑龙江黑河—吉林长岭	2019-12-01	380
中俄东线（长岭—永清段）	东北公司	吉林长岭—辽冀交界（K1480+230）	2020-12-03	258
中俄东线（长岭—永清段）	北方管道公司	辽冀交界（K1480+230）—河北永清	2020-12-03	258
中俄东线（安平—泰安段）	北方管道公司	河北衡水—冀鲁交界（K145）	2022-09-01	189
中俄东线（安平—泰安段）	山东省公司	冀鲁交界（K145）—泰安压气站	2022-09-01	189
中俄东线（泰安—临沂段）	山东省公司	山东泰安—山东临沂	2022-12-01	189
中俄东线（连云港—泰兴段）	西气东输公司	江苏连云港—江苏泰兴	2022-12-25	189
忠武线				
忠武线干线	西南管道公司	重庆忠县站—渝鄂交界（ZW063+282）	2004-11-01	30
忠武线干线	华中公司	渝鄂交界（ZW063+282）—湖北武汉	2004-11-01	30
长宁线	西北公司	陕西靖边—宁夏银川	1998-10-01	10.75
海南天然气管网				
三东管线	华南公司	海南三亚—海南东方	1996-04-01	7
东洋海管线	华南公司	海南东方—海南洋浦—海南海口	2003-08-01	16
海文管线	华南公司	海南海口—海南文昌	2010-05-01	7.57
约亭管线	华南公司	海南文昌—海南文昌东路镇	2019-12-01	9.35
海唐支线	华南公司	海南海口站—海南海口大唐电厂	2022-08-16	8.4
文昌—琼海—三亚输气管道	华南公司	海南文昌—海南三亚	2021-07-23	14.92

续表

管线名称	所属单位	起止—终止地点（省、市）	投产时间（年月日）	设计输量（亿米³/年）
石化支线	华南公司	海南洋浦站—海南洋浦华能电厂	2022-09-28	30
川气东送系统				
川气东送干线（四川段）	西南管道公司	四川达州普光首站—渝鄂交界（HL65—514）	2009-04-01	150
川气东送干线（湖北段）	华中公司	渝鄂交界（HL65—514）—鄂皖交界（CQDS—1066+370）	2009-12-03	150
川气东送干线（安徽段）	西气东输公司	鄂皖交界（CQDS—1066+370）—皖浙交界（ZAJ001）、浙沪交界（ZJS064—09）—上海末站	2009-12-03	150
川气东送干线（浙江段）	浙江省网公司	皖浙交界（ZAJ001）—浙沪交界（ZJS064—09）	2009-12-03	150
中开线	北方管道公司	河南濮阳—河南开封	2016-12-01	30
中开线与平泰线联络线	北方管道公司	平泰线杞县站—中开线开封站	2023-10-01	30
南寺线	北方管道公司	河南濮阳南乐—河南濮阳寺庄	2015-08-01	4.6
濮阳—范县—台前输气管道	北方管道公司	河南省濮阳—河南省台前	2020-12-24	9
鄯乌线	西部管道公司	新疆鄯善—新疆乌鲁木齐	1996-09-30	6
涩宁兰管线系统				
涩宁兰一线干线	甘肃公司	青海涩北—甘肃兰州	2001-09-06	34
涩宁兰复线干线	甘肃公司	青海涩北—甘肃兰州	2010-09-28	34
兰银线				
兰银线（甘肃段）	甘肃公司	涩宁兰31#阀室—甘宁交界K190+750	2007-07-22	35.2
兰银线（西北段）	西北公司	甘宁交界K190+750—宁夏银川	2007-07-01	35
兰定线	甘肃公司	甘肃兰州—甘肃和平—甘肃定西	2017-07-19	14.63
长长吉	东北公司	吉林长岭—吉林长春—吉林石化	2010-10-16	22
秦沈线				
秦沈线（东北段）	东北公司	沈阳分输站—辽冀交界（K26+500）	2011-06-18	90
秦沈线（河北段）	北方管道公司	辽冀交界（K26+500）—河北秦皇岛	2011-06-18	90
大沈线				
干线	东北公司	辽宁大连—辽宁沈阳	2011-12-18	84
哈沈线	东北公司	辽宁沈阳—吉林长春	2015-09-21	100
营盘联络线	东北公司	辽宁营口分输清管站—辽宁盘锦双六联络站	2014-04-17	42

续表

管线名称	所属单位	起止—终止地点（省、市）	投产时间（年月日）	设计输量（亿米³/年）
泰青威线				
干线	山东省公司	山东泰安—山东青岛—山东威海	2011-04-28 2015-09-15	86
泰安压气站支线	山东省公司	山东泰安输气站—山东泰安压气站	2011-03-29	86
压缩机支线	北方管道公司	河北廊坊永唐秦 BA006 桩—河北廊坊输气站	2011-11-18	4.2
平山线	东北公司	吉林四平—吉林通化—吉林白山	2016-08-29	13.6
榆济线				
榆济线（陕西段）	西北公司	陕西榆林—晋豫交界（YJ563C+50）	2010-10-01	40
榆济线（河南段）	北方管道公司	晋豫交界（YJ563C+50）—鲁豫交界（K744+730）	2010-10-01	40
榆济线（山东段）	山东省公司	鲁豫交界（K744+730）—山东德州（宣章屯站）	2010-10-01	40
安济线（河北段）	北方管道公司	河北衡水—冀鲁交界（L123+330）	2006-05-01	30
安济线（山东段）	山东省公司	冀鲁交界（L123+330）—山东德州	2006-05-01	30
天津管道（津冀段）	北方管道公司	天津天津港—冀鲁交界（K221+623）	2016-12-01	103
天津管道（山东段）	山东省公司	冀鲁交界（K221+623）—山东邹平站	2016-12-01	103
鄂安沧管线系统				
一期主干线	北方管道公司	河北衡水—河北沧州	2018-11-01	70
一期主干线	北方管道公司	河北石家庄—河北衡水	2019-09-01	70
蒙西管道				
干线	北方管道公司	黄骅末站—静海区与霸州市交界—定兴分输站	2023-06-25	60
霸永支线	北方管道公司	霸州分输阀室—永清分输站	2023-06-29	16.2
临齐支线	北方管道公司	临港分输站—TJ4# 阀室	2018-11-15	66
临齐支线	北方管道公司	TJ4# 阀室—齐家务站	2023-06-29	66
济南—青岛输气管线二线	山东省公司	山东德州—山东青岛	2015-12-01	50
山东液化天然气（LNG）输气干线	山东省公司	山东青岛泊里站—山东平度站—山东青岛莱西站	2015-12-01	63.4
苏皖管道	西气东输公司	江苏滨海—安徽肥东	2022-12-19	173
中贵天然气管线系统				
中贵天然气干线	西北公司	宁夏中卫站—宁甘交界（K275+592）	2012-07-01	150
中贵天然气干线	甘肃公司	宁甘交界（K275+592）—甘川交界（K645+901）	2013-10-25	150

续表

管线名称	所属单位	起止—终止地点（省、市）	投产时间（年月日）	设计输量（亿米^3/年）
中贵天然气干线	西南管道公司	甘陕交界（K645+901）—贵州贵阳	2013-11-01	150
贵州管网天然气管线系统				
遵义南—和平支线	西南管道公司	贵州遵义南站—贵州遵义和平站	2014-05-09	4.98
燕楼—孟关支线	西南管道公司	贵州贵阳站—贵州孟关站	2014-09-12	4.9
清镇支线	西南管道公司	贵州中贵线71#阀室—贵州贵阳清镇站	2016-09-24	6.4
遵义—高坪支线	西南管道公司	贵州遵义站—贵州遵义高坪站	2015-12-09	1.52
中缅天然气管线（国内段）系统				
中缅天然气管线（国内段）干线	云南公司	云南瑞丽（中缅边境58#界碑）—滇黔交界（K912+772）	2013-07-01	50
中缅天然气管线（国内段）干线	西南管道公司	滇黔交界（K912+772）—黔桂交界（K1428+707）	2013-08-01	127/100
中缅天然气管线（国内段）干线	广西公司	黔桂交界（K1428+707）—广西贵港站	2013-10-20	120
广南天然气管线系统				
广南天然气管线支干线	广西公司	广西南宁—广西梧州	2013-01-01	100
广西LNG管道与广南线南宁互联互通管线	广西公司	广南线南宁站—广西LNG管道南宁站	2022-11-30	45.5
重庆天然气管线系统				100
南涪线	西南管道公司	重庆南川—重庆涪陵	2019-12-17	40
涪王线	西南管道公司	重庆涪陵—重庆石柱	2015-06-03	100
广西LNG天然气管线系统				
干线	广西公司	广西北海—广西柳州	2018-11-01	80
川东北—川西联络线	西南管道公司	四川元坝—四川普光	2014-12-12	110
广东省天然气管网一期管线				
鳌头—广州干线	华南公司	广东从化—广东广州	2011-11-21	25.45
广州—肇庆干线	华南公司	广东从化—广东肇庆	2013-05-14	56.68
广州—惠州干线	华南公司	广东广州—广东惠州	2012-06-30	47.01
肇庆永安专线	华南公司	广东肇庆—广东肇庆	2023-11-30	23
广东省天然气管网二期管线				
珠海LNG输气管道西干线	华南公司	广东珠海—广东佛山	2015-01-04	40.29
广东省网韶关—广州干线				

附 录

续表

管线名称	所属单位	起止—终止地点（省、市）	投产时间（年月日）	设计输量（亿米³/年）
鳌头—韶关主干线	华南公司	广东广州—广东韶关	2020-12-24	27
英德支干线	华南公司	广东翁源—广州英德	2020-12-24	15
粤东 LNG 配套管线	华南公司	广东揭阳	2021-03-27	52.7
粤东 LNG 配套管线	华南公司	广东潮南—广东普宁	2023-09-15	52
粤东 LNG 配套管线	华南公司	广东潮安—广东澄海	2023-10-31	52
粤东 LNG 配套管线	华南公司	广东潮阳	2023-11-12	52
揭阳—梅州干线				
揭阳—梅州干线（揭阳—浮阳段）	华南公司	广东揭阳—广东浮阳	2021-03-26	12.7
揭阳—梅州支干线（揭阳分输站—梅州末站段）	华南公司	广东揭阳—广东梅州	2022-09-30	19.40
肇庆—云浮支干线	华南公司	广东肇庆—广东云浮	2022-09-30	14.15
海丰—惠来联络线	华南公司	广东汕尾—广东汕头	2022-11-30	57.40
陕京一线				
干线	北京管道公司	陕西靖边—北京石景山（衙门口）	1997-09-01	30
陕京二线				
干线	北京管道公司	陕西靖边—北京通州	2005-07-01	170
陕京三线				
干线	北京管道公司	陕西榆林—北京西沙屯	2011-01-01	150
鄂安沧联络线	北京管道公司	河北安平清管站—河北安平压气站	2020-09-01	55
与蒙西煤制气联通线	北京管道公司	河北霸州分输站—蒙西煤制气廊坊支线 LF1# 阀室	2023-07-01	69.35
陕京四线				
干线	北京管道公司	陕西靖边—北京延庆—北京高丽营	2017-11-01	250
储气库配套管线				
永京支线	北京管道公司	河北永清—北京通州	2000-11-01	
港清线	北方管道公司	天津大港—河北永清	2000-01-31	31
港清复线	北方管道公司	天津大港—河北永清	2004-12-31	63
港清三线	北方管道公司	天津大港—河北永清	2015-11-30	90.5
京 58 管道	北京管道公司	河北永清—河北廊坊	2010-08-01	20
大港储气库管线	北京管道公司	天津大港—板中北—板中南—天津板 876 等储气库	1999-12-01	30

357

续表

管线名称	所属单位	起止—终止地点（省、市）	投产时间（年月日）	设计输量（亿米³/年）
大唐煤制气外输管道	北京管道公司	北京古北口（巴克什营）—北京密云—北京高丽营	2013-12-01	40
唐山LNG管线				
干线	北方管道公司	河北曹妃甸—河北唐山	2013-11-01	147
永唐秦管线	北方管道公司	河北永清—河北秦皇岛	2009-06-01	90
青宁线（山东段）	山东公司	山东青岛—鲁苏交界（BGY000G1）	2022-12-15	72
青宁线（江苏段）	西气东输公司	苏鲁交界（BGY000G1）—川气东送南京站	2020-12-01	72
茂名—阳江干线	华南公司	茂名—阳江—阳江干线红丰清管站	2021-12-29	40
阳江—江门干线	华南公司	阳江—粤西管道接口阀门处	2022-01-12	26.85
新疆煤制气外输管道系统				
潜江—韶关管线（湖北段）	华中公司	湖北潜江—鄂湘交界（长江中心线JL135）	2021-11-08	90
潜江—韶关管线（湖南段）	湖南公司	鄂湘交界（长江中心线JL135）—湘粤交界（YZ071）	2020-10-28	60
潜江—韶关管线（广东段）	华南公司	湘粤交界（YZ071）—广东韶关	2021-11-08	90
广西支干线（湖南段）	湖南公司	湖南衡阳—湘桂交界（QZ003桩）	2023-08-15	25
广西支干线（广西段）	广西公司	湘桂交界（QZ003桩）—广西桂林	2023-08-14	76.6
潜江—韶关输气管道与川气东送联络线	华中公司	湖北潜江—湖北潜江	2020-10-01	
潜江—韶关输气管道长江穿越临时管道	华中公司	鄂湘交界（江边盾构竖井）—湖南岳阳（YU001）	2020-10-28	
潜江—韶关输气管道长江穿越临时管道	湖南公司	湖南岳阳（YU001）—7#阀室	2020-10-28	
石潭村联络线	湖南公司	长沙市长沙县（石潭村阀室—石潭村清管站）	2021-09-19	70
新气管道与西二线韶关联通管道	华南公司	广东韶关浈江—广东韶关始兴	2021-11-08	70
杭湖线				
干线	浙江省网公司	湖州长兴—杭州杭州	2004-12-01	19.2
LNG配套管线	浙江省网公司	宁波中宅—宁波春晓	2012-11-01	84
杭嘉线				
干线	浙江省网公司	嘉兴秀洲—杭州下沙	2010-01-01	18.5
杭甬线				

续表

管线名称	所属单位	起止一终止地点（省、市）	投产时间（年月日）	设计输量（亿米³/年）
干线	浙江省网公司	中海油春晓油气处理厂—杭州杭州	2006-10-01	35.08
金丽温管道	浙江省网公司	金华金东—温州永嘉	2018-01-01	45.47
西二线配套支线				
镇海热电支线	浙江省网公司	宁波澥浦—镇海热电分输末站	2014-04-01	15.5
大唐江滨支线	浙江省网公司	宁波大吉庵—大唐江滨电厂	2014-01-01	3.96
浙江"县县通"				
西二气配套管线萧山联络站段	浙江省网公司	西二线萧山分输站—杭州萧山	2012-08-01	25
萧义线	浙江省网公司	杭州临浦—金华义乌	2022-06-01	21.79
甬台温管线				
干线一	浙江省网公司	宁波春晓—温州永嘉	2018-06-01	59.5
干线二	浙江省网公司	温州乐清—温州瑞安	2017-06-01	16.18
浙沪联络线（一期）	浙江省网公司	嘉兴屠甸—嘉兴海盐	2018-11-01	30.55
浙沪联络线（二期）	浙江省网公司	嘉兴海盐—上海金山	2023-12-23	25.06
天津 LNG 外输管线	北方管道公司	天津港南疆首站—临港分输站	2013-12-01	25.9
天津 LNG 外输管线二期	北方管道公司	天津港南疆首站—临港分输站	2023-11-14	217.1
深圳 LNG 与深圳燃气联络线	华南公司	广东深圳—广东深圳	2018-08-01	48
深圳 LNG 与广东大鹏 LNG 联络线	华南公司	广东深圳—广东深圳	2018-11-01	58
深圳 LNG 与西二线连通线	华南公司	深圳市大鹏新区—深圳市大鹏新区	2020-10-29	109
BOG 外输管线	液化天然气接收站公司	广西防城港—港口区	2019-11-05	2.9
深圳 LNG 外输管线	华南公司	广东东莞—广东深圳	2020-05-01	168
海南 LNG 配套管线	华南公司	海南儋州洋浦—海南澄迈	2016-08-08	38.3
海南 LNG 项目 BOG 管线接收站至金海浆纸输送管线	华南公司	海南儋州洋浦—海南儋州洋浦	2016-08-08	1.75
惠州—河源支干线（西三线河源分输清管站—河源末站段）	华南公司	广东河源	2022-05-01	5
中卫二站联络线	西北公司	宁夏中卫—宁夏中卫	2023-08-17	
双台子管道	东北公司	盘锦联络站—双台子集注站	2023-04-06	248.565
海西天然气管网二期德化支线	福建公司	福建泉州南安—福建泉州—德化	2022-12-01	10.7
古河线	甘肃公司	甘肃古浪—甘肃河口	2323-10-08	50.8

原油在役管道概况表

管线名称	所属单位	起止—终止地点（省、市）	投产时间（年月日）	设计输量（亿吨/年）
乌鄯兰管线系统	西部管道公司	新疆乌鲁木齐—新甘交界—甘肃兰州	2007-06-01	2000
库鄯线	西部管道公司	新疆库尔勒—新疆鄯善	1997-07-01	500
阿独乌线	西部管道公司	新疆阿拉山口—新疆独山子—新疆乌鲁木齐	2006-07-25	2000/1000
庆铁三线	东北公司	黑龙江大庆—辽宁铁岭	2012-08-24	2700
庆铁四线	东北公司	黑龙江大庆—辽宁铁岭	2013-11-02	1500
铁大线				
铁大复线	东北公司	辽宁铁岭—辽宁大连小松岚	2014-08-18	1500
新大线	东北公司	辽宁大连新港—辽宁大连小松岚—辽宁大连石油七厂	2009-05-16	1600
新大复线	东北公司	辽宁大连新港—辽宁大连小松岚	2009-06-13	450
惠宁线	西北公司	宁夏惠安堡—宁夏中宁石空镇	1979-07-01	480
长吉线	东北公司	吉林长春—吉林吉林	2005-08-01	600
石兰线	西北公司	宁夏中宁石空站—甘宁交界（K128+180）	2010-10-16	500
石兰线	甘肃公司	甘宁交界（K128+180）—甘肃兰州	2010-10-16	500
惠银线	西北公司	宁夏惠安堡—宁夏银川	2014-10-09	500
中俄原油管道	东北公司	中俄边境—黑龙江漠河	2011-01-01	1500
漠大一线	东北公司	黑龙江漠河—黑龙江大庆	2011-01-01	1500
中俄原油二线	东北公司	黑龙江漠河—黑龙江大庆	2018-01-01	1500
长呼线	西北公司	陕西省榆林市砖井镇定边县—内蒙古呼和浩特市赛罕区金桥开发区	2012-10-25	500
日东线	山东省公司	山东日照—山东东明	2013-01-22	800
铁锦线	东北公司	辽宁铁岭—辽宁锦州—辽宁葫芦岛	2015-09-11	1000
津华线	北方管道公司	天津—河北任丘	2015-09-06	700
铁抚线	东北公司	辽宁铁岭左家沟—辽宁抚顺康乐村	2015-10-11	1150
铁抚支线（抚东线）	东北公司	辽宁抚顺—辽宁东洲计量站	2012-06-18	1002
兰成线	甘肃公司	甘肃兰州—甘川交界（K534）	2013-12-01	1000
兰成线	西南管道公司	甘陕交界（K534+215）—四川成都	2013-12-01	1000
中缅线	云南公司	云南瑞丽—云南昆明	2017-06-01	1300
甬沪宁线	东部原油储运公司	浙江宁波大榭岛—江苏扬子石化		2000
甬沪宁复线	东部原油储运公司	浙江宁波岚山—嘉兴白沙湾	2005-05-01	2300
岙册线	东部原油储运公司	浙江舟山岙山—浙江舟山册子岛	2008-02-01	1500

续表

管线名称	所属单位	起止—终止地点（省、市）	投产时间（年月日）	设计输量（亿吨/年）
册岚线	东部原油储运公司	浙江舟山册子岛—浙江宁波岚山	2006-02-01	2700
仪金线	东部原油储运公司	江苏仪征—江苏南京石埠桥	2002-06-01	400
仪扬线	东部原油储运公司	江苏仪征—江苏扬子石化	2014-12-01	1500
仪长线				
仪征—怀宁段	东部原油储运公司	江苏仪征—安徽怀宁	2005-12-01	2700
怀宁—安庆支线	东部原油储运公司	安徽怀宁—安徽安庆石化	2005-12-01	400
怀宁—黄梅段	东部原油储运公司	安徽怀宁—鄂皖交界（K441+300）	2005-12-01	2300
怀宁—黄梅段	华中公司	鄂皖交界（K441+300）—湖北黄梅	2005-12-01	2300
黄梅—九江支线	华中公司	湖北黄梅—江西九江石化	2005-12-01	500
黄梅—大冶段	华中公司	湖北黄梅—湖北大冶	2005-12-01	1900
大冶—武汉支线	华中公司	湖北大冶—湖北武汉石化	2005-12-01	1000
大冶—赤壁段	华中公司	湖北大冶—湖北赤壁	2005-12-01	1200
赤壁—长岭支线	华中公司	湖北赤壁—湖南长岭炼化	2005-12-01	800
赤壁—洪湖支线	华中公司	湖北赤壁—湖北洪湖	2005-12-01	400
江北阀室—仪征（联络线）	东部原油储运公司	江苏石扬线江北阀室—江苏仪征	2005-12-01	
仪长复线				
仪征—怀宁段（复线）	东部原油储运公司	江苏仪征—安徽怀宁	2017-03-01	2000
怀宁—安庆支线（复线）	东部原油储运公司	安徽怀宁—安徽安庆石化	2017-03-01	1000
怀宁—黄梅段（复线）	东部原油储运公司	安徽怀宁—鄂皖交界（K441+700）	2017-03-01	2000
怀宁—黄梅段（复线）	华中公司	鄂皖交界（K441+700）—湖北黄梅	2017-03-01	2000
黄梅—九江支线（复线）	华中公司	湖北黄梅—江西九江石化	2017-03-01	1000
东临复线	山东公司	山东东营—山东临邑	1998-09-01	1700
临济线	山东公司	山东临邑—山东济南	2006-06-01	350
临济复线	山东公司	山东临邑—山东济南	2018-09-01	330
鲁宁线（山东段）	山东公司	山东临邑—鲁苏交界（CSZ373#）	1978-07-01	2000
鲁宁线（江苏段）	东部原油储运公司	鲁苏交界（CSZ373#）—江苏仪征	1978-07-01	2000
鲁宁线（整治工程）	东部原油储运公司	江苏泗洪—江苏盱眙	2023-07-01	2000
沧河线	北方管道公司	河北沧州—河北河间	1999-12-01	800
河石线	北方管道公司	河北河间—河北石家庄	2009-07-01	800
津沧线	北方管道公司	天津大港—河北沧州	2009-12-01	900
洪荆线	华中公司	湖北洪湖—湖北荆门	1995-06-01	350

续表

管线名称	所属单位	起止 — 终止地点（省、市）	投产时间（年月日）	设计输量（亿吨/年）
钟荆线	华中公司	湖北钟市—湖北荆门	2005-05-01	70
魏荆新线	华中公司	河南魏岗—湖北荆门	2023-10-01	350
塘燕复线	北方管道公司	天津塘沽—天津大港—北京燕山	2007-06-01	2000
曹津线	北方管道公司	河北曹妃甸—天津大港	2008-10-01	2000
日仪线（山东段）	山东公司	山东日照—鲁苏交界（K14）	2011-10-01	4000
日仪线（江苏段）	东部原油储运公司	鲁苏交界（K14）—江苏仪征	2011-10-01	4000
黄炼线	山东省公司	山东黄岛—山东黄岛管廊下架连接点	2016-08-01	1150
湛北线（广东段）	华南公司	广东湛江—广东廉江—粤桂交界（K123—120）	2011-10-21	1000
湛北线（广西段）	广西公司	粤桂分界（K123—120）—广西北海	2011-10-21	1000
日濮洛线（山东段）	山东公司	山东日照—鲁豫交界（K457）	2021-11-18	1000
日濮洛线（河南段）	北方管道公司	鲁豫交界（K457）—山东菏泽	2021-11-18	1000
董东线	山东省公司	山东董家口—山东东营	2022-08-24	1500

成品油在役管道概况表

管线名称	所属单位	起止 — 终止地点（省、市）	投产时间（年月日）	设计输量（万吨/年）
乌兰管线系统				
乌兰成品油管线干线	西部管道公司	新疆乌鲁木齐—新甘交界（K744—33.5）	2006-08-15	1000
乌兰成品油管线干线	甘肃公司	新甘交界（K744）—甘肃兰州	2006-08-15	1000
北疆成品油管网				
克乌复线	西部管道公司	新疆克拉玛依—新疆乌鲁木齐	2009-12-01	400
克乌线	西部管道公司	新疆克拉玛依—新疆乌鲁木齐	1996-11-21	180
独乌线	西部管道公司	新疆独山子—新疆乌鲁木齐	2004-11-19	290
独—703线	西部管道公司	独山子石化—克乌线703站	1998-10-22	90
港枣线				
干线（天津、河北段）	北方管道公司	天津大港—冀鲁交界（K238）	2007-06-01	26
干线（山东段）	山东省公司	冀鲁交界（K238）—山东枣庄	2007-06-01	300
兰郑长线				
兰郑长干线（甘肃段）	甘肃公司	甘肃兰州—陕西省宝鸡市陇县固关镇老爷岭	2009-06-01	1000

续表

管线名称	所属单位	起止—终止地点（省、市）	投产时间（年月日）	设计输量（万吨/年）
兰郑长干线（陕西段）	西北公司	陕西省宝鸡市陇县固关镇老爷岭—陕豫交界（K801）	2009-04-17	1000/1500
兰郑长干线（河南段）	北方管道公司	陕豫交界（K801+500）—豫鄂交界（K1572+500）	2009-04-17	1000-1500
兰郑长干线（湖北段）	华中公司	豫鄂交界（K1572—91）—鄂湘交界（CS1976—50、CS1985+300、CS1986+400、CS1987+950、CS1991+900）	2009-10-24	1000
兰郑长干线（湖南段）	湖南公司	鄂湘交界—湖南长沙（508）	2013-10-10	500
吉长线	东北公司	吉林吉化炼厂—长春油库	2014-06-18	245
呼包鄂线	西北公司	内蒙古呼和浩特—内蒙古鄂尔多斯	2014-06-22	300
抚锦线	东北公司	辽宁辽阳—辽宁锦州	2018-09-28	750
兰成渝管线系统				
兰成渝干线	甘肃公司	甘肃兰州—甘川交界（K514+071）	2002-09-01	700
兰成渝干线	西南管道公司	甘陕交界（K514+071）—重庆伏牛溪	2002-09-01	700
云南成品油管网				
安宁—保山干线	云南公司	云南安宁（K000+005）—云南楚雄—云南大理—云南保山（K395+716）	2017-09-01	173
安宁—曲靖干线	云南公司	云南安宁（K000+005）—云南曲靖（K232+984）	2017-12-01	323
安宁—蒙自干线	云南公司	云南安宁（K000+000）—云南玉溪—云南蒙（K264+310）	2017-09-01	225/115
钦南柳线	广西公司	广西钦州—广西南宁—广西柳州	2018-08-21	500/300
西南成品油管线				
广东茂名—云南昆明（北线）				850
茂名—长坡干线（广西段）	广西公司	粤桂交界（MY079+300）—黔桂交界（ND060）	2005-04-01 2005-12-01	1000
茂名—长坡干线（云南段）	云南公司	黔滇交界（PQ030+500）—云南长坡	2005-12-01	1000
广东湛江—云南大理（南线）				
东海岛—北海干线（广东段）	华南公司	广东东海岛—粤桂交界（LB073—01）	2019-12-01	800
东海岛—北海干线（广西段）	广西公司	粤桂交界（LB073—01）—广西北海	2019-12-01	800
百色—昆明干线（广西段）	广西公司	廉江（LB073—01）—北海—百色段（广西段）（BF109—12）	2012-03-01 2016-06-01 2019-12-01	800
西南成品油管道南线（云南段）	云南公司	云南文山—云南玉溪—云南长坡	2016-06-01	800

续表

管线名称	所属单位	起止—终止地点（省、市）	投产时间（年月日）	设计输量（万吨/年）
昆明—大理干线	云南公司	云南长坡（CC000）—云南楚雄—云南大理（CD157）	2009-08-01	290
珠三角成品油管线				1000
湛江/南沙—江门—南海/花都干线	华南公司	广东湛江—广东江门—广东南沙（406/323）—广东江门—广东高明—广东三水—广东南海/花都（273/219）	2006-12-01	
南沙—中山—珠海/斗门干线	华南公司	广东南沙—广东中山—广东珠海/斗门	2006-12-01	
黄埔—南沙干线	华南公司	广东黄埔—广东南沙	2006-12-01	
黄埔/大鹏湾/惠州—东莞—妈湾干线	华南公司	广东黄埔/大鹏湾/惠州—广东坪山—广东妈湾	2006-12-01	
曲溪—梅州干线	华南公司	广东曲溪—广东梅州	2014-12-01	
武汉—信阳成品油管线	华中公司	湖北武汉—河南信阳	2013-08-01	225
荆门—襄阳成品油管线	华中公司	湖北荆门—湖北襄阳	2019-06-01	350
长岭—郴州成品油管线	湖南公司	湖南岳阳—湖南长沙—湖南湘潭—湖南郴州	2008-06-01	600
九江—赣州成品油管线	东部原油储运公司	江西九江—江西南昌—江西赣州	2016-06-01	330
上饶—樟树成品油管线	东部原油储运公司	浙赣交界—江西樟树	2016-06-01	450
上饶—上樟成品油管道（整治工程）	东部原油储运公司	抚州市东临新区乌斗溪村—七里岗乡水溪村	2023-08-01	450
安庆—亳州成品油管线	东部原油储运公司	安徽安庆—安徽合肥—安徽淮南—安徽阜阳	2016-07-01	410
荆门—荆州成品油管线	华中公司	湖北荆门—湖北荆州	2003-07-01	150
浙苏成品油管线	东部原油储运公司	浙江嘉兴—江苏湖州—浙江嘉兴—江苏苏州	2007-05-01	510
苏南成品油管线	东部原油储运公司	江苏南京—江苏苏州	2010-12-01	580
苏北成品油管线	东部原油储运公司	江苏南京—江苏泰州—江苏南京—江苏新沂	2015-01-01	545
福建成品油管线	福建公司	福建泉州—福建福州—福建泉州—福建厦门	2010-03-01	600
浙赣成品油管线				
浙赣成品油管线一期	东部原油储运公司	浙江宁波—浙江金华—浙江衢州	2013-04-01	580
浙赣成品油管线二期	东部原油储运公司	浙江衢州—浙赣交界	2016-11-01	450
甬台温成品油管线	东部原油储运公司	浙江宁波—浙江宁海—浙江温州	2018-03-01	460
绍杭成品油管线	东部原油储运公司	浙江绍兴—浙江杭州	2016-08-01	500

续表

管线名称	所属单位	起止—终止地点（省、市）	投产时间（年月日）	设计输量（万吨/年）
鲁皖成品油管道（鲁皖一期）				
干线（山东段）	山东省公司	山东淄博—山东曲阜—山东枣庄—鲁皖交界（K463+88）	2005-12-30	655
干线（安徽段）	东部原油储运公司	鲁皖交界（K463+70）—安徽宿州	2005-12-30	655
济南—邯郸成品油管道（山东段）	山东省公司	山东济南—鲁豫交界（K589+96）	2009-05-17	590
济南—邯郸成品油管道（河南段）	北方管道公司	鲁豫交界（K589+96）河南汤阴	2009-05-17	470
青岛大炼油配套成品油管道	山东省公司	山东青岛—山东济南	2008-05-12	400
石家庄—太原成品油管道（河北段）	北方管道公司	河北石家庄—冀晋交界（K110+100）	2007-11-26	340
石家庄—太原成品油管道（山西段）	西北公司	冀晋交界（K110+300）—山西太原	2007-11-26	340
石家庄—邯郸成品油管道	北方管道公司	河南邯郸与汤阴分界—河北石家庄	2009-05-17	200
郑州—汤阴成品油管道	北方管道公司	河南汤阴—河南郑州	2010-01-15	210
洛阳—郑州—驻马店成品油管道	北方管道公司	河南洛阳—河南驻马店	2007-09-03	50
驻马店—信阳成品油管道	北方管道公司	河南驻马店—河南信阳	2013-08-16	75
南武管道	北方管道公司	天津南疆—天津武清	2018-11-09	155

LNG 接收站概况表

项目名称	序号	详细地址（省、市）	投产时间（年月日）	能力（万吨/年）
北海 LNG 接收站	1	广西壮族自治区北海市	2016-04-19	600
天津 LNG 接收站	2	天津市塘沽区	2014-11-14	600
深圳 LNG 接收站	3	广东省深圳市	2018-11-30	400
防城港 LNG 接收站	4	广西壮族自治区防城港市	2019-04-01	60
粤东 LNG 接收站	5	广东省揭阳市	2018-01-01	200
海南 LNG 接收站	6	海南省洋浦县	2016-01-01	300
大连 LNG 接收站	7	辽宁省大连市	2011-11-16	600

注：2020 年 12 月 22 日，国家管网集团与昆仑能源有限公司签署关于中国石油大连液化天然气有限公司的股权转让协议。2021 年 3 月 31 日，国家管网集团全面接管大连 LNG 接收站。

主要记事机构（单位）称谓对照表

全　　称	简　　称
国家石油天然气管网集团有限公司	国家管网公司（2019年12月9日前） 国家管网集团（2019年12月9日后）
国家石油天然气管网集团有限公司油气调控中心	油气调控中心
国家管网集团北方管道有限责任公司	北方管道公司
国家管网集团东部原油储运有限公司	东部原油储运公司
国家石油天然气管网集团有限公司西气东输分公司	西气东输公司
国家管网集团西部管道有限责任公司	西部管道公司
国家管网集团北京管道有限公司	北京管道公司
国家管网集团西南管道有限责任公司	西南管道公司
国家石油天然气管网集团有限公司山东省分公司	山东省公司
国家石油天然气管网集团有限公司液化天然气接收站管理分公司	液化天然气接收站管理公司
国家石油天然气管网集团有限公司华南分公司	华南公司
国家石油天然气管网集团有限公司华中分公司	华中公司
国家石油天然气管网集团有限公司华东分公司	华东公司
国家石油天然气管网集团有限公司华北分公司	华北公司
国家石油天然气管网集团有限公司建设项目管理分公司	建设项目管理公司
国家管网集团广东省管网有限公司	广东省管网公司
国家管网集团浙江省天然气管网有限公司	浙江省网公司
国家石油天然气管网集团科学技术研究总院分公司	研究总院
国家管网集团工程技术创新有限公司	工程技术创新公司
国家石油天然气管网集团有限公司共享运营分公司	共享运营公司
北京智网数科技术有限公司	北京智网数科公司
国家管网集团工程质量监督检验有限公司	工程质量监督检验公司
北京燕祉商务服务有限公司	燕祉商务服务公司
中国石油天然气集团有限公司	中国石油
中国石油化工集团有限公司	中国石化
中国海洋石油集团有限公司	中国海油

国家石油天然气管网集团有限公司年鉴 2024
CHINA OIL&GAS PIPELINE NETWORK CORPORATION YEARBOOK 2024

索 引

索 引

使用说明

一、本索引采用内容分析索引法编制。除大事记外，年鉴中有实质检索意义的内容均予以标引，以便检索使用。

二、索引基本上按汉语拼音音序排列，具体排列方法如下：以数字开头的，排在最前面；以英文字母打头的，列于其次；汉字标目则按首字的音序、音调依次排列，首字相同时，则以第二个字排序，并依此类推。

三、索引标目后的数字，表示检索内容所在的年鉴正文页码；数字后面的英文字母a、b，表示年鉴正文中的栏别，合在一起即指该页码及左右两个版面区域。年鉴中用表格、图片反映的内容，则在索引标目后面用括号注明（表）、（图）字，以区别于文字标目。

四、为反映索引款目间的隶属关系，对于二级标目，采取在上一级标目下缩二格的形式编排，之下再按汉语拼音音序、音调排列。

0—9

1.0 战略规划到执行流程的开发与试运行　158b
2023 年工作情况　2b
5.0 安全环保流程建设　140b
9.0 管理人力资源流程建设　168a

A–Z

DEC 文件工作成果　127a
LNG 接收业务　85b
LNG 接收站概况表　365
LNG 接收站工艺运行优化　108b
LNG 接收站重点项目投产　109a
LNG 接收站自主运维　108b
LNG 专业管理　108a
PCS 研发应用　96a
QHSE 管控平台建设　140b
QHSE 管理体系量化审核工作　140a
QHSE 体系建设　139b
QHSE 责任"三个一"建设　139b

A

安保防恐　100b
安全队伍建设　136a
安全风险防范　106b
安全风险分级管控和隐患排查治理双重预防机制
　　建设　134b
安全管理　134a
安全环保　133
安全环保、职业健康管理制度、规范和标准建立
　　健全　139b
安全环保监督管理　139a
安全环保数字化流程运营　140b
安全生产责任落实　134a
安全专项整治　135a

B

保密队伍建设　177a
保密工作　174a
保密管理制度建设　175b
保密检查监管　176a

索　引

保密科技支撑体系建设　176a
保密委员会建设　174b
保密宣教和培训　176b
保密要害部门部位管理　175b
北方管道公司　211
　　安全环保　214a
　　工程建设　213a
　　管道管理　213b
　　监督执纪　216a
　　奖励与荣誉　217b
　　科技创新　214b
　　企业党建工作　215b
　　企业管理　215a
　　企业宣传文化与群团工作　216b
　　人才建设　217a
　　生产运行　212a
　　市场开发　212b
　　应急抢修　214a
　　主要经营（运营）指标（表）　212a
北京管道公司　235
　　安全生产　236a
　　党建引领　237b
　　改革发展　236b
　　科技创新　236b
　　人才培育　237a
　　市场开拓　236a
　　主要运营指标（表）　235b
北京智网数科公司　333
　　党的建设　334a
　　合规管理　339a
　　监督执纪　339b
　　经营计划　338b
　　科技创新　335a
　　企业文化　340b
　　群团统战　341a
　　人才建设　340a
　　市场化运营　334b
　　数据管理　337a
　　数字平台　336b
　　网络安全　338a
　　项目管理　334a
　　制程运营　335b
　　智慧管网　336a
　　主要经营（运营）指标（表）　333b
标准化建设工作　108a
标准体系建设　144b
布局发展战略性新兴产业工作方案编制　156b

C

财经蓝军　161b
财经流程　161a
财务资产管理　158b
采购管理对标评估　130a
产业链供应链服务保障　171b
场景应用　147b
成本监审　159a
成品油管道互联互通　85a
成品油管输国家定价推动　85a
成品油在役管道概况表　362
承包商安全监督　139a
承包商及高风险作业管理　139a
持续提升全员HSE素质技能　140a
储罐定期检测和维护维修管理　106a
储气库合同谈判　86b
储气库完整性管理　107a
储气库业务　86a
储气库专业管理　106b
楚州、平顶山储气库工程　122b
川气东送二线天然气管道工程川渝鄂段　121b
川气东送二线天然气管道工程鄂豫赣皖浙闽段　116b
创新产品打造　85b

D

达容达产　107b
大党建体系建设　181b
大事记　345

369

大宣传格局构建 187b
党风廉政建设 184b
党建工作 180a
党建工作责任制考核 182b
党建和企业文化建设 179
党建数字化平台建设 184b
党建思想政治工作研究 184b
党建与业务深度融合 181b
党员教育培训管理 183b
党组理论学习中心组学习 181a
党组作用发挥 151a
档案管理 177a
档案治理体系建设 177b
低碳能力建设 138a
第三方合作 85b
"第一议题"制度规范落实 180b
电气管理 105b
定密管理 174b
东部原油储运公司 217
  安全环保 219b
  队伍建设 220b
  工程建设 218b
  管道管理 218b
  科技创新 219b
  企业党建工作 220b
  企业管理 220b
  企业文化 221a
  生产运行 218a
  市场开发 220a
  数据中心运维 220a
  "四化"改革 220b
  应急抢修 219a
  制程管理 220a
  主要经营（运营）指标（表） 218a
冬季保供 91b
冬季保供工作 82b
"冬季强盾"专项行动 100b
董事会作用发挥 152b
队伍建设 197a

对标世界一流企业价值创造 172b
对外工作集中统一领导 170b
对外开放及自我革新 173a

F

法律 168b
法律风险防范 169a
法治管网建设 168b
分配制度改革 167a
服务产品创新 84a
腐蚀与防护 101b
附录 351

G

干部监督管理 162b
钢管、钢板、橇装设备、可行性研究编制等框架招标 124b
高后果区风险管控 102a
各类监督贯通协同 193a
各所属单位具备投产条件完成情况（表） 113
各所属单位实际完成焊接量（表） 113
工程技术创新公司 328
  党建工作 330a
  科技创新 329b
  领导班子调整 328b
  品牌创建及荣誉 330b
  企业管理 329b
  人才建设 330a
  主要经营（运营）指标（表） 328b
  主营业务 329a
  组织机构优化 329a
工程建设 111
工程建设领域培训 129b
工程建设专业管理 125a
工程领域数字化转型 132a
工程设计"百日亮剑"行动 127a
工程项目信息化建设 131b
工程质量安全管理 130b

工程质量监督检验公司 341
  科技创新 342b
  企业管理 342a
  全面从严治党 343a
  人才建设 342b
  质量监督工作布局 341b
工会工作 189b
工会系统先进个人 201
工会系统先进集体 200
工控系统网络安全管理 97a
工作报告 15b
公司治理 150a
供应商承包商管理 130a
供应商管理 124a
共青团工作 189b
共青团系统先进个人 202
共青团系统先进集体 201
共享运营公司 331
  财经数字化工作 331b
  党建工作 332b
  公司治理 332a
  会计核算标准化 331a
  客户服务 332b
  人才建设 332a
  荣誉 333b
  主要经营指标（表） 331a
古浪—河口联络管道工程 120a
股东会、董事会决议 154b
股东会作用发挥 150b
股权管理 160a
关键核心技术攻关 143a
关键瓶颈技术攻关 102b
管道保护 100b
管道保护工技能竞赛 101b
管道防汛 101a
管道焊接 112b
管道环焊缝排查 104a
管道检验检测 104b
管道建成具备投产条件情况 113a

管网冲峰能力不断提升 83b
管网数字化 146a
"光华杯"千兆光网应用创新全国大赛获奖 97a
广东省管网公司 281
  安全环保 286a
  工程管理 284b
  企业管理 290b
  审计 296a
  生产运行 283a
  市场开发 282a
  违规经营投资责任追究 297a
  主要经营（运营）指标（表） 281b
广西 LNG 接收站二期 122a
广西 LNG 外输管道桂林支线工程 120b
归集保管利用 178a
规划研究 177b
国际保税转运业务拓展 86a
国家管网集团"十四五"规划中期评估 156a
国家管网集团党校建设 185a
国家管网集团油气管网单位管输能耗统计（表） 100a
国家管网集团油气管网耗电统计（表） 99b
国家管网集团油气管网耗天然气统计（表） 99b
国家管网集团油气管网耗原油统计（表） 99b
国家管网集团油气管网耗蒸汽统计（表） 100a
国家管网集团油气管网总生产能耗统计（表） 99a
国家级科技项目申报 142b
国家石油天然气管网集团有限公司董监事 5
国家石油天然气管网集团有限公司领导 5
国家石油天然气管网集团有限公司所属单位主要
 领导 7
国家石油天然气管网集团有限公司总部部门主要
 领导 6
国家石油天然气管网集团有限公司总经理助理 6
国企改革 158a

H

行业平台 147b
合规管理 169b

合规内控风险　169b
合同管理　169a
合资合作　157b
河南平顶山盐穴储气库　118b
虎林—长春天然气管道工程　117a
华北公司　271
  安全环保　274a
  党风廉政建设　276a
  客户服务　273b
  领导班子调整　272b
  企业党建　275b
  企业管理　274b
  企业文化　275a
  人才建设　275a
  商务运营　272b
  市场开拓　273a
  制程管理与流程运营　274b
  主要经营（运营）指标（表）　272b
华东公司　265
  党建工作　269a
  高效运营　267b
  攻坚发展　267a
  人才建设　270a
  荣誉　271a
  生产运行　266a
  市场化改革　266b
  提质增效　268a
  宣传工作　269b
  巡视监督　270b
  依法合规　268b
  主要经营（运营）指标（表）　266b
华南公司　253
  安全生产　255a
  党风廉政建设和反腐败工作　259a
  党建工作　254b
  工程建设　257a
  管道管理　256a
  "夯实基础管理年"活动　258a
  合规管理　258b
  科技创新和数字化　257b
  区域化改革　259b
  "去中心化"作业区改革　258a
  生产运行　255b
  市场开发　256b
  铁军队伍建设　258b
  主题教育　254a
  主要经营（运营）指标（表）　254a
华中公司　259
  安全环保　261a
  工程建设　262b
  管道管理　261b
  科技创新　263a
  领导班子建设　265a
  流程运营　263b
  企业党建工作　264a
  企业管理　263a
  企业文化　264b
  人才建设　265a
  审计监督　265b
  生产运行　260b
  市场拓展　261a
  "四化"改革　263b
  应急管理　262a
  主要经营（运营）指标（表）　260a
淮安储气库　118a
环保基础建设　137a
环保历史遗留问题整改　137b
环境风险防范　137a

J

基本情况　2a
基层党组织组织力提升　183a
"基层三化"行动　182a
基础研发平台建设　144a
集约化采购　128b
集中调控功能建设　96a
计量管理　97b

索　引

纪检监察干部队伍建设　193b
技术底座　148a
技术管理革新　127b
技术图谱研究　142a
价税管理　159b
架构管理　146b
监督工作　191
监督执纪工作　192a
建成投产的重点项目　119a
建管融合管理　103b
建设期完整性管理　103a
建设项目档案管理　178a
建设项目管理公司　276
　　安全环保　278a
　　党建工作　280a
　　工程建设　276b
　　科技管理　279a
　　企业改革　279b
　　企业管理　277a
　　企业文化　281a
　　人才建设　278b
　　物资管理　278a
　　主要经营（运营）指标（表）　276b
节能管理　98b
金坛储气库工程　120b
金坛储气库库容市场交易　86b
锦州—郑州成品油管道　117b
经济责任审计　161b
精细化一体化运行管控　107a
纠纷案件管理　169a

K

开放服务及交易平台建设项目　87b
开展绿色国际合作　138b
勘察设计框架招标　129b
科技成果转化　144a
科技创新　142a
科技奖励　145a

科技人才梯队建设　145b
科技数字化　141
科技智库建设　145b
科学合理制定经营计划　157a
客户服务　87a
客户服务水平提升　87a
会计管理　160b

L

劳动制度改革　167a
劳动组织管理　165b
离退休工作　166b
连云港至仪征原油管道工程连云港至淮安段　115a
"两个责任"一体落实　192b
领导班子和干部队伍建设　162a
龙口南山LNG接收站一期工程　122a
龙口南山LNG扩建　122b
履行审计监督职能　194a
绿色低碳转型　137b

M

蒙西煤制天然气外输管道项目一期工程　119b

N

内控体系建设　170a
能力建设　107b
能力培育　148b
能源管理　98a
能源消费情况　99a
年轻干部培养　163a

P

品牌建设　186b
品牌推广　87a
平台功能持续完善　88a

平台业务不断丰富　87b
评标专家库建设　128b

Q

其他重点工程进展　121a
企业管理　149
企业文化建设　186a
前期业务管理体系与能力建设　126b
强化科技支撑　138b
清洁能源生产与消费　98b
清洁能源替代　98b
区域巡察　196b
全国保供演练高质量承办　82b
全面提升公司治理制度的规范性和执行力　154a
全面远控　94a
群团统战工作　189a

R

燃气隐患专项排查　135a
人才队伍建设　164a，173b
人力资源管理与干部队伍建设　162a
人力资源规划　165b
人力资源配置优化　166a
人事制度改革　166b
荣誉及人物　199
融资管理　159b

S

"三能"运行新机制构建　168a
山东管网北干线项目　119a
山东省公司　243
　　安全环保　246a
　　工程建设　244b
　　管道管理　245a
　　科技创新　246b
　　两级管理改革　249a

领导班子变动　243b
企业党建工作　247b
企业管理　247a
企业文化　248a
人才建设　248b
生产运行　243b
应急抢修　245b
主要经营（运营）指标（表）　243b
设备设施管理　105a
涉密人员保密管理　175a
深入推进甲烷排放控制　138a
深圳 LNG 应急调峰站　122a
审计　194a
审计成果运用　194b
审计队伍建设　195a
审计数字化建设　194b
审计业务管理　194b
生产运维　89
生产运维流程建设　110a
生产运维数字化转型　110a
生态环境保护管理　136b
生态环境保护理念宣贯　137a
省网融入　84b
石油天然气管网输送能力　90a
石油天然气基础设施重点工程　112a
"市场化、专业化、区域化、共享化"改革启动　157b
市场化保供机制建立健全　83a
市场开发　81
事故事件管理　136b
署名文章　10a
数据治理　147a
数字化档案建设　178b
数字化监督　197a
数字化监督实践　197b
数字化转型及提质增效　173a
思想文化教育基地建设　187a
思想政治工作　186b
苏皖豫干线项目　116a
所属企业概览　205

索 引

T

碳达峰行动方案印发执行　156b
碳排放管理　137b
特载　9
提质增效　159a
天津 LNG 二期工程　120b
天津 LNG 三期　122b
天津液化天然气（LNG）外输管道复线　122a
天然气调控　90b
天然气管输合同谈判进展有序　84b
天然气管网供气峰值创造新纪录　83b
天然气新增上下载项目建设　84a
天然气行业全流程动态监管　83b
天然气业务　84a
天然气在役管道概况表　352
铁军文化建设　186b
调控改革　93b
调控体系组织架构（图）　94
通信"全国一张网"建设　96b
通信光缆优化提升工程　97a
通信系统运维　96b
统战工作　190a

W

外事外联业务服务保障　171a
外事外联与国际合作交流　170b
网络安全　148a
网络保密管理　175a
网站和新媒体阵地建设　188a
违规经营投资责任追究　195b
违规追责系统建设　196a
违规追责线索核查　195b
违规追责制度建设　195b
维抢修管理　109b
维抢修体系规划　109b
魏荆线老旧管道整治工程(湖北襄阳段、河南南阳段、
　　湖北荆门段)　120a

文 23 储气库三期　122b
文 23 储气库首次中长期受理　86b
"五大创新""九项机制"落实　142b
物资仓储管理　124b
物资管理　123a
物资信息化建设及应用　123a
物资质量管理　125a

X

西部管道公司　225
　　安全环保　229a
　　党建工作　233a
　　定点帮扶与乡村振兴　234b
　　工程建设　228a
　　管道管理　230a
　　科技创新　231b
　　企业文化　232b
　　人才建设　234a
　　生产运行　226a
　　市场开发　227a
　　战略与执行　231a
　　主要经营指标（表）　226a
西南管道公司　237
　　安全环保　240a
　　工程建设　241a
　　管道管理　239b
　　科技研发　241a
　　人才建设　241b
　　生产运行　238b
　　"十四五"规划编制　240b
　　市场开发　238b
　　数字化转型　241b
　　四化改革　240b
　　乡村振兴　241b
　　应急抢修　240a
　　主题教育　242a
　　主要经营（运营）指标（表）　238b
西气东输公司　221

375

安全环保　223a
工程建设　222a
管道管理　222b
科技创新　223b
企业党建工作　224a
企业管理　223b
企业文化　225a
生产运行　222a
应急抢修　223a
主要经营指标（表）　222a
西气东输三线管道工程（中卫—枣阳段）　121a
西气东输三线闽粤支干线（潮州—27号阀室段）　121b
西气东输三线中段（枣阳—仙桃段）工程　119b
西气东输四线工程（吐鲁番—中卫）　121b
系统建设　160b
享受国务院政府特殊津贴专家　203
项目前期工作　114a
项目前期工作主要举措　114b
协同创新生态构建　145b
新气管道广西支干线工程　120a
新时代管网特色大设计体系建设　125b
新闻宣传　188a
新闻宣传与舆情引导　187a
信息公开　188b
形势任务教育　186a
"选育管用"全链条机制　163b
学习贯彻习近平新时代中国特色社会主义思想主题教育　180a
学习宣传贯彻全国宣传思想文化工作会议精神　186a
巡视　196a
巡视规划　196a
巡视整改　196b

Y

压缩机组运维检修管理　105b
研究总院　306
　　CP管道清洗剂研发并成功应用　320a
　　安全管理　310b
　　编制完成《国家石油天然气管网集团管输介质质量管控规划》《国家石油天然气管网集团质量管理信息系统和实验室信息系统建设规划》　327a
　　编制完善国家管网集团标准体系　326a
　　标准管理　312a
　　参与国家发展改革委"新型能源体系建设"重大课题研究　318b
　　党建工作　306b
　　法律合规　307b
　　防腐材料测试持续拓展　327b
　　腐蚀控制　319b
　　管道地质灾害单体精确预警模型　322b
　　"管道防腐材料检测评价技术"应用体系日益完善　327b
　　管道服役应力感知与评估　324a
　　管道泄漏监测技术及系统研究　324b
　　管网智库建设　314b
　　国产化设备持续跟踪与应用效果评价　321b
　　国际标准提案通过ISO/TC 197年会立项初审　316b
　　国家标准《长输天然气管道放空回收技术规范》立项　318a
　　国家管网承担的首个中国工程院项目结题　315b
　　国家管网集团甲烷排放管控行动指南　320a
　　国家管网集团节能与低碳重点实验室挂牌成立　326b
　　国家管网集团新能源储运重点实验室建设启动规划　319a
　　国内首次全尺寸掺氢天然气管道燃爆试验成功　316b
　　监督执纪　309a
　　节能监测技术深化及推广应用　326b
　　经营业绩　311a
　　科技奖励　313a
　　科技交流与合作　313b
　　科技项目管理　311a
　　流程推广　314a
　　明确醇氨等非常规介质管道输送必要性和可行性　318b
　　内检测技术取得突破　315a
　　内控风险管理　308a
　　能源局揭榜课题"中国长距离管道输氢安全性、

稳定性及可持续性研究"结题 317b
企业文化 307a
人才建设 307b
审计工作 308b
世界一流企业建设 310b
试验基地建设 313b
输油泵机组异常状态智能预警 323b
数字化基础设施建设 321a
数字化技术攻关 320b
数字化项目建设 320b
天然气管网系统可靠性深化技术研究与应用
项目结题 321b
网络安全保障 321a
违规追责 309a
业财一体 311a
油气"全国一张网"规划制定 310a
油气管输介质质量检测技术服务推广 326b
油气站场风险智能管控技术研究 325a
原油管道安全高效输送保障 315a
在役天然气管道掺氢输送关键技术研究成果
在 SCI 一区期刊发布 317a
战略研究 310a
战略执行 310a
招标采购体系优化 310b
知识产权管理 312b
制程运营 314b
中国首次二氧化碳管道全尺寸爆破试验
成功 316a
重大科技成果 311a
专业软件研发与创效 321a
资金管理 311a
自研"检测实验室制样机"同时实现阴极剥离、
附着力、涂层热特性数字化实验制样 327b
燕祉商务服务公司 343
不断完善风险管控机制，持续提升合规经营
能力 344b
深入开展学习贯彻习近平新时代中国特色
社会主义思想主题教育，汲取奋进新征程的
智慧力量 344a
稳步推进服务质量提升，全力保障总部园区安

全平稳运行 344a
要事特辑 73a
业绩考核 166a
业绩评价 157b
业务检查和人才培养 178b
液化天然气接收站管理公司 249
　安全环保 251b
　党建工作 252b
　冬季保供 251a
　工程建设 251a
　净利润完成情况（表） 250b
　科技创新 251b
　企业管理 252a
　企业文化 252b
　人才建设 253a
　生产经营总体情况 250a
　生产运行 250b
　市场开拓 251b
　提质增效 252a
一体推进不敢腐、不能腐、不想腐 192b
应急保驾能力提升 109b
应急抢险 110a
应急预案体系管理 136a
甬绍天然气管道工程 115b
优化运行 92b，94b
油品管输业务 85a
油品合同谈判 85a
油气储运设施基本情况 90a
油气调控中心 206
　安全管理 208b
　党的建设 209b
　冬季保供 207a
　队伍建设 210b
　风险隐患合规管理 209a
　工控网络 208a
　计划指标实际完成情况（表） 206a
　节能管理 208b
　廉政建设 210a
　通信系统 208a
　油气管网调控 206b

制程融合　210b
　　自控系统　207b
舆情管控　188b
预算管理　158b
原油成品油调控　93a
原油市场开拓　85b
原油在役管道概况表　360
运行调度　91a，93b
运行技术　97b
运行技术标准管理　100a

Z

增输上量　94a
战略与执行　155b
战略执行　157a
漳州 LNG 接收站一期二阶段工程　122b
招标采购体系优化　128b
浙江省网公司　297
　　安全环保　299b
　　工程建设　298b
　　管道管理　299a
　　管网数字化　301b
　　科技创新　300b
　　企业党建工作　302a
　　企业管理　302a
　　企业文化　303a
　　人才建设　304a
　　生产运行　298a
　　市场开发　300a
　　双百企业　305b
　　亚运护航　304b
　　应急抢修　299a
　　主题教育　303b
　　主要经营（运营）指标（表）　298a
正风肃纪　193a
政治监督具体化、精准化、常态化　192a
知识产权"一站式"管理　145a
直属党委建设　184a

直属纪委工作　185b
职工教育培训　165a
制程管理　146b
制度建设　196b
智能调控　91a
智能站场建设　96b
中俄东线明水压气站工程　120a
中俄东线南段（南通—甪直）　121a
中俄东线南段长江盾构工程　121a
重大风险防范　170a
重大主题宣传　187b
重点工程投运　93a
重点工程投运　95a
重点工作成果　82a
重点管道投产　114a
重点领域和重要时段安全风险防范　135b
重点区域用气安全保障　83a
重点物资供给　129a
重点项目环评报告报审　137b
重点项目物资采购　123b
重组整合　160a
主要记事机构（单位）称谓对照表　366
主要指标完成情况　82a
专家队伍　203
专业管理　95a
专业团队建设　197b
资产管理　160a
资产完整性管理　102b
资产完整性管理标准体系建设　103a
资产完整性管理系统建设　110b
资金管理　159b
自动化控制功能提升　95b
自动化系统运维　95b
自动化与通信　95a
综合监督平台建设　197b
综合监督数据中心建设　197a
综述　2a，82a，90a，112a，134a
总述　1
组织机构　5